中華古籍保護計劃
ZHONG HUA GU JI BAO HU JI HUA CHENG GUO

·成果·

湖北省武漢圖書館
古籍普查登記目録

全國古籍普查登記目録

國家圖書館出版社

National Library of China Publishing House

圖書在版編目（CIP）數據

湖北省武漢圖書館古籍普查登記目録/《湖北省武漢圖書館古籍普查登記目録》編委會編.—北京：國家圖書館出版社，2021.3
（全國古籍普查登記目録）
ISBN 978－7－5013－6878－5

Ⅰ.①湖…　Ⅱ.①湖…　Ⅲ.①公共圖書館—古籍—圖書館目録—武漢　Ⅳ.①Z838

中國版本圖書館 CIP 數據核字（2019）第 238593 號

書　　名　湖北省武漢圖書館古籍普查登記目録
著　　者　《湖北省武漢圖書館古籍普查登記目録》編委會　編
責任編輯　許海燕

出版發行　國家圖書館出版社（北京市西城區文津街 7 號　　100034）
　　　　　（原書目文獻出版社 北京圖書館出版社）
　　　　　010－66114536　63802249　nlcpress@ nlc. cn（郵購）
網　　址　http://www. nlcpress. com
排　　版　京荷（北京）科技有限公司
印　　裝　河北三河弘翰印務有限公司
版次印次　2021 年 3 月第 1 版　2021 年 3 月第 1 次印刷

開　　本　787×1092　1/16
印　　張　33.25
字　　數　660 千字
書　　號　ISBN 978－7－5013－6878－5
定　　價　320.00 圓

《全國古籍普查登記目録》

工作委員會

主　任：周和平

副主任：張永新　詹福瑞　劉小琴　李致忠　張志清

委　員（按姓氏筆畫排序）：

《全國古籍普查登記目録》

序　言

　　全國古籍普查登記工作是"中華古籍保護計劃"的首要任務,是全面開展古籍搶救、保護和利用工作的基礎,也是有史以來第一次由政府組織、參加收藏單位最多的全國性古籍普查登記工作。

　　2007年國務院辦公廳發布《關於進一步加强古籍保護工作的意見》(國辦發〔2007〕6號),明確了古籍保護工作的首要任務是對全國公共圖書館、博物館和教育、宗教、民族、文物等系統的古籍收藏和保護狀況進行全面普查,建立中華古籍聯合目録和古籍數字資源庫。2011年12月,文化部下發《文化部辦公廳關於加快推進全國古籍普查登記工作的通知》(文辦發〔2011〕518號),進一步落實了全國古籍普查登記工作。根據文化部2011年518號文件精神,國家古籍保護中心擬訂了《全國古籍普查登記工作方案》,進一步規範了古籍普查登記工作的範圍、内容、原則、步驟、辦法、成果和經費。目前進行的全國古籍普查登記工作的中心任務是通過每部古籍的身份證——"古籍普查登記編號"和相關信息,建立古籍總臺賬,全面瞭解全國古籍存藏情况,開展全國古籍保護的基礎性工作,加强各級政府對古籍的管理、保護和利用。

　　《全國古籍普查登記工作方案》規定了全國古籍普查登記工作的三個主要步驟:一、開展古籍普查登記工作;二、在古籍普查登記基礎上,編纂出版館藏古籍普查登記目録,形成《全國古籍普查登記目録》;三、在古籍普查登記工作基本完成的前提下,由省級古籍保護中心負責編纂出版本省古籍分類聯合目録《中華古籍總目》分省卷,由國家古籍保護中心負責編纂出版《中華古籍總目》統編卷。

　　在黨和政府領導下,在各地區、各有關部門和全社會共同努力下,古籍普查登記工作得以扎實推進。古籍普查已在除臺、港、澳之外的全國各省級行政區域開展,普查内容除漢文古籍外,還包括各少數民族文字古籍,特别是於2010年分别啓動了新疆古籍保護和西藏古籍保護專項,因地制宜,開展古籍普查登記工作;國家古籍保護中心研製的"全國古籍普查登記平臺"已覆蓋到全國各省級古籍保護中心,并進一步研發了"中華古籍索引庫",爲及時展現古籍普查成果提供有力支持;截至目前,已有11375部古籍進入《國家珍貴古籍名録》,浙江、江蘇、山東、河北等省公布了省級《珍貴古籍名録》，古籍分級保護機制初步形成。

《全國古籍普查登記目録》是古籍普查工作的階段性成果，旨在摸清家底，揭示館藏，反映古籍的基本信息。原則上每申報單位獨立成册，館藏量少不能獨立成册者，則在本省範圍内幾個館目合并成册。無論獨立成册還是合并成册，均編製獨立的書名筆畫索引附於書後。著録的必填基本項目有：古籍普查登記編號、索書號、題名卷數、著者（含著作方式）、版本、册數及存缺卷數。其他擴展項目有：分類、批校題跋、版式、裝幀形式、叢書子目、書影、破損狀况等。有條件的收藏單位多著録的一些擴展項目，也反映在《全國古籍普查登記目録》上。目録編排按古籍普查登記編號排序，内在順序給予各古籍收藏單位較大自由度，可按分類排列古籍普查登記編號，也可按排架號、按同書名等排列古籍普查登記編號，以反映各館特色。

此次全國古籍普查登記工作，克服了古籍數量多、普查人員少、普查難度大等各種困難，也得到了全國古籍保護工作者的極大支持。在古籍普查登記過程中，國家古籍保護中心、各省古籍保護中心爲此舉辦了多期古籍普查、古籍鑑定、古籍普查目録審校等培訓班，全國共 1600 餘家單位參加了培訓，爲古籍普查登記工作培養了大量人才。同時在古籍普查登記工作中，也鍛煉了普查員的實踐能力，爲將來古籍保護事業發展奠定了良好的基礎。

《全國古籍普查登記目録》的出版，將摸清我國古籍家底，爲古籍保護和利用工作提供依據，也將是古籍保護長期工作的一個里程碑。

國家古籍保護中心
2013 年 10 月

《全國古籍普查登記目録》
編纂凡例

　　一、收録範圍爲我國境内各收藏機構或個人所藏，産生於 1912 年以前，具有文物價值、學術價值和藝術價值的文獻典籍，包括漢文古籍和少數民族文字古籍以及甲骨、簡帛、敦煌遺書、碑帖拓本、古地圖等文獻。其中，部分文獻的收録年限適當延伸。

　　二、以各收藏機構爲分册依據，篇幅較小者，適當合并出版。

　　三、一部古籍一條款目，複本亦單獨著録。

　　四、著録基本要求爲客觀登記、規範描述。

　　五、著録款目包括古籍普查登記編號、索書號、題名卷數、著者、版本、册數、存缺卷等。古籍普查登記編號的組成方式是：省級行政區劃代碼—單位代碼—古籍普查登記順序號。

　　六、以古籍普查登記編號順序排序。

《湖北省武漢圖書館古籍普查登記目録》

編委會

主　編：李静霞

副主編：張　穎

編撰人：鄔静慧　李　茜　鄒　芳

《湖北省武漢圖書館古籍普查登記目録》

前　言

　　武漢圖書館前身是"漢口市立圖書館"，始建于 1946 年 10 月，1953 年正式更名爲武漢圖書館。武漢坐擁九省通衢之利，爲工業興盛、商賈雲集、人文薈萃之大都會。豐富的古籍資源不僅反映了武漢悠久的歷史，更生動展現了璀璨的荆楚文化。收藏、保護不可再生的古籍文化資源，功在當代，利在千秋。

　　歷經近七十年的滄桑變化，我館現有古籍藏書近 22 萬册（件），其中善本 7000 餘册，碑帖、拓片 5000 餘件，民國文獻近 5 萬册。年代最早爲宋刻元明遞修本，以明清佳刻爲主。從内容來看，經部小學類，史部政書、家譜及方志類，子部書畫類，集部明清文集等約占館藏古籍半數。在發展過程中，我館逐漸形成了以地方名家藏書、珍貴批校本、抄稿本，以及品種齊全的碑帖爲特色的古籍館藏。抄稿本是我館古籍善本藏書的特色之一。館藏稿本最早爲明稿本《家業全書》，著者方一盛（1563—1645），湖北黄岡人，曾任真定知府。告老還鄉後建祖祠，置祭田，修纂方氏《永思譜》，《黄岡縣志》有所記載。此書爲經摺裝，開本方正闊大，存 72 葉。一邑士紳的生活情狀、明末社會的經濟狀況，在此書中均有體現。

　　在黨和政府的領導下，在地方政府的大力支持之下，近年來我館不斷改善古籍保護環境，認真推進古籍普查工作，强化古籍保護隊伍建設，積極開發古籍利用新方式，使我館古籍保護工作取得了突破性進展。2007 年文化部正式啓動了國家級重點文化工程——"中華古籍保護計劃"。2008 年 3 月 1 日，國務院批准文化部確定的第一批全國古籍重點保護單位（51 個）名單公布，我館被文化部授予"全國古籍重點保護單位"稱號。

　　古籍普查對于我館摸清古籍家底、進行有針對性的保護工作具有重要意義。爲實現"十三五"期間基本完成全國古籍普查工作的任務目標，我館工作人員按照《全國古籍普查登記手册》的要求，遵循簡明扼要、客觀著録的原則，在人員少、時間緊的情况下，認真完成了館藏二級以上古籍文獻的普查及平臺録入工作。同時，在進行古籍普查平臺數據著録的過程中，我館對破損嚴重的古籍進行了搶救性修復。藉由此次普查工作，我館有 8 部古籍入選《國家珍貴古籍名録》，另有 25 部古籍入選《湖北省珍貴古籍名録》。

　　在數年工作積纍的基礎上，我館工作人員嚴格按照《全國古籍普查登記目録審校要求》，對普查數據進行多次審校核查，以儘量避免舛誤。我們希望這部通過國家古籍保護中心審核、由國家圖書館出版社出版的《湖北省武漢圖書館古籍普查登記目録》，能够夯實我館開展古籍保護、研究及利用工作的基礎。我們亦希望通過這部目録的出版，向社會展示武漢圖書館的古籍保護成果，使有需要的讀者得到便利，以利于更好地保存、傳播優秀傳統文化。

由于時間緊迫，水平有限，本書中的訛誤疏漏在所難免。我們也希望廣大專家、讀者在閱讀使用過程中能够給予指正，爲完善我館古籍數據信息，爲全國的古籍保護工作添一臂之力。

武漢圖書館

2020 年 12 月 31 日

目　　録

1

420000－2302－0000001　史十二/246.2/6743.5
（64378）

[寶祐]壽昌乘一卷　（宋）□□纂　（清）文
廷式輯　清光緒三十三年(1907)武昌柯氏息
園刻本　一冊

420000－2302－0000002　史十二/246.2/6743.5
（100716）

[寶祐]壽昌乘一卷　（宋）□□纂　（清）文
廷式輯　清光緒三十三年(1907)武昌柯氏息
園刻本　一冊

420000－2302－0000003　史十二/212.2/3376.84
（649947）

[道光]河內縣志三十六卷　（清）袁通修
（清）方履籛　（清）吳育纂　清道光五年
(1825)刻本　十冊

420000－2302－0000004　史十二/241.2/4626.8
（79022）

[道光]如皋縣續志十二卷　（清）范仕義修
（清）吳鎧纂　清道光十七年(1837)刻本
二冊

420000－2302－0000005　集二/0－8/4421
（67790）

峪林館詩集五卷　（清）葉繼雯撰　（清）葉志
詵編　清光緒七年(1881)刻本　一冊

420000－2302－0000006　史十二/241.2/7724.8
（78987）

[光緒]丹徒縣志六十卷首四卷　（清）何紹章
（清）馮壽鏡修　（清）呂耀斗纂　清光緒五
年(1879)刻本　三十二冊

420000－2302－0000007　史十二/241.2/7776.8
（79041）

[光緒]丹陽縣志三十六卷首一卷　（清）劉誥
（清）凌焯修　（清）徐錫麟　（清）姜聲霈
纂　清光緒十一年(1885)刻本　十六冊

420000－2302－0000008　史十二/251.2/5088.8
（79065）

[光緒]奉節縣志三十六卷首一卷　（清）曾秀
翹修　（清）楊德坤纂　清光緒十九年(1893)

刻本　五冊　存二十七卷(一至十四、二十三
至三十五)

420000－2302－0000009　史十二/246.2/4477.84
（50523）

[光緒]黃岡縣志二十四卷首一卷　（清）戴昌
言修　（清）劉恭冕纂　清光緒八年(1882)刻
本　二十四冊

420000－2302－0000010　史十二/246.2/4477.84
（87782）

[光緒]黃岡縣志二十四卷首一卷　（清）戴昌
言修　（清）劉恭冕纂　清光緒八年(1882)刻
本　二十四冊

420000－2302－0000011　史十二/246.2/3174.84

[光緒]江陵縣志六十五卷首一卷　（清）蒯正
昌等修　（清）胡九皋等纂　清光緒二年
(1876)刻本　二十四冊

420000－2302－0000012　史十二/246.2/3174.84
（187894）

[光緒]江陵縣志六十五卷首一卷　（清）蒯正
昌等修　（清）胡九皋等纂　清光緒二年
(1876)刻本　七冊

420000－2302－0000013　史十二/211.2/7848.8
（78567）

[光緒]臨榆縣志二十四卷首一卷　（清）趙允
祐修　（清）高錫疇纂　清光緒四年(1878)刻
本　八冊

420000－2302－0000014　史十二/246.2/4450.8
（100514）

[光緒]蘄州志三十卷　（清）封蔚礽修
（清）陳廷揚纂　清光緒八年(1882)麟山書院
刻本　十八冊

420000－2302－0000015　史十二/214/2210.8
（78450）

[光緒]山西通志一百八十四卷首一卷　（清）
曾國荃修　（清）王軒纂　清光緒十八年
(1892)刻本　九十四冊

420000－2302－0000016　史十二/243.2/2121.8
（50707）

[光緒]上虞縣志四十八卷首一卷末一卷
(清)唐煦春修　(清)朱士黻纂　清光緒十七年(1891)刻本　二十冊

420000－2302－0000017　史十二/4646/7735.81
(93347)

[光緒]問津院志十卷首一卷　(清)王會釐纂　清光緒三十一年(1905)刻本　三冊　存四卷(一至二、五,首一卷)

420000－2302－0000018　史十二/241.2/8086.8
(50617)

[光緒]無錫金匱縣志四十卷首一卷附編六卷　(清)裴大中　(清)倪咸生修　(清)秦緗業纂　清光緒七年(1881)刻本　十九冊

420000－2302－0000019　史十二/241.2/8086.8
(50820)

[光緒]無錫金匱縣志四十卷首一卷附編六卷　(清)裴大中　(清)倪咸生修　(清)秦緗業纂　清光緒七年(1881)刻本　八冊　存二十卷(一至十九、首一卷)

420000－2302－0000020　史十二/246.2/6743.88
(87653)

[光緒]武昌縣志二十六卷首一卷末一卷
(清)鍾桐山修　(清)柯逢時纂　清光緒十一年(1885)刻本　十二冊

420000－2302－0000021　史十二/246.2/6743.88
(87665)

[光緒]武昌縣志二十六卷首一卷末一卷
(清)鍾桐山修　(清)柯逢時纂　清光緒十一年(1885)刻本　八冊　存二十三卷(三至二十四、末一卷)

420000－2302－0000022　史十二/254/1044.8

[光緒]西藏圖考八卷首一卷　(清)黃沛翹纂　清光緒十二年(1886)滇南李培榮刻本　六冊

420000－2302－0000023　史十二/245.2/3631.8
(79297)

[光緒]湘潭縣志十二卷　(清)陳嘉榆修　王闓運等纂　清光緒十五年(1889)刻本　十冊

420000－2302－0000024　史十二/245.2/3631.8
(79307)

[光緒]湘潭縣志十二卷　(清)陳嘉榆修　王闓運等纂　清光緒十五年(1889)刻本　九冊　存十一卷(一、三至十二)

420000－2302－0000025　史十二/246.2/4453.8
(81108)

[光緒]孝感縣志二十四卷　(清)朱希白主修　(清)沈用增纂修　清光緒九年(1883)刻本　十二冊

420000－2302－0000026　史十二/211.2/1740.8
(64464)

[光緒]邢臺縣志八卷　(清)戚朝卿修　(清)周祐纂　清光緒三十一年(1905)刻本　六冊

420000－2302－0000027　史十二/246.2/4453
(88897)

[光緒]續補孝感縣志一卷　(清)□□纂修　清光緒五年(1879)刻本　一冊

420000－2302－0000028　史十二/246.2/0043.86

[光緒]應城縣志十四卷首一卷　(清)羅緗　(清)陳豪修　(清)王承禧纂　清光緒八年(1882)刻本　八冊

420000－2302－0000029　史十二/214.2/0032.8
(78681)

[光緒]應州再續志二卷　(清)湯學治纂修　清光緒八年(1882)刻本　二冊

420000－2302－0000030　史十二/243.2/8438.8
(80849)

[光緒]鎮海縣志四十卷　(清)于萬川修　(清)俞樾纂　清光緒五年(1879)鯤池書院刻本　十六冊

420000－2302－0000031　史九/2－8/5010
(100796)

[光緒]奏疏一卷　(清)□□編　清抄本　一冊

420000－2302－0000032　史十一/5－8/4444
(101776)

[湖北]楚黄高氏支譜　（□）□□撰　清宣統二年(1910)木活字印本　八冊

420000－2302－0000033　史十一/5－8/2603
(83888)

[湖北崇陽]吳氏宗譜一卷　吳彩榮等總纂清宣統二年(1910)木活字印本　一冊

420000－2302－0000034　史十一/5－8/1173
(83712)

[湖北葛店]張氏宗譜□□卷首□□卷　（□）□□撰　清末木活字印本　二冊　存二卷(首一至二)

420000－2302－0000035　史十一/5－8/4023
(83219)

[湖北漢川]李氏宗譜八卷　（清)李伯淮等編清光緒三年(1877)木活字印本　四冊　存四卷(一至二、四至五)

420000－2302－0000036　史十一/5－8/4434
(83968)

[湖北漢口]韓氏宗譜首一卷末三卷　（清)韓洪蔯纂修　清光緒三十三年(1907)木活字印本　二十四冊

420000－2302－0000037　史十一/5－8/4473
(83828)

[湖北漢陽]蕭氏宗譜□□卷　（□)□□撰清末刻本　一冊　存二卷(十三至十四)

420000－2302－0000038　史十一/5－8/1128
(83674)

[湖北漢陽]張氏家譜十四卷首一卷　（清)張行簡總纂　清光緒二十年(1894)木活字印本十五冊　存十四卷(一、三至十四,首一卷)

420000－2302－0000039　史十一/5－8/1128
(83689)

[湖北漢陽]張氏家譜十四卷首一卷　（清)張行簡總纂　清光緒二十年(1894)木活字印本十二冊　存十三卷(一、三至十二、十四,首一卷)

420000－2302－0000040　史十一/5－8/1128
(83701)

[湖北漢陽]張氏家譜十四卷首一卷　（清)張行簡總纂　清光緒二十年(1894)木活字印本三冊　存二卷(三、六)

420000－2302－0000041　史十一/5－8/1128
(83705)

[湖北漢陽]張氏家譜十四卷首一卷　（清)張行簡總纂　清光緒二十年(1894)木活字印本二冊　存二卷(三、六)

420000－2302－0000042　史十一/5－8/1128
(87282)

[湖北漢陽]張氏景賢支譜不分卷　（清)張行簡纂修　清光緒刻本　一冊

420000－2302－0000043　史十一/5－8/7243
(102091)

[湖北漢陽湖北沔陽湖北天門]劉氏宗譜二十三卷首一卷　（清)劉華祖等纂修　清光緒二十一年(1895)木活字印本　一冊　存一卷(首一卷)

420000－2302－0000044　史十一/5－9/7243
(102092)

[湖北漢陽湖北沔陽湖北天門]劉氏宗譜二十三卷首一卷　（清)劉華祖等纂修　清光緒二十一年(1895)木活字印本　二十六冊

420000－2302－0000045　史十一/5－9/2014.2
(83559)

[湖北紅安]毛氏宗譜□□卷　（清)毛正垿(清)毛大淀撰　清光緒十八年(1892)毛氏睦祖堂刻本　一冊

420000－2302－0000046　史十一/5－8/2674
(101622)

[湖北黃陂]吳氏宗譜不分卷　（清)吳鳳翹編輯　清同治十二年(1873)抄本　二冊

420000－2302－0000047　史十一/5－8/4457
(83796－809)

[湖北黃陂]蕭氏宗譜二十卷首一卷末一卷（清)蕭良瑾等纂修　清光緒十二年(1886)木活字印本　十四冊　存十九卷(一至五、七至十六、十九至二十,首一卷,末一卷)

420000－2302－0000048　史十一/5－8/4457
(83810)

[湖北黄陂]蕭氏宗譜二十卷首一卷末一卷
(清)蕭良瑾等纂修　清光緒十二年(1886)木
活字印本　八冊　存十一卷(一至三、五、七
至八、十至十三,首一卷)

420000－2302－0000049　史十一/5－8/8804
(83861)

[湖北黄岡]管氏宗譜九卷　(清)管應起纂修
清同治八年(1869)木活字印本　八冊

420000－2302－0000050　史十一/5－8/4439
(83881)

[湖北黄岡]黄氏宗譜六卷　(清)黄啟焜總纂
清光緒九年(1883)木活字印本　一冊　存
一卷(一)

420000－2302－0000051　史十一/5－8/1073
(83763)

[湖北黄岡]霍氏宗譜十卷　(清)霍原煌等總
理　清光緒二十年(1894)木活字印本　四冊

420000－2302－0000052　史十一/5－8/2037
(83551)

[湖北黄岡]毛氏宗譜□□卷　(□)□□撰
清光緒十八年(1892)木活字印本　八冊　存
八卷(二至四、九至十、十二、十五、十八)

420000－2302－0000053　史十一/5－8/1129
(102048)

[湖北黄岡]張氏三次續修宗譜十二卷　張紹
燧等總理　清光緒三十二年(1906)木活字印
本　十二冊

420000－2302－0000054　史十一/5－8/2721
(83782)

[湖北黄岡]鄒氏宗譜□□卷　(清)鄒緒理編
修　清光緒三十一年(1905)刻本　三冊　存
四卷(四至五、十一、十三上)

420000－2302－0000055　史十一/5－8/2721
(83774)

[湖北黄岡]鄒氏宗譜□□卷首□□卷　(清)
鄒緒理編修　清光緒三十一年(1905)刻本

八冊　存十卷(四至五、七至八、十至十一、十
三上,首、首一至二)

420000－2302－0000056　史十一/5－8/4473
(83714)

[湖北麻城]林氏宗譜十卷首一卷　(□)□□
撰　清同治十二年(1873)刻本　十一冊

420000－2302－0000057　史十一/5－8/2242
(83908)

[湖北清江]版城黎氏八修族譜不分卷　(□)
□□撰　清道光木活字印本　三冊

420000－2302－0000058　史十一/5－8/2673
(83885)

[湖北武昌]吳氏宗譜不分卷　(□)□□撰
清光緒木活字印本　一冊

420000－2302－0000059　史十一/5－8/4427
(83785－95)

[湖北武昌]蕭氏宗譜□□卷首一卷　蕭宗明
等總理　清宣統三年(1911)木活字印本　十
一冊　存九卷(一至四、六、八至十,首一卷)

420000－2302－0000060　史十二/241.1/3130.8
(78691)

[嘉慶]江寧府志五十六卷　(清)呂燕昭修
(清)姚鼐纂　清光緒六年(1880)刻本　十
二冊

420000－2302－0000061　史十二/245.2/1574.8
(78867)

[嘉慶]醴陵縣志二十六卷首一卷　(清)黄應
培修　(清)丁世璣纂　清嘉慶二十四年
(1819)刻本　九冊

420000－2302－0000062　史十二/241.2/4626.8
(79137)

[嘉慶]如皋縣志二十四卷　(清)楊受廷
(清)左元鎮修　(清)馬汝舟　(清)江大鍵
纂　清嘉慶十三年(1808)刻本　十冊

420000－2302－0000063　史十二/254/1044.8

[嘉慶]衛藏通志十六卷首一卷　(清)和琳纂
校字記一卷　(清)袁昶撰　清光緒二十二
年(1896)刻本　七冊　存十五卷(一至二、五

至十六,首一卷)

420000－2302－0000064　史十二/245.2/3631.8
(78925)

[嘉慶]湘潭縣志四十卷　(清)張雲璈等修
(清)周系英纂　清嘉慶二十三年(1818)刻本
十冊

420000－2302－0000065　史十二/241.1/5632.8
(79214)

[嘉慶]重修揚州府志七十二卷首一卷　(清)
阿克當阿修　(清)姚文田纂　清嘉慶十五年
(1810)刻本　四十八冊

420000－2302－0000066　史十一/5－8/4624
(86078)

[江蘇前黃]楊氏新修族譜一卷　(清)楊季蓀
等修　清咸豐四年(1854)抄本　一冊

420000－2302－0000067　史十二/221.2/7132.8

[康熙]隴州志八卷首一卷　(清)羅彰彝纂修
清康熙五十二年(1713)刻本　四冊

420000－2302－0000068　史十二/214.1/4077.8
(78703)

[乾隆]大同府志三十二卷首一卷　(清)吳輔
宏纂修　(清)文光校訂　清乾隆四十七年
(1782)刻本　十六冊

420000－2302－0000069　史十二/252/5032.8

[乾隆]貴州通志四十六卷首一卷　(清)張廣
泗等修　(清)靖道謨等纂　清乾隆六年
(1741)刻本　二十三冊　存四十五卷(一至
十八、二十一至四十六,首一卷)

420000－2302－0000070　史十二/221.2/1526.8
(78657)

[乾隆]醴泉縣志十四卷　(清)蔣騏昌修
(清)孫星衍纂　清乾隆四十九年(1784)刻本
四冊

420000－2302－0000071　史十二/252/5032.8
(78937)

[乾隆]黔南識略三十二卷　(清)愛必達纂修
清刻本　三冊　存二十六卷(七至三十二)

420000－2302－0000072　史十二/222.2/3512.8
(64567)

[乾隆]清水縣志十六卷　(清)朱超纂修　清
乾隆六十年(1795)刻本　四冊

420000－2302－0000073　史十二/213.2/5527.3
(78546)

[乾隆]曲阜縣志一百卷　(清)潘相纂修　清
刻本　十二冊

420000－2302－0000074　史十二/241.1/4432.8
(79147)

[乾隆]蘇州府志八十卷首一卷　(清)雅爾哈
善修　(清)習寯纂　清乾隆十三年(1748)刻
本　四十冊

420000－2302－0000075　史十二/211.2/1035.82
(649933)

[乾隆]天津縣志二十四卷　(清)朱奎楊
(清)張志奇修　(清)吳廷華纂　清乾隆四年
(1739)刻本　八冊

420000－2302－0000076　史十二/225/0211.8
(64515)

[乾隆]欽定皇輿西域圖志四十八卷首四卷
(清)傅恒修　(清)褚廷璋　(清)英廉增纂
清光緒十九年(1893)杭州便益書局石印本
十二冊

420000－2302－0000077　史十二/214.2/0032.8
(78683)

[乾隆]應州續志十卷首一卷　(清)吳炳纂修
清乾隆三十四年(1769)刻本　三冊

420000－2302－0000078　史四/2.8/1020(5623)

[同治]東華續錄一百卷　王先謙編　清光緒
二十四年(1898)文瀾書局石印本　二十四冊

420000－2302－0000079　史十二/251.2/3021.8
(79286)

[同治]富順縣志三十八卷　(清)羅廷權修
(清)呂上珍纂　清同治十一年(1872)刻本
八冊

420000－2302－0000080　史十二/244.3/0030.1
(7180)

[同治]高安縣志二十八卷　（清）孫家鐸等修
　清同治十年(1871)刻本　二十冊

420000－2302－0000081　史十二/246.2/8030.8
(73307)

[同治]公安縣志八卷首一卷　（清）袁鳴珂
（清）周承弼修　（清）王慰纂　清同治十三年
(1874)刻本　八冊

420000－2302－0000082　史十二/243.1/3732.8

[同治]湖州府志九十六卷首一卷　（清）宗源
瀚　（清）楊榮緒修　（清）周學濬　（清）陸
心源纂　清同治十一年(1872)愛山書院刻本
　四十冊

420000－2302－0000083　史十二/246.2/7822.8
(85958)

[同治]監利縣志十二卷首一卷　（清）陳國棟
（清）徐兆英修　（清）王柏心纂　清同治十
一年(1872)刻本　十冊

420000－2302－0000084　史十二/246.2/1360.8
(68736)

[同治]江夏縣志八卷首一卷　（清）王庭楨修
（清）彭崧毓纂　清同治八年(1869)刻本
九冊

420000－2302－0000085　史十二/263.2/4038.8
(79457)

[同治]南海縣志二十六卷首一卷　（清）鄭夢
玉等修　（清）梁紹獻等纂　清同治十一年
(1872)刻本　十二冊

420000－2302－0000086　史十二/244.1/1232.4
(7024)

[同治]瑞州府志二十四卷　（清）黃連金等纂
修　清同治十二年(1873)刻本　十四冊

420000－2302－0000087　史十二/241.2/2138.8
(78661)

[同治]上海縣志三十二卷首一卷末一卷
(清)應寶時修　（清）俞樾　（清）方宗誠纂
　清同治十一年(1872)上海南園志局刻本
十六冊

420000－2302－0000088　史十二/241.2/3130.8

(100260)

[同治]上元兩縣志二十九卷首一卷　（清）莫
祥芝　（清）甘紹盤修　（清）劉壽曾　（清）
汪士鐸纂　清同治十三年(1874)刻本　十
二冊

420000－2302－0000089　史十二/241.1/3130.8
(78620)

[同治]續纂江寧府志十五卷首一卷　（清）蔣
啟勳　（清）趙佑宸修　（清）汪士鐸纂　清光
緒六年(1880)刻本　十二冊

420000－2302－0000090　史十二/244.1/7782.4
(7200)

[同治]袁州府志十卷首一卷　（清）駱敏修
（清）蕭玉銓纂修　清同治十三年(1874)刻本
　二十冊

420000－2302－0000091　史十二/244.1/7782.4
(7220)

[同治]袁州府志十卷首一卷　（清）駱敏修
（清）蕭玉銓纂修　清同治十三年(1874)刻本
　二十冊

420000－2302－0000092　史十二/246.2/6762.83

[同治]鄖縣志十卷首一卷　（清）周瑞
（清）定熙修　（清）余瀗廷　（清）賈洪詔纂
　清同治五年(1866)刻本　八冊

420000－2302－0000093　史十二/246.2/6762.83
(87974)

[同治]鄖縣志十卷首一卷　（清）周瑞
（清）定熙修　（清）余瀗廷　（清）賈洪詔纂
　清同治五年(1866)刻本　八冊

420000－2302－0000094　史十二/251.2/1662.8
(79072)

[同治]直隸理番廳志六卷首一卷　（清）吳羹
梅修　（清）周祚嶧纂　清同治七年(1868)刻
本　五冊

420000－2302－0000095　史十二/246.2/8238.80
(649925)

[同治]鍾祥縣志二十卷補編二卷　（清）許光
曙　（清）孫福海纂修　清同治六年(1867)刻

本　八冊

420000－2302－0000096　史十二/221.1/1030.53
(93425)

[熙寧]長安志二十卷圖三卷　(宋)宋敏求纂
　(元)李好文繪　(清)畢沅校　清乾隆四十
九年(1784)鎮洋畢氏靈巖山館刻本　二冊
存十七卷(四至二十)

420000－2302－0000097　史十一/5－8/7173
(83911)

[錫山]厲氏宗譜□□卷　(□)□□撰　清末
木活字印本　一冊　存一卷(二)

420000－2302－0000098　史十二/243.2/7830
(7120)

[咸淳]臨安志一百卷　(清)潛說友等纂修
清道光十二年(1832)錢塘汪氏振綺堂仿宋刻
本　二十四冊

420000－2302－0000099　史四/2.8/3273(5647)

[咸豐]東華續錄一百卷　(清)潘頤福編　清
光緒十八年(1892)上海圖書集成印書局刻本
十六冊

420000－2302－0000100　史四/2.8/3273(5663)

[咸豐]東華續錄一百卷　(清)潘頤福編　清
光緒十八年(1892)上海圖書集成印書局刻本
三十二冊

420000－2302－0000101　史十二/232.1/7126.8
(64571)

[宣統]長白彙徵錄八卷首一卷　(清)張鳳臺
修　(清)劉龍光纂　清宣統二年(1910)鉛印
本　四冊

420000－2302－0000102　史十二/221/7410.8
(78719)

[雍正]陝西通志一百卷首一卷　(清)劉於義
修　(清)沈青崖纂　清雍正十三年(1735)刻
本　一百冊

420000－2302－0000103　史十一/5－8/4482
(83882)

[浙江紹興]陡疊黃氏宗譜□□卷　(清)黃善
經等纂輯　清光緒二十年(1894)木活字印本

一冊　存一卷(總目一)

420000－2302－0000104　史十二/221.2/4760
(36266)

[正德]朝邑縣志二卷　(明)韓邦靖撰　清刻
本　一冊

420000－2302－0000105　史十二/221.2/1314.7
(50727)

[正德]武功縣志三卷首一卷　(明)康海纂
(清)孫景烈評注　清乾隆二十六年(1761)刻
本　一冊

420000－2302－0000106　史十二/221.2/1314.7
(71711)

[正德]武功縣志三卷首一卷　(明)康海纂
(清)孫景烈評注　清乾隆二十六年(1761)刻
本　一冊

420000－2302－0000107　史十二/221.2/1314.7
(64553)

[正德]武功縣志三卷首一卷　(明)康海纂
(清)孫景烈評注　清同治十二年(1873)湖北
崇文書局刻本　一冊

420000－2302－0000108　子十六/24－42/0024
(110492)

阿毗達磨俱舍論三十卷　(唐)釋玄奘譯　清
宣統三年(1911)常州天寧寺刻本　四冊　存
二十卷(十一至三十)

420000－2302－0000109　子十六/24－42/0024
(103114)

阿毗達磨俱舍論三十卷　(唐)釋玄奘譯　清
宣統三年(1911)常州天寧寺刻本　一冊　存
五卷(一至五)

420000－2302－0000110　子十六/24－33/2653.8
(103036)

阿毗曇八犍度論三十卷　(晉)釋伽提婆
(晉)釋竺佛念譯　清刻本　三冊　存十五卷
(一至五、十一至十五、二十六至三十)

420000－2302－0000111　子十六/24－42/0024
(110751)

阿毗達磨俱舍論三十卷　(唐)釋玄奘譯　清

宣統三年(1911)常州天寧寺刻本　一冊　存
五卷(十六至二十)

420000 – 2302 – 0000112　史十四/32 – 8/1181
(63835)

愛日精廬藏書志三十六卷續志四卷　(清)張
金吾撰　清道光六年(1826)刻本(卷七至三
十六、續志係清朱鯤抄補)　十冊

420000 – 2302 – 0000113　集二/0 – 8/1232
(73195)

愛日堂文集八卷　(清)孫宗彝著　清刻本
二冊

420000 – 2302 – 0000114　集二/0 – 8/1180
(94258)

愛樹堂寸香草不分卷　(清)張錫謙著　清刻
本　一冊

420000 – 2302 – 0000115　集二/5. 8/1180
(35461)

愛樹堂求真集二卷　(清)張錫謙著　清光緒
刻本　二冊

420000 – 2302 – 0000116　集二/3. 8/4724
(35707)

愛月軒女史遺稿三卷　(清)胡凱姒撰　清光
緒十四年(1888)刻本　一冊

420000 – 2302 – 0000117　集一/112 – 8/0808.4
(64795)

安吉施氏遺著五種　(清)戴翊清　(清)朱廷
燮編　清光緒十七年(1891)刻本　二冊

420000 – 2302 – 0000118　史十二/53 – 8/2802
(80660)

安瀾紀要二卷　(清)徐端撰　清光緒十一年
(1885)刻本　二冊

420000 – 2302 – 0000119　叢/5 – 8/2747
(26393)

安吳四種　(清)包世臣撰　清同治十一年
(1872)法經堂刻本　二十冊　存四種

420000 – 2302 – 0000120　集二/2/1. 5/4414
(34411)

安陽集五十卷家傳十卷遺事一卷別録一卷
(宋)韓琦著　明萬曆十五年(1587)郭樸刻本
十冊

420000 – 2302 – 0000121　集二/1. 5/4414
(34349)

安陽集五十卷首一卷家傳十卷別録三卷
(宋)韓琦撰　清乾隆三十七年(1772)黃邦寧
刻本　十冊

420000 – 2302 – 0000122　史八/64 – 8/3022
(88980)

案例二十一則一卷　(清)□□撰　清末抄本
一冊

420000 – 2302 – 0000123　集四/51 – 8/8757
(723361 – 3)

暗香樓樂府三種　(清)鄭由熙撰　清光緒十
六年(1890)暗香樓刻本　三冊

420000 – 2302 – 0000124　子十二/5 – 51/
4464(110663)

聲隅子歔欷瑣微論二卷　(宋)黃晞撰　**嬾眞
子五卷**　(宋)馬永卿撰　**廣成子解一卷**
(宋)蘇軾纂　清光緒元年(1875)湖北崇文書
局刻本　一冊

420000 – 2302 – 0000125　經十/22. 36/4024
(9551)

鼇頭校正東京玉篇大全一卷　(日本)木山槐
所編輯　清光緒二十三年(1897)刻本　一冊

420000 – 2302 – 0000126　史八/45 – 8/3778
(56031)

澳門公牘録存一卷　(清)□□輯　清宣統三
年(1911)泉唐汪氏鉛印本　一冊

420000 – 2302 – 0000127　集一/412.8/0824
(33287)

八家四六文注八卷首一卷　(清)許貞幹注
清光緒十八年(1892)上海圖書集成印書局鉛
印本　八冊

420000 – 2302 – 0000128　集一/5 – 8/2641.4
(90108 – 13)

八銘塾鈔初集六卷二集六卷　(清)吳懋政編

（清）李炳坤評注　清光緒二年（1876）善成堂刻本　六冊　存十卷（初集六卷、二集一至四）

420000－2302－0000129　集一/112－8/5360（735605）

八旗文經五十六卷作者考三卷敘錄一卷
（清）盛昱編　清光緒二十三年（1897）武昌刻本　十二冊

420000－2302－0000130　史十四/21－8/8052.8（63845）

八史經籍志十種　（□）□□撰　清光緒八年（1882）鎮海張壽榮刻本　十六冊

420000－2302－0000131　集二/0－8/4027（86141）

八松庵詩正集四卷續集五卷　（清）李御撰　清光緒二十五年（1899）刻本　二冊

420000－2302－0000132　子九/3.8/6034.3（19102）

八線備旨四卷　（美國）羅密士著　清光緒三十二年（1906）上海美華書館鉛印本　一冊

420000－2302－0000133　善子十/4－7/4410（70711）

八宅四書四卷　（明）甘霖撰　明萬曆二十九年（1601）吳勉學刻本　二冊

420000－2302－0000134　集二/0－8/4830（92537）

八指頭陀詩集十卷補遺一卷附詞一卷褋文一卷　（清）釋敬安撰　清光緒刻本　二冊

420000－2302－0000135　集二/0－8/1175（67436）

白蕐詩集十六卷附一卷　（清）張開東著（清）張兆騫編校　（清）杜光德選　清刻本　五冊　存十二卷（二至十三）

420000－2302－0000136　子九/3.8/1015（19069）

白芙堂算學叢書四十九種　（清）丁取忠輯　清同治十三年（1874）長沙古荷池精舍刻本　二十八冊

420000－2302－0000137　集二/3.8/3132（36013）

白圭堂詩鈔八卷續鈔六卷　（清）江之紀撰　清同治三年（1864）江文孫刻本　四冊

420000－2302－0000138　子八/3.8/8743（17822）

白喉治法忌表抉微一卷　（清）鄭梅澗撰　清光緒十八年（1892）湖北官書處刻本　一冊

420000－2302－0000139　子八/92－8/4695（57091）

白喉治法忌表抉微一卷經驗救急諸方一卷　（清）耐修子錄并注　（清）楊光燾續輯　清光緒二十三年（1897）同心堂刻本　一冊

420000－2302－0000140　子十二/2.21/1160.7（20082）

白虎通疏證十二卷　（清）陳立疏證　清光緒元年（1875）淮南書局刻本　四冊

420000－2302－0000141　子十二/2.21/1160.2（20086）

白虎通四卷　（漢）班固撰　清乾隆四十九年（1784）刻本　四冊

420000－2302－0000142　集二/1.8/2698（37770）

白華前稿六十卷　（清）吳省欽撰　清乾隆四十八年（1783）吳省欽刻本　十六冊

420000－2302－0000143　集二/1.8/3166（37786）

白茅堂詩文全集四十六卷　（清）顧景星撰　清光緒三十年（1904）刻本　二十冊

420000－2302－0000144　集二/3.7/7520（36267）

白沙子古詩教解二卷　（明）陳獻章撰　（明）湛若水解　清乾隆三十六年（1771）陳世澤刻本　一冊

420000－2302－0000145　善集二/0－7/7520（35147）

白沙子全集九卷附錄一卷　（明）陳獻章撰　明萬曆四十年（1612）何熊祥刻本　十冊

420000－2302－0000146　集二/1.7/7520.7
（35135）

白沙子全集十卷首一卷末一卷　（明）陳獻章
撰　白沙年譜二卷白沙門人考一卷　（清）阮
榕吟編　清乾隆三十六年(1771)刻本　十
二冊

420000－2302－0000147　集二/0－8/7530.2
（91616）

白石山館詩一卷　（清）陳沅撰　清宣統三年
(1911)陳曾則影印稿本　一冊

420000－2302－0000148　集二/3.42/2676.3
（37487）

**白氏長慶集二十卷後集二十卷別集一卷補遺
二卷**　（唐）白居易撰　（清）汪立名編訂　清
一隅草堂刻本　十冊

420000－2302－0000149　集二/4.8/1040
（35304）

白田草堂存稿八卷　（清）王懋竑撰　清光緒
二十年(1894)廣雅書局刻本　二冊

420000－2302－0000150　集一/312.8/4796
（33778）

白下愚園集八卷　（清）胡光國輯　清光緒二
十年(1894)江寧胡光國刻本　六冊

420000－2302－0000151　集四/1－8/8744.0
（67495）

白香詞譜箋四卷　（清）舒夢蘭原輯　清光緒
十一年(1885)刻本　二冊

420000－2302－0000152　集二/0－42/2676.3
（110127）

**白香山詩長慶集二十卷後集十七卷別集一卷
補遺二卷**　（唐）白居易撰　（清）汪立名編訂
　清古歙汪立名一隅草堂刻本　五冊　存十
四卷(長慶集六至十七、後集十四至十五)

420000－2302－0000153　集二/0－42/2676.3
（102804）

**白香山詩長慶集二十卷後集十七卷別集一卷
補遺二卷首一卷白香山年譜舊本一卷年譜一
卷**　（唐）白居易撰　（清）汪立名編　清古歙

汪立名一隅草堂刻本　六冊

420000－2302－0000154　集二/0－8/1752
（87125）

白香亭和陶詩一卷　（清）鄧輔綸撰　清光緒
十四年(1888)都梁怡園景雲書屋刻本　一冊

420000－2302－0000155　集二/0－8/1752
（90901）

白香亭和陶詩一卷　（清）鄧輔綸撰　清光緒
十四年(1888)都梁怡園景雲書屋刻本　一冊

420000－2302－0000156　集二/3.8/1752
（36048）

白香亭詩集三卷　（清）鄧輔綸撰著　清光緒十
九年(1893)東河督署刻本　二冊

420000－2302－0000157　集二/3.8/8019
（35626）

白雨湖莊詩鈔四卷　（清）余雲煥撰　清光緒
元年(1875)刻本　一冊

420000－2302－0000158　史十二/5263/2613.84
（79693）

白雲洞志五卷　（清）黃亨纂　清光緒十三年
(1887)刻本　一冊

420000－2302－0000159　史十一/61－8/1046.2
（33778）

百家姓考略二卷　（清）王相注　（清）徐士業
校　清乾隆善成堂刻本　一冊

420000－2302－0000160　史十一/61－8/1046.2
（92162）

百家姓考一卷　（清）王相注　（清）徐士業校
　清嘉慶至咸豐尚德堂刻本　一冊

420000－2302－0000161　史十一/21－8/1066
（64209）

百將圖傳二卷　（清）丁日昌撰　清同治八年
(1869)江蘇書局刻本　二冊

420000－2302－0000162　集一/3－8/4048
（102855）

百美集詠一卷百美新詠一卷　（清）袁枚撰
清刻本　一冊

420000－2302－0000163　集一/122.8/0143

(33375)

百美新詠一卷百美新詠圖傳一卷百美新詠集詠一卷 （清）顏希源輯　清嘉慶十年(1805)集腋軒刻本　四冊

420000－2302－0000164　集四/2.8/4327
(38275)

百末詞四卷 （清）尤侗著　清刻本　一冊

420000－2302－0000165　集二/1.8/1043
(4928)

百柱堂全集五十二卷首一卷 （清）王柏心撰　清光緒刻本　五冊　存十九卷(外集一至十九)

420000－2302－0000166　集二/1.85/1043
(37620)

百柱堂全集五十三卷附錄二卷 （清）王柏心撰　雲閣遺稿 （清）王家仕撰　清光緒二十四年(1898)成山唐氏貴陽刻本　二十冊

420000－2302－0000167　集二/1.8/1043(37640)

百柱堂全集五十三卷附錄二卷 （清）王柏心撰　雲閣遺稿 （清）王家仕撰　清光緒二十四年(1898)成山唐氏貴陽刻本　二十冊

420000－2302－0000168　子十二/2－8/4719
(100697)

百子辨正二卷 （清）楊琪光撰　清光緒刻本　二冊

420000－2302－0000169　集二/1.8/4880
(36950)

柏梘山房集文集十六卷文集續集一卷詩集十卷詩集續集二卷駢體文二卷 （清）梅曾亮撰　清咸豐六年(1856)楊以增刻本　八冊

420000－2302－0000170　史八/64－8/4022
(88882)

柏垣瑣志一卷 （清）李佳撰　清光緒刻本　一冊

420000－2302－0000171　集四/2.8/3148(38279)

拜石山房詞鈔四卷 （清）顧翰撰　清光緒二年(1876)心禪室刻本　二冊

420000－2302－0000172　叢/1－7/0031

稗海七十種 （明）商濬輯　明商氏刻清康熙振鷺堂補刻本　八十冊

420000－2302－0000173　善叢/1－7/0031
(23026)

稗海前集四十八種續二十二種 （明）商濬輯　明末刻本　八十冊

420000－2302－0000174　經十/16－52/5042
(16047)

班馬字類五卷 （宋）婁機撰　清光緒十七年(1891)思賢書局刻本　二冊

420000－2302－0000175　史一/22.21/1160.5
(16047)

班馬字類五卷 （宋）婁機撰　清光緒十七年(1891)思賢書局刻本　二冊

420000－2302－0000176　集四/2.8/8799
(35321)

板橋詞鈔一卷 （清）鄭燮撰　清司徒文青刻本　一冊

420000－2302－0000177　集二/0－8/8799
(88841)

板橋集六卷 （清）鄭燮撰　清清暉書屋刻本　二冊

420000－2302－0000178　叢/5－8/8799(88175)

板橋集四種 （清）鄭燮撰　清乾隆刻本　二冊

420000－2302－0000179　集二/0－8/8799
(91432)

板橋家書一卷 （清）鄭燮撰　清乾隆刻本　一冊

420000－2302－0000180　集二/6.8/8799(27140)

板橋家書一卷 （清）鄭燮撰　清末刻本　一冊

420000－2302－0000181　叢/1.8/0112(23174)

半廠叢書初編十種 （清）譚獻編　清光緒仁和譚氏刻本　二十冊

420000－2302－0000182　叢/1－8/0123

半廠叢書初編十種　（清）譚獻編　清光緒仁和譚氏刻本　二十冊

420000－2302－0000183　善經七/42－8/5044
（15301）

半農先生春秋說十五卷附一卷　（清）惠士奇撰　清乾隆十四年(1749)長洲吳泰來璜川書屋刻本　八冊

420000－2302－0000184　集二/0－8/2322
（101020）

半溪草堂文稿二卷附錄一卷詩稿四卷　（清）傅卓然著　青陔遺稿一卷　（清）傅衡著　清光緒十三年(1887)湖北官書處刻本　四冊

420000－2302－0000185　集一/32－8/3011
（65636）

瓣薰芳讔集不分卷　（清）李傳熺輯　清光緒二十二年(1896)漢口臥遊草堂石印本　一冊

420000－2302－0000186　集一/312.8/4029
（33125）

瓣薰芳讔集不分卷　（清）李傳熺撰　清光緒二十二年(1896)漢口臥遊草堂石印本　一冊

420000－2302－0000187　子十一/225.8/2747
（19688）

包安吳詩文稿不分卷　（清）包世臣撰　清宣統二年(1910)湖北官書處刻本　一冊

420000－2302－0000188　史九/2－51/2757.1
（77504）

包孝肅公奏議十卷　（宋）包拯撰　（宋）張田編　清同治二年(1863)李瀚章刻本　四冊

420000－2302－0000189　史九/2－51/2757.1
（77486）

包孝肅公奏議十卷　（宋）包拯撰　（宋）張田編　清同治元年(1862)南海伍氏刻本　一冊

420000－2302－0000190　史八/53－8/4044
（89980）

保甲事宜摘要五卷　（清）李有棻撰　清光緒十三年(1887)武昌府署刻本　一冊

420000－2302－0000191　子十六/26－33/2838

（111483）

寶藏論一卷　（晉）釋僧肇著　清光緒二十三年(1897)金陵刻經處刻本　一冊

420000－2302－0000192　史十二/5241/3042.87
（79697）

寶華山志十五卷首一卷　（清）釋德基輯　（清）劉名芳纂修　清刻本　四冊

420000－2302－0000193　史十五/14－8/4422
（84269）

寶鐵齋金石文跋尾三卷　（清）韓崇撰　清光緒四年(1878)湁喜齋刻本　一冊

420000－2302－0000194　善子十二/5－7/7522
（69670）

寶顏堂增訂讀書鏡十卷　（明）陳繼儒撰　明萬曆二十八年(1600)沈師昌刻本　一冊

420000－2302－0000195　集二/0－8/7143
（87463）

抱潤軒文集十卷　（清）馬其昶撰　清宣統元年(1909)安徽官紙印刷局石印本　一冊

420000－2302－0000196　集二/1.36/2767.4
（34908）

鮑參軍集二卷　（南朝宋）鮑照撰　（清）胡鳳丹校　清退補齋刻本　一冊

420000－2302－0000197　史五/1－17/6368.2

鮑氏國策十卷　（宋）鮑彪校注　明嘉靖刻本　五冊　存五卷（三、五、七至九）

420000－2302－0000198　善史五/1－17/6968.2
（70980）

鮑氏國策十卷　（宋）鮑彪校注　明嘉靖七年(1528)吳門龔雷影宋刻本　五冊　存六卷（三、五、七至十）

420000－2302－0000199　經十/23－8/6051
（84710）

碑別字補五卷　羅振玉輯　清光緒二十七年(1901)刻本　一冊

420000－2302－0000200　史十一/31－8/4436
（77466）

北行日記一卷　（清）薛寶田撰　清光緒八年
（1882）刻本　一冊

420000 – 2302 – 0000201　史十一/31 – 8/4436
（77467）

北行日記一卷　（清）薛寶田撰　清光緒八年
（1882）刻本　一冊

420000 – 2302 – 0000202　子十五/1 – 8/1104
（723446）

北京報彙編不分卷（清光緒三十年九月初八
至九月十四）　（清）□□輯　清光緒鉛印本
一冊

420000 – 2302 – 0000203　史一/3 – 37/4014
（110668）

北齊書五十卷　（唐）李百藥撰　清同治十三
年（1874）金陵書局刻本　四冊

420000 – 2302 – 0000204　史一/3 – 37/4014
（103599）

北齊書五十卷　（唐）李百藥撰　清同治十三
年（1874）金陵書局刻本　三冊　存二十八卷
（一至十七、二十四至三十四）

420000 – 2302 – 0000205　善史一/3 – 37/4014
（41369）

北齊書五十卷　（唐）李百藥撰　宋蜀刻元明
遞修本　三冊　存十七卷（十三至二十五、三
十三至三十六）

420000 – 2302 – 0000206　善史一/3 – 37/4014
（70302）

北史一百卷　（唐）李延壽撰　明萬曆至清順
治遞補刻本　二十八冊　存九十四卷（一至
八十八、九十五至一百）

420000 – 2302 – 0000207　集二/0 – 8/1194
（56113）

北戍草一卷　（清）張光藻撰　清光緒二十三
年（1897）刻本　一冊

420000 – 2302 – 0000208　子二/34 – 52/7530.1
（61804）

北溪先生字義二卷補遺一卷附嚴陵講義一卷
附論一卷　（宋）陳淳撰　（宋）王雋編

（清）戴嘉禧增訂　清嘉慶二十五年（1820）綠
雨山房刻本　二冊

420000 – 2302 – 0000209　子二/34 – 52/7530
（71254）

北溪字義二卷補遺一卷附嚴陵講義一卷
（宋）陳淳撰　清道光十三年（1833）怡山館刻
本　一冊

420000 – 2302 – 0000210　史八/9 – 8/4478
（78278）

北洋公牘類纂二十五卷　（清）甘厚慈輯　清
光緒三十三年（1907）京城益森印刷有限公司
鉛印本　二十冊

420000 – 2302 – 0000211　史十二/343.2/4032.84
（64124）

北隅掌錄二卷　（清）黃士珣撰　清道光二十
五年（1845）錢唐汪氏振綺堂刻本　二冊

420000 – 2302 – 0000212　集五/2.8/4441
（36586）

北隅掌錄二卷　（清）黃士珣撰　清光緒七年
（1881）錢塘丁氏刻本　一冊

420000 – 2302 – 0000213　子八/62.5/1137
（18352）

備急灸法一卷　（宋）張渙撰　清光緒十七年
（1891）江寧藩署刻本　二冊

420000 – 2302 – 0000214　子八/62/2474

備用藥物一卷經驗簡便良方一卷　（□）□□
撰　清刻本　一冊

420000 – 2302 – 0000215　子八/7.8/2633
（8632）

本草從新六卷　（清）吳儀洛編　清乾隆二十
二年（1757）刻本　二冊

420000 – 2302 – 0000216　子八/7.7/4061
（8303）

本草綱目五十二卷　（明）李時珍撰　清刻本
四十冊

420000 – 2302 – 0000217　子八/7.7/4061
（40254）

本草綱目五十二卷　（明)李時珍撰　清刻本
四十四冊

420000－2302－0000218　子 八/7.7/4061
(18645)

本草綱目五十二卷首一卷　（明)李時珍撰
清書業堂刻本　四十八冊

420000－2302－0000219　子 八/7.7/4061
(18582)

本草綱目五十二卷首一卷　（明)李時珍撰
清刻本　四十七冊　存五十二卷(一至四十、
四十二至五十二,首一卷)

420000－2302－0000220　子 八/7.7/4061
(18629)

本草綱目五十二卷首一卷　（明)李時珍撰
清光緒十八年(1892)上海鴻寶齋石印本　十
六冊

420000－2302－0000221　子 八/7.7/4061
(18572)

本草綱目五十二卷首一卷　（明)李時珍撰
清光緒十八年(1892)上海鴻寶齋石印本　十
冊　存四十七卷(一至三、十至五十二,首一
卷)

420000－2302－0000222　子 八/7.7/4064
(18693)

本草綱目五十二卷首一卷　（明)李時珍撰
清光緒十一年(1885)刻本　三十九冊

420000－2302－0000223　子 八/17.－7/
4061.4(111379)

本草綱目五十二卷首一卷藥品總目一卷圖三
卷　（明)李時珍撰　本草萬方鍼線八卷
（清)蔡烈先輯　本草綱目拾遺十卷　（清)趙
學敏輯　清光緒十一年(1885)合肥張紹棠味
古齋刻本　十四冊　存二十五卷(十七至三
十、本草萬方鍼線六至八、拾遺三至十)

420000－2302－0000224　子 八/7.8/2648
(18530)

本草經疏輯要十卷　（清)吳世鎧纂　清嘉慶
十四年(1809)刻本　八冊　存九卷(一至七、

九至十)

420000－2302－0000225　子 八/7.8/4432
(18485)

本草求真十二卷　（清)黃宮繡纂　清刻本
六冊

420000－2302－0000226　子 八/7.8/0737
(18524)

本草三家合註六卷　（清)郭汝聰集註　清刻
本　六冊

420000－2302－0000227　子 八/17.－8/4412
(110408)

本草萬方鍼線八卷　（清)蔡烈先輯　清刻本
一冊　存四卷(一至四)

420000－2302－0000228　集 一/22－8/2619.7
(735640)

本朝館閣賦後集七卷補遺一卷附錄一卷
（清)程琰編錄　清乾隆三十三年(1768)困學
齋刻本　四冊

420000－2302－0000229　集 一/22－8/2619.4
(735634)

本朝館閣賦前集十二卷　（清)程洵編錄　清
乾隆二十九年(1764)困學齋刻本　六冊

420000－2302－0000230　集 一/2.8/4091.2
(31780)

本朝試賦麗則四卷　（清)李光理等輯評
（清)吳繼瑞等箋注　清乾隆三十四年(1769)
金陵三多齋刻本　六冊

420000－2302－0000231　集 一/12－8/3423.1
(103659)

本朝應制和聲集六卷首四卷　（清)沈德潛評
（清)王居正評定　（清)劉鳴珂校　清乾隆
九年(1744)刻本　九冊　存九卷(一至五、首
四卷)

420000－2302－0000232　子 八/7.8/2734
(18518)

本經序疏要八卷　（清)鄒澍撰　清刻本
三冊

420000 – 2302 – 0000233　子 八/7.8/2734
（18521）

本經續疏六卷　（清）鄒澍撰　清刻本　三冊

420000 – 2302 – 0000234　集一/111 – 8/2884
（50547）

本事詩前集六卷後集六卷　（清）徐釚編輯
（清）徐幹校刊　清光緒二十一年（1895）邵武
徐氏刻本　四冊

420000 – 2302 – 0000235　經十/12.8/3404
（15770）

比雅十卷　（清）洪亮吉撰　清光緒五年
（1879）授經堂刻本　二冊

420000 – 2302 – 0000236　子十一/224.1/4437
（19350）

筆諫八卷　（清）馬萬選輯　清光緒八年
（1882）刻本　十冊

420000 – 2302 – 0000237　子二/46 – 8/4437
（89240）

筆諫八卷首一卷附百孝圖一卷編末一卷
（清）馬萬選編　清光緒八年（1882）刻本
十冊

420000 – 2302 – 0000238　子九/3.8/4940.2
（18969）

筆算數學三卷　（美國）狄考文輯　（清）鄒立
文述　清光緒三十二年（1906）上海美華書館
鉛印本　三冊

420000 – 2302 – 0000239　集 四/2.8/4712
（38273）

苾芻館詞集六卷　（清）胡延撰　清光緒二十
九年（1903）金陵糧儲道廠刻本　二冊

420000 – 2302 – 0000240　史十一/21 – 8/2840.2
（78249）

敝帚齋主人年譜一卷　（清）□□等撰　（清）
徐承禧補輯　清同治十三年（1874）福州刻本
一冊

420000 – 2302 – 0000241　史十四/13 – 8/2744
（63385）

皕宋樓藏書源流考一卷　（日本）島田翰撰

清光緒三十三年（1907）武進董氏刻本　一冊

420000 – 2302 – 0000242　子十二/5 – 8/0887.4
（67785）

碧聲吟館談塵四卷　（清）許善長纂　**硯辨一
卷**　（清）蔣淼撰　清光緒四年（1878）仁和許
氏碧聲吟館刻本　四冊

420000 – 2302 – 0000243　集 二/0 – 8/4004
（65635）

碧桃軒集唐詩四卷　（清）李應觀撰　清刻本
一冊　存二卷（一至二）

420000 – 2302 – 0000244　史十一/21 – 8/4420.1
（41692）

碧血録五卷　（清）莊仲方撰　（清）夏鸞翔繪
圖　清光緒八年（1882）上海同文書局石印本
五冊

420000 – 2302 – 0000245　集一/8.8/4820（33243）

璧合珠聯集十卷　（清）翰緣齋輯　清光緒二
十三年（1897）北京翰緣齋刻本　十冊

420000 – 2302 – 0000246　善子十四/1 – 41/
4486.0（64377）

編珠二卷　（隋）杜公瞻撰　清抄本　一冊

420000 – 2302 – 0000247　史 十 二/4/2560
（6815）

邊事匯鈔十二卷續鈔八卷　（清）朱克敬編
清光緒六年（1880）長沙刻本　十冊

420000 – 2302 – 0000248　史 八/4 – 8/2544
（77324）

邊事匯鈔十二卷續鈔八卷　（清）朱克敬編
清光緒六年（1880）長沙刻本　十冊

420000 – 2302 – 0000249　子八/2.5/3044.4
（17790）

扁鵲心書三卷　（宋）竇材集　清刻本　二冊

420000 – 2302 – 0000250　集 二/1.8/1742
（37889）

扁善齋詩文存三卷　（清）鄧嘉緝著　清光緒
二十七年（1901）刻本　三冊

420000 – 2302 – 0000251　子十四/5.8/2673

(21437)

辨譌一得二十卷 （清）吳巨禮輯　清道光七年(1827)刻本　六冊

420000－2302－0000252　子八/2.8/8438 (8284)

辨證奇聞十卷 （清）錢松撰　清刻本　一冊
　　存二卷(九至十)

420000－2302－0000253　史八/233－8/3501 (88727)

變通科舉章程一卷 （清）禮部政務處撰　清光緒刻本　一冊

420000－2302－0000254　集二/0－8/4431.4 (86735)

變雅堂詩集十卷 （清）杜濬撰　清光緒二十年(1894)黃岡沈氏武昌刻本　二冊

420000－2302－0000255　集二/0－8/4432.4 (90351)

變雅堂遺集十八卷附錄二卷 （清）杜濬撰　清光緒二十年(1894)黃岡沈氏武昌刻本　六冊

420000－2302－0000256　集二/1.8/4431 (36990)

變雅堂遺集十八卷附錄二卷 （清）杜濬撰　清光緒二十年(1894)黃岡沈氏武昌刻本　六冊

420000－2302－0000257　集二 4.8/8043 (37185)

賓萌集五卷 （清）俞樾撰　清同治九年(1870)刻本　一冊

420000－2302－0000258　集二/4.8/8043 (37186)

賓萌外集四卷 （清）俞樾撰　清同治十年(1871)刻本　一冊

420000－2302－0000259　子十二/5－52/4976(67775)

賓退錄十卷 （宋）趙與時撰　清光緒江陰繆荃孫影宋刻本　四冊

420000－2302－0000260　子十二/2.5/4976 (20314)

賓退錄十卷 （宋）趙與時撰　清刻本　四冊

420000－2302－0000261　子八/13.7/4061 (17721)

瀕湖脈學一卷 （明）李時珍撰　清光緒二十三年(1897)刻本　一冊

420000－2302－0000262　集二/3.8/1040 (36182)

冰壺山館詩鈔四卷首一卷 （清）王夢庚撰　清道光九年(1829)刻本　十二冊

420000－2302－0000263　善子五/6－8/5663 (93480)

兵法百篇三卷 （清）揭暄撰　清咸豐七年(1857)專一書屋抄本　一冊

420000－2302－0000264　子五/8－8/7202 (100640)

兵法史略學二卷 （清）陳慶年撰　清光緒二十五年(1899)兩湖書院正學堂刻本　二冊

420000－2302－0000265　子五/1－8/7254 (64759)

兵書廿一種 （□）□□編　清光緒二十九年(1903)石印本　十六冊

420000－2302－0000266　經二/4－5/4032 (092879)

丙子學易編一卷 （宋）李心傳撰　清康熙通志堂刻本　一冊

420000－2302－0000267　子十二/2－3/4004 (65874)

炳燭編四卷 （清）李賡芸撰　清光緒四年(1878)宏達堂刻本　一冊

420000－2302－0000268　子十四/8.8/8044 (22036)

稟啟零紈四卷 （清）徐紉裳編　清光緒上海申報館鉛印本　二冊

420000－2302－0000269　善史十一/12－7/0873(70061)

病榻夢痕録二卷餘録一卷 （清）汪輝祖撰
清刻本 三冊

420000 – 2302 – 0000270 史十七/12 – 8/
7702（84678）

波斯志不分卷 （清）學部編譯圖書局編譯
清光緒三十三年（1907）學部編譯圖書局鉛印
本 一冊

420000 – 2302 – 0000271 集二 3.8/8038
（35628）

鉢囊草三種 （清）含澈撰 清光緒十年
（1884）刻本 三冊

420000 – 2302 – 0000272 史十七/4/3802：8
（7940）

伯利探路記一卷 （清）曹延傑著 清光緒二
十三年（1897）湖南新學書局刻本 一冊

420000 – 2302 – 0000273 善子十一/312 – 7/
4658（69868）

伯牙心法一卷 （明）楊掄撰 明萬曆楊氏刻
本 一冊

420000 – 2302 – 0000274 善子十一/312 – 7/
4658（69869）

伯牙心法一卷 （明）楊掄撰 明萬曆楊氏刻
本 一冊

420000 – 2302 – 0000275 史十五/32 – 52/
1033（101024）

泊如齋重修宣和博古圖録三十卷 （宋）王黼
輯 明萬曆十六年（1588）泊如齋刻本 二十
七冊

420000 – 2302 – 0000276 子十二/5 – 51/
0027.4（67551）

泊宅編三卷 （宋）方勺撰 清同治八年
（1869）永康胡氏退補齋刻本 一冊

420000 – 2302 – 0000277 集五/2.31/1144
（36881）

博物志十卷 （晉）張華撰 清光緒元年
（1875）湖北崇文書局刻本 二冊

420000 – 2302 – 0000278 經十/16 – 8/4711

（57506）

駁春秋名字解詁一卷 （清）胡元玉撰 清光
緒長沙梁益智書局刻本 一冊

420000 – 2302 – 0000279 經一/12 – 8/4081
（57145）

駁五經異義疏證十卷 （清）皮錫瑞著 清光
緒二十五年（1899）刻本 二冊

420000 – 2302 – 0000280 集二/3.8/1028
（35944）

檗隖詩存十二卷末一卷 （清）王以敏撰 清
刻本 四冊

420000 – 2302 – 0000281 史十五/51 – 8/4930
（80879）

補寰宇訪碑録五卷史編一卷 （清）趙之謙撰
清同治三年（1864）刻本 二冊

420000 – 2302 – 0000282 史十五/11 – 8/4933
（71699）

補寰宇訪碑録五卷史編一卷刊誤一卷 （清）
趙之謙纂集 清光緒十二年（1886）吳縣朱氏
槐廬刻本 二冊

420000 – 2302 – 0000283 史十四/21 – 31/0043.2
（63505）

補晉書經籍志四卷 吳士鑑纂 清光緒刻本
二冊

420000 – 2302 – 0000284 史一/3 – 23/7540.3
（94074）

補三國疆域志二卷 （清）洪亮吉撰 清光緒
四年（1878）洪用懃授經堂刻本 一冊

420000 – 2302 – 0000285 史八/61 – 36/4712
（55410）

補宋書刑法志一卷補宋書食貨志一卷 （清）
郝懿行撰 清嘉慶至光緒刻本 一冊

420000 – 2302 – 0000286 集二/6.8/0863
（37141）

補注秋水軒尺牘四卷 （清）許思湄著 （清）
婁世瑞注釋 （清）管斯駿補注 清光緒十年
（1884）管可壽齋刻本 一冊

420000 – 2302 – 0000287　子八/1 – 42/1032

補注釋文黃帝內經素問十二卷　（唐）王冰注（宋）林億等校正　（宋）孫兆改誤　**黃帝內經素問遺篇一卷　黃帝內經素問靈樞經十二卷**　（宋）史崧音釋　明嘉靖趙府居敬堂刻本　十冊

420000 – 2302 – 0000288　子六/3.5/3080.1（17268）

補注洗冤録集證四卷　（清）王又槐集證（清）阮其新補注　清道光二十三年（1843）刻本　四冊

420000 – 2302 – 0000289　子二/41 – 8/1018（86146）

不可録一卷　（□）□□撰　清刻本　一冊

420000 – 2302 – 0000290　子五/7 – 8/4007（88878）

步兵教育方案一卷　（日本）南部辰丙撰（清）吳元澤譯　清光緒三十一年（1905）刻本　一冊

420000 – 2302 – 0000291　史八/6.8/6412.3/（6660）

財政處戶部奏定土藥統稅章程一卷　（清）財政處戶部輯　清光緒三十一年（1905）刻本　一冊

420000 – 2302 – 0000292　史八/6.8/6412.3/（6664）

財政處戶部奏定土藥統稅章程一卷　（清）財政處戶部輯　清光緒三十一年（1905）刻本　一冊

420000 – 2302 – 0000293　史八/6.8/6596（6661）

財政處戶部奏定土藥統稅章程一卷　（清）財政處戶部輯　清光緒三十一年（1905）刻本　一冊

420000 – 2302 – 0000294　史八/6.8/6596（6662）

財政處戶部奏定土藥統稅章程一卷　（清）財政處戶部輯　清光緒三十一年（1905）刻本

一冊

420000 – 2302 – 0000295　史八/6.8/6596（6663）

財政處戶部奏定土藥統稅章程一卷　（清）財政處戶部輯　清光緒三十一年（1905）刻本　一冊

420000 – 2302 – 0000296　史八/6.8/6596（6665）

財政處戶部奏定土藥統稅章程一卷　（清）財政處戶部輯　清光緒三十一年（1905）刻本　一冊

420000 – 2302 – 0000297　史八/6.8/6596（6666）

財政處戶部奏定土藥統稅章程一卷　（清）財政處戶部輯　清光緒三十一年（1905）刻本　一冊

420000 – 2302 – 0000298　史八/3.8/8397（6487）

財政四綱四卷　（清）錢恂撰　清光緒二十七年（1901）石印本　四冊

420000 – 2302 – 0000299　善子七/31 – 8/4042（20607）

采芳隨筆二十四卷　（清）查彬撰　清嘉慶十九年（1814）刻本　三十六冊

420000 – 2302 – 0000300　集四/2 – 8/4403（92733 – 4）

採香詞四卷　（清）杜文瀾撰　清咸豐秀水杜氏刻本　二冊

420000 – 2302 – 0000301　子二/42.7/3406（20081）

菜根譚一卷　（明）洪應明撰　清光緒十三年（1887）揚州藏經禪院刻本　一冊

420000 – 2302 – 0000302　叢/5 – 8/1044（93592）

菜根堂雜著不分卷　（清）夏力恕撰　清宣統抄本　四冊

420000 – 2302 – 0000303　叢/4.7/4446（13340）

蔡氏九儒書九種首一卷　（明）蔡有鷁輯　清

同治七年(1868)盱南蔡氏三餘書屋刻本
六冊

420000－2302－0000304　集二/1.21/4422
(34903)

蔡中郎集十卷 （漢）蔡邕撰　清光緒十六年
(1890)番禺陶氏愛廬影刻咸豐海源閣叢書本
五冊

420000－2302－0000305　集二/0－22/4422.0
(92667)

**蔡中郎集十卷外紀一卷外集四卷附列傳一卷
年表一卷** （漢）蔡邕撰　（清）高均儒輯　清
光緒十六年(1890)番禺陶氏愛廬影刻咸豐海
源閣叢書本　五冊

420000－2302－0000306　集二/0－22/4422
(91304)

蔡中郎文集十卷外傳一卷 （漢）蔡邕撰　清
光緒七年(1881)歸安陸心源十萬卷樓刻本
二冊

420000－2302－0000307　子十六/8.7/2627.6
(22077)

參同契分節秘解七卷 （漢）魏伯陽撰　（清）
呂惠連註　清宣統三年(1911)萬全堂刻本
六冊

420000－2302－0000308　子十六/39－22/2627
(91428)

參同契一卷 （漢）魏伯陽撰　清乾隆五十六
年(1791)金谿王氏刻本　一冊

420000－2302－0000309　子十六/39－8/7216
(90906)

參同契直指三相類二卷參同契直指箋註三卷
（清）劉一明撰　清刻本　一冊

420000－2302－0000310　子十/3－8/8043
(91417)

參星秘要諏吉便覽不分卷 （清）余榮寬撰
清同治八年(1869)刻朱墨套印本　一冊

420000－2302－0000311　子十/3－8/8043.6
(91418)

參星秘要諏吉便覽不分卷 （清）余榮寬撰

滾盤珠一卷 （清）呂天玉選　清同治四年
(1865)刻朱墨套印本　四冊

420000－2302－0000312　善子十一/72－8/
8373(69876)

殘局類選二卷 （清）錢長澤輯　清乾隆三十
五年(1770)暗香書屋刻本　二冊

420000－2302－0000313　子七/4.8/2739
(17321)

蠶桑事宜一卷 （清）鄒祖堂編　清刻本
一冊

420000－2302－0000314　集二/0－8/1043
(89730)

蠶尾集十卷後集二卷續集二卷 （清）王士禎
撰　清宣統三年(1911)集成圖書公司石印本
四冊

420000－2302－0000315　經十/15.8/1262
(16236)

倉頡篇三卷 （清）孫星衍撰　**倉頡篇續本一
卷** （清）任大椿撰　**倉頡篇補本二卷** （清）
陶方琦撰　清光緒十六年(1890)江蘇書局刻
本　二冊

420000－2302－0000316　叢/5.8/1227(11652)

蒼莨集三種 （清）孫鼎臣撰　清咸豐刻本
十冊

420000－2302－0000317　史十一/12－8/1064
(77473)

滄城殉難録四卷 （清）王國均編　清同治二
年(1863)刻本　四冊

420000－2302－0000318　集七/2－52/6617.4
(89446－7)

滄浪詩話註五卷 （清）胡鑑撰　清光緒七年
(1881)廣州刻本　二冊

420000－2302－0000319　集二/3.7/4040
(36260)

滄溟詩集十四卷 （明）李攀龍撰　清光緒二
十一年(1895)長沙張氏湘雨樓刻本　四冊

420000－2302－0000320　集二/1.7/4040

（35100）

滄溟先生集三十卷 （明）李攀龍著 清道光二十七年（1847）刻本 八冊

420000－2302－0000321 善集二/0－7/4040（69174）

滄溟先生集三十卷附錄一卷 （明）李攀龍撰 明萬曆二十六年（1598）刻本 十六冊

420000－2302－0000322 集二/0－7/4040（92676）

滄溟先生集十四卷附錄一卷 （明）李攀龍撰 清光緒二十一年（1895）長沙張氏湘雨樓刻本 四冊

420000－2302－0000323 集二/0－7/4040（92680）

滄溟先生集十四卷附錄一卷 （明）李攀龍撰 清光緒二十一年（1895）長沙張氏湘雨樓刻本 四冊

420000－2302－0000324 集四/51.8/1020（14371）

滄桑艷二卷 （清）丁傳靖填詞 清光緒二十二年（1896）豹隱廬刻本 二冊

420000－2302－0000325 史四/－7/4045（76477）

藏書六十八卷 （明）李贄撰 清咸豐二年（1852）芹圃氏抄本 三十冊

420000－2302－0000326 善史十一/11－7/4044（70853）

藏書六十八卷 （明）李贄輯 明末刻本 十四冊 存六十卷（九至六十八）

420000－2302－0000327 史十四/14－9/4429（63570）

藏書十約十卷 葉德輝撰 清光緒葉氏觀古堂刻本 一冊

420000－2302－0000328 子五/28.7/8027（16964）

草廬經略十二卷 （明）□□撰 清咸豐刻本 四冊

420000－2302－0000329 集二/1.644632（34515）

草廬吳文正公全集四十九卷 （元）吳澄撰 清乾隆二十一年（1756）刻本 三十六冊

420000－2302－0000330 善經四/3－8/4924（58038）

草木疏校正二卷 （清）趙佑撰 清乾隆五十六年至五十七年（1791－1792）吉安白鷺洲書院刻本 一冊

420000－2302－0000331 子十一/224.1/2537（19360）

草聖彙辯四卷 （清）朱宗文摹輯 清嘉和問業堂刻本 四冊

420000－2302－0000332 集四/11－7/3124.4

草堂詩餘五卷 （宋）何士信編選 （明）楊慎批點 明吳興閔映璧刻朱墨套印本 四冊

420000－2302－0000333 子十一/225－8/7734（110158）

草韻彙編二十六卷 （清）陶南望輯 清刻本 五冊 存五冊

420000－2302－0000334 善子十一/224－8/7740（19411）

草韻彙編二十六卷 （清）陶南望輯 清乾隆陶琨刻本 六冊

420000－2302－0000335 子十一/225－8/7734（110163）

草韻彙編二十六卷 （清）陶南望輯 清刻本 一冊 存三卷（三至五）

420000－2302－0000336 經十/24－8/1037（89515）

草字彙十二集 （清）石梁輯 清乾隆五十三年（1788）敬義齋刻本 六冊 存六集（子至巳）

420000－2302－0000337 善子十四/1－5/1084

冊府元龜一千卷 （宋）王欽若等編 明崇禎十五年（1642）黃國琦刻本 二百八冊

420000－2302－0000338　子十四/1.8/7262
（21707）

策府統宗六十五卷　（清）劉昌齡編輯　清光
緒二十三年(1897)慎記莊石印本　二十冊

420000－2302－0000339　子十四/1.8/2629
（21515）

策學備纂三十二卷　（清）宋徵獻輯　清光緒
十三年(1887)上海點石齋石印本　四十八冊

420000－2302－0000340　子十四/5.8/4443
（13791）

策學總纂大成四十六卷　（清）蔡壽祺撰
（清）周隆壽增輯　清光緒三年(1877)東都樂
善堂刻本　六冊

420000－2302－0000341　子十四/8.8/4442
（8127）

策學纂要正續合編十六卷　（清）萬南泉
（清）戴篤國撰　清刻本　四冊

420000－2302－0000342　子九/3.8/4497(18983)

測地志四卷　（清）黃炳垕撰　清同治六年
(1867)刻本　一冊

420000－2302－0000343　子九/3.8/3232

測海山房中西算學叢刻初編三十五種　（清）測
海山房主人輯　清刻本　二十七冊　存六種

420000－2302－0000344　子九/2/4191(8441)

測量圖說不分卷　（清）柯悟安編輯　清光緒
二十六年(1900)刻本　一冊

420000－2302－0000345　子九/3.64/4033
（19036）

測圖海鏡細草十二卷　（元）李冶撰　清光緒
同文館鉛印本　四冊

420000－2302－0000346　史十一/21－8/8064.2
（100795）

曾太傅毅勇侯傳略一卷　（清）黎庶昌撰　清
光緒黎氏刻本　一冊

420000－2302－0000347　集二/0－8/8003
（82477）

曾太僕左夫人詩稿合刻吟雲仙館詩稿一卷冷

**唫仙館詩稿八卷首一卷詩餘文存一卷附錄一
卷**　（清）曾詠撰　（清）左錫嘉編　清光緒十
七年(1891)曾光煦定襄官署刻本　七冊

420000－2302－0000348　史十一/21－8/8064.1
（6853）

曾文正公大事記四卷　（清）王定安撰　清光
緒二年(1876)傳忠書局刻本　二冊

420000－2302－0000349　史十一/2.8/8064.1
（6853－4）

曾文正公大事記四卷　（清）王定安撰　清光
緒二年(1876)刻本　二冊

420000－2302－0000350　集二/0－8/8064
（110856）

曾文正公家書十卷　（清）曾國藩撰　清光緒
五年(1879)傳忠書局刻本　四冊

420000－2302－0000351　集二/0－8/8074
（110361）

曾文正公家書十卷　（清）曾國藩撰　清末刻
本　一冊　存一卷(四)

420000－2302－0000352　叢/5.8/4030（11202）

曾文正公全集十五種首一卷　（清）曾國藩撰
（清）李瀚章編次　清光緒二年(1876)傳忠
書局刻本　一百冊

420000－2302－0000353　叢/1.8/4030（13015）

曾文正公全集十五種首一卷　（清）曾國藩撰
（清）李瀚章編次　清光緒二年(1876)傳忠
書局刻本　九十八冊　存十四種

420000－2302－0000354　叢1－8/8064.4
（103234）

曾文正公全集十五種首一卷　（清）曾國藩撰
（清）李瀚章編次　清光緒二年(1876)傳忠
書局刻本　十二冊　存三種二十二卷(文集
三卷,詩集三卷,書札一至十二、十五至十八)

420000－2302－0000355　叢/5－8/8064
（111297）

曾文正公全集十五種首一卷　（清）曾國藩
撰　清光緒二年(1876)傳忠書局刻本　六冊
存一種六卷(曾文正公奏稿一至五、首一

卷）

420000－2302－0000356　　史十一/31－8/8064(80941)

曾文正公手書日記不分卷　（清）曾國藩撰　清宣統元年(1909)上海中國圖書公司石印本　四十冊

420000－2302－0000357　　集二/0－8/8064.8(89780)

曾文正公書札三十三卷　（清）曾國藩撰　（清）曾紀澤編　清光緒十三年(1887)上海申報館鉛印本　十五冊　存三十一卷(一至二十四、二十七至三十三)

420000－2302－0000358　　集二/0－8/8074.1(110360)

曾文正公文鈔四卷　（清）曾國藩撰　（清）張瑛編校　清同治十一年(1872)刻本　一冊　存二卷(三至四)

420000－2302－0000359　　集二/0－8/8064.4(86718)

曾文正公文集四卷　（清）曾國藩撰　（清）李瀚章編　清同治十三年(1874)傳忠書局刻本　四冊

420000－2302－0000360　　集二/0－8/8064.4(110901)

曾文正公文集四卷　（清）曾國藩撰　（清）李瀚章編次　清光緒二十四年(1898)新化三昧書室刻本　四冊

420000－2302－0000361　　史九/2－8/8064(77389)

曾文正公奏議十卷首一卷末一卷　（清）曾國藩撰　（清）薛福成編　清同治十三年(1874)上海醉六堂刻本　十冊

420000－2302－0000362　　子二/12－17/8023.1(64783)

曾子家語六卷　（清）王定安輯　清光緒十六年(1890)金陵刻本　二冊

420000－2302－0000363　　集二/0－8/8041(65641)

曾梓雲先生詩一卷　（清）曾梓雲撰　清末華陽曾氏家抄本　一冊

420000－2302－0000364　　集二/3.8/4669(13437)

插花窗詩草六卷插花窗賦草二卷插花窗詩草目錄補遺一卷　（清）楊昌光撰　清道光七年(1827)刻本　四冊

420000－2302－0000365　　集二/0－52/8022(55944)

茶山集八卷　（宋）曾幾撰　清刻本　一冊

420000－2302－0000366　　子十二/2.8/8043(39818)

茶香室續鈔二十五卷　（清）俞樾撰　清光緒十一年(1885)刻本　六冊

420000－2302－0000367　　集五/2－8/7142(88568－70)

茶餘客話二十二卷　（清）阮葵生撰　清光緒五年(1879)文達堂刻本　三冊　存九卷(一至九)

420000－2302－0000368　　集五/2－8/7142(84237)

茶餘客話六卷　（清）阮葵生著　清刻本　二冊

420000－2302－0000369　　經二/1－8/7517(2004)

槎溪學易三卷　（清）陳玿撰　清同治十三年(1874)保定蓮華池刻本　二冊

420000－2302－0000370　　子八/61.7/3810(18153)

察證辨治啟迪集八卷　（日本）道三編　清刻本　八冊

420000－2302－0000371　　史十一/2－5/8346(64090)

屏守齋所編年譜五種　（清）錢大昕撰　清嘉慶刻本　一冊

420000－2302－0000372　　子十六/26－8/2623(110307)

禪林寶訓筆說三卷 （清）釋智祥撰 清同治八年(1869)釋開慧等募刻本 三冊

420000－2302－0000373 子十六/22－8/6354(110760)

禪門日誦不分卷 （清）釋默持輯 清光緒二十六年(1900)刻本 一冊

420000－2302－0000374 子十六/22－8/2665(110727)

禪門日誦不分卷 （清）釋默持輯 清金陵刻經處刻本 二冊

420000－2302－0000375 子十六/28/7274(8960)

禪宗正指三卷 （清）劉體恕編 清光緒二十一年(1895)刻本 一冊

420000－2302－0000376 子八/5.8/3140(17798)

產科心法二卷 （清）汪樸齋撰 清同治九年(1870)刻本 一冊

420000－2302－0000377 子八/5.8/1161(17799)

產孕集二卷 （清）張曜孫撰 清同治四年(1865)毗陵楊氏邁園刻本 二冊

420000－2302－0000378 子八/5.8/1161(17801)

產孕集二卷 （清）張曜孫撰 清同治七年(1868)刻本 一冊

420000－2302－0000379 集二/0－42/4480.4(67564)

昌黎先生集四十卷外集十卷遺文一卷 （唐）韓愈撰 （宋）廖瑩中校正 **朱子校昌黎先生集傳一卷** （宋）朱熹撰 **韓集點勘四卷** （清）陳景雲撰 清同治八年(1869)江蘇書局刻本 十冊

420000－2302－0000380 集二/0－42/4480.4(67696)

昌黎先生集四十卷外集十卷遺文一卷 （唐）韓愈撰 （宋）廖瑩中校正 **朱子校昌黎先生集傳一卷** （宋）朱熹撰 明東吳徐氏東雅堂刻本 十二冊

420000－2302－0000381 善集二/0－42/4480(92914)

昌黎先生全集四十卷外集十卷遺文一卷集傳一卷目録一卷 （唐）韓愈撰 明末東吳葛氏永懷堂刻清乾隆六年(1741)修補本 十六冊

420000－2302－0000382 集二/0－42/4480.3(110723)

昌黎先生詩集注十一卷 （唐）韓愈撰 （清）顧嗣立刪補 清道光十六年(1836)膽德堂刻朱墨套印本 四冊

420000－2302－0000383 集二/0－42/4480(102835)

昌黎先生詩集注十一卷 （唐）韓愈撰 （清）顧嗣立集注 清道光十六年(1836)刻三色套印本 三冊 存十卷(二至十一)

420000－2302－0000384 集二/3.42/4480.3(36429)

昌黎先生詩集注十一卷 （唐）韓愈著 （清）顧嗣立刪補 清光緒九年(1883)廣州翰墨園刻本 四冊

420000－2302－0000385 集二/0－42/4480.3(92934)

昌黎先生詩集注十一卷年譜一卷 （唐）韓愈撰 （清）顧嗣立集注 （清）朱彝尊評點 （清）何焯評點 清光緒九年(1883)廣州翰墨園刻三色套印本 四冊

420000－2302－0000386 善集二/0－42/4480.3(92930)

昌黎先生詩集注十一卷年譜一卷 （唐）韓愈撰 （清）顧嗣立集注 （清）朱彝尊評點 （清）何焯評點 清道光十六年(1836)膽德堂刻朱墨套印本 四冊

420000－2302－0000387 集二/0－42/4480.3(92910)

昌黎先生詩增注證訛十一卷年譜一卷 （唐）韓愈撰 （清）顧嗣立集注 （清）黃鉞增注 清道光二十八年(1848)當塗黃中民二客軒刻

咸豐七年(1857)四明鮑氏重印本　四冊

420000－2302－0000388　善集二/0－42/4480.4
(69352)

昌黎先生詩增註證訛十一卷　(清)黃鉞撰
清道光二十八年(1848)黃中民刻本　十冊

420000－2302－0000389　集二 3.8/4712
(35706)

長安宮詞一卷　(清)胡延撰　清光緒二十八
年(1902)刻本　一冊

420000－2302－0000390　史十五/12－8/7243
(85123)

長安獲古編二卷補一卷　(清)劉喜海編　清
同治金甫刻光緒三十一年(1905)丹徒劉鶚補
刻本　二冊

420000－2302－0000391　叢/1－8/4430(26728)

長恩書室叢書十九種　(清)莊肇麟輯　清咸
豐四年(1854)新昌莊氏過客軒刻本　十六冊

420000－2302－0000392　史十二/53－8/7131
(89604)

長江圖說十二卷　(清)馬徵麟著　清同治十
年(1871)湖北崇文書局刻本　五冊

420000－2302－0000393　史十二/53－8/7131.7
(88475)

長江圖說十二卷首一卷　(清)馬徵麟繪　清
同治九年(1870)金陵提署刻本　十一冊

420000－2302－0000394　子八/0.8/4412(17990)

長沙藥解四卷　(清)黃元御撰　清乾隆十八
年(1753)刻本　二冊

420000－2302－0000395　集四/51－8/3460.8
(93320)

長生殿傳奇二卷　(清)洪昇撰　(清)舒鳧評
　清光緒十三年(1887)上海蜚英館石印本
一冊　存一卷(上)

420000－2302－0000396　集二/3.8/4411(35581)

長吟閣詩集十卷　(清)黃子雲撰　清乾隆十
八年(1753)刻本　六冊

420000－2302－0000397　史十五/10.11－8/

3434(84938)

常山貞石志二十四卷　(清)沈濤撰　清光緒
二十年(1894)靈溪精舍刻本　十冊

420000－2302－0000398　史十五/10.11－8/
3434(84948)

常山貞石志二十四卷　(清)沈濤撰　清光緒
二十年(1894)靈溪精舍刻本　十冊

420000－2302－0000399　史十五/13.8/3434
(41514)

常山貞石志二十四卷　(清)沈濤撰　清光緒
二十三年(1897)武昌刻本　八冊　存十九卷
(六至二十四)

420000－2302－0000400　叢/341.2/5339(55253)

常州先哲遺書四十四種　(清)盛宣懷輯　清
光緒武進盛氏刻本　三十冊　存九種

420000－2302－0000401　集二/1.8/8718(37812)

**巢經巢遺文五卷朢氏爲鐘圖說一卷詩鈔後集
四卷**　(清)鄭珍著　清光緒二十年(1894)貴
筑高氏資州官署刻本　四冊

420000－2302－0000402　子八/61－4/2210
(81475)

巢氏諸病源候論總五十卷　(隋)巢元方撰
清光緒十二年(1886)湖北官書處刻本　八冊

420000－2302－0000403　史十二/211/1100
(7002)

朝市叢載不分卷　(□)□□撰　清光緒十二
年(1886)石印本　一冊

420000－2302－0000404　史三/1－8/4735
(93048)

朝宗書室聚珍本紀事本末九種　(清)朝宗書
室編　清同治七年(1868)漢陽朝宗書室木活
字印本　九十六冊　存三種三百七十五卷
(通鑑紀事本末一至二百三十九、宋史紀事本
末一至一百九、元史紀事本末一至二十七)

420000－2302－0000405　史十一/22－8/7517.7
(77018)

陳安道先生年譜二卷世系一卷　(清)陳溥編
　(清)繆朝荃撰　清光緒十八年(1892)刻本

一冊

420000－2302－0000406　集二/1.42/7516
(34773)

陳伯玉文集三卷詩集二卷首一卷　(唐)陳子
昂撰　附錄一卷　(宋)文同等著　清咸豐四
年(1854)楊國楨刻本　四冊

420000－2302－0000407　史十一/21－8/7544
(73078)

陳公崇祀名宦鄉賢錄一卷　(□)□□編　清
光緒三十一年(1905)京師官書局鉛印本
一冊

420000－2302－0000408　集二/1.8/7522
(37457)

陳迦陵文集六卷駢體文集十卷詩集八卷詞三
十卷　(清)陳維崧著　清康熙二十九年
(1690)患立堂刻本　十二冊

420000－2302－0000409　集二/4.8/75229
(37196)

陳檢討集二十卷　(清)陳維崧撰　清康熙三
十二年(1693)刻本　六冊

420000－2302－0000410　集二/4.8/7548
(13542)

陳檢討集二十卷　(清)陳其年撰　(清)蔣京
兆選　清康熙二十二年(1683)刻本　四冊

420000－2302－0000411　集七/3－8/7532
(91271)

陳句山先生課孫草一卷　(清)陳兆崙撰　清
同治十二年(1873)大文堂刻本　一冊

420000－2302－0000412　善子三/1－7/7522
(2)

陳眉公先生評選老子約一卷　(明)陳繼儒評
選　明末刻本　一冊

420000－2302－0000413　集二/0－8/7510
(61891)

陳文恭公手札節要三卷　(清)陳宏謀撰　清
同治七年(1868)楚北崇文書局刻本　一冊

420000－2302－0000414　集二/6.8/7530

(37126)

陳文恭公手札節要三卷　(清)陳宏謀撰　清
同治七年(1868)楚北崇文書局刻本　一冊

420000－2302－0000415　子八/0.8/7583
(17575)

陳修園醫書二十三種　(清)陳念祖撰　清同
治元年(1862)務本堂刻本　二十六冊　存
十種

420000－2302－0000416　子八/5－8/7583
(111346)

陳修園醫書五十種　(清)陳念祖著　清光緒
三十一年(1905)上海商務印書館鉛印本　十
二冊　存八種

420000－2302－0000417　叢/1－8/3436(26345)

晨風閣叢書二十二種　(清)沈宗畸輯　清宣
統元年(1909)番禺沈氏刻本　十六冊

420000－2302－0000418　集一/5－8/1173.1
(3)

檉華館試律詳註一卷　(清)路德撰　清末刻
本　一冊

420000－2302－0000419　集二/0－8/6424.4
(67587)

檉華館試帖彙抄輯注十卷　(清)路德撰
(清)胡葆鍔　(清)喬邦憲輯注　清道光二十
七年(1847)刻本　九冊

420000－2302－0000420　集二/0－8/6724
(110409)

檉華館文集六卷　(清)路德撰　清刻本　四
冊　存四卷(二至四、六)

420000－2302－0000421　善史八/64－8/5330
(17399)

成案不分卷　(□)□□撰　清光緒抄本
三冊

420000－2302－0000422　子八/61.8/2623
(18235)

成方切用二十六卷　(清)吳儀洛編　清道光
二十七年(1847)瓶花書屋刻本　六冊

420000－2302－0000423 子十六/24－42/2602（102908）

成唯識論十卷 （唐）釋玄奘譯 清刻本 三冊

420000－2302－0000424 史十二/244.2/0030（7023）

城南小識一卷 （清）熊伯容録 清光緒九年（1883）刻本 一冊

420000－2302－0000425 史十二/244/3189（6966）

城鎮鄉地方自治章程解釋書一卷 （清）江西全省地方自治籌辦處編 清末刻本 一冊

420000－2302－0000426 史十七/4－8/0345（51062）

乘查筆記一卷海國勝遊草一卷天外歸帆草一卷 （清）斌椿撰 清同治七年（1868）文寶堂刻本 三冊

420000－2302－0000427 子二/42－64/2603（102687）

程氏家塾讀書分年日程三卷綱領一卷 （元）程端禮編 清同治七年（1868）湖北崇文書局刻本 二冊

420000－2302－0000428 經二/1－52/4646

誠齋先生易傳二十卷 （宋）楊萬里撰 明嘉靖二十一年（1542）蔚州尹耕開州療鶴堂刻本 八冊

420000－2302－0000429 經二/1－5/4646（1918）

誠齋易傳二十卷 （宋）楊萬里撰 清光緒二十一年（1895）湖北官書處刻本 八冊

420000－2302－0000430 經二/1－5/4646（103517）

誠齋易傳二十卷 （宋）楊萬里撰 清光緒二十一年（1895）湖北官書處刻本 八冊

420000－2302－0000431 集二/0－8/1111（64380）

澄懷園詩選十二卷 （清）張廷玉撰 清光緒十七年（1891）金陵刻本 三冊

420000－2302－0000432 集一/212.8/2636（11855）

澄江賦約四卷 （清）楊景曾編輯 清咸豐七年（1857）竹雅山房刻本 二冊

420000－2302－0000433 經十/25－8/7247.2（111171）

澄衷蒙學堂字課圖說四卷檢字一卷類字一卷 （清）劉樹屏撰 （清）吳子城繪圖 清光緒二十七年（1901）澄衷蒙學堂石印本 五冊

420000－2302－0000434 子十二/5－8/1043（64615）

池北偶談二十六卷 （清）王士禛撰 清汀州張氏勵志齋刻本 十二冊

420000－2302－0000435 集五/2.8/3347（36671）

池上草堂筆記八卷 （清）梁恭辰撰 清同治十二年（1873）金陵刻本 八冊

420000－2302－0000436 集五/2－8/3347（86722）

池上草堂筆記六卷 （清）梁恭辰撰 清同治刻本 一冊

420000－2302－0000437 史十四/23－8/1066（63470）

持靜齋書目四卷 （清）丁日昌編 清同治九年（1870）刻本 四冊

420000－2302－0000438 善集一/61－7/7575（11511）

尺牘雋言一卷 （明）陳臣忠輯 明末閔邁德刻朱墨套印本 一冊

420000－2302－0000439 史二/1.8/2624（5518）

尺木堂綱鑒易知録九十二卷明記別爲十五卷 （清）吳乘權等輯 清康熙五十年（1711）尺木堂刻本 一冊 存二卷(尺木堂綱鑒易知録一至二)

420000－2302－0000440 史十二/364/0010.70（80886）

赤雅三卷 （明）鄺露撰 清嘉慶二十二年

(1817)刻本　一冊

420000－2302－0000441　子三/3－33/1134

沖虛至德真經八卷　（晉）張湛注　明刻本
四冊

420000－2302－0000442　集二/1. 8/7425
(37420)

崇百藥齋文集二十卷續集四卷三集十二卷
（清）陸繼輅撰　清光緒四年(1878)興國州署
刻本　十二冊

420000－2302－0000443　集二/0－8/1111
(73129)

崇蘭堂駢體文初存二卷　（清）張預撰　清光
緒三十四年(1908)湖北官印書局鉛印本
一冊

420000－2302－0000444　集二/3. 8/4423
(35603)

蟲鳥吟七卷　（清）蕭德宣撰　清同治五年
(1866)刻本　三冊

420000－2302－0000445　史八/310. －8/4662
(75823)

籌濟編三十二卷　（清）楊景仁輯　清光緒九
年(1883)武昌書局刻本　八冊

420000－2302－0000446　史八/9－8/4289
(77025)

籌蒙芻議二卷　（清）姚錫光撰　清光緒三十
四年(1908)京師廌齋刻本　二冊

420000－2302－0000447　史八/6. 8/8885
(6502)

籌餉事例一卷　（清）戶部纂修　清光緒二十
六年(1900)刻本　一冊

420000－2302－0000448　史十七/4/3802∶2
(7931)

出使英法日記一卷　（清）曾紀澤撰　清光緒
二十三年(1897)湖南新學書局刻本　一冊

420000－2302－0000449　史十七/41－8/4435
(85454)

出使英法義比四國日記六卷　（清）薛福成撰

清光緒二十二年(1896)上海圖書集成印書
局鉛印本　三冊

420000－2302－0000450　史十七/418/4435
(8098)

出使英法義比四國日記六卷　（清）薛福成纂
著　（清）吳宗濂等譯　清光緒二十三年
(1897)龍學社刻本　六冊

420000－2302－0000451　子五/7－8/7702
(87717)

初等小學體操教授書第一冊一卷　學部編譯
圖書局編　清宣統二年(1910)湖北學務公所
鉛印本　一冊

420000－2302－0000452　史十五/53/5581
(7393)

初斷本曹全碑一卷　（清）劉鶚藏　清光緒三
十二年(1906)上海書坊拓本　一冊

420000－2302－0000453　集一/112－
42/1133

初唐四傑集三十七卷　（清）項家達編　清乾
隆四十六年(1781)項氏刻本　六冊

420000－2302－0000454　集一/42－42/
3706.2(65198)

初唐四傑文集二十一卷　（□）□□撰　清光
緒五年(1879)淮南書局刻本　一冊

420000－2302－0000455　史八/3.8/3100(6511)

初選舉籌辦綱要不分卷　（清）江西咨議局籌
辦處選舉科編選　清末鉛印本　一冊

420000－2302－0000456　善子十四/1－42/
2877(40152)

初學記三十卷　（唐）徐堅等編　明萬曆二十
五年至二十六年(1597－1598)陳大科刻清岱
雲樓重修本　二十四冊

420000－2302－0000457　集七/3/2022
(11538)

初學文法入門醒　（清）喬峰秀著　（清）胡次
峯鑒定　清同治六年(1867)刻本　二冊

420000－2302－0000458　集七/3. 8/3771

（9987）

初學玉玲瓏四卷　（清）徐瑄撰　清刻本　一
冊　存二卷（三至四）

420000－2302－0000459　集二/3.8/6075（35681）

樗伴山房詩草三卷　（清）羅熙典撰　清光緒
十二年（1886）羅熙典刻本　三冊

420000－2302－0000460　集五/2.8/4444（36585）

鋤經書舍零墨四卷　（清）黃協壎撰　清光緒
申報館鉛印本　一冊

420000－2302－0000461　善叢/4－8/4015
（93538）

楚陂李氏傳家集不分卷　（清）李致中編　清
光緒黃陂李氏家抄本　二冊

420000－2302－0000462　子十四/8.8/2633
（13652）

楚北詩句題鏡不分卷詩賦題箋不分卷　（清）
吳漢清輯　清刻本　一冊

420000－2302－0000463　史十二/5346/
3711.88（90677）

楚北水利隄防紀要二卷　（清）俞昌烈撰　清
同治四年（1865）湖北藩署刻本　一冊

420000－2302－0000464　史十二/5346/
3711.88（79918）

楚北水利隄防紀要二卷　（清）俞昌烈撰　清
同治四年（1865）湖北藩署刻本　一冊

420000－2302－0000465　集一/146.8/1231
（12030）

楚北校士錄不分卷　（清）孔祥霖選　清光緒
二十年（1894）刻本　六冊

420000－2302－0000466　經七/11－52/6030
（58436）

左氏傳說二十卷首一卷　（宋）呂祖謙撰　清
同治八年（1869）永康胡氏退補齋刻本　四冊

420000－2302－0000467　善集三/10－8/
7728（69165）

楚辭八卷　（清）屈復一集註　清乾隆三年
（1738）刻本　四冊

420000－2302－0000468　善集三/1－52/2540.4
（70639）

楚辭八卷辨證二卷後語八卷　（宋）朱熹撰
明天啓六年（1626）蔣之翹刻本　六冊

420000－2302－0000469　集三/1－52/2540
（55368）

楚辭八卷辨證二卷後語六卷　（宋）朱熹集注
清光緒遵義黎氏日本東京使署影元刻本
一冊　存八卷（楚辭八卷）

420000－2302－0000470　善集三/10－52/2540
（69166）

楚辭辨證二卷　（宋）朱熹撰　明影宋刻本
一冊　存一卷（上）

420000－2302－0000471　集三/1－8/4418
（65706）

楚辭燈四卷　（清）林雲銘撰　清康熙刻本
二冊

420000－2302－0000472　善集三/1－52/2540.4
（70637）

楚辭後語六卷辨證二卷　（宋）朱熹輯注　明
天啓六年（1626）蔣之翹刻本　二冊

420000－2302－0000473　善集三/1－52/2540
（35041）

楚辭集注八卷辨證二卷後語六卷　（宋）朱熹
撰　清光緒遵義黎庶昌日本東京使署刻本
三冊

420000－2302－0000474　集三/1.5/2540
（35044）

楚辭集注八卷楚辭辨證二卷楚辭後語六卷
（宋）朱熹集注　明嘉靖十四年（1535）汝南袁
氏仿宋刻本　四冊

420000－2302－0000475　集三/1.8/1034.4
（37041）

楚辭十卷　（戰國）屈原撰　（清）胡濬源增注
清嘉慶二十五年（1820）務本堂刻本　四冊

420000－2302－0000476　集三 1/7771.1
（64861）

楚辭十七卷　（漢）劉向集　（漢）王逸章句

清同治十一年(1872)金陵書局刻本　四冊

420000－2302－0000477　集三 1－22/1037
（103736）

楚辭十七卷　（漢）王逸章句　清汲古閣毛表
刻本　四冊　存十一卷(二至六、十二至十
七)

420000－2302－0000478　集三/0.21/1037
（37057）

楚辭十七卷　（漢）劉向集　清光緒九年
(1883)長沙書堂山館刻本　四冊

420000－2302－0000479　集三/1－22/1037.3
（87140）

楚辭十七卷　（漢）王逸章句　（宋）洪興祖補
注　清光緒二十一年(1895)昭陵經畬主人刻
本　六冊

420000－2302－0000480　集三/1－22/1037.3
（100570）

楚辭十七卷　（漢）王逸章句　（宋）洪興祖補
注　清光緒二十一年(1895)昭陵經畬主人刻
本　二冊

420000－2302－0000481　集三/1－22/1037.3
（91480）

楚辭十七卷　（漢）王逸章句　（宋）洪興祖補
注　清光緒二十一年(1895)昭陵經畬主人刻
本　四冊

420000－2302－0000482　善集三/1－7/4409
（70645）

楚辭聽直八卷　（明）黃文煥著　明崇禎十六
年(1643)刻本　四冊

420000－2302－0000483　集一/31－8/0010
（31846）

楚風補四十八卷前編一卷末編一卷　（清）廖
元度輯　清乾隆十四年(1749)河南呂肅高際
恒堂刻本　十二冊

420000－2302－0000484　子十二/2－8/1134
（64674）

楚天樵話二卷　（清）張清標撰　清光緒十八
年(1892)漢川甑山書院刻本　一冊

420000－2302－0000485　集二/3.8/2684
（36100）

楚望閣詩集十卷　程頌萬撰　清光緒二十七
年(1901)程頌萬長沙刻本　一冊

420000－2302－0000486　集二/4.8/2400
（35290）

儲遯菴文集十二卷附錄一卷　（清）儲方慶著
清光緒二年(1876)宜興儲祠刻本　六冊

420000－2302－0000487　史五/1－8/1170
（88780）

觸藩始末三卷　（清）琴閣主人撰　清光緒十
一年(1885)崇仁華氏石印本　一冊

420000－2302－0000488　史十一/22－8/1053.1
（77115）

船山公年譜不分卷　（清）王之春編　清光緒
十八年(1892)刻本　二冊

420000－2302－0000489　集二/3.8/1177
（36080）

船山詩草二十卷　（清）張問陶著　清嘉慶十
三年(1808)張氏刻本　八冊

420000－2302－0000490　集二/3.8/1777
（11784）

船山詩草二十卷　（清）張問陶撰　清嘉慶二
十年(1815)刻本　八冊

420000－2302－0000491　集二/0－8/1177
（111260）

船山詩草二十卷　（清）張問陶撰　清刻本
一冊　存四卷(七至十)

420000－2302－0000492　集二/0－8/1177
（103486）

船山詩草二十卷　（清）張問陶撰　清刻本
二冊　存八卷(四至六、十六至二十)

420000－2302－0000493　叢/5.8/1053(13114)

船山遺書六十八種　（清）王夫之撰　清同治
四年(1865)湘鄉曾國荃金陵節署刻本　一百
冊　存六十種

420000－2302－0000494　子二/42/1017(8223)

傳家安樂銘不分卷　（清）王正朋輯　清同治
十年（1871）刻本　一冊

420000－2302－0000495　子二/322.8/4078
（16790）

傳習錄三卷　（日本）希賢善藏輯訂　清康熙
五十一年（1712）刻本　三冊

420000－2302－0000496　經十/31.8/4404
（16354）

傳音快字一卷　（清）蔡錫勇撰　清光緒三十
一年（1905）武昌刻本　一冊

420000－2302－0000497　子八/18－8/4978.2
（61895）

串雅内編四卷　（清）趙學敏撰　（清）吳庚生
補注　清光緒十四年（1888）榆園刻本　三冊

420000－2302－0000498　子八/71－5/3037
（62748）

瘡瘍經驗全書六卷　（宋）竇默撰　清刻本
六冊

420000－2302－0000499　子八/3.5/3037（17562）

瘡瘍經驗全書六卷　（宋）竇默撰　清同治元
年（1862）經元堂刻本　六冊

420000－2302－0000500　子十二/2－8/4411
（65499）

吹網錄六卷　（清）葉廷琯撰　清咸豐十年
（1860）刻本　三冊

420000－2302－0000501　子十二/2－8/4411
（101553）

吹網錄六卷　（清）葉廷琯撰　清同治八年
（1869）刻本　二冊

420000－2302－0000502　子二/44－8/2715.1
（85635）

垂千古一卷　（清）綠石書院撰　（清）張杏林
輯　清咸豐六年（1856）稿本　一冊

420000－2302－0000503　集二/0－8/4434
（92433）

春暉閣詩抄選六卷　（清）蔣湘南撰　清同治
八年（1869）馬氏家塾刻本　二冊

420000－2302－0000504　經七/5.8/1053
（15213）

春秋稗疏二卷　（清）王夫之撰　清同治四年
（1865）湘鄉曾氏刻本　一冊

420000－2302－0000505　經七/11－8/4742
（58442）

春秋比二卷　（清）郝懿行撰　清光緒十六年
（1890）尊經書局刻本　二冊

420000－2302－0000506　經七/42－8/0044
（92615）

春秋比事目錄四卷　（清）方苞撰　清乾隆桐
城方氏抗希堂刻本　二冊

420000－2302－0000507　經七/4.8/7246
（15195）

春秋筆削微旨二十六卷　（清）劉紹攽撰　清
乾隆十九年（1754）刻本　六冊

420000－2302－0000508　經七/42－52/4444
（55790）

春秋辨疑四卷　（宋）蕭楚撰　清蘇州書局刻
本　二冊

420000－2302－0000509　經七/42－52/4444
（80885）

春秋辨疑四卷　（宋）蕭楚撰　清刻本　一冊

420000－2302－0000510　經七/4.5/4444
（15181）

春秋辨疑四卷　（宋）蕭楚撰　清刻本　二冊

420000－2302－0000511　經七/12－32/4411
（56000）

春秋長歷一卷　（晉）杜預撰　清乾隆刻本
一冊

420000－2302－0000512　善經七/42－8/
0030（92844）

春秋傳辨證四卷　（清）方宗誠撰　清末抄本
二冊

420000－2302－0000513　經七/42－52/4739
（57555）

春秋傳三十卷春秋諸國興廢說一卷春秋列國

圖說一卷提要一卷　（宋）胡安國撰　（宋）林堯叟音注　清刻本　六冊

420000－2302－0000514　經七/42－51/7298（55793）

春秋傳說例一卷　（宋）劉敞撰　清蘇州書局刻本　一冊

420000－2302－0000515　經七/12－8/3140（75060）

春秋大事表五十卷　（清）顧棟高輯　清同治十二年(1873)平遠丁寶楨刻本　二十冊

420000－2302－0000516　經七/6.8/3140（15277）

春秋大事表五十卷　（清）顧棟高輯　清光緒十四年(1888)陝西求友齋刻本　二十四冊

420000－2302－0000517　經七/12－8/3140（110465）

春秋大事表五十卷　（清）顧棟高輯　清光緒十四年(1888)陝西求友齋刻本　一冊　存二卷(四至五)

420000－2302－0000518　經七/12－8/0044（57536）

春秋地名攷略十四卷　（清）高士奇著　清刻本　四冊

420000－2302－0000519　經七/12－32/4411（81977）

春秋地名一卷　（晉）杜預撰　清乾隆刻本　一冊

420000－2302－0000520　經七/22－21/4428（57395）

春秋繁露十七卷　（漢）董仲舒撰　（清）凌曙注　清嘉慶二十年(1815)刻本　四冊

420000－2302－0000521　經七/22－21/4428（111256）

春秋繁露十七卷　（漢）董仲舒著　清光緒元年(1875)湖北崇文書局刻本　二冊

420000－2302－0000522　經七/22－21/4428（111254）

春秋繁露十七卷　（漢）董仲舒著　清光緒元年(1875)湖北崇文書局刻本　二冊

420000－2302－0000523　經七/8.21/4428（15273）

春秋繁露十七卷　（漢）董仲舒著　清刻本　二冊

420000－2302－0000524　經七/22－21/4428.4（57543）

春秋繁露義證十七卷首一卷　（漢）董仲舒撰　（清）蘇輿注　清宣統二年(1910)刻本　四冊

420000－2302－0000525　經七/6.8/1141（9395）

春秋分合纂十卷　（清）張敬廷撰　清宣統二年(1910)刻本　四冊

420000－2302－0000526　經七/21－22/2124.7（62207）

春秋公羊傳十一卷　（漢）何休解詁　（唐）陸德明音義　清同治七年(1868)湖北崇文書局刻本　四冊

420000－2302－0000527　經七/21.21/2124（15187）

春秋公羊傳十一卷　（漢）何休解詁　（唐）陸德明音義　清同治七年(1868)湖北崇文書局刻本　四冊

420000－2302－0000528　經七/31－33/4430.7（57562）

春秋穀梁傳十二卷　（晉）范甯集解　（唐）陸德明音義　清同治七年(1868)湖北崇文書局刻本　四冊

420000－2302－0000529　經七/31－33/4430.7（57597）

春秋穀梁傳十二卷　（晉）范甯集解　清光緒九年(1883)遵義黎氏刻本　四冊

420000－2302－0000530　經七/31－33/4430.7（110595）

春秋穀梁傳十二卷　（晉）范甯集解　（唐）陸德明音義　清同治七年(1868)湖北崇文書局

刻本　四册

420000－2302－0000531　經七/31－33/4430.7
(111397)

春秋穀梁傳十二卷　（晉）范甯集解　（唐）陸
德明音義　清光緒十二年(1886)湖北官書處
刻本　四册

420000－2302－0000532　經七/31.31/4430
(15191)

春秋穀梁傳十二卷　（晉）范甯集解　（唐）陸
德明音義　清同治七年(1868)湖北崇文書局
刻本　四册

420000－2302－0000533　經七/37－8/4664
(110563)

春秋穀梁傳音訓不分卷　（清）楊國楨撰　清
道光十年(1830)刻本　二册

420000－2302－0000534　經七/11.31/4411.477
(15117)

春秋規過考信三卷　（清）陳熙晉撰　清光緒
十五年(1889)廣雅書局刻本　三册

420000－2302－0000535　經七/11－41/7290.7
(64480)

春秋規過攷信三卷　（清）陳晉熙撰　清咸豐
六年(1856)習佳精舍刻本　四册

420000－2302－0000536　經七/5/7231
(9452)

春秋恒解八卷　（清）劉沅輯註　清同治十三
年(1874)刻本　八册

420000－2302－0000537　經七/11－7/3140.1
(71004)

春秋衡庫三十卷附録三卷備録一卷　（明）馮
夢龍輯　明天啓五年(1625)葉昆池蘇州刻本
八册

420000－2302－0000538　經七/5.8/4009
(15252)

春秋集傳十卷　（清）李文炤編輯　清乾隆十
一年(1746)四爲堂刻本　一册

420000－2302－0000539　經七/42－64/4930.2

(15207)

春秋集傳十五卷　（元）趙汸輯　清康熙十九
年(1680)通志堂刻本　四册　存十四卷(二
至十五)

420000－2302－0000540　經七/5.8/1053
(15214)

春秋家説三卷　（清）王夫之撰　清同治四年
(1865)湘鄉曾氏刻本　四册

420000－2302－0000541　經七/11－32/4411.7
(110355)

春秋經傳集解三十卷　（晉）杜預注　（宋）岳
珂校　清光緒二年(1876)江南書局刻本　五
册　存十八卷(十三至三十)

420000－2302－0000542　經七/11－32/4411.7
(110317)

春秋經傳集解三十卷　（晉）杜預注　（宋）岳
珂校　清光緒二年(1876)江南書局刻本　七
册　存二十卷(一至十七、二十至二十二)

420000－2302－0000543　經七/11－32/4411.7
(110444)

春秋經傳集解三十卷　（晉）杜預撰　（唐）陸
德明音釋　（宋）林堯叟附註　（清）馮李驊增
訂　**左繡三十卷首一卷**　（清）馮李驊　（清）
陸浩評輯　清刻本　十四册

420000－2302－0000544　經七/11－32/4411.7
(111058)

春秋經傳集解三十卷　（晉）杜預撰　（唐）陸
德明釋文　**春秋年表一卷**　（宋）岳珂刊補
春秋名號歸一圖二卷　（後蜀）馮繼先撰　清
刻本　十三册　存二十八卷(一至二十八)

420000－2302－0000545　經七/11－32/4411.7
(111160)

春秋經傳集解三十卷　（晉）杜預注　**春秋年
表一卷**　（宋）岳珂刊補　**春秋名號歸一圖二
卷**　（後蜀）馮繼先撰　清道光十六年(1836)
刻本　四册　存九卷(一至六、年表一卷、歸
一圖二卷)

420000－2302－0000546　經七/11－32/4411.7

（111287）

春秋經傳集解三十卷 （晉）杜預註 （唐）陸德明釋文 **春秋名號歸一圖二卷** （後蜀）馮繼先撰 清刻本 十冊 存二十一卷（一至二十、歸一圖下）

420000－2302－0000547 經七/11－32/4411（103117）

春秋經傳集解三十卷春秋名號歸一圖二卷春秋年表一卷 （晉）杜預注 清刻本 十二冊

420000－2302－0000548 經七/11－32/4411（58330）

春秋經傳集解三十卷春秋年表一卷附考證 （晉）杜預注 （唐）陸德明音義 **春秋名號歸一圖二卷** （後蜀）馮繼先撰 清刻本 十二冊

420000－2302－0000549 經七/8.8/2724（15332）

春秋經傳日月考一卷 （清）鄒伯奇撰 清光緒二十七年（1901）正學堂刻朱印本 一冊

420000－2302－0000550 經七/43－8/1022（62198）

春秋例表不分卷 （清）王代豐撰 清光緒刻本 二冊

420000－2302－0000551 經七/6.8/0060（15325）

春秋例表不分卷 （清）王代豐撰 清光緒三十四年（1908）東州廖氏刻本 一冊

420000－2302－0000552 經七/12－8/7175（57574）

春秋列國表一卷 （清）馬驌撰 清光緒二十八年（1902）兩湖書院刻朱印本 一冊

420000－2302－0000553 經七/5.8/4437（15253）

春秋三傳十六卷首一卷 （清）萬淺原著 清同治十三年（1874）江西鴻文齋刻本 二十冊

420000－2302－0000554 經七/0－16/5029（57561）

春秋三卷 王闓運輯 清光緒七年（1881）尊經書院刻本 一冊

420000－2302－0000555 經七/42－64/4930（58104）

春秋師說三卷附錄二卷 （元）趙汸撰 （清）趙吉士校刊 清刻本 一冊

420000－2302－0000556 史八/4－8/0264.3（75831）

春秋時代國際公法玫一卷 （日本）新見吉治著 （清）湖北學報館譯 清光緒二十九年（1903）湖北學報館刻本 一冊

420000－2302－0000557 善經七/12－8/7579（71010）

春秋世族譜一卷 （清）陳厚耀纂輯 清雍正三年（1725）刻本 三冊

420000－2302－0000558 善經七/12－8/7579（57573）

春秋世族譜一卷 （清）陳厚耀撰 清光緒二十五年（1899）兩湖書院正學堂刻朱印本 一冊

420000－2302－0000559 經七/13－22/4411（57605）

春秋釋例十五卷 （晉）杜預撰 清光緒二十五年（1899）傅氏集文堂刻本 八冊

420000－2302－0000560 善經七/42－64/4930

春秋屬辭十五卷 （元）趙汸撰 清康熙二十九年（1690）休寧趙吉士刻本 四冊

420000－2302－0000561 經七/11.31/4411.477（15120）

春秋述義拾遺八卷 （清）陳熙晉撰 清光緒十七年（1891）廣雅書局刻本 二冊

420000－2302－0000562 經七/11－8/7571（64454）

春秋述義拾遺八卷首一卷末一卷 （清）陳熙晉撰 清咸豐刻本 四冊

420000－2302－0000563 經七/42－8/4482（111116）

春秋四傳詁經十五卷 （清）萬斛泉輯 清光緒三十四年（1908）刻本 十二冊 存十二卷（一至三、六、八至十五）

420000－2302－0000564　　經七/42－7/5026

春秋四傳三十八卷 （□）□□撰　明嘉靖開州吉澄刻本　一冊　存六卷（一至六）

420000－2302－0000565　　經七/5.5/4736.4（15203）

春秋體註四卷 （宋）胡安國傳　清刻本四冊

420000－2302－0000566　　經七/42－5/4736.4（61932）

春秋心典傳本十二卷 （清）胡瑤光輯　清康熙刻本　一冊

420000－2302－0000567　　經七/42－8/2323（62213）

春秋逸傳十四卷 （清）傅上瀛撰　清光緒二十二年（1896）刻本　四冊

420000－2302－0000568　　經七/4.8/2323（15183）

春秋逸傳十四卷 （清）傅上瀛纂　清光緒二十二年（1896）典學樓刻本　四冊

420000－2302－0000569　　善經七/11－7/4309.1（71012）

春秋左傳標釋三十卷首一卷 （明）戴文光撰　明天啓五年（1625）戴氏必有齋刻本　七冊　存二十七卷（一至二十一、二十六至三十，首一卷）

420000－2302－0000570　　善經七/11－16/4076.1（70451）

春秋左傳不分卷 （戰國）左丘明撰　明刻本六冊

420000－2302－0000571　　經一/1－8/4414（103260）

春秋左傳初學讀本不分卷 （清）萬廷蘭編　清光緒二年（1876）四川學院衙門刻本　六冊

420000－2302－0000572　　經七/11.31/4411.4（15073）

春秋左傳杜注補輯三十卷 （晉）杜預注（清）姚培謙編訂　清光緒二十二年（1896）新化三味堂刻本　十二冊

420000－2302－0000573　　經七/11.31/4411.4（9610）

春秋左傳杜注三十卷 （晉）杜預注　（清）姚培謙編訂　清同治五年（1866）金陵書局刻本九冊　存二十六卷（一至二、七至三十）

420000－2302－0000574　　經七/11－8/4240（62171）

春秋左傳杜注三十卷首一卷 （清）姚培謙撰清末刻本　十冊

420000－2302－0000575　　經七/11－8/4240（111087）

春秋左傳杜注三十卷首一卷 （清）姚培謙撰清刻本　二冊　存四卷（十七至十八、二十三至二十四）

420000－2302－0000576　　經七/11－8/4240（111447）

春秋左傳杜注三十卷首一卷 （清）姚培謙撰清新化三味堂刻本　一冊　存三卷（十七至十九）

420000－2302－0000577　　經七/11－32/4411.2（55899）

春秋左傳杜注校勘記一卷 （清）黎庶昌撰清光緒二十年（1894）刻本　一冊

420000－2302－0000578　　經七/11－22/7721.3（57586）

春秋左傳服注存二卷續一卷補遺一卷 （漢）服虔撰　（清）沈豫輯　清光緒十六年（1890）新會劉氏藏修書屋刻本　二冊

420000－2302－0000579　　善經七/1/5024（70445）

春秋左傳綱目纂編十二卷 （□）□□撰　清抄本　六冊

420000－2302－0000580　　經七/11－8/3404（111457）

春秋左傳詁二十卷 （清）洪亮吉學　清刻本一冊　存二卷（十三至十四）

420000－2302－0000581　　經七/16－8/4480（57541）

春秋左傳類纂六卷首一卷末一卷 （清）桂含

章編輯　清光緒七年(1881)敦厚堂刻本
二冊

420000－2302－0000582　經七/11－31/4411.7
(103374)

春秋左傳三十卷　(晉)杜預注　(唐)陸德明
音釋　(宋)林堯叟附註　(清)馮李驊集解
清末刻本　二冊　存五卷(十七至二十一)

420000－2302－0000583　經七/11.31/4411.4
(9460)

春秋左傳三十卷　(晉)杜預注　(唐)陸德明
音釋　(宋)林堯叟注釋　(明)鍾惺評點　清
刻本　七冊　存六卷(二十五至三十)

420000－2302－0000584　經七/11.31/4411
(9674)

春秋左傳三十卷　(晉)杜預注　(宋)林堯叟
附注　(唐)陸德明音釋　(清)馮李驊集解
清光緒十二年(1886)湖北官書處刻本　十
二冊

420000－2302－0000585　經七/11.31/4411
(5088)

春秋左傳三十卷　(晉)杜預注　(宋)林堯叟
附注　(唐)陸德明音釋　(清)馮李驊集解
清光緒十二年(1886)湖北官書處刻本　十
二冊

420000－2302－0000586　經七/11－31/4411.7
(103376)

春秋左傳三十卷　(晉)杜預注　(唐)陸德明
音釋　(宋)林堯叟附註　(清)馮李驊集解
清末刻本　三冊　存八卷(十二至十六、二十
四至二十六)

420000－2302－0000587　經七/11－33/4411.4
(62115)

春秋左傳五十卷　(晉)杜預註　(宋)林堯叟
補註　(唐)陸德明音義　(清)馮李驊集解
清光緒十二年(1886)湖北官書處刻本　十
二冊

420000－2302－0000588　經七/11－33/4411.4
(111508)

春秋左傳五十卷　(晉)杜預註釋　(宋)林堯
叟註釋　(唐)陸德明音義　清刻本　一冊
存四卷(三十七至四十)

420000－2302－0000589　經七/11－8/7714
(57405)

春秋左氏古經十二卷五十凡一卷　(清)段玉
裁撰　清道光元年(1821)刻本　二冊

420000－2302－0000590　集二/0－8/1216
(67841)

春泉亭文集二卷　(清)孫承則撰　(清)孫宏
濤編輯　(清)徐躍選　清同治十一年(1872)
刻本　一冊　存一卷(一)

420000－2302－0000591　叢/5.8/8043(28355)

春在堂全書三十四種　(清)俞樾撰　清光緒
十五年(1889)刻本　一百冊　存二十六種

420000－2302－0000592　叢/5.8/8043(13224)

春在堂全書三十四種　(清)俞樾撰　清同治
十年(1871)至光緒刻本　八十冊　存二十
一種

420000－2302－0000593　集二/3.8/2133(36051)

椿蔭堂詩存槀一卷附錄一卷　(清)虔禮寶撰
清光緒二十二年(1896)刻本　一冊

420000－2302－0000594　子十一/224－8/2841
(87459)

淳化閣釋文十卷　(清)徐朝弼集釋　清嘉慶
十七年(1812)刻本　一冊

420000－2302－0000595　子十一/224－8/1034
(84712)

淳化秘閣法帖考正十二卷　(清)王澍撰　清
光緒十五年(1889)常熟鮑氏後知不足齋刻本
七冊

420000－2302－0000596　善子十一/224－51/
1044.1(70725)

淳化秘閣法帖考正十二卷　(清)王澍撰　清
秋水藕花居刻本　三冊

420000－2302－0000597　善子十二/5－7/7732
(69669)

輟耕録三十卷 （明）陶宗儀撰　明末刻本　一冊　存一卷（一）

420000－2302－0000598　集四/3－8/4444.2（91051）

詞律二十卷拾遺八卷補遺一卷 （清）萬樹論次　清光緒二年(1876)刻本　十六冊

420000－2302－0000599　善集四/1－8/7480（64471）

詞選不分卷 （清）陸鐘輯　清抄本　一冊

420000－2302－0000600　集四/1－8/1150.4（102899）

詞選二卷 （清）張惠言録　**續詞選二卷** （清）董毅録　附録一卷　（清）鄭善長編　**詞源二卷** （宋）張炎編　**詞旨一卷** （元）陸輔之述　**樂府指迷一卷** （宋）沈義父撰　清末刻本　二冊

420000－2302－0000601　集四/1－8/1150（88778）

詞選二卷 （清）張惠言輯　清同治至光緒鄂官書處刻本　一冊

420000－2302－0000602　集四/1－8/1150（90897）

詞選二卷 （清）張惠言輯　清同治至光緒鄂官書處刻本　一冊

420000－2302－0000603　集四/1－8/1150（90898）

詞選二卷 （清）張惠言輯　清同治至光緒鄂官書處刻本　一冊

420000－2302－0000604　集四/1－8/1150.4（90015）

詞選二卷續詞選二卷附録一卷 （清）張惠言録　清末刻本　一冊

420000－2302－0000605　善集四/1－8/5062（38203）

詞學叢書六種 （清）秦恩復輯　清嘉慶道光江都秦氏享帚精舍刻本　八冊

420000－2302－0000606　集四/3－8/4042

（90286）

詞學全書五種 （清）查培繼輯　清乾隆十一年(1746)世德堂刻本　八冊

420000－2302－0000607　集四/3－8/4042（71209）

詞學全書五種 （清）查培繼輯　清乾隆十一年(1746)致和堂刻本　八冊

420000－2302－0000608　集七/4－52/1190（91424）

詞源二卷 （宋）張炎撰　**樂府指迷一卷** （宋）沈義父撰　清湖南思賢書局刻本　一冊

420000－2302－0000609　子二/3185/4410（20175）

慈溪黃氏日抄分類九十七卷附古今紀要十九卷 （宋）黃震編　清乾隆三十二年(1767)刻本　三十冊

420000－2302－0000610　集七/3.64/1000（35551）

辭學指南四卷 （宋）王應麟撰　清光緒十年(1884)成都志古堂刻本　一冊

420000－2302－0000611　子十二/5－8/2044（89582）

此木軒雜著八卷 （清）焦袁熹撰　清嘉慶九年(1804)此木軒刻本　三冊　存六卷（一至六）

420000－2302－0000612　子八/3.8/0028.1（17549）

刺疔捷法一卷 （清）應侶笙撰　清光緒二十八年(1902)刻本　一冊

420000－2302－0000613　集一/121.8/4787（11904）

賜閣集四卷賜閣外集二卷賜閣外集另編二卷 （清）胡欽編　清光緒刻本　四冊

420000－2302－0000614　集一/121.2/4787（11903）

賜閣外集另編二卷 （清）胡欽撰　清末刻本　一冊

420000 - 2302 - 0000615　集 二/1. 8/2706
(36976)

賜綺堂集十五卷續集六卷外集二卷　（清）詹
應甲撰　清嘉慶二十四年(1819)退一步軒刻
本　六冊

420000 - 2302 - 0000616　史 三/2. 8/2530
(5582)

從戎紀略不分卷　（清）朱洪章撰　清光緒十
九年(1893)刻本　一冊

420000 - 2302 - 0000617　集 二/4. 8/2509
(16786)

從學劄記一卷慎甫文存一卷　（清）朱文烋著
清咸豐刻本　一冊

420000 - 2302 - 0000618　集 二/0 - 7/2764
(71656)

從野堂存稿五卷　（明）繆昌期著　清道光二
十八年(1848)涇縣潘氏袁江節署刻本　二冊

420000 - 2302 - 0000619　史 八/10. 2 - 8/
7530(110373)

從政遺規摘鈔二卷　（清）陳宏謀編　清同治
七年(1868)楚北崇文書局刻本　二冊

420000 - 2302 - 0000620　集 二 0 - 9/2742
(65661)

曑桐餘音一卷　（清）詹鶴儔撰　清石印本
一冊

420000 - 2302 - 0000621　集 二/3. 8/4401
(35591)

萃錦唫□□卷　（清）奕訢撰　清光緒十一年
(1885)刻本　四冊　存六卷(一至六)

420000 - 2302 - 0000622　善集 一/31 - 7/7410
(69616)

翠娛閣評選行笈必攜詩最一卷　（明）陸雲龍
評　明末刻本　一冊

420000 - 2302 - 0000623　集 二/1. 8/7270
(37440)

存悔齋集二十八卷外集四卷　（清）劉鳳誥撰
清道光十年(1830)刻本　八冊

420000 - 2302 - 0000624　善集二/0 - 8/2440
(35296)

存研樓文集十六卷　（清）儲大文撰　清乾隆
九年(1744)張耀先刻本　八冊

420000 - 2302 - 0000625　史十二/5246/2722. 84
(88009)

大別山志十卷首一卷　（清）胡鳳丹纂　清同
治十三年(1874)胡氏退補齋刻本　四冊

420000 - 2302 - 0000626　子十六/23/7167. 4
(10058)

大乘起信論科注一卷　（南朝陳）釋真諦譯
清光緒三十年(1904)武昌廬陵黃氏刻本
一冊

420000 - 2302 - 0000627　善經五/391 - 8/1204

大戴禮記補注十三卷序錄一卷　（清）孔廣森
撰　清乾隆五十九年(1794)曲阜孔廣廉刻本
二冊

420000 - 2302 - 0000628　經五/391 - 8/1011
(55424)

大戴禮記解詁十三卷　（清）王聘珍撰　清光
緒十三年(1887)刻本　三冊

420000 - 2302 - 0000629　經五/391 - 37/
2100(92644)

大戴禮記十三卷　（北周）盧辨注　清宣統三
年至民國元年(1911 - 1912)貴池劉世珩影刻
元至正海岱劉庭幹刻本　二冊

420000 - 2302 - 0000630　經五/391 - 37/
2100(92646)

大戴禮記十三卷　（北周）盧辨注　清宣統三
年至民國元年(1911 - 1912)貴池劉世珩影刻
元至正海岱劉庭幹刻本　二冊

420000 - 2302 - 0000631　經五/391 - 21/2100

大戴禮記十三卷　（漢）戴德撰　清康熙五十
七年(1718)自修齋刻本　一冊

420000 - 2302 - 0000632　子十六/22 - 42/
2634(110744)

大方廣佛華嚴經疏鈔懸談二十八卷首一卷
（唐）釋澄觀述　清光緒三十三年(1907)金陵

刻經處刻本　二冊　存八卷（十四至十七、二十一至二十四）

420000－2302－0000633　子十六/27－42/3015

大佛頂如來密因修證了義諸菩薩萬行首楞嚴經十卷　（唐）釋般刺密諦　（唐）釋彌伽釋迦譯　（唐）房融筆受　清康熙三十九年（1700）泥金寫刻本　一冊　存一卷（八）

420000－2302－0000634　子十六/27－42/3015（102839）

大佛頂如來密因修證了義諸菩薩萬行首楞嚴經十卷　（唐）釋般刺密帝　（唐）釋彌伽釋迦譯　（唐）房融筆受　（清）吳芝瑛書　清宣統元年（1909）小萬柳堂石印本　一冊　存四卷（七至十）

420000－2302－0000635　子十六/27－42/3015（110384）

大佛頂如來密因修證了義諸菩薩萬行首楞嚴經要解二十卷　（唐）釋般刺密帝　（唐）釋彌伽釋迦譯語　（唐）房融筆受　（清）釋戒環解　清宣統三年（1911）金陵佛經流通所刻本　五冊

420000－2302－0000636　子十六/22.8/2753（41511）

大佛頂首楞嚴經十卷　（唐）釋般刺密帝譯　清光緒三十四年（1908）小萬柳堂影印本　一冊　存五卷（一至五）

420000－2302－0000637　善子十六/22－8/8308（40240）

大佛頂首楞嚴經疏解蒙鈔十卷　（清）錢謙益撰　清順治十七年（1660）錢氏刻本　十四冊

420000－2302－0000638　子十一/312.8/2852（19989）

大還閣琴譜六卷　（清）徐祺撰　清抄本　二冊

420000－2302－0000639　史十四/26－8/4035（62551）

大梁書院藏書目録不分卷　（清）大梁書院編　清光緒二十四年（1898）大梁書院刻本　一冊

420000－2302－0000640　子十/4－8/1020（86157）

大脈靈脈百二圖說一卷　（清）雪峰主人撰　清抄本　一冊

420000－2302－0000641　經十/31－63/4436

大明正德乙亥重刊改併五音類聚四声篇十五卷　（金）韓道昭撰　明正德十年至十一年（1515－1516）金臺衍法寺釋覺恒募刻本　四冊　存十二卷（四至十五）

420000－2302－0000642　史八/12.8/3523（6438）

大清會典四卷　（清）允裪等撰　清同治十一年（1872）湖北崇文書局刻本　四冊

420000－2302－0000643　史八/1－8/2337（75815）

大清會典一百卷　（清）允裪等撰　清光緒十九年（1893）上海圖書集成局鉛印本　八冊

420000－2302－0000644　史八/1－8/2337（81458）

大清會典一百卷　（清）允裪等撰　清光緒十九年（1893）上海圖書集成局鉛印本　十六冊

420000－2302－0000645　史十/52－8/9839（67943）

大清搢紳全書不分卷　（清）□□撰　清宣統元年（1909）京都榮寶齋刻本　五冊

420000－2302－0000646　經七/18.8/5544（15168）

左氏條貫十八卷　（清）曹基編　清刻本　六冊

420000－2302－0000647　史十/52.8/9839（6767）

大清搢紳全書四卷　（□）□□撰　清宣統元年（1909）京都榮寶齋刻本　五冊

420000－2302－0000648　史十一/52.8/9939（6804）

大清縉紳全書四卷　（□）□□撰　清光緒三

十三年（1907）榮祿堂刻本　　四冊

420000－2302－0000649　　史八/6.8/5100（6342）

大清礦務正章一卷坿章一卷　（清）農工商部奏　清兩江礦政調查局刻本　　二冊

420000－2302－0000650　　史八/6.8/1050（6442）

大清律例彙輯便覽四十卷　（清）三泰撰　清同治十一年（1872）湖北讞局刻本　　三十二冊

420000－2302－0000651　　史八/6.8/1050（6527）

大清律例彙輯便覽四十卷　（清）三泰撰　清同治十一年（1872）湖北讞局刻本　　三十二冊

420000－2302－0000652　　史八/62－8/4710（62563）

大清律例刑案統纂集成四十卷附二卷　（清）胡璋輯　清咸豐十年（1860）坊刻本　　二十二冊

420000－2302－0000653　　史八/62－8/7773.7（77235）

大清律例增修統纂集成四十卷附督捕則例二卷　（清）陶駿　（清）陶念霖增補　清光緒七年（1881）武林清來堂吳宅刻本　　二十四冊

420000－2302－0000654　　史八/62－8/7773.7（77288）

大清律例增修統纂集成四十卷附督捕則例二卷　（清）陶駿　（清）陶念霖增補　清光緒二十二年（1896）上海文淵山房鉛印本　　二十四冊

420000－2302－0000655　　史八/6.8/4031（6518）

大清刑律分則草案二編三十六章　（□）□□撰　清光緒三十三年（1907）鉛印本　　一冊

420000－2302－0000656　　史八/6.8/4031（6519）

大清刑事民事訴訟法五章附頒行例一章　（清）法律館編　清鉛印本　　一冊

420000－2302－0000657　　子九/22－8/3581（103583）

大清宣統二年歲次庚戌時憲書一卷　（清）欽天監輯　清宣統刻朱墨套印本　　一冊

420000－2302－0000658　　善子九/22－8/3581（41531）

大清宣統二年歲次庚戌時憲書一卷　（清）欽天監編　清宣統刻朱墨套印本　　一冊

420000－2302－0000659　　子九/22－8/3581（103584）

大清宣統二年歲次庚戌時憲書一卷　（清）欽天監輯　清宣統刻朱墨套印本　　一冊

420000－2302－0000660　　善子九/22－8/3581（41530）

大清宣統三年歲次辛亥時憲書一卷　（清）欽天監編　清宣統刻朱墨套印本　　一冊

420000－2302－0000661　　史十二/1.8/0246（8079）

大清一統全省地名問答不分卷　（清）新世界文化會編譯　清光緒二十九年（1903）鉛印本　　一冊

420000－2302－0000662　　史十二/1/4741（68257）

大清中外一統輿圖三十卷首一卷　（清）鄒世詒等編　（清）李廷簫增訂　清同治二年（1863）湖北撫署刻本　　十二冊

420000－2302－0000663　　史十二/1/4741（6910）

大清中外壹統輿圖二十八卷　（清）胡林翼編　清同治二年（1863）刻本　　十二冊

420000－2302－0000664　　史十四/4－8/4753（81401）

大清重刻龍藏匯記不分卷　（清）釋超盛纂　清同治九年（1870）金陵刻經處刻本　　一冊

420000－2302－0000665　　子八/10－8/0022（101489）

大生要旨五卷　（清）唐千頃撰　清光緒三十三年（1907）江夏劉氏刻本　　一冊

420000 – 2302 – 0000666　　子八/5.8/0022.3
（17803）

大生要旨五卷　（清）唐千頃撰　清光緒三十
三年（1907）江夏劉氏刻本　一冊

420000 – 2302 – 0000667　　史十七/42 – 42/
0024.0

大唐西域記十二卷　（唐）釋玄奘譯　清宣統
元年（1909）常州天寧寺刻本　四冊

420000 – 2302 – 0000668　　集二/4.8/4900
（13470）

大題文鈔初編不分卷　（清）陳亨撰　清光緒
六年（1880）刻本　二冊

420000 – 2302 – 0000669　　經七/11 – 8/3372
（57263）

左通補釋三十二卷　（清）梁履繩撰　清道光
九年（1829）錢塘汪氏振綺堂刻光緒元年
（1875）補刻本　十六冊

420000 – 2302 – 0000670　　史二/2 – 8/2614.1
（111009）

大文堂綱鑑易知錄九十二卷　（清）吳乘權等
輯　御撰資治通鑑明紀綱目三編二十卷
（清）張廷玉等撰　清刻本　十六冊　存五十
二卷（四至六、十五至十七、二十至二十四、三
十一至三十二、四十一至五十二、五十八至六
十二、九十一至九十二,御撰資治通鑑明紀綱
目三編二十卷）

420000 – 2302 – 0000671　　經九/12 – 8/7231
（100621）

大學古本質言不分卷　（清）劉沅撰　清光緒
三十一年（1905）刻本　一冊

420000 – 2302 – 0000672　　善經九/12 – 64/6060.5
（92876）

大學集說啟蒙一卷中庸集說啟蒙一卷　（明）
景星集說　（清）成德校訂　清康熙十九年
（1680）通志堂刻本　一冊　存一卷（大學集
說啟蒙一卷）

420000 – 2302 – 0000673　　史十二/1.8/2728
（7365）

大學堂審定小學課本輿地全圖不分卷　（清）
鄒代鈞編　清光緒二十九年（1903）石印本
一冊

420000 – 2302 – 0000674　　經九/11.5/4022.77
（15483）

大學衍義補輯要十二卷首一卷　（明）邱濬撰
（清）陳宏謀纂輯　清道光二十二年（1842）
寶恕堂刻本　十二冊

420000 – 2302 – 0000675　　經九/11.5/4022.7
（15339）

大學衍義補一百六十卷首一卷　（明）丘濬撰
（明）陳仁錫評閱　清道光刻本　四十八冊

420000 – 2302 – 0000676　　善子二/2 – 5/4024.7
（40699）

大學衍義補一百六十卷首一卷　（明）丘濬撰
明崇禎陳仁錫刻本　二十四冊

420000 – 2302 – 0000677　　善子二/2 – 5/4024.7

大學衍義補一百六十卷首一卷　（明）丘濬撰
明崇禎陳仁錫刻本　二十四冊

420000 – 2302 – 0000678　　經九/11.5/4022.7
（15429）

大學衍義輯要六卷　（宋）真德秀撰　（清）陳
宏謀纂輯　清道光二十二年（1842）寶恕堂刻
本　四冊

420000 – 2302 – 0000679　　經九/11.5/4022
（15403）

大學衍義四十三卷　（宋）真德秀彙輯　（明）
陳仁錫評閱　清刻本　十六冊

420000 – 2302 – 0000680　　子二/4 – 52/4022
（57516）

大學衍義四十三卷　（宋）真德秀彙輯　（明）
陳仁錫評閱　清刻本　十冊

420000 – 2302 – 0000681　　子二/4 – 52/4022
（110962）

大學衍義四十三卷　（宋）真德秀撰　清同治
十一年（1872）浙江書局刻本　十冊

420000 – 2302 – 0000682　　善子二/2 – 5/4022

大學衍義四十三卷 （宋）真德秀撰　明崇禎五年（1632）陳仁錫刻本　八冊

420000－2302－0000683　子二/5－8/2847（102749）

大學衍義體要十六卷 （清）徐桐輯　清刻本　八冊

420000－2302－0000684　集二/4.8/1013（13575）

大一山房文集六卷 （清）王一寧撰　清道光九年（1829）刻本　六冊

420000－2302－0000685　經二/1－8/4732（61999）

大易觀玩錄四卷 （清）胡澤順撰　清道光二十二年（1842）刻本　二冊

420000－2302－0000686　善經二/1－8/7244（93620）

大易蓄疑不分卷 （清）劉蔭樞撰　清抄本　一冊

420000－2302－0000687　子十二/18.8/0054（20070）

大意尊聞三卷 （清）方東樹撰　清同治五年（1866）刻本　一冊

420000－2302－0000688　集二/1.7/0036（11658）

大隱樓集十六卷 （明）方逢時著　清乾隆四十四年（1779）刻本　一冊

420000－2302－0000689　史十七/11/4420（8025）

大英國志八卷 （英國）慕維廉譯　清咸豐六年（1856）江蘇松江上海墨海書院刻本　二冊

420000－2302－0000690　集二/0－8/9748（91245）

大雲山房文稿初集四卷 （清）惲敬撰　清光緒十四年（1888）鄂官書處刻本　四冊

420000－2302－0000691　集二/0－8/9748（92954）

大雲山房文稿初集四卷二集四卷言事二卷 （清）惲敬撰　清同治二年（1863）惲世臨刻本　十冊

420000－2302－0000692　集二/4.8/9748（11729）

大雲山房文藁初集四卷二集四卷 （清）惲敬撰　清光緒十四年（1888）刻本　八冊

420000－2302－0000693　集二/4.8/9744（11723）

大雲山房文藁二集四卷 （清）惲敬撰　清嘉慶二十一年（1816）刻本　四冊

420000－2302－0000694　集二/4.8/9744（11727）

大雲山房言事二卷 （清）惲敬撰　清同治二年（1863）刻本　二冊

420000－2302－0000695　子九/3.8/2880（8410）

代數備旨全草十三章 （清）徐錫麟編　清光緒二十九年（1903）刻本　八冊

420000－2302－0000696　子九/3.8/2347（8376）

代數術二十五卷 （英國）傅蘭雅口譯　清光緒二十二年（1896）上海璣衡堂刻本　四冊

420000－2302－0000697　子九/3.8/0092（8380）

代數學藝錄十六卷 （清）方愷子撰　清光緒二十二年（1896）石印本　四冊

420000－2302－0000698　子九/3.8/6034.4（19099）

代微積拾級十八卷 （美國）羅密士著　清咸豐九年（1859）刻本　三冊

420000－2302－0000699　子九/3.8/5351（19116）

代形合參三卷 （美國）羅密士著　清光緒二十四年（1898）上海美華書館石印本　一冊

420000－2302－0000700　善集二/0－8/1043.2（41002）

帶經堂集九十二卷　（清）王士禎撰　（清）程哲編　清康熙七略書堂刻本　三十二冊

420000－2302－0000701　集七/2－8/1043.1（82267）

帶經堂詩話三十卷首一卷　（清）王士禎撰　（清）張宗枏輯　清同治十二年（1873）廣州藏脩堂刻本　十冊

420000－2302－0000702　叢/1－8/7738（53187）

貸園叢書初集十二種　（清）周永年輯　清乾隆五十四年（1789）歷城周氏竹西書屋刻本十六冊

420000－2302－0000703　叢/1－8/7738（23848）

貸園叢書初集十二種　（清）周永年輯　清乾隆五十四年（1789）歷城周氏竹西書屋刻本十五冊

420000－2302－0000704　善集二/0－8/4310.7（37264）

戴東原集十二卷　（清）戴震撰　覆校札記一卷　（清）段玉裁撰　清乾隆五十七年（1792）段氏經韻樓刻本　四冊

420000－2302－0000705　經九/32－8/4307（57236）

戴氏注論語二十卷　（清）戴望撰　清同治十年（1871）刻本　一冊

420000－2302－0000706　經九/32－8/4307（103402）

戴氏注論語二十卷　（清）戴望撰　清刻本一冊

420000－2302－0000707　集二/0－42/4322（88118）

戴叔倫詩集二卷補遺一卷　（唐）戴叔倫撰

唐司空文明詩集三卷　（唐）司空曙撰　清康熙四十一年（1702）洞庭席氏琴川書屋刻本一冊

420000－2302－0000708　善子十六/38－7/0110.6（69664）

丹桂笈注案四卷　（明）顏正注　清乾隆二十四年（1759）喻氏刻本　五冊　存三卷（二至四）

420000－2302－0000709　集二/0－64/4146（82205）

丹邱生集五卷補遺一卷　（元）柯九思撰　附錄一卷　繆荃孫撰　清光緒三十四年（1908）武昌柯逢時思園刻本　一冊

420000－2302－0000710　集二/0－64/4146.2（68042）

丹邱生集五卷補遺一卷　（元）柯九思撰　附錄一卷　繆荃孫撰　清光緒三十四年（1908）武昌柯逢時思園刻本　一冊

420000－2302－0000711　集二/0－64/4146.2（68043）

丹邱生集五卷補遺一卷　（元）柯九思撰　附錄一卷　繆荃孫撰　清光緒三十四年（1908）武昌柯逢時思園刻本　一冊

420000－2302－0000712　集二/0－64/4146.2（102812）

丹邱生集五卷補遺一卷　（元）柯九思撰　附錄一卷　繆荃孫撰　清光緒三十四年（1908）武昌柯逢時思園刻本　一冊

420000－2302－0000713　集二/3.64/4146（36291）

丹邱生集五卷補遺一卷　（元）柯九思撰　附錄一卷　繆荃孫撰　清光緒三十四年（1908）武昌柯逢時思園刻本　一冊

420000－2302－0000714　史十一/21－8/6640.6（90889）

單文恪公行述一卷　（清）單大綏述　清光緒十一年（1885）刻本　一冊

420000－2302－0000715　集一/5－8/1173.1（1）

澹香齋試律詳註一卷　（清）王廷紹撰　清末刻本　一冊

420000－2302－0000716　善集二/0－7/2662（40314）

甋甄洞稿五十四卷續稿二十七卷 （明）吳國倫撰 明萬曆吳氏刻本 三十二冊

420000－2302－0000717 善集二/0－7/2662 (41202)

甋甄洞稿五十四卷續稿二十七卷 （明）吳國倫撰 明萬曆吳氏刻本 四冊 存十二卷（二十五至三十、四十三至四十五、五十二至五十四）

420000－2302－0000718 集二/4.8/7509 (37243)

惕園初彙十七卷遺彙十卷 （清）陳庚煥著 清有有齋刻本 五冊 存十三卷（一至十三）

420000－2302－0000719 集五/4.8/0814.8 (38602)

蕩寇志七十回 （清）俞萬春撰 清同治十年(1871)刻本 十二冊

420000－2302－0000720 集五/4.8/0814.8 (38614)

蕩寇志七十回 （清）俞萬春撰 清同治十年(1871)刻本 二十四冊

420000－2302－0000721 集二/0－8/4047 (65205)

道古堂文集四十八卷詩集二十六卷集外文一卷集外詩一卷 （清）杭世駿撰 清乾隆四十一年(1776)刻光緒十四年(1888)汪增唯振綺堂增修本 八冊

420000－2302－0000722 集二/1.8/4047 (35175)

道古堂文集四十八卷詩集二十六卷集外文一卷集外詩一卷軼事一卷 （清）杭世駿撰 清光緒十四年(1888)汪氏振綺堂刻本 十六冊

420000－2302－0000723 史八/3－8/3890 (85902)

道光二十四年日用賬簿一卷道光二十五年事用賬簿一卷 （清）郭西濂撰 清道光手稿本 二冊

420000－2302－0000724 史八/233－8/3890 (86749)

道光辛丑恩科會試登科録一卷道光辛卯科順天鄉試登科録一卷康熙癸巳恩科湖廣鄉試題名録一卷 （清）□□編 清末抄本 一冊

420000－2302－0000725 史八/233－8/3891 (88976)

道光己酉科浙江全省選拔貢舉同年齒録不分卷 （清）□□編 清咸豐抄本 一冊

420000－2302－0000726 史十一/21－8/2764(50841)

道齊正軌二十卷 （清）鄒鳴鶴撰 清道光三十年(1850)刻本 八冊

420000－2302－0000727 集一/5－8/8247.7 (92322)

道生堂初集一卷三集一卷 （清）鍾聲撰 （清）劉啓正等批點 清同治四年(1865)刻本 二冊

420000－2302－0000728 集二 5.8/8214 (13435)

道生堂小題制藝一卷 （清）鍾聲著 清咸豐五年(1855)陔華居刻本 二冊

420000－2302－0000729 善子十六/37/7733

道書全集中和集七卷 （元）李道純撰 明末刻本 一冊 存四卷（四至七）

420000－2302－0000730 子十六/7－8/1791 (57098)

道書一貫十四種 （□）□□輯 清刻本 十六冊

420000－2302－0000731 史十七/4－8/1001 (86041)

道西齋日記一卷 （清）王詠霓撰 清光緒休屯鎮同文堂刻本 一冊

420000－2302－0000732 集一/312.8/1240 (33152)

道咸同光四朝詩史一般録甲集樣本八卷首一卷 孫雄編 清宣統二年(1910)孫雄刻本 五冊

420000－2302－0000733 史十一/22－8/

4465(77532)

道學淵源錄一百卷首一卷 （清）黃嗣東輯
清光緒三十四年(1908)刻本　三十冊

420000－2302－0000734　史十一/22－8/
4465(110756)

道學淵源錄一百卷首一卷 （清）黃嗣東輯
清刻本　一冊　存四卷(五十九至六十二)

420000－2302－0000735　集二/3.8/7744
(35655)

道援堂詩集十二卷附詞一卷 （清）屈大均著
清刻本　八冊

420000－2302－0000736　集二/3.64/2120
(36283)

道園詩集八卷 （元）虞集著　（清）持恕老人
抄　清抄本　四冊

420000－2302－0000737　集二/0－64/2123
(82860)

道園學古錄五十卷 （元）虞集著　清嘉慶二
十年(1815)刻本　十二冊

420000－2302－0000738　集二/4.64/2120
(35971)

道園學古錄五十卷 （元）虞集著　清康熙、
雍正刻本　十二冊

420000－2302－0000739　集二/0－8/1204
(92441)

得月軒尺牘八卷 （清）孫方增撰　清同治十
年(1871)粵東省城業文堂刻本　八冊

420000－2302－0000740　子五/7－8/0077
(110486)

德國水師事宜一卷 （清）卞長勝譯　清光緒
二十三年(1897)武昌質學會刻本　一冊

420000－2302－0000741　史八/233－8/
4647.5(73126)

德國學校制度不分卷 （日本）加藤駒二撰
（清）中國國民叢書社譯　清光緒二十九年
(1903)商務印書館鉛印本　一冊

420000－2302－0000742　善史十二/212.2/

1244(70115)

登封縣志三十二卷 （清）洪亮吉　（清）張繼
曇纂　清乾隆五十二年(1787)刻本　八冊

420000－2302－0000743　子五/1.7/1064
(17092)

登壇必究四十卷 （明）王鳴鶴撰　清木活字
印本　四十冊

420000－2302－0000744　善子五/8－7/1063
(69840)

登壇必究四十卷 （明）王鳴鶴撰　明萬曆二
十七年(1599)刻本　一冊　存一卷(一)

420000－2302－0000745　集二/3.9/2112
(35747)

鞮芬室近詩一卷 （清）何震彝撰　清宣統元
年(1909)天津行館鉛印本　一冊

420000－2302－0000746　集二/3.8/1717
(36107)

荻訓堂詩鈔十卷 （清）黃崗　（清）鄧琛撰
清光緒十七年(1891)黃州黃氏、鄧氏刻本
二冊

420000－2302－0000747　集二/0－8/2528

笛漁小稿十卷 （清）朱昆田撰　清光緒陶闓
刻本　一冊

420000－2302－0000748　史十二/244/3189
(7797)

地方自治白話宣講書不分卷 （清）江西全省
地方法制科編纂　清宣統二年(1910)助進刷
印所鉛印本　一冊

420000－2302－0000749　史十二/244/8189
(7798)

地方自治白話演說不分卷 （清）江西全省地
方法制科編纂　清宣統元年(1909)助進刷印
所鉛印本　一冊

420000－2302－0000750　子十4－8/1130
(102826)

地理辨正疏五卷首一卷末一卷 （清）張心言
撰　清同治二年(1863)刻本　二冊

420000－2302－0000751　子十/4.8/4417
（8449）

地理辨正疏直解五卷　（明）蔣平階撰　清同治十年(1871)刻本　二冊

420000－2302－0000752　子十/4－8/4417.8
（103575）

地理辨正五卷　（清）蔣平階補傳　（清）姜垚辨正　（清）章仲山增補直解　清末善成堂刻本　二冊　存三卷(一至三)

420000－2302－0000753　子十/4－8/1130
（88147）

地理辨證疏八卷　（清）張心言撰　清宣統二年(1910)刻本　一冊

420000－2302－0000754　子十/4.8/5310.7
（19220）

地理精微集六卷　（清）盛廷謨撰　清光緒二十四年(1898)江寧藩署刻本　四冊

420000－2302－0000755　子十/4/7761
（8451）

地理山洋指迷四卷　（明）周景一撰　清光緒十三年(1887)刻本　二冊

420000－2302－0000756　子十/4.8/7240
（19218）

地理小補三卷　（清）劉傑撰　清湖南方益元堂刻本　二冊

420000－2302－0000757　史十二/1/7702
（7792）

地理志略不分卷　（清）學部編書局纂編　清光緒三十四年(1908)武昌刻本　一冊

420000－2302－0000758　史十七/3－8/3414
（100724）

地球說略一卷　（美國）禕理哲撰　清同治十年(1871)上海美華書館鉛印本　一冊

420000－2302－0000759　史十七/2/4050
（8088）

地球一百名人傳不分卷　（英國）李提摩太譯　清光緒二十七年(1901)圖書集成局鉛印本　一冊

420000－2302－0000760　史十七/3－8/1143
（86815）

地球韻言四卷　（清）張士瀛撰　清光緒二十四年(1898)鄂垣務急書館刻本　二冊

420000－2302－0000761　史十七/3/1182
（13720）

地球韻言四卷　（清）張士瀛撰　清光緒二十四年(1898)鄂垣務急書館刻本　二冊

420000－2302－0000762　史十七/3/1182
（13722）

地球韻言四卷　（清）張士瀛撰　清光緒二十四年(1898)鄂垣務急書館刻本　二冊

420000－2302－0000763　史十七/3/1182
（13723）

地球韻言四卷　（清）張士瀛撰　清光緒二十四年(1898)鄂垣務急書館刻本　二冊

420000－2302－0000764　史十七/3/1182
（13725）

地球韻言四卷　（清）張士瀛撰　清光緒二十四年(1898)鄂垣務急書館刻本　二冊

420000－2302－0000765　史十七/3/1182
（8039）

地球韻言四卷　（清）張士瀛撰　清光緒二十四年(1898)鄂垣務急書館刻本　二冊

420000－2302－0000766　史十七/3/1182
（8041）

地球韻言四卷　（清）張士瀛撰　清光緒二十四年(1898)鄂垣務急書館刻本　二冊　存三卷(一至三)

420000－2302－0000767　史十七/3/1182
（8043）

地球韻言四卷　（清）張士瀛撰　清光緒二十四年(1898)鄂垣務急書館刻本　二冊　存一卷(一)

420000－2302－0000768　子二/44－8/4733
（67490）

弟子箴言十六卷　（清）胡達源撰　清道光十五年(1835)刻本　四冊

420000－2302－0000769　子十二/1/4732
（8478）

弟子箴言十六卷　（清）胡達源撰　清光緒二十八年（1902）柏香書局刻本　四冊

420000－2302－0000770　子十二/1/4732
（8498）

弟子箴言十六卷　（清）胡達源撰　清宣統元年（1909）石印本　四冊

420000－2302－0000771　子十二/1/4732
（8482）

弟子箴言十六卷　（清）胡達源撰　清宣統元年（1909）石印本　四冊

420000－2302－0000772　子十二/1/4732
（8486）

弟子箴言十六卷　（清）胡達源撰　清宣統元年（1909）石印本　四冊

420000－2302－0000773　子十二/1/4732
（8490）

弟子箴言十六卷　（清）胡達源撰　清宣統元年（1909）石印本　四冊

420000－2302－0000774　子十二/1/4732
（8494）

弟子箴言十六卷　（清）胡達源撰　清宣統元年（1909）石印本　四冊

420000－2302－0000775　子六/11.13/8825.1
（16911）

弟子職注一卷　（清）孫同元注　清光緒八年（1882）趙之謙刻本　一冊

420000－2302－0000776　子二/41－7/1171
（79944）

帝鑑圖說不分卷　（明）張居正等撰　清純忠堂刻本　六冊

420000－2302－0000777　子二/41－7/1171
（85667）

帝鑑圖說不分卷　（明）張居正等撰　清刻本　五冊

420000－2302－0000778　集五/4－7/6075.8

（103509）

第一才子書繡像三國志演義一百二十回　（明）羅貫中撰　（清）金人瑞批　（清）毛宗崗評　清光緒三十年（1904）上海商務印書館鉛印本　八冊

420000－2302－0000779　集五/4.7/6075.8
（40023）

第一才子書繡像三國志演義一百二十回　（明）羅貫中撰　（清）金人瑞批　（清）毛宗崗評　清光緒三十年（1904）上海商務印書館鉛印本　十二冊

420000－2302－0000780　集五/4.7/6075.8
（40035）

第一才子書繡像三國志演義一百二十回　（明）羅貫中撰　（清）金人瑞批　（清）毛宗崗評　清光緒三十年（1904）上海商務印書館鉛印本　十二冊

420000－2302－0000781　史五/253－8/
6042.4

滇粹不分卷　（清）呂志伊　（清）李根源輯　清宣統元年（1909）鉛印本　一冊

420000－2302－0000782　史十二/352/1040.83
（78862－63）

滇考二卷　（清）馮甦撰　清道光元年（1821）臨海宋氏刻本　二冊

420000－2302－0000783　史九/2－8/7226
（77043）

滇黔奏議十卷　（清）劉嶽昭著　清光緒十四年（1888）刻本　八冊

420000－2302－0000784　史十一/11.9/6464
（13656）

典故烈女全傳四卷　（清）曉星樵人校　清刻本　一冊　存二卷（二、四）

420000－2302－0000785　子十一/234.8/
6105（19517）

點石齋畫報四十四集　（清）尊聞閣主人輯　清宣統二年（1910）上海集成圖書公司石印本　七十八冊

420000 - 2302 - 0000786　子 十四/1 - 42/
1712(55344)

琱玉集殘二卷　(□)□□撰　清光緒遵義黎
氏東京使署影刻日本舊抄本　一冊

420000 - 2302 - 0000787　史 七/ - 43/5022
(71684)

釣磯立談一卷　(唐)史虛白撰　清康熙四十
五年(1706)曹寅揚州使院刻本　一冊

420000 - 2302 - 0000788　史 八/3.8/0707
(7793)

調查財政條款不分卷　(清)度支部各省清理
財政局編選　清光緒三十四年(1908)鉛印本
一冊

420000 - 2302 - 0000789　集 二/3.8/4638
(11942)

蜨庵賦鈔二卷　(清)楊榮著　(清)包國璋
(清)鴻吉注　清同治十年(1871)刻本　一冊

420000 - 2302 - 0000790　子 八/11. - 8/
7521.7(111262)

鼎鍥幼幼集成六卷　(清)陳復正刪潤　(清)
劉勷校正　(清)周宗頤条定　清刻本　一冊
存一卷(六)

420000 - 2302 - 0000791　子 八/4.8/7521
(17836)

鼎鍥幼幼集成六卷　(清)陳復正輯　清刻本
五冊　存五卷(一至三、五至六)

420000 - 2302 - 0000792　子 八/4.8/7521
(17841)

鼎鍥幼幼集成六卷　(清)陳復正輯　清刻本
二冊　存二卷(一至二)

420000 - 2302 - 0000793　子 八/4.8/7521
(17844)

鼎鍥幼幼集成六卷　(清)陳復正輯　清刻本
二冊　存三卷(二至三、五)

420000 - 2302 - 0000794　史 二/2 - 7/4044
(111526)

鼎鍥趙田了凡袁先生編纂古本歷史大方綱鑑
補三十九卷首一卷　(明)袁黃纂　清刻本

三冊　存四卷(三至五、二十七)

420000 - 2302 - 0000795　史 二/2 - 7/4044
(111525)

鼎鍥趙田了凡袁先生編纂古本歷史大方綱鑑
補三十九卷首一卷　(明)袁黃纂　清刻本
一冊　存二卷(十八至十九)

420000 - 2302 - 0000796　集 二/0 - 8/0121
(66218)

定盦文集三卷續集四卷文集補二卷又補編一
卷三補編一卷續錄一卷續集一卷別集一卷
(清)龔自珍撰　清光緒二十三年(1897)豐城
余氏寶墨齋刻本　五冊

420000 - 2302 - 0000797　集 二/0 - 8/0121
(64847)

定盦文集三卷續集四卷文集補九卷文集補編
四卷　(清)龔自珍撰　清光緒二十三年
(1897)萬本書堂刻本　六冊

420000 - 2302 - 0000798　集 二/0 - 8/0121.2
(66067)

定盦文集三卷續集四卷續錄一卷古今體詩二
卷雜詩一卷詞選一卷詞錄一卷文集補編四卷
文拾遺一卷文集補一卷　(清)龔自珍撰　吳
昌綬輯　定盦先生年譜一卷　吳昌綬編　清
宣統元年(1909)上海國學扶輪社鉛印本
七冊

420000 - 2302 - 0000799　集 二/1.8/0121
(34658)

定盦文集三卷續錄一卷補二卷續集一卷別集
一卷別集續集四卷　(清)龔自珍撰　清同治
七年(1868)福建曹竹書刻本　四冊

420000 - 2302 - 0000800　集 二/0 - 8/0121
(103563)

定盦文集三卷續錄一卷古今體詩二卷雜詩一
卷詞選四卷　(清)龔自珍撰　清宣統元年
(1909)鉛印本　二冊

420000 - 2302 - 0000801　集 六/21.8/3060/
(13460)

定國志安邦集二十卷　(□)□□撰　清末刻

本　九冊　存九卷(三、五、七、十一至十五、十九)

420000－2302－0000802　史八/12.8/9024
(6367)

定例彙編十二卷　(清)□□撰　清光緒三十四年(1908)刻本　十二冊

420000－2302－0000803　史八/12.8/9024
(6354)

定例彙編十二卷　(清)□□撰　清光緒三十三年(1907)刻本　十二冊

420000－2302－0000804　史八/12.8/9024
(6350)

定例彙編一卷　(清)□□撰　清光緒三十二年(1906)刻本　一冊

420000－2302－0000805　史八/12.8/9024
(6348)

定例彙編一卷　(清)□□撰　清光緒二十九年(1903)刻本　一冊

420000－2302－0000806　史八/12.8/9024
(6352)

定例彙編一卷　(清)□□撰　清光緒三十年(1904)刻本　一冊

420000－2302－0000807　史八/12.8/9024
(6526)

定例彙編一卷　(清)□□撰　清光緒三十三年(1907)刻本　一冊

420000－2302－0000808　史八/12.8/9024
(6349)

定例彙編一卷　(清)□□撰　清宣統元年(1909)刻本　一冊

420000－2302－0000809　史八/12.8/9024
(6353)

定例彙編一卷　(□)□□撰　清光緒二十九年(1903)刻本　一冊

420000－2302－0000810　史八/12.8/9024
(6351)

定例彙編一卷　(清)□□撰　清光緒三十一

年(1905)刻本　一冊

420000－2302－0000811　集二/0－8/0128
(65369)

定山堂古文小品二卷　(清)龔鼎孳撰　清宣統二年(1910)上海國學昌明社石印本　一冊

420000－2302－0000812　集七/1.8/7110
(38792)

定香亭筆談四卷　(清)阮元記　清光緒二十五年(1899)浙江書局刻本　四冊

420000－2302－0000813　集七/1.8/7110
(11544)

定香亭筆談四卷　(清)阮元記　清光緒十年(1884)瀨江宋氏刻本　四冊

420000－2302－0000814　子十二/2.8/4761
(20343)

訂譌雜録十卷　(清)胡鳴玉撰　清光緒上海申報館鉛印本　一冊

420000－2302－0000815　子五/8－8/2203.2
(62433)

訂正陸軍軍制綱領不分卷　(清)任衣洲譯　(清)伍士修編　(清)雷啟中修　清光緒三十一年(1905)陸軍行營軍官學堂木活字印本　一冊

420000－2302－0000816　集二/0－8/8055
(65256)

冬心先生詩集四卷　(清)金農撰　清宣統二年(1910)北京書業公司石印本　二冊

420000－2302－0000817　集二/0－8/8055
(110578)

冬心先生續集一卷冬心集拾遺一卷冬心先生三體詩一卷冬心先生自度曲一卷冬心先生雜著一卷　(清)金農撰　清光緒當歸草堂福州刻本　二冊

420000－2302－0000818　史四/2.5/1021
(5615)

東都事略一百三十卷　(宋)王偁撰　清光緒九年(1883)淮南書局刻本　八冊

420000－2302－0000819　史四/－51/1021（92144）

東都事畧一百三十卷　（宋）王偁撰　清乾隆、嘉慶南沙席氏掃葉山房刻本　五冊　存一百十二卷（一至三十八、四十九至八十一、八十九至一百二十九）

420000－2302－0000820　善經二/1－5/8730（1926）

東谷鄭先生易翼傳二卷　（宋）鄭汝諧撰　清康熙十五年(1676)成德刻本　二冊

420000－2302－0000821　善叢/1－7/2010（68969）

東觀餘論二卷　（宋）黄伯思撰　（明）毛晉訂　明毛氏汲古閣刻本　一冊　存一卷（下）

420000－2302－0000822　善集一/42－2/1120（39528）

東漢文二十卷　（明）張采輯　明崇禎六年(1633)刻本　十六冊

420000－2302－0000823　史二/3－8/4437.1（75871）

東華録三十二卷　（清）蔣良騏編　清刻本　十冊

420000－2302－0000824　史二/3－8/4437（111577）

東華録三十二卷　（清）蔣良騏編　清善成堂刻本　七冊　存二十八卷（一至三、八至三十二）

420000－2302－0000825　史二/3－8/3273（76064）

東華續録咸豐朝六十九卷　（清）潘頤福編　清光緒十八年(1892)上海圖書集成印書局鉛印本　十六冊

420000－2302－0000826　史二/3－8/4861.7（100872）

東華易知録八卷　（日本）增田貢撰　（清）張安國補編　清光緒二十八年(1902)上海錦文堂石印本　四冊

420000－2302－0000827　史一/3－31/0043.3（64755）

東晉疆域志四卷　（清）洪亮吉撰　清光緒十七年(1891)廣雅書局刻本　一冊

420000－2302－0000828　善集一/42－31/1120/2(39490）

東晉文四十卷　（明）張采輯　明崇禎十年(1637)張氏刻本　二十二冊

420000－2302－0000829　經七/18.5/6030（15161）

東萊博議二十卷　（宋）呂祖謙撰　清同治七年(1868)胡氏退補齋刻本　五冊

420000－2302－0000830　經七/11－52/6030（102768）

東萊博議四卷　（宋）呂祖謙撰　**增補虚字注釋總目一卷**　（清）馮泰松點定　清光緒二十八年(1902)新化三味書室刻本　四冊

420000－2302－0000831　經七/11－52/6030.3（103571）

東萊博議四卷　（宋）呂祖謙撰　（清）馮泰松點定　清光緒八年(1882)崇明馮氏刻本　四冊

420000－2302－0000832　經七/11－52/6030.1（110287）

東萊博議四卷　（宋）呂祖謙撰　**增補虚字注釋一卷**　（清）馮泰松點定　清善成堂刻本　四冊

420000－2302－0000833　經七/18.5/6030（9665）

東萊博議四卷　（宋）呂祖謙撰　清光緒二十四年(1898)刻本　三冊　存三卷（一、三至四）

420000－2302－0000834　經七/18.5/6030（9662）

東萊博議四卷　（宋）呂祖謙撰　清光緒二十四年(1898)刻本　三冊　存三卷（一、三至四）

420000－2302－0000835　經七/18.5/6030（6065）

東萊博議四卷 （宋）呂祖謙撰 增補虛字註釋總目一卷 （清）馮泰松點定 清光緒七年（1881）崇明馮氏刻本 三冊

420000－2302－0000836 經七/11－52/6030.1（87312）

東萊博議四卷增補虛字註釋六卷 （宋）呂祖謙撰 清光緒二十七年（1901）李光明莊刻本 四冊

420000－2302－0000837 集一/111－52/6032（65024）

東萊先生古文關鍵二卷 （宋）呂祖謙評 （宋）蔡文子注 （清）徐樹屏考異 清同治九年（1870）古閩晏湖張氏勵志書屋刻本 二冊

420000－2302－0000838 集一/41－52/6030.4（101072）

東萊先生古文關鍵二卷 （宋）呂祖謙評 清刻本 二冊

420000－2302－0000839 善集一/41－5/6030（69465）

東萊先生古文關鍵二卷 （宋）呂祖謙編 清康熙徐氏刻本 二冊

420000－2302－0000840 經七/12－52/6030（90022）

東萊先生左氏博議二十五卷 （宋）呂祖謙撰 清同治七年（1868）永康胡氏退補齋刻本 六冊

420000－2302－0000841 經七/18.5/6030（9600）

東萊先生左氏博議二十五卷 （宋）呂祖謙撰 （清）胡鳳丹輯 清同治七年（1868）永康胡氏退補齋刻本 一冊 存二卷（一至二）

420000－2302－0000842 經七/12－52/6030（57444）

東萊先生左氏博議二十五卷 （宋）呂祖謙撰 清光緒十四年（1888）雲陽義秀書屋刻本 四冊

420000－2302－0000843 史十二/4641/5044.80（79596）

東林書院志二十二卷 （清）高廷珍等輯 清光緒七年（1881）刻本 八冊

420000－2302－0000844 史五/1－8/4391（643529）

東牟守城紀畧一卷 （清）戴燮元撰 清抄本 一冊

420000－2302－0000845 史五/1－8/1712（76323）

東南紀事十二卷 （清）邵廷采撰 清光緒十年（1884）邵武徐氏刻本 二冊

420000－2302－0000846 集二/3.8/2710（4933）

東坪文集一卷詩集十二卷 （清）殷雯撰 清光緒三十一年（1905）武昌刻本 四冊

420000－2302－0000847 集二/0－51/4453（111002）

東坡集八十四卷 （宋）蘇軾撰 清刻本 三冊 存五卷（十二至十六）

420000－2302－0000848 集二/0－51/4453（103160）

東坡全集八十四卷目錄二卷 （宋）蘇軾撰 清道光十二年（1832）眉州三蘇祠刻本 二十冊 存三十二卷（一、三至四、十七至二十一、二十四至二十六、三十一至三十二、三十五至四十七、五十四至五十五、六十四至六十五、目錄二卷）

420000－2302－0000849 集二/0－8/2147（87466）

東坡詩集一卷 （清）熊士鵬撰 清道光六年（1826）刻本 一冊

420000－2302－0000850 集二/0－51/4453.4（82486）

東坡先生編年詩補註五十卷年表一卷 （宋）蘇軾撰 （清）查慎行補注 清香雨齋刻本 十六冊

420000－2302－0000851 善集二/0－51/4453.1（69246）

東坡先生詩集註三十二卷 （宋）蘇軾撰 明

刻本　十二冊

420000－2302－0000852　集二/4.8/4710
（11716）

東社讀史隨筆二卷　（清）獨醒主人撰　清光
緒三十一年（1905）刻本　二冊

420000－2302－0000853　子十二/2－8/7535
（93229）

東塾讀書記二十五卷　（清）陳澧撰　清光緒
廣州刻本（原缺卷十三至十四、十七至二十、
二十二至二十五）　四冊

420000－2302－0000854　善子十二/2－8/
7535（69923）

東塾讀書記二十五卷　（清）陳澧撰　清光緒
二十四年（1898）刻本　五冊

420000－2302－0000855　善子十二/2－8/
7535（93652）

東塾讀書記二十五卷　（清）陳澧撰　清光緒
廣州刻本　四冊

420000－2302－0000856　集五/4.8/5133
（39923）

東西漢演義二百二十六回　（清）□□撰　清
光緒十八年（1892）上海廣百宋齋石印本
六冊

420000－2302－0000857　史十七/32－8/
2305.0（85656）

東亞各港口岸志不分卷　（日本）參謀本部編
（清）廣智書局譯　清光緒二十八年（1902）
上海廣智書局鉛印本　一冊

420000－2302－0000858　善集一/32－42/
1047.4（69623）

東嵒草堂評訂唐詩鼓吹十卷　（金）元好問輯
（元）郝天挺註　（明）廖文炳解　（清）朱
三錫評　清康熙刻本　四冊

420000－2302－0000859　集一/312.42/
1047.42（31989）

東嵒草堂評訂唐詩鼓吹十卷　（金）元好問輯
（元）郝天挺註　（明）廖文炳解　（清）朱
三錫評　清乾隆刻本　八冊

420000－2302－0000860　史十七/12－8/
1777.4（85274）

東洋史要四卷首一卷　（日本）桑原騭藏撰
（清）樊炳清譯　清光緒二十五年（1899）中西
時務學堂刻本　四冊

420000－2302－0000861　史十七/12/7777
（7729）

東洋史要四卷首一卷　（日本）桑原騭藏撰
（清）樊炳清譯　清光緒二十五年（1899）中西
時務學堂刻本　三冊

420000－2302－0000862　子八/2.7/0833
（17916）

東醫寶鑑二十三卷　（朝鮮）許浚撰　清嘉慶
二年（1797）刻本　二十五冊

420000－2302－0000863　史十七/42/4173
（8106）

東遊紀略十五卷　（清）柯濱學　清道光十年
（1830）黃岡棣萼堂刻本　六冊

420000－2302－0000864　子八/18.－7/2627
（110306）

東垣先生此事難知集二卷　（元）王好古編
（明）吳勉學校　清刻本　一冊

420000－2302－0000865　集五/4－8/4460
（88767）

東周列國全志八卷　（明）馮夢龍撰　（清）蔡
昇評點　清光緒三十一年（1905）慰記書莊石
印本　八冊

420000－2302－0000866　集五/4.7/8013.4
（38517）

東周列國全志二十三卷一百八回　（明）馮夢
龍撰　（清）蔡昇評點　清咸豐四年（1854）書
成山房刻本　二十

420000－2302－0000867　集五/4.7/8013.4
（38537）

東周列國全志二十三卷一百八回　（明）馮夢
龍撰　（清）蔡昇評點　清咸豐四年（1854）書
成山房刻本　二十

420000－2302－0000868　集二/3.8/2124

東洲草堂詩鈔三卷　（清）何紹基撰　清同治六年(1867)長沙無園刻本　一冊

420000－2302－0000869　子九/3－8/4430
(86820)

董方立算學五種　（清）董祐誠撰　清光緒二十三年(1897)娛菜小築石印本　一冊

420000－2302－0000870　子十/3－7/4431
(91422)

董氏諏吉新書不分卷　（明）董潛撰　清光緒二十年(1894)刻本　二冊

420000－2302－0000871　子 八/3.8/7548
(17708)

洞天奧旨十六卷　（清）陳士鐸撰　清刻本　六冊

420000－2302－0000872　子八/11－8/7542
(091431)

痘科扼要一卷附古今治痘要方一卷　（清）陳奇生撰　清抄本　一冊

420000－2302－0000873　史 八/6.8/2707
(6735)

督辦鹽政酌擬章程一卷　（清）度支部奏　清宣統鉛印本　一冊

420000－2302－0000874　史 八/62－8/2756
(85654)

督捕則例附纂二卷　（清）□□撰　清同治十一年(1872)湖北讞局刻本　一冊

420000－2302－0000875　史 八/8－22/4422
(55298)

獨斷一卷　（漢）蔡邕撰　清刻本　一冊

420000－2302－0000876　叢/5－8/4444
(73461)

獨山莫氏邸亭叢書七種　（清）莫有芝撰　清同治刻1960年江蘇揚州人民出版社印本　四十冊

420000－2302－0000877　集 五/2.8/4612
(36573)

獨悟庵叢鈔四種　（清）楊引傳輯　清光緒申報館鉛印本　二冊

420000－2302－0000878　善集二/0－8/1041
(36194)

獨學廬詩集二十五卷詞五卷曲一卷　（清）石韞玉撰　清乾隆至嘉慶石韞玉長沙重慶官舍刻本　八冊

420000－2302－0000879　集二/0－42/4453.1
(84235)

讀杜筆記一卷　（清）夏力恕撰　清末刻本　一冊

420000－2302－0000880　集二/0－8/3340
(103735)

讀杜心解六卷首二卷　（清）浦起龍撰　清雍正二年(1724)靜寄東軒刻本　一冊　存三卷（一、首二卷）

420000－2302－0000881　叢/1－8/3127
(88812)

讀畫齋叢書丁集十種　（清）顧修輯　清嘉慶四年(1799)桐川顧氏刻本　五冊　存四種

420000－2302－0000882　叢/1－8/3127
(54270)

讀畫齋叢書四十六種　（清）顧修輯　清嘉慶四年(1799)桐川顧氏刻本　六十四冊

420000－2302－0000883　史 十二/5242/4422.80(79734)

讀黃合志一卷　（清）方學成　（清）許起昆（清）吳開撰　清乾隆刻本　一冊

420000－2302－0000884　經 五/21.8/2847
(9240)

讀禮通考一百二十卷　（清）徐乾學撰　清光緒七年(1881)江蘇書局刻本　四十冊

420000－2302－0000885　子 六/2.8/7221
(17273)

讀律心得三卷　（清）劉衡纂輯　清同治七年(1868)湖北崇文書局刻本　一冊

420000－2302－0000886　史 六/1－8/3436

（85419）

讀史編略四卷 （清）沈祥熙編　清道光二十五年(1845)刻本　二冊

420000－2302－0000887　子五/8－8/4741（64495）

讀史兵略四十六卷 （清）胡林翼輯　清咸豐十一年(1861)胡氏武昌節署刻本　十六冊

420000－2302－0000888　子五/28－8/4741（103310）

讀史兵略四十六卷 （清）胡林翼纂　清刻本　九冊

420000－2302－0000889　子五/28－8/4741（103294）

讀史兵略四十六卷 （清）胡林翼纂　清光緒元年(1875)湖北崇文書局刻本　十六冊

420000－2302－0000890　子五/28－8/4741（103278）

讀史兵略四十六卷 （清）胡林翼纂　清咸豐十一年(1861)胡氏武昌節署刻本　十六冊

420000－2302－0000891　子五/28.8/4741（17349）

讀史兵略四十六卷 （清）胡林翼纂　清咸豐十一年(1861)胡氏武昌節署刻本　十六冊

420000－2302－0000892　子五/28.8/4741（17380）

讀史兵略四十六卷 （清）胡林翼纂　清咸豐十一年(1861)胡氏武昌節署刻本　十六冊

420000－2302－0000893　史十六/2.8/3932（5600）

讀史大略六十卷 （清）沙張白撰　清道光二十五年(1845)刻本　十冊

420000－2302－0000894　史十六/2－8/3912（85343）

讀史大畧六十卷首一卷附錄一卷 （清）沙張白撰　清咸豐七年(1857)大興邵綏名刻本　十二冊

420000－2302－0000895　史十二/1－8/

3132.2（63527）

讀史方輿紀要十卷 （清）顧祖禹撰　**統論歷朝形勢一卷** （清）朱棠撰　清光緒二十二年(1896)澹雅書局刻本　十冊

420000－2302－0000896　史十二/1/3132.3（8043）

讀史方輿紀要十卷 （清）顧祖禹原著　清光緒二十八年(1902)湖南書局刻本　六冊

420000－2302－0000897　史十二/1－8/3132.4（103748）

讀史方輿紀要一百三十卷 （清）顧祖禹輯著　（清）彭元瑞校定　（清）龍萬育校刊　清嘉慶成都龍氏刻光緒五年(1879)蜀南桐華書屋補修本　一冊　存二卷(一至二)

420000－2302－0000898　史十二/1.8/3132（7302）

讀史方輿紀要一百三十卷 （清）顧祖禹輯著　（清）彭元瑞校定　（清）龍萬育校刊　清光緒五年(1879)蜀南桐華書屋薛氏家塾刻本　六十三冊　存一百二十八卷(一至七十四、七十七至一百三十)

420000－2302－0000899　史十六/2－8/4407（93541）

讀史論畧一卷 （清）杜詔撰　清抄光緒元年(1875)京都琉璃廠翰文齋刻本　一冊

420000－2302－0000900　善史十六/2－7/4622（70007）

讀史四集四卷 （明）楊以任撰　明崇禎九年(1636)龔銘刻本　四冊

420000－2302－0000901　子十四/2－8/4242（101074）

讀史探驪錄五卷 （清）姚芝生撰　清光緒上海申報館鉛印本　五冊

420000－2302－0000902　史十六/2－8/1034（85164）

讀史提要錄十二卷 （清）夏之蓉撰　清乾隆刻同治四年(1865)高沙夏氏補刻本　二冊

420000－2302－0000903　史六/1－8/1724

(88973)

讀史纂要不分類 （清）巳山老人輯　清光緒二十年(1894)稿本　一冊

420000－2302－0000904　子十二/2.8/3479 (20092)

讀書叢録二十四卷 （清）洪頤煊撰　清刻本五冊

420000－2302－0000905　子十二/2－8/1243 (62955)

讀書脞録七卷 （清）孫志祖撰　清光緒十三年(1887)醉六堂刻本　二冊

420000－2302－0000906　子十四/3－8/3042 (73222)

讀書紀數略五十四卷 （清）宮夢仁輯　清康熙四十六年(1707)宮夢仁刻本　十冊

420000－2302－0000907　子十二/2.8/4440 (20380)

讀書偶筆二十卷 （清）董桂新撰　清同治五年(1866)刻本　四冊

420000－2302－0000908　子十二/2.8/4923 (20238)

讀書偶記八卷 （清）趙紹祖撰　清道光四年(1824)刻本　四冊

420000－2302－0000909　子十二/2.8/2736 (20164)

讀書偶識十卷附録一卷 （清）鄒漢勳撰　清光緒刻本　四冊

420000－2302－0000910　子二/45－8/1112 (110464)

讀書譜□□卷 （清）張廷偉編輯　清刻本一冊　存二卷(三至四)

420000－2302－0000911　子十二/2－8/9947.1(56115)

讀書雜識十二卷 （清）勞格撰　（清）丁寶書輯　清光緒四年(1878)苕溪丁氏刻本　三冊

420000－2302－0000912　子十二/2－8/9947.1(103633)

讀書雜識十二卷 （清）勞格撰　（清）丁寶書輯　清光緒四年(1878)苕溪丁氏刻本　一冊存三卷(十至十二)

420000－2302－0000913　子十二/2－8/1081 (103625)

讀書雜志八十二卷餘編二卷 （清）王念孫撰　清同治九年(1870)金陵書局刻本　一冊存四卷(逸周書一至四)

420000－2302－0000914　子十二/2.8/1081 (20318)

讀書雜志八十二卷餘編二卷 （清）王念孫撰　清同治九年(1870)金陵書局刻本　二十四冊

420000－2302－0000915　子十二/2－8/1081 (103626)

讀書雜志八十二卷餘編二卷 （清）王念孫撰　清刻本　一冊　存三卷(墨子四至六)

420000－2302－0000916　子十二/2－8/1081 (103627)

讀書雜志八十二卷餘編二卷 （清）王念孫撰　清刻本　六冊　存二十七卷(管子二至五、荀子一至三、淮南內篇二至二十一)

420000－2302－0000917　子二/4.8/0022 (16950)

讀書作文譜十二卷 （清）唐彪輯著　清刻本四冊

420000－2302－0000918　經十/41－8/0843 (57163)

讀說文雜識一卷 （清）許棫撰　清光緒七年(1881)刻本　一冊

420000－2302－0000919　經十/41－8/0843 (62560)

讀說文雜識一卷 （清）許棫撰　清光緒七年(1881)刻本　一冊

420000－2302－0000920　經十/41－8/0843 (62281)

讀說文雜識一卷 （清）許棫撰　清光緒七年(1881)刻本　一冊

420000－2302－0000921　史十六/2－8/0051（89564）

讀通鑑綱目劄記二十卷　（清）章邦元撰　清光緒十六年（1890）銅陵章氏刻本　六冊

420000－2302－0000922　史十六/2－8/1053（84580）

讀通鑑論三十卷末一卷宋論十五卷　（清）王夫之撰　清光緒二十五年（1899）刻本　十六冊

420000－2302－0000923　史十六/2.8/1053（10037）

讀通鑑論三十卷末一卷宋論十五卷　（清）王夫之撰　清光緒二十六年（1900）湖南中興書局刻本　五冊

420000－2302－0000924　集一/32－42/8848（94008）

讀雪山房唐詩鈔三十四卷　（清）管世銘撰　清光緒十二年（1886）湖北官書處刻本　十一冊

420000－2302－0000925　集一/312.42/8848（32827）

讀雪山房唐詩鈔三十四卷　（清）管世銘著　清光緒十二年（1886）湖北官書處刻本　十二冊

420000－2302－0000926　集一/32－42/8848（90631）

讀雪山房唐詩選七卷　（清）管世銘著　清慶安寫刻本　一冊

420000－2302－0000927　史五/4.8/1042（8193）

讀支那梁啟超演說中外時事問答不分卷　（日本）平堀納次郎訂　清光緒二十八年（1902）東西改良書會鉛印本　一冊

420000－2302－0000928　經七/1.8/8091（15124）

讀左補義五十卷首一卷　（清）姜炳璋輯　清刻本　十五冊　存四十九卷（二至五十）

420000－2302－0000929　善經七/18－9/1537

讀左傳法不分卷　（清）馬貞榆撰　清光緒二十五年（1899）兩湖書院武昌刻朱印本　二冊

420000－2302－0000930　經七/11－8/9042（57155）

讀左漫筆十六卷　（清）常茂徠撰　清同治六年（1867）木活字印本　八冊

420000－2302－0000931　善經七/11－8/2542（58322）

讀左日鈔十二卷補二卷　（清）朱鶴齡輯（清）黃宗羲等訂　清康熙二十年（1681）吳江朱氏自刻本　四冊

420000－2302－0000932　經七/11－8/1012（89253）

讀左璅錄一卷　（清）王廷鼎撰　清光緒十七年（1891）刻本　一冊

420000－2302－0000933　集二/0－8/1144（92321）

篤素堂文集四卷　（清）張英撰　清末湖南學庫谷氏刻本　一冊

420000－2302－0000934　集二/8.8/1144（35547）

篤素堂文集四卷澄懷園語四卷澄懷主人自訂年譜三卷　（清）張英著　（清）張紹文重鐫　清光緒六年（1880）刻本　四冊

420000－2302－0000935　集二/0－42/4453.2（93694）

杜工部草堂詩箋四十卷　（唐）杜甫撰　（宋）魯訔編次　（宋）蔡夢弼會箋　清刻本　一冊　存四卷（八至十、二十五）

420000－2302－0000936　集二/0－42/4453.2（55355）

杜工部草堂詩箋四十卷外集一卷補遺十卷　（唐）杜甫撰　（宋）魯訔輯　（宋）蔡夢弼會箋　清光緒遵義黎氏日本東京使署刻本　六冊

420000－2302－0000937　集二/1.42/4453.8（34777）

杜工部集二十卷　（唐）杜甫著　（清）錢謙益

注 （清）何義門評點 清宣統二年（1910）鉛印本 四冊

420000－2302－0000938 善集二/0－42/4453.8（68632）

杜工部集二十卷年譜一卷諸家詩話一卷唱酬題詠附錄一卷 （唐）杜甫撰 （清）錢謙益箋注 清康熙六年（1667）季振宜靜思堂刻本 八冊

420000－2302－0000939 集二/0－42/1142.1（65263）

杜工部集二十卷首一卷 （唐）杜甫撰 （清）盧坤輯評 清道光十四年（1834）芸葉盦刻五色套印本 六冊

420000－2302－0000940 集二/0－42/4453.1（91654）

杜工部集二十卷首一卷 （唐）杜甫撰 （明）王世貞等評點 清光緒二年（1876）粵東翰墨園刻六色套印本 十冊

420000－2302－0000941 集二/0－42/4453.1

杜工部集二十卷首一卷 （唐）杜甫撰 （明）王世貞等評點 清光緒二年（1876）粵東翰墨園刻六色套印本 六冊

420000－2302－0000942 集二/1.42/4453.2（36449）

杜工部集二十卷首一卷 （唐）杜甫撰 （清）盧坤輯評 清道光十四年（1834）芸葉盦刻五色套印本 五冊 存六卷（一至五、首一卷）

420000－2302－0000943 善集二/0－42/4453.4（69376）

杜工部七言詩選直解二卷五言詩選直解三卷 （清）范廷謀撰 清雍正六年（1728）稼石堂刻本 五冊

420000－2302－0000944 集二/3.42/4453.8（36400－07）

杜工部詩二十卷 （唐）杜甫著 （清）錢謙益注 清宣統二年（1910）刻本 八冊

420000－2302－0000945 集二/3.42/4453.2

（36501）

杜工部詩集二十卷末一卷文集二卷 （唐）杜甫撰 （清）朱鶴齡輯注 清刻本 十二冊

420000－2302－0000946 集二/3.42/4453.2（36482）

杜工部詩集十九卷 （唐）杜甫著 （清）朱鶴齡輯注 清康熙九年（1670）刻本 十九冊

420000－2302－0000947 集二/0－42/4453.4（82219）

杜律通解四卷 （唐）杜甫撰 （清）李文煒箋釋 清刻本 四冊

420000－2302－0000948 集二/3.42/4453.4（36433）

杜詩鏡銓二十卷 （唐）杜甫著 （清）楊倫輯注 清光緒十八年（1892）著易堂鉛印本 六冊

420000－2302－0000949 集二/1.42/4453.4（36439）

杜詩鏡銓二十卷杜文鏡銓二卷 （唐）杜甫著 （清）楊倫輯 清同治十一年（1872）望三益齋刻本 十冊

420000－2302－0000950 集二/0－42/4453.4（110682）

杜詩鏡銓二十卷附錄一卷 （唐）杜甫撰 （清）楊倫注 **讀書堂杜工部文集註解二卷** （清）張溍評註 清同治十一年（1872）望三益齋刻本 十二冊

420000－2302－0000951 集二/0－42/4450.3（62872）

杜詩偶評四卷 （唐）杜甫撰 （清）沈德潛纂 清乾隆十二年（1747）潘承松賦閒草堂刻本 三冊

420000－2302－0000952 集二/3.42/4453.3（37110）

杜詩偶評四卷 （唐）杜甫撰 （清）沈德潛纂 清乾隆十二年（1747）潘承松賦閒草堂刻本 二冊

420000－2302－0000953 集二/3.42/4453.3

段氏說文注訂八卷 （清）鈕樹玉撰 清同治
十三年(1874)湖北崇文書局刻本 二冊

420000－2302－0000971 經十/41－8/8741
(57510)

段氏說文註訂八卷 （清）鈕樹玉撰 清同治
五年(1866)刻本 二冊

420000－2302－0000972 集六/8－8/4400
(67497)

對類引端三卷 （清）黃堃撰 清光緒十六年
(1890)刻本 一冊

420000－2302－0000973 子九/3－8/6737.4
(86817)

對數表一卷 （美國）路密司撰 （美國）赫士
口譯 （清）朱葆琛筆述 清光緒二十九年
(1903)上海美華書館鉛印本 一冊

420000－2302－0000974 叢/5－8/2838
(28940)

敦艮齋遺書九種 （清）徐潤第撰 清道光二
十八年(1848)徐繼畬刻本 五冊 存九種

420000－2302－0000975 集二/3.8/4423
(35573)

敦夙好齋詩初編十二卷續編十一卷 （清）葉
名澧撰 清光緒十六年(1890)葉兆剛刻本
八冊

420000－2302－0000976 集四/2－8/3023
(90900)

墮蘭館詞存一卷 （清）宗得福撰 清宣統元
年(1909)湖北官報局鉛印本 一冊

420000－2302－0000977 史十七/11－8/
2252.4(84690)

俄羅斯史二卷 （日本）山本利喜雄撰 （清）
麥鼎華譯 清光緒二十九年(1903)上海廣智
書局鉛印本 二冊

420000－2302－0000978 史十七/11/2866
(8049)

俄史輯要四卷 （清）徐景羅譯 清光緒二十
二年(1896)明達學社刻本 四冊

420000－2302－0000979 史十七/11－8/
3627(85616)

俄土戰紀六卷附錄一卷 （清）湯毅譯 清光
緒二十三年(1897)上海大同譯書局石印本
二冊

420000－2302－0000980 史八/31－8/6791
(90550)

鄂省丁漕指掌一卷 （□）□□編 清末刻本
一冊

420000－2302－0000981 集一/746/4777
(32917)

鄂渚同聲集正編二十卷 （清）胡鳳丹編 清
同治九年(1870)胡鳳丹刻本 二冊

420000－2302－0000982 集四/6.8/1082

遏雲閣曲譜初集不分卷 （清）王錫純輯 清
光緒十九年(1893)刻本 十二冊

420000－2302－0000983 集二/1.8/4211
(35219)

恩餘堂經進初稿十二卷續稿二十二卷三稿十
一卷附知聖道齋讀書二卷恩餘堂策問存課一
卷 （清）彭元瑞撰 清刻本 十七冊

420000－2302－0000984 集五/2.8/2287
(36694)

耳食錄初二編二十卷 （清）樂鈞撰 清同治
七年(1868)刻本 十冊

420000－2302－0000985 經十/11.8/7210
(15707)

爾雅補注殘本一卷 （清）劉玉麐撰 清光緒
十四年(1888)廣雅書局刻本 一冊

420000－2302－0000986 經一/08/1143
(9042)

爾雅春秋孝經三卷爾雅照直音本再刊一卷附
題梅詩一卷 （清）張世準識 清刻本 二冊

420000－2302－0000987 善經十/11－1/
0712(70466)

爾雅二卷 （晉）郭璞注 明棠策檻刻本
一冊

420000－2302－0000988　善經十/11－1/0712（70465）

爾雅二卷　（晉）郭璞注　明刻本　一冊

420000－2302－0000989　經十/11－8/4711（57512）

爾雅古義二卷　（清）胡承珙撰　清道光十七年（1837）胡氏求是堂刻本　一冊

420000－2302－0000990　經十/11－8/4742（100858）

爾雅郭注義疏二十卷　（清）郝懿行撰　清光緒十三年（1887）湖北官書局刻本　六冊　存十六卷（上一至五、中一至八、下二至四）

420000－2302－0000991　經十/11－8/4742（110934）

爾雅郭注義疏二十卷　（清）郝懿行撰　清光緒十四年（1888）湖北官書處刻本　八冊

420000－2302－0000992　經十/11－8/2389.1（62026）

爾雅漢注三卷　（清）臧鏞堂撰　（清）孫馮翼校訂　清嘉慶七年（1802）刻本　一冊

420000－2302－0000993　經十/11－33/0712（58137）

爾雅三卷　（晉）郭璞注　清光緒九年（1883）遵義黎氏影宋刻本　一冊

420000－2302－0000994　經十/11－33/0712（55354）

爾雅三卷　（晉）郭璞注　清光緒十年（1884）遵義黎氏日本東京使署影宋刻本　一冊

420000－2302－0000995　經十/11/0714（9574）

爾雅三卷　（晉）郭璞注　（唐）陸德明音釋　清同治七年（1868）湖北崇文書局刻本　三冊

420000－2302－0000996　經十/11－33/0712.7（111472）

爾雅三卷　（晉）郭璞注　（唐）陸德明音釋　清光緒三年（1877）永康胡氏退補齋刻本　一冊　存一卷（一）

420000－2302－0000997　經十/11－33/0712（103379）

爾雅三卷　（晉）郭璞注　（唐）陸德明音釋　清同治七年（1868）湖北崇文書局刻本　三冊

420000－2302－0000998　經十/11－33/0712（57347）

爾雅圖三卷　（晉）郭璞撰　清光緒十年（1884）上海同文書局石印本　二冊

420000－2302－0000999　經十/11.8/7724（15706）

爾雅訓纂一卷　（清）周繪藻撰　清光緒百柱山房石印本　一冊

420000－2302－0001000　經十/11－8/4742（57349）

爾雅義疏二十卷　（清）郝懿行撰　清光緒十三年（1887）湖北官書局刻本　八冊

420000－2302－0001001　經十/11－8/4742（57255）

爾雅義疏二十卷　（清）郝懿行撰　清同治四年（1865）刻本　八冊

420000－2302－0001002　經十/11－33/0712（62217）

爾雅音圖三卷　（晉）郭璞注　清嘉慶六年（1801）藝學軒刻本　三冊

420000－2302－0001003　經十/11.31/0712.4（15671）

爾雅音圖三卷　（晉）郭璞注　（清）姚之麟音圖　清嘉慶六年（1801）上海千頃堂書局重刻本　三冊

420000－2302－0001004　經十/11.8/1226（15724）

爾雅直音二卷　（清）孫侃輯　清光緒十三年（1887）南昌文德堂刻本　二冊

420000－2302－0001005　善經十/11－31/0712.1（41272）

爾雅註疏十一卷　（晉）郭璞註　（宋）邢昺疏　明萬曆二十二年（1594）北京國子監刻清康熙二十五年（1686）國子監重修本　三冊

420000 - 2302 - 0001006　經十/11 - 31/0712.1(110812)

爾雅註疏十一卷　（晉）郭璞註　（宋）邢昺疏　清刻本　一冊　存三卷(六至八)

420000 - 2302 - 0001007　善子十一/42 - 8/2610(101005)

二百蘭亭齋古印考藏六卷　（清）吳雲撰　清同治三年(1864)歸安吳氏上海刻鈐印本　二冊

420000 - 2302 - 0001008　史十五/12 - 8/2610(84333)

二百蘭亭齋收藏金石記不分卷　（清）吳雲撰　清咸豐六年(1856)歸安吳氏刻本　四冊

420000 - 2302 - 0001009　叢/4. 5/2631(28637)

二程全書六種　（宋）程顥　（宋）程頤撰　（宋）朱熹輯　清星沙小瑯環山館刻本　十六冊

420000 - 2302 - 0001010　叢/4 - 51/2631.2

二程先生全書五十一卷　（宋）程顥　（宋）程頤撰　清康熙二十五年(1686)程湛、程福亮刻本　四冊　存三十二卷(一至七、十九至四十三)

420000 - 2302 - 0001011　子十一/225. 8/4930(19683)

二金蝶堂尺牘一卷　（清）趙之謙書　清光緒三十一年(1905)嚴氏小長蘆館石印本　一冊

420000 - 2302 - 0001012　集二/0 - 8/4222(82449)

二林居集二十四卷　（清）彭紹升撰　清光緒七年(1881)彭祖賢刻本　六冊

420000 - 2302 - 0001013　史十五/13 - 8/1123(85379)

二銘草堂金石聚十六卷首一卷　（清）張德容編　清同治十一年(1872)二銘草堂刻本　十五冊

420000 - 2302 - 0001014　集二/0 - 8/7722.0(88737)

二南詩續抄二卷　（清）周樂撰　（清）郭階平注　清道光十一年(1831)刻本　一冊

420000 - 2302 - 0001015　集二/4. 8/4061(37249)

二曲全集二十六卷　（清）李顒著　清光緒二十六年(1900)湖南荷花池刻本　六冊

420000 - 2302 - 0001016　子十三/3 - 7/1021(92978)

二如亭群芳譜三十卷首一卷　（明）王象晉撰　清刻本　二十四冊

420000 - 2302 - 0001017　子十三/3 - 7/1021(94335)

二如亭群芳譜三十卷首一卷　（明）王象晉撰　清刻本　十四冊

420000 - 2302 - 0001018　子十三/3.7/1021(20467)

二如亭群芳譜五十五卷首一卷　（明）王象晉輯　明刻本　十二冊

420000 - 2302 - 0001019　子十三/3.7/1021(20537)

二如亭群芳譜五十五卷首一卷　（明）王象晉輯　明刻本　十六冊

420000 - 2302 - 0001020　子一/1. 8/3357(17624)

二十二子　（清）浙江書局編　清光緒元年至三年(1875 - 1877)浙江書局刻本　八十四冊

420000 - 2302 - 0001021　集四/2 - 8/1233(82350)

二十四橋吹簫譜二卷外卷一卷　（清）孫宗禮著　清道光十五年(1835)刻本　一冊

420000 - 2302 - 0001022　史六/1 - 8/7577(74853)

二十四史論贊七十八卷　（清）陳闓編輯　清光緒二十八年(1902)文淵山房石印本　十二冊

420000 - 2302 - 0001023　集六/21.7/4694.1(38130)

二十一史彈詞注十卷　（明）楊慎編著　（明）張三異增訂　**明史彈詞並注一卷**　（清）張仲璜注　清乾隆五十一年(1786)張氏視履堂刻本　八冊

420000－2302－0001024　集六/21.7/4694.1(38138)

二十一史彈詞注十卷　（明）楊慎編著　（明）張三異增訂　**明史彈詞並注一卷**　（清）張仲璜注　清乾隆刻本　八冊

420000－2302－0001025　集六/21.64/4694.1(2518)

二十一史彈詞注十卷明紀彈詞二卷類聚數攷不分卷　（明）楊慎編注　（明）張三異增訂　（明）張仲璜注　清雍正五年(1727)張坦麟刻本　十冊

420000－2302－0001026　集二/0－8/4046(68382)

二水樓文集二十卷首一卷詩集十八卷　（清）李茹旻撰　（清）李梓　（清）李生輯　清光緒十七年(1891)李鳴梧味憩廬刻本　九冊

420000－2302－0001027　叢/2－8/1134(29021)

二酉堂叢書二十一種　（清）張澍輯　清道光元年(1821)武威張氏二酉堂刻本　十二冊

420000－2302－0001028　集二/0－8/1144(110100)

二竹齋詩鈔六卷文集二卷　（清）張井撰　清道光十五年(1835)賜禮堂刻本　四冊

420000－2302－0001029　史十一/21－8/3658(62307)

貳臣傳八卷　（清）國史館編　清都城琉璃廠半松居士刻本　六冊

420000－2302－0001030　史十七/11/0041.7(8031)

法蘭西志六卷　（法國）猶里氏撰　（日本）高橋二郎譯述　清光緒二十二年(1896)新學書局仿日本刻本　四冊

420000－2302－0001031　經七/18.8/7175(15174)

左傳事緯十二卷　（清）馬驌撰　清光緒四年(1878)敏德堂刻本　五冊　存十卷(一、四至十二)

420000－2302－0001032　子十一/224.1/4426(4948)

法帖刊誤二卷　（宋）黃伯思撰　清刻本　一冊

420000－2302－0001033　史八/6－8/1284.1(56680)

法學通論一卷　（日本）磯谷幸次郎撰　王國維譯　清光緒二十八年(1902)金粟齋鉛印本　一冊

420000－2302－0001034　子二/2－21/5640.3(64592)

法言疏證十三卷叙錄一卷校補一卷　（漢）揚雄撰　（清）汪榮寶疏證　清宣統三年(1911)金薤琳琅齋鉛印本　四冊

420000－2302－0001035　史八/62－8/3012(73150)

法院編制法一卷　（清）憲政編查館編　清光緒湖北刷印官局鉛印本　一冊

420000－2302－0001036　叢/5－8/7535(73026)

番禺陳氏東塾叢書五種　（清）陳澧撰　清咸豐、光緒刻本　十二冊

420000－2302－0001037　子十六/29－8/2702.8(103348)

翻譯名義集選一卷　（清）□□輯　清同治十二年(1873)江北刻經處刻本　一冊

420000－2302－0001038　集二/3.42/4428.3(37908)

樊川詩集四卷外集一卷別集一卷補遺一卷　（唐）杜牧撰　（清）馮梧注集　清嘉慶六年(1801)吳錫祺刻本　八冊

420000－2302－0001039　集二/0－42/4007.8(84215)

樊南文集補編十二卷　（唐）李商隱撰　（清）

錢振倫　(清)錢振常注　清同治五年(1866)望三益齋刻本　四冊

420000－2302－0001040　集二/0－42/4007.3(93460)

樊南文集詳注八卷　(唐)李商隱撰　(清)馮浩注　清同治七年(1868)刻本　四冊

420000－2302－0001041　集二/1.8/4443(37563)

樊山集二十八卷續集二十八卷二家詞鈔五卷批判十五卷公牘三卷　樊增祥著　清光緒渭南縣署刻本　三十冊

420000－2302－0001042　史八/9－8/4440(100963)

樊山政書二十卷　樊增祥撰　清宣統二年(1910)鉛印本　五冊

420000－2302－0001043　集二/0－8/7167(55533)

樊樹山房集外詩三卷　(清)厲鶚撰　清同治十三年(1874)錢塘丁氏當歸草堂刻本　一冊

420000－2302－0001044　集二/1.8/7167(13565)

樊樹山房全集詩集十卷續集十卷文集八卷集外詩七卷曲一卷集外詞一卷詞一卷文一卷　(清)厲鶚著　清光緒十年(1884)刻本　十冊

420000－2302－0001045　集二/1.8/7166(37366)

樊樹山房全集詩集十卷續集十卷文集八卷集外詩七卷曲一卷集外詞一卷詞一卷文一卷　(清)厲鶚撰　**鞦詞一卷遺事一卷振綺堂詩存不分卷**　(清)汪憲撰　**松聲池館詩存四卷**　(清)汪璐撰　清光緒十年(1884)錢塘汪氏振綺堂刻本　十二冊

420000－2302－0001046　集二/0－7/4492(65560)

返生香一卷　(明)葉小鸞撰　清光緒二十二年(1896)刻本　一冊

420000－2302－0001047　子十一/72－8/1718(101542)

范施十局一卷梁程十四局一卷施梁三局一卷施程五局一卷范梁七局一卷　(清)鄧元鏸纂　清光緒九年(1883)上海點石齋石印本　三冊

420000－2302－0001048　經七/11.8/3372(15101)

左通補釋三十二卷　(清)梁履繩撰　清道光九年(1829)錢塘汪氏振綺堂刻光緒元年(1875)補刻本　十冊

420000－2302－0001049　集二/4.5/4423.4(35928)

范文正公文集十卷　(宋)范仲淹撰　清光緒元年(1875)存愚山房刻本　四冊

420000－2302－0001050　史十一/22－51/2211(77724)

范文正公言行録三卷年譜言行摘録一卷　(清)崔廷璋輯　清光緒十三年(1887)刻本　一冊

420000－2302－0001051　善集一/122－51/4423.4

范文正忠宣二公全集七十三卷　(宋)范仲淹　(宋)范純仁撰　清康熙四十六年(1707)范氏歲寒堂刻乾隆修補本　十六冊

420000－2302－0001052　集一/122－51/4423.4(90236)

范文正忠宣二公全集七十三卷　(宋)范仲淹　(宋)范純仁撰　清宣統二年(1910)蘇州吳縣存古學堂刻本　十六冊

420000－2302－0001053　集二/0－51/4422(103488)

范忠宣公集二十五卷　(宋)范純仁撰　清刻本　一冊　存六卷(五至十)

420000－2302－0001054　子二/42.8/5040(17041)

範家集略六卷　(清)秦坊輯　清同治十年(1871)木犀軒刻本　四冊

420000－2302－0001055　史十一/29－8/2695(102720)

方聚成禪師年譜一卷　（清）釋真淨編　清道光五年(1825)刻本　一冊

420000－2302－0001056　集二/3.8/7701.2(13617)

方泉詩集三卷　（清）周文璞撰　清宣統元年(1909)國光社石印本　一冊

420000－2302－0001057　善子十三/1－7/0012(69675)

方氏墨譜六卷　（明）方于魯撰　明萬曆美蔭堂刻本　二冊　存三卷（一、五至六）

420000－2302－0001058　史十一/22－8/0044.4(78247)

方望溪先生年譜一卷　（清）蘇惇元輯　清刻本　一冊

420000－2302－0001059　集二/0－8/0044(110121)

方望溪先生文集十八卷　（清）方苞撰　清咸豐元年(1851)戴鈞衡刻本　六冊　存十二卷（一至八、十一至十四）

420000－2302－0001060　經十/14.21/5640.0(15662)

方言十三卷首一卷　（漢）揚雄撰　（晉）郭璞注　續方言二卷　（清）杭世駿纂輯　續方言補一卷　（清）程際盛補纂　清光緒十七年(1891)思賢講舍刻本　二冊

420000－2302－0001061　集二/8.8/4001(35546)

方言藻二卷粵風四卷　（清）李調元撰　清刻本　一冊

420000－2302－0001062　史十二/1－8/3132.3(80583)

方輿紀要簡覽三十四卷　（清）顧祖禹撰　（清）潘鐸輯　清光緒二十八年(1902)經元書室刻本　十六冊

420000－2302－0001063　史八/54－8/4407(79746)

防海紀略二卷　（清）芍唐居士編　清光緒二十一年(1895)同文館鉛印本　二冊

420000－2302－0001064　經一/1－5/7211(454)

仿宋相臺五經附考證五種　（宋）岳珂編　清乾隆四十八年(1783)武英殿刻本　四十四冊

420000－2302－0001065　經一/1－5/7211(498)

仿宋相臺五經附考證五種　（宋）岳珂編　清刻本　二十四冊

420000－2302－0001066　經一/1－5/7211(111315)

仿宋相臺五經附考證五種　（宋）岳珂輯　清光緒二年(1876)江南書局刻本　四冊　存二種十三卷（周易十卷、尚書一至三）

420000－2302－0001067　經一/1－5/7211(111327)

仿宋相臺五經附考證五種　（宋）岳珂輯　清刻本　三冊　存二種八卷（周易四至六，禮記六至七、十五至十七）

420000－2302－0001068　經十/41－22/0894.4(92428)

仿唐寫本說文解字木部一卷　（漢）許慎撰　唐寫本說文解字木部箋異一卷　（清）莫友芝撰　清同治三年(1864)刻本　一冊

420000－2302－0001069　經七/12－8/7125(80519)

左傳事緯十二卷附錄八卷　（清）馬驌撰　清嘉慶刻本　十冊

420000－2302－0001070　子十一/216－52/7438(90142)

放翁題跋六卷　（宋）陸游撰　清光緒四年(1878)仁和葛氏刻本　一冊　存三卷（四至六）

420000－2302－0001071　子十一/216－52/7438(103733)

放翁題跋六卷　（宋）陸游撰　清光緒嘯園刻本　一冊　存三卷（一至三）

420000－2302－0001072　集五/4.8/2611(38393)

飛龍全傳六十回　（清）吳璿編　清乾隆三十三年(1768)文德堂刻本　十六冊

420000－2302－0001073　子九/4.8/0826(19119)

分化津梁一卷　（清）伍德明譯　清光緒二十三年(1897)同文館鉛印本　一冊

420000－2302－0001074　善集二/0－42/4026(40346)

分類補注李太白詩二十五卷　（唐）李白撰（明）許自昌註　明許自昌刻六經堂印本　十冊

420000－2302－0001075　善集二/0－42/4026(39781)

分類補注李太白詩三十卷　（唐）李白撰　明萬曆許自昌刻本　一冊　存二卷(四至五)

420000－2302－0001076　子十四/1－9/8095(68745)

分類典林一卷　（□）□□撰　清末抄本　一冊

420000－2302－0001077　子十四/8.8/1215(9409)

分類適軒尺牘八卷　（清）徐菊生撰（清）孫震咸注　清石印本　二冊

420000－2302－0001078　史十七/1/9026(8085)

分類萬國政治考一百八十卷　（清）朱大文（清）凌賡揚輯　清光緒二十八年(1902)上海鴻文書局石印本　一冊　存一卷(一)

420000－2302－0001079　集七/6－9/8097(89000)

分類學對入門一卷　（清）張行簡編撰　清刻本　一冊

420000－2302－0001080　子十四/5.8/3413(21443)

分類字錦六十四卷　（清）何焯等纂　清刻本　七十二冊　存五十七卷(一至二、九至十六、十七下、十八、二十至六十四)

420000－2302－0001081　子十四/8.8/3700(13785)

分韻詩賦題解一百六卷　（清）鴻文齋主人編　清光緒十四年(1888)石印本　六冊

420000－2302－0001082　善集二/0－8/2862(69133)

棻堂節錄二十卷　（清）徐時作輯　清乾隆三十六年(1771)崇本堂刻本　二冊　存七卷(一至三、八至十一)

420000－2302－0001083　史十五/7－8/2644.7(80983)

封泥攷畧十卷　（清）吳式芬（清）陳介祺輯　清光緒三十年(1904)上海石印本　十冊

420000－2302－0001084　子十二/5－42/4433(8579)

封氏聞見記十卷　（唐）封演撰　清乾隆二十一年(1756)德州盧見曾刻本　一冊

420000－2302－0001085　子二/41－8/4446(87284)

風譚錄八卷首一卷　（清）甘培園編　清光緒二年(1876)刻本　三冊

420000－2302－0001086　子六/4.7/6045(17272)

風憲約一卷　（明）呂坤撰　清光緒十九年(1893)王廉長沙刻本　一冊

420000－2302－0001087　叢/1－9/1730(56249)

風雨樓叢書二十三種　鄧實輯　清宣統順德鄧氏鉛印本　十二冊

420000－2302－0001088　史十四/23－8/3141(63392)

豐順丁氏持靜齋宋元校抄各本書目不分卷　（清）江標撰　清光緒二十一年(1895)刻本　一冊

420000－2302－0001089　子十六/5－8/4044(89591)

奉慈正義二卷　（清）李杕撰　清光緒二十一年(1895)上海慈母堂鉛印本　一冊

鳳臺祇謁筆記一卷 （清）董恂撰　清同治九年（1870）刻本　一冊

420000 – 2302 – 0001091　子十六/29 – 8/7750（103758）

佛爾雅八卷 （清）周春撰　清刻本　一冊

420000 – 2302 – 0001092　子十六/29 – 8/7750（110840）

佛爾雅八卷 （清）周春撰　清刻本　一冊

420000 – 2302 – 0001093　子十六/29 – 8/7750（110841）

佛爾雅八卷 （清）周春撰　清刻本　一冊

420000 – 2302 – 0001094　子十六/22.31/4706.3（10063）

佛說阿彌陀經疏鈔四卷 （明）釋袾宏述　清光緒十八年（1892）金陵刻經處刻本　五冊

420000 – 2302 – 0001095　子十六/22 – 8/3530.2（110844）

佛說阿彌陀經疏鈔擷一卷 （明）釋袾宏疏鈔 （清）徐槐廷擷　清光緒二年（1876）刻本　一冊

420000 – 2302 – 0001096　子十六/22 – 36/6003.2（110752）

佛說觀普賢菩薩行法經一卷 （南朝宋）釋曇摩蜜多譯　清光緒七年（1881）金陵刻經處刻本　一冊

420000 – 2302 – 0001097　子十六/22 – 36/1031.8（103116）

佛說觀無量壽佛經一卷 （南朝宋）釋畺良耶舍譯　佛說阿彌陀經一卷 （後秦）釋鳩摩羅什譯　稱讚淨土佛攝受經一卷 （唐）釋玄奘譯　拔一切業障根本得生淨土神咒一卷 （南朝宋）釋求那跋陀羅譯　後出阿彌陀佛偈經一卷 （晉）□□譯　阿彌陀鼓音聲王陀羅尼經一卷 （□）□□譯　觀世音菩薩得大勢菩薩受記經一卷 （南朝宋）釋曇無竭譯　無量壽經優波提舍一卷 （北魏）釋菩提留支譯

佛說阿彌陀經疏一卷 （唐）釋元曉述　清同治十年至光緒八年（1871 – 1882）刻本　一冊

420000 – 2302 – 0001098　子十六/22 – 24/2602（110722）

佛說無量壽經二卷 （三國魏）釋康僧鎧譯　清同治十三年（1874）金陵刻經處刻本　一冊

420000 – 2302 – 0001099　子十一/42 – 9/2661（89587）

缶廬印存二集不分卷　吳昌碩刻　清光緒二十六年（1900）西泠印社鈐印本　四冊

420000 – 2302 – 0001100　集一/722.2/2380.2（67315）

伏羌紀事詩一卷和作一卷寄贈詩詞一卷 （清）楊芳燦著　清光緒十八年（1892）刻朱印本　一冊

420000 – 2302 – 0001101　集二/3.8/4048.2（35611）

扶海樓詩集十二卷詩餘二卷 （清）李懿曾撰 （清）徐宗幹編　清道光十二年（1832）李琪刻本　四冊

420000 – 2302 – 0001102　集六/3.8/7534（38041）

芙蓉洞十卷四十回 （清）陳遇乾撰　清道光十六年（1836）刻本　五冊

420000 – 2302 – 0001103　集二/3.8/7746（35663）

罘罳草堂詩集四卷 （清）隆觀易撰　清光緒五年（1879）長沙刻本　二冊

420000 – 2302 – 0001104　集二/0 – 8/1027（88724）

浮玉山房賦抄一卷 （清）丁紹周撰　清末刻本　一冊

420000 – 2302 – 0001105　子八/18 – 8/1070（87137）

福濟全珍六種 （清）王質齋編　清咸豐五年（1855）刻本　一冊

420000 – 2302 – 0001106　史八/36 – 8/3117
(75972)

福建興監志畧不分卷　（□）□□編　清同治
五年(1866)福建監局刻本　二冊

420000 – 2302 – 0001107　經五/37 – 8/1102
(111458)

撫本禮記鄭注考異二卷　（清）張敦仁撰　清
刻本　一冊

420000 – 2302 – 0001108　史八/9 – 8/1066.3
(50637)

撫吳公牘五十卷　（清）丁日昌撰　（清）沈幼
丹評選　清光緒廈門華英書局刻本　十冊

420000 – 2302 – 0001109　史八/63 – 8/4876
(87128)

附刊檢骨圖格一卷　（清）王又槐輯　清道光
刻三色套印本　一冊

420000 – 2302 – 0001110　經四/1 – 21/2000.8
(103222)

附釋音毛詩注疏七十卷　（漢）毛亨傳　（漢）
鄭玄箋　（唐）陸德明音義　（唐）孔穎達疏
校勘記七十卷　（清）阮元撰　（清）盧宣旬摘
錄　清嘉慶二十年(1815)刻本　十二冊　存
二十二卷(一至九,校勘記一至九、十四至十
七)

420000 – 2302 – 0001111　經三/1 – 21/1256.1
(9354)

附釋音尚書注疏二十卷校勘記二十卷　（唐）
孔穎達撰　清嘉慶二十年(1815)江西南昌府
學刻本　一冊　存三卷(一至三)

420000 – 2302 – 0001112　子八/61.8/2844
(8345)

傅青主女科二卷　（清）傅山撰　清石印本
一冊

420000 – 2302 – 0001113　史十七/4 – 8/2343.7
(100999)

傅相游歷各國日記二卷　（清）李鴻章撰
（清）胡鳳丹輯　清光緒二十三年(1897)上海
石印本　二冊

420000 – 2302 – 0001114　史十七/11/4030
(8086)

傅相游歷各國日記二卷　（清）李鴻章撰
（清）胡鳳丹輯　清光緒二十三年(1897)上海
石印本　二冊

420000 – 2302 – 0001115　經十/24 – 5/1140
(65941)

復古編二卷　（宋）張有撰　清乾隆四十五年
(1780)葛鳴陽京師瑠璃廠刻本　二冊

420000 – 2302 – 0001116　經十/23.5/1140
(16103)

復古編二卷　（宋）張有撰　清光緒八年
(1882)淮南書局刻本　五冊

420000 – 2302 – 0001117　經十/24 – 5/1140.4
(92429)

復古編二卷校正一卷附錄一卷　（宋）張有撰
（清）葛鳴陽校勘　清光緒十八年(1892)香
山劉氏小蘇齋刻本　四冊

420000 – 2302 – 0001118　集二/4.8/2902
(35394)

復堂文續五卷　（清）譚獻撰　清光緒二十七
年(1901)刻　四冊

420000 – 2302 – 0001119　集二/0 – 8/8080
(92490)

復齋文集二十一卷詩集四卷首一卷末一卷
（清）曾鏞撰　清嘉慶二十二年至二十五年
(1817 – 1820)刻本　十四冊

420000 – 2302 – 0001120　史八/31 – 8/5284
(62556)

富國養民策十六章　（英國）哲分斯撰　清光
緒二十四年(1898)製造書局刻本　一冊　存
八章(一至八)

420000 – 2302 – 0001121　叢/1.8/4022(12779)

富強齋叢書續全集一百二十六種　（清）袁俊
德輯　清光緒二十七年(1901)小倉山房石印
本　六十四冊　存一百二十六種

420000 – 2302 – 0001122　叢/1.8/4022(12512)

富強齋叢書正全集七十九種　（清）袁俊德編

清光緒二十五年(1899)小倉山房石印本
六十四冊　存七十九種

420000－2302－0001123　叢/1－8/4022(26511)
富強齋叢書正全集七十九種　（清）袁俊德編
清光緒二十五年(1899)小倉山房石印本
六十四冊　存七十九種

420000－2302－0001124　子十四/1.8/8850
(8922)
賦海初編三十卷　（清）竹春齋主人編　清光
緒十二年(1886)積山局石印本　十二冊

420000－2302－0001125　子十四/8.8/1124
(13777)
賦學雞跖集三十卷　（清）張維城選編　清光
緒八年(1882)淞隱閣刻本　八冊

420000－2302－0001126　子十四/8.8/1124
(31774)
賦學雞跖集三十卷附錄一卷　（清）張維城選
編　清道光十一年(1831)粲花吟館刻本
六冊

420000－2302－0001127　集一/5－8/4010
(65099)
賦學正鵠集釋十卷序目一卷　（清）李元度編
清光緒十一年(1885)石渠山房刻本　六冊

420000－2302－0001128　集七/2.8/4010
(31763)
賦學正鵠集釋十一卷　（清）李元度編　清光
緒九年(1883)巴蜀善成書局刻本　五冊　存
九卷(一至九)

420000－2302－0001129　集七/2－8/4010
(110338)
賦學正鵠十卷　（清）李元度輯　清刻本
七冊

420000－2302－0001130　集七/2.8/4010
(11811)
賦學正鵠十卷　（清）李元度編　清光緒十一
年(1885)刻本　六冊

420000－2302－0001131　子十二/2.8/4917

(20247)
陔餘叢考四十三卷　（清）趙翼輯　清乾隆五
十五年(1790)刻本　十四冊

420000－2302－0001132　史十二/244/3119
(6926)
改辦江西省城巡警教練所暫定簡章一卷
（□)□□撰　清末鉛印本　一冊

420000－2302－0001133　史十二/244/3119
(6925)
改辦江西省城巡警教練所暫定簡章一卷
（□)□□撰　清末鉛印本　一冊

420000－2302－0001134　史八/6.8/0007
(6509)
改訂路務議員章程一卷　（清）政務處奏　清
光緒三十二年(1906)南洋官報局鉛印本
一冊

420000－2302－0001135　集二/0－8/8354
(65213)
甘泉鄉人稿二十四卷可讀書齋校書譜一卷
（清）錢泰吉撰　清咸豐四年(1854)讀舊書室
刻本　九冊

420000－2302－0001136　善集一/32－8/
1041.2(69478)
感舊集十六卷　（清）王士禎選　（清）盧見曾
補編　清乾隆十七年(1752)盧見曾刻本
八冊

420000－2302－0001137　善集一/32－8/
1041.2(69486)
感舊集十六卷　（清）王士禎選　（清）盧見曾
補編　清乾隆十七年(1752)盧見曾刻本　十
六冊

420000－2302－0001138　集二/3.8/3125
(11738)
感秋吟不分卷　（清）江峰青撰　清光緒三十
一年(1905)刻本　一冊

420000－2302－0001139　集二/3.8/3125
(11739)
感秋吟不分卷　（清）江峰青撰　清光緒三十

一年(1905)刻本　一冊

420000－2302－0001140　史十二/241.2/8022.8(82176)

干巷志六卷首一卷　(清)朱棟纂　清光緒二十九年(1903)干巷鄉先哲祠刻本　二冊

420000－2302－0001141　史二/1.8/2624(5521)

綱鑑易知錄九十二卷　(清)吳乘權等輯　清康熙五十年(1711)刻本　三冊　存三卷(十二、二十一、二十六)

420000－2302－0001142　史二/2－8/2782(75199)

綱鑑總論不分卷　(清)陳受頤撰　清光緒二十八年(1902)刻本　二冊

420000－2302－0001143　史二/2－8/7527(100897)

綱鑑總論不分卷　(清)陳受頤撰　清光緒三十年(1904)善成堂刻本　二冊

420000－2302－0001144　子二/42.8/7575(8191)

高等小學修身術不分卷　(清)陳問咸編輯　清光緒三十年(1904)六吉軒刻本　一冊

420000－2302－0001145　史十五/52－9/8709(85122)

高麗國永樂好大王碑釋文纂改一卷　鄭文焯撰　清光緒二十六年(1900)平湖朱氏經注經齋刻本　一冊

420000－2302－0001146　子十六 29－36/2652(65492)

高僧傳初集十五卷　(南朝梁)釋慧皎撰　清光緒十年(1884)金陵刻經處刻本　四冊

420000－2302－0001147　子十六/29－7/2649(65496)

高僧傳四集六卷　(明)釋如惺撰　清光緒十八年(1892)江北刻經處刻本　二冊

420000－2302－0001148　史十一/210－31/2650(91426)

高士傳一卷　(晉)皇甫謐撰　清刻本　一冊

420000－2302－0001149　子十六/32/0014(8974)

高王觀世音經一卷　(□)□□撰　清咸豐九年(1859)刻本　一冊

420000－2302－0001150　子十一/236.8/0074.1(19721)

高西園詩畫錄不分卷　(清)鄧元鏻纂　清光緒二十一年(1895)刻本　一冊

420000－2302－0001151　史五/1.21/0002(5697)

高氏戰國策三十三卷　(漢)高誘注　(宋)姚宏校　清乾隆二十一年(1756)雅雨堂刻本　四冊

420000－2302－0001152　集五/4－7/8084.1(103668)

皋鶴堂批評第一奇書金瓶梅一百回　(明)蘭陵笑笑生撰　(清)張竹坡評　清康熙三十四年(1695)在茲堂刻本　十二冊

420000－2302－0001153　子九/4.8/1063(19128)

格物入門七卷　(美國)丁韙良著　清同治七年(1868)京都同文館刻本　七冊

420000－2302－0001154　子九/4.8/1063(8596)

格物入門七卷　(美國)丁韙良著　清光緒十五年(1889)同文館鉛印本　七冊

420000－2302－0001155　子二/42.8/1012(16934)

格言彙編六種　(清)王乃徵輯　清光緒三十四年(1908)王氏撫州刻本　八冊

420000－2302－0001156　子二/42/8274(8281)

格言聯璧二卷　(清)鍾駿聲撰　清光緒七年(1881)余氏刻本　二冊

420000－2302－0001157　子二/46－8/8042(87478)

格言聯璧一卷 （清）金纓輯 清光緒四年(1878)渝城善成堂刻本 一冊

420000－2302－0001158 叢/1－8/2813(26213)

格致叢書一百六十八種 （清）徐建寅輯 清光緒刻本 八冊

420000－2302－0001159 子十二/5－8/1022(110490)

格致古微五卷表一卷 （清）王仁俊撰 清光緒二十三年(1897)武昌質學會刻本 一冊 存二卷(五、表一卷)

420000－2302－0001160 子十四/1.8/7510(111)

格致鏡原一百卷 （清）陳元龍譯 清雍正十三年(1735)刻本 二十四冊

420000－2302－0001161 史十七/1－8/5520(84608)

各國交涉公法論初集四卷二集四卷三集八卷校勘記一卷 （英國）費利摩羅巴德撰 （英國）傅蘭雅口譯 （清）俞世爵筆述 清光緒二十八年(1902)上海鴻文書局石印本 七冊

420000－2302－0001162 史八/41－8/2762(77276)

各國條約章程不分卷 （清）□□編 清末刻本 四冊

420000－2302－0001163 史八/2.8/4061(8264－6)

各國學校制度三卷 （日本）寺田勇吉著 白作霖註 清光緒二十八年(1902)鉛印本 三冊

420000－2302－0001164 史十七/1－8/8397(84694)

各國政治考八卷 （清）錢恂編 清光緒二十七年(1901)石印本 六冊

420000－2302－0001165 史八/5.8/7300(6414)

各省水師劃歸事宜海軍事務處管理原奏不分卷 （清）海軍事務處奏 清刻本 一冊

420000－2302－0001166 史十二/244/3189(6069)

各廳州縣籌辦城鎮鄉地方自治第一期辦法提要一卷 （清）江西全省地方自治籌辦處編 清宣統二年(1910)刻本 一冊

420000－2302－0001167 集二/0－52/4423

艮齋先生薛常州浪語集三十五卷 （宋）薛季宜撰 清同治十年(1871)金陵書局刻本 六冊

420000－2302－0001168 集一/5－8/2767(91938)

庚辰集五卷唐人試律說一卷 （清）紀昀編 清乾隆二十七年(1762)刻本 六冊

420000－2302－0001169 集一/3.8/2767(11985)

庚辰集五卷唐人試律說一卷 （清）紀昀編 清刻本 五冊 存五卷(一至三、五，唐人試律說一卷)

420000－2302－0001170 史五/1－8/0011(53376)

庚子北京事變紀略一卷 （美國）鹿完天撰 清光緒二十七年(1901)刻本 一冊

420000－2302－0001171 子十一/234.8/3120(19804)

耕香館畫賸不分卷 （日本）瀧謙繪 清咸豐元年(1851)刻本 四冊

420000－2302－0001172 集四/2.8/3404(38234)

更生齋詩餘二卷 （清）洪亮吉著 清光緒三年(1877)鄂垣刻本 一冊

420000－2302－0001173 集二/4.8/3404(13582)

更生齋文乙集四卷 （清）洪亮吉著 清光緒善化章氏經濟堂刻本 一冊

420000－2302－0001174 善經一/21－51/7298.5(90592)

公是先生七經小傳三卷 （宋）劉敞著 清康熙十九年(1680)通志堂刻本 一冊

420000 - 2302 - 0001175　叢/1 - 8/3234
（26313）

功順堂叢書十八種 （清）潘祖蔭輯　清光緒
潘氏刻本　三十二冊

420000 - 2302 - 0001176　集二/1. 8/1188
（13628）

**躬厚堂集詩録十卷詩初録四卷詞三卷雜文八
卷附梅花閣遺詩不分卷** （清）張金鏞撰　清
同治三年（1864）刻本　六冊

420000 - 2302 - 0001177　集一/111 - 8/7746
（31255）

宮閨文選二十六卷 （清）周壽昌編　清道光
二十六年（1846）長沙小蓬萊山館刻本　八冊

420000 - 2302 - 0001178　子九/3 - 8/1086
（87323）

勾股演代五卷 （清）王錫思撰　清光緒二十
九年（1903）上海美華書館鉛印本　一冊

420000 - 2302 - 0001179　史九/2 - 8/4034
（103744）

孤忠録二卷誄文一卷 （清）袁祖志編　清光
緒十二年（1886）萬選樓刻本　二冊

420000 - 2302 - 0001180　集二/0 - 8/4727
（67830）

姑誦草堂遺稿二卷 （清）胡鼎臣著　清同治
十二年（1873）成山草廬刻本　二冊

420000 - 2302 - 0001181　經七/12 - 8/7175

左傳事緯十二卷左傳字釋一卷 （清）馬驌考
定　清乾隆四十九年（1784）仁和黃暹刻本
四冊

420000 - 2302 - 0001182　子十二/2.8/3191
（20172）

菰中隨筆一卷 （清）顧炎武撰　清光緒十一
年（1885）上海掃葉山房刻本　一冊

420000 - 2302 - 0001183　集二 3.8/4410
（35599）

古峯詩草十卷首一卷 （清）萬瑞旒撰　清光
緒三十一年（1905）刻本　四冊

420000 - 2302 - 0001184　善子十二/5 - 8/
1043（13378）

古夫如亭雜録六卷 （清）王士禛撰　清康熙
刻本　二冊

420000 - 2302 - 0001185　集一/21 - 8/3340
（82520）

古賦首選不分卷 （清）梁蘷譜選注　清同治
八年（1869）梁鏡古堂刻本　一冊

420000 - 2302 - 0001186　叢/5. 8/8047
（11693）

古歡室全集四種 （清）曾懿撰　清光緒刻本
七冊　存三種

420000 - 2302 - 0001187　善子十四/1 - 7/
1161（21343）

古今類書纂要增刪十二卷 （明）璩崑玉集纂
明崇禎七年（1634）刻本　二冊

420000 - 2302 - 0001188　史十五/43 - 8/
2744（84799）

古今錢畧三十二卷首一卷末一卷 （清）倪模
編　清光緒五年（1879）望江倪氏兩疆勉齋刻
本　十九冊

420000 - 2302 - 0001189　史十四/5.8/4279
（20168）

古今偽書考一卷 （清）姚際懷撰　清光緒十
五年（1889）長江經濟書堂刻本　一冊

420000 - 2302 - 0001190　史十一/61 - 52/
1724.1

古今姓氏書辨證四十卷 （宋）鄧名世撰
（宋）鄧椿年編　清嘉慶十五年（1810）洪梧刻
本　十二冊

420000 - 2302 - 0001191　子二/8. 8/2747
（16927）

古今學變三卷 （日本）伊藤長胤撰　清道光
二十三年（1843）刻本　三冊

420000 - 2302 - 0001192　子八/0. 7/1029
（18015）

古今醫統正脈全書四十四種 （明）王肯堂輯
清光緒十八年（1892）浙江書局刻本　七十

二冊

420000－2302－0001193　善子八/0－7/1029
（40627）

古今醫統正脈全書四十四種　（明）王肯堂輯
明萬曆吳勉學刻清初映旭齋重修本　六十
四冊

420000－2302－0001194　經十/31－52/
4482.2（57198）

古今韻會舉要三十卷　（宋）黃公紹輯　（元）
熊忠舉要　清光緒九年（1883）淮南書局刻本
十冊

420000－2302－0001195　經十/32－8/4068.4
（56046）

古今韻攷四卷　（清）李因篤撰　**附記一卷**
（清）楊傳第撰　**切韻一卷**　（明）潘之淙撰
清光緒六年（1880）刻本　一冊

420000－2302－0001196　經十/31－8/1774
（89372）

古今韻略五卷　（清）邵長蘅撰　清康熙三十
五年（1696）刻本　一冊　存一卷（一）

420000－2302－0001197　善經十/1－8/1774
（70918）

古今韻略五卷　（清）邵長蘅撰　清康熙刻本
五冊

420000－2302－0001198　經十/1.8/8043
（15674）

古經解鉤沉三十卷　（清）余蕭客撰　清刻本
十六冊

420000－2302－0001199　經一/2－8/8208
（1524）

**古經解彙函二十四種小學彙函十四種繼附十
種**　（清）鍾謙鈞等輯　清末刻本　二十冊
存二十九種

420000－2302－0001200　經一/2－8/8028
（1504）

**古經解彙函二十四種小學彙函十四種繼附十
種**　（清）鍾謙鈞等輯　清光緒十四年（1888）
刻本　二十冊

420000－2302－0001201　子十一/72－51/
1719（100761）

古局象棊圖一卷　（宋）司馬光撰　清光緒三
十二年（1906）刻本　一冊

420000－2302－0001202　史十一/26－21/
7227（91604）

古列女傳七卷　（漢）劉向撰　（明）黃魯曾贊
續列女傳一卷　（□）□□撰　清光緒三年
（1877）湖北崇文書局刻本　四冊

420000－2302－0001203　善集一/41－7/
2350（33960）

古論玄箸八卷　（明）傅振商輯　明萬曆四十
年（1612）順德國士書院刻本　四冊

420000－2302－0001204　史十一/11－8/
4888（50733）

古品節錄六卷　（清）松筠撰　清嘉慶四年
（1799）刻本　六冊

420000－2302－0001205　史十五/43－8/
4027（84528）

古泉匯六十卷首四卷續泉匯十四卷　（清）李
佐賢編　清同治三年至光緒元年（1864－
1875）刻本　十四冊

420000－2302－0001206　善史十五/41－8/
7243（39489）

古泉苑目錄一卷　（清）劉喜海編　清劉氏嘉
蔭簃鈔本　一冊

420000－2302－0001207　善集一/31－1/
8096.0（31825）

古詩歸十五卷　（明）鍾惺　（明）譚元春輯
明萬曆四十五年（1617）吳郡寶翰樓刻本
四冊

420000－2302－0001208　集一/31－8/1043.7
（085911）

古詩箋三十二卷　（清）王士禎編　（清）聞人
倓箋　清乾隆三十一年（1766）芷蘭堂刻道光
松江文萃堂重刻本　十二冊

420000－2302－0001209　集一/31－8/3423
（111439）

古詩源十四卷　（清）沈德潛選　清光緒十七年(1891)湖南思賢書局刻本　四冊

420000－2302－0001210　集一/31－8/3423(103742)

古詩源十四卷　（清）沈德潛撰　清光緒十七年(1891)湖南經濟書局刻本　一冊　存三卷（一至三）

420000－2302－0001211　集一/31－8/3423(92435)

古詩源十四卷　（清）沈德潛編　清末刻本　三冊

420000－2302－0001212　善集一/31－8/3423(34231)

古詩源十四卷　（清）沈德潛編　清雍正三年(1725)刻本　二冊

420000－2302－0001213　子十四/1－8/0052(91384)

古事比五十二卷　（清）方中德輯　清光緒十八年(1892)上海點石齋石印本　六冊

420000－2302－0001214　子十四/1－8/0052.1(87501)

古事比五十二卷　（清）方中德輯　清光緒三十一年(1905)上海點石齋石印本　六冊

420000－2302－0001215　子十四/1.8/0052(8856)

古事比五十二卷　（清）方中德輯　清光緒三十一年(1905)上海點石齋石印本　六冊

420000－2302－0001216　集一/32－8/1042(111461)

古唐詩合解十二卷　（清）王堯衢注　清刻本　一冊　存二卷（一至二）

420000－2302－0001217　集一/31－8/1042(103196)

古唐詩合解十六卷　（清）王堯衢注　清李光明莊刻本　三冊　存九卷（唐詩一至二、十至十二,古詩四卷）

420000－2302－0001218　集一/31－8/1042

(90688)

古唐詩合解十六卷　（清）王堯衢註　清益全堂刻本　六冊　存十二卷（唐詩十二卷）

420000－2302－0001219　集一/31－8/1042(94272)

古唐詩合解十六卷　（清）王堯衢註　清益全堂刻本　六冊　存十二卷（唐詩十二卷）

420000－2302－0001220　集一/31－8/1042(87077)

古唐詩合解十六卷　（清）王堯衢註　清末南京李光明莊刻本　一冊　存四卷（古詩四卷）

420000－2302－0001221　集一/3/1042(11532)

古唐詩合解十六卷　（清）王堯衢註　清光緒十八年(1892)學庫山房刻本　一冊　存六卷（唐詩一至二、古詩四卷）

420000－2302－0001222　集二/0－8/2631(88792)

古微堂內集二卷外集八卷　（清）魏源撰　清宣統元年(1909)國學扶輪社鉛印本　六冊

420000－2302－0001223　集二/4.8/2631(35404)

古微堂內集三卷外集七卷　（清）魏源著　清光緒四年(1878)淮南書局刻本　四冊

420000－2302－0001224　集二/4.8/2637(13546)

古微堂內集三卷外集七卷　（清）魏源著　清光緒四年(1878)淮南書局刻本　四冊

420000－2302－0001225　集一/41－8/4054.4(91460)

古文筆法百篇二十卷　（清）李扶九輯　清光緒八年(1882)滇南書局刻本　四冊

420000－2302－0001226　集一/111－8/4880(31251)

古文詞略讀本二十四卷　（清）梅曾亮編　清光緒三十一年(1905)北京宏道學舍鉛印本　四冊

420000 – 2302 – 0001227　集一/41 – 8/4217.4
（110050）

古文辭類纂七十五卷　（清）姚鼐編　**校勘記一卷**　（清）李承淵撰　清光緒二十七年至三十二年(1901－1906)滁州李氏上海求要堂刻本　十二冊

420000 – 2302 – 0001228　集一/41 – 8/4217.4
（91664）

古文辭類纂七十五卷　（清）姚鼐編　**校勘記一卷**　（清）李承淵撰　清光緒二十七年至三十二年(1901－1906)滁州李氏上海求要堂刻本　十二冊

420000 – 2302 – 0001229　集一/421/4071
（12076）

古文辭約編一卷　（清）李剛己編輯　清光緒三十一年(1905)鉛印本　三冊

420000 – 2302 – 0001230　集一/411.5/6030
（33958）

古文關鍵二卷　（宋）呂祖謙評選　（宋）蔡文子注　（清）徐樹屏考異　清同治九年(1870)古閩晏湖張氏勵志書屋影宋刻本　二冊

420000 – 2302 – 0001231　集一/41 – 8/2644.2
（103596）

古文觀止十二卷　（清）吳乘權　（清）吳大職編　清光緒十九年(1893)京口善化書局刻本　五冊　存十卷(一至十)

420000 – 2302 – 0001232　集一/4.8/2664
（11506）

古文觀止十二卷　（清）吳乘權　（清）吳大職編　清末漢口李氏森寶齋刻本　一冊　存二卷(一至二)

420000 – 2302 – 0001233　集七/3.8/3340
（40611）

古文眉詮七十九卷　（清）浦起龍編　清乾隆九年(1744)三吳書院刻本　十六冊

420000 – 2302 – 0001234　集一/411.8/3340
（33994）

古文眉詮七十九卷　（清）浦起龍論次　清乾

隆九年(1744)三吳書院刻本　二十八冊

420000 – 2302 – 0001235　集一/41 – 8/3340
（65443）

古文眉詮七十九卷　（清）浦起龍論次　清乾隆九年(1744)三吳書院刻本　三十冊

420000 – 2302 – 0001236　善集一/41 – 7/7528（70563）

古文奇賞二十一卷　（明）陳仁錫選評　明書林錢學周刻本　二十冊

420000 – 2302 – 0001237　經三/1 – 22/7115.8
（58214）

古文尚書十卷　（漢）馬融　（漢）鄭玄注（宋）王應麟撰集　（清）孫星衍補集　**尚書逸文二卷**　（清）江聲撰集　（清）孫星衍補訂清乾隆六十年(1795)蘭陵孫氏刻本　一冊

420000 – 2302 – 0001238　經三/1 – 22/7115.8
（92528）

古文尚書十卷　（漢）馬融　（漢）鄭玄注（宋）王應麟撰集　（清）孫星衍補集　**尚書逸文二卷**　（清）江聲撰集　（清）孫星衍補訂清乾隆蘭陵孫氏問字堂刻本　二冊

420000 – 2302 – 0001239　經三/3 – 8/2699
（56929）

古文尚書正辭三十三卷　（清）吳光耀撰　清光緒十九年(1893)刻本　十八冊

420000 – 2302 – 0001240　經三/1 – 8/2699
（2118）

古文尚書正辭三十三卷　（清）吳光耀撰　清光緒十九年(1893)刻本　十八冊

420000 – 2302 – 0001241　經十/22 – 8/7233
（57303）

古文審八卷　劉心源撰　清光緒十七年(1891)嘉魚劉氏龍紅樓刻本　四冊

420000 – 2302 – 0001242　集一/41 – 8/4443.4
（88804）

古文析義二編八卷　（清）林雲銘評註　清宏道堂刻本　八冊

420000 – 2302 – 0001243　集七/3.8/1264
(11540)

古文緒論三卷　（清）孫思奮輯　清光緒三十三年(1907)刻本　二冊

420000 – 2302 – 0001244　集七/3.8/1264
(11542)

古文緒論三卷　（清）孫思奮輯　清光緒三十三年(1907)刻本　二冊

420000 – 2302 – 0001245　集一/411.8/0023
(11907)

古文翼八卷　（清）唐德宜編　清光緒十九年(1893)湖南經國書局刻本　八冊

420000 – 2302 – 0001246　集一/411.8/0023
(120830)

古文翼八卷　（清）唐德宜編　清光緒十九年(1893)湖南經國書局刻本　五冊

420000 – 2302 – 0001247　集一/41 – 8/3513.2
(102856)

古文淵鑒六十四卷　（清）聖祖玄燁選　（清）徐乾學等編注　清康熙二十四年(1685)刻五色套印本　四十冊

420000 – 2302 – 0001248　集一/41 – 8/1637.2
(93144)

古文淵鑒六十四卷　（清）聖祖玄燁選　（清）徐乾學等編注　清刻五色套印本　四十冊

420000 – 2302 – 0001249　集一/411.8/2847
(33852)

古文淵鑒六十四卷　（清）聖祖玄燁選　（清）徐乾學等編注　清刻五色套印本　四十冊

420000 – 2302 – 0001250　善集一/42 – 8/
0044(69467)

古文約選不分卷　（清）方苞選　清果親王府刻本　三冊

420000 – 2302 – 0001251　善集四/11 – 7/
3124.3(38213)

古香岑草堂詩餘四集十七卷　（明）顧從敬選　（明）沈際飛訂正　明末吳門童湧泉刻本　十二冊

420000 – 2302 – 0001252　子十四/1.42/2877
(20575)

古香齋鑒賞袖珍初學記三十卷　（唐）徐堅等撰　清末刻本　十六冊

420000 – 2302 – 0001253　集六/5.8/4403
(38090)

古謠諺一百卷　（清）杜文瀾輯　清掃葉山房石印本　二十冊

420000 – 2302 – 0001254　叢/2 – 8/2706
(25471)

古逸叢書二十六種　（清）黎庶昌輯　清光緒遵義黎氏日本東京使署影刻本　四十八冊

420000 – 2302 – 0001255　經十/32.8/3047
(16325)

古音類表九卷　（清）傅壽彤撰　清光緒二年(1876)大梁縣署刻本　四冊

420000 – 2302 – 0001256　史十五/6 – 8/2648
(80309)

古玉圖攷不分卷　（清）吳大澂撰　清光緒十五年(1889)上海同文書局石印本　二冊

420000 – 2302 – 0001257　經十/32/0131
(9635)

古韻通說二十卷　（清）龍啟瑞撰　清同治六年(1867)刻本　四冊

420000 – 2302 – 0001258　集二/0 – 8/2764
(82197)

古忠堂文集五卷家傳一卷首一卷　（清）鄒鳴鶴撰　（清）鄒覲颺輯　清同治二年(1863)錫山鄒寓刻本　五冊

420000 – 2302 – 0001259　善經二/6 – 52/
6030.5(92857)

古周易一卷　（宋）呂祖謙撰　（清）成德校訂　清康熙十九年(1680)通志堂刻乾隆五十年(1785)武英殿修補本　一冊

420000 – 2302 – 0001260　善史九/21 – 7/
4430(70140)

古奏議不分卷　（明）黃汝亨評選　明萬曆吳德聚刻本　六冊

420000－2302－0001261　叢/5－7/4439.5

谷簾先生遺書五種　（明）黃淵耀撰　清雍正五年(1727)嘉定秦立刻本　一冊

420000－2302－0001262　集一/31－64/4450(86317)

谷音二卷　（元）杜本編　清咸豐元年(1851)南海伍氏刻本　一冊

420000－2302－0001263　集一/743/8043(12386)

詁經精舍四集十六卷　（清）俞樾輯　清光緒十一年(1885)刻本　十二冊

420000－2302－0001264　集二/3.8/4044(36111)

穀詒堂集十卷　（清）李壽萱著　清光緒八年(1882)刻本　六冊

420000－2302－0001265　集二/0－8/2120(89348)

穀詒堂全集三卷　（清）熊伯龍撰　清康熙至乾隆刻本　六冊

420000－2302－0001266　史十一/22－8/3104.1(65561)

顧亭林先生年譜一卷　（清）張穆撰　清道光二十四年(1844)刻本　一冊

420000－2302－0001267　集二/0－8/3191.2(93755)

顧亭林先生詩箋注十七卷　（清）顧炎武撰（清）徐嘉輯　**顧詩箋注校補一卷**　（清）李詳（清）段朝端撰　清光緒二十三年至二十七年(1897－1901)徐氏味靜齋刻本　六冊

420000－2302－0001268　集二/1.5/1103.4(34266)

乖崖存集六卷　（宋）張詠撰　（清）李嘉績纂　清光緒十五年(1889)刻本　一冊

420000－2302－0001269　經二/1－37/7737(91427)

關氏易傳一卷　（北魏）關朗撰　清乾隆五十六年(1791)金谿王氏刻本　一冊

420000－2302－0001270　史十五/10.21－8/2074(84503)

關中金石文字存逸攷十二卷首一卷　（清）毛鳳枝撰　清光緒二十七年(1901)會稽顧氏萍鄉刻本　八冊

420000－2302－0001271　集一/5－8/6724(88526)

關中書院課士賦第八集一卷　（清）劉源灝輯　清道光十八年(1838)關中書院刻本　一冊

420000－2302－0001272　集一/5－8/6724(88525)

關中書院課士賦第九集一卷　（清）劉源灝輯　清道光十八年(1838)關中書院刻本　一冊

420000－2302－0001273　集一/5－8/6724(88862)

關中書院制藝□□卷　（清）路德編評　清道光邠州經綸堂刻本　十四冊　存七卷(時藝核一卷、續編一卷,文藝金鍼一卷,訓蒙草注釋合編一卷,課士詩一卷,課士賦一卷、續編一卷)

420000－2302－0001274　叢/1－9/4429(55900)

觀古堂叢書　葉德輝輯　清光緒二十八年(1902)湘潭葉氏刻本　三十一冊　存四十一種

420000－2302－0001275　子八/62.8/7731(18383)

觀聚方要補十卷　（日本）丹波元簡輯　清刻本　十冊

420000－2302－0001276　集一/32－8/8021.4(101071)

觀劇絕句三卷　（清）金德瑛撰　清光緒三十四年(1908)葉氏觀古堂刻本　一冊

420000－2302－0001277　集二/3.8/7541(35651)

觀象居詩鈔二卷　（清）陳蘭瑞撰　清道光二十三年(1843)孝友堂刻本　一冊

420000－2302－0001278　子五/8－8/1211

（110485）

管礦法程四卷 （德國）瑞乃爾譯 清光緒二
十二年（1896）武昌質學會刻本 一冊

420000－2302－0001279 子六/1－8/1024
（92562）

管子地員篇注四卷 （清）王紹蘭注 清光緒
十七年（1891）蕭山胡氏寄虹山館刻本 四冊

420000－2302－0001280 子六/11.8/1024
（17339）

管子地員篇注四卷 （清）王紹蘭注 清光緒
十七年（1891）蕭山胡氏寄虹山館刻本 四冊

420000－2302－0001281 善子一/1－7/1140
（70022）

管子二卷 （春秋）管仲撰 （明）張榜輯 明
萬曆刻本 二冊

420000－2302－0001282 善子六/1－42/
3002.7（41098）

管子二十卷 （春秋）管仲撰 （唐）房玄齡注
明刻本 四冊 存十六卷（一至十六）

420000－2302－0001283 子六/1－42/8825.3
（100812）

管子二十四卷 （春秋）管仲撰 （唐）房玄齡
注 清光緒五年（1879）影宋刻本 六冊

420000－2302－0001284 子六/1－42/3002
（103205）

管子二十四卷 （春秋）管仲撰 （唐）房玄齡
注 清刻本 三冊 存十九卷（一至十九）

420000－2302－0001285 子六/11.42/3002
（17343）

管子二十四卷 （春秋）管仲撰 （唐）房玄齡
注 清光緒二年（1876）浙江書局刻本 六冊

420000－2302－0001286 善子六/1－7/2582
（70696）

管子二十四卷 （春秋）管仲撰 （唐）房玄齡
注 明天啓五年（1625）花齋刻本 三冊

420000－2302－0001287 善子六/1－7/2575
（70699）

管子榷二十四卷 （明）朱長春撰 明末刻本
八冊

420000－2302－0001288 善子六/1－7/2575
（69854）

管子榷二十四卷 （明）朱長春撰 明刻本
一冊 存四卷（一至四）

420000－2302－0001289 集二/0－8/2821
（110777）

館課詩鈔□□卷館課賦鈔□□卷 （清）徐經
等輯 清刻本 三冊 存六卷（詩鈔五至六，
賦鈔七至八、十三至十四）

420000－2302－0001290 集一/8－8/3747
（649833）

冠南雜鈔不分卷 （清）冠南氏輯 清光緒冠
南氏抄本 一冊

420000－2302－0001291 集一/7.8/8618/
1886（11978）

光緒丙戌科會試闈墨一卷 （清）錫珍等編
清光緒刻本 一冊

420000－2302－0001292 史八/3.8/4408
（6388）

光緒財政通纂五十四卷 （清）杜詩笠撰 清
光緒三十一年（1905）蓉城文倫書局鉛印本
二十冊

420000－2302－0001293 集一/746.8/3555/
1897（11792）

光緒丁酉科湖北闈墨一卷 （清）連捷等訂
清光緒衡鑑堂刻本 一冊

420000－2302－0001294 集二/746.8/4454.4/
1897（12013）

光緒丁酉科湖北鄉試硃卷一卷 （清）□□輯
清光緒刻本 一冊

420000－2302－0001295 集二/746.8/8034/
1890（11817）

光緒丁酉科湖北選拔貢卷一卷 （清）翰林院
編修 清光緒二十三年（1897）刻本 十五冊

420000－2302－0001296 集一/5－8/8075

(89717)

光緒丁酉科湖北選拔貢卷一卷 （清）余長春
撰　清光緒刻本　一冊

420000 – 2302 – 0001297　集一/751.8/1123/
1887(11501)

光緒丁酉科四川鄉試闈墨一卷 （清）張仁黼
等編　清光緒刻本　一冊

420000 – 2302 – 0001298　史八/33 – 8/9021
(90816)

光緒二十七年通商各關華洋貿易總冊二卷
（清）上海通商海關造冊處編譯　清光緒二十
八年(1902)上海通商海關造冊處鉛印本
一冊

420000 – 2302 – 0001299　集一/7.8/1283/
1890(12127)

光緒庚寅恩科會試闈墨一卷 （□）□□撰
清光緒十六年(1890)上海點石齋石印本
一冊

420000 – 2302 – 0001300　集一/7.8/0044
(11854)

光緒癸卯恩科直墨采真不分卷 （清）京都大
學堂評選　清光緒十四年(1888)崇實書局石
印本　六冊

420000 – 2302 – 0001301　集一/744.8/1028/
1903(12148)

光緒癸卯年恩科江西闈墨一卷 （□）□□撰
清末奎宿堂刻本　一冊

420000 – 2302 – 0001302　集一/744.8/1028/
1903(12149)

光緒癸卯年恩科江西闈墨一卷 （□）□□撰
清末奎宿堂刻本　一冊

420000 – 2302 – 0001303　集一/744.8/1028/
1903(9992)

光緒癸卯年恩科江西闈墨一卷 （清）王以慜
訂　清光緒木活字印本　一冊

420000 – 2302 – 0001304　集一/746.8/8030/
1893(12014)

光緒癸巳恩科湖北闈墨一卷 （清）余肇康等

訂　清光緒衡鑑堂刻本　一冊

420000 – 2302 – 0001305　史八/33 – 8/2536
(73295)

光緒癸巳恩科湖北鄉試硃卷一卷 （清）朱沛
昌撰　清光緒刻本　一冊

420000 – 2302 – 0001306　史八/3.8/7221
(6384)

光緒會計表四卷 （清）劉嶽雲編　清光緒二
十七年(1901)教育世界社石印本　四冊

420000 – 2302 – 0001307　集一/726.18/
2189/1889(12125)

光緒己丑恩科福建闈墨一卷 （清）徐□□
（清）鮑□□鑒定　清光緒衡鑑堂刻本　一冊

420000 – 2302 – 0001308　集一/746.8/3010/
1889(12029)

光緒己丑科湖北闈墨一卷 （清）宋承麟等訂
　清光緒衡鑑堂刻本　一冊

420000 – 2302 – 0001309　集一/7.8/4034/
1889(12126)

光緒己丑科會試闈墨一卷 （□）□□撰　清
光緒上海申報館仿聚珍版石印本　一冊

420000 – 2302 – 0001310　集一/743.8/4442/
1889(12056)

光緒己丑科江南闈墨一卷 （清）蔡州保等訂
　清光緒衡鑑堂刻本　一冊

420000 – 2302 – 0001311　集一/743.8/4006/
1889(12120)

光緒己丑科浙江闈墨一卷 （清）李文田訂
清光緒十五年(1889)上海書局石印本　一冊

420000 – 2302 – 0001312　集一/7.8/4024/
1904(12040)

光緒甲辰恩科會試闈墨一卷 （清）大總裁鑒
定　清光緒三十一年(1905)崇文書局石印本
　一冊

420000 – 2302 – 0001313　集一/746.8/2834/
1894(12028)

光緒甲午科湖北闈墨一卷 （清）徐家幹等訂

清光緒二十年(1894)衡鑑堂刻本　一冊

420000－2302－0001314　集一/746/3074
(32916)

光緒壬寅年補行庚子辛丑恩正並科湖北鄉試
第七房同門姓氏　(清)寧鵬南編　清光緒刻
本　一冊

420000－2302－0001315　史八/4.8/9022
(6379)

光緒壬寅英國續議通商行船條約一卷　(□)
□□撰　清光緒中外日報鉛印本　一冊

420000－2302－0001316　集六/7－8/1040
(100962)

光緒四年新掛聯詩賦全抄一卷　(清)青雲路
輯　清光緒楚南青雲路刻本　一冊

420000－2302－0001317　集一/746.8/0840/
1888(11794)

光緒戊子科湖北闈墨一卷　(清)許有麟等訂
　清光緒衡鑑堂刻本　一冊

420000－2302－0001318　集一/745.8/2189/
1888(12015)

光緒戊子科湖南闈墨一卷　(清)陳□□
(清)馮□□鑒定　清光緒衡鑑堂刻本　一冊

420000－2302－0001319　集一/745.8/2189/
1891(12016)

光緒戊子科湖南闈墨一卷　(清)陳□□
(清)馮□□鑒定　清光緒衡鑑堂刻本　一冊

420000－2302－0001320　集一/74.8/7527/
1888(12117)

光緒戊子科江南闈墨一卷　(清)陳彝訂　清
光緒衡鑑堂刻本　一冊

420000－2302－0001321　集一/744.8/1028/
1888(12122)

光緒戊子科江西闈墨一卷　(清)景□□
(清)朱□□鑒定　清光緒宿奎堂刻本　一冊

420000－2302－0001322　集一/723/0097
(12119)

光緒戊子科順天闈墨一卷　(清)高萬鵬訂

清末上海聚易堂石印本　一冊

420000－2302－0001323　集一/751.8/1032/
1888(12057)

光緒戊子科四川闈墨一卷　(清)張□□
(清)趙□□鑒定　清光緒衡鑑堂刻本　一冊

420000－2302－0001324　集一/743.8/8344/
1888(12121)

光緒戊子科浙江闈墨一卷　(清)錢森林訂
清光緒鉛印本　一冊

420000－2302－0001325　集一/7.8/8041
(12051)

光緒辛卯科直省鄉墨不分卷　(清)俞培元評
選　清光緒十七年(1891)京都琉璃廠刻本
四冊

420000－2302－0001326　集一/746.8/7248/
1891(11793)

光緒辛卯刻湖北闈墨一卷　(清)劉翰翔等訂
　清光緒衡鑑堂刻本　一冊

420000－2302－0001327　史二/3－8/3442.4
(84156)

光緒政要三十四卷　沈桐生輯　董沅等校
清宣統元年(1909)上海榮義堂石印本　三
十冊

420000－2302－0001328　子九/4.8/1108
(19121)

光學摘要二卷　(美國)赫士口譯　(清)朱葆
琛筆述　清光緒二十四年(1898)上海美華書
館石印本　一冊

420000－2302－0001329　子十四/1.7/4441
(21353)

廣博物志五十卷　(明)董斯張纂　清光緒五
年(1879)學海堂刻本　八冊

420000－2302－0001330　善子十四/1－7/
4441(40926)

廣博物志五十卷　(明)董斯張纂　(明)楊鶴
等訂　明吳興蔣禮高暉堂刻本　二十四冊

420000－2302－0001331　子十四/1－7/4441

廣博物志五十卷 （明）董斯張纂 （明）楊鶴
等訂 明吳興蔣禮高暉堂刻本 二十九冊
存四十六卷(一至四十五、五十)

420000－2302－0001332 經七/11－8/4090
(58223)

左傳通釋十二卷 （清）李惇撰 清道光九年
(1829)刻本 二冊 存十一卷(一至十一)

420000－2302－0001333 史十二/363/0050.8
(79822)

廣東圖說二十三卷 （□）□□撰 清同治五
年(1866)刻本 三冊

420000－2302－0001334 史十二/363/0050.82
(79825)

廣東圖說九十二卷 （清）毛鴻賓
（清）瑞麟修 （清）桂文燦纂 （清）陳澧繪
清同治刻本 十八冊

420000－2302－0001335 子九/3.8/7294
(18976)

廣方言館算學課藝一卷 （清）劉循程編撰
清光緒二十二年(1896)上海著易堂鉛印本
一冊

420000－2302－0001336 子十四/1.8/2632
(11857)

廣廣事類賦三十二卷 （清）吳世旃撰 清同
治元年(1862)刻本 五冊

420000－2302－0001337 叢/1－7/2125
(56706)

廣漢魏叢書八十種 （明）何允中輯 清嘉慶
刻本 六十二冊

420000－2302－0001338 史十五/16－7/
4494.1(56983)

廣金石韻府五卷字畧一卷 （明）林尚葵輯
（清）張鳳藻增訂 清咸豐七年(1857)巴郡理
董軒張氏刻本 五冊

420000－2302－0001339 善子十一/75－7/
1110(69864)

廣社不分卷 （明）張雲龍撰 明末刻本

四冊

420000－2302－0001340 經十/12－8/1044
(57315)

廣雅補疏四卷 王樹枏撰 清光緒十六年
(1890)文莫室刻本 一冊

420000－2302－0001341 經十/12－24/
1156.1(90044)

廣雅疏證十卷 （三國魏）張楫撰 （清）王念
孫疏證 清光緒五年(1879)淮南書局刻本
六冊

420000－2302－0001342 集二/0－8/1133
(56988)

廣雅碎金四卷附錄一卷 （清）張之洞撰 清
光緒二十三年(1897)水明樓刻本 二冊

420000－2302－0001343 集二/3.8/1133
(36071)

廣雅堂詩集不分卷 （清）張之洞撰 清宣統
二年(1910)四川官印刷局鉛印本 二冊

420000－2302－0001344 集二/2.8/1133
(5009)

廣雅堂詩集四卷 （清）張之洞撰 清末廣州
刻本 一冊

420000－2302－0001345 史十二/5243/
7142.88(64975)

廣雁蕩山志二十八卷首一卷末一卷 （清）曾
唯纂 清乾隆刻本 八冊

420000－2302－0001346 子十二/5－8/7221
(93513)

廣陽雜記不分卷 （清）劉獻廷撰 清抄本
二冊 存二冊(上、中)

420000－2302－0001347 子十五/1－8/0082
(85909)

廣益叢報丁未第貳拾叁期一卷 （清）廣益叢
報社編 清光緒三十三年(1907)廣益印書局
鉛印本 一冊

420000－2302－0001348 史十一/23－64/
1047.4(78198)

(110945)

廣元遺山年譜二卷　（清）李光庭編　清同治五年（1866）刻本　二冊

420000－2302－0001349　經十/31－51/7548（55366）

廣韻五卷　（宋）陳彭年修　清光緒遵義黎氏日本東京使署影宋刻本　一冊　存三卷（一至三）

420000－2302－0001350　子十四/1－8/4409（649978）

廣治平略三十六卷續編八卷　（清）蔡方炳撰　清刻本　十冊

420000－2302－0001351　集四/12.18/2816（38195）

閨秀詞鈔十六卷　徐乃昌編　清宣統元年（1909）南陵徐乃昌小檀欒室刻本　八冊

420000－2302－0001352　集二/0－8/8023（71193）

歸樸齋詩抄戊集二卷　（清）曾紀澤撰　清光緒十年（1884）江南製造總局刻本　一冊

420000－2302－0001353　集二/0－8/8023（71194）

歸樸齋詩抄戊集二卷　（清）曾紀澤撰　清光緒十年（1884）江南製造總局刻本　一冊

420000－2302－0001354　集二/1.8/0044（13358）

歸田集十四卷　（清）高士奇著　清康熙三十三年（1694）曹禾刻本　三冊

420000－2302－0001355　善集二/0－7/2749（69207）

歸先生文集三十二卷附錄一卷　（明）歸有光撰　明萬曆四年（1576）南京翁良瑜雨金堂刻本　四冊

420000－2302－0001356　子十六/21.8/2634

歸元鏡二卷　（明）釋智達撰　清光緒二十二年（1896）揚州藏經院刻本　一冊

420000－2302－0001357　子十六/210－8/2621（102744）

歸元寺主峰崑禪師語錄五卷　（清）釋行理編　清光緒三十年（1904）刻本　二冊

420000－2302－0001358　史一/2－21/1773.2（92623）

歸震川評點史記一百三十卷　（明）歸有光評點　方望溪評點史記四卷　（清）方苞評點　清光緒二年（1876）武昌張裕釗刻本　二十冊

420000－2302－0001359　史一/2－21/1773.2（90417）

歸震川評點史記一百三十卷　（明）歸有光評點　清光緒刻本　二十冊

420000－2302－0001360　史十一/22－7/2749.1（77023）

歸震川先生年譜一卷　（清）孫岱編　清光緒五年（1879）嘉興金吳瀾刻本　一冊

420000－2302－0001361　集二/1.7/2712（13497）

歸震川先生全集三十卷　（明）歸有光著　清光緒六年（1880）常熟歸氏刻本　十八冊

420000－2302－0001362　史十七/42/1130（7639）

癸卯東遊日記一卷　張謇撰　清光緒二十九年（1903）南通州翰墨林書局鉛印本　一冊

420000－2302－0001363　史十七/42－9/1130（65498）

癸卯東游日記一卷　張謇撰　清光緒二十九年（1903）南通州翰墨林書局鉛印本　一冊

420000－2302－0001364　子十二/2－8/8019（64428）

癸巳存稿十五卷　（清）俞正燮撰　清光緒十年（1884）刻本　六冊

420000－2302－0001365　子十二/2.8/8019（8899）

癸巳存稿十五卷　（清）俞正燮編　清光緒十年（1884）刻本　六冊

420000－2302－0001366　子十二/2.8/8019（20372）

癸巳存稿十五卷　（清）俞正燮編　清光緒十年(1884)刻本　八冊

420000－2302－0001367　子十二/2－8/8019 (91819)

癸巳類稿十五卷　（清）俞正燮撰　清同治至光緒刻光緒十四年(1888)印本　九冊　存十三卷(一至八、十一至十五)

420000－2302－0001368　集一/122－9/7241 (55332)

貴池二妙集五十一卷目錄一卷　劉世珩編次　清光緒三十四年(1908)刻本　十二冊

420000－2302－0001369　史九/2－8/0724 (91891)

郭侍郎奏疏十二卷　（清）郭嵩燾撰　清光緒十八年(1892)刻本　十二冊

420000－2302－0001370　子三/2－32/0727.0 (103341)

郭子翼莊一卷　（晉）郭象撰　（明）高□輯

古今同姓名錄二卷　（南朝梁）蕭繹撰　（唐）陸善經續　（元）葉森補　清光緒七年(1881)廣漢刻本　一冊

420000－2302－0001371　子十四/8.8/2121 (8221)

國策駢語二卷　（清）盧繪雲編　清光緒十年(1884)刻本　二冊

420000－2302－0001372　集四/11.8/1036 (38258)

國朝詞綜四十八卷　（清）王昶纂　清嘉慶七年(1802)青浦王氏三泖漁莊刻本　十二冊

420000－2302－0001373　史十一/52.8/7580 (6906)

國朝鼎甲錄不分卷　（清）陳鍾輯　清刻本　一冊

420000－2302－0001374　集一/42－8/2812 (88847)

國朝二十四家文鈔二十四卷　（清）徐斐然輯評　（清）章印春參訂　清道光十年(1830)刻本　七冊　存十九卷(六至二十四)

420000－2302－0001375　集一/412.8/4621 (33356)

國朝古文正的五卷　（清）楊彝珍選編　附錄二卷　（清）薛福辰編　清光緒六年(1880)獨山莫氏鉛印本　五冊

420000－2302－0001376　集一/711/7743 (33784)

國朝畿輔詩傳六十卷　（清）陶樑輯　（清）崔旭校　清道光十九年(1839)刻本　十六冊

420000－2302－0001377　集一/5－8/7746 (68814)

國朝名家試律詩鈔四十三卷　（清）周壽昌評選　王先謙校刊　（清）王紹釋注　清同治十二年(1873)長沙王氏刻本　十二冊

420000－2302－0001378　集一/6－8/2683 (84246)

國朝名人書札二卷　吳曾祺編　清宣統元年(1909)商務印書館鉛印本　四冊

420000－2302－0001379　集一　112/8097 (82285)

國朝駢體正宗十二卷　（清）曾燠原選　（清）姚燮　（清）張壽榮參評　清光緒十九年(1893)善化章氏鴻運樓刻本　六冊

420000－2302－0001380　集一/412.8/8097 (32964)

國朝駢體正宗十二卷　（清）曾燠輯　（清）姚燮評　清光緒十一年(1885)上海文瑞樓石印本　四冊

420000－2302－0001381　集一/412.8/8097 (32968)

國朝駢體正宗十二卷　（清）曾燠輯　（清）姚燮評　清光緒十一年(1885)上海文瑞樓石印本　六冊

420000－2302－0001382　集一/112－8/1161 (82291)

國朝駢體正宗續編八卷　（清）張鳴珂輯　清光緒二十一年(1895)善化章氏刻本　四冊

420000－2302－0001383　史三/2.8/1035

(5532－7)

國朝柔遠記十八卷附編二卷 （清）王之春輯
清光緒十七年(1891)廣雅書局刻本 六冊

420000－2302－0001384 子十四/2.8/4024
(6884)

國朝尚友錄八卷 （清）李佩芳 （清）孫鼎編
纂 清光緒二十八年(1902)上海南洋七日報
館刻本 四冊

420000－2302－0001385 集一/312.8/2617
(33134)

國朝詩十卷外編一卷補六卷 （清）吳翌鳳撰
清嘉慶元年(1796)新陽趙氏刻本 十冊

420000－2302－0001386 史四/－8/3142
(65939)

國朝事畧八卷 （清）江楚編譯官書局編 清
光緒三十二年(1906)金陵江楚編譯官書局石
印本 二冊

420000－2302－0001387 史八/232.2－8/
1043(110106)

國朝諡法考一卷 （清）王士禎編 清刻本
一冊

420000－2302－0001388 子十一/225.8/3487
(19689)

國朝四十名家墨蹟不分卷 （清）沈鈞輯 清
光緒三十四年(1908)上海教育圖書館影印本
三冊

420000－2302－0001389 集一/42－8/6075
(87481)

國朝文匯姓氏目錄一卷 （清）國學扶輪社編
清宣統元年(1909)上海國學扶輪社石印本
一冊

420000－2302－0001390 集一/42－8/4245
(101413)

國朝文錄八十二卷 （清）姚椿輯 清光緒二
十六年(1900)掃葉山房石印本 十六冊

420000－2302－0001391 集一/42－8/4245
(111279)

國朝文錄八十二卷 （清）姚椿輯 清光緒石

印本 八冊 存四十七卷(三十六至八十二)

420000－2302－0001392 集一/412.8/4037
(12270)

國朝文錄八十二卷國朝文錄續編六十七卷
（清）李祖陶編撰 清道光十五年(1835)瑞州
府鳳儀書院刻本 一百十二冊

420000－2302－0001393 集一/42－8/4037
(86946)

國朝文錄四十種 （清）李祖陶評選 清刻本
二十三冊 存三十一種

420000－2302－0001394 集一/42.8/4037
(86969)

國朝文錄續編六十三卷邁堂文畧四卷 （清）
李祖陶輯 清同治七年(1868)刻本 二十七
冊 存六十四卷(國朝文錄續編六十三卷、邁
堂文畧一)

420000－2302－0001395 集一/42－8/4037
(65895)

國朝文錄續編六十三卷邁堂文畧四卷 （清）
李祖陶輯 清同治七年(1868)刻本 三十
二冊

420000－2302－0001396 史十一/12.8/4010
(6825)

國朝先正事略六十卷 （清）李元度纂 清同
治五年(1866)刻本 二十八冊

420000－2302－0001397 史十一/12.8/4010
(6874)

國朝先正事略六十卷 （清）李元度纂 **續先
正事略八卷** 朱孔彰撰 清光緒二十五年
(1899)上海圖書集成局鉛印本 十冊

420000－2302－0001398 史十一/12－8/
4010(89835)

國朝先正事略六十卷首一卷 （清）李元度輯
清同治五年(1866)循陔草堂刻本 二十
四冊

420000－2302－0001399 子十二/4－8/3671
(649910)

國朝遺事紀聞一卷 （清）湯殿三撰 清宣統

二年(1910)民興報館刻本　一册

420000 - 2302 - 0001400　集一/712.1/3776(32885)

國朝中州名賢集十卷首一卷末一卷　（清）黃舒昺編　清光緒十九年(1893)刻本　十一册　存十一卷（國朝中州名賢集十卷、首一卷）

420000 - 2302 - 0001401　善集五/4 - 8/5514(68996)

國初鈔本紅樓夢八十回　（清）曹雪芹撰　清末有正書局石印本　十二册　存四十七回（一至八、二十一至二十四、二十九至四十四、五十三至五十六、六十一至六十四、七十至八十）

420000 - 2302 - 0001402　善集五/4 - 8/5514(69008)

國初鈔本紅樓夢八十回　（清）曹雪芹撰　清末有正書局石印本　一册　存一回（四十一）

420000 - 2302 - 0001403　經七/11.8/3372(16408)

左通補釋三十二卷　（清）梁履繩撰　清道光九年(1829)錢塘汪氏振綺堂刻光緒元年(1875)補刻本　十册

420000 - 2302 - 0001404　叢/5 - 8/4039(78056)

左文襄公全集八種　（清）左宗棠撰　清光緒刻本　一百十五册

420000 - 2302 - 0001405　善集五/4 - 8/5514(69009)

國初鈔本原本紅樓夢八卷八十回　（清）曹雪芹撰　清末有正書局石印本　六册　存三十九回（十至十四、二十至三十三、四十一至四十七、六十一至七十三）

420000 - 2302 - 0001406　善集五/4 - 8/5514(69016)

國初鈔本原本紅樓夢八卷八十回　（清）曹雪芹撰　清末有正書局石印本　一册　存一回（六十七）

420000 - 2302 - 0001407　善集一/42 - 8/5023(33157)

國初十六家精選十六卷　（清）秦鑨編　清嘉慶江都石研齋刻本　八册

420000 - 2302 - 0001408　叢/1.8/6072(8721)

國粹叢書一集十一種二集十七種三集十五種　（清）國學保存社輯　清光緒、宣統鉛印本　五十二册

420000 - 2302 - 0001409　善史十五/55 - 8/2630(84776)

國山碑考一卷補遺一卷　（清）吳騫撰　清光緒二十年(1894)吳縣朱氏校經堂刻本　一册

420000 - 2302 - 0001410　集七/1.8/4422(13618)

國文教科書教授法第六册　（清）蔣維喬編纂　清光緒三十二年(1906)上海商務印書館鉛印本　一册

420000 - 2302 - 0001411　子十五/1 - 8/6071(93276)

國學叢刊第一册　（清）國學研究會編　清宣統三年(1911)石印本　一册

420000 - 2302 - 0001412　史五/1 - 13/4067.3(75967)

國語二十一卷　（三國吳）韋昭注　**攷異四卷**　（清）汪遠孫撰　清光緒二年(1876)尊經書院刻本　五册

420000 - 2302 - 0001413　史五/1 - 13/4067.4(110415)

國語二十一卷　（三國吳）韋昭解　**校刊明道本韋氏解國語札記一卷**　（清）黃丕烈撰　清同治八年(1869)湖北崇文書局刻本　四册

420000 - 2302 - 0001414　史五/1 - 13/4067.2(110681)

國語二十一卷　（三國吳）韋昭解　**校刊明道本韋氏解國語札記一卷**　（清）黃丕烈撰　清刻本　一册　存六卷（十七至二十一、札記一卷）

420000 - 2302 - 0001415　史五/1 - 13/4067.3

（110607）

國語明道本攷異四卷 （清）汪遠孫撰　清嘉慶五年(1800)刻本　一冊

420000－2302－0001416　史五/1－13/4067.3（89476）

國語校注本三種 （清）汪遠孫撰　清道光二十六年(1846)汪氏振綺堂刻本　五冊

420000－2302－0001417　史五/1－13/4067.7（75966）

國語選八卷 （清）儲欣評　清乾隆五十年(1785)二南堂刻本　一冊

420000－2302－0001418　史五/1－13/4067.7（91617）

國語選不分卷 （清）儲欣評　清乾隆三十一年(1766)刻本　一冊

420000－2302－0001419　史五/1－3/4067.4（62397）

國語正義二十一卷 （清）董增齡撰　清光緒六年(1880)會稽章氏式訓堂刻本　十冊

420000－2302－0001420　叢/343.2/8023（56042）

海昌叢載三十二種 （清）羊復禮輯　清光緒海昌羊氏傳卷樓刻本　三冊　存十種

420000－2302－0001421　史十二/53－8/8024.2(79923)

海道圖說十五卷長江圖說一卷 （英國）金約翰輯　（英國）傅蘭雅　（美國）金楷理口譯　（清）王德均整理　清光緒江南製造總局刻本　十冊

420000－2302－0001422　史五/1－8/8034（88536）

海東逸史十八卷 （清）翁洲老民撰　清光緒邵武徐氏刻本　一冊

420000－2302－0001423　史八/6.8/3007（6499）

海防捐輸事例不分卷 （清）戶部編　清刻本　一冊

420000－2302－0001424　史十二/42.8/8608（8007）

海防新論八卷 （清）涂山撰　清光緒二十三年(1897)刻本　四冊

420000－2302－0001425　史八/54－8/1066.4（79737）

海防要覽二卷 （清）丁日昌　（清）李鴻章撰　清光緒十年(1884)敦懷書屋刻本　一冊

420000－2302－0001426　史八/54－8/1066.4（79738）

海防要覽二卷 （清）丁日昌　（清）李鴻章撰　清光緒十年(1884)敦懷書屋刻本　一冊

420000－2302－0001427　史十七/1－8/2631（85311）

海國圖志一百卷 （清）魏源撰　清光緒六年(1880)邵陽急常務齋刻本　三十二冊

420000－2302－0001428　史十七/3/2631（7589）

海國圖志一百卷 （清）魏源撰　清光緒二年(1876)平慶涇固道署刻本　四十冊

420000－2302－0001429　叢/1－8/3225（52830）

海山仙館叢書五十六種 （清）潘仕成輯　清道光、咸豐番禺潘氏刻本　一百十八冊

420000－2302－0001430　叢/1－8/3225（52948）

海山仙館叢書五十六種 （清）潘仕成輯　清道光、咸豐番禺潘氏刻本　一百十四冊

420000－2302－0001431　子八/18－42/1263（1）

海上方不分卷 （唐）孫思邈撰　明隆慶六年(1572)明倫堂拓本　一冊

420000－2302－0001432　子十一/233－9/3822（86582）

海上名人畫稿一卷 □□編　清光緒上海同文書局石印本　一冊

420000－2302－0001433　子十一/234.8/

5043（19639）

海上青樓圖記六卷首一卷 （清）惠蘭沅主輯
清光緒二十一年（1895）上海花雨小築石印
本　四冊

420000－2302－0001434　史十四/26－8/
4234（64080）

海虞藝文志六卷 （清）姚福均撰　清光緒二
十三年（1897）刻本　二冊

420000－2302－0001435　史十四/23－8/
3141（63146）

海源閣藏書目一卷 （清）江標撰　清光緒十
四年（1888）元和江氏師鄦室刻本　一冊

420000－2302－0001436　史十四/23－8/
3141（63833）

海源閣藏書目一卷 （清）江標撰　清光緒十
四年（1888）元和江氏師鄦室刻本　一冊

420000－2302－0001437　子十六/210.－7/
2435（110806）

憨山老人夢遊集五十五卷 （明）釋德清述
（明）福善日錄　（明）通炯編輯　（明）劉起
相重校　清刻本　三冊　存八卷（四十一至
四十八）

420000－2302－0001438　叢/1－8/4001
（26393）

函海一百五十九種 （清）李調元輯　清光緒
七年至八年（1881－1882）廣漢鍾登甲樂道齋
刻本　一百十八冊　存一百二十三種

420000－2302－0001439　叢/1－8/4001
（54764）

函海一百五十九種 （清）李調元輯　清光緒
七年至八年（1881－1882）廣漢鍾登甲樂道齋
刻本　一百二十冊　存一百二十三種

420000－2302－0001440　史十一/11－9/
0017.5（100855）

涵芬樓古今文抄小傳四卷首一卷附錄一卷
商務印書館編譯所編　清宣統三年（1911）商
務印書館鉛印本　一冊

420000－2302－0001441　集一/421/2683

（12170）

涵芬樓古今文鈔一百卷 吳曾祺纂錄　清末
鉛印本　一百冊

420000－2302－0001442　子十一/239.1/
1161（19764）

寒松閣談藝璅録六卷 （清）張鳴珂撰　清宣
統二年（1910）上海聚珍仿宋印書局鉛印本
一冊

420000－2302－0001443　子十一/239.1/
1161（19765）

寒松閣談藝璅録六卷 （清）張鳴珂撰　清宣
統二年（1910）上海聚珍仿宋印書局鉛印本
一冊

420000－2302－0001444　集二/1.8/2624
（37844）

寒松堂全集十二卷 （清）魏象樞撰　清康熙
四十七年（1708）南京魏氏刻本　十二冊

420000－2302－0001445　集二/0－42/4480.2
（84094）

韓昌黎詩集編年箋注十二卷 （唐）韓愈撰
（清）方世舉考訂　（清）盧見曾刪定　清末石
印本　十二冊

420000－2302－0001446　善集二/0－42/
4480.0（92904）

韓昌黎詩集編年箋注十二卷 （唐）韓愈撰
（清）方世舉箋注　清乾隆二十三年（1758）德
州盧氏雅雨堂刻本　六冊

420000－2302－0001447　集二/3.42/4480.0
（36417）

韓昌黎詩集編年箋注十二卷 （唐）韓愈撰
（清）方世舉考訂　清宣統二年（1910）石印本
十二冊

420000－2302－0001448　集二/1.42/4480.4
（103024）

韓昌黎先生全集五十四卷 （唐）韓愈撰　清
宣統二年（1910）上海掃葉山房石印本　十
二冊

420000－2302－0001449　善子一/1－7/1140

（70024）

韓非子二卷 （明）張榜輯　明萬曆刻本
二冊

420000－2302－0001450　子六/3－17/4411
（87482）

韓非子二十卷 （戰國）韓非撰　清光緒元年
（1875）湖北崇文書局刻本　四冊

420000－2302－0001451　子六/13.8/1029
（8386）

韓非子集解二十卷 （清）王先慎著　清光緒
二十二年（1896）刻本　六冊

420000－2302－0001452　子六/13.8/1029
（17332）

韓非子集解二十卷 （清）王先慎著　清光緒
二十二年（1896）刻本　六冊

420000－2302－0001453　史十一/23－42/
2741（83822）

韓翰林詩譜略一卷　繆荃孫編　清末刻本
一冊

420000－2302－0001454　集二/1.42/4480.3
（34752）

韓集補注一卷 （清）沈欽韓撰　清光緒十七
年（1891）廣州廣雅書局刻本　一冊

420000－2302－0001455　史十一/23－42/
4480.6（88941）

韓吏部文公集年譜一卷 （宋）呂大防撰　**韓
文公歷官記一卷** （宋）程俱撰　**韓子年譜五
卷** （宋）洪興祖撰　清光緒元年（1875）隸釋
齋刻本　一冊

420000－2302－0001456　經四/8－8/4466.7
（89191）

韓詩外傳十卷 （漢）韓嬰撰 （清）趙懷玉校
注並輯　**補逸一卷** （清）周廷寀校注　**校注
拾遺一卷** （清）周宗杬輯　清光緒元年
（1875）盱眙吳棠望三益齋四川刻本　一冊
存五卷（一至五）

420000－2302－0001457　善經四/1－21/
4466.7（70426）

韓詩外傳十卷 （漢）韓嬰撰 （清）趙懷玉校
注並輯　**補逸一卷** （清）周廷寀校注　**校注
拾遺一卷** （清）周宗杬輯　清光緒元年
（1875）盱眙吳棠望三益齋四川刻本　四冊

420000－2302－0001458　經四/91.21/4466
（16365）

韓詩外傳十卷 （漢）韓嬰著　清光緒三年
（1877）湖北崇文書局刻本　二冊

420000－2302－0001459　經四/91.21/4466
（40396）

韓詩外傳十卷 （漢）韓嬰著　清光緒元年
（1875）湖北崇文書局刻本　二冊

420000－2302－0001460　經四/91.21/4466
（14641）

韓詩外傳十卷 （漢）韓嬰著　清光緒三年
（1877）湖北崇文書局刻本　二冊

420000－2302－0001461　經四/1－21/4466.7
（110441）

韓詩外傳十卷 （漢）韓嬰撰 （清）趙懷玉校
注並輯　**校注拾遺一卷** （清）周宗杬輯　清
光緒元年（1875）盱眙吳棠望三益齋四川刻本
一冊　存四卷（八至十、校注拾遺一卷）

420000－2302－0001462　集二/0－51/4414
（87406）

韓魏公集二十卷 （宋）韓琦撰　清同治五年
（1866）福州正誼書院刻本　八冊

420000－2302－0001463　集二/4.5/4414.1
（35935）

韓魏公集二十卷 （宋）韓琦撰　清康熙四十
八年（1709）正誼堂刻本　五冊

420000－2302－0001464　集二/3.7/4450
（36264）

韓五泉詩四卷遺詩一卷附錄二卷 （明）韓邦
靖撰　清刻本　二冊

420000－2302－0001465　經十/24－8/0754.8
（80635）

汗簡箋正七卷目錄一卷 （五代）郭忠恕撰
（清）鄭珍箋正　清光緒十五年（1889）廣雅書

局刻本　四冊

420000 – 2302 – 0001466　史十五/52 – 8/
7151(91934)

漢碑録文四卷　(清)馬邦玉輯　清同治至光
緒抄本　一冊

420000 – 2302 – 0001467　史十五/55 – 8/
4081(84574)

漢碑引經攷六卷引緯攷一卷　(清)皮錫瑞撰
　清光緒三十年(1904)刻本　二冊

420000 – 2302 – 0001468　子二/45 – 8/7230
(73562)

漢川瑞柞堂劉氏家塾章程不分卷　(清)劉德
峻撰　清光緒三十一年(1905)裕記木活字印
本　一冊

420000 – 2302 – 0001469　史八/10. 1 – 21/
2130(55792)

漢官舊儀二卷補遺一卷　(漢)衛宏撰　清蘇
州書局刻本　一冊

420000 – 2302 – 0001470　史二/3 – 31/3613
(76096)

漢晉春秋輯本四卷　(清)湯球輯　清光緒廣
雅書局刻本　一冊

420000 – 2302 – 0001471　史六/2 – 21/4483. 2
(85781)

漢雋十卷　(宋)林鉞輯　(明)吳繼安校　清
嘉慶十七年(1812)固陵吳氏刻本　十冊

420000 – 2302 – 0001472　史十二/246. 2/
3460. 4(34218)

漢口叢談六卷　(清)范鍇撰　清道光十二年
(1832)刻本　一冊　存三卷(一至三)

420000 – 2302 – 0001473　史八/33 – 8/3460
(56472)

漢口商務總會章程一卷　(清)漢口商務總會
訂　清光緒漢口文華印書局鉛印本　一冊

420000 – 2302 – 0001474　史八/33 – 8/3468
(89645)

漢口鎮重修仁壽宮碑記一卷　(□)□□撰

清光緒刻本　一冊

420000 – 2302 – 0001475　善史十二/346. 2/
3460. 4(68749)

漢口竹枝詞六卷　(清)葉調元撰　清道光三
十年(1850)刻本　一冊

420000 – 2302 – 0001476　經十/23. 5/5042
(16041)

漢隸字源五卷　(宋)婁機輯　清光緒三年
(1877)刻本　六冊

420000 – 2302 – 0001477　子九/21 – 8/4088
(71650)

**漢乾象術二卷補修宋奉元術一卷補修宋占天
術一卷**　(清)李鋭撰　清刻本　一冊

420000 – 2302 – 0001478　子二/2/7535
(8261)

漢儒通義七卷　(清)陳澧撰　清光緒二十五
年(1899)蔭立堂刻本　三冊

420000 – 2302 – 0001479　子二/2. 8/7535
(16840)

漢儒通義七卷　(清)陳澧撰　清光緒二十五
年(1899)蔭立堂刻本　二冊

420000 – 2302 – 0001480　子九/22 – 8/4088
(85889)

漢三統術三卷　(清)李鋭撰　清道光三年
(1823)儀徵阮氏刻本　一冊

420000 – 2302 – 0001481　集五/2. 8/7241
(36611)

漢上叢談四卷　(清)劉士璋撰　清道光刻本
　一冊

420000 – 2302 – 0001482　集一/122. 8/3003
(174)

漢上消閒集十六卷漢上消閒社主集九卷　宦
應清編　清宣統二年至三年(1910 – 1911)漢
口振華印書館鉛印本　八冊

420000 – 2302 – 0001483　善集一/32 – 2/
4068(69617)

漢詩十卷　(清)李因篤音評　清康熙刻本

二册

420000 – 2302 – 0001484　善集一/32 – 2/4068（69619）

漢詩音注十卷　（清）李因篤撰　清康熙三十六年（1697）槐蔭堂刻本　四册

420000 – 2302 – 0001485　史一/3 – 21/1160.4（75206）

漢書地理志補校二卷　楊守敬撰　清光緒二十五年（1899）刻本　一册

420000 – 2302 – 0001486　史一/3 – 21/1160.4（90667）

漢書地理志補校二卷　楊守敬撰　清光緒二十五年（1899）刻本　一册

420000 – 2302 – 0001487　史一/3 – 21/1160.1（65433）

漢書地理志校注二卷　（清）王紹蘭撰　清光緒二十二年（1896）蕭山陳氏遺經樓刻本　二册

420000 – 2302 – 0001488　史一/3 – 21/1160.2（80561）

漢書管見四卷　（清）朱一新撰　清光緒二十二年（1896）順德龍氏葆真堂刻本　四册

420000 – 2302 – 0001489　史一/3 – 21/1160.3

漢書評林一百卷　（明）凌稚隆輯　明萬曆刻本　一册　存二卷（九十九至一百）

420000 – 2302 – 0001490　史一/222/1600.3（5193）

漢書評林一百卷　（明）凌稚隆輯　清光緒十年（1884）刻本　二十六册

420000 – 2302 – 0001491　史一/3 – 21/1160.3（75396）

漢書評林一百卷首一卷　（明）凌稚隆輯　清光緒十年（1884）佩蘭堂刻本　三十九册　存九十九卷（一至五十五、五十八至一百，首一卷）

420000 – 2302 – 0001492　史一/3 – 21/1160.3（75455）

漢書評林一百卷首一卷　（明）凌稚隆輯　清光緒十四年（1888）山西濬文書局刻本　三十六册

420000 – 2302 – 0001493　史八/31 – 22/1160.0（55363）

漢書食貨志一卷　（漢）班固撰　（唐）顏師古注　清光緒八年（1882）遵義黎氏日本東京使署影刻唐寫本　一册

420000 – 2302 – 0001494　史一/3 – 21/1160.3（75290）

漢書疏證三十六卷　（清）沈欽韓撰　清光緒二十六年（1900）浙江官書局刻本　三十六册

420000 – 2302 – 0001495　史一/3 – 21/1160.2（65389）

漢書西域傳補注二卷　（清）徐松撰　清道光九年（1829）陽湖張琦刻本　二册

420000 – 2302 – 0001496　善史一/3 – 21/1160（70337）

漢書一百二十卷　（漢）班固撰　明南京國子監刻本　七册　存三十四卷（十三至十六、三十一至六十）

420000 – 2302 – 0001497　史十四/21 – 22/1160.1（85168）

漢書藝文志考證十卷　（宋）王應麟撰　清光緒十一年（1885）刻本　二册

420000 – 2302 – 0001498　子九/22 – 8/4088（85890）

漢四分術三卷　（清）李銳撰　清道光三年（1823）儀徵阮氏刻本　一册

420000 – 2302 – 0001499　集一/421.7/1133（12680）

漢魏六朝百三名家集一百三種　（明）張溥編　清光緒十八年（1892）善化章氏經濟堂刻本　九十册

420000 – 2302 – 0001500　集一/421.7/1133（31325）

漢魏六朝百三名家集一百三種　（明）張溥編　清光緒十八年（1892）善化章氏經濟堂刻本

一百冊

420000－2302－0001501　集一/421.7/1133
（31425）

漢魏六朝百三名家集一百三種　（明）張溥編
清光緒十八年（1892）善化章氏經濟堂刻本
八十冊

420000－2302－0001502　集一/121－9/1032
（56296－303）

漢魏六朝名家集初刻四十種　丁福保編　清
宣統三年（1911）無錫丁氏鉛印本　八冊　存
十六種三十八卷（枚叔集一卷、司馬長卿集二
卷、司馬子長集一卷、楊子雲集四卷、班孟堅
集三卷、王叔師集一卷、鄭康成集一卷、蔡中
郎集十二卷、劉公幹集一卷、應德璉集一卷、
阮元瑜集一卷、孔文舉集一卷、王仲宣集三
卷、陳孔璋集一卷、徐偉長集一卷、魏武帝集
四卷）

420000－2302－0001503　史十五/55－8/
7224（110092）

漢魏石經攷三卷　（清）劉傳瑩撰　清光緒十
二年（1886）沌城黃氏試館刻本　一冊

420000－2302－0001504　集七/3.8/2400
（9955）

漢文教授法十二卷　（清）偉廬主人編譯　清
光緒二十九年（1903）上海商務印書館鉛印本
一冊

420000－2302－0001505　史十五/54.22/
3413（7392）

漢武梁祠畫像題榜字不分卷　（□）□□撰
清石印本　一冊

420000－2302－0001506　史十二/7－8/4091
（65375）

漢西域圖考七卷首一卷　（清）李光廷撰　清
同治廣州富文齋刻本　四冊

420000－2302－0001507　子二/6－8/0054
（61855）

漢學商兌四卷　（清）方東樹撰　清光緒八年
（1882）四明攀雨樓刻本　四冊

420000－2302－0001508　子十二/18.8/0054
（20071）

漢學商兌四卷　（清）方東樹撰　清光緒二十
六年（1900）浙江書局刻本　四冊

420000－2302－0001509　叢/1.8/3708（5111）

漢陽府普通中學講義十三種　（清）漢陽府普
通中學編　清末石印本　三十五冊

420000－2302－0001510　史八/1－52/1000
（90605）

漢制攷四卷　（宋）王應麟撰　清光緒九年
（1883）浙江書局刻本　一冊

420000－2302－0001511　子十一/224/4848
（9612）

翰苑分書臨文正宗　（清）張端卿撰　（清）戴
彬元書　清光緒十二年（1886）石印本　五冊

420000－2302－0001512　善史九/2－42/
7445（70124）

翰苑集二十二卷　（唐）陸贄撰　明萬曆三十
五年（1607）陸基忠刻本　六冊

420000－2302－0001513　子十一/42－8/
2509（85515）

行素草堂集古印譜四卷　（清）朱記榮編　清
光緒十年（1884）古吳白堤孫谿槐廬刻本
八冊

420000－2302－0001514　史十五/1－8/2509
（84451）

行素草堂金石叢書十六種　（清）朱記榮輯
清光緒吳縣朱氏槐廬刻十四年（1888）匯印本
四十冊

420000－2302－0001515　史五/1－7/7233
（91570）

行在陽秋二卷　（明）劉湘客撰　清刻本
二冊

420000－2302－0001516　叢/5－8/4047（56459）

杭大宗七種叢書　（清）杭世駿撰　清咸豐元
年（1851）長沙小嫏嬛山館刻本　一冊　存
四種

420000 – 2302 – 0001517　　史十二/4343/
2118.70(79607)

杭州上天竺講寺志十五卷　（明）釋廣賓纂
清光緒二十三年(1897)錢塘丁氏刻本　四冊

420000 – 2302 – 0001518　　史十四/26 – 8/
2604(63706)

杭州藝文志十卷　（清）吳慶坻撰　清光緒三
十四年(1908)錢塘吳氏長沙刻本　四冊

420000 – 2302 – 0001519　　子九/5. 8/8046
(19184)

航海簡法四卷　（英國）那英撰　（美國）金楷
理口譯　（清）王德均筆述　清同治五年至光
緒十六年(1866 – 1890)刻本　二冊

420000 – 2302 – 0001520　　集五/3 – 43/4490

豪客傳一卷　（五代）杜光庭撰　清初刻本
一冊

420000 – 2302 – 0001521　　善集四/52 – 64/
1035.8(90593)

合訂西廂記文機活趣全解八卷末一卷　（元）
王實甫撰　（清）金人瑞評　清初致和堂刻本
八冊

420000 – 2302 – 0001522　　子十二/5 – 8/7425
(85896)

合肥學舍札記十二卷　（清）陸繼輅撰　清光
緒四年(1878)興國州署刻本　四冊

420000 – 2302 – 0001523　　子十二/2.8/7425
(38226)

合肥學舍札記十二卷　（清）陸繼輅撰　清光
緒四年(1878)興國州署刻本　四冊

420000 – 2302 – 0001524　　史十二/31. 37/
1731.1(7240)

合校水經注四十卷首一卷末一卷附錄二卷
王先謙撰　清光緒十八年(1892)思賢講舍刻
本　十六冊

420000 – 2302 – 0001525　　善集一/42 – 51/
4694.4(70606)

合諸名家評注三蘇文選十八卷　（宋）蘇洵等
撰　（明）楊慎輯　（明）李維楨評注　明刻本

六冊

420000 – 2302 – 0001526　　經七/21 – 9/0010
(61900)

何氏公羊解詁三十論三卷　廖平撰　清光緒
十二年(1886)刻本　一冊

420000 – 2302 – 0001527　　集五/2. 7/2115
(36828)

何文簡公全集六十一卷　（明）何孟春撰　清
光緒二年(1876)刻本　十六冊

420000 – 2302 – 0001528　　經十/17 – 8/2603
(87461)

和文漢讀法一卷　丁福保撰　清光緒二十七
年(1901)無錫丁氏疇隱廬石印本　一冊

420000 – 2302 – 0001529　　經十/17 – 8/3488
(62170)

和文譯翼一卷　（清）沈銓編　清光緒二十八
年(1902)刻本　一冊

420000 – 2302 – 0001530　　史十二/62 – 9/
1163(79539)

河海崑侖錄四卷　裴景福撰　清宣統元年
(1909)鉛印本　四冊

420000 – 2302 – 0001531　　史十二/62 – 9/
1163(80777)

河海崑侖錄四卷　裴景福撰　清宣統元年
(1909)鉛印本　四冊

420000 – 2302 – 0001532　　史十二/62 – 64/
2402(87355)

河朔訪古記三卷　（元）納新撰　清光緒元年
(1875)南海伍氏刻本　一冊

420000 – 2302 – 0001533　　善子三/5 – 5/7426
(69831)

鶡冠子一卷　（宋）陸佃解　明萬曆刻本
一冊

420000 – 2302 – 0001534　　集四/51.8/6641.7
(39770)

鶴歸來傳奇二卷　（清）瞿頡填詞　清光緒湖
北官書處刻本　一冊　存一卷(上)

420000－2302－0001535　史十二/63.7/6777
（7008）

鶴林寺志不分卷　（明）釋明賢詮次　清宣統
元年（1909）刻本　一冊

420000－2302－0001536　史十二/333/6003.82
（64494）

黑龍江述略六卷　（清）徐宗亮撰　清光緒十
七年（1891）徐氏觀自得齋刻本　一冊

420000－2302－0001537　史十二/333/6003.81
（71662）

黑龍江外記八卷　（清）西清撰　清光緒二十
年（1894）刻本　二冊

420000－2302－0001538　善集五/4－8/4243
（72364）

黑奴籲天録四卷　（美國）斯士活撰　林紓
魏易譯　清光緒二十七年（1901）武林魏氏刻
本　四冊

420000－2302－0001539　史十二/5211/
9122.84（79688）

恒山志五卷首一卷　（清）桂敬順纂　清乾隆
二十八年（1763）刻本　五冊

420000－2302－0001540　經十/14－8/8346
（57250）

恒言録六卷　（清）錢大昕撰　清嘉慶十年
（1805）阮常生刻本　二冊

420000－2302－0001541　子九/3/3144（8880）

衡齋算學遺書合刻八卷　（清）汪萊撰　清咸
豐四年（1854）刻本　四冊

420000－2302－0001542　子十六/24－36/
2824（110466）

弘明集十四卷　（南朝梁）釋僧佑撰　清光緒
二十二年（1896）金陵刻經處刻本　四冊

420000－2302－0001543　子十六/24－36/
2824（110748）

弘明集十四卷　（南朝梁）釋僧佑撰　清光緒
二十二年（1896）金陵刻經處刻本　二冊　存
七卷（八至十四）

420000－2302－0001544　集一/322.7/1111
（9841）

弘正四傑詩集四種　（清）張雨珊編　清光緒
二十一年（1895）長沙張氏湘雨樓刻本　十
六冊

420000－2302－0001545　集一/322.7/1111
（33892）

弘正四傑詩集四種　（清）張雨珊編　清光緒
二十一年（1895）長沙張氏湘雨樓刻本　十
六冊

420000－2302－0001546　叢/5.8/3404（11405）

洪北江全集二十三種　（清）洪亮吉撰　清光
緒陽湖洪用懃授經堂刻本　八十冊

420000－2302－0001547　叢/5－8/3404（88418）

洪北江全集二十三種　（清）洪亮吉撰　清光
緒陽湖洪用懃授經堂刻本　四十九冊

420000－2302－0001548　叢/5－8/3404（110515）

洪北江全集二十三種　（清）洪亮吉撰　清光
緒陽湖洪用懃授經堂刻本　三十三冊

420000－2302－0001549　集二/0－42/4434
（90776）

洪度集一卷附録一卷　（唐）薛濤撰　清光緒
三十二年（1906）貴陽陳氏刻本　一冊

420000－2302－0001550　集二/0－42/4434
（90777）

洪度集一卷附録一卷　（唐）薛濤撰　清光緒
三十二年（1906）貴陽陳氏刻本　一冊

420000－2302－0001551　集二/0－42/4434
（83820）

洪度集一卷附録一卷　（唐）薛濤撰　清光緒
三十二年（1906）貴陽陳氏刻本　一冊

420000－2302－0001552　經三/1.5/4983（2082）

洪範統一一卷　（宋）趙善湘撰　清刻本
一冊

420000－2302－0001553　集二4.8/8043（37184）

洪戒山人文稿一卷　（清）金永森著　清末刻
本　一冊

420000 – 2302 – 0001554　史十一/21 – 23/
3481(50957)

洪廬江祀典徵實二卷　（清）章世溶輯　清同
治八年(1869)涇縣官刻本　一冊

420000 – 2302 – 0001555　子八/18. – 5/3438
(103321)

洪氏集驗方五卷　（宋）洪遵撰　清嘉慶二十
四年(1819)江蘇黃氏士禮居刻本　一冊

420000 – 2302 – 0001556　史九/2 – 8/3416
(80939)

洪文襄奏對筆記二卷　（清）洪承疇撰　清光
緒十四年(1888)刻本　一冊

420000 – 2302 – 0001557　善經十/31 – 7/
2207(41390)

洪武正韻十六卷　（明）樂韶鳳撰　明萬曆三
年(1575)司禮監刻本　四冊

420000 – 2302 – 0001558　集四/2. 8/7542
(12994)

紅豆簾琴意一卷　（清）陳克劬撰　清光緒十
三年(1887)刻本　一冊

420000 – 2302 – 0001559　集二 4. 8/6805
(37227)

紅蕉山館文鈔八卷　（清）喻文鼇著　（清）李
祖陶評點　清光緒三年(1877)刻本　四冊

420000 – 2302 – 0001560　集四/53. 8/4212
(39718)

紅樓夢散套十六卷　（清）黃兆魁撰　清光緒
八年(1882)刻本　二冊

420000 – 2302 – 0001561　子十一/214 – 8/
1814(103612)

紅樓夢圖詠不分卷　（清）改琦繪　清光緒刻
本　一冊

420000 – 2302 – 0001562　子十一/234. 8/
1814(19496)

紅樓夢圖詠不分卷　（清）改琦繪　清光緒五
年(1879)刻本　四冊

420000 – 2302 – 0001563　集五/4 – 8/5514

(103449)

紅樓夢一百二十回　（清）曹雪芹撰　（清）王
希廉評　清末刻本(四十九至五十一回補配
抄本)　三十冊

420000 – 2302 – 0001564　集一/5 – 8/0010
(88887)

紅杏村人文稿一卷　（清）方正撰　清光緒二
年(1876)刻本　一冊

420000 – 2302 – 0001565　集四/5. 8/4448
(39742)

紅雪樓九種曲　（清）蔣士銓撰　清乾隆紅雪
樓刻本　十二冊

420000 – 2302 – 0001566　集二/3. 8/3336
(36021)

菈溪草堂詩鈔十卷　（清）梁祚昌撰　清宣統
元年(1909)山東農林學堂刻本　二冊

420000 – 2302 – 0001567　史十三/2/3710
(7366)

鴻雪齋官商便覽八百種　（清）澹廬主人編
清上海點石齋石印本　一冊

420000 – 2302 – 0001568　子八/3. 5/3037
(17560)

喉症全科紫珍集二卷　（宋）寶默撰　清道光
三年(1823)刻本　一冊

420000 – 2302 – 0001569　史一/3 – 22/4464. 8
(64729)

後漢書辨疑十一卷　（清）錢大昭撰　清光緒
十四年(1888)廣雅書局刻本　二冊

420000 – 2302 – 0001570　史一/3 – 22/4464. 8
(64726)

後漢書補表八卷　（清）錢大昭撰　清光緒十
七年(1891)廣雅書局刻本　三冊

420000 – 2302 – 0001571　史一/3 – 22/4464. 7
(75152)

後漢書大秦國傳補注一卷　（清）陳運溶撰
清光緒二十六年(1900)湘西陳氏刻本　一冊

420000 – 2302 – 0001572　史一/3 – 22/4464. 4

（103555）

後漢書九十卷 （南朝宋）范曄撰 （唐）李賢注 **續漢書志三十卷** （晉）司馬彪撰 （南朝梁）劉昭注 清同治十二年(1873)嶺東使署刻本 八冊 存四十九卷（一至十七、四十至五十三、六十八至八十五）

420000－2302－0001573 史一/3－22/4464.3（75626）

後漢書疏證三十卷 （清）沈欽韓撰 清光緒二十六年(1900)浙江官書局刻本 二十四冊

420000－2302－0001574 善史一/3－22/4464（70344）

後漢書一百二十卷 （南朝宋）范曄撰 明刻本 六冊 存二十六卷（七十至九十五）

420000－2302－0001575 史一/223/4474（5288）

後漢書一百二十卷 （南朝宋）范曄撰 （唐）李賢注 清光緒十四年(1888)上海鴻文書局石印本 十冊

420000－2302－0001576 善集二/0－5/7523（69365）

後山詩集十二卷 （宋）陳師道撰 （宋）任淵注 清乾隆武英殿木活字印本 三冊

420000－2302－0001577 集二/0－51/7523（64790）

後山先生集二十八卷 （宋）陳師道撰 清光緒十一年(1885)刻本 四冊

420000－2302－0001578 集二/0－8/4414（65716）

後知堂文集四十六卷 （清）蕭正模撰 清康熙五十六年(1717)刻本 十冊

420000－2302－0001579 集二/1.7/4772.1（34656）

胡敬齋先生文集三卷 （明）胡居仁著 清同治五年(1866)福州正誼書院刻本 二冊

420000－2302－0001580 子八/18．8/4794（102689）

胡慶餘堂丸散膏丹全集不分卷 （清）胡光墉編 清光緒三年(1877)刻本 一冊

420000－2302－0001581 子八/18．8/4794（102690）

胡慶餘堂丸散膏丹全集不分卷 （清）胡光墉編 清光緒三年(1877)刻本 一冊

420000－2302－0001582 史八/9－8/4741（55225）

胡文忠公遺集八十六卷首一卷 （清）胡林翼撰 （清）曾國荃 （清）鄭敦輯 （清）胡鳳丹重編 清同治六年(1867)燕鸝樓刻本 二十八冊

420000－2302－0001583 集二/0－8/4741.8（65584）

胡文忠公遺集八十六卷首一卷 （清）胡林翼撰 （清）曾國荃 （清）鄭敦輯 （清）胡鳳丹重編 清同治六年(1867)燕鸝樓刻本 二十冊

420000－2302－0001584 集二/0－8/4741.8（28483）

胡文忠公遺集八十六卷首一卷 （清）胡林翼撰 （清）曾國荃 （清）鄭敦輯 （清）胡鳳丹重編 清光緒元年(1875)湖北崇文書局刻本 三十二冊

420000－2302－0001585 集二/0－8/4741.8（56288）

胡文忠公遺集八十六卷首一卷 （清）胡林翼撰 （清）曾國荃 （清）鄭敦輯 （清）胡鳳丹重編 清光緒二十七年(1901)上海圖書集成印書局鉛印本 八冊

420000－2302－0001586 集二/0－8/4431.7（90285）

壺舟文存二卷 （清）黃濬撰 （清）陳樹鈞輯 清宣統三年(1911)太平陳氏枕經閣木活字印本 一冊

420000－2302－0001587 史八/72－8/4712（87565）

湖北寶豐礦書一卷 （清）胡正倫編 清光緒十三年(1887)刻本 一冊

420000－2302－0001588　史八/72－8/3714（56470）

湖北布紗絲麻四局應昌有限公司招股規則一卷　（清）□□編　清宣統鉛印本　一冊

420000－2302－0001589　史八/310.－8/3718（56510）

湖北籌辦賑捐章程不分卷　（清）湖北籌賑總局編　清光緒三十四年（1908）刻本　一冊

420000－2302－0001590　叢/346/4996（12875）

湖北叢書三十種　（清）趙尚輔輯　清光緒湖北官書局刻本　一百冊

420000－2302－0001591　叢/346/4996（27194）

湖北叢書三十種　（清）趙尚輔輯　清光緒湖北官書局刻本　一百冊

420000－2302－0001592　子六/18/3713（8424）

湖北法政學堂講義　（□）□□撰　清宣統元年（1909）刻本　十冊

420000－2302－0001593　集一/5－8/7187（93424）

湖北貢院一卷　（清）阮鱗撰　清末鉛印本　一冊

420000－2302－0001594　子十五/1－8/3713（88518）

湖北官報　（清）湖北官報局編　清宣統鉛印本　一冊

420000－2302－0001595　子十五/1－8/3713（88513）

湖北官報（光緒三十一年）　（清）湖北官報局編　清光緒、宣統鉛印本　五冊　存五冊（一至二、四至六）

420000－2302－0001596　史十四/211.－8/3713

湖北官書處書目一卷　湖北官書處編　清光緒湖北官書處刻本　一冊

420000－2302－0001597　史十五/18－8/6646（89729）

湖北金石詩一卷　（清）嚴觀撰　清道光二十八年（1848）靈石楊氏刻本　一冊

420000－2302－0001598　集一/5－8/3716（93397）

湖北全省高等學堂課藝六卷　（□）□□撰　清光緒三十年（1904）東京啓新社石印本　一冊　存三卷（一至三）

420000－2302－0001599　史八/310.－8/3714（89505）

湖北勸辦賑捐總局章程一卷　（□）□□撰　清末刻本　一冊

420000－2302－0001600　善史八/3－8/1121（70167）

湖北商辦鐵路意見書一卷　（清）張伯烈（清）夏道南撰　清宣統元年（1909）漢口留日代表會石印本　一冊

420000－2302－0001601　善史八/35－8/3710（70168）

湖北商辦粵川漢鐵路股份有限公司招股簡章不分卷　□□撰　清宣統元年（1909）鉛印本　一冊

420000－2302－0001602　史八/72－8/3710（88948）

湖北商辦粵漢川漢鐵路股份有限公司招股簡章一卷　（清）粵漢川漢鐵路股份有限公司編　清宣統鉛印本　一冊

420000－2302－0001603　史十一/1346/1030.8（88559）

湖北詩徵傳略四十卷　（清）丁宿章輯　清光緒刻本　五冊　存十卷（二十三至二十七、三十六至四十）

420000－2302－0001604　史十一/3－8/1030（70494）

湖北詩徵傳略四十卷　（清）丁宿章輯　清光緒七年（1881）孝感丁氏涇北草堂刻本　十四冊　存三十卷（三至二十四、二十八至三十五）

420000－2302－0001605　史十一/3－8/1030
(70499)

湖北詩徵傳略四十卷　(清)丁宿章輯　清光緒七年(1881)孝感丁氏涇北草堂刻本　二冊　存二卷(十七至十八)

420000－2302－0001606　史十一/3－8/1030
(110312)

湖北詩徵傳略四十卷　(清)丁宿章輯　清光緒七年(1881)孝感丁氏涇北草堂刻本　一冊　存二卷(一至二)

420000－2302－0001607　集一/5－8//4995
(92314)

湖北試牘六卷　(清)陳曾望等撰　(清)趙尚輔校選　清光緒十七年(1891)武昌陶子麟刻本　六冊

420000－2302－0001608　集一/746/4995
(34977)

湖北試牘六卷　(清)陳曾望等撰　(清)趙尚輔校選　清光緒十七年(1891)武昌陶子麟刻本　六冊

420000－2302－0001609　集一/746.8/4995
(12017)

湖北試牘六卷　(清)陳曾望等撰　(清)趙尚輔校選　清光緒十七年(1891)武昌陶子麟刻本　六冊

420000－2302－0001610　子五/1.8/2133.1
(7997)

湖北武學二十六種　(清)張之洞鑒定　清光緒二十六年(1900)湖北官書處刻本　三十一冊

420000－2302－0001611　子五/1.8/2133.1
(7998)

湖北武學二十六種　(清)張之洞鑒定　清光緒二十六年(1900)湖北官書處刻本　三十一冊

420000－2302－0001612　子六/18/3713
(108424)

湖北學堂講義不分卷　(清)湖北法政學堂編

清宣統元年(1909)湖北法政學堂鉛印本　十冊

420000－2302－0001613　子九/519－8/7167
(91158)

湖船錄一卷　(清)厲鶚撰　清同治十年(1871)永康胡氏退補齋鄂埤刻本　一冊

420000－2302－0001614　叢/1－8/7550
(53339)

湖海樓叢書十三種　(清)陳春編　清嘉慶蕭山陳春湖海樓刻本　三十二冊

420000－2302－0001615　集一/32－8/1036
(89490)

湖海詩傳四十六卷　(清)王昶輯　清同治四年(1865)綠蔭堂刻本　十四冊

420000－2302－0001616　集一/312.8/1036
(33719)

湖海詩傳四十六卷　(清)王昶輯　清嘉慶八年(1803)刻本　十六冊

420000－2302－0001617　集一/412.8/1036
(33319)

湖海文傳七十五卷　(清)王昶輯　清道光十九年(1839)王紹基經訓堂刻同治五年(1866)重印本　十六冊

420000－2302－0001618　集二/3.8/2641
(36122)

湖墅雜詩二卷　(清)魏標撰　清光緒七年(1881)錢塘丁氏刻本　一冊

420000－2302－0001619　集二/4.8/2147
(35282)

鵠山小隱文集十卷　(清)熊士鵬撰　清道光十六年(1836)刻本　四冊

420000－2302－0001620　子五/28.5/0837
(17278)

虎鈐經二十卷　(宋)許洞撰　清刻本　四冊

420000－2302－0001621　子五/28.5/0837
(17282)

虎鈐經二十卷　(宋)許洞撰　清刻本　四冊

420000－2302－0001622　　史九/22.8/0807
(6739)

許尚書文御史奏摺不分卷　（清）許應騤
（清）文悌奏　清刻本　一冊

420000－2302－0001623　　叢/5－64/0821
(28611)

許文正公遺書十七種　（元）許衡撰　清光緒
六年(1880)六安求我齋刻本　六冊

420000－2302－0001624　　經十/21/0882
(9640)

許學叢刻九種　（清）許頌鼎　（清）許溎祥輯
清光緒十三年(1887)海寧許氏古均閣刻本
四冊

420000－2302－0001625　　經一/7－8/1730
(1661)

許鄭經文異同詁九卷　（清）桑宣撰　清光緒
三十年(1904)鐵硯齋刻本　三冊

420000－2302－0001626　　善史十一/12－7/
0878(37528)

花甲閑談十六卷　（清）張維屏撰　清道光富
文齋刻本　四冊

420000－2302－0001627　　集二/0－8/1127
(82334)

花甲閑談十六卷附東園雜詩一卷　（清）張維
屏撰　清光緒十年(1884)上海同文書局石印
本　四冊

420000－2302－0001628　　史十四/32－8/
8804(101531)

花近樓叢書序跋記二卷　（清）管庭芬撰　清
宣統三年(1911)上海國學扶輪社鉛印本
一冊

420000－2302－0001629　　集四/2.8/2737
(38281)

花陰寫夢詞不分卷　（清）倪鴻撰　清光緒九
年(1883)刻本　一冊

420000－2302－0001630　　集三/2.8/4444
(13625)

花影吹笙詞鈔二卷　（清）葉英華撰　**小游仙**

詞不分卷　（清）夢禪居士撰　清光緒三年
(1877)廣州刻本　一冊

420000－2302－0001631　　集五/4.8/2622
(38377)

花月痕全書五十二回　（清）魏秀仁撰　清光
緒十四年(1888)刻本　十六冊

420000－2302－0001632　　集五/4.8/2622
(39830)

花月痕全書五十二回　（清）魏秀仁撰　清光
緒十四年(1888)刻本　十六冊

420000－2302－0001633　　史十二/5244/
4444.72(80643)

華蓋山志十二卷　（明）崔世召纂　（清）甘啓
祥　（清）謝希楨增訂　清同治八年(1869)謝
氏刻本　二冊

420000－2302－0001634　　子八/62.8/4422
(18396)

華氏醫方匯編六卷　（清）華嶽纂　清光緒十
一年(1885)刻本　四冊

420000－2302－0001635　　史十四/32－8/
2323(88825)

華延年室題跋二卷　（清）傅以禮撰　**邁廬題
跋一卷殘明大統曆一卷殘明宰輔年表一卷**
（清）傅栻撰　清宣統元年(1909)俞人蔚鉛印
本　三冊

420000－2302－0001636　　子十六/24－4/
2634(102758)

華嚴一乘教義分齊章四卷　（唐）釋法藏述
清刻本　一冊

420000－2302－0001637　　子十六/24－4/
2634(102759)

華嚴一乘教義分齊章四卷　（唐）釋法藏述
清刻本　一冊

420000－2302－0001638　　子十六/24－4/
2634(103086)

華嚴一乘教義分齊章四卷　（唐）釋法藏述
清刻本　一冊

420000 - 2302 - 0001639　史十二/35/9011.3
(80767 - 72)

華陽國志十二卷補華陽國志三州郡縣目錄一卷　(晉)常璩　(清)廖寅撰　清光緒四年
(1878)二酉山房刻本　六冊

420000 - 2302 - 0001640　史十二/5221/
4422.84(79694)

華嶽圖經二卷　(清)蔣湘南撰　清咸豐元年
(1851)刻本　一冊

420000 - 2302 - 0001641　子十二/13 - 43/
0129(81425)

化書六卷　(五代)譚峭撰　清末抄本　一冊
　存五卷(一至五)

420000 - 2302 - 0001642　子十一/211 - 7/
4446(103319)

畫禪室隨筆四卷　(明)董其昌撰　清宣統元
年(1909)掃葉山房石印本　一冊

420000 - 2302 - 0001643　子十一/211.7/
4446(41443)

畫禪室隨筆四卷　(明)董其昌撰　清乾隆三
十三年(1768)刻本　三冊

420000 - 2302 - 0001644　子十一/211.7/
4446(8415)

畫禪室隨筆四卷　(明)董其昌撰　清宣統三
年(1911)上海掃葉山房石印本　二冊

420000 - 2302 - 0001645　子十一/239/1745

畫繼十卷　(宋)鄧椿撰　明毛氏汲古閣刻本
　二冊

420000 - 2302 - 0001646　集二/0 - 8/3433
(89239)

話山草堂文鈔一卷　(清)沈道寬撰　清光緒
三年(1877)潤州榷署刻本　一冊

420000 - 2302 - 0001647　史八/36 - 8/4032
(62917)

淮鹺備要十卷　(清)李澄輯　清道光刻本
四冊

420000 - 2302 - 0001648　集二/0 - 51/5046.2

(91116)

**淮海集四十卷後集六卷詩餘三卷長短句補遺
一卷首一卷**　(宋)秦觀撰　(明)徐渭評　清
同治十二年(1873)秦氏家塾刻本　六冊

420000 - 2302 - 0001649　史五/1 - 8/7743
(649875)

淮軍平捻記十二卷　(清)周世澄撰　清刻本
六冊

420000 - 2302 - 0001650　子十二/13 - 21/
7230.0(92874)

淮南鴻烈解二十一卷　(漢)劉安撰　(漢)高
誘注　明刻清補修本　二冊

420000 - 2302 - 0001651　子十二/13 - 21/
7230.0(92864)

淮南鴻烈解二十一卷　(漢)劉安撰　(漢)高
誘注　清乾隆五十六年(1791)金谿王氏補刻
本　四冊

420000 - 2302 - 0001652　子十二/13 - 21/
7230.0(92868)

淮南鴻烈解二十一卷　(漢)劉安撰　(漢)高
誘注　清乾隆五十六年(1791)金谿王氏補刻
本　六冊

420000 - 2302 - 0001653　子十二/13 - 21/
7230(111099)

淮南鴻烈解二十一卷　(漢)劉安撰　(漢)高
誘注　清光緒元年(1875)湖北崇文書局刻本
　一冊　存四卷(一至四)

420000 - 2302 - 0001654　善子一/1 - 7/1140
(70020)

淮南鴻烈解輯略二卷　(明)張榜輯　明萬曆
刻本　二冊

420000 - 2302 - 0001655　善子一/1 - 7/1140
(70018)

淮南鴻烈解輯略二卷　(明)張榜輯　明萬曆
刻本　二冊

420000 - 2302 - 0001656　善子十二/13 - 21/
7230(69910)

淮南鴻烈解輯略二卷　(明)張榜輯　明刻本

二冊

420000－2302－0001657　子十二/18.21/
7230.8（20059）

淮南天文訓補注二卷　（漢）劉安撰　（清）錢
塘述　清光緒三年（1877）湖北崇文書局刻本
二冊

420000－2302－0001658　子十二/13－21/
7230.0（111206）

淮南子二十一卷　（漢）劉安輯　（漢）高誘注
清刻本　一冊　存三卷（十一至十三）

420000－2302－0001659　善集二/0－8/3431
（69138）

槐廳草一卷吉梔軒草一卷　（清）沈兆霖撰
清稿本　一冊

420000－2302－0001660　善集二/0－8/3431
（65793）

槐廳小草一卷　（清）□□撰　清抄本　一冊

420000－2302－0001661　史八/233－8/3448
（75160）

槐廳載筆二十卷　（清）法式善撰　清嘉慶刻
本　六冊

420000－2302－0001662　集七/2－8/1048
（91264）

槐軒解湯海若先生纂輯名家詩三卷　（清）夏
世欽撰　清光緒刻本　一冊

420000－2302－0001663　經一/2－8/7231
（9109）

槐軒約言一卷　（清）劉沅撰　清末守經堂刻
本　一冊

420000－2302－0001664　子二/6－8/7231
（91278）

槐軒約言一卷　（清）劉沅撰　清光緒三十一
年（1905）刻本　一冊

420000－2302－0001665　集二/4.8/7231
（11768）

槐軒雜著四卷　（清）劉沅撰　清豫誠堂刻本
四冊

420000－2302－0001666　叢/1－9/2816
（23860）

懷幽雜俎十二種　徐乃昌輯　清光緒、宣統
南陵徐氏刻本　八冊

420000－2302－0001667　叢/1－8/4042
（26717）

懷潞園叢刊十四種　（清）李嘉績輯　清光緒
李氏代耕堂西安刻本　六冊　存十種

420000－2302－0001668　子十二/2－8/3430
（86189）

懷小編二十卷　（清）沈濂撰　清咸豐四年
（1854）刻本　六冊

420000－2302－0001669　集二/1.7/3626
（34873）

懷星堂全集三十卷　（明）祝允明著　清宣統
二年（1910）中國書畫會石印本　八冊

420000－2302－0001670　集二/1.7/3626
（34881）

懷星堂全集三十卷　（明）祝允明著　清宣統
二年（1910）中國書畫會石印本　八冊

420000－2302－0001671　子九/21.8/4062
（18925）

圜天圖說六卷　（清）李明徹述　清嘉慶二十
四年（1819）刻本　五冊

420000－2302－0001672　史十五/51－8/
1262（110252）

寰宇訪碑錄十二卷　（清）孫星衍　（清）邢澍
撰　清光緒九年（1883）江蘇書局刻本　二冊
存七卷（一至七）

420000－2302－0001673　史十五/51/1262
（7518）

寰宇訪碑錄十二卷　（清）孫星衍　（清）邢澍
撰　清光緒九年（1883）江蘇書局刻本　四冊

420000－2302－0001674　史十六/3－7/2841
（64238）

寰宇分合志八卷附錄一卷增輯一卷　（明）徐
樞撰　（清）二番居士輯　清光緒二十八年
（1902）湘潭楊氏家塾刻本　八冊

420000 – 2302 – 0001675　史十七/4 – 8/4040
(85470)

環遊地球新録四卷　（清)李圭撰　清光緒四
年(1878)鉛印本　四冊

420000 – 2302 – 0001676　史十七/4 – 8/4040
(8027)

環遊地球新録四卷　（清)李圭撰　清光緒四
年(1878)鉛印本　四冊

420000 – 2302 – 0001677　史十七/4 – 8/4040
(111509)

環遊地球新録四卷　（清)李圭撰　清光緒四
年(1878)鉛印本　二冊　存二卷(一、三)

420000 – 2302 – 0001678　史十七/4/4040
(8027 – 30)

環遊地球新録四卷　（清)李圭撰　清宣統三
年(1911)鉛印本　四冊

420000 – 2302 – 0001679　子十四/8.8/1173
(13648)

宦鄉要則七卷　（清)張鑒瀛撰　清光緒十年
(1884)刻本　四冊

420000 – 2302 – 0001680　史十二/246/7722
(63543)

宦游紀實二卷　（清)周樂撰　清光緒二十三
年(1897)刻本　一冊　存一卷(一)

420000 – 2302 – 0001681　史八/310.8/3142
(64711)

荒政輯要九卷首一卷　（清)汪志伊撰　清同
治八年(1869)楚北崇文書局刻本　二冊

420000 – 2302 – 0001682　史八/310. – 8/
3142(102994)

荒政輯要九卷首一卷　（清)汪志伊撰　清同
治八年(1869)楚北崇文書局刻本　二冊

420000 – 2302 – 0001683　史五/1 – 8/3704.2
(76097)

皇朝藩部要畧十八卷表四卷　（清)祁韻士撰
　（日本)毛多嶽生編次　清光緒十年(1884)
浙江書局刻本　八冊

420000 – 2302 – 0001684　史八/21 – 8/2853
(76159)

皇朝祭器樂舞録二卷　（清)徐暢達編　清同
治十年(1871)湖北崇文書局刻本　二冊

420000 – 2302 – 0001685　集一/412.8/4672
(34122)

皇朝經世文編一百二十卷　（清)賀長齡輯
清光緒九年(1883)刻本　九十六冊

420000 – 2302 – 0001686　集一/412.8/4672.47
(6043)

皇朝經世文三編八十卷　（清)陳仲倚輯　清
浙江書局石印本　十六冊

420000 – 2302 – 0001687　集一/12 – 9/4024
(64246)

皇朝經世文新編二十一卷　（清)麥仲華輯
清光緒二十四年(1898)上海大同譯書局石印
本　二十四冊

420000 – 2302 – 0001688　史八/11/2314
(5943)

皇朝三通目録十四卷　（清)席裕福　（清)雷
子彥編　清光緒二十九年(1903)上海圖書集
成局石印本　四冊

420000 – 2302 – 0001689　史八/232 – 8/2700
(80887)

皇朝謚法攷五卷續編一卷　（清)鮑康輯　清
光緒三年(1877)永康退補齋胡氏刻本　二冊

420000 – 2302 – 0001690　史八/1 – 8/2314
(76935)

皇朝通典一百卷　（清)嵇璜等撰　清光緒二
十七年(1901)上海圖書集成局鉛印本　十
二冊

420000 – 2302 – 0001691　史八/11/2314
(5949)

皇朝通典一百卷　（清)嵇璜等撰　清光緒二
十七年(1901)上海圖書集成局鉛印本　十冊

420000 – 2302 – 0001692　史八/1 – 8/2314
(76907)

皇朝通志一百二十六卷　（清)嵇璜等撰　清

光緒二十七年(1901)上海圖書集成局鉛印本
十二冊

420000－2302－0001693　史 八/11/2314
(5959)

皇朝通志一百二十六卷　（清）嵇璜等撰　清
光緒二十七年(1901)上海圖書集成局鉛印本
十二冊

420000－2302－0001694　史 八/12.8/3643
(6033)

皇朝文獻通考輯要二十六卷　（清）湯壽潛編
輯　清光緒二十七年(1901)上海圖書集成局
鉛印本　十冊

420000－2302－0001695　史 八/11/2314
(5971－6012)

皇朝文獻通考三百卷　（清）嵇璜等撰　清光
緒二十七年(1901)上海圖書集成局鉛印本
四十二冊

420000－2302－0001696　史 八/1－8/2314
(76859)

皇朝文獻通攷三百卷　（清）嵇璜等撰　清光
緒二十七年(1901)上海圖書集成局鉛印本
四十八冊

420000－2302－0001697　史 八/1－8/2314
(86043)

皇朝文獻通攷詳節二十六卷　（□）□□撰
清光緒二十七年(1901)鴻寶齋書局石印本
八冊

420000－2302－0001698　經一/21－8/5233
(61815)

皇朝五經彙解五種　（清）楊峴編纂　清光緒
十四年(1888)鴻文書局石印本　三十二冊

420000－2302－0001699　經一/2－8/4626
(9044)

皇朝五經彙解五種　（清）楊峴編纂　清光緒
十九年(1893)寶文書局精校石印本　三十
三冊

420000－2302－0001700　史 三/3－8/4917
(71635)

皇朝武功紀盛四卷　（清）趙翼撰　清乾隆五
十七年(1792)湛貽堂刻本　一冊

420000－2302－0001701　史 五/1－8/4917
(62796)

皇朝武功紀盛四卷　（清）趙翼撰　清乾隆五
十七年(1792)湛貽堂刻本　一冊

420000－2302－0001702　集一/42－8/1035
(41628)

皇朝蓄艾文編八十卷　（清）于寶軒編　清光
緒二十九年(1903)上海官書局鉛印本　四
十冊

420000－2302－0001703　史 十二/1－8/
2647.4(103489)

皇朝輿地略不分卷　（清）□□撰　清刻木
一冊

420000－2302－0001704　史 十二/1－8/4033
(75184)

皇朝輿地韻編一卷　（清）李兆洛撰　皇朝內
府輿地圖縮摹本一卷　（清）六嚴繪　清光緒
十年(1884)湖北官書處刻本　一冊

420000－2302－0001705　史 十二/1－8/
3877.3(68229)

皇朝直省地名四字韻語一卷　（清）海陵學社
編　清光緒二十八年(1902)刻本　一冊

420000－2302－0001706　子 十/2.5/1700.7
(19228)

皇極經世緒言十一卷首二卷　（宋）邵雍撰
(明)黃畿洲注釋　（清）劉斯組述　清嘉慶四
年(1799)刻本　十冊

420000－2302－0001707　史 十一/21－8/
4457.4

**皇清誥授中憲大夫記名道廣西鎮安府知府署
右江兵備道敕祀昭忠祠伯父黃府君行狀一卷**
（清）黃彭年撰　清末刻本　一冊

420000－2302－0001708　經一/12－8/7110.2
(62127)

皇清經解分經合纂十六種　（清）阮元輯
(清)船山主人重編　清光緒二十一年(1895)

上洋鴻寶齋石印本　三十二冊

420000－2302－0001709　經一/12－8/7110.2
（111071）

皇清經解分經合纂十六種　（清）阮元輯
（清）船山主人重編　清光緒二十一年（1895）
上洋鴻寶齋石印本　十六冊　存七種

420000－2302－0001710　經一/2－8/4110.7
（9411）

皇清經解敬修堂編目十六卷　（清）陶治元編
輯　清光緒十二年（1886）石印本　四冊

420000－2302－0001711　經一/2－8/7110
（16397）

皇清經解縮版編目十六卷　（清）陶治元編輯
（清）李師善　（清）王鳳藻分輯　清光緒十
七年（1891）鴻寶齋石印本　二冊

420000－2302－0001712　經一/2－8/8208
（686）

皇清經解續編二百六種　王先謙輯　清光緒
十四年（1888）南菁書院刻本　三百六十四冊

420000－2302－0001713　經一/12－8/1020
（56990）

皇清經解續編二百六種　王先謙輯　清光緒
十五年（1889）上海蜚英館石印本　三十二冊

420000－2302－0001714　經一/2－8/7110
（1104）

皇清經解一百七十一種　（清）阮元彙編　清
光緒十六年（1890）刻本　四百冊

420000－2302－0001715　史三/3－8/2609.4

皇清開國方略三十二卷首一卷　（清）伯麟
（清）彭紹觀撰　清末鉛印本　六冊

420000－2302－0001716　善史十七/3－8/
2391（70011）

皇清職貢圖九卷　（清）傅恒等撰　清嘉慶內
府刻本　七冊　存八卷（一至八）

420000－2302－0001717　史五/1－64/2611.2
（75860）

皇元聖武親征錄一卷　（清）何秋濤校　清光

緒二十年（1894）刻本　一冊

420000－2302－0001718　集二/0－7/4439
（93634）

黃淳耀詩一卷　（明）黃淳耀撰　清抄本
一冊

420000－2302－0001719　善集二/0－7/4437
（69090）

黃道周文集不分卷　（明）黃道周撰　清抄本
六冊

420000－2302－0001720　子八/1－7/6026
（103362）

黃帝內經素問二十四卷　（明）吳崐注　清刻
本　五冊

420000－2302－0001721　子八/1－7/6026
（103367）

黃帝內經素問二十四卷　（明）吳崐注　清刻
本　四冊　存十四卷（五至十三、二十至二十
四）

420000－2302－0001722　子八/11.7/2622
（17592）

黃帝內經素問二十四卷　（明）吳崐註　清光
緒二十四年（1898）刻本　八冊

420000－2302－0001723　子八/11.7/7144.2
（17600）

**黃帝內經素問註證發微九卷靈樞註證發微九
卷**　（明）馬蒔注　（清）鮑漱芳重校　清嘉慶
十年（1805）古歙鮑氏慎餘堂刻本　二十四冊

420000－2302－0001724　集一/746/1360
（32896）

黃鶴樓聯一卷　（清）□□編　清末刻本
一冊

420000－2302－0001725　集一/746/1360.85

黃鶴樓楹聯全部一卷　（清）青雲路編　清光
緒四年（1878）楚南青雲路刻本　一冊

420000－2302－0001726　史十二/5246/
4427.84（87858）

黃鵠山志十二卷首一卷　（清）胡鳳丹纂　清

同治十三年(1874)胡氏退補齋刻本　六冊

420000 - 2302 - 0001727　史十一/22 - 8/
4438.4(77021)

黃黎洲先生年譜三卷　(清)黃炳厚編　清同
治十二年(1873)刻本　一冊

420000 - 2302 - 0001728　史十二/246.2/
4448.1

黃梅縣志四十卷　(清)覃瀚元重修　(清)宛
名昌編輯　清光緒元年(1875)鉛印本　十
二冊

420000 - 2302 - 0001729　集二/0 - 5/4407
(68851)

黃青社先生伐檀集二卷　(宋)黃庶撰　清江
右寧州緝香堂刻本　一冊

420000 - 2302 - 0001730　子五/2 - 21/4418.1
(93556)

黃石公素書一卷　(漢)黃石公撰　(宋)張商
英註　清同治元年(1862)松孫氏寄我且樂軒
抄本　一冊

420000 - 2302 - 0001731　子十一/225.7/
4433(8474)

黃石齋手寫詩卷一卷　(明)黃道周撰並書
清光緒三十三年(1907)上海國學保存會影印
本　一冊

420000 - 2302 - 0001732　集二/1.8/4439
(36985)

黃氏文鈔四卷　(清)黃良輝撰　清刻本
一冊

420000 - 2302 - 0001733　子八/0.8/4412
(18001)

黃氏醫書八種　(清)黃元御撰　清咸豐十年
(1860)刻本　十四冊

420000 - 2302 - 0001734　集二/1.7/4437
(35119)

黃漳浦集五十卷首一卷末一卷　(明)黃道周
著　漳浦黃先生年譜二卷　(明)莊起儔編
清道光九年(1829)陳壽祺刻本　二十四冊

420000 - 2302 - 0001735　集二/1.7/4437
(35014)

黃漳浦集五十卷首一卷末一卷　(明)黃道周
著　漳浦黃先生年譜二卷　(明)莊起儔編
清道光九年(1829)陳壽祺刻本　二十四冊

420000 - 2302 - 0001736　集二/0 - 7/4437.4
(92507)

黃忠端公明誠堂十四札疏證一卷題詞一卷
(明)黃道周撰　(清)黃彭年疏證　清光緒十
五年(1889)貴筑黃氏刻本　一冊

420000 - 2302 - 0001737　史十二/5246/
4024.87(86325)

黃州大崎山即禹貢大別山說一卷　(清)劉寶
書撰　清光緒刻本　一冊

420000 - 2302 - 0001738　集一/746.1/4432.7
(32899)

黃州課士錄八卷　(清)周錫恩編　清光緒十
七年(1891)周錫恩刻本　六冊

420000 - 2302 - 0001739　史十二/53 - 8/
2802(80662)

迴瀾紀要二卷　(清)徐端撰　清光緒十一年
(1885)刻本　二冊

420000 - 2302 - 0001740　集二/0 - 8/4460.4
(87237)

悔庵遺集一卷　(清)黃嗣翊撰　清光緒十七
年(1891)刻本　一冊

420000 - 2302 - 0001741　叢/5.8/1124
(12975)

悔廬全集六種　(清)張崇蘭撰　清光緒二十
三年(1897)刻本　十二冊

420000 - 2302 - 0001742　集二/4.8/1124
(11645)

悔廬文鈔五卷首一卷　(清)張崇蘭著　(清)
陳克劬校　清光緒刻本　二冊　存四卷(二
至五)

420000 - 2302 - 0001743　集四/2.8/3148
(13374)

悔翁詩餘五卷　(清)汪士鐸撰　清光緒九年

(1883)合肥張氏味古齋刻本　二冊

420000－2302－0001744　集二/0－8/2143

悔餘菴樂府四卷　（清）何栻撰　清同治四年
(1865)刻本　二冊

420000－2302－0001745　集二 3.8/6007
(35677)

悔齋詩稿四卷　（清）畢應辰撰　清光緒元年
(1875)刻本　二冊

420000－2302－0001746　善經二/1－5/
2540.2(1897)

晦庵先生朱文公易說二十三卷　（宋）朱熹撰
（宋）朱鑑輯　清康熙十五年(1676)通志堂
刻本　二冊　存六卷(一至六)

420000－2302－0001747　史十四/27－8/
3127(7368)

匯刻書目初編不分卷　（清）顧修輯　清木活
字印本　十二冊

420000－2302－0001748　集一/5－8/8002
(89973)

會試鄉試硃卷合集不分卷　（□）□□撰　清
末刻本　一冊

420000－2302－0001749　史八/53－8/8003
(90150)

會詳通飭各縣籌辦商團章程原稿一卷　（清）
□□撰　清光緒刻本　一冊

420000－2302－0001750　史八/6.8/3507.1
(6657)

會奏變通科舉章程一卷　（清）禮部奏　清光
緒二十七年(1901)刻本　一冊

420000－2302－0001751　集一/312.42/
0030.1(31961)

彙編唐詩十集四十一卷　（明）唐汝詢輯
（清）蔣漢紀增釋　（清）王士禛重訂　清刻本
二十冊

420000－2302－0001752　史十四/75.8/3127
(73689)

彙刻書目初編十卷續編二卷　（清）顧修撰

清同治九年(1870)崇雅堂刻本　十二冊

420000－2302－0001753　史十四/4－8/
3127.2(63795)

彙刻書目二十卷　（清）顧修輯　（清）朱學勤
補　清光緒十二年至十五年(1886－1889)上
海福瀛書局刻本　二十冊

420000－2302－0001754　史十四/4－8/
3127.2(63775)

彙刻書目二十卷　（清）顧修輯　（清）朱學勤
補　清光緒十二年至十五年(1886－1889)上
海福瀛書局刻本　二十冊

420000－2302－0001755　集四/51.64/0067.2
(39754)

繪風亭評第七才子書琵琶記六卷　（元）高明
撰　（清）毛德音評　清康熙五年(1666)刻本
六冊

420000－2302－0001756　集四/51.8/4830
(39760)

繪圖百寶箱傳二卷　（清）梅窗主人撰　清光
緒二十年(1894)袖海山房石印本　四冊

420000－2302－0001757　集五/4.8/4442
(38346)

繪圖第二奇書林蘭香傳八卷六十四回　（清）
□□撰　清光緒二十年(1894)上海復古書齋
石印本　八冊

420000－2302－0001758　集六/21－/7772
(87161)

繪圖鳳凰山十卷七十二回　（□）□□撰　清
宣統二年(1910)上海章福記書局石印本　八
冊　存八卷(一至四、六至八、十)

420000－2302－0001759　集五/4.8/5514.5
(38455)

繪圖紅樓夢續編三十回　（清）秦子忱撰　清
石印本　六冊

420000－2302－0001760　集五/4－8/0883
(63339)

繪圖九續施公案四卷四十回　（□）□□撰
清光緒二十九年(1903)上海書局石印本　二

冊　存三十九回(一至三十九)

420000 － 2302 － 0001761　集五/4 － 8/0883
(63247 － 50)

繪圖施公奇案四卷九十八回　(□)□□撰
清光緒二十八年(1902)上海廣益書局石印本
四冊

420000 － 2302 － 0001762　經九/5 － 8/1043
(111090)

繪圖四書速成新體讀本不分卷　(清)王有宗
等校訂　清刻本　八冊

420000 － 2302 － 0001763　集五/4 － 8/0883
(63335)

繪圖五續施公案清列傳四卷四十回　(□)
□□撰　清光緒二十九年(1903)上海書局石
印本　一冊　存十九回(一至十九)

420000 － 2302 － 0001764　集六/21 － 8/4412
(722388 － 93)

繪圖增像雙珠球十二卷四十九回　(清)黃子
貞撰　清光緒二十九年(1903)日新書局石印
本　六冊

420000 － 2302 － 0001765　集四/52.64/1035
(39854)

繪像第六才子書八卷　(元)王實甫撰　清光
緒十年(1884)廣州刻本　六冊

420000 － 2302 － 0001766　子十六/5 － 8/3152
(91146)

婚姻要旨一卷　(清)江成德鑒定　清光緒十
五年(1889)崇正書院湖北刻本　一冊

420000 － 2302 － 0001767　集二 3.8/6022
(10085)

魂北集一卷　易順鼎撰　清光緒二十一年
(1895)刻本　一冊

420000 － 2302 － 0001768　集二/5.8/60222
(11637)

魂東集一卷　易順鼎撰　清光緒刻本　一冊

420000 － 2302 － 0001769　子八/4.64/8049
(41528)

活幼心書三卷　(元)曾世榮編次　清宣統二
年(1910)武昌醫館刻本　二冊

420000 － 2302 － 0001770　子五/28.8/4022
(7944)

火器真訣一卷　(清)李善蘭撰　清光緒二十
二年(1896)經心精舍刻本　一冊

420000 － 2302 － 0001771　子十/5 － 51/0003
(89986)

火珠林一卷　(五代)麻衣道者撰　清道光四
年(1824)湖邊程氏百二漢鏡齋刻本　一冊

420000 － 2302 － 0001772　史十二/244/2422
(7043)

貨物稅則一卷　(清)戶部纂修　清末刻本
一冊

420000 － 2302 － 0001773　史十二/244/2422
(7041)

貨物稅則一卷　(清)戶部纂修　清末刻本
一冊

420000 － 2302 － 0001774　子八/69 － 8/1044
(88845)

霍亂論二卷　(清)王士雄撰　清光緒三十三
年(1907)巴蜀善成堂刻本　一冊

420000 － 2302 － 0001775　史十四/23 － 8/
7552(88527)

稽瑞樓書目四卷　(清)陳揆撰　清光緒三年
(1877)吳縣潘氏刻本　一冊

420000 － 2302 － 0001776　史十五/32 － 8/
7110(85046)

積古齋鐘鼎彝器款識十卷　(清)阮元編　清
嘉慶九年(1804)阮元刻本　八冊

420000 － 2302 － 0001777　史十五/32 － 8/
7110(65410)

積古齋鐘鼎彝器款識十卷　(清)阮元編　清
嘉慶九年(1804)阮元刻本　六冊

420000 － 2302 － 0001778　史十五/38.5/4491
(7495)

積古齋鐘鼎彝器款識十卷　(清)阮元編錄

清末刻本　一冊　存二卷(九至十)

420000 - 2302 - 0001779　集二/0 - 8/1177
(90668)

積石詩存四卷繪餘編一卷　(清)張履撰　**南池唱和詩存一卷**　(清)張海珊　(清)張履撰　清光緒二十年(1894)刻本　一冊

420000 - 2302 - 0001780　集二/0 - 8/1177
(84219)

積石文槀十八卷　(清)張履撰　清光緒二十年(1894)刻本　四冊

420000 - 2302 - 0001781　叢/1 - 9/2816
(91280)

積學齋叢書二十種　徐乃昌編　清光緒南陵徐乃昌刻本　十六冊

420000 - 2302 - 0001782　叢/1 - 9/2816
(23813)

積學齋叢書二十種　徐乃昌輯　清光緒南陵徐乃昌刻本　十六冊

420000 - 2302 - 0001783　子十二/5 - 8/4432
(67789)

雞窗叢話一卷　(清)蔡澄撰　清光緒十二年(1886)新陽趙元益刻本　一冊

420000 - 2302 - 0001784　子十四/8.8/0032
(9823)

雞跖賦續刻三十卷　(清)應泰泉輯　清同治十三年(1874)蘭言堂刻本　八冊

420000 - 2302 - 0001785　史十五/43 - 8/3792(80727)

吉金所見錄十六卷首一卷末一卷　(清)初南齡撰　清道光七年(1827)渭園刻本　四冊

420000 - 2302 - 0001786　史十二/332 - 8/4044.4(111584)

吉林外記十卷刊誤一卷　(清)薩英額撰　**甯古塔記署一卷**　(清)吳桭臣著　清光緒二十一年(1895)桐廬袁氏漸西村舍刻本　一冊　存六卷(七至十、刊誤一卷、甯古塔記署一卷)

420000 - 2302 - 0001787　史十二/232/4044.8

(100732)

吉林輿地略二卷　(清)楊伯馨修　(清)秦世銓纂　清光緒二十四年(1898)石印本　一冊

420000 - 2302 - 0001788　經十/42 - 8/7714
(58149)

汲古閣說文訂一卷　(清)段玉裁撰　清同治十一年(1872)湖北崇文書局刻本　一冊

420000 - 2302 - 0001789　經十/21.8/7714
(9552)

汲古閣說文訂一卷　(清)段玉裁撰　清嘉慶二年(1797)刻本　一冊

420000 - 2302 - 0001790　經十/42 - 8/7714
(103554)

汲古閣說文訂一卷　(清)段玉裁撰　清同治十一年(1872)湖北崇文書局刻本　一冊

420000 - 2302 - 0001791　善經十/42 - 8/7714(58094)

汲古閣說文訂一卷　(清)段玉裁撰　清嘉慶二年(1797)吳縣袁廷檮玉硯樓刻本　一冊

420000 - 2302 - 0001792　史四/ - 13/4742
(103401)

汲冢周書輯要一卷　(清)郝懿行撰　清光緒八年(1882)東路廳署刻本　一冊

420000 - 2302 - 0001793　子八 62.8/7500
(18394)

急救應驗良方一卷　(清)徐小訥選　(清)費友棠纂輯　清光緒九年(1883)敬豫堂刻本　一冊

420000 - 2302 - 0001794　經十/25 - 21/5038.0(57621)

急就篇四卷　(漢)史游撰　(唐)顏師古(宋)王應麟補注　清刻本　四冊

420000 - 2302 - 0001795　史十五/51.5/7771.2(7514)

集古錄目十五卷　(宋)歐陽棐撰　(清)黃本驥編　清道光二十一年(1841)刻本　四冊

420000 - 2302 - 0001796　善集二/0 - 42/

4453.0(69333)

集千家註杜工部詩集二十卷文集二卷 （唐）
杜甫撰 （元）高楚芳編 明萬曆許自昌刻本
十四冊

420000－2302－0001797 善 集二/0－42/
4453.0(36541)

集千家註杜工部詩集二十卷文集二卷 （唐）
杜甫撰 （元）高楚芳編 明萬曆許自昌刻本
十二冊

420000－2302－0001798 子十六/5.8/4423
(22136)

集說詮真不分卷 （清）黃伯祿輯 清光緒十
年(1884)刻本 四冊

420000－2302－0001799 子八/62.8/2073
(13653)

集驗良方六卷 （清）年希堯輯 清刻本 二
冊 存二卷(五至六)

420000－2302－0001800 子八 62.8/2073
(13653)

**集驗良方六卷附刻良方一卷陸地仙經一卷幻
藥元詮一卷** （清）王熾昌輯 清刻本 二冊
存五卷(五至六、附刻良方一卷、陸地仙經
一卷、幻藥元詮一卷)

420000－2302－0001801 經十/33.5/1000.0
(16304)

集韻考正十卷 （清）方成珪撰 清光緒四年
(1878)刻本 五冊

420000－2302－0001802 善 經十/31－
51/1000

集韻十卷 （宋）丁度撰 清康熙四十五年
(1706)曹寅揚州使院刻嘉慶十九年(1814)桐
城方維甸江寧補刻本 十冊

420000－2302－0001803 子十/7－51/1779
(110980)

集注太玄十卷 （宋）司馬光撰 清光緒元年
(1875)湖北崇文書局刻本 一冊 存四卷
(一至四)

420000－2302－0001804 史十一/21－7/

7237.7(78358)

蕺山先生年譜二卷 （清）劉汋撰 清光緒二
十三年(1897)海天旭日硯齋刻本 二冊

420000－2302－0001805 子二/6－7/0237.3
(73304)

蕺山先生人譜一卷人譜類記二卷 （明）劉宗
周撰 清雍正四年(1726)洪氏教忠堂刻本
二冊

420000－2302－0001806 子九/3.8/0254.8
(19031)

幾何舉隅六卷 （英國）託咸都撰 （清）鄭毓
英譯述 清光緒三十二年(1906)上海校經山
房刻本 三冊

420000－2302－0001807 善 子九/3－7/
2213.2(70707)

幾何原本六卷首一卷 （明）徐光啟譯 明萬
曆三十九年(1611)刻本 四冊

420000－2302 0001808 集二/0－8/2767
(65759)

紀文達公文集十六卷 （清）紀昀撰 （清）紀
樹馨編校 清道光三十年(1850)刻本 十
四冊

420000－2302－0001809 集二/0－8/2767
(65627)

紀文達公遺集三十二卷 （清）紀昀撰 （清）
紀樹馨編 清刻本 八冊 存十一卷(一至
十一)

420000－2302－0001810 經七/5.8/2717
(15246)

寄傲山房塾課纂輯春秋備旨十二卷 （清）鄒
聖脈纂輯 清善成堂刻本 六冊

420000－2302－0001811 經五/31－8/2717.2
(111089)

寄傲山房塾課纂輯禮記全文備旨十一卷
（清）鄒聖脉纂輯 清刻本 一冊 存一卷
(二)

420000－2302－0001812 經一/2－8/2717
(1068)

寄傲山房塾課纂輯御案增補五經備旨萃精五種　清光緒八年(1882)韞玉山房刻本　十八冊

420000－2302－0001813　善集二/0－8/4644
(35702)

寄閒詩草二卷附錄一卷　(清)楊士模撰　清乾隆元年(1736)聽松草堂刻本　二冊

420000－2302－0001814　集五/2.8/4944
(36600)

寄園寄所寄十二卷　(清)趙吉士輯　清刻本　十冊

420000－2302－0001815　集二/0－8/1174
(111585)

寄嶽雲齋試體詩選詳註四卷　(清)張學蘇箋　清文秀堂刻本　二冊

420000－2302－0001816　叢/1－8/2588
(103004－21)

濟一子證道秘書十七種　(清)傅金銓輯　清蜀東善成堂刻本　十八冊　存十種

420000－2302－0001817　子八/62/9939
(8291)

濟眾錄不分卷　(清)勞守慎纂定　清光緒三十二年(1906)刻本　四冊

420000－2302－0001818　子八/2.7/1145.7
(17547)

家傳太素脈秘訣二卷　(明)張太素撰　清致和堂刻本　一冊

420000－2302－0001819　子二/42－54/1779
(65037)

家範十卷　(宋)司馬光撰　(清)潘霨校訂　清光緒四年(1878)潘氏敏德堂刻本　一冊

420000－2302－0001820　子二/42.5/1779
(38073)

家範十卷　(宋)司馬光撰　(清)潘霨校訂　清光緒四年(1878)潘氏敏德堂刻本　一冊

420000－2302－0001821　經五/8.5/2540
(15053)

家禮五卷附錄一卷　(宋)朱熹撰　清光緒六年(1880)公善堂刻本　三冊

420000－2302－0001822　善史八/3－7/0015
(94067)

家業全書不分卷　(明)方一盛撰　明稿本清同治、光緒方迨校改補錄本　一冊

420000－2302－0001823　史十五/4－8/7243
(84555)

嘉蔭簃論泉截句二卷　(清)劉喜海撰　清同治十二年(1873)鮑氏觀古閣刻本　一冊

420000－2302－0001824　集二/1.5/4437
(34359)

嘉祐集二十卷　(宋)蘇洵撰　清道光十三年(1833)眉山中州弓翔清刻本　四冊

420000－2302－0001825　善集二/0－8/3431
(69137)

假歸草一卷　(清)沈兆霖撰　清稿本　一冊

420000－2302－0001826　子二/2－21/1003.1
(67578)

賈子次詁十六卷　(清)王耕心撰　清光緒二十九年(1903)刻本　二冊

420000－2302－0001827　子二/2－21/1003.1
(86007)

賈子次詁十六卷　(清)王耕心撰　清光緒二十九年(1903)刻本　二冊

420000－2302－0001828　史九/2－8/7720
(78298)

駱文忠公奏議十一卷附錄一卷　(清)駱秉章撰　清同治十年(1871)刻本　二十八冊

420000－2302－0001829　子九/3.8/4802
(19001)

兼濟堂纂刻梅勿庵先生曆算全書二十八種　(清)梅文鼎撰　(清)楊作枚訂補　(清)魏荔彤輯　清光緒十年(1884)上海敦懷書屋石印本　三十冊

420000－2302－0001830　經七/31－33/4430.4(110782)

監本附音春秋穀梁傳注疏二十卷 （晉）范甯集解 （唐）楊士勛疏 （唐）陸德明釋文 清光緒十三年(1887)點石齋石印本 一冊

420000－2302－0001831 經七/31－33/4430.7(110567)

監本附音春秋穀梁注疏二十卷 （晉）范甯集解 （唐）陸德明音義 （唐）楊士勛疏 附校勘記二十卷 （清）阮元撰 （清）盧宣旬摘錄 清道光三十年(1850)刻本 六冊

420000－2302－0001832 子十二/5－8/4442(100725)

麗濊薈錄十四卷 （清）蔣超伯撰 清同治刻本 七冊

420000－2302－0001833 善史十一/31－8/4136(73563)

覶翁日記不分卷(清光緒二十年至宣統三年) （清）柯逢時撰 清稿本 一冊

420000－2302－0001834 子六/3.8/1034(17266)

檢驗考證二卷 （清）王祖蔭輯 清光緒二十五年(1899)王氏刻本 二冊

420000－2302－0001835 經十/23－8/1034(62491)

檢字一貫三十二卷 （清）三家村學究編 清末石印本 三冊

420000－2302－0001836 集二 3.8/6013(35680)

簡學齋清夜齋手書詩稿兩種 （清）陳曾則輯 清石印本 一冊

420000－2302－0001837 集二/0－8/7530(89704)

簡學齋詩存四卷詩刪四卷 （清）陳沆撰 清咸豐二年(1852)刻本 一冊

420000－2302－0001838 集一/5－8/1173.1(7)

簡學齋試律詳註一卷 （清）陳沆撰 清末刻本 一冊

420000－2302－0001839 集二 5.8/7530.1(35455)

簡學齋試帖輯註一卷 （清）陳沆撰 （清）王植桂輯註 清刻本 一冊

420000－2302－0001840 集二/0－8/7520(57082)

簡莊文鈔六卷續編二卷河莊詩鈔一卷 （清）陳鱣撰 清光緒十四年(1888)海昌羊氏傳卷樓粵東刻本 二冊

420000－2302－0001841 史五/1－8/3115(80632)

見聞隨筆二卷 （清）馮甦撰 清嘉慶二十一年(1816)臨海宋氏刻本 一冊

420000－2302－0001842 史十一/2－7/4944(78363)

建文年譜四卷 （明）趙士喆撰 清咸豐四年(1854)古幽習勤堂刻本 四冊

420000－2302－0001843 叢/1.8/4738(26848－58)

漸學廬叢書第一集十五種 （清）胡祥鎔輯 清光緒元和胡氏石印本 十一冊

420000－2302－0001844 集二/3.5/7438.4(36317)

劍南詩鈔六卷 （宋）陸遊撰 （清）楊大鶴選 清光緒五年(1879)刻本 八冊

420000－2302－0001845 集五/3－42/7774(91680)

劍俠傳四卷 （唐）段成式撰 清道光刻本 一冊

420000－2302－0001846 集二/0－8/7775(65569)

碉東詩抄十卷 （清）歐陽輅撰 清道光二十三年(1843)刻本 二冊

420000－2302－0001847 集五/2.44/2193(36907)

鑑誡錄十卷 （後蜀）何光遠編 清光緒三年(1877)湖北崇文書局刻本 二冊

420000－2302－0001848　集五/2－43/2193
（87318）

鑑誡録十卷　（後蜀）何光遠編　清光緒元年
（1875）湖北崇文書局刻本　一冊

420000－2302－0001849　集五/2－43/2193
（87317）

鑑誡録十卷　（後蜀）何光遠編　清光緒元年
（1875）湖北崇文書局刻本　一冊

420000－2302－0001850　史六/2－8/6042
（102726）

鑑摘典要不分卷附録讀史論略一卷　（清）羅
楚熊輯　清同治十三年（1874）刻本　一冊

420000－2302－0001851　史八/3.8/7241.12
（6521）

江楚會奏變法第二摺不分卷　（清）劉坤一奏
　清光緒鉛印本　一冊

420000－2302－0001852　史八/3.8/7241.13
（6522）

江楚會奏變法第三摺不分卷　（清）劉坤一奏
　清光緒鉛印本　一冊

420000－2302－0001853　史八/3.8/7241.11
（6520）

江楚會奏變法第一摺不分卷　（清）劉坤一奏
　清光緒鉛印本　一冊

420000－2302－0001854　史九/2－8/7241.1
（73098）

江楚會奏變法摺三卷　（清）劉坤一　（清）張
之洞撰　清光緒二十七年（1901）西湖書院刻
本　一冊

420000－2302－0001855　善子十一/216－8/
0044（69818）

江邨消夏録三卷　（清）高士奇撰　清康熙刻
本　六冊

420000－2302－0001856　集一/746.8/1133
（12024）

江漢炳靈集第一集二卷　（清）張之洞輯　清
同治九年（1870）湖北學政張之洞刻本　四冊

420000－2302－0001857　史八/5.8/3141
（5101）

江南陸師學堂規條一卷　（清）□□撰　清鉛
印本　一冊

420000－2302－0001858　史八/3－8/3833.1
（77583）

江寧府重修普育四堂志六卷　（清）涂宗瀛原
輯　（清）孫雲錦重纂　清光緒十二年（1886）
刻本　六冊

420000－2302－0001859　史十五/10.41－8/
6646（85628）

江寧金石待訪目二卷　（清）嚴觀撰　山左南
北朝石刻存目一卷　（清）尹彭壽撰　清光緒
二十二年（1896）元和江氏湖南使院刻本
一冊

420000－2302－0001860　史十二/244/3192
（6927）

江省各局口百貨系統稅比校訂數冊不分卷
江省各局編　清光緒刻本　四冊

420000－2302－0001861　史八/6－8/8729
（111451）

江西法政學堂講義不分卷　（清）鄭衍煒等編
　清木活字印本　六冊

420000－2302－0001862　史十二/244/3105
（6923）

江西法政學堂章程條規一卷　（清）江西課史
館訂　清光緒三十一年（1905）鉛印本　一冊

420000－2302－0001863　史十二/244/3114
（6935）

江西膏土牌照捐章程一卷　（清）江西巡警道
訂　清江西禁煙所刻本　一冊

420000－2302－0001864　史十二/244/3111
（7178）

江西進款總散書目不分卷　（清）江西司庫記
　清抄本　一冊

420000－2302－0001865　史十二/244/3117
（6945）

江西礦務章程一卷　（清）□□撰　清光緒二

十八年(1902)刻本　一冊

420000 - 2302 - 0001866　史十二 244/3115
(6948)

江西陸軍小學堂招考簡明章程一卷　（□）
□□撰　清光緒刻本　一冊

420000 - 2302 - 0001867　史十二/244/3115
(6950)

江西陸軍小學堂招考簡明章程一卷　（□）
□□撰　清宣統刻本　一冊

420000 - 2302 - 0001868　史十二 244/3115
(6949)

江西陸軍小學堂招考簡明章程一卷　（□）
□□撰　清宣統刻本　一冊

420000 - 2302 - 0001869　史十二/244/2353
(7864)

江西農工商礦紀略不分卷　（清)傅春官編
清光緒三十四年(1908)刻本　六冊

420000 - 2302 - 0001870　史十二/244/3115
(6922)

江西農工商務總局簡明章程一卷　（清）□□
撰　清光緒二十八年(1902)刻本　一冊

420000 - 2302 - 0001871　史十二/244/3130
(6953)

江西派辦政事處詳定商務章程一卷　（清)江
西派辦政事處撰　清光緒二十九年(1903)刻
本　一冊

420000 - 2302 - 0001872　史十二/244/3189
(7044)

江西清理全省田賦稅契總局詳訂各牙行帖捐
章程一卷　（清)江西全省稅務總局等修　清
光緒刻本　一冊

420000 - 2302 - 0001873　史十二/244/3118
(6951)

江西全省警察局兼學堂章程不分卷　（□）
□□撰　清光緒二十九年(1903)石印本
一冊

420000 - 2302 - 0001874　史十二/244/3118

(6952)

江西全省警察局兼學堂章程不分卷　（□）
□□撰　清光緒二十九年(1903)石印本
一冊

420000 - 2302 - 0001875　史十二/244/3118
(6939)

江西全省田賦稅契總局整頓稅收文一卷　江
西全省田賦稅契總局撰　清刻本　二冊

420000 - 2302 - 0001876　史十二/244/3118
(6941)

江西全省田賦稅總局辦理總稅文一卷　（□）
□□撰　清光緒刻本　一冊

420000 - 2302 - 0001877　史十二/244/3118
(6931)

江西全省田賦稅總局整頓各局口稅收一卷
(□)□□撰　清光緒刻本　一冊

420000 - 2302 - 0001878　史十二 244/3118
(6933)

江西全省田賦稅總局整頓各局口稅收一卷
(□)□□撰　清光緒刻本　一冊

420000 - 2302 - 0001879　史十二 244/3118
(6932)

江西全省田賦稅總局整頓各局口稅收一卷
(□)□□撰　清光緒刻本　一冊

420000 - 2302 - 0001880　史十二 244/7241
(7870)

江西全省輿圖十四卷　（清)劉坤一　（清)沈
葆楨編輯　清同治七年(1868)刻本　十五冊

420000 - 2302 - 0001881　史十二/244/7241
(7885)

江西全省輿圖十四卷　（清)劉坤一　（清)沈
葆楨編輯　清同治七年(1868)刻本　十五冊

420000 - 2302 - 0001882　史十二/244/3143
(6980)

江西勸業公所辦事細則一卷附說略十則
(清)江西勸業道編　清宣統刻本　一冊

420000 - 2302 - 0001883　史十二/244/3119

（6970）

江西省城地方自治事務所簡章一卷 （□）
□□撰　清末鉛印本　一冊

420000 – 2302 – 0001884　集一/744/8097
（33964）

江西詩徵九十四卷目録一卷 （清）曾燠編輯
清嘉慶九年（1804）刻本　三十冊

420000 – 2302 – 0001885　史十二/244/3110
（7179）

江西司庫出款大略冊不分卷 （清）江西司庫
記　清抄本　一冊

420000 – 2302 – 0001886　史十二/244/3118
（6947）

江西鐵路購地章程一卷 （□）□□撰　清末
鉛印本　一冊

420000 – 2302 – 0001887　史十二/244/3110
（6079）

**江西通省各屬起運解司地丁常閏年額徵收及
解道正改加四副額米數目簿一卷** （□）□□
撰　清末抄本　一冊

420000 – 2302 – 0001888　史十二/244/3113
（7056）

江西通省文武同官録不分卷 （□）□□撰
清光緒十一年（1885）吳慶福堂刻本　二冊

420000 – 2302 – 0001889　史十二/244/3112
（8185）

江西統捐章程不分卷 （清）江西統捐局編
清光緒二十九年（1903）江西統捐局石印本
五冊

420000 – 2302 – 0001890　史十二/244/3112
（7049）

**江西統捐章程不分卷附江西簡明稅則章程不
分卷** （清）江西統捐局編　清末石印本
七冊

420000 – 2302 – 0001891　史十二/244/2131
（6976）

江西新軍操練章程一卷 （清）□□撰　清刻
本　一冊

420000 – 2302 – 0001892　史十二/244/2131
（6977）

江西新軍操練章程一卷 （清）□□撰　清刻
本　一冊

420000 – 2302 – 0001893　史十二/244/31172
（6944）

江西續定礦務章程一卷 （清）礦物所奉　清
光緒二十九年（1903）刻本　一冊

420000 – 2302 – 0001894　集一/741.8/3144.4
（11556）

江左校士録不分卷 （清）黃體芳輯　清光緒
十一年（1885）申報館仿袖珍版石印本　六冊

420000 – 2302 – 0001895　叢/5 – 52/8080.2
（91527）

姜白石全集七種 （宋）姜夔撰　（清）倪鴻編
清宣統二年（1910）掃葉山房石印本　三冊

420000 – 2302 – 0001896　集四/2.5/8044
（38291）

姜白石全集四種 （宋）姜夔撰　清光緒二年
（1876）上海掃葉山房石印本　三冊

420000 – 2302 – 0001897　子十一/225.8/
4454（8472）

姜白石書譜不分卷 （宋）姜夔書　清光緒二
十三年（1897）國學保存會影印本　一冊

420000 – 2302 – 0001898　子二/46 – 8/3336
（62561）

疆恕齋劄記二卷 （清）梁祚昌纂輯　清宣統
二年（1910）山左農業學堂刻本　一冊

420000 – 2302 – 0001899　史八/4.8/4030
（6677）

交涉約案摘要七卷 （清）李鴻章輯　清光緒
二十四年（1898）石印本　四冊

420000 – 2302 – 0001900　史八/4.8/4030
（6693）

交涉約案摘要七卷 （清）李鴻章輯　清光緒
二十四年（1898）石印本　四冊

420000 – 2302 – 0001901　史十二/5241/

2022.87（79531）

焦山續志八卷 （清）陳任暘輯　清光緒三十
一年（1905）刻本　二冊

420000 - 2302 - 0001902　史 十二/5241/
2022.87（102724）

焦山續志八卷 （清）陳任暘輯　清光緒三十
一年（1905）刻本　一冊　存五卷（一至五）

420000 - 2302 - 0001903　史 十二/5241/
2022.82（50800）

焦山志二十六卷首一卷 （清）吳雲纂　清同
治四年（1865）刻本　八冊

420000 - 2302 - 0001904　史 十二/5241/
2022.82（79523）

焦山志二十六卷首一卷 （清）吳雲纂　清同
治四年（1865）刻本　八冊

420000 - 2302 - 0001905　叢/5.8/2022（52320）

焦氏叢書十種 （清）焦循撰　清光緒二年
（1876）衡陽魏氏刻本　四十冊

420000 - 2302 - 0001906　叢/5.8/2022（28435）

焦氏叢書十種 （清）焦循撰　清光緒二年
（1876）衡陽魏氏刻本　四十八冊

420000 - 2302 - 0001907　叢/5.8/2022（19030）

焦氏叢書十種 （清）焦循撰　清光緒二年
（1876）衡陽魏氏刻本　十七冊　存二種

420000 - 2302 - 0001908　善子十二/4 - 7/
2004（69824）

焦氏類林八卷 （明）焦竑撰　明萬曆十五年
（1587）王元貞刻本　一冊　存四卷（一至四）

420000 - 2302 - 0001909　經 十/24 - 8/1018
（9438）

蕉畦字溯一卷 （清）王敔撰　清抄本　一冊

420000 - 2302 - 0001910　集 四/2 - 8/7726
（65361）

蕉心閣詞一卷 （清）周繼煦撰　清光緒二十
六年（1900）貴筑高氏刻本　一冊

420000 - 2302 - 0001911　集 二/0 - 8/3036
（71777）

嚼梅吟二卷 （清）釋寄禪著　（清）白雲禪窟
道人評　清光緒七年（1881）刻本　一冊

420000 - 2302 - 0001912　子十四/1 - 8/4240.4
（82325）

**角山樓增補類腋六十七卷天部八卷地部二十
四卷人部十五卷物部二十卷** （清）姚培謙撰
（清）趙克宜增輯　清光緒十二年（1886）上
海同文書局石印本　六冊

420000 - 2302 - 0001913　子十二/5 - 42/2288

教坊記一卷 （唐）崔令欽撰　清初刻本
一冊

420000 - 2302 - 0001914　子十六/26 - 7/
8646.6（110759）

教觀綱宗釋義紀三卷 （明）釋智旭釋義
（清）釋默庵紀　**始終心要不分卷** （唐）釋湛
然述　（宋）從義注　**三千有門頌一卷** （宋）
陳瓛述　清刻本　一冊　存二卷（教觀綱宗
釋義紀下、三千有門頌一卷）

420000 - 2302 - 0001915　子十二/4.8/0443
（8502）

教科么匯集十二卷附虛字淺說一卷 （清）蛻
嫠輯　清光緒三十一年（1905）刻本　二冊

420000 - 2302 - 0001916　子十二/4.8/0443
（8504）

教科么匯集十二卷附虛字淺說一卷 （清）蛻
嫠輯　清光緒三十一年（1905）刻本　二冊

420000 - 2302 - 0001917　子二/43 - 8/7530
（103747）

教女遺規三卷 （清）陳宏謀輯　清刻本　一
冊　存一卷（下）

420000 - 2302 - 0001918　子二/43 - 8/7530
（110680）

教女遺規摘鈔一卷補鈔一卷 （清）陳宏謀原
編　（清）劉肇紳摘鈔　清同治七年（1868）楚
北崇文書局刻本　一冊

420000 - 2302 - 0001919　史 八/4.8/4042
（6591）

教務輯要內編四卷外編三卷 （清）沈祖恩

（清）王念祖編輯　清光緒三十四年（1908）木活字印本　二冊

420000－2302－0001920　史八/41－8/2834（65363）

教務輯要四卷　（清）徐家幹編　清光緒二十四年（1898）湖北官書局刻朱印本　四冊

420000－2302－0001921　子十六/5.8/7728（10032）

教務紀略六卷　（清）周馥編　清光緒三十一年（1905）南洋官報局刻本　五冊

420000－2302－0001922　史八/2.8/4042（8232）

教育行政十一編　（日本）木場貞長著　陳毅譯　清光緒二十八年（1902）鉛印本　一冊

420000－2302－0001923　子二/41.8/0021（8220）

教育心理學不分卷　（日本）高島平三郎撰　清光緒三十年（1904）上海商務印書館鉛印本　一冊

420000－2302－0001924　善集二/0－64/5624（88981）

揭文安公文集九卷詩集三卷詩續集二卷　（元）揭傒斯撰　清末抄本　三冊　存十二卷（一至七、詩集三卷、詩續集二卷）

420000－2302－0001925　集二/0－52/4099.7（87963）

絜齋集二十四卷　（宋）袁燮撰　清同治十一年（1872）浙江四明袁氏進修堂刻本　七冊

420000－2302－0001926　經五/301.8/3144（9653）

節本禮書初編四卷小兒語一卷續小兒語一卷　（清）江永編　清末刻本　一冊

420000－2302－0001927　史十一/26－8/4682（76994）

節婦傳十六卷續傳一卷　（清）楊錫紱撰　清光緒二十七年（1901）刻本　六冊

420000－2302－0001928　集二/1.5/2825（34285）

節孝先生文集三十卷附錄一卷　（宋）徐積著　清宣統三年（1911）徐氏刻本　六冊

420000－2302－0001929　集二/0－7/0026（67854）

節菴集八卷續稿一卷　（明）高得暘撰　清光緒二十年（1894）錢唐丁丙嘉惠堂刻本　一冊

420000－2302－0001930　集二/1.7/2721（34989）

觧文毅公集十卷　（明）觧縉撰　清刻本　四冊

420000－2302－0001931　子十二/5－7/4007（101527）

戒菴老人漫筆八卷　（明）李詡撰　清光緒二十二年（1896）武進盛氏朱印本　四冊

420000－2302－0001932　子十一/232－7/4034.1（93442）

芥子園畫傳初集六卷　（明）李流芳繪　（清）王概增　（清）巢勳編　清光緒十六年（1890）上海同文書局石印本　四冊

420000－2302－0001933　子十一/232－8/1010（90347）

芥子園畫傳初集六卷　（清）王概摹古　（清）李漁論定　清光緒十三年（1887）上海鴻文書局石印本　四冊

420000－2302－0001934　子十一/234.8/1038（8523）

芥子園畫傳初集六卷二集九卷三集六卷　（清）王概輯　清光緒十三年至十四年（1887－1888）鴻文書局石印本　十二冊

420000－2302－0001935　子十一/234.8/1038.1（19500）

芥子園畫傳初集六卷二集九卷三集六卷　（清）王概輯　清光緒十三年至十四年（1887－1888）鴻文書局石印本　八冊　存十五卷（初集六卷、二集九卷）

420000－2302－0001936　子十一/232－8/0460（88749）

芥子園畫傳二集九卷 （清）諸昇繪 （清）巢勳編 清光緒石印本 四冊

420000 – 2302 – 0001937 子十一/232 – 8/0460.2(93446)

芥子園畫傳二集九卷 （清）諸昇繪 （清）巢勳編 清光緒石印本 四冊

420000 – 2302 – 0001938 子十一/232 – 8/1041(111501)

芥子園畫傳二集九卷 （清）王概摹 清石印本 一冊 存四卷(五至八)

420000 – 2302 – 0001939 子十一/232 – 8/1041(88753)

芥子園畫傳三集六卷 （清）王概繪 （清）巢勳編 清光緒石印本 三冊

420000 – 2302 – 0001940 子十一/232 – 8/1041.2(93450)

芥子園畫傳三集六卷 （清）王概繪 （清）巢勳編 清光緒石印本 四冊

420000 – 2302 – 0001941 子十一/232 – 8/2264(88760)

芥子園畫傳四集四卷 （清）巢勳繪 清光緒石印本 三冊

420000 – 2302 – 0001942 子十一/234.8/1038.1(19510)

芥子園畫傳四集四卷 （清）王概輯 清嘉慶二十三年(1818)小酉山房刻本 一冊

420000 – 2302 – 0001943 子十一/232 – 7/4034(102797)

芥子園畫傳五卷 （明）李流芳著 （明）王安節編 清刻本 一冊 存一卷(一)

420000 – 2302 – 0001944 子十二/4 – 8/3031(54422)

巾經纂二十卷 （清）宋宗元撰 清道光二十七年(1847)達觀樓刻本 五冊

420000 – 2302 – 0001945 經一/27 – 9/0010(57040)

今古學攷二卷 廖平撰 清光緒十二年

(1886)刻本 一冊

420000 – 2302 – 0001946 子十三/1.8/0423(20532)

今文房四譜一卷 （清）謝崧梁撰 清光緒十六年(1890)湘鄉謝氏犫經榭刻本 一冊

420000 – 2302 – 0001947 經三/1 – 8/4081(56970)

今文尚書攷證三十卷 （清）皮錫瑞撰 清光緒二十三年(1897)師伏堂刻本 六冊

420000 – 2302 – 0001948 集 五/2.8/0044(36762)

金鰲退食筆記二卷 （清）高士奇撰 清刻本 一冊

420000 – 2302 – 0001949 善子十六/37/7733

金丹正理大全周易參同契分章注三卷 （漢）魏伯陽撰 明末刻本 一冊

420000 – 2302 – 0001950 子十六/22 – 33/6080(110746)

金光明經四卷 （晉）釋曇無讖譯 清同治十年(1871)金陵刻經處刻本 一冊

420000 – 2302 – 0001951 子十六/22 – 42/2683(103055)

金光明最勝王經十卷 （唐）釋義淨譯 清同治十年(1871)常熟刻經處刻本 二冊

420000 – 2302 – 0001952 子十六/22 – 42/2683(103057 – 8)

金光明最勝王經十卷 （唐）釋義淨譯 清同治十年(1871)常熟刻經處刻本 二冊

420000 – 2302 – 0001953 子十六/22 – 42/2683(103059 – 60)

金光明最勝王經十卷 （唐）釋義淨譯 清同治十年(1871)常熟刻經處刻本 二冊

420000 – 2302 – 0001954 子十四/5.8/4746(21705)

金壺精粹五卷 （清）郝在田撰 清光緒二年(1876)京師松竹齋刻本 二冊

420000 – 2302 – 0001955 集 五/2.8/4483

（36577）

金壺七墨全集六種　（清）黃鈞宰撰　清光緒二十一年(1895)上海掃葉山房石印本　四冊

420000－2302－0001956　集五/2－8/4483（93395）

金壺七墨全集六種　（清）黃鈞宰撰　清光緒二十一年(1895)上海掃葉山房石印本　一冊

420000－2302－0001957　經十/16－5/3030.6（58092）

金壺字考二集二十一卷補注一卷補錄一卷（宋）釋適之編　（清）田朝恒續編　清乾隆貽安堂刻本　二冊

420000－2302－0001958　子十/4.5/0020（19177）

金精廖公祕授地學心法正傳畫筴扒砂經四卷補遺一卷　（宋）廖禹撰　（宋）彭大雄輯　清嘉慶二十五年(1820)刻本　三冊

420000－2302－0001959　史十二/341.2/8086.84(71695)

金匱縣輿地全圖不分卷　（清）華湛恩撰（清）華步照增補　清光緒三十四年(1908)鵝湖華存裕堂義莊石印本　四冊

420000－2302－0001960　子八/21.21/1142.4（17992）

金匱心典三卷　（漢）張機撰　（清）尤怡集注　清光緒七年(1881)刻本　三冊

420000－2302－0001961　史十二/341/4000.58（88108）

金陵百詠一卷附錄一卷　（宋）曾極撰　清宣統三年(1911)南昌道署刻本　一冊

420000－2302－0001962　集五/2.7/7767（36743）

金陵瑣事四卷續金陵瑣事二卷二續金陵瑣事二卷　（明）周暉撰　清刻本　四冊

420000－2302－0001963　集一/3.8/1124（9715）

金鈴集四卷二集四卷　（清）張綸編次　（清）張維城箋註　清同治九年(1870)刻本　四冊

420000－2302－0001964　善集五/4－7/8084（69029）

金瓶梅一百回　（明）蘭陵笑笑生撰　清湖南刻本　十四冊　存四十一回（五十三至七十九、八十四至九十一、九十五至一百）

420000－2302－0001965　史十二/5241/8022.82(64957)

金山志十卷　（清）盧見曾纂　清乾隆二十七年(1762)雅雨堂刻本　四冊

420000－2302－0001966　集一/312.63/3149（32818）

金詩選四卷　（清）顧奎光選輯　清乾隆十六年(1751)刻本　一冊

420000－2302－0001967　集一/32－63/3149.7(89337)

金詩選四卷名字爵里錄一卷　（清）顧奎光編（清）陶玉禾評點　清乾隆十六年(1751)刻本　一冊　存二卷（一至二）

420000－2302－0001968　史十五/15－8/3119(64414)

金石莂不分卷　（清）馮承輝撰　清嘉慶二十三年(1818)刻本　一冊

420000－2302－0001969　史十五/13－8/1036.70(50873)

金石萃編補正四卷　（清）方履籛撰　清光緒二十年(1894)上海醉六堂石印本　四冊

420000－2302－0001970　史十五/13.8/1036（7404）

金石萃編三百二十卷　（清）王昶著　清嘉慶十年(1805)刻本　六十八冊

420000－2302－0001971　史十五/13－8/1036(636773)

金石萃編未刻稿三卷　（清）王昶撰　清宣統石印本　三冊

420000－2302－0001972　史十五/13－8/1036.6(73392)

金石萃編校字記一卷　羅振玉撰　清光緒刻本　一冊

420000 - 2302 - 0001973　史十五/13 - 8/
1036.7(50849)

金石萃編一百六十卷　（清）王昶撰　清光緒
十九年（1893）上海寶善書局石印本　十八冊

420000 - 2302 - 0001974　善史十五/1 - 8/
2615(70028)

金石存十五卷　（清）吳玉搢撰　清嘉慶二十
四年（1819）山陽李氏聞妙香室刻本　三冊
存十二卷（一至十二）

420000 - 2302 - 0001975　史十五/56 - 64/
3261(84719)

金石例十卷　（元）潘昂霄撰　清光緒四年
（1878）南海馮氏讀有用書齋刻十八年（1892）
吳縣朱記榮朱墨套印本　二冊

420000 - 2302 - 0001976　史十五/11. 5/
4960.2(7544)

金石錄六十卷　（宋）趙明誠編著　清光緒十
三年（1887）朱記榮刻本　四冊

420000 - 2302 - 0001977　史十五/11 - 52/
4960(79938)

金石錄三十卷　（宋）趙明誠撰　（清）盧文弨
校正　清光緒十三年（1887）朱氏槐廬刻本
六冊

420000 - 2302 - 0001978　史十五/13 - 8/
1146(80906)

金石契不分卷　（清）張燕昌撰　清光緒二十
二年（1896）貴池劉氏聚學軒刻本　四冊

420000 - 2302 - 0001979　子十一/42. 21/
4464(20004)

金石契舫印譜一卷　（清）蔣疇書　清光緒十
六年（1890）拓本　一冊

420000 - 2302 - 0001980　史十五/56 - 8/
2509(84643)

金石全例十種　（清）朱記榮輯　清光緒十八
年（1892）吳縣朱氏刻本　十二冊

420000 -2302 - 0001981　史十五/13.8/2168
(11552)

金石三例三種　（清）盧見曾編　（清）王芑孫

批校　清光緒四年（1878）南海馮氏讀有用書
齋刻本　四冊

420000 - 2302 - 0001982　史十五/12 - 8/
3117.3(084532)

金石索二十卷　（清）馮雲鵬　（清）馮雲鵷輯
清道光元年（1821）嶧陽馮氏邃古齋刻本
十二冊

420000 - 2302 - 0001983　史十五/12 - 8/
3423.2(64270)

金石圖說二卷　（清）褚峻摹圖　（清）牛運震
集說　劉世珩編補　清光緒二十年（1894）劉
氏聚學軒刻本　四冊

420000 - 2302 - 0001984　史十五/12 - 8/
3423.2(1106612)

金石圖說二卷　（清）褚峻摹圖　（清）牛運震
集說　劉世珩編補　清光緒二十二年（1896）
貴池劉世珩聚學軒刻本　一冊　存一卷（上）

420000 - 2302 - 0001985　史十五/14 - 8/
2767(64410)

金石屑四卷　（清）鮑昌熙摹　清光緒二年
（1876）刻本　四冊

420000 - 2302 - 0001986　史十五/13 - 8/
7493.7(50867)

金石續編二十一卷首一卷　（清）陸耀遹纂
（清）陸增祥校訂　清光緒十九年（1893）上海
醉六堂石印本　六冊

420000 - 2302 - 0001987　史十五/13 - 8/
7584(84381)

金石摘十卷續一卷　（清）陳善壀輯　清同治
十二年（1873）瀏陽縣學不求甚解齋刻光緒補
刻本　十冊

420000 - 2302 - 0001988　史十五/13 - 8/
7584(84391)

金石摘十卷續一卷　（清）陳善壀輯　清同治
十二年（1873）瀏陽縣學不求甚解齋刻光緒補
刻本　十六冊

420000 - 2302 - 0001989　史十六/3 - 63/
7878(86823)

金史攷證一卷　（清）王會汾等撰　清抄本
一冊

420000－2302－0001990　子五/28.8/4027
（16968）

金湯借箸十二籌十二卷　（明）李盤撰　清刻
本　十二冊

420000－2302－0001991　史十七/4/3802：1
（7927）

金輅籌筆四卷　（清）□□輯　（清）梁昌駿校
清光緒二十三年(1897)湖南新學書局刻本
四冊

420000－2302－0001992　善集二/0－64/
2434（36287）

金淵集六卷　（元）仇遠撰　清乾隆武英殿木
活字印本　四冊

420000－2302－0001993　史十一/21－7/
8047.8（71249）

金正希先生年譜一卷　（清）金承鈺編　清光
緒二十三年(1897)木活字印本　一冊

420000－2302－0001994　集二/0－7/8047
（90475）

金忠節公文集八卷　（明）金聲撰　清光緒十
四年(1888)黟縣李氏刻本　三冊

420000－2302－0001995　集二/4.7/8047
（35357）

金忠節公文集八卷　（明）金聲撰　清光緒十
四年(1888)黟縣李氏刻本　六冊

420000－2302－0001996　集二/4.7/804.7
（11709）

金忠節公文集四卷　（明）金聲撰　清嘉慶五
年(1800)刻本　四冊

420000－2302－0001997　善叢/1－7/2010
（68999）

津逮秘書十五集一百四十一種　（明）毛晉輯
明末毛氏汲古閣刻本　二十七冊

420000－2302－0001998　集一/711/1035.84
（89531）

津門詩抄三十卷　（清）梅成棟編　清道光思
誠書屋刻本　十冊

420000－2302－0001999　集二/3.8/1235
（12074）

錦官堂賦鈔二卷　（清）延清著　清光緒五年
(1879)刻本　二冊

420000－2302－0002000　集二/3.8/1235
（12070）

錦官堂試帖二卷　（清）延清著　清光緒十一
年(1885)刻本　四冊

420000－2302－0002001　集一/212.8/1286
（9686）

近九科同館賦鈔四卷　（清）孫欽昂編輯　清
光緒十一年(1885)上海著易堂鉛印本　二冊

420000－2302－0002002　集一/3.8/1020
（9788）

近科分韻館詩初集九卷　王先謙編　清末刻
本　一冊　存二卷(五至六)

420000－2302－0002003　集一/7.8/1008
（11945）

近科聯捷墨粹不分卷　（清）王亦曾編　清光
緒十一年(1885)湖北崇文書局刻本　五冊

420000－2302－0002004　集一/5－8/3222
（50929）

近科狀元策一卷　（清）□□輯　清刻本
一冊

420000－2302－0002005　子二/31.5/2540.7
（16958）

近思錄補注十四卷　（清）陳沆補注　清刻本
四冊

420000－2302－0002006　子二/314－52/
4420（111313）

近思錄集解十四卷　（宋）葉采集解　清光緒
十年(1884)津河廣仁堂刻本　二冊

420000－2302－0002007　子二/314－52/
2540.6（86090）

近思錄十四卷　（宋）朱熹　（宋）呂祖謙輯

(清)張伯行集解　(清)尹會一補訂　清乾隆
五年(1740)博陵尹氏刻本　四冊

420000－2302－0002008　子二/31.5/2540.6
(16808)

近思録十四卷　(宋)朱熹　(宋)呂祖謙輯
(清)張伯行集解　清同治五年(1866)福州正
誼書院刻本　一冊　存二卷(一至二)

420000－2302－0002009　史二/3－31/3613
(76093)

晉紀輯本七種　(清)湯球輯　清光緒刻本
一冊

420000－2302－0002010　史二/3－8/7730
(102961)

晉略六十五卷序目一卷　(清)周濟撰　清光
緒二年(1876)味雋齋刻本　十冊

420000－2302－0002011　史一/3－21/
2002.6

晉書地理志新補正五卷　(清)畢沅撰　清乾
隆四十九年(1784)鎮洋畢氏靈巖山館刻本
一冊

420000－2302－0002012　史四/－31/3613
(76087)

晉書輯本十種　(清)湯球輯　清光緒廣雅書
局刻本　六冊

420000－2302－0002013　史一/3－31/3002.8

晉書一百三十卷　(唐)房玄齡撰　(明)鍾人
傑教　明鍾人傑刻本　三十二冊

420000－2302－0002014　善史一/3－31/
3020.4(70350)

晉書一百三十卷　(唐)房玄齡等撰　音義三
卷　(唐)何超音義　明萬曆二十四年(1596)
北京國子監刻本　十冊　存五十一卷(八十
三至一百三十、音義三卷)

420000－2302－0002015　善史一/3－31/
3002.2(92789)

晉書一百三十卷　(唐)房玄齡等撰　音義三
卷　(唐)何超音義　明萬曆二十四年(1596)
北京國子監刻本　三十冊

420000－2302－0002016　善史一/3－31/
3020(70360)

晉書一百三十卷　(唐)房玄齡撰　明嘉靖刻
清乾隆補修本　三十冊

420000－2302－0002017　善史一/3－31/
3020.8(70930)

晉書纂十六卷　(明)錢岱纂　(明)姚宗儀校
明萬曆刻本　八冊

420000－2302－0002018　史十六/3－3/4742
(55414)

晉宋書故一卷　(清)郝懿行撰　清嘉慶二十
一年(1816)刻本　一冊

420000－2302－0002019　史一/236.8/4742
(20360)

晉宋書故一卷　(清)郝懿行撰　清嘉慶二十
一年(1816)刻本　一冊

420000－2302－0002020　史二/3－31/3613

晉陽秋輯本五卷　(清)湯球輯　清光緒刻本
一冊

420000－2302－0002021　史五/2.8/5264
(13769)

京報輯要□□卷　(□)□□撰　清光緒鉛印
本　一冊　存一卷(五)

420000－2302－0002022　集五/2.8/4692
(36575)

京塵雜録四卷　(清)楊懋建撰　清光緒十二
年(1886)同文書局石印本　二冊

420000－2302－0002023　史十五/10.11－8/
1262(84414)

京畿金石攷二卷　(清)孫星衍撰　清同治吳
縣潘氏京師刻本　二冊

420000－2302－0002024　叢/1.8/0024(13346－
52)

京師大學堂講義初編二編十三種　京師大學
堂編　清末鉛印本　七冊

420000－2302－0002025　史五/－8/7533
(76523)

荆駝逸史五十二種附平臺紀略一卷 （清）陳
湖逸士輯 清刻本 二十四冊

420000 - 2302 - 0002026 史十二/346.1/
4232.35（100272）

荆州記三卷 （南朝宋）盛弘之撰 （清）曹元
忠輯 清光緒二十七年（1901）荆州田氏移山
堂刻本 一冊

420000 - 2302 - 0002027 子十四/1.8/2653
（8638）

經策通纂二種 （清）吳潁炎輯 清光緒十四
年（1888）點石齋石印本 八十冊

420000 - 2302 - 0002028 經一/23 - 8/1224
（58288）

經傳釋詞補一卷 （清）孫經世撰 清光緒十
四年（1888）長洲蔣鳳藻刻本 一冊

420000 - 2302 - 0002029 經一/23 - 8/1013
（58286）

經傳釋詞十卷 （清）王引之撰 清道光二十
七年（1847）刻本 二冊

420000 - 2302 - 0002030 經一/23 - 8/1224
（58289）

經傳釋詞再補一卷 （清）孫經世撰 清光緒
十一年（1885）長洲蔣氏心矩齋刻本 一冊

420000 - 2302 - 0002031 善經一/23 - 42/
7426.5（90805）

經典釋文三十卷 （唐）陸德明撰 （清）成德
校訂 清康熙十九年（1680）通志堂刻本
九冊

420000 - 2302 - 0002032 經一/7 - 42/7426
（1650）

經典釋文三十卷 （唐）陸德明撰 （清）成德
校訂 清康熙十九年（1680）通志堂刻本
十冊

420000 - 2302 - 0002033 經一/7 - 42/7426
（1638）

經典釋文三十卷 （唐）陸德明撰 **經典釋文
攷證三十卷** （清）盧文弨撰 清乾隆五十六
年（1791）常州龍城書院刻本 十二冊

420000 - 2302 - 0002034 經一/7 - 8/7110
（1730）

經籍纂詁並補遺一百六卷 （清）阮元撰 清
同治十二年（1873）淮南書局刻本 四十八冊

420000 - 2302 - 0002035 經一/7 - 8/7110
（1725）

經籍纂詁五卷 （清）阮元撰輯 清光緒九年
（1883）上海點石齋石印本 五冊

420000 - 2302 - 0002036 經一/12 - 8/3144
（58440）

經解入門八卷 （清）江藩纂 清光緒十九年
（1893）桂垣書局刻本 二冊

420000 - 2302 - 0002037 經一/2 - 8/3144
（9022）

經解入門八卷 （清）江藩纂 清光緒二十年
（1894）上海文林書局石印本 二冊

420000 - 2302 - 0002038 經一/2 - 8/3144

經解入門八卷 （清）江藩纂 清光緒十四年
（1888）鴻寶齋石印本 二冊

420000 - 2302 - 0002039 經一/2.8/3144
（9024）

經解入門八卷 （清）江藩纂 清光緒十四年
（1888）鴻寶齋石印本 二冊

420000 - 2302 - 0002040 善經五/21 - 7/
3143.2（92858）

經禮補逸九卷附錄一卷 （元）汪克寬撰 清
康熙十九年（1680）通志堂刻本 二冊

420000 - 2302 - 0002041 史九/2 - 8/3416
（80940）

經畧洪承疇奏對筆記二卷 （清）洪承疇撰
清光緒十六年（1890）刻本 一冊

420000 - 2302 - 0002042 集一/411 - 8/8064
（103527）

經史百家雜抄二十六卷 （清）曾國藩纂
（清）李鴻章校刊 清光緒三十二年（1906）上
海商務印書館鉛印本 十二冊

420000 - 2302 - 0002043 集一/411.8/8064

經史百家雜鈔二十六卷 （清）曾國藩輯　清刻本　七冊　存二十三卷（一至十、十四至二十六）

420000－2302－0002044　子十二/2－8/2574
（89401）

經史答問四卷 （清）朱駿聲撰　清刻本　三冊　存三卷（二至四）

420000－2302－0002045　子十二/2－8/4460
（67781）

經史管窺六卷 （清）蕭曇撰　清嘉慶二十三年（1818）讀五十卷齋刻本　四冊

420000－2302－0002046　子八/7.42/9428
（18554）

經史證類大觀本草三十一卷 （唐）慎微纂　清光緒三十年（1904）武昌柯逢時刻本　十八冊

420000－2302－0002047　集五/2.8/3031
（36629）

經世史鏡二十卷 （清）宋宗元撰　清光緒二十八年（1902）固始吳銘恭鉛印本　五冊

420000－2302－0002048　集一/41－8/0111
（65794）

經世文通二十四卷 （清）龍廷弼輯　清光緒二十八年（1902）楊宗僑刻本　十二冊

420000－2302－0002049　史十七/1/7530
（13719）

經世學引不分卷 （清）陳鴻文編輯　清光緒二十二年（1896）刻本　一冊

420000－2302－0002050　善集二/0－8/1083
（35317）

經笥堂文鈔二卷 （清）雷鋐撰　清嘉慶十六年（1811）寧化伊秉綬秋水園廣州刻本　四冊

420000－2302－0002051　子十四/1.8/2101
（8771）

經文戛造不分卷 （清）藜光閣主人輯　清光緒十九年（1893）上海積石書屋石印本　十七冊　存十七冊（二至四、六至十六、十八至二十）

420000－2302－0002052　子九/3－8/5532
（87255）

經心書院代數課程八卷 （清）曹汝川撰　清光緒三十二年（1906）武昌刻本　八冊

420000－2302－0002053　集一/5－8/4022
（111591）

經心書院集四卷 （清）左紹佐輯　清刻本　一冊　存一卷（二）

420000－2302－0002054　集一　746/4022
（11832）

經心書院集四卷 （清）左紹佐編　清光緒十四年（1888）湖北官書處刻本　四冊

420000－2302－0002055　集一/5－8/4022
（93337）

經心書院集四卷 （清）左紹佐編　清光緒十四年（1888）湖北官書處刻本　四冊

420000－2302－0002056　集一/5－8/4022
（32876）

經心書院集四卷 （清）左紹佐編　清光緒十四年（1888）湖北官書處刻本　四冊

420000－2302－0002057　史十二/1－8/9140
（64075）

經心書院課程不分卷 （□）□□編　清光緒二十七年（1901）經心書院刻本　五冊

420000－2302－0002058　集一/746/0123
（11836）

經心書院續集十二卷 （清）譚獻著　清光緒二十一年（1895）湖北官書局刻本　六冊

420000－2302－0002059　集一/746/0123
（34022）

經心書院續集十二卷 （清）譚獻編　清光緒二十一年（1895）湖北官書處刻本　六冊

420000－2302－0002060　集一/5－8/0123
（93341）

經心書院續集十二卷 （清）譚獻編　清光緒二十一年（1895）湖北官書處刻本　四冊　存

八卷(一至三、六至七、十至十二)

420000－2302－0002061　　子八/69.8/9071
(17820)

經穴纂要五卷　（日本）小阪元祐撰　清刻本
　二冊

420000－2302－0002062　　經一/6－8/4419
(1100)

經學提要十五卷　（清）蔡孔炘編　清道光七
年(1827)刻本　四冊

420000－2302－0002063　　經一/12－8/4081
(58418)

經學通論五卷　（清）皮錫瑞撰　清光緒三十
三年(1907)思賢書局刻本　五冊

420000－2302－0002064　　經九/5－8/4914
(94277)

經學質疑四十卷　（清）狄子奇撰　清道光安
雅齋刻本　三冊　存二十卷(論語質疑一至
六、中庸質疑一至四、大學質疑二卷、孟子質
疑七至十四)

420000－2302－0002065　　叢/1－8/6031
(26889)

經訓堂叢書二十一種　（清）畢沅輯　清乾隆
鎮洋畢氏刻光緒十三年(1887)上海大同書局
影印本　二十冊

420000－2302－0002066　　子八　62.8/7500
(18394)

經驗良方一卷　（清）劉沅撰　清道光二十二
年(1842)刻本　一冊

420000－2302－0002067　　子八/62.8/7500
(18394)

經驗良方一卷　（清）劉沅撰　清道光二十二
年(1842)刻本　一冊

420000－2302－0002068　　子二/42.0/1043
(8190)

經義策論要法三卷　（清）王葆心撰　清光緒
二十七年(1901)江夏陳氏晴川書院刻本
一冊

420000－2302－0002069　　集七/3.8/1043
(38704)

經義策論要法三卷　（清）王葆心撰　清光緒
二十七年(1901)江夏陳氏晴川書院刻本
一冊

420000－2302－0002070　　史十四/4－8/
2528.8(62211)

經義考補正十二卷　（清）翁方綱撰　清乾隆
五十九年(1794)刻本　二冊

420000－2302－0002071　　史十四/31－8/
2528(80132)

經義考二百九十八卷　（清）朱彝尊撰　清光
緒二十三年(1897)浙江書局刻本　五十冊

420000－2302－0002072　　史十四/5.8/2528
(530)

經義考三百卷總目二卷　（清）朱彝尊編　清
乾隆二十一年(1756)德州盧見曾刻本　四十
八冊　存二百九十八卷(一至二百八十五、二
百八十七至二百九十八、三百)

420000－2302－0002073　　經一/2－8/1013
(670)

經義述聞三十二卷　（清）王引之撰　清道光
七年(1827)京師西江米巷壽藤書屋刻本　十
六冊

420000－2302－0002074　　經一/21－8/1013
(101470)

經義述聞通說二卷　（清）王引之撰　清光緒
上海鴻寶齋石印本　一冊

420000－2302－0002075　　經一/21－9/6022
(73247)

經義莛撞四卷讀經瑣記一卷　易順鼎撰　清
光緒十年(1884)刻本　一冊

420000－2302－0002076　　經一/21－9/6022
(80807)

經義莛撞四卷讀經瑣記一卷　易順鼎撰　清
光緒十年(1884)刻本　一冊

420000－2302－0002077　　經一/12－8/2314
(58040)

經義雜記三十卷 （清）臧琳撰 敘録一卷
（清）臧鏞堂編 清嘉慶四年（1799）刻本
五冊

420000－2302－0002078 集二/1.8/2167
（37830）

經義齋集十八卷 （清）熊賜履撰 清康熙二
十九年（1690）漢鎮張述古刻字店刻本 十冊

420000－2302－0002079 集一/5－8/2143
（92413）

經藝宏括不分卷 （□）□□撰 清末同文書
局石印本 十一冊

420000－2302－0002080 子十二/4－8/
1014.8（111443）

經餘必讀八卷 （清）雷琳等輯 清光緒二年
（1876）永康胡氏退補齋刻本 三冊 存六卷
（一至六）

420000－2302－0002081 子十二/4.8/8347
（9805）

經餘必讀八卷續編八卷三編四卷 （清）雷琳
等輯 清嘉慶十一年（1806）刻本 五冊 存
十六卷（一至二、七至八，續集八卷，三編四
卷）

420000－2302－0002082 子十二/4.8/8349
（20503）

經餘必讀八卷續編八卷三編四卷 （清）雷琳
等輯 清光緒二年（1876）永康胡氏退補齋刻
本 十冊

420000－2302－0002083 集五/4.8/6058
（38687）

精訂綱鑑通俗二十四史衍義六卷四十四回
（清）呂撫撰 清光緒二十一年（1895）珍藝書
局鉛印本 六冊

420000－2302－0002084 集一/5－8/9534
（87458）

精選光緒癸卯恩科直省闈藝一卷 （□）□□
撰 清光緒鉛印本 一冊

420000－2302－0002085 集一/5－8/3730
（92397）

精選巧搭文府不分卷 （清）鴻寶齋編 清光
緒十五年（1889）上海鴻寶齋石印本 十六冊

420000－2302－0002086 子八/4.8/7224
（17845）

驚風辯證必讀書一卷 （清）劉德馨輯 清光
緒二十七年（1901）上元江氏刻本 一冊

420000－2302－0002087 子十六/5－42/
6032.7（89481）

景教流行中國碑頌正詮一卷 （唐）釋景淨撰
（葡萄牙）陽瑪諾注 清光緒四年（1878）刻
本 一冊

420000－2302－0002088 子八/62.8/2679
（17553）

景岳新方歌不分卷 （清）吳辰燦等纂 清光
緒二十七年（1901）刻本 一冊

420000－2302－0002089 叢/4.8/4427
（20385）

儆季雜著七種 （清）黃以周撰 清光緒二十
年（1894）江蘇南菁講舍刻本 十冊

420000－2302－0002090 叢/5－8/4447
（55430）

儆居遺書十一種 （清）黃式三撰 清光緒刻
本 十八冊 存五種

420000－2302－0002091 史八/53－8/1133
（89204）

警察課本不分卷 （清）北洋巡警學堂編 清
光緒三十一年（1905）鉛印本 二冊

420000－2302－0002092 史十一/22－8/
8354（73291）

警石府君年譜一卷 （清）錢應溥撰 清同治
刻本 一冊

420000－2302－0002093 子二/41－8/5089
（87319）

警書三卷 （清）秦篤輝撰 清光緒十三年
（1887）刻本 一冊

420000－2302－0002094 子十六/22－8/
2631（110281）

淨土四經四卷 （清）魏源輯 清同治五年(1866)金陵書局刻本 一冊

420000 - 2302 - 0002095 子十六/22 - 8/2631(110282)

淨土四經四卷 （清）魏源輯 清同治五年(1866)金陵書局刻本 一冊

420000 - 2302 - 0002096 集二/0 - 8/4426(65109)

敬孚類稿十六卷 （清）蕭穆撰 清光緒三十三年(1907)刻本 四冊

420000 - 2302 - 0002097 集二/4.8/4426(37291)

敬孚類稿十六卷 （清）蕭穆撰 清光緒刻朱印本 二冊 存五卷(一至五)

420000 - 2302 - 0002098 善集二/0 - 8/4092(92547)

敬業堂詩集五十卷 （清）查慎行撰 清康熙五十八年(1719)刻雍正續刻本 十二冊

420000 - 2302 - 0002099 子十二/2.64/4033(20273)

敬齋古今黈八卷 （元）李治撰 清刻本 三冊

420000 - 2302 - 0002100 集二/1.31/7731.7(34737)

靖節先生集十卷 （晉）陶潛撰 （清）陶澍選注 清光緒九年(1883)江蘇書局刻本 四冊

420000 - 2302 - 0002101 集二/1.31/7731.7(34741)

靖節先生集十卷 （晉）陶潛撰 （清）陶澍選註 清道光二十年(1840)湘潭周詁樓刻本 四冊

420000 - 2302 - 0002102 集二/0 - 33/7731.7(93312)

靖節先生集十卷首一卷年譜考異二卷 （晉）陶潛撰 （清）陶澍集注 清光緒九年(1883)江蘇書局刻本 二冊 存六卷(一至五、首一卷)

420000 - 2302 - 0002103 善史五/1 - 51/1024(70985)

靖康孤臣泣血録一卷 （宋）丁特起撰 明刻本 二冊

420000 - 2302 - 0002104 善集一/42 - 5/8347(41446)

靜觀室三蘇文選十六卷 （明）錢穀選批 明萬曆七年(1579)徐壽朋刻本 十冊

420000 - 2302 - 0002105 集二/0 - 8/1120(73156)

靜綠山房散體文一卷 （清）張綖麟著 清光緒二十六年(1900)刻本 一冊

420000 - 2302 - 0002106 子十一/233 - 8/3702(65640)

鏡影簫聲初集不分卷 （清）洞庭山人編 清光緒十三年(1887)上海銅版影印本 一冊

420000 - 2302 - 0002107 史七/0 - 43/6751.1(56011)

九國志十二卷 （宋）路振撰 （宋）張唐英補 清道光二十七年(1847)番禺潘仕成刻本 二冊

420000 - 2302 - 0002108 史十二/5242/4042.87(65508)

九華紀勝二十一卷首一卷 （清）陳蔚纂 清道光元年(1821)陳氏梅緣書屋刻本 六冊

420000 - 2302 - 0002109 子十六/32 - 42/6033(110770)

九皇尊經註解三卷首一卷中天大聖北斗九皇九真延生錫福寶懺九卷 （唐）呂洞賓註 清光緒三十三年(1907)安成李一念堂刻本 四冊

420000 - 2302 - 0002110 經一 23 - 8/3491(93545)

九經辨字瀆蒙十二卷 （清）沈炳震撰 清抄本 一冊 存一卷(一)

420000 - 2302 - 0002111 善經一/21 - 8/5045(56977)

九經古義十六卷 （清）惠棟學 清乾隆三十

八年(1773)益都李文藻廣東刻本　三冊

420000－2302－0002112　經一/21－8/5045
(103595)

九經古義十六卷　(清)惠棟撰　(清)蔣光弼
輯　清常熟蔣氏省吾堂刻本　一冊　存三卷
(一至三)

420000－2302－0002113　經一/7－5/7211
(1660)

九經三傳沿革例一卷　(宋)岳珂撰　清光緒
三年(1877)湖北崇文書局刻本　一冊

420000－2302－0002114　善經一/1－7/5083
(70532)

九經五十一卷　(明)秦鏷輯　明崇禎十三年
(1640)錫山秦氏求古齋刻清初影刻本　二冊
存八卷(周易一至三、圖說一、書經一至四)

420000－2302－0002115　善集一/32－5/
4020(735663)

九僧詩一卷　(宋)釋希晝撰　清抄本　二冊

420000－2302－0002116　史八/1－8/3181
(80314)

九通分類總纂二百四十卷　(清)汪鍾霖纂
清光緒二十八年(1902)上海文瀾書局石印本
八十冊

420000－2302－0002117　史八/1－8/1010
(76803)

九通目錄四十卷　(清)雷君彥撰　清光緒二
十九年(1903)上海圖書集成局石印本　十
二冊

420000－2302－0002118　史八/1－8/7210
(76362)

九通通二百四十八卷　(清)劉可毅輯　清光
緒二十八年(1902)武進劉氏石印本　六十冊

420000－2302－0002119　史八/1－8/4030
(75951)

九通序不分卷　(□)□□輯　清光緒二十八
年(1902)景幡山房鉛印本　三冊

420000－2302－0002120　史十五/14－8/

2648(84272)

九鐘精舍金石跋尾甲編一卷乙編一卷　(清)
吳士鑑撰　清宣統二年(1910)刻本　三冊

420000－2302－0002121　史十一/63－
5/3617

酒名記一卷　(宋)張能臣撰　清刻本　一冊

420000－2302－0002122　集二/3.8/4482
(35700)

酒五經吟館詩草二卷詩餘一卷附年譜一卷
(清)恭釗著　清光緒十九年(1893)蒙古博爾
濟吉特氏刻本　二冊

420000－2302－0002123　史八/310.－52/
4496.1(64713)

救荒補遺書二卷　(宋)董煟撰　(元)張光大
增　(明)朱熊補遺　(明)王崇慶釋斷　清同
治八年(1869)湖北崇文書局刻本　二冊

420000－2302－0002124　史十一/21－8/
7444(77463)

救濟日記一卷　(清)陸樹藩撰　清光緒二十
六年(1900)上海石印本　一冊

420000－2302－0002125　子五/28.7/6045
(16963)

救命書一卷　(明)呂坤著　清刻本　一冊

420000－2302－0002126　子八/4.8/5535
(17846)

救偏瑣言十卷附錄一卷　(清)費啟泰撰　清
文盛堂刻本　六冊

420000－2302－0002127　史八/3.8/8770
(6491)

救災福報一卷　鄭官應編輯　清光緒十四年
(1888)上海南洋兄弟菸草公司刻本　一冊

420000－2302－0002128　史一/3－42/7267.2
(65435)

舊唐書逸文十二卷　(清)岑建功輯　清同治
十一年(1872)定遠方氏補刻本　四冊

420000－2302－0002129　史八/10.2－8/
7207(73186)

居官鏡一卷　（清）剛毅撰　清光緒十八年
（1892）刻本　二冊

420000－2302－0002130　史十一/29－8/
4222（71691）

居士傳五十六卷　（清）彭紹升撰　清乾隆四
十一年（1776）刻本　四冊

420000－2302－0002131　子二/8－8/5559
（93227）

居學錄二卷　（清）曹本榮著　清光緒十一年
（1885）曹氏家塾刻本　二冊

420000－2302－0002132　子二/318.8/5559
（16787）

居學錄二卷　（清）曹本榮撰　清光緒十一年
（1885）曹氏家塾刻本　一冊

420000－2302－0002133　子十二/5－8/1043
（82019）

居易錄三十四卷　（清）王士禎撰　清刻本
八冊

420000－2302－0002134　子十二/5－8/1043
（94448）

居易錄三十四卷　（清）王士禎撰　清刻本
十二冊

420000－2302－0002135　集五/2.8/1043
（36763）

居易錄三十四卷　（清）王士禎撰　清康熙二
十八年（1689）刻本　十冊

420000－2302－0002136　集一/8－8/3719.0
（100660）

咀華錄四卷　（清）凝瑞堂主人輯　清道光二
十年（1840）凝瑞堂刻本　四冊

420000－2302－0002137　經一/23－8/1320
（63137）

句讀敘述二卷經讀攷異八卷補句讀敘述一卷
經讀攷異一卷　（清）武億撰　清乾隆五十四
年（1789）小石山房刻本　四冊

420000－2302－0002138　經一/27－8/7500
（71105）

句溪雜著六卷　（清）陳立撰　清刻本　二冊

420000－2302－0002139　集二/4.8/2674
（9994）

聚秀堂古文十二卷　（清）吳留村鑒定　（清）
吳乘權　（清）吳大職錄　清初刻本　一冊
存二卷（五至六）

420000－2302－0002140　叢/1－9/7241
（24144）

聚學軒叢書六十種　劉世珩輯　清光緒貴池
劉氏刻本　七十四冊

420000－2302－0002141　集一/41－7/2834

鐫古今曠世文淵評林三十卷　（明）徐宗夔編
明萬曆二十七年（1599）刻本　三十冊

420000－2302－0002142　集二/4.8/3404
（11763）

卷施閣文乙集八卷續編一卷　（清）洪亮吉著
清光緒二十一年（1895）善化章氏經濟堂刻
本　四冊

420000－2302－0002143　史八/10.1－8/
2287（77498）

爵秩全覽不分卷　（清）□□編　清光緒刻本
六冊

420000－2302－0002144　集二/0－8/2746
（88691）

覺生詩鈔十卷續鈔四卷詠物詩鈔四卷詠史詩
鈔三卷感舊詩鈔二卷　（清）鮑桂星撰　清嘉
慶二十五年（1820）歙縣鮑氏刻本　六冊　存
十八卷（覺生詩鈔十卷、續鈔三、詠物詩鈔四
卷、詠史詩鈔三卷）

420000－2302－0002145　史十五/32－8/
2699（85035）

筠清館金石文字五卷　（清）吳榮光撰　清道
光二十二年（1842）南海吳氏筠清館刻本
五冊

420000－2302－0002146　子九/5.8/4032.1
（19190）

開煤要法十二卷　（英國）士密德輯　（英國）
傅蘭雅口譯　（清）王德均筆述　清鉛印本

二冊

420000－2302－0002147　　史五/1－52/1013（637780）

開禧德安守城錄一卷　（宋）王致遠編　清同治十二年(1873)刻本　一冊

420000－2302－0002148　　子十二/2.8/2528（20205）

開有益齋讀書志六卷　（清）朱緒曾撰　清光緒六年(1880)金陵翁氏茹古閣刻本　三冊

420000－2302－0002149　　史十四/31－8/2528(81967)

開有益齋讀書志六卷續志一卷金石文字記一卷　（清）朱緒曾撰　清光緒六年(1880)金陵翁氏茹古閣刻本　六冊

420000－2302－0002150　　經十/24－8/3240.4（73207）

楷法溯源十四卷目錄一卷　（清）潘存原輯楊守敬編　清光緒三年(1877)楊守敬刻本　十五冊

420000－2302－0002151　　經十/16－42/0174（87283）

刊謬正俗八卷　（唐）顏師古撰　清光緒元年(1875)湖北崇文書局刻本　一冊

420000－2302－0002152　　集二/0－8/4327（87135）

看雲草堂集八卷　（清）尤侗撰　清刻本　一冊　存五卷(一至五)

420000－2302－0002153　　經十/22.8/1115（15726）

康熙字典十二集三十六卷總目一卷檢字一卷辨似一卷等韻一卷補遺一卷備考一卷　（清）張玉書等纂修　清刻本　四十四冊

420000－2302－0002154　　經十/23－8/1115（57135）

康熙字典十二卷　（清）張玉書纂修　清末上海鴻寶書局石印本　六冊

420000－2302－0002155　　叢/5－8/0044

（93279）

抗希堂十六種　（清）方苞撰　清康熙嘉慶桐城方氏抗希堂刻本　三十三冊　存十四種

420000－2302－0002156　　子七/256－8/4447（90144）

考察印錫種茶制茶情形書一卷　（□）□□撰　清末鉛印本　一冊

420000－2302－0002157　　子十二/2.5/4440（20127）

考古質疑六卷　（宋）葉大慶撰　清刻本　二冊

420000－2302－0002158　　子十二/2.8/4433（11603）

攷辨隨筆二卷　（清）黃定宜撰　清光緒二十七年(1901)刻本　一冊

420000－2302－0002159　　集二/0－42/1240（88830）

可之先生全集錄二卷　（唐）孫樵撰　清光緒八年(1882)江蘇書局刻本　一冊

420000－2302－0002160　　善集二/0－42/7731.4(69347)

刻梅太史評釋駱賓王文抄神駒四卷　（唐）駱賓王撰　（明）梅之煥釋　明萬曆三十五年(1607)建陽書林劉龍田刻本　二冊

420000－2302－0002161　　集二4.8/4038（649775）

恪靖侯盾鼻餘瀋一卷聯語一卷　（清）左宗棠撰　（清）柳葆元　（清）易策謙錄　清光緒十三年(1887)刻本　一冊

420000－2302－0002162　　善集二/0－7/4047（69177）

空同子集六十六卷附錄二卷　（明）李夢陽撰　明萬曆三十年(1602)長洲歸隆裔刻本　十二冊

420000－2302－0002163　　子二/2－21/1224（91429）

孔叢二卷附詰墨一卷　（漢）孔鮒撰　清乾隆五十六年(1791)金谿王氏刻本　一冊

420000 – 2302 – 0002164　子二/2. 21/1224
(16833)

孔叢子三卷　（漢）孔鮒著　（清）孔毓圻
（清）孔毓埏校刊　清光緒三年(1877)刻本
一冊

420000 – 2302 – 0002165　子二/11 – 24/1050
(86180)

孔氏家語十卷　（三國魏）王肅注　清咸豐二
年(1852)刻本　四冊

420000 – 2302 – 0002166　子二/11 – 24/1050
(10569)

孔氏家語十卷　（三國魏）王肅注　清光緒十
五年(1889)刻本　二冊

420000 – 2302 – 0002167　史十一/22 – 16/
1272.4(77017)

孔子編年四卷　（清）狄子奇編　清光緒十三
年(1887)浙江書局刻本　一冊

420000 – 2302 – 0002168　子二/11. 8/1262
(16871)

孔子集語十七卷　（清）孫星衍撰　清光緒三
年(1877)浙江書局刻本　四冊

420000 – 2302 – 0002169　史十一/2.1/1217.4
(6810)

孔子年譜輯注一卷　（清）黃定宜輯注　清道
光二十七年(1847)刻本　一冊

420000 – 2302 – 0002170　子十一/312. 8/
1072(19957)

枯木禪琴譜八卷　（清）釋雲間撰　清光緒十
九年(1893)刻本　四冊

420000 – 2302 – 0002171　集五/2. 8/2030
(36689)

快心醒睡録十六卷　（清）毛祥麟撰　清光緒
二十一年(1895)上海書局石印本　六冊

420000 – 2302 – 0002172　史十二/5251/
7122.84(101545)

匡山圖志四卷　（清）蔣德鈞纂　清光緒刻本
一冊

420000 – 2302 – 0002173　子十二/5 – 8/2844
(89693)

曠論一卷　（清）徐壽基撰　清光緒十二年
(1886)武進徐氏桓臺官舍刻本　一冊

420000 – 2302 – 0002174　集二/5. 8/1034
(35459)

曠視山房小題不分卷　（清）丁守存撰　清同
治三年(1864)文光堂刻本　一冊

420000 – 2302 – 0002175　集一/5 – 8/1034
(88723)

曠視山房制藝不分卷　（清）丁守存撰　清同
治四年(1865)刻本　一冊

420000 – 2302 – 0002176　子九/5.8/5514. 2
(19122)

礦務叢書十二卷　（英國）費而奔著　清光緒
二十七年(1901)上海書局石印本　六冊

420000 – 2302 – 0002177　集二/0 – 8/2167
(92672)

葵藿齋詩集八卷　（清）何明著　清光緒二十
年(1894)蘄州黃喬弨刻本　四冊

420000 – 2302 – 0002178　善子二/8 – 8/7724
(16788)

困勉齋私記四卷　（清）閻循觀撰　清乾隆三
十八年(1773)韓夢周刻本　二冊

420000 – 2302 – 0002179　子十二/2 – 5/
1000.8

困學紀聞二十卷　（宋）王應麟撰　（清）閻若
璩箋　清乾隆三年(1738)祁門馬氏叢書樓刻
本　八冊

420000 – 2302 – 0002180　子十二/2 – 52/
1033.2(100767)

困學紀聞二十卷　（宋）王應麟撰　清乾隆桐
鄉汪垕桐華書塾刻本　六冊

420000 – 2302 – 0002181　子十二/2 – 52/
1000.7(110860)

困學紀聞二十卷　（宋）王應麟撰　（清）閻若
璩箋　清同治九年(1870)揚州書局刻本　二
冊　存九卷(一至九)

困學紀聞二十卷 （宋）王應麟撰 （清）翁圻元注 清咸豐元年(1851)刻本 十二冊

420000－2302－0002182 子十二/2.5/1000.8 (20131)

困學紀聞二十卷 （宋）王應麟撰 （清）翁圻元注 清道光五年(1825)刻本 十二冊

420000－2302－0002183 子十二/2.5/1000.8 (20143)

困學濬證六卷 （清）宋徽卿撰 清道光刻本 二冊

420000－2302－0002184 子十二/2－5/3074 (82311)

困知記二卷續二卷三續一卷四續一卷續補一卷附錄一卷 （明）羅欽順撰 外編一卷 （明）崔銑等撰 明萬曆二十年(1592)李楨刻本 六冊

420000－2302－0002185 善子二/318－7/6082

來禽館集二十九卷 （明）邢侗著 明萬曆四十六年(1618)江夏萬儒刻本 十冊

420000－2302－0002186 善集二/0－7/1727 (69197)

來禽館集二十九卷 （明）邢侗撰 清光緒十七年(1891)邢文興刻本 十二冊

420000－2302－0002187 集二/1.7/1727.1 (34889)

來禽館集二十六卷 （明）邢侗撰 明萬曆四十六年(1618)史高刻清道光八年(1828)張夢麟補刻本 六冊

420000－2302－0002188 集二/0－7/1727 (88498)

來青園文集一卷 （清）張三異著 （清）張伯琮編輯 清光緒二十一年(1895)景賢書塾刻本 一冊

420000－2302－0002189 集二/0－8/1116 (91587)

來瞿唐先生日錄六卷 （明）來知德撰 清刻本 六冊

420000－2302－0002190 子十二/18.7/5082 (20075)

420000－2302－0002191 子十二/18.7/5082 (8550)

來瞿唐先生日錄內篇六卷外篇七卷 （明）來知德撰 （明）張惟任輯 清道光十一年(1831)刻本 十二冊

420000－2302－0002192 集六/21－8/4753 (723389)

來生福彈詞三十六回 （清）橘中逸叟撰 清同治九年(1870)聚錦堂刻本 六冊

420000－2302－0002193 集二/3.8/8026 (35627)

來雲閣詩六卷 （清）金和撰 清光緒十八年(1892)丹陽束氏刻本 一冊 存二卷(一至二)

420000－2302－0002194 集二/0－8/7701 (71217)

賴古堂集二十四卷附錄一卷 （清）周亮工撰 清乾隆二十一年(1756)刻本 六冊

420000－2302－0002195 子十一/233－7/4414.7(86573)

藍田叔仿古山水冊一卷 （明）藍瑛繪 鑒真齋藏 清宣統元年(1909)上海文明書局影印本 一冊

420000－2302－0002196 子八/18.－6/4060 (103741)

蘭室秘藏三卷 （金）李杲撰 清刻本 一冊 存一卷(下)

420000－2302－0002197 子八/62.8/2844 (18195)

蘭臺軌範八卷 （清）徐大椿輯 清刻本 五冊

420000－2302－0002198 集二/5.8/4243 (35475)

蘭臺遺稿二卷 （清）彭希涑著 清光緒九年(1883)家刻本 二冊

420000－2302－0002199　子十四/1－7/1740
(92512)

蘭雪堂古事苑定本十二卷　（明）鄧志謨編
清康熙蘭雪堂刻本　六冊

420000－2302－0002200　子七/3.8/4042
(17326)

蘭言述略四卷首一卷　（清）袁世俊輯　清光
緒二年(1876)刻本　一冊

420000－2302－0002201　集五 2.8/3308
(36663)

浪跡叢談十一卷浪跡續談八卷　（清）梁章鉅
撰　清道光刻本　八冊

420000－2302－0002202　子十二/5－52/
7438(90383)

老學庵筆記十卷　（宋）陸游撰　清光緒三年
(1877)湖北崇文書局刻本　二冊

420000－2302－0002203　善子三/0－7/7522
(1)

老莊合鐫兩種　（明）陳繼儒評選　明蕭鳴盛
刻本　四冊

420000－2302－0002204　子三/1－24/1017
(55348)

老子道德經二卷　（三國魏）王弼注　清光緒
遵義黎氏日本東京使署刻本　一冊

420000－2302－0002205　子三/1－24/1017
(55364)

老子道德經二卷　（三國魏）王弼注　清光緒
遵義黎氏日本東京使署刻本　一冊

420000－2302－0002206　子三/1－24/1017
(110666)

老子道德經二卷　（三國魏）王弼注　清光緒
元年(1875)湖北崇文書局刻本　一冊

420000－2302－0002207　子三/1－24/1017
(110667)

老子道德經二卷　（三國魏）王弼注　清光緒
元年(1875)湖北崇文書局刻本　一冊

420000－2302－0002208　子三/1－24/1017.0

(73123)

老子道德經二卷附音義一卷　（三國魏）王弼
注　（唐）陸德明音義　清光緒元年(1875)浙
江書局刻本　一冊

420000－2302－0002209　子三/1－7/2004
(57022)

老子翼六卷附錄二卷　（明）焦竑輯　清光緒
二十一年(1895)金陵刻經處刻本　四冊

420000－2302－0002210　子三/1－8/4217
(102719)

老子章義二卷　（清）姚鼐撰　清同治九年
(1870)桐城吳氏邠上刻本　一冊　存一卷
(一)

420000－2302－0002211　子三/1.8/4217
(17019)

老子章義二卷　（清）姚鼐撰　清同治九年
(1870)桐城吳氏邠上刻本　一冊

420000－2302－0002212　子二/4－7/4044
(103023)

了凡四訓一卷　（明）袁黃撰　清光緒十五年
(1889)湖北官書處刻本　一冊

420000－2302－0002213　經十/21.8/1033
(15804)

雷刻說文四種　（清）雷浚編　清光緒十年
(1884)刻本　六冊

420000－2302－0002214　子十四/8.8/3344
(7827)

類賦玉盆珠五卷　（清）梁樹撰　清同治十二
年(1873)刻本　五冊

420000－2302－0002215　善子十四/1－8/
4237(89742)

類林新詠三十六卷　（清）姚駰編　清康熙四
十七年(1708)刻本　十二冊

420000－2302－0002216　子八/62.5/0822.4
(17970)

類證普濟本事方十卷　（宋）許叔微撰　清蘇
州掃葉山房刻本　六冊

420000 - 2302 - 0002217　子八/5 - 8/4411
(103106)

類證治裁八卷附一卷　（清）林珮琴撰　清光
緒十年(1884)研經堂刻本　七冊　存七卷
(二至八)

420000 - 2302 - 0002218　子十一/42 - 8/
4003(86102)

冷淡盦印譜不分卷　（清）李望之刻　清咸豐
七年(1857)李氏自拓本　三冊

420000 - 2302 - 0002219　子二/314.8/7233
(16782)

冷語二卷　（清）劉源淥撰　清光緒十七年
(1891)六安涂氏求我齋刻本　二冊

420000 - 2302 - 0002220　集二/0 - 8/4641
(93583)

冷齋雜著不分卷　（清）楊世霖撰　清抄本
一冊

420000 - 2302 - 0002221　集二/3.42/4021
(37509)

梨岳集四卷　（唐）李頻撰　明嘉靖黃貫曾刻
本　一冊

420000 - 2302 - 0002222　集二/0 - 7/4033.2
(93405)

梨雲館類定袁中郎先生全集二十四卷　（明）
袁宏道撰　（明）何偉然編　清道光九年
(1829)袁憲健刻本　十五冊

420000 - 2302 - 0002223　集二/1.7/4033.7
(35074)

梨雲館類定袁中郎先生全集二十四卷　（明）
袁宏道撰　（明）何偉然編　清道光九年
(1829)袁憲健刻本　八冊

420000 - 2302 - 0002224　叢/5 - 8/4438
(28293 - 312)

梨洲遺著彙刊二十三種　（清）黃宗羲撰　清
宣統二年(1910)上海時中書局鉛印本　二
十冊

420000 - 2302 - 0002225　集二/3.42/4046.1
(37071)

李長吉歌詩四卷首一卷外集一卷　（唐）李賀
撰　（清）王琦編輯　清乾隆二十五年(1760)
王氏寶笏樓刻本　四冊

420000 - 2302 - 0002226　集二/3.42/4046
(11713)

李長吉集四卷外集一卷　（唐）李賀著　（明）
黃淳耀評　（清）黎簡批點　清光緒十八年
(1892)羊城葉衍蘭刻朱墨套印本　二冊

420000 - 2302 - 0002227　集二/3.42/4046
(37081)

李長吉集四卷外集一卷　（唐）李賀著　（明）
黃淳耀評　（清）黎簡批點　清光緒十八年
(1892)羊城葉衍蘭刻朱墨套印本　二冊

420000 - 2302 - 0002228　史十一/21 - 8/
4030.3(78342)

李鴻章大事記不分卷　梁啟超撰　清光緒二
十七年(1901)鉛印本　一冊

420000 - 2302 - 0002229　史十一/21 - 8/
4030(77469)

李鴻章大事記一卷　（清）□□編　清光緒刻
本　一冊

420000 - 2302 - 0002230　善集二/0 - 41/
4024(69424)

李懷州集一卷　（隋）李德林著　明婁東張溥
刻本　一冊

420000 - 2302 - 0002231　集二/1.5/2880.1
(34283)

李刻徐騎省集校勘記二卷　（清）王錫元
（清）李鴻年纂　清光緒十七年(1891)李伯延
刻本　二冊

420000 - 2302 - 0002232　集二/3.42/4007.3
(11774)

李商隱詩集三卷　（唐）李商隱撰　（清）朱鶴
齡注　清宣統元年(1909)影印東潤准寫校本
二冊

420000 - 2302 - 0002233　集二/0 - 42/4026.3
(101008)

李詩直解六卷　（唐）李白撰　（清）沈寅補

(清)朱崑補輯　清乾隆四十年(1775)鳳樓刻本　三冊

420000－2302－0002234　集二/0－42/4026.3(101011)

李詩直解六卷　(唐)李白撰　(清)沈寅補　(清)朱崑補輯　清乾隆四十年(1775)鳳樓刻本　三冊

420000－2302－0002235　子十四/5.8/8012(22132)

李氏蒙求補注六卷　(唐)李瀚撰　(清)金三俊補注　清刻本　二冊

420000－2302－0002236　史十二/1/4033(7013)

李氏五種　(清)李兆洛輯　清光緒四年至五年(1878－1879)順德馬貞榆刻本　十冊

420000－2302－0002237　經二/1－8/4031(55488)

李氏易解膡義三卷　(清)李富孫輯　清光緒十三年(1887)吳縣朱氏家塾刻本　一冊

420000－2302－0002238　經十/33.8/4031(16292)

李氏音鑑六卷　(清)李汝珍撰　清同治七年(1868)寶善堂刻本　四冊

420000－2302－0002239　史九/22.8/4050(6741)

李肅毅伯奏議二十卷　(清)李肅毅著　清光緒二十五年(1899)上海鴻文書局石印本　二十冊

420000－2302－0002240　集二/0－42/4026(91679)

李太白文集三十卷　(唐)李白撰　清康熙五十六年(1717)刻本　一冊　存八卷(二十三至三十)

420000－2302－0002241　善集二/0－42/4026(39544)

李太白文集三十卷　(唐)李白撰　清康熙吳門繆武子刻本　八冊

420000－2302－0002242　善集二/0－46/4026(91676)

李太白文集三十卷　(唐)李白撰　**附考異一卷**　清康熙五十六年(1717)吳門繆曰芑雙泉草堂刻本　四冊

420000－2302－0002243　集二/1.42/4026.2(34731)

李太白文集三十卷　(唐)李白撰　清光緒十四年(1888)湖北官書處刻本　四冊

420000－2302－0002244　集二/0－42/4026.1(86698)

李太白文集三十卷附錄六卷　(唐)李白撰　(清)王琦集注　清乾隆二十四年(1759)刻本　十五冊

420000－2302－0002245　善集二/0－42/4026.1(69405)

李太白文集三十六卷　(唐)李白撰　(清)王琦輯注　清乾隆二十五年(1760)寶笏樓刻本　二十冊

420000－2302－0002246　集二/1.5/4052(13382)

李泰伯先生全集三十七卷　(宋)李泰伯著　清光緒十九年(1893)刻本　十冊

420000－2302－0002247　史八/9－8/4030.2(77117)

李文忠公朋僚函稿二十四卷　(清)李鴻章撰　(清)吳汝綸編　清光緒蓮池書院鉛印本　十二冊

420000－2302－0002248　集二/0－42/4007.2(93635)

李義山詩集補注三卷　(清)朱鶴齡撰　清影抄順治十六年(1659)刻本　一冊

420000－2302－0002249　善集二/0－42/4007(67513)

李義山詩集三卷　(唐)李商隱撰　(清)趙駿烈解　清乾隆刻本　二冊

420000－2302－0002250　集二/3.42/4007.2(37098)

李義山詩集三卷　（唐）李商隱撰　（清）朱鶴齡注　清乾隆十五年(1750)懷德堂刻本　四冊

420000－2302－0002251　集二/3.42/4007.3(37094－97)

李義山詩集三卷　（唐）李商隱著　（清）沈厚塽輯評　清同治九年(1870)廣州倅署刻本　四冊

420000－2302－0002252　集二/3.42/4007.3(37102)

李義山詩集三卷　（唐）李商隱著　（清）沈厚塽輯評　清同治九年(1870)廣州倅署刻本　四冊

420000－2302－0002253　集二/0－42/4007.2(81884)

李義山詩集三卷諸家詩評一卷李義山詩譜一卷　（清）朱鶴齡箋注　（清）沈厚塽輯評　清同治九年(1870)廣州刻套印本　四冊

420000－2302－0002254　集二/0－42/4007.2(81726)

李義山詩集三卷諸家詩評一卷李義山詩譜一卷　（清）朱鶴齡箋注　（清）沈厚塽輯評　清同治九年(1870)廣州刻套印本　二冊

420000－2302－0002255　集二/0－42/4007.3(94362)

李義山詩文集詳註二種　（唐）李商隱撰　（清）馮浩編訂　清乾隆四十五年(1780)德聚堂刻本　八冊

420000－2302－0002256　善集二/0－42/4007(69401)

李義山文集十卷　（唐）李商隱撰　（清）徐樹谷箋　清康熙徐氏花黔草堂刻本　二冊

420000－2302－0002257　史九/22.5/4027(13683)

李忠定集七十七卷　（宋）李綱撰　清光緒二十九年(1903)湖南愛日堂刻本　二十冊

420000－2302－0002258　善集五/2－36/7280.4(41486)

李卓吾批點世說新語補二十卷　（南朝宋）劉義慶撰　（明）何良俊補　（明）王世貞刪定　（明）王世懋批釋　（明）張文柱注　（明）李贄批點　明末刻本　六冊

420000－2302－0002259　善集五/2－36/7280.4(69044)

李卓吾批點世說新語補二十卷　（南朝宋）劉義慶撰　（明）何良俊補　（明）王世貞刪定　（明）王世懋批釋　（明）張文柱注　（明）李贄批點　明末刻本　六冊

420000－2302－0002260　史十七/41.8/1148:4(8204)

理財節略一卷　（清）戴樂爾撰　（清）陳銳譯　清光緒二十四年(1898)廖壽豐刻本　一冊

420000－2302－0002261　史八/233－8/3501(89408)

禮部政務處會奏變通科舉章程一卷　（清）禮部政務處訂　清光緒刻本　一冊

420000－2302－0002262　子十二/2.8/0863(20302)

禮耕堂叢說一卷　（清）施國祁撰　清宣統三年(1911)上海國學扶輪社鉛印本　一冊

420000－2302－0002263　善子十二/2－8/0863(69922)

禮耕堂叢說一卷　（清）施國祁撰　清光緒湖洲義塾刻本　一冊

420000－2302－0002264　經五/31－22/8700(103076)

禮記二十卷　（漢）鄭玄注　清光緒十七年(1891)味經書院刻本　十冊

420000－2302－0002265　經五/31.8/7231(14952)

禮記恒解三十六卷　（清）劉沅輯註　清光緒刻本　十冊

420000－2302－0002266　經五/31.8/7231(9308)

禮記恒解三十六卷　（清）劉沅輯註　清光緒刻本　十冊

420000 – 2302 – 0002267　經五/301. 8/3144
（9261）

禮記節本八卷　（清）汪基節鈔　（清）江永校
纂　清光緒三十二年（1906）石印本　五冊

420000 – 2302 – 0002268　經五/31 – 64/7534
（111402）

禮記十卷　（元）陳澔集說　清刻本　一冊
存一卷（七）

420000 – 2302 – 0002269　經五/31 – 64/7534
（111574）

禮記十卷　（元）陳澔集說　清刻本　二冊
存二卷（五至六）

420000 – 2302 – 0002270　經五/31 – 64/7534
（111474）

禮記十卷　（元）陳澔集說　清同治十一年
（1872）湖南省尊經閣刻本　九冊

420000 – 2302 – 0002271　經五/31 – 64/7534
（110783）

禮記十卷　（元）陳澔集註　清刻本　一冊
存一卷（十）

420000 – 2302 – 0002272　經五/31. 8/7534
（4472）

禮記十卷　（元）陳澔集說　清光緒十二年
（1886）湖北官書處刻本　十冊

420000 – 2302 – 0002273　經五/31 – 8/7534
（110548）

禮記十卷　（元）陳澔集說　清光緒十六年
（1890）彭澤記書局刻本　四冊　存五卷（一
至五）

420000 – 2302 – 0002274　經五/31 – 8/2542
（56881）

禮記訓纂四十九卷　（清）朱彬撰　清咸豐元
年（1851）朱氏宜祿堂刻六年（1856）朱念祖補
刻本　十冊

420000 – 2302 – 0002275　善經五/31 – 8/
2802（92728）

禮記增訂旁訓六卷　（清）徐立綱撰　清康熙
匠門書屋刻本　三冊

420000 – 2302 – 0002276　經五/31 – 8/2233
（56897）

禮記章句十卷　（清）任啟運撰　清光緒二十
一年（1895）萱蔭堂刻本　十冊

420000 – 2302 – 0002277　經五/31. 8/8840
（14962）

禮記子思子言鄭注補正四卷　（清）簡朝言述
清末刻本　四冊

420000 – 2302 – 0002278　善經五/41 – 8/
8040（92735）

禮箋三卷　（清）金榜撰　清乾隆五十九年
（1794）方起泰胡國輔刻嘉慶三年（1798）印本
三冊

420000 – 2302 – 0002279　經五/5. 8/3130
（14972）

禮書綱目八十五卷　（清）江永撰　清光緒二
十一年（1895）廣雅書局刻本　二十冊

420000 – 2302 – 0002280　經五/5 – 8/3130
（111214）

禮書綱目八十五卷首三卷　（清）江永編　清
刻本　六冊　存二十二卷（十八至二十五、二
十九至四十、四十六至四十七）

420000 – 2302 – 0002281　集四/2 – 8/1114

立山詞一卷　（清）張琦撰　清同治至光緒鄂
官書處刻本　一冊

420000 – 2302 – 0002282　集七/3. 8/4716
（11629）

利試文中六卷　（清）郝廷顯評選　清乾隆八
年（1743）大文堂刻本　六冊

420000 – 2302 – 0002283　善集四/41 – 8/
5647（723528）

笠翁傳奇十二種曲　（清）李漁輯　清雍正三
年（1725）大知堂刻本　二十四冊

420000 – 2302 – 0002284　善集二/0 – 8/
4037. 8（91841）

笠翁一家言全集十六卷　（清）李漁撰　（清）
錢謙益評　清雍正八年（1730）芥子園刻本
八冊　存十卷（一至十）

420000 - 2302 - 0002285　集二/1. 8/4037
(35157)

笠翁一家言全集十六卷文集四卷詩集三卷餘
集一卷別集二卷偶集六卷　（清）李漁撰
（清）錢謙益評　清芥子園刻本　十六冊

420000 - 2302 - 0002286　集二/3. 8/1154
(36076)

笠杖集六卷倦圃奇石記一卷　（清）張盛藻撰
清光緒七年(1881)刻本　二冊

420000 - 2302 - 0002287　子八/610. - 8/
2633(110780)

痢證匯參十卷　（清）吳道源纂輯　清戎州齊
秉慧刻本　二冊

420000 - 2302 - 0002288　集四/11. 18/1022
(38243)

歷朝名人詞選十三卷　（清）夏秉衡輯　清宣
統元年(1909)掃葉山房石印本　六冊

420000 - 2302 - 0002289　集一/6 - 8/7534
(100764)

歷朝名媛尺牘二卷　（清）陳迖輯　清乾隆陳
氏刻本　一冊

420000 - 2302 - 0002290　集一/311. 8/7244
(31909)

歷朝詩約選九十三卷　（清）劉大櫆纂　清光
緒二十三年(1897)文徵閣蕭牧刻本　二十
四冊

420000 - 2302 - 0002291　善子十一/42 - 8/
4474(86105)

歷朝史印十卷　（清）黃學圮撰　清稿本　一
冊　存一卷(六)

420000 - 2302 - 0002292　子六/3. 8/7714
(17381)

歷朝折獄纂要八卷　（清）周爾吉編　清光緒
十六年(1890)刻本　四冊

420000 - 2302 - 0002293　史十一/11 - 8/
4328(50809)

歷朝忠臣義士卓行錄八卷　（清）戴作銘編
清同治二年(1863)刻本　四冊

420000 - 2302 - 0002294　史十一/11 - 8/
4328(77083)

歷朝忠臣義士卓行錄八卷　（清）戴作銘編
清同治二年(1863)刻本　四冊

420000 - 2302 - 0002295　史十二/1 - 8/
0066.7(75209)

歷代地理沿革圖一卷　（清）六嚴繪　（清）馬
徵麐增輯　清同治十年至十一年(1871 -
1872)金陵刻本　一冊

420000 - 2302 - 0002296　子十一/224. 8/
2841(5000)

歷代帝王法帖釋文十卷　（清）徐朝弼集釋
清嘉慶十七年(1812)刻本　一冊

420000 - 2302 - 0002297　史六/1 - 8/1049.8
(76168)

歷代帝王紀要十二卷首一卷　（清）王大煇編
（清）鄭瑞楗重訂　清光緒七年(1881)刻本
二冊

420000 - 2302 - 0002298　史八/21 - 8/4414
(80877)

歷代服制攷原二卷圖一卷　（清）蔡子嘉撰
清光緒十四年(1888)西山草堂石印本　二冊

420000 - 2302 - 0002299　史十六/2. 8/2820
(5515)

歷代綱鑑總論六卷　（□）□□撰　清光緒二
十七年(1901)石印本　四冊

420000 - 2302 - 0002300　史十二/53 - 8/
4431.7(65504)

歷代黃河變遷圖考四卷　（清）劉鶚撰　清光
緒十九年(1893)袖海山房石印本　一冊

420000 - 2302 - 0002301　史十/ - 8/7581
(90019)

歷代紀年便覽一卷首一卷　（清）陳鍾珂編
讀史論略一卷　（清）杜詔撰　清光緒二十八
年(1902)澹雅書局刻本　一冊

420000 - 2302 - 0002302　史十/ - 8/7581
(103740)

歷代紀年便覽一卷首一卷　（清）陳鍾珂輯

讀史論略一卷　（清）杜詔撰　清光緒十七年(1891)益和堂刻本　一冊

420000－2302－0002303　史十二/45/2517.8(79551)

歷代陵寢備考五十卷　（清）朱孔陽撰　清光緒三年(1877)鉛印本　十二冊

420000－2302－0002304　史十一/21－8/2553.4(76960)

歷代名臣傳三十五卷續編五卷　（清）朱軾（清）蔡世遠輯　清雍正刻本　二十冊

420000－2302－0002305　史十一/21－8/2553.4(77707)

歷代名臣傳三十五卷續傳五卷　（清）朱軾（清）蔡世遠編　清光緒二十三年(1897)刻本　十七冊

420000－2302－0002306　史十一/21－8/2541(80755)

歷代名臣言行錄二十四卷　（清）朱桓編輯　清光緒鉛印本　十二冊

420000－2302－0002307　史十一/21－8/2541(100879)

歷代名臣言行錄二十四卷　（清）朱桓輯　清光緒十七年(1891)上海廣百宋齋鉛印本　十二冊

420000－2302－0002308　史十一/21－8/2541(102971)

歷代名臣言行錄二十四卷　（清）朱桓輯　清光緒二十八年(1902)煥文書局石印本　八冊

420000－2302－0002309　史十一/11.8/2541(6862－9)

歷代名臣言行錄二十四卷　（清）朱桓著　清光緒三十年(1904)上海商務印書館鉛印本　八冊

420000－2302－0002310　史十一/11.8/2541(8934)

歷代名臣言行錄二十四卷　（清）朱桓輯　清光緒二十六年(1900)湖南書局刻本　二冊　存二十三卷(一至十四、十六至二十四)

420000－2302－0002311　史十一/11.8/2541(6870)

歷代名臣言行錄二十四卷　（清）朱桓編輯　清光緒十七年(1891)廣百宋齋刻本　四冊

420000－2302－0002312　史十一/21－8/2541(100906)

歷代名臣言行錄二十四卷首一卷　（清）朱桓輯　清光緒三十一年(1905)上海久敬齋石印本　十冊

420000－2302－0002313　史十一/11－8/2699(92756)

歷代名人年譜十卷存疑一卷　（清）吳榮光撰　清光緒刻本　十冊

420000－2302－0002314　集一/6－9/2683(65524)

歷代名人書札二卷　吳曾祺編　清光緒三十四年(1908)商務印書館鉛印本　二冊

420000－2302－0002315　集一/6－9/2683(90907)

歷代名人小簡二卷　吳曾祺編　清光緒三十四年(1908)商務印書館鉛印本　二冊

420000－2302－0002316　集一/6－9/2683(90909)

歷代名人小簡二卷　吳曾祺編　清光緒三十四年(1908)商務印書館鉛印本　一冊

420000－2302－0002317　史十一/22－8/2553.4(78171)

歷代名儒傳八卷　（清）朱軾　（清）蔡世遠輯　清刻本　四冊

420000－2302－0002318　子十四/7.8/6033(22060)

歷代名賢齒譜九卷　（清）易宗涒撰　清刻本　九冊

420000－2302－0002319　子十四/7.8/6033(22086)

歷代男齒譜九卷　（清）易宗涒撰　清刻本　二十六冊

420000 - 2302 - 0002320　集七/2.8/2109
(37970)

歷代詩話二十八種　(清)何文煥輯　清乾隆
三十五年(1770)刻本　十六冊

420000 - 2302 - 0002321　史十六/2 - 8/
2632.3(64488)

歷代史案二十卷首一卷　(清)吳裕垂撰
(清)洪亮吉編　清刻本　六冊

420000 - 2302 - 0002322　史十六/2 - 7/
1133.8(62345)

歷代史論十二卷　(明)張溥撰　(清)孫琮批
點　清光緒九年(1883)蒼松山房刻本　六冊

420000 - 2302 - 0002323　史十六/2 - 7/
1133.1(91638)

歷代史論十二卷宋史論三卷元史論一卷
(明)張溥撰　(清)孫琮批點　**明史論四卷**
(清)谷應泰撰　**左傳史論二卷**　(清)高士奇
撰　清光緒十一年(1885)粵東文陞閣刻本
十冊

420000 - 2302 - 0002324　史十六/2 - 7/
1133.8(91502)

歷代史論十二卷宋史論三卷元史論一卷
(明)張溥撰　**明史論四卷**　(清)谷應泰撰
左傳史論二卷　(清)高士奇撰　清光緒五年
(1879)西江裴氏刻本　十一冊

420000 - 2302 - 0002325　史十六/2.7/1133.1
(8091)

歷代史論十六卷左傳史論一卷明史論一卷
(明)張溥論正　(清)譚宗浚編纂　清光緒十
一年(1885)粵東文陞閣刻本　八冊　存十六
卷(三至十六、左傳史論一卷、明史論一卷)

420000 - 2302 - 0002326　史二/2 - 8/7125
(76198)

歷代史略六卷　柳詒徵編　清光緒二十八年
(1902)江楚書局刻本　八冊

420000 - 2302 - 0002327　史十一/21 - 8/
2553.4(76981)

歷代循吏傳八卷　(清)朱軾　(清)蔡世遠輯

清雍正刻本　五冊

420000 - 2302 - 0002328　史八/10.1 - 8/
4877.4(77739)

歷代職官表六卷　(清)黃本驥纂　清光緒八
年(1882)上海王氏刻本　三冊

420000 - 2302 - 0002329　史十五/32 - 52/
4491(110165)

歷代鐘鼎彝器欵識法帖二十卷　(宋)薛尚功
輯　清嘉慶二年(1797)儀徵阮元小琅環仙館
刻本　四冊

420000 - 2302 - 0002330　史十五/38.5/4491
(7522)

歷代鐘鼎彝器款識法帖二十卷　(宋)薛尚功
撰　清嘉慶二年(1797)刻本　八冊

420000 - 2302 - 0002331　子十四/1 - 8/7120
(7819)

歷科試策大成初編不分卷　(□)□□撰　清
光緒十四年(1888)上海石印本　二冊

420000 - 2302 - 0002332　子十四/1.8/7120/
2(7821)

歷科試策大成二編　(□)□□撰　清光緒十
四年(1888)石印本　六冊

420000 - 2302 - 0002333　史十一/22 - 8/
8415(77517)

**歷科狀元事考一卷三元鼎甲策論考一卷典試
題名鼎甲錄五卷**　(清)饒玉成輯　清光緒雙
峰書屋刻本　七冊

420000 - 2302 - 0002334　史十七/12 - 8/
7150.2(85355)

歷史課程四卷　(日本)桑原騭藏編　(清)自
強學堂譯　清光緒刻本　四冊

420000 - 2302 - 0002335　經十/24 - 8/3144
(70481)

隸辨八卷　(清)顧藹吉撰　清康熙五十七年
(1718)項氏玉淵堂刻本　八冊

420000 - 2302 - 0002336　善經十/24 - 8/
3144(100922)

隸辨八卷 （清）顧藹吉撰 清乾隆八年(1743)刻本 八冊

420000 – 2302 – 0002337 經十/22/3114
(9627)

隸辨八卷 （清）顧藹吉撰 清同治十二年(1873)刻本 八冊

420000 – 2302 – 0002338 經十/22/3114
(9626)

隸辨八卷 （清）顧藹吉撰 清同治十二年(1873)刻本 一冊 存一卷(二)

420000 – 2302 – 0002339 經十/24 – 8/3144.1
(87252)

隸法彙纂十卷 （清）項懷述編 清乾隆小西山房刻本 三冊 存八卷(一至八)

420000 – 2302 – 0002340 經十/24 – 8/6612
(100602)

隸篇十五卷 （清）翟雲昇撰 清道光十七年至十八年(1837 – 1838)刻本 七冊 存十三卷(一至十一、十四至十五)

420000 – 2302 – 0002341 經十/24 – 8/6612
(100609)

隸篇再續十五卷 （清）翟雲昇撰 清道光二十四年(1844)翟氏五經歲編齋刻本 一冊

420000 – 2302 – 0002342 經十/23.5/3432
(16049)

隸釋二十七卷 （宋）洪适撰 清同治十年至十一年(1871 – 1872)皖南洪氏晦本齋摹刻汪氏樓松書屋本 八冊

420000 – 2302 – 0002343 史十五/551.5/3430(7530 – 4)

隸釋二十七卷隸續二十一卷 （宋）洪适撰 清乾隆四十三年(1778)汪日秀樓松書屋刻本 五冊 存三十一卷(一至二、六至二十四，隸續七至九、十一、十六至二十一)

420000 –2302 –0002344 善史十五/52 – 52/3432(84553)

隸續二十一卷 （宋）洪适撰 清乾隆四十三年(1778)汪氏樓松書屋刻本 二冊

420000 – 2302 – 0002345 經十/23.5/7213
(16038)

隸韻十卷碑目一卷碑目考證一卷 （宋）劉球撰 隸韻考證二卷 （清）翁方綱撰 清嘉慶十五年(1810)江都秦恩復刻本 六冊

420000 – 2302 – 0002346 史十二/5245/4427.1

蓮峰志五卷 （清）王夫之撰 清同治四年(1865)湘鄉曾國荃刻本 一冊

420000 – 2302 – 0002347 集七/4.8/2626
(38732)

蓮子居詞話四卷 （清）吳衡照輯 清同治十年(1871)湖北永康胡鳳丹刻本 一冊

420000 – 2302 – 0002348 集一/312.5/1122
(31869)

濂洛風雅九卷 （清）張伯行訂 清同治五年(1866)福州正誼書院刻本 四冊

420000 – 2302 – 0002349 子二/31.8/1122
(16842)

濂洛關閩書十九卷 （清）張伯行集解 清同治五年(1866)福州正誼書院刻本 六冊

420000 – 2302 – 0002350 集二/3.8/1138
(36075)

濂亭詩集二卷 （清）張裕釗撰 清光緒二十一年(1895)遵義黎氏刻本 一冊

420000 – 2302 – 0002351 集二/4.8/1138
(4939)

濂亭文集八卷 （清）張裕釗撰 （清）查燕緒編次 清光緒八年(1882)刻本 一冊

420000 – 2302 – 0002352 集二/0 – 8/1138
(90853)

濂亭文集八卷 （清）張裕釗撰 （清）查燕緒編次 清光緒八年(1882)查氏木漸齋蘇州刻本 二冊

420000 – 2302 – 0002353 集二/1.8/1138.4
(11699)

濂亭文集八卷濂亭遺文五卷濂亭遺詩二卷 （清）張裕釗撰 （清）查燕緒編次 清光緒八

年(1882)查氏木漸齋蘇州刻本　四冊

420000－2302－0002354　集二/3.8/1138
(4940)

濂亭遺集七卷　(清)張裕釗撰　清宣統二年
(1910)楊守敬鄂城刻本　一冊　存二卷(詩
二卷)

420000－2302－0002355　集二/4.8/1138
(35314)

濂亭遺文五卷　(清)張裕釗撰　清光緒二十
一年(1895)遵義黎氏刻本　一冊

420000－2302－0002356　集二/0－8/1138
(92165)

濂亭遺文五卷遺詩二卷　(清)張裕釗撰　清
宣統鄂城刻本　二冊

420000－2302－0002357　集二/0－8/1138
(92327)

濂亭遺文五卷遺詩二卷　(清)張裕釗撰　清
光緒二十一年(1895)遵義黎氏刻本　二冊

420000－2302－0002358　集二/0－8/1138
(92325)

濂亭遺文五卷遺詩二卷　(清)張裕釗撰　清
光緒二十一年(1895)遵義黎氏刻本　二冊

420000－2302－0002359　史十一/22－51/
7707.1(78344)

濂溪志七卷遺芳集一卷　(清)周誥編　清道
光十九年(1839)愛蓮堂刻本　四冊

420000－2302－0002360　經十/24－8/3439
(73306)

聯珠篆文一卷附錄一卷　(日本)池永榮春撰
清宣統二年(1910)文永堂刻本　一冊

420000－2302－0002361　史一/3－36/4360
(10760)

梁書五十六卷　(唐)姚思廉撰　清同治十三
年(1874)金陵書局刻本　五冊　存四十五卷
(一至十八、三十至五十六)

420000－2302－0002362　集一/741－8/3194
(111102)

梁溪詩鈔五十八卷　(清)顧光旭輯　清嘉慶
元年(1796)雙橋草堂刻本　十四冊　存二十
八卷(一至四、七至二十、四十一至五十)

420000－2302－0002363　善集一/712－7/
4902(69463)

梁園風雅二十七卷　(明)趙彥復選　清康熙
四十三年(1704)陸廷燦刻本　二冊　存十三
卷(一至十三)

420000－2302－0002364　史二/2－51/1779.4
(64275)

兩朝御批資治通鑑二百九十四卷　(宋)司馬
光撰　(元)胡三省音注　(清)胡元常校　**叙
錄三卷**　(清)胡元常輯　清光緒二十九年
(1903)重慶廣學書局刻本　一百冊

420000－2302－0002365　集二/0－8/4462.4
(87011)

兩當軒集二十卷補遺二卷攷異二卷附錄六卷
　(清)黃景仁撰　(清)黃志述輯　清咸豐八
年(1858)家塾刻本　六冊

420000－2302－0002366　史九/2－51/7722.9
(77336)

兩漢策要十二卷　(宋)陶叔獻編　(金)常同
知等校補　(元)趙孟頫書　清光緒十三年
(1887)上海同文書局石印本　八冊

420000－2302－0002367　史十二/1－8/1181
(80116)

兩漢紀六十卷　(宋)王銍輯　清光緒二年
(1876)嶺南學海堂刻本　十六冊

420000－2302－0002368　史十五/13－22/
8002(64141)

兩漢金石記二十二卷　(清)翁方綱撰　清乾
隆五十四年(1789)南昌使院刻本　八冊

420000－2302－0002369　子九/4－8/6063
(92426)

兩湖書院兵法測繪學課程□□卷　(清)羅照
滄撰　清光緒刻本　二冊　存二卷(一、四)

420000－2302－0002370　子九/3.8/1075
(8580)

兩湖書院課程二卷附卷附表　（清）兩湖書院
編　清光緒二十六年(1900)兩湖書院刻本
一冊　存一卷(一)

420000－2302－0002371　子九/3.8/1357
(19034)

兩湖書院課程算學二卷　（清）兩湖書院編
清光緒二十四年(1898)兩湖書院刻本　二冊

420000－2302－0002372　史十五/33－8/
2610(85373)

兩罍軒彝器圖釋十二卷　（清）吳雲撰　清同
治十一年(1872)刻本　六冊

420000－2302－0002373　集二/0－7/2510
(68855)

兩厓集十一卷首一卷　（明）朱廷立撰　（清）
王來遴編　清道光元年(1821)炯然亭刻本
八冊

420000－2302－0002374　集二3.8/6014
(35684)

聊園詩詞存六種　（清）蜀西樵也撰　清光緒
十六年(1890)鉛印本　四冊

420000－2302－0002375　集二/0－8/4442
(65704)

聊齋先生文集二卷　（清）蒲松齡撰　清宣統
三年(1911)刻本　二冊

420000－2302－0002376　集二/0－8/4442
(67799)

聊齋先生文集二卷　（清）蒲松齡撰　清宣統
二年(1910)國學扶輪社鉛印本　二冊

420000－2302－0002377　集五/3－8/4442
(723368)

聊齋志異十六卷　（清）蒲松齡撰　清咸豐九
年(1859)邱上穆氏補刻本　十六冊

420000－2302－0002378　集五/3.8/4442
(39929)

聊齋志異新評十六卷　（清）蒲松齡撰　清光
緒三年(1877)廣順但氏刻本　八冊

420000－2302－0002379　史三/3－61/4049

(111050)

遼史紀事本末四十卷首一卷末一卷　（清）李
有棠編纂　清光緒二十九年(1903)李氏柈鄂
樓刻本　八冊

420000－2302－0002380　史一/3－61/5245.7
(74973)

遼史拾遺二十四卷　（清）厲鶚撰　清光緒二
十五年(1899)江蘇書局刻本　六冊

420000－2302－0002381　史一/3－61/5245.7
(74979)

遼史拾遺二十四卷　（清）厲鶚撰　清光緒二
十五年(1899)江蘇書局刻本　七冊

420000－2302－0002382　史一/3－61/5245.7
(103068)

遼史拾遺二十四卷　（清）厲鶚撰　清光緒元
年(1875)江蘇書局刻本　八冊

420000－2302－0002383　史一/261.8/5245.7
(5347)

遼史拾遺二十四卷　（清）厲鶚撰　清光緒元
年(1875)江蘇書局刻本　八冊

420000－2302－0002384　史一/3－61/7847
(81978)

遼史語解十卷　（清）高宗弘曆敕撰　清光緒
四年(1878)江蘇書局刻本　二冊

420000－2302－0002385　集一/122－61/
1022(89962)

遼文萃七卷遼史藝文志補證一卷西夏文綴附
藝文志一卷　（清）王仁俊編　清光緒三十年
(1904)刻本　一冊

420000－2302－0002386　集一/112.61/2741
(31313)

遼文存六卷遼藝文志一卷遼金石存目一卷
繆荃孫輯　清光緒二十二年(1896)刻來青閣
影印本　二冊

420000－2302－0002387　集一/312.7/8308
(33069)

列朝詩集乾集二卷甲集前編十一卷甲集二十
二卷乙集八卷丙集十六卷丁集十六卷閏集六

卷　（清）錢謙益選輯　清宣統二年(1910)鉛印本　五十六冊

420000－2302－0002388　史十七/1/4050(7736)

列國變通興盛記四卷　（英國）李提摩太著　清光緒二十二年(1896)明達學社刻本　一冊

420000－2302－0002389　史八/8.9/4338.0(6697)

列國政要一百三十二卷　（清）戴鴻慈輯　清光緒三十三年(1907)石印本　三十二冊

420000－2302－0002390　史十一/26－21/7227.1(91600)

列女傳補注八卷敘錄一卷校正一卷　（清）王照圓注　清刻本　四冊

420000－2302－0002391　史十一/6－21/7227.4(64211)

列女傳集注八卷補遺一卷補注一卷　（清）蕭道管　（清）陳衍補注　清光緒刻本　五冊

420000－2302－0002392　史十一/29－7/3420(77164)

列仙傳四卷　（明）洪自誠輯　清光緒十三年(1887)上海掃葉山房刻本　四冊

420000－2302－0002393　子三/3－7/7702

列子沖虛真經八卷音義一卷　（□）□□撰　明烏程閔齊伋刻朱墨套印本　二冊

420000－2302－0002394　子十六/210.－52/2434(111532)

林間錄二卷　（宋）釋德洪集　清刻本　一冊　存一卷(一)

420000－2302－0002395　史九/2－8/4462(77363)

林文忠公政書三集三十七卷　（清）林則徐撰　清末刻本　十冊

420000－2302－0002396　史九/2－8/4462(103490)

林文忠公政書三集三十七卷　（清）林則徐撰　清刻本　五冊　存二集十一卷(乙集一至八、丙集三至五)

420000－2302－0002397　集二/0－9/1062(64670)

琳齋詩稿七卷　（清）王景彝撰　清光緒十六年(1890)寶善書屋刻本　三冊　存三卷(一至三)

420000－2302－0002398　集二/3.8/1062(36166)

琳齋詩稿七卷　（清）王景彝著　清光緒十六年(1890)王氏寶善書屋刻本　六冊

420000－2302－0002399　集二/3.8/1062(36172)

琳齋詩稿七卷　（清）王景彝著　清光緒十六年(1890)王氏寶善書屋刻本　六冊

420000－2302－0002400　集二/0－8/2624(55527)

臨江鄉人詩四卷　（清）吳穎芳撰　清同治十年(1871)錢塘丁氏當歸草堂刻本　一冊

420000－2302－0002401　經十/21.8/0131.4(16234)

臨文便覽一卷　（清）龍啟瑞輯　清光緒五年(1879)刻本　二冊

420000－2302－0002402　子五/28.8/4255(8287)

臨陣管見九卷　（德國）斯拉弗司撰　清光緒二十二年(1896)明達學社刻本　四冊

420000－2302－0002403　子八/19－8/4444.2(86902)

臨證指南醫案十卷種福堂公選溫熱論醫案一卷良方三卷　（清）葉桂撰　（清）徐氏批點　清末刻朱墨套印本　十二冊

420000－2302－0002404　史八/10.1－52/2626(55794)

麟臺故事五卷　（宋）程俱撰　清蘇州書局刻本　一冊

420000－2302－0002405　叢/1－8/3480(56702)

凌氏傳經堂叢書三十種 （清）凌鎬 （清）凌
鏞輯 清道光吳興凌氏刻本 三冊 存五種

420000－2302－0002406 子十六/22/4023
（10053）

靈寶玉籙度命血湖赦罪妙經一卷 （□）□□
撰 清光緒三十三年(1907)刻本 一冊

420000－2302－0002407 子十六/21－7/
8646.5(110766)

靈峰蕅益大師選定淨土十要十卷 （明）釋智
旭輯 （清）釋成時評點節略 清光緒二十年
(1894)廣陵藏經禪院刻本 四冊

420000－2302－0002408 善集二/0－7/4442
（69096）

靈護集一卷附錄一卷 （明）葉世傛撰 明崇
禎十三年(1640)吳江葉紹袁刻本 一冊

420000－2302－0002409 叢/1－8/3141
（26265）

靈鶼閣叢書五十六種 （清）江標輯 清光緒
元和江氏湖南使院刻本 四十八冊

420000－2302－0002410 子八/1－8/1141
（65163）

靈樞經九卷 （清）張志聰集注 清光緒十六
年(1890)浙江書局刻本 八冊

420000－2302－0002411 子八/1－8/7583
（111450）

靈素提要淺註十二卷 （清）陳念祖集註 清
光緒三十三年(1907)巴蜀善成堂刻本 一冊
存二卷(一至二)

420000－2302－0002412 史十二/363/0050.42
（55801）

嶺表錄異三卷 （唐）劉恂撰 清蘇州書局翻
刻武英殿聚珍本 一冊

420000－2302－0002413 集一/763/7244
（33012）

嶺南群雅初集不分卷二集不分卷初補不分卷
（清）劉彬華輯 清嘉慶十八年(1813)玉壺
山房刻本 八冊

420000－2302－0002414 善集一/763/2240.81
（33411）

嶺南三大家詩選二十四卷 （清）王隼編 清
康熙刻本 八冊

420000－2302－0002415 叢/363/2114.2
（28515）

嶺南遺書五十九種 （清）伍元薇 （清）伍崇
曜輯 清道光、同治南海伍氏粵雅堂文字歡
娛室刻本 九十六冊

420000－2302－0002416 史十七/12－8/
3246(85252)

琉球入學見聞錄四卷 （清）潘相撰 清乾隆
刻本 四冊

420000－2302－0002417 集二/4.7/7237
（35355）

劉蕺山文粹二卷明史本傳一卷 （明）劉宗周
撰 清光緒二十一年(1895)海天旭日研齋刻
本 二冊

420000－2302－0002418 集二/0－8/7229
（65694）

劉椒雲先生遺書一卷 （清）劉傳瑩撰 清光
緒三十四年（1908）鳳山學舍刻宣統二年
(1910)印本 一冊

420000－2302－0002419 叢/5－8/7225
（53635）

劉氏遺書八種 （清）劉台拱撰 清光緒十五
年(1889)刻本 二冊

420000－2302－0002420 史十一/21－8/
7273.1(78236)

劉武慎公[長祐]年譜三卷 （清）鄧輔綸
（清）王政慈編 清光緒二十五年(1899)鉛印
本 三冊

420000－2302－0002421 集二/1.7/7241.7
（34587）

劉忠宣公文集一卷宣召錄一卷家規十條詩集
三卷西行稿一卷遺集附錄文二卷詩一卷
（明）劉大夏撰 （清）劉世傑編 年譜二卷
（清）劉乙燃纂輯 清光緒元年(1875)刻本

六冊

420000 - 2302 - 0002422　善集二/0 - 7/7277
(40733)

劉子威集三十二卷　(明)劉鳳撰　明萬曆四年(1576)吳郡劉溥卿刻本　十二冊

420000 - 2302 - 0002423　集二/0 - 42/4731.4
(90252)

柳河東集四十五卷附錄一卷外集五卷遺文一卷　(唐)柳宗元撰　(明)蔣翹輯注　清道光四年(1824)刻本　十六冊

420000 - 2302 - 0002424　集二/0 - 42/4731
(88113)

柳河東先生詩集三卷　(唐)柳宗元撰　清康熙四十一年(1702)洞庭席氏琴川書屋刻本　一冊

420000 - 2302 - 0002425　集二/0 - 42/3010
(103743)

柳柳州集四卷　(唐)柳宗元撰　清退補齋刻本　一冊

420000 - 2302 - 0002426　集二/1.42/4731.7
(34827)

柳文四十三卷附錄一卷別集二卷外集二卷
(唐)柳宗元撰　(唐)劉禹錫編　(宋)穆修訂　清同治七年(1868)永州知府刻本　八冊

420000 - 2302 - 0002427　善集二/0 - 42/4731(67817)

柳文四十三卷柳文別集二卷柳文外集二卷
(唐)柳宗元撰　清刻本　八冊　存二十一卷(二十七至四十三、別集二卷、外集二卷)

420000 - 2302 - 0002428　集一/311.8/4777
(31901)

六朝四家全集二十二卷　(清)胡鳳丹輯　清同治九年(1870)永康胡氏退補齋刻本　八冊

420000 - 2302 - 0002429　集一/121 - 8/4777
(88788)

六朝四家全集十七卷採輯歷朝詩話一卷附辨誤考異一卷　(清)胡鳳丹輯　清同治退補齋刻本　四冊　存十五卷(陶彭澤集六卷、謝宣

城集五卷、鮑參軍集二卷、採輯歷朝詩話一卷、附陶彭澤集辨誤考異一卷)

420000 - 2302 - 0002430　集一/211.8/7120
(31768)

六朝唐賦讀本不分卷　(清)馬傳庚選注　清光緒二年(1876)京都松竹齋刻本　二冊

420000 - 2302 - 0002431　善集一/42 - 3/0846(70604)

六朝文絜四卷　(清)許槤評選　清道光五年(1825)朱鈞刻朱墨套印本　二冊

420000 - 2302 - 0002432　集一/41 - 8/0845.2
(92766)

六朝文絜四卷　(清)許槤評選　清道光許氏刻朱墨套印本光緒三年(1877)南海馮氏讀有用書齋影刻本　二冊

420000 - 2302 - 0002433　集一/412.35/0845
(33681)

六朝文絜四卷　(清)許槤評選　清光緒五年(1879)刻本　二冊

420000 - 2302 - 0002434　集一/412.35/0845
(33683)

六朝文絜四卷　(清)許槤評選　清光緒三年(1877)刻本　四冊

420000 - 2302 - 0002435　集一/10 - 42/4080

六臣註文選六十卷　(南朝梁)蕭統撰　(唐)李善注　明刻本(卷十七至十九用見龍精舍本補配)　三十冊

420000 - 2302 - 0002436　史五/1 - 8/7774
(636522)

六合紀事四卷　(清)周長森撰　清抄本二冊

420000 - 2302 - 0002437　集一/10 - 42/4080

六家文選六十卷　(南朝梁)蕭統輯　(唐)李善注　明嘉靖十三年至二十八年(1534 - 1549)吳郡袁褧嘉趣堂刻本　十冊　存九卷(一至九)

420000 - 2302 - 0002438　善經一/21 - 52/

8740(92860)

六經奧論六卷首一卷 （宋）鄭樵撰 清康熙十九年（1680）通志堂刻本 二冊

420000－2302－0002439 經一/32－52/2071.5(92862)

六經正誤六卷 （宋）毛居正校勘 清康熙十九年（1680）通志堂刻本 二冊

420000－2302－0002440 子四/4/3480(8233)

六圖沈新周先生地學二卷 （清）沈鎬撰 清康熙五十二年（1713）刻本 二冊

420000－2302－0002441 子十/5－/0832(93598)

六壬初學便覽□□卷六壬分類便覽不分卷 許爲先編 清末抄本 一冊

420000－2302－0002442 子十/5－/3029(93628)

六壬精蘊摘録不分卷 （□）□□編 清末抄本 一冊

420000－2302－0002443 子十/5－/0020(93638)

六壬雜鈔不分卷 （□）□□編 清末抄本 一冊

420000－2302－0002444 集二/0－7/0030(88828)

六如居士全集七卷 （明）唐寅撰 清光緒十一年（1885）鎮江文成堂刻本 二冊 存三卷（一至三）

420000－2302－0002445 集四/51－8/1148.1(86179)

六如亭二卷 （清）羅浮花農填詞 （清）雲門山樵評點 清刻本 一冊

420000－2302－0002446 經二/1－8/1158

六十四卦通解二卷 （清）張猶撰 清乾隆刻本 二冊

420000－2302－0002447 集二/0－8/3144(71779)

六是堂詩選一卷文稿略編一卷附録一卷 （清）顧如華著 清光緒十八年（1892）刻本 一冊

420000－2302－0002448 善經十/23－8/2344

六書分類十二卷首一卷 （清）傅世堯撰 清康熙四十四年（1705）汝南周天健廣州聽松閣刻本 十五冊

420000－2302－0002449 經十/21.9/3031.6(16178)

六書通十卷 （明）閔齊伋輯 （清）畢弘述篆訂 清光緒四年（1878）刻本 五冊

420000－2302－0002450 經十/24－8/7702.6(111006)

六書通十卷 （明）閔齊伋撰 （清）畢弘述篆訂 清刻本 三冊 存六卷（一至六）

420000－2302－0002451 經十/32－8/7714(110700)

六書音均表五卷 （清）段玉裁記 清同治十一年（1872）湖北崇文書局刻本 二冊

420000－2302－0002452 經十/32－8/7714(62002)

六書音韻表五卷 （清）段玉裁撰 清同治十一年（1872）湖北崇文書局刻本 二冊

420000－2302－0002453 經十/32－8/7714(62004)

六書音韻表五卷 （清）段玉裁撰 清同治十一年（1872）湖北崇文書局刻本 二冊

420000－2302－0002454 經十/21.8/7714(9639)

六書音韻表五卷 （清）段玉裁撰 清刻本 一冊

420000－2302－0002455 經十/32.8/7714(16345)

六書音韻表五卷 （清）段玉裁撰 清刻本 一冊

420000－2302－0002456 經十/42－64/7721

143

六書正譌五卷　（元）周伯琦撰　清同治四年(1865)大興邵綏名刻本　五冊

420000－2302－0002457　史八/1－8/3420(75912)

六通訂誤六卷　（清）席裕福　（清）沈師齊訂誤　清光緒上海圖書集成局鉛印本　二冊

420000－2302－0002458　史八/11.8/2314(5947)

六通訂誤六卷　（清）席裕福　（清）沈師齊訂誤　清光緒上海圖書集成局鉛印本　二冊

420000－2302－0002459　史八/1－8/0033(110803)

六通訂誤六卷　（清）席裕福　（清）沈師齊訂誤　清光緒上海圖書集成局鉛印本　二冊

420000－2302－0002460　集二/0－51/7772(88833)

六一居士全集錄五卷外集錄二卷　（宋）歐陽修撰　清光緒八年(1882)江蘇書局刻本　一冊　存四卷(一、三至四,外集錄一)

420000－2302－0002461　子二/42.64/8717(16907)

六藝綱目二卷　（元）舒天民述　清光緒七年(1881)汪氏刻本　二冊

420000－2302－0002462　經一/11－8/1060(57072)

六藝堂詩禮七編　（清）丁晏輯　清咸豐二年(1852)聊城海源閣刻本　十冊

420000－2302－0002463　集二/0－8/0145(93579)

龍城書牘不分卷　（清）□□撰　清末抄本　一冊

420000－2302－0002464　集二/0－52/7500(71057)

龍川文集三十卷附錄二卷　（宋）陳亮撰　辨譌考異二卷　（清）胡鳳丹撰　清光緒元年(1875)湖北崇文書局刻本　十冊

420000－2302－0002465　集二/0－52/7500(81835)

龍川文集三十卷附錄二卷　（宋）陳亮撰　辨譌考異二卷　（清）胡鳳丹撰　清光緒元年(1875)湖北崇文書局刻本　十冊

420000－2302－0002466　集二/4.5/7500(35958)

龍川文集三十卷附錄二卷　（宋）陳亮撰　辨譌考異二卷　（清）胡鳳丹撰　清光緒元年(1875)湖北崇文書局刻本　十冊

420000－2302－0002467　集二/1.8/3436(14324)

龍岡山人全集詩鈔十八卷又二卷文鈔九卷駢體文鈔二卷　（清）洪良品著　清光緒四年至十八年(1878－1892)刻本　十冊

420000－2302－0002468　集二/0－8/3436(67847)

龍岡山人詩鈔十八卷　（清）洪良品撰　清末刻本　六冊

420000－2302－0002469　子十四/1－42/1208.7(71712)

龍筋鳳髓判四卷　（唐）張鷟撰　（明）劉允鵬注　（清）陳春補　清嘉慶十六年(1811)陳氏湖海樓刻本　四冊

420000－2302－0002470　經十/23.61/2142(16356)

龍龕手鑑四卷　（遼）釋行均撰　清光緒八年(1882)樂道齋刻本　四冊

420000－2302－0002471　叢/1－8/7123(55822)

龍威秘書一百六十九種　（清）馬俊良輯　清乾隆、嘉慶馬氏大酉山房刻本　七十三冊

420000－2302－0002472　叢/1－8/7123(26909)

龍威秘書一百六十九種　（清）馬俊良輯　清乾隆、嘉慶馬氏大酉山房刻本　八十冊

420000－2302－0002473　經十/21－7/4434.4(110198)

龍文鞭影四卷　（明）蕭良有撰　（清）楊臣諍

增訂 （清）李恩綬校補 清光緒二十一年
(1895)瓊林書局刻本 二冊

420000－2302－0002474 叢/1－9/7512
(24018)

瓏□仙館秘笈叢編 陳琰輯 清宣統三年
(1911)上海六藝書局石印本 八冊 存二種

420000－2302－0002475 善集二/0－7/2608
(34926)

樓山堂集二十七卷 （明）吳應箕撰 清初刻
本 六冊

420000－2302－0002476 史十二/544/3022.96
(90499)

盧山詩錄四卷 易順鼎輯 清光緒十九年
(1893)刻本 一冊

420000－2302－0002477 史十二/5244/
0022.82(79669)

盧山志十五卷 （清）毛德琦纂 清康熙五十
九年(1720)刻本 十六冊

420000－2302－0002478 集一/121/1131
(735703)

盧陽三賢集三種包孝肅奏議十卷附錄一卷青
陽山房集五卷附錄一卷垂光集二卷附錄一卷
（清）張孝雲輯 清光緒元年(1875)合肥張
氏毓秀堂刻本 四冊

420000－2302－0002479 善集二/0－8/3414
(64379)

魯軒詩稿不分卷 （清）洪子彬撰 清末抄本
一冊

420000－2302－0002480 子五/28.8/0060
(8434)

陸操新義四卷 （德國）康貝撰 清光緒二十
三年(1897)刻本 四冊

420000－2302－0002481 善集二/0－5/7438
(34363)

陸放翁全集一百五十七卷 （宋）陸游撰 明
毛氏汲古閣刻本 三十冊

420000－2302－0002482 叢/5－8/7442

(28671)

陸桴亭先生遺書二十二種 （清）陸世儀撰
清光緒二十五年(1899)太倉唐受祺京師刻本
二十八冊

420000－2302－0002483 史八/62－8/7431
(91390)

陸軍刑法草案不分卷 （□）□□編 清光緒
二十四年(1898)北洋陸軍編譯局鉛印本
一冊

420000－2302－0002484 經七/42－42/7426
(110754)

陸氏三傳釋文音義十六卷 （唐）陸德明撰
清刻本 一冊 存七卷(一至七)

420000－2302－0002485 子十二/4.8/0443
(8506)

陸象山先生全集三十六卷 （明）陸九淵撰
明嘉靖刻本 一冊 存一卷(三十五)

420000－2302－0002486 集二/4.42/7444.1
(39560)

陸宣公集二十二卷年譜一卷 （唐）陸贄撰
清同治五年(1866)楊氏問竹軒家塾刻本
六冊

420000－2302－0002487 子十二/2－8/1088
(110775)

菉友肊說一卷附錄一卷 （清）王筠撰 清光
緒二十一年(1895)元和江氏師鄦室長沙使院
刻本 一冊

420000－2302－0002488 集二/0－8/4421.6
(93314)

鹿洲初集二十卷 （清）藍鼎元撰 （清）曠敏
本評 清同治四年(1865)緯文堂刻本 六冊

420000－2302－0002489 集五/3.8/4421
(39943)

鹿洲公案二卷 （清）藍鼎元撰 清道光六年
(1826)仁和許乃濟刻本 二冊

420000－2302－0002490 子十二/5－8/2492
(55999)

淥水亭雜識四卷 （清）納蘭性德撰 清宣統

三年(1911)鉛印本　一冊

420000 - 2302 - 0002491　史四/0 - 52/6033.0
(91207)

路史節讀十卷　（宋）羅泌撰　（清）廖文錦節
訂　清光緒二十八年(1902)嘉定廖氏刻本
四冊

420000 - 2302 - 0002492　史四/0 - 52/6033.6
(102772)

**路史前紀九卷後紀十三卷餘論十卷發揮六卷
國名紀十一卷**　（宋）羅泌撰　（宋）羅苹注
明刻本　十五冊　存四十五卷(前紀五至九、
後紀十三卷、餘論十卷、發揮六卷、國名紀十
一卷)

420000 - 2302 - 0002493　史四/0 - 52/6033.6
(90385)

路史四十七卷　（宋）羅泌纂　（宋）羅苹註
清同治五年(1866)五桂堂刻光緒二年(1876)
趙承恩紅杏山房印本　十六冊

420000 - 2302 - 0002494　史四/0 - 52/6033.6
(90401)

路史四十七卷　（宋）羅泌纂　（宋）羅苹註
清同治五年(1866)五桂堂刻光緒二年(1876)
趙承恩紅杏山房印本　十六冊

420000 - 2302 - 0002495　集二/0 - 51/4458
(90778)

**欒城集四十八卷後集二十四卷三集十卷應詔
集十二卷**　（宋）蘇轍撰　清道光十二年
(1832)眉州三蘇祠刻本　二十七冊

420000 - 2302 - 0002496　集二/1.5/4459
(34421)

**欒城集四十八卷後集二十四卷三集十卷應詔
集十二卷**　（宋）蘇轍撰　清道光十二年
(1832)眉州三蘇祠刻本　二十九冊

420000 - 2302 - 0002497　子二/42.8/7224
(13643)

倫理學教科書　（清）劉師培著　清光緒三十
二年(1906)國學保存會石印本　一冊

420000 - 2302 - 0002498　子九/4.8/4438

**論格致理法綱要一卷初學宜讀諸書要略一卷
初學稍進讀書要略一卷讀評書須知一卷**　葉
瀚撰　清光緒二十三年(1897)仁和葉氏刻本
一冊

420000 - 2302 - 0002499　子十二/5 - 22/
1000(91944)

論衡三十卷　（漢）王充撰　明刻清乾隆補修
本　八冊

420000 - 2302 - 0002500　子十二/1.8/4061
(8546)

論理學綱要　（日本）十時彌撰　（清）田吳沼
譯　清光緒三十二年(1906)上海商務印書館
鉛印本　一冊

420000 - 2302 - 0002501　經九/32 - 8/6038
(81812)

論語廣注二卷　（清）畢憲曾撰　清嘉慶刻本
二冊

420000 - 2302 - 0002502　經九/31.8/4441
(15393)

論語後案二十卷　（清）黃式三撰　清光緒九
年(1883)刻本　十冊

420000 - 2302 - 0002503　經九/32 - 8/4441
(55175)

論語後案二十卷　（清）黃式三撰　清光緒九
年(1883)刻本　十冊

420000 - 2302 - 0002504　經九/32 - 52/2540
(111200)

論語或問二十卷　（宋）朱熹撰　清刻本
四冊

420000 - 2302 - 0002505　經九/31.5/8073
(15469)

論語集注考證十卷孟子集注考證七卷　（宋）
金履祥撰　（清）胡鳳丹校梓　清同治十二年
(1873)刻本　三冊

420000 - 2302 - 0002506　經九/32 - 8/3308
(57194)

論語旁證二十卷　（清）梁章鉅撰　清光緒十

二年(1886)鉛印本　四冊

420000－2302－0002507　經九/32－8/3308
(57149)

論語旁證二十卷　(清)梁章鉅撰　清同治十二年(1873)刻本　六冊

420000－2302－0002508　經九/32－52/2540
(102635)

論語十卷　(宋)朱熹集注　清同治六年(1867)湖北崇文書局刻本　二冊

420000－2302－0002509　經九/32－8/0805
(93705)

論語史證不分卷　(□)□□撰　清抄本
一冊

420000－2302－0002510　經九/32－8/3087
(61813)

論語說義十卷　(清)宋翔鳳撰　清道光刻本
二冊

420000－2302－0002511　經九/32－8/1124
(80626)

論語緒言一卷　(清)張秉直撰　清光緒十二年(1886)劉氏傳經堂刻本　一冊

420000－2302－0002512　經九/31.8/7234
(15387)

論語正義二十四卷　(清)劉寶楠撰　清同治五年(1866)刻本　六冊

420000－2302－0002513　經九/32－24/
2160.1(57217)

論語注疏解經十卷札記一卷　(三國魏)何晏集解　(宋)邢昺疏　劉世珩撰　清光緒三十三年(1907)貴池劉氏玉海堂刻本　二冊

420000－2302－0002514　善經九/32－24/
2160.1(15472)

論語註疏解經二十卷　(三國魏)何晏集解　(宋)邢昺疏　明萬曆十四年(1586)北京國子監刻本　四冊

420000－2302－0002515　集二/0－52/6071.6
(94072)

羅鄂州小集六卷　(宋)羅願撰　**羅鄂州遺文一卷**　(宋)羅頌撰　清光緒十九年(1893)黟縣李氏刻本　二冊

420000－2302－0002516　子二/6－7/6034.7
(110081)

羅近溪先生語要一卷　(明)羅汝芳撰　(明)陶望齡輯　清光緒二十年(1894)江寧府城刻本　一冊

420000－2302－0002517　子十/4.8/4764
(19208)

羅經解定七卷羅經問答一卷　(清)胡國楨撰　**陽宅都天發用全書一卷**　(清)瞿天賚撰
清刻本　四冊

420000－2302－0002518　子八/2.9/6022
(17796)

羅氏會約醫鏡二十卷　(清)羅國綱輯　清刻本　一冊

420000－2302－0002519　史十一/21－8/
6092.6(77019)

羅文恪公年譜一卷　(清)羅榘等編　清光緒羅氏家刻本　一冊

420000－2302－0002520　集一/5－7/6044.6
(82305)

羅文止先生稿二卷　(明)羅萬藻撰　(清)呂留良評點　清天蓋樓刻本　二冊

420000－2302－0002521　史十一/21－8/
6067(722342)

羅壯勇公年譜二卷　(清)羅思舉撰　清光緒汪氏振綺堂刻本　一冊

420000－2302－0002522　子十二/2.8/2048
(20212)

蘿藦亭札記八卷　(清)喬松年撰　清同治十二年(1873)刻本　四冊

420000－2302－0002523　史五/2－51/1107
(87238)

洛陽搢紳舊聞記五卷　(宋)張齊賢撰　清乾隆四十一年(1776)刻本　一冊

420000 – 2302 – 0002524　子 八/62.8/1015
(18093)

絡雪園古方選註三卷 （清）王子接註　清掃
葉山房刻本　四冊

420000 – 2302 – 0002525　善子十二/13 – 18/
6014(70728)

呂氏春秋二十六卷 （漢）高誘注　明萬曆七
年(1579)義烏虞德燁維揚資政左室刻本
六冊

420000 – 2302 – 0002526　善子十二/13 – 18/
6014.4(69904)

呂氏春秋二十六卷 （漢）高誘注　（明）李鳴
春評　明天啓七年(1627)南京畢氏刻本　六
冊　存十九卷(一至十九)

420000 – 2302 – 0002527　善子十二/13 – 18/
6014.6(69889)

呂氏春秋二十六卷 （漢）高誘注　（清）畢沅
校正　清乾隆五十四年(1789)鎮洋畢氏靈巖
山館刻本　六冊

420000 – 2302 – 0002528　善子十二/13 – 18/
6014.6(69895)

呂氏春秋二十六卷 （漢）高誘注　（清）畢沅
校正　清乾隆五十四年(1789)鎮洋畢氏靈巖
山館刻本　六冊

420000 – 2302 – 0002529　子十二/13 – 17/
6014.0

呂氏春秋二十六卷附攷一卷 （戰國）呂不韋
編　（漢）高誘注　（清）畢沅校　清光緒元年
(1875)浙江書局刻本　六冊

420000 – 2302 – 0002530　史九/2 – 8/6074
(77155)

呂文節公奏議二卷 （清）呂賢基撰　清光緒
惇福堂刻本　二冊

420000 – 2302 – 0002531　善子二/41 – 7/
6045.7

呂子節錄四卷 （明）呂坤著　清乾隆元年
(1736)陳氏培遠堂刻本　四冊

420000 – 2302 – 0002532　子十六/37/6033

(10074)

呂祖全書三十二卷 （清）劉體恕輯　清同治
七年(1868)刻本　十一冊

420000 – 2302 – 0002533　集二/3.8/4444
(35556)

邵亭遺詩八卷 （清）莫友芝撰　清光緒元年
(1875)刻本　一冊

420000 – 2302 – 0002534　集二/4.8/4444
(4947)

邵亭遺文八卷 （清）莫友芝撰　（清）趙崧校
輯　清咸豐至光緒刻本　一冊

420000 – 2302 – 0002535　集一/221/7748.7
(11864)

律賦衡裁六卷 （清）周嘉猷　（清）周鈐蒐輯
（清）湯騁評騭　（清）蔣鳴珂注釋　清刻本
四冊

420000 – 2302 – 0002536　集二/0 – 8/3140
(87473)

綠夫容閣詩集四卷 （清）汪存撰　清光緒漢
陽張錦華刻本　一冊

420000 – 2302 – 0002537　集二/4.8/8740
(37191)

綠猗軒文鈔二卷駢體文鈔一卷 （清）舒燾撰
清同治四年(1865)長沙刻本　三冊

420000 – 2302 – 0002538　子 八/4.8/0411
(17854)

麻科活人全書四卷 （清）謝玉瓊纂輯　清道
光二十年(1840)刻本　四冊

420000 – 2302 – 0002539　子 八/11 – 8/5730.8
(100597)

麻症活人全書四卷 （清）靜遠主人編　清道
光十年(1830)刻本　一冊

420000 – 2302 – 0002540　史 八/11/2314
(5787)

馬氏文獻通考三百四十八卷考證二卷 （元）
馬端臨撰　清光緒二十七年(1901)上海圖書
集成局石印本　四十四冊

420000 – 2302 – 0002541　史十一/21 – 8/
7112(62552)

馬忠武公榮哀録一卷　馬廉德編　清末石印
本　一冊

420000 – 2302 – 0002542　子八/15.1 – 32/
1022.4(65171)

脈經十卷　（晉）王叔和撰　（宋）林億類次
楊守敬校　清光緒十九年(1893)黄岡陶子麟
刻本　四冊

420000 – 2302 – 0002543　子八/15.1 – 32/
1022.1(93568)

脈訣辨真四卷　（晉）王叔和撰　（明）張世賢
註　清末抄本　一冊　存一卷(一)

420000 – 2302 – 0002544　子八/15.1 – 8/
4432(89264)

脈理求真三卷　（清）黄宮繡撰　清乾隆三十
九年(1774)刻本　一冊

420000 – 2302 – 0002545　集一/412.8/4037
(11981 – 4)

邁堂文略四卷　（清）李祖陶撰　清同治七年
(1868)敖陽尚友樓刻本　四冊

420000 – 2302 – 0002546　集二/0 – 8/3734
(92740)

縵龢亭集三十二卷後集十二卷　（清）祁寯藻
撰　清咸豐壽陽祁氏刻本　六冊

420000 – 2302 – 0002547　善集二/0 – 7/2897
(65789)

幔亭集十五卷　（明）徐熥撰　（明）陳薦夫選
（明）王若編　明萬曆二十九年(1601)刻本
四冊　存六卷(一至二、七至八、十四至十
五)

420000 – 2302 – 0002548　經四/1.8/7117
(14615)

毛詩傳箋通釋三十二卷　（清）馬瑞辰撰　清
道光十五年(1835)學古堂刻本　十二冊

420000 – 2302 – 0002549　經四/1.8/7527
(40388)

毛詩傳疏三十卷　（清）陳奐撰　清光緒七年
(1881)刻本　四冊

420000 – 2302 – 0002550　經四/1 – 8/3140
(57289)

毛詩訂詁八卷附録二卷　（清）顧棟高撰　清
光緒二十二年(1896)江蘇書局刻本　四冊

420000 – 2302 – 0002551　經四/1.8/4711
(2261)

毛詩後箋三十卷　（清）胡承珙撰　清光緒十
六年(1890)廣雅書局刻本　十二冊

420000 – 2302 – 0002552　經四/1 – 8/7124
(62094)

毛詩學一卷　（清）馬貞榆撰　清末湖北存古
學堂木活字印本　一冊

420000 – 2302 – 0002553　善經十/1 –
42/5321

毛詩指說一卷　（唐）成伯瑜撰　（清）成德校
訂　**詩本義十五卷附鄭氏詩譜一卷**　（宋）歐
陽修撰　（清）成德校訂　清康熙十九年
(1680)通志堂刻本　三冊

420000 – 2302 – 0002554　集一/212.8/2673
(13448)

茂林賦鈔初集一卷二集一卷　（清）吳學洙編
輯　清同治三年(1864)刻本　三冊

420000 – 2302 – 0002555　集二/0 – 51/4453.1
(81742)

眉山詩案廣證六卷　（清）張鑑撰　清光緒十
年(1884)江蘇書局刻本　一冊

420000 – 2302 – 0002556　善集二/0 – 8/2623
(36059)

梅村集二十卷　（清）吳偉業撰　清順治十七
年(1660)刻本　十二冊

420000 – 2302 – 0002557　集七/2.8/2623
(38013)

梅村詩話不分卷　（清）吳偉業撰　清宣統三
年(1911)上海掃葉山房石印本　一冊

420000 – 2302 – 0002558　集二/0 – 8/2623.2
(110629)

梅村詩集箋注十八卷 （清）吳偉業撰 （清）吳翌鳳箋注 **吳梅村先生行狀一卷** （清）顧湄撰 清嘉慶十九年（1814）嚴榮滄浪吟榭刻本 六冊 存九卷（一至八、行狀一卷）

420000－2302－0002559 集二/0－8/2623.2（110599）

梅村詩集箋注十八卷 （清）吳偉業撰 （清）吳翌鳳箋注 清刻本 六冊 存十一卷（八至十八）

420000－2302－0002560 集二/3.8/2623.2（36026）

梅村詩集箋注十八卷 （清）吳偉業撰 （清）吳翌鳳箋注 清光緒十年（1884）湖北官書處刻木 十二冊

420000－2302－0002561 集一/743.8/6005/2（11620－）

梅花書院二集不分卷 （清）晏彤甫評選 清光緒元年（1875）梅花書院刻本 四冊

420000－2302－0002562 子九/3－9/4807（62801）

梅氏叢書輯要六十卷 （清）梅文鼎撰 **附錄二卷** （清）梅瑴成撰 清光緒十三年（1887）鴻文書局石印本 六冊

420000－2302－0002563 集二/1.8/4883（36982）

梅氏遺書詩集一卷家書二卷附錄三卷年譜一卷 （清）梅鍾澍輯 清宣統三年（1911）梅氏莓田古屋刻本 三冊

420000－2302－0002564 善集二/0－7/2548（36256）

梅雪軒詩稿四卷 （明）朱敬鑑撰 明萬曆金陵王燦蘭亭書坊刻本 四冊

420000－2302－0002565 子八/3.7/7515（17561）

黴瘡秘録不分卷 （明）陳司成撰 清刻本 一冊

420000－2302－0002566 史五/1－52/1714.5（88529）

蒙韃備録一卷 （宋）孟珙撰 （清）曹元忠校注 清光緒曹氏箋經室刻本 一冊

420000－2302－0002567 史三/3－8/4482（100934）

蒙古紀事本末二卷 （清）韓善徵撰 清光緒三十一年（1905）上海春記石印本 二冊

420000－2302－0002568 史十二/315/4440.93（86814）

蒙古史二卷 （日本）河野元三撰 歐陽瑞驊譯 清宣統三年（1911）江南圖書館鉛印本 一冊

420000－2302－0002569 史十五/42－8/7548（56032）

蒙古西域諸國錢譜四卷 （清）陳其鑌譯 清宣統三年（1911）泉唐汪氏鉛印本 一冊

420000－2302－0002570 史十二/315/4440.81（79623）

蒙古游牧記十六卷 （清）張穆撰 （清）何秋濤校補 清同治六年（1867）壽陽祁氏刻本 四冊

420000－2302－0002571 史十二/315/4440.81（92117）

蒙古游牧記十六卷 （清）張穆撰 （清）何秋濤校補 清同治六年（1867）壽陽祁氏刻本 四冊

420000－2302－0002572 子二/42.8/7224（16910）

蒙求補宋二卷 （清）劉鳳墀輯 清光緒十九年（1893）刻本 一冊

420000－2302－0002573 善集二/0－42/1707（69403）

孟東野集十卷 （唐）孟郊撰 明毛氏汲古閣刻本 二冊

420000－2302－0002574 集二/0－8/7277（92896）

孟塗前集十卷後集二十二卷文集十卷駢體文二卷 （清）劉開撰 清道光六年（1826）桐城姚氏檗山草堂刻本 八冊

420000 – 2302 – 0002575　史十一/22 – 17/
1751.4(77016)

孟子編年四卷　（清）狄子奇編　清光緒十三
年(1887)浙江書局刻本　一冊

420000 – 2302 – 0002576　經九/42 – 52/2540
(111199)

孟子或問十四卷　（宋）朱熹撰　清刻本
一冊

420000 – 2302 – 0002577　經九/42 – 8/1025
(110458)

孟子集註本義匯參十四卷首一卷　（清）王步
青輯　（清）王士鼇編　清敦復堂刻本　六冊
存八卷(一至七、首一卷)

420000 – 2302 – 0002578　經九/41.5/2540
(15438)

孟子七卷　（宋）朱熹集注　清同治六年
(1867)湖北崇文書局刻本　三冊

420000 – 2302 – 0002579　經九/41.5/2540
(15443)

孟子要略五卷　（宋）朱熹編　（清）劉傳瑩輯
清同治十三年(1874)刻本　一冊

420000 – 2302 – 0002580　經九/42 – 22/
4924.1(55995)

孟子章句十四卷音義二卷　（漢）趙岐注　清
乾隆曲阜孔氏刻本　四冊

420000 – 2302 – 0002581　經九/42 – 8/2022
(111230)

孟子正義三十卷　（清）焦循譔集　清刻本
十一冊　存二十七卷(四至三十)

420000 – 2302 – 0002582　集四/2.5/2604
(38285)

夢窗甲乙丙丁稿四卷補遺一卷　（宋）吳文英
撰　清光緒三十年(1904)四印齋刻本　三冊

420000 – 2302 – 0002583　史十一/31 – 8/
3193(100572)

夢痕錄餘一卷　（清）汪輝祖撰　清咸豐刻本
一冊

420000 – 2302 – 0002584　善集二/0 – 8/1003
(36212)

夢樓詩集二十四卷　（清）王文治撰　清乾隆
六十年(1795)丹徒王氏食舊堂自刻本　八冊

420000 – 2302 – 0002585　集二/0 – 8/3161
(89206)

夢甦齋詩集六卷　（清）江國霖撰　清咸豐刻
本　一冊

420000 – 2302 – 0002586　集二/0 – 8/2842
(100573)

夢恬書屋詩抄一卷附桃花緣填辭一卷　（清）
徐朝彝撰　清道光刻本　一冊

420000 – 2302 – 0002587　子十二/2 – 51/
3452(89301)

夢溪筆談二十六卷補三卷續一卷　（宋）沈括
撰　清康熙重刻本　三冊　存二十二卷(一
至十八、補三卷、續一卷)

420000 – 2302 – 0002588　集二/0 – 7/1017
(67804)

夢澤集摘刊九卷首一卷附錄五卷　（明）王廷
陳撰　清道光十六年(1836)武昌江漢書院刻
王崇文堂印本　四冊

420000 – 2302 – 0002589　集二/4.7/1017
(35337)

夢澤集摘刊九卷首一卷附錄五卷　（明）王廷
陳撰　（清）王家璧校勘　清道光十七年
(1837)江漢書院刻本　四冊

420000 – 2302 – 0002590　史十七/14/6033
(7635)

米利堅志四卷　（日本）岡千仞撰　（日本）河
野通之撰　清光緒二十二年(1896)刻本　二
冊　存二卷(一至二)

420000 – 2302 – 0002591　子十六/26 – 8/
4983(110291)

秘藏指南二卷　（清）趙鉞編　清同治八年
(1869)妙然募刻本　一冊

420000 – 2302 – 0002592　子十六/26 – 8/
4983(110292)

秘藏指南二卷 （清）趙鉞編　清同治八年（1869）妙然募刻本　一冊

420000－2302－0002593　子七/3.8/7531

秘傳花鏡六卷 （清）陳淏子輯　清刻本　四冊

420000－2302－0002594　子七/3.8/7555（20523）

秘傳花鏡六卷 （清）陳淏子輯　清刻本　四冊

420000－2302－0002595　叢/1-8/3143（55283）

秘書二十一種 （清）汪士漢輯　清嘉慶九年（1804）新安汪氏刻本　十五冊

420000－2302－0002596　善子十二/5-5/0422（69765）

密齋筆記五卷續一卷 （宋）謝采伯撰　清光緒二十二年（1896）方來抄本　一冊

420000－2302－0002597　子七/253-8/0041（073110）

棉花圖一卷 （清）方觀承撰並繪　清抄本　一冊

420000－2302－0002598　善子七/253-8/0041（69856）

棉花圖一卷 （清）方觀承撰並繪　清乾隆三十年（1765）方氏刻朱印本　一冊

420000－2302－0002599　史十五/54-8/6051（93432）

面城精舍襍文甲編一卷乙編一卷　羅振玉撰　清光緒刻本　二冊

420000－2302－0002600　史十二/25/6649（79855）

苗防備覽二十二卷 （清）嚴如熤撰　清道光二十三年（1843）刻本　六冊

420000－2302－0002601　史十二/352/5032.82（64115）

苗疆聞見錄一卷 （清）徐家幹撰　清光緒刻本　一冊

420000－2302－0002602　經十/42-8/4480

（57401）

苗氏說文四種 （清）苗夔撰　清道光壽陽祁氏刻本　四冊　存二種

420000－2302－0002603　子十六/22-33/2643.6（100741）

妙法蓮華經七集 （後秦）釋鳩摩羅什譯　清光緒三十年（1904）刻本　三冊

420000－2302－0002604　善集二/0-7/2145（40911）

蟻蠓集五卷 （明）盧柟撰　明萬曆三十年（1602）長清張其忠刻本　五冊

420000－2302－0002605　子六/3.8/3406/（8404）

名法指掌新例增訂四卷 （清）沈辛田輯　（清）鈕大燁增訂　清刻本　四冊

420000－2302－0002606　史十一/27-7/7732

名姬傳一卷 （明）陶宗儀輯　（明）田汝成補　清初刻本　一冊

420000－2302－0002607　子十六/210.-8/3710.1（110835）

名賢信向錄二卷 （清）釋澹雲　（清）鄧在達集　清光緒二十九年（1903）刻本　二冊

420000－2302－0002608　史五/1-7/7271（89593）

明朝國初事蹟一卷 （明）劉辰撰　清同治八年（1869）胡氏退補齋刻本　一冊

420000－2302－0002609　子十一/225.7/6072/3（8466）

明大參陳公手集同人尺牘不分卷　鄧實輯　清光緒上海國學保存會影印本　一冊

420000－2302－0002610　史九/2-7/2126（77312）

明大司馬盧公集十二卷首一卷附雙印記一卷 （明）盧象昇撰　清光緒三十四年（1908）會稽施惠刻本　十冊

420000－2302－0002611　子十一/215.7/

6072（8471）

明東林八賢遺札不分卷 （清）鄭實集　清光緒三十四年（1908）國學保存會石印本　一冊

420000－2302－0002612　史五/1－7/7717（76283）

明季稗史彙編十六種 （清）留雲居士輯　清都城琉璃廠刻本　十二冊

420000－2302－0002613　史五/2.7/3191（5701）

明季三朝野史四卷 （清）顧炎武編輯　清光緒三十四年（1908）上海刻本　一冊

420000－2302－0002614　史五/2.7/3191（5702）

明季三朝野史四卷 （清）顧炎武編輯　清光緒三十四年（1908）上海刻本　一冊

420000－2302－0002615　史五/2.7/3191（5703）

明季三朝野史四卷 （清）顧炎武編輯　清光緒三十四年（1908）上海刻本　一冊

420000－2302－0002616　史五/2.7/3191（5704）

明季三朝野史四卷 （清）顧炎武編輯　清光緒三十四年（1908）上海刻本　一冊

420000－2302－0002617　史十一/7－8/6723

明經通譜不分卷[光緒丁酉科] （清）光緒丁酉科明經同仁編　清光緒北京文奎齋刻本　四冊

420000－2302－0002618　集二/0－7/3682.3（77477）

明況太守龍岡公治蘇政績十六卷首一卷補遺一卷 （明）況鍾撰　（清）況廷秀編　清道光三十年（1850）照磨胡氏刻本　二冊

420000－2302－0002619　子十一/255.7/6072/5（8468）

明瞿忠宣公手札及蠟丸書不分卷 （清）瞿式耜書　清光緒上海國學保存會影印本　一冊

420000－2302－0002620　集一/6－8/3375

（90010）

明人尺牘四卷國朝尺牘六卷 （清）梁同書編　清光緒十七年（1891）刻本　一冊

420000－2302－0002621　善集一/62－7/1012.2（32752）

明人尺牘選四卷 （清）王元勳　（清）程化騄輯　清康熙四十四年（1705）王氏、程氏刻本　四冊

420000－2302－0002622　集二/1.7/1030（34623）

明儒王心齋先生遺集五卷首一卷 （明）王艮撰　**王一菴先生遺集二卷首一卷** （明）王棟撰　**明儒王東厓先生遺集二卷首一卷** （明）王襞撰　**明儒王東堧東隅東日天真四先生殘稿一卷首一卷** （明）王衣等撰　**王心齋先生弟子師承表一卷** （清）袁承業編輯　清宣統二年（1910）東臺袁氏袁承業鉛印本　六冊

420000－2302－0002623　史十一/22－7/4438（77606）

明儒學案六十二卷 （清）黃宗羲撰　清康熙三十二年（1693）賈氏刻本　十六冊

420000－2302－0002624　史十一/22－7/4438（77683）

明儒學案六十二卷首一卷 （清）黃宗羲撰　清光緒十四年（1888）刻本　二十四冊

420000－2302－0002625　集一/312.7/3102（33040）

明三十家詩選初集八卷二集八卷 （清）汪端輯　清同治十二年（1873）蘊蘭吟館刻本　十六冊

420000－2302－0002626　集一/32－8/3423.7（68830）

明詩別裁集十二卷 （清）沈德潛　（清）周準輯　清刻本　四冊

420000－2302－0002627　集一/32－7/3423.7（93464）

明詩別裁集十二卷 （清）沈德潛　（清）周準

輯　清乾隆四年(1739)刻本　一冊　存四卷
(一至四)

420000 - 2302 - 0002628　集一/312.7/3423.7
(32998)

明詩別裁集十二卷　(清)沈德潛　(清)周準
輯　清刻本　六冊

420000 - 2302 - 0002629　善集一/32 - 7/
2528(92248)

明詩綜一百卷　(清)朱彝尊編　清康熙刻本
四十冊

420000 - 2302 - 0002630　集一/312.7/2528
(32924)

明詩綜一百卷家數一卷　(清)朱彝尊録
(清)汪森緝評　清乾隆刻本　四十冊

420000 - 2302 - 0002631　子十一/225.7/
6072/2(8470)

明十五完人手帖不分卷　(明)黄道周等撰並
書　清光緒上海國學保存會影印本　一冊

420000 - 2302 - 0002632　史一/27 - 8/1111
(103545)

明史三百三十二卷目録四卷　(清)張廷玉等
撰　清光緒三年(1877)湖北崇文書局刻本
九冊　存四十六卷(一至四十二、目録四卷)

420000 - 2302 - 0002633　史一/27.8/1111
(5355)

明史三百三十二卷目録四卷　(清)張廷玉撰
　清乾隆四年(1739)刻本　一百二十冊

420000 - 2302 - 0002634　史二/2.7/1009
(5466)

明通鑑一百卷　(清)夏燮編輯　清同治十二
年(1873)宜黄官廨刻本　四十八冊

420000 - 2302 - 0002635　子十一/225.7/
6072/1(8469)

明王守仁高攀龍兩大儒手帖一卷　(明)王守
仁　(明)高攀龍書　清光緒三十二年(1906)
上海國學保存會影印本　一冊

420000 - 2302 - 0002636　子十一/225.7/

6072/4(8219)

明王文成與朱侍御三札不分卷　(明)王守仁
書　清光緒上海國學保存會影印本　一冊

420000 - 2302 - 0002637　集一/42 - 7/0020
(89355)

明文鈔初編六卷二編六卷五編六卷　(清)高
塘編評　清乾隆刻本　九冊

420000 - 2302 - 0002638　集一/6 - 7/4028
(87405)

明賢尺牘藏真三卷　(清)李經畬編　清光緒
七年(1881)李氏刻本　一冊

420000 - 2302 - 0002639　子十一/225.7/
6072/7(8465)

明賢合翰合冊不分卷　鄧實輯　清光緒上海
國學保存會影印本　一冊

420000 - 2302 - 0002640　史十一/22 - 7/
4234.3(649813)

明賢蒙正録二卷　(清)彭定求輯　(清)汪與
圖參評　清同治九年(1870)刻本　一冊

420000 - 2302 - 0002641　子十二/2.8/4438
(20384)

明夷待訪録一卷　(清)黄宗羲撰　清光緒二
十四年(1898)豐城余氏寶墨齋刻本　一冊

420000 - 2302 - 0002642　子十二/2.8/4438
(8268)

明夷待訪録一卷　(清)黄宗羲撰　清光緒二
十四年(1898)長沙經濟書局刻本　一冊

420000 - 2302 - 0002643　集二/0 - 7/1171
(111101)

明張文忠公全集四十六卷　(明)張居正撰
清刻本　一冊　存四卷(文集一至四)

420000 - 2302 - 0002644　集二/1.7/1171
(13391)

明張文忠公全集四十六卷附録二卷　(明)張
居正撰　清光緒二十七年(1901)紅藤碧樹山
館刻本　十六冊

420000 - 2302 - 0002645　史十七/12/5006

(7787)

明治政黨小史一卷 （日本）東京日日新報著 （清）出洋學生編譯所譯 清光緒二十八年（1902）上海商務印書館鉛印本 一冊

420000－2302－0002646 史十一/29－43/1144.6(73151)

明州定應大師布袋和尚傳一卷 （元）釋曇噩 （清）釋廣如撰 清同治十三年（1874）開慧刻本 一冊

420000－2302－0002647 集四/2－8/1150

茗柯詞一卷 （清）張惠言撰 清同治至光緒鄂官書處刻本 一冊

420000－2302－0002648 集二/0－8/1150.4(87197)

茗柯文初編一卷二編二卷三編一卷四編一卷 （清）張惠言撰 清宣統三年（1911）上海掃葉山房石印本 二冊

420000－2302－0002649 集二/0－8/1150(66089)

茗柯文初編一卷二編二卷三編一卷四編一卷 （清）張惠言撰 清光緒七年（1881）刻本 二冊

420000－2302－0002650 集二/0－8/1150(84140)

茗柯文初編一卷二編二卷三編一卷四編一卷 （清）張惠言撰 清光緒七年（1881）刻本 二冊

420000－2302－0002651 子十二/4－8/0032(71126)

茗餘隨錄四卷 （清）龐淵輯 清嘉慶十七年（1812）龐氏鹿門山房刻本 四冊

420000－2302－0002652 史九/2－8/8064.8(110847)

鳴原堂論文二卷 （清）曾國藩撰 （清）曾國荃審定 清同治十二年（1873）勵志齋刻本 二冊

420000－2302－0002653 史九/2－8/8064(111596)

鳴原堂論文二卷 （清）曾國藩撰 （清）曾國荃審定 清同治十二年（1873）勵志齋刻本 二冊

420000－2302－0002654 子十/6－/8018(93629)

命理金鑑不分卷 （□）□□撰 清抄本 一冊

420000－2302－0002655 子十六/22－33/4706.2(103098)

摩訶般若波羅蜜經三十卷 （後秦）釋鳩摩羅什譯 清光緒十五年（1889）如皋刻經處刻本 八冊

420000－2302－0002656 集四/2.8/6022(38240)

摩園閣詞二卷 易順鼎撰 清光緒八年（1882）刻本 一冊

420000－2302－0002657 集二/3.9/6022(35737)

摩園閣詩二卷 易順鼎著 清光緒八年（1882）刻本 一冊

420000－2302－0002658 史九/2－8/1122(77259)

橅滇奏議四卷 （清）張凱嵩撰 清光緒十九年（1893）張氏益齋刻本 四冊

420000－2302－0002659 史十二/241.1/4000.5(32883)

莫愁湖對文不分卷 （清）釋壽安輯 清刻本 一冊

420000－2302－0002660 史十二/5341/4423.87(79710)

莫愁湖志六卷首一卷 （清）馬士圖纂 清光緒八年（1882）刻本 二冊

420000－2302－0002661 史十二/5.2/4423.7(7286)

莫愁湖志六卷首一卷 （清）馬士圖撰 清光緒八年（1882）刻本 二冊

420000－2302－0002662 子十三/1.7/4443

(20533)

墨表四卷 （明）萬壽祺撰　清刻本　一冊

420000 – 2302 – 0002663　子十一/229 – 8/
4432.4(110109)

墨林今話十八卷 （清）蔣寶齡撰　**墨林今話
續編一卷** （清）蔣茝生撰　清咸豐二年
(1852)刻本　六冊

420000 – 2302 – 0002664　子十一/239.8/
4432(19888)

墨林今話十八卷 （清）蔣寶齡撰　清咸豐二
年(1852)刻本　六冊

420000 – 2302 – 0002665　史十五/55 – 8/
1188(100228)

墨妙亭碑目攷二卷附攷一卷 （清）張鑑撰
清光緒十年(1884)江蘇書局刻本　二冊

420000 – 2302 – 0002666　史十五/55 – 8/
1188(102787)

墨妙亭碑目攷二卷附攷一卷 （清）張鑑撰
清刻本　二冊

420000 – 2302 – 0002667　集一/5 – 8/4449.6
(91267)

墨香書屋時文摘豔不分卷 （清）恩榮評定
（清）蕭萬堂編輯　清光緒十二年(1886)刻本
四冊

420000 – 2302 – 0002668　子十一/216 – 8/
3024(87321)

墨緣匯觀四卷 （清）安岐撰　清刻本　二冊
存二卷(名畫一至二)

420000 – 2302 – 0002669　集五/2.5/1154
(36899)

墨莊漫録十卷 （宋）張邦基著　（明）商濬校
勘　清刻本　四冊

420000 – 2302 – 0002670　子四/1 – 8/6031
(85589)

墨子十六卷 （清）畢沅注　清乾隆四十八年
(1783)畢氏靈巖山館刻本　三冊

420000 – 2302 – 0002671　子四/1.8/6031

(17069)

墨子十六卷 （清）畢沅撰　清光緒二年
(1876)浙江書局刻本　四冊

420000 – 2302 – 0002672　子四/1 – 8/6031
(90377)

墨子十六卷附篇目考一卷 （清）畢沅撰　清
光緒元年(1875)湖北崇文書局刻本　四冊

420000 – 2302 – 0002673　善子四/1 – 8/1200

墨子閑詁十五卷 （清）孫詒讓撰　清宣統二
年(1910)刻本　八冊

420000 – 2302 – 0002674　子四/1 – 8/1200
(90077)

墨子閒詁十五卷目録一卷附録一卷後語二卷
（清）孫詒讓撰　清光緒三十三年(1907)瑞
安孫氏刻本　八冊

420000 – 2302 – 0002675　子四/8/1200
(8237)

墨子閒詁十五卷目録一卷附録一卷後語二卷
（清）孫詒讓編　清宣統二年(1910)瑞安孫
氏刻本　八冊

420000 – 2302 – 0002676　善集二/0 – 7/1021
(35477)

謀野集十卷 （明）王穉登撰　明江陰郁氏玉
樹堂刻本　十冊

420000 – 2302 – 0002677　集四/51 – 7/3663
(65153 – 4)

牡丹亭還魂記二卷 （明）湯顯祖撰　清光緒
十二年(1886)同文書局石印本　二冊

420000 – 2302 – 0002678　子二/44 – 8/7127
(110657)

木卜堂課幼草一卷 （清）馬名駒著　清鳴盛
堂刻本　二冊

420000 – 2302 – 0002679　集一/32 – 8/8021.4
(101071)

木皮散人鼓詞一卷附萬古愁曲一卷 （清）賈
鳬西著　清光緒三十三年(1907)葉氏觀古堂
刻本　一冊

420000－2302－0002680　叢/1－9/4058
(55191)

木犀軒叢書三十三種　李盛鐸編　清光緒德
化李盛鐸木犀軒刻本　四十冊

420000－2302－0002681　集六/1－8/6044
(723526)

目蓮救母三世寶卷一卷　(□)□□撰　清上
海宏大善書局石印本　一冊

420000－2302－0002682　善集二/0－64/
4293(69211)

牧庵集三十六卷附錄年譜一卷　(元)姚燧撰
清乾隆武英殿木活字印本　十二冊

420000－2302－0002683　子十一/224－8/
4447(85837)

牧甫習字篆書八種不分卷　(清)黃士陵書
清光緒九年(1883)黃氏稿本　一冊

420000－2302－0002684　史八/10.2－8/
2845(50394)

牧令書二十三卷　(清)徐棟輯　清道光二十
八年(1848)刻本　二十一冊

420000－2302－0002685　史八/10.2－8/
2845.1(77097)

牧令書輯要十卷　(清)徐棟原　(清)丁日昌
重編　清同治八年(1869)湖北崇文書局刻本
十冊

420000－2302－0002686　善集二/0－7/8308
(70613)

牧齋初學集一百十卷目錄二卷　(清)錢謙益
撰　明崇禎十六年(1643)海虞瞿式耜刻本
二十四冊

420000－2302－0002687　史十五/52－7/
1021(110755)

墓銘舉例四卷　(明)王行撰　清刻朱墨套印
本　一冊　存二卷(一至二)

420000－2302－0002688　子十二/5－8/1726
(85720)

幕府瑣言五卷蹟園日錄一卷　(清)鄧鐸撰
清光緒五年(1879)湖南官書報局鉛印本

一冊

420000－2302－0002689　集二/1.8/4023
(37660)

穆堂初集五十卷　(清)李紱撰　清乾隆五年
(1740)安居王恕刻本　十六冊

420000－2302－0002690　集四/41－8/4490
(39679)

納書楹曲譜正集四卷續集四卷外集二卷
(清)葉堂編　清乾隆六十年(1795)刻本　二
十冊

420000－2302－0002691　集四/6.8/4490
(9941)

**納書楹曲譜正集四卷續集四卷外集二卷補遺
四卷**　(清)葉堂撰　清乾隆五十七年(1792)
長州葉氏納書楹刻本　十四冊

420000－2302－0002692　集四/6.8/4490
(39679)

**納書楹曲譜正集四卷續集四卷外集二卷補遺
四卷玉茗堂四夢全譜八卷**　(清)葉堂撰　清
乾隆五十七年至五十九年(1792－1794)長州
葉氏納書楹刻本　二十冊

420000－2302－0002693　集四/6.8/4490
(9980)

納書楹玉茗堂四夢曲譜八卷　(清)葉堂撰
清乾隆五十七年(1792)長州葉氏納書楹刻本
六冊

420000－2302－0002694　集二/1.8/4672
(3370)

耐菴文存六卷耐菴詩存三卷　(清)賀長齡撰
清咸豐十一年(1861)刻本　四冊

420000－2302－0002695　集一/42－35/4234
(90856)

南北朝文鈔二卷　(清)彭兆蓀輯　清光緒八
年(1882)紫雲室刻本　二冊

420000－2302－0002696　集一/412.35/4234
(33687)

南北朝文鈔二卷　(清)彭兆蓀輯　清光緒八
年(1882)紫雲室刻本　二冊

420000－2302－0002697　史一/235.8/3148（5300）

南北史補志十四卷附贊一卷　（清）汪士鐸撰　清光緒四年(1878)淮南書局刻本　六冊

420000－2302－0002698　史六/1－35/4015.7（80935）

南北史捃華八卷　（清）周嘉猷輯　清同治五年(1866)南園寄社木活字印本　四冊

420000－2302－0002699　史六/2－8/7748（76249）

南北史捃華八卷　（清）周嘉猷輯　清光緒六年(1880)廣州翰墨園刻本　四冊

420000－2302－0002700　史六/1－35/3424.2（76264）

南北史識小録二十八卷　（清）沈名蓀　（清）朱昆田輯　（清）張應昌補正　清同治十年(1871)武林吳氏清來堂刻本　十二冊

420000－2302－0002701　史十二/4341/4000.97（80999）

南朝寺考六卷　劉世珩撰　清光緒三十三年(1907)刻本　二冊

420000－2302－0002702　子十二/2－8/4442（101549）

南漘楛語八卷　（清）蔣超伯撰　清同治刻本　四冊

420000－2302－0002703　子十二/2.8/4442（20342）

南漘楛語八卷　（清）蔣超伯撰　清刻本　一冊

420000－2302－0002704　善子八/61－5/1157(93630)

南渡世醫張氏家傳活人全括受授録不分卷　（宋）張拱陽撰　清抄本　一冊

420000－2302－0002705　集二/0－51/8017

南豐先生元豐類藁五十一卷　（宋）曾鞏撰　明嘉靖王杼刻本（卷二十至二十一、二十八至二十九爲萬曆本補配）　四冊　存二十九卷（一至二十一、二十八至三十二、四十九至五十一）

420000－2302－0002706　史十二/345.2/0224.82(64203)

南高平物產記二卷　（清）鄒漢勛撰　清光緒八年(1882)刻本　一冊

420000－2302－0002707　善集二/0－5/0021（36378）

南海百詠一卷　（宋）方信孺撰　清抄本　一冊

420000－2302－0002708　經一/21－8/4409（54103）

南海桂氏經學叢書八種六十五卷　（清）桂文燦撰　清咸豐至光緒刻本　二冊　存四種

420000－2302－0002709　集二/0－8/1043（65671）

南海集二卷　（清）王士禎撰　清刻本　一冊

420000－2302－0002710　史九/2－9/0043（62343）

南海先生戊戌奏稿不分卷　康有爲撰　清宣統三年(1911)鉛印本　一冊

420000－2302－0002711　史七/－43/3314（76171）

南漢書十八卷攷異十八卷叢録二卷文字四卷　（清）梁廷柟撰　清道光九年(1829)刻本　六冊

420000－2302－0002712　集一/312.9/0043（33373）

南湖倡和集一卷　（清）章世豐輯録　清光緒七年(1881)錢塘丁氏刻本　一冊

420000－2302－0002713　子三/2－8/3021.4（94151）

南華經解三十三卷　（清）宣穎撰　清同治五年(1866)新建吳氏皖城藩署刻本　三冊

420000－2302－0002714　子三/2－31/0727.5（55376）

南華真經注疏十卷　（晉）郭象注　（唐）成玄英疏　清光緒遵義黎氏影宋刻本　四冊

420000－2302－0002715　史九/2－8/1133.2
(649890)

南皮張宮保政書奏議初編十二卷　（清）張之
洞撰　（清）仰止廬主編　清光緒二十七年
(1901)上海圖書集成印書局鉛印本　六冊

420000－2302－0002716　善史一/3－36/
4416(40591)

南齊書五十九卷　（南朝梁）蕭子顯撰　明崇
禎十年(1637)毛氏汲古閣刻本　八冊

420000－2302－0002717　集二/4.8/4335
(11740)

南山集十四卷年譜一卷補遺三卷　（清）戴名
世撰　（清）張仲沅校　清光緒二十六年
(1900)刻本　八冊

420000－2302－0002718　集二/0－8/4324
(65777)

南山全集十六卷　（清）戴名世撰　清光緒二
十一年(1895)印鴻堂刻本　八冊

420000－2302－0002719　史一/3－36/4014
(103389)

南史八十卷　（唐）李延壽撰　清同治十一年
(1872)金陵書局刻本　十二冊

420000－2302－0002720　善史一/3－36/
4014(70411)

南史八十卷　（唐）李延壽撰　明趙定辛張一
桂刻本　九冊　存三十六卷(一至六、十一至
四十)

420000－2302－0002721　集一/32－52/
7547.3(53081－120)

南宋羣賢小集九十種　（宋）陳起　（清）顧修
重輯　清嘉慶六年(1801)石門顧氏讀畫齋刻
本　四十冊

420000－2302－0002722　子十一/239.5/
7167(19708)

南宋院畫錄八卷　（清）厲鶚編　清光緒十年
(1884)丁氏竹書堂刻本　四冊

420000－2302－0002723　史十六/2－52/
3445(89724)

南宋雜事詩七卷　（清）沈嘉轍撰　清同治十
一年(1872)淮南書局刻本　二冊

420000－2302－0002724　史十六/2－52/
3445(90068)

南宋雜事詩七卷　（清）沈嘉轍撰　清同治十
一年(1872)淮南書局刻本　四冊

420000－2302－0002725　集一/312.8/3445
(33126)

南宋雜事詩七卷　（清）沈嘉轍撰　清同治十
一年(1872)淮南書局刻本　四冊

420000－2302－0002726　集一/312.8/3445
(33130)

南宋雜事詩七卷　（清）沈嘉轍撰　清同治十
一年(1872)淮南書局刻本　四冊

420000－2302－0002727　史十二/243.2/
2677.8(79187)

南潯鎮志四十卷首一卷　（清）汪曰楨纂　清
同治二年(1863)刻本　十冊

420000－2302－0002728　善集二/0－51/
4936(69260)

南陽集六卷　（宋）趙湘撰　清乾隆武英殿木
活字印本　二冊

420000－2302－0002729　史十一/13/7132
(77344)

南陽人物志十卷　（清）馬海峰輯　**南陽人物
明志八卷**　（清）劉沛然編次　（清）劉拱宸鑒
定　（清）馬至毅校定　清同治九年(1870)刻
本　六冊

420000－2302－0002730　史十二/5245/
2122.80(64183)

南嶽志八卷　（清）高自位纂　清乾隆十八年
(1753)刻本　四冊

420000－2302－0002731　史十一/7－8/2700
(91958)

**內閣漢票簽中書舍人題名一卷補遺一卷續編
一卷**　（清）鮑康輯　清咸豐十一年至同治十
一年(1861－1872)刻本　一冊

420000 - 2302 - 0002732　史八/72 - 8/2114.1
(73152)

擬定中國鑛務正章一卷附章一卷　（清）伍廷
芳編　（清）張之洞修訂　清光緒鉛印本
二冊

420000 - 2302 - 0002733　史十四/4 - 8/1022
(86081)

擬彙刊周秦諸子校注輯補善本敘錄一卷
（清）王仁俊撰　清光緒三十四年（1908）存古
學堂鉛印本　一冊

420000 - 2302 - 0002734　集 二/3. 8/3404
(36023)

擬兩晉南北史樂府二卷　（清）洪亮吉撰　清
光緒三年（1877）授經堂刻本　一冊

420000 - 2302 - 0002735　史十一/21 - 8/
3872(90569)

逆臣傳二卷　（清）國史館編　清道光京都正
陽門琉璃廠榮錦書坊木活字印本　二冊

420000 - 2302 - 0002736　子十六/27 - 8/
4243(85496)

廿二史感應錄二卷首一卷　（清）彭希涑編
清乾隆末刻嘉慶二十年（1815）歸安張師誠印
本　一冊

420000 - 2302 - 0002737　子十六/27 - 8/
4243(85495)

廿二史感應錄二卷首一卷　（清）彭希涑編
清光緒八年（1882）彭祖賢武昌刻本　一冊

420000 - 2302 - 0002738　史六/1 - 8/2622
(62355)

廿二史紀事提要八卷　（清）吳綏撰　清刻本
八冊

420000 - 2302 - 0002739　史十六/2 - 8/8346
(75042)

廿二史攷異一百卷　（清）錢大昕撰　清光緒
二十年（1894）廣雅書局刻本　十八冊

420000 - 2302 - 0002740　史十六/3 - 8/8015
(62422)

廿二史詠史詩註二卷　（清）□□撰　清光緒

六年（1880）刻本　一冊

420000 - 2302 - 0002741　史十六/3 - 8/4917
(62351)

廿二史劄記三十六卷補遺一卷　（清）趙翼撰
清光緒上海鴻章書局石印本　四冊

420000 - 2302 - 0002742　史十六/3 - 8/4917
(62289)

廿二史劄記三十六卷補遺一卷　（清）趙翼撰
清光緒二十四年（1898）集益學社刻本　十
四冊

420000 - 2302 - 0002743　史十六/3 - 8/4917
(91039)

廿二史劄記三十六卷補遺一卷　（清）趙翼撰
清光緒二十六年（1900）新化西畬山館刻本
十二冊

420000 - 2302 - 0002744　史十六 2.8/4917
(7577)

廿二史劄記三十六卷補遺一卷　（清）趙翼撰
清嘉慶五年（1800）陽湖趙氏湛貽堂刻本
十二冊　存三十四卷（四至三十六、補遺一
卷）

420000 - 2302 - 0002745　史十六/3 - 8/4917
(89795)

廿二史劄記三十六卷首一卷補遺一卷　（清）
趙翼撰　清嘉慶刻本　十二冊

420000 - 2302 - 0002746　史十六/3 - 8/4917
(89807)

廿二史劄記三十六卷首一卷補遺一卷　（清）
趙翼撰　清光緒二十六年（1900）新化西畬山
館刻本　十六冊

420000 - 2302 - 0002747　史十六/3 - 8/4917
(89823)

廿二史劄記三十六卷首一卷補遺一卷　（清）
趙翼撰　清光緒二十五年（1899）湖南書局刻
本　十二冊

420000 - 2302 - 0002748　史十六/2.8/1032
(7572)

廿四史策案十二卷　（清）王鎏輯　清光緒十

三年(1887)上海大同書局石印本　二冊

420000－2302－0002749　史十/－8/7774
(75000)

廿四史三表二十卷　（清）段長基撰　（清）段
揺書編注　清末刻本　三十二冊

420000－2302－0002750　集五/2.7/1140
(36798)

廿一史識餘三十七卷　（明）張墉輯　清刻本
八冊

420000－2302－0002751　史十/－8/3491
(74986)

廿一史四譜五十四卷　（清）沈炳震撰　清同
治十年(1871)武林吳氏清來堂補刻本　十
四冊

420000－2302－0002752　史一/1.8/1415.3
(5145)

廿一史四譜五十四卷　（清）沈炳震編　清同
治十年(1871)武林吳氏清來堂補刻本　二十
四冊

420000－2302－0002753　史六/1－8/8710
(76144)

廿一史約編八卷首一卷　（清）鄭元慶撰　清
初紫文閣刻本　八冊

420000－2302－0002754　集二/1.7/6032
(34637)

念菴羅先生文集二十四卷　（明）羅洪先著
清雍正十年(1732)羅天衡刻本　十二冊

420000－2302－0002755　史十二/53/3014.3
(100792)

寧郡城河丈尺圖志二卷　（清）□□撰　清光
緒十四年(1888)刻本　一冊

420000－2302－0002756　史十二/62－8/
0900(79619)

凝香室鴻雪姻緣圖記不分卷　（清）麟慶撰
清光緒十二年(1886)上海同文書局石印本
三冊

420000－2302－0002757　史十二/62－8/

0900(85647)

凝香室鴻雪姻緣圖記不分卷　（清）麟慶撰
清光緒十二年(1886)上海同文書局石印本
六冊

420000－2302－0002758　史十二/62－8/
0900(91483)

凝香室鴻雪姻緣圖記不分卷　（清）麟慶撰
清光緒十二年(1886)上海同文書局石印本
一冊

420000－2302－0002759　史十二/62－8/
0900(90532)

凝香室鴻雪姻緣圖記不分卷　（清）麟慶撰
清光緒十二年(1886)上海同文書局石印本
三冊

420000－2302－0002760　善經七/1－8/5024
(15309)

凝園讀春秋管見十四卷　（清）羅典撰　清嘉
慶九年(1804)明德堂刻本　十四冊

420000－2302－0002761　善經四/1－8/6055
(40356)

凝園讀詩管見十四卷　（清）羅典撰　清乾隆
刻本　十四冊

420000－2302－0002762　善經二/0－8/6055

凝園讀易管見十卷　（清）羅典撰　清乾隆三
十一年(1766)明德堂刻本　五冊

420000－2302－0002763　史十/1.8/5100
(6771)

農工商部奏定爵賞章程一卷附獎勵華商公司
章程一卷獎給商勳章程一卷　（清）農工商部
編　清農工商部印刷科鉛印本　一冊

420000－2302－0002764　子七/2.64/1751
(17252)

農桑輯要七卷　（元）司農司撰　清刻本
三冊

420000－2302－0002765　子七/1.8/2357
(8354)

農學叢書二集三十七種　（清）上海農學會譯
清末鉛印本　二十二冊

420000 - 2302 - 0002766　　子七/1.8/2357
(17495)

農學叢書七集 （清）上海農學會輯譯　清光緒二十六年(1900)鉛印本　七十四冊

420000 - 2302 - 0002767　　子七/1.7/2893
(17255)

農政全書六十卷 （明）徐光啟撰　清宣統元年(1909)上海求學齋局石印本　一冊

420000 - 2302 - 0002768　　子八/10 - 8/2322
(86051)

女科仙方四卷 （清）傅山撰　清道光二十四年(1844)刻本　三冊

420000 - 2302 - 0002769　　子二/42.8/4421
(17026)

女學六卷 （清）藍鼎元編　清光緒二十六年(1900)刻本　四冊

420000 - 2302 - 0002770　　叢/5.8/4917
(37302)

甌北全集七種 （清）趙翼撰　清光緒三年(1877)刻本　五十六冊

420000 - 2302 - 0002771　　史十一/22 - 8/4917(80918)

甌北先生年譜一卷 （清）趙翼撰　清乾隆、嘉慶湛貽堂刻本　一冊

420000 - 2302 - 0002772　　子十一/211.1/4014(8445)

甌缽羅室書畫過目攷四卷附卷一卷 （清）李玉棻編輯　清光緒二十四年(1898)上海鴻文齋石印本　四冊

420000 - 2302 - 0002773　　集二/7432/3632
(37173)

甌江竹枝詞一卷 （清）郭鍾岳著　清同治十一年(1872)和天倪齋刻本　一冊

420000 - 2302 - 0002774　　集二/3.8/9747
(35643)

甌香館集十二卷附補遺詩補遺跋附錄詩附錄評 （清）惲格撰　（清）蔣光煦輯　清光緒七年(1881)蔣光煦刻本　四冊

420000 - 2302 - 0002775　　史十七/11/8821.2
(7629)

歐羅巴通史四卷首一卷 （日本）箕作元八（日本）峰岸米造纂　（清）胡景伊譯　清光緒二十六年(1900)東亞譯書會鉛印本　四冊

420000 - 2302 - 0002776　　史十七/1/4338
(1761)

歐美政治要義十八章 （清）戴鴻慈　（清）端方撰　清光緒三十三年(1907)石印本　四冊

420000 - 2302 - 0002777　　史十七/1/4338
(7754)

歐美政治要義十八章 （清）戴鴻慈　（清）端方撰　清光緒三十三年(1907)石印本　四冊

420000 - 2302 - 0002778　　史十七/1/4338
(7757)

歐美政治要義十八章 （清）戴鴻慈　（清）端方撰　清光緒三十三年(1907)石印本　四冊

420000 - 2302 - 0002779　　善集二/0 - 51/7772(69297)

歐陽文忠公全集一百五十三卷 （宋）歐陽修撰　明刻本　十六冊　存七十五卷（六至十六、二十七至三十一、三十五至四十七、五十四至七十、七十六至八十四、九十七至一百八、一百二十五至一百三十二）

420000 - 2302 - 0002780　　集二/0 - 51/7772.7
(86330)

歐陽文忠公全集一百五十三卷附錄五卷首一卷 （宋）歐陽修撰　（宋）周必大編　清嘉慶二十四年(1819)歐陽衡刻本　二十四冊

420000 - 2302 - 0002781　　善史六/2 - 4/7772
(70194)

歐陽文忠公五代史抄二十卷 （宋）歐陽修撰　明萬曆茅著刻本　二冊

420000 - 2302 - 0002782　　善史六/2 - 4/7772
(70196)

歐陽文忠公新唐書抄二卷五代史抄二十卷 （宋）歐陽修撰　明刻本　四冊

420000 - 2302 - 0002783　　集二/0 - 51/7772

（103756）

歐陽永叔文約選不分卷 （宋）歐陽修撰
（清）允禮選　清果親王府刻本　一冊

420000 – 2302 – 0002784　子十二/5 – 8/4411
（92329）

鷗陂漁話六卷 （清）葉廷琯撰　清同治八年
（1869）刻本　二冊

420000 – 2302 – 0002785　叢/1 – 9/2741
（14630）

藕香零拾三十九種 繆荃孫編　清光緒至宣
統江陰繆荃孫刻本　三十二冊　存三十九種

420000 – 2302 – 0002786　善集五/3 – 7/3433
（39798）

拍案驚奇十八卷 （明）凌濛初撰　清刻本
十冊

420000 – 2302 – 0002787　集 五/5. 8/5046
（4786）

拍案驚異十八卷 （清）裴錫華輯　清光緒二
十二年（1896）石印本　六冊

420000 – 2302 – 0002788　叢/1 – 8/3234
（26361）

滂喜齋叢書四十九種 （清）潘祖蔭編　清同
治、光緒吳縣潘氏京師刻本　三十二冊

420000 – 2302 – 0002789　子五/7 – 8/2521
（90571）

礮兵暫行操法不分卷 （清）練兵處軍學司編
清光緒三十二年（1906）練兵處鉛印本
一冊

420000 – 2302 – 0002790　集 二/6. 8/7530
（37127）

培遠堂偶存稿三卷 （清）陳宏謀著　清道光
八年（1828）刻本　一冊

420000 – 2302 – 0002791　集 二/0 8/7530
（735680）

培遠堂偶存稿手札節要二卷 （清）陳宏謀撰
清道光十七年（1837）刻本　二冊

420000 – 2302 – 0002792　史 八/9 – 8/7530

（77562）

培遠堂偶存稿五十八卷年譜十二卷 （清）陳
宏謀著　清光緒二十二年（1896）湖北藩署刻
本　二十四冊

420000 – 2302 – 0002793　集 二/6. 8/7530
（136222）

培遠堂手札二卷 （清）陳宏謀著　清宣統二
年（1910）上海掃葉山房石印本　二冊

420000 – 2302 – 0002794　經 十/31 – 8/4420
（57572）

佩文詩韻釋要五卷 （清）林重輯　清光緒十
二年（1886）刻本　一冊

420000 – 2302 – 0002795　子十四/2. 8/7734. 7
（20763）

佩文詩韻釋要五卷 （清）周蓮塘輯　（清）陸
潤庠校　清宣統三年（1911）商務印書館影印
本　二冊

420000 – 2302 – 0002796　子十四/2. 8/1115
（8090）

佩文韻府一百六卷 （清）張玉書　（清）蔡升
元輯　清刻本　一冊　存一卷（六十七）

420000 – 2302 – 0002797　子十四/2. 8/1115
（21751）

佩文韻府一百六卷 （清）張玉書　（清）蔡升
元輯　韻府拾遺一百六卷　（清）王琰撰　清
末石印本　二百二十六冊

420000 – 2302 – 0002798　子十一/211. 1/
1278（19334）

佩文齋書畫譜一百卷 （清）孫嶽等編　清
光緒九年（1883）上海同文書局石印本　十
六冊

420000 – 2302 – 0002799　子十一/714. 8/
1020.1（89399）

朋簪雅聚二卷 （清）三然主人編　清光緒二
十一年（1895）奉天彩盛字局刻本　一冊

420000 – 2302 – 0002800　集 二/3. 8/4210
（35615）

彭剛直公詩稿八卷 （清）彭玉麟撰　清光緒

十七年(1891)德清可氏刻本　二冊

420000－2302－0002801　集二/0－8/4210
(8812)

彭剛直公詩集八卷　(清)彭玉麟撰　(清)俞
樾編　清光緒十七年(1891)蘇城謝文翰刻本
　一冊

420000－2302－0002802　集二/3.9/1259
(35616)

彭剛直公詩集八卷　(清)彭玉麟撰　(清)俞
樾編　清光緒十七年(1891)蘇城謝文翰刻本
　一冊　存四卷(五至八)

420000－2302－0002803　集二/1.8/4240
(36997)

彭文敬公集四十二卷　(清)彭蘊章著　清同
治三年(1864)彭芍亭刻本　十六冊

420000－2302－0002804　善子五/21－
7/0837

**批點孫子正義十三卷新鐫孫子兵法衍義十三
卷**　(明)施逢原輯撰　明崇禎十二年(1639)
施逢原刻本　十四冊

420000－2302－0002805　子十六/23－8/
2607(110588)

毗尼止持會集二十卷首一卷　(清)釋讀體集
　清刻本　七冊　存十七卷(一至十六、首一
卷)

420000－2302－0002806　集二/0－8/2144
(64678)

琵琶行分句吟草一卷　(清)熊羲著　清光緒
二十七年(1901)刻本　一冊

420000－2302－0002807　史十五/44－8/
0044(73294)

癖泉隱說六卷　(清)高蔚如撰　清宣統三年
(1911)商務印書館石印本　一冊

420000－2302－0002808　集一/412.8/3124
(33279－86)

駢體南鍼十六卷　(清)汪傳懿編輯　清同治
五年(1866)刻本　八冊

420000－2302－0002809　集一/41/4033
(65578)

駢體文鈔三十一卷　(清)李兆洛輯　清道光
合河康氏家塾刻本　六冊

420000－2302－0002810　集一/411.8/4033
(9857)

駢體文鈔三十一卷　(清)李兆洛輯　清道光
合河康氏家塾刻本　八冊

420000－2302－0002811　集一/4.8/4299
(11272)

駢文類苑十四卷　(清)姚燮選　清光緒九年
(1883)刻本　二十四冊

420000－2302－0002812　經十/12－8/2644
(57613)

駢雅訓纂十六卷首一卷序目一卷駢雅七卷
(明)朱謀㙔撰　(清)魏茂林訓纂　清光緒七
年(1881)成都淪雅齋刻本　八冊

420000－2302－0002813　經十/12.7/2504.2
(15773)

駢雅訓纂十六卷首一卷序目一卷駢雅七卷
(明)朱謀㙔撰　(清)魏茂林訓纂　清光緒七
年(1881)成都淪雅齋刻本　六冊

420000－2302－0002814　集二/0－8/3110
(82179)

片石詩抄七卷題詞一卷詩餘一卷　(清)江幹
撰　清嘉慶三年(1798)刻本　六冊

420000－2302－0002815　史十二/4546/
3173.84(64955)

漂母祠志七卷首一卷　(清)胡鳳丹輯　清光
緒三年(1877)永康胡氏退補齋刻本　二冊

420000－2302－0002816　經十/34－8/1099
(58090)

拼音字譜一卷　(清)王炳耀撰　清光緒二十
三年(1897)刻本　一冊

420000－2302－0002817　集二/1.8/3375
(36938)

頻羅庵遺集十六卷　(清)梁同書撰　清光緒
十三年(1887)鮑景溪刻本　四冊

420000 - 2302 - 0002818　　叢/5 - 8/3357
(84161)

頻羅庵遺集四種　（清）梁同書撰　清光緒十三年(1887)刻本　八冊

420000 - 2302 - 0002819　　叢/5 - 8/3375
(92041)

頻羅庵遺集四種　（清）梁同書撰　清光緒鎮海鮑氏刻本　一冊　存一種

420000 - 2302 - 0002820　　叢/5 - 8/3357
(92041)

頻羅庵遺集四種　（清）梁同書撰　清光緒鎮海鮑氏刻本　一冊　存一種

420000 - 2302 - 0002821　　集五/4 - 8/1163
(722358)

品花寶鑑八卷六十回　（清）陳森撰　清光緒三十二年(1906)香港石印書局石印本　八冊

420000 - 2302 - 0002822　　史五/1 - 8/7730
(643530)

平定猺匪紀略二卷　（清）周宜亭撰　清抄本　二冊

420000 - 2302 - 0002823　　叢/1 - 8/1262
(53203)

平津館叢書三十八種　（清）孫星衍輯　清光緒十一年(1885)吳縣朱氏槐廬家塾刻本　五十冊

420000 - 2302 - 0002824　　集二/0 - 8/1262
(55489)

平津館文稿二卷　（清）孫星衍撰　清光緒十年(1884)吳縣朱氏家塾刻本　二冊

420000 - 2302 - 0002825　　子二/6 - 8/4640.1
(100810)

平平錄十卷附錄一卷　（清）楊芳誠撰　（清）楊九畹注　清道光十三年(1833)華陽王氏刻本　二冊

420000 - 2302 - 0002826　　史八/10.2 - 8/
0043(55427)

平平言四卷　（清）方大湜撰　清光緒廣雅書局刻本　一冊　存二卷(三至四)

420000 - 2302 - 0002827　　史十二/53 -
8/4055

平灘紀畧六卷蜀江指掌一卷　（清）李本忠撰　清道光二十年(1840)刻本　六冊

420000 -2302 -0002828　　史五/1 - 8/4441
(88942)

平原拳匪紀事一卷　（清）蔣楷撰　清末刻本　一冊

420000 -2302 -0002829　　集二/0 - 52/3434

平齋文集三十二卷　（宋）洪咨夔撰　（清）洪汝奎輯　**空同詞一卷**　（宋）洪璵撰　清同治十一年至十二年(1872 - 1873)刻本　四冊

420000 - 2302 - 0002830　　子五/28.8/5043
(16982)

洴澼百金方十四卷　（清）袁宮桂編　清道光二十年(1840)刻本　十冊

420000 - 2302 - 0002831　　子五/28.8/5043
(16992)

洴澼百金方十四卷　（清）袁宮桂編　清道光二十年(1840)刻本　十冊

420000 - 2302 - 0002832　　叢/5 - 8/0009
(28617)

屏山草堂稿四種　（清）應麟撰　清乾隆十六年(1751)宜黃應氏刻本　六冊

420000 - 2302 - 0002833　　集二/0 - 7/4033
(74146)

瓶花齋集七卷　（明）袁宏道撰　清宣統三年(1911)抱殘守缺齋石印本　一冊

420000 - 2302 - 0002834　　集二/3.8/8708
(13584)

瓶水齋詩集十六卷別集二卷　（清）舒位撰　清光緒十二年(1886)刻本　六冊

420000 - 2302 - 0002835　　史十二/72.42/
7542(12991)

萍蓬類稿不分卷　（清）陳克劭著　清光緒十九年(1893)刻本　一冊

420000 - 2302 - 0002836　　集二/3.8/8720

（35631）

缾水齋詩集十七卷別集二卷詩話一卷 （清）
舒位著　清光緒十二年（1886）刻本　八冊

420000 – 2302 – 0002837　子三/1.5/4458.4
（17020）

評註老子道德經二卷 （宋）蘇轍註解　（日
本）木山鴻吉編纂　清光緒十九年（1893）松
山堂刻本　二冊

420000 – 2302 – 0002838　集一/112 – 8/
7548.7（92290 – 313）

憑山閣增輯留青新集三十卷 （清）陳枚編
（清）陳德裕增輯　清康熙四十七年（1708）刻
本　二十四冊　存二十九卷（一至二十九）

420000 – 2302 – 0002839　集二/3.8/0413
（36243）

璞齋集七卷 （清）諸可寶著　**清足居集**
（清）鄧瑜著　**蕉窓詞** （清）鄧瑜著　清光緒
二十二年（1896）錢塘諸氏刻本　四冊

420000 – 2302 – 0002840　子十四/1.8/0010
（8112）

普通百科新大詞典　黃摩西編輯　清宣統三
年（1911）上海作新社鉛印本　十五冊

420000 – 2302 – 0002841　子十一/8/1038
（8475）

普通體操學教科書不分卷 （清）王肇鋐記
清光緒三十年（1904）上海文明書局石印本
一冊

420000 – 2302 – 0002842　子二/41.8/8081.3
（8230）

普通專門學堂課講義 （清）無錫三等公學堂
編　清光緒二十八年（1902）鉛印本　一冊

420000 – 2302 – 0002843　子九/3/2827
（8874）

溥通新代數六卷 （清）徐虎臣選譯　清光緒
二十九年（1903）江楚書局刻本　六冊

420000 – 2302 – 0002844　集四/2 – 8/2528.4
（93736）

曝書亭詞註七卷 （清）朱彝尊撰　（清）李富

孫纂　清刻本　四冊

420000 – 2302 – 0002845　善集二/0 – 8/2528
（68874）

曝書亭集八十卷附錄一卷 （清）朱彝尊撰
清康熙刻本　十四冊

420000 – 2302 – 0002846　集二/0 – 8/2528
（93018）

曝書亭集八十卷葉兒樂府一卷 （清）朱彝尊
撰　**笛漁小稾十卷** （清）朱昆田撰　清光緒
十五年（1889）會稽陶闇刻本　十六冊

420000 – 2302 – 0002847　集二/0 – 8/2528.4
（92331）

曝書亭集詩注七卷 （清）朱彝尊撰　（清）李
富孫注　清道光九年（1829）刻本　四冊

420000 – 2302 – 0002848　集二/0 – 8/2528.3
（94395）

曝書亭詩錄十二卷 （清）朱彝尊撰　（清）江
浩然注　清乾隆二十四年（1759）惇裕堂刻本
六冊

420000 – 2302 – 0002849　史四/ – 22/3104
（75173）

七家後漢書二十一卷 （清）汪文臺輯　清光
緒八年（1882）刻本　六冊

420000 – 2302 – 0002850　史四/ – 22/3104
（75179）

七家後漢書二十一卷 （清）汪文臺輯　清光
緒八年（1882）刻本　五冊

420000 – 2302 – 0002851　集一/32 – 8/1173.1
（86290）

七家詩詳注七卷 （清）張熙宇評選　（清）石
暉甲箋注　清同治十一年（1872）七峯山莊刻
本　八冊

420000 – 2302 – 0002852　集一/3.8/4030
（9995）

七家詩詳註七卷 （清）張熙宇評選　（清）石
暉甲箋註　清刻本　二冊　存二卷（二、七）

420000 – 2302 – 0002853　集一/3.8/1136.1

（13452）

七家詩選註釋七卷　（清）張昶註釋　（清）張
熙宇輯評　清刻本　三冊

420000－2302－0002854　集一/32－8/1044
（102828）

七家試帖輯註匯抄七種　（清）王植桂輯　清
朱墨套印本　三冊　存三種四卷(尚絅堂試
帖輯註一卷、西漚試帖輯註二卷、桐雲閣試
帖輯註下)

420000－2302－0002855　經一/21－8/4438
（61775）

七經精義七種　（清）黃淦撰　清嘉慶十三年
（1808）刻本　十四冊　存七種

420000－2302－0002856　集七/2.8/2660
（31895）

七言古詩聲調細論一卷附錄一卷　（清）魏景
文著　清古香閣刻本　一冊

420000－2302－0002857　史十二/4364/
4514.83（77479）

棲霞寺志二卷　（清）釋渾融纂　清同治九年
（1870）刻本　二冊

420000－2302－0002858　善經一/27－8/
7779（62921）

棲雲山館筆記不分卷　（清）歐陽泉撰　清光
緒三十四年（1908）抄本　一冊

420000－2302－0002859　集二/3.8/1043
（11780）

漆室吟八卷　（清）王柏心撰　清咸豐七年
（1857）刻本　四冊

420000－2302－0002860　善集二/0－7/
3722.4（35098）

祁忠惠公遺集十卷補編一卷　（明）祁彪佳撰
（清）杜煦　（清）杜春生輯　清道光十五年
（1835）山陰杜氏刻二十二年（1842）增刻本
二冊

420000－2302－0002861　史十五/33.8/7233
（7504）

奇觚室吉金文述二十卷　（清）劉心源撰　清

光緒刻本　十冊

420000－2302－0002862　子十/3－25/0440
（111001）

奇門遁甲統宗十二卷　（三國蜀）諸葛亮著
清末刻本　一冊　存二卷(一至二)

420000－2302－0002863　善經四/8－8/0024
（93612）

齊魯韓三家詩集證不分卷附漢人說詩　（清）
□□撰　清道光至咸豐稿本　三冊

420000－2302－0002864　子七/1－37/1064
（90500）

齊民要術十卷　（北魏）賈思勰撰　清光緒元
年（1875）湖北崇文書局刻本　四冊

420000－2302－0002865　善子七/1－37/
1064.1（69855）

齊氏要術校勘記初稿不分卷　（清）丁國鈞撰
清稿本　一冊

420000－2302－0002866　史二/2－8/2677
（93532）

啓蒙史綱捷徑八卷　（清）程鵬撰　清末抄本
二冊　存二卷(七至八)

420000－2302－0002867　史四/－61/4473
（76063）

契丹國志二十七卷　（宋）葉隆禮撰　清乾
隆、嘉慶南沙席氏掃葉山房刻本　一冊

420000－2302－0002868　子八/2/0760
（41507）

千金寶要六卷　（唐）孫思邈撰　清拓本　二
冊　存二卷(三至四)

420000－2302－0002869　善子八/18.－42/
1263（735543）

千金寶要六卷　（唐）孫思邈撰　明隆慶六年
（1572）明倫堂拓本　四冊　存五卷(二至六)

420000－2302－0002870　子十四/1－8/
4484.2（90338）

千金裘二十七卷二集二十六卷　（清）蔣義彬
輯　清咸豐三年（1853）天祿閣刻本　八冊

420000 – 2302 – 0002871　　經十/25 – 8/3139
(90067)

千字文辨韻類解一卷　（清）汪家焯編　清咸
豐六年(1856)汪氏崇正堂刻本　一冊

420000 – 2302 – 0002872　　經十/25 – 8/1182
(89585)

千字文彙聲便俗一卷　（清）張榘經撰　清光
緒三十二年(1906)江夏劉氏刻本　一冊

420000 – 2302 – 0002873　　經十/25 – 8/3161.1
(85785)

千字文釋義一卷　（清）汪嘯尹輯　（清）孫謙
益注　清末刻本　一冊

420000 – 2302 – 0002874　　史十二/321.2/
3176.84(80922)

沔陽述古編二卷　（清）李嘉績輯　（清）毛鳳
枝訂補　清光緒十五年(1889)青門廎廬刻本
一冊

420000 – 2302 – 0002875　　史二/3 – 2/4498.4
(103246)

前漢紀三十卷　（漢）荀悅撰　**後漢紀三十卷**
（晉）袁宏撰　**兩漢紀校記二卷**　（清）陳璞
撰　清光緒二年(1876)嶺南學海堂刻本　十
四冊

420000 – 2302 – 0002876　　史一/3 – 21/1160

前漢書一百二十卷　（漢）班固撰　明嘉靖八
年至九年(1529 – 1530)刻萬曆遞修本　七冊
存六十八卷(十三至十六、三十一至九十
四)

420000 – 2302 – 0002877　　史一/222/1160
(5255)

前漢書一百二十卷　（漢）班固撰　（唐）顏師
古注　清光緒十四年(1888)上海鴻文書局石
印本　十四冊

420000 – 2302 – 0002878　　史一/3 – 21/1160.0
(103686)

前漢書一百卷　（漢）班固撰　（唐）顏師古注
清光緒十年(1884)上海同文書局石印本
三十二冊

420000 – 2302 – 0002879　　史十四/21 – 21/
1160.0(92362)

前漢書藝文志一卷　（漢）班固撰　（唐）顏師
古注　清光緒九年(1883)鎮海張壽榮刻本
一冊

420000 – 2302 – 0002880　　史三/3 – 64/4482
(89411)

前蒙古紀事本末二卷　（清）韓善徵撰　清光
緒三十一年(1905)上海春記石印本　二冊

420000 – 2302 – 0002881　　史八/9 – 8/2412
(77129)

前守寶録五卷後守寶録二十卷　（清）魁聯撰
清同治十三年(1874)廣州刻本　十冊

420000 – 2302 – 0002882　　集二/1.8/7514
(37456)

乾初先生文鈔二卷遺詩鈔一卷首一卷　（清）
陳確著　**補庵敬齋雲怡三先生詩文一卷**
（清）陳枚等撰　清光緒十三年(1887)海昌羊
氏刻本　一冊

420000 – 2302 – 0002883　　集一/421.8/3286
(32243)

乾坤正氣集一百一種首一卷　（清）姚瑩等輯
清道光二十八年(1848)涇縣潘氏袁江節署
刻本　一百六十六冊

420000 – 2302 – 0002884　　史十二/1/3404
(68128)

乾隆府廳州縣圖志五十卷　（清）洪亮吉撰
清光緒五年(1879)授經堂刻本　二十冊

420000 – 2302 – 0002885　　史十二/1/3404
(110132)

乾隆府廳州縣圖志五十卷　（清）洪亮吉撰
清光緒二十三年(1897)新化陳氏三昧堂刻本
十二冊　存二十四卷(一至二十四)

420000 – 2302 – 0002886　　集二/1.7/6622
(34603)

鈐山堂集四十卷　（明）嚴嵩著　清乾隆二十
三年(1758)二酉堂刻本　四冊

420000 – 2302 – 0002887　　集二/1.7/6622

鈐山堂集四十卷 （明）嚴嵩著　清乾隆二十三年(1758)二酉堂刻本　十冊

420000－2302－0002888　史十四/23－8/2528(63358)

潛採堂宋元人目錄一卷 （清）朱彝尊編　清宣統三年(1911)葉氏觀古堂刻本　一冊

420000－2302－0002889　子二/2－22/1088.1(111258)

潛夫論十卷 （漢）王符撰　（清）汪繼培箋　清刻本　二冊　存五卷(三至四、八至十)

420000－2302－0002890　子二/314－52/7544(65872)

潛室陳先生木鍾集十一卷 （宋）陳埴撰　清同治六年(1867)東甌郡齋刻本　二冊

420000－2302－0002891　子二/314.5/7544(16836)

潛室陳先生木鍾集十一卷 （宋）陳埴撰　清同治六年(1867)刻本　四冊

420000－2302－0002892　子二/8.8/0011.1(16930)

潛書四卷 （清）唐甄撰　（清）王聞遠編　清光緒九年(1883)刻本　四冊

420000－2302－0002893　史十一/23－7/3030.1(92819)

潛溪錄六卷首一卷 （清）丁立中編　孫鏘增補　清宣統三年(1911)四明七千卷樓孫氏成都刻本　六冊

420000－2302－0002894　集二/4.8/3032(35375)

潛虛先生文集十四卷補遺一卷 （清）宋潛虛撰　清光緒十八年(1892)刻本　八冊

420000－2302－0002895　叢/5－8/8346(73501)

潛研堂全書二十一種 （清）錢大昕撰　清光緒十年(1884)長沙龍氏家塾刻本　六十冊

420000－2302－0002896　集二/0－8/8346

潛研堂文集五十卷 （清）錢大昕撰　清嘉慶十一年(1806)刻本　十一冊　存四十五卷(一至四十五)

420000－2302－0002897　集二/0－8/3603.7(91709)

潛菴先生全集五卷疏稿一卷困學錄一卷志學會約一卷 （清）湯斌撰　（清）閻興邦評　**湯文正公年譜定本一卷** （清）方苞考訂　（清）楊椿重輯　清同治十二年(1873)趙氏紅杏山房刻本　十冊

420000－2302－0002898　集二/0－8/3603(100643)

潛菴先生遺稿五卷疏稿一卷年譜一卷家書一卷困學錄一卷志學會約一卷 （清）湯斌著　清道光十九年(1839)睢州湯氏刻本(疏稿目錄葉二,年譜序葉一至二、五,從祠贊序葉二,困學錄葉十二,志學會約補刊二葉,跋葉四爲抄本補配)　十二冊

420000－2302－0002899　集二/1.8/2124(37858)

潛穎文四卷潛穎詩十卷 （清）何維棟撰　清光緒二十七年(1901)何維棟自刻本　四冊

420000－2302－0002900　子十一/225.8/3164(19619)

潛園友朋書問十二卷 （清）陸心源輯　清光緒三十三年(1907)醉二室影印本　六冊

420000－2302－0002901　史十二/352/5032.84(78866)

黔記四卷 （清）李宗昉撰　清光緒十二年(1886)黎庶昌刻本　一冊

420000－2302－0002902　史十二/352/5032.86(78935)

黔書二卷 （清）田雯撰　清刻本　二冊

420000－2302－0002903　史十二/352/5032.82(78864)

黔語二卷 （清）吳振棫纂　清光緒刻本　一冊

420000－2302－0002904　子十一/233－

8/8353

錢吉生先生人物畫譜一卷　（清）錢慧安繪
清宣統三年（1911）上海大東書局石印本
一冊

420000－2302－0002905　集二/0－8/8354
（67494）

錢警石年譜一卷　（清）錢應溥編　邠農偶吟
稿一卷　（清）錢炳森撰　清同治十一年
（1872）刻本　一冊

420000－2302－0002906　史十五/43－8/
3301.4（62908）

錢録十六卷　（清）梁詩正　（清）蔣溥撰　清
光緒十四年（1888）上海鴻文書局石印本
二冊

420000－2302－0002907　集二/0－8/8332
（93812）

錢南園先生遺集五卷　（清）錢澧撰　清光緒
十九年（1893）保山劉樹堂浙江書局刻本
二冊

420000－2302－0002908　集二/1.8/8332
（37816）

錢南園遺集五卷　（清）錢澧著　（清）劉崐輯
清同治十一年（1872）湖南書局刻本　二冊

420000－2302－0002909　集二/0－8/5014
（87160）

欠愁集一卷　（清）史震林撰　（清）拜鴛輯
清光緒二十六年（1900）番禺沈氏刻本　一冊

420000－2302－0002910　集四/2－8/1731
（67366）

喬園詩餘存稿一卷　鄧裕聰撰　清宣統二年
（1910）刻本　一冊

420000－2302－0002911　集二/3.7/0710
（11635）

嶠雅十卷文一卷　（明）酈露撰　清順治海雪
堂刻本　二冊

420000－2302－0002912　集一/761/1713.2
（92510）

樵川二家詩六卷　（清）徐幹輯　清光緒七年

（1881）刻本　二冊

420000－2302－0002913　集七/2－8/6014
（64633）

樵說十二卷　（清）蜀西樵也撰　昭和女子詩
鈔一卷　（清）王麟書撰　清光緒十八年
（1892）刻本　四冊

420000－2302－0002914　子十一/74－8/
3308（90670）

巧對録八卷　（清）梁章鉅撰　清道光二十二
年（1842）刻本　一冊

420000－2302－0002915　集一/42－8/7497
（93726）

切問齋文鈔三十卷　（清）陸燿輯　清刻本
十冊

420000－2302－0002916　集一/112－8/7497
（65119）

切問齋文鈔三十卷　（清）陸燿輯　清同治三
年（1864）崇陽楊國楨刻本　六冊

420000－2302－0002917　集一/412.8/7497
（32974）

切問齋文鈔三十卷　（清）陸燿輯　清同治八
年（1869）河南布政使楊國楨刻本　十二冊

420000－2302－0002918　經十/32－8/7535
（62161）

切韻攷六卷外篇三卷　（清）陳澧撰　清抄本
一冊　存七卷（一至三、六,外篇三卷）

420000－2302－0002919　善集一/42－19/
7528（70599）

秦漢文鈔八卷　（明）陳仁錫評選　明崇禎刻
本　五冊

420000－2302－0002920　史十二/62－8/
1042（86133）

秦蜀驛程後記二卷　（清）王士禎撰　清康熙
刻本　一冊

420000－2302－0002921　集一/5－8/8064
（89772）

秦中校士録不分卷　（清）金國鈞編　清道光

二十八年(1848)三原學署刻本　　三冊　　存三
冊(一、二上、二下)

420000－2302－0002922　　集一/722.8/7410.8
(13480)

秦中校士錄不分卷(陝甘試讀)　　(清)金國鈞
編輯　　清道光二十八年(1848)刻本　　四冊

420000－2302－0002923　　子十一/312－64/
2174(87470)

琴譜六卷　　(元)熊朋來撰　　清道光二十七年
(1847)刻本　　二冊

420000－2302－0002924　　子十一/311.8/
1147(19882)

琴學入門二卷　　(清)張鶴輯　　清同治六年
(1867)刻本　　二冊

420000－2302－0002925　　叢/5－9/6022
(56036)

琴志樓叢書四十三種　　易順鼎撰　　清光緒刻
本　　六冊　　存十八種

420000－2302－0002926　　集二/1.8/4964
(37386)

青草堂初集二集三集四十四卷　　(清)趙國華
著　　清光緒趙國華濟南刻本　　十四冊

420000－2302－0002927　　史十一/254－7/1004

青樓集一卷　　(元)黃雪蓑著　　清初刻本
一冊

420000－2302－0002928　　史十一/28－7/
4823(65258)

青泥蓮花記十三卷　　(明)梅鼎祚撰　　(明)梅
誕生校　　清宣統二年(1910)北平古槐書屋石
印本　　四冊

420000－2302－0002929　　善集二/0－7/0038
(35999)

**青丘高季迪先生詩集十八卷遺詩一卷扣舷集
一卷鳧藻集五卷附錄一卷首一卷**　　(明)高啟
撰　　(清)金檀輯注　　清雍正六年(1728)桐鄉
金檀刻本　　十冊

420000－2302－0002930　　善集二/0－7/0038
(36009)

**青丘高季迪先生詩集十八卷遺詩一卷扣舷集
一卷鳧藻集五卷附錄一卷首一卷**　　(明)高啟
撰　　(清)金檀輯注　　清雍正六年(1728)桐鄉
金檀刻本　　十冊

420000－2302－0002931　　集二/0－7/0038
(84223)

**青邱高季迪先生詩集十八卷補遺一卷詩餘一
卷附錄一卷首一卷**　　(明)高啓撰　　(清)金檀
輯注　　清雍正六年(1728)桐鄉金檀刻本
十冊

420000－2302－0002932　　子十一/312.8/
2884(19951)

青山琴譜六卷　　(清)徐祺撰　　清刻本　　六冊

420000－2302－0002933　　子十一/236.1/
2627(19720)

青霞館論畫絕句一百首一卷　　(清)吳修撰
清光緒二年(1876)刻本　　一冊

420000－2302－0002934　　叢/1－8/4015
(26981)

青照堂叢書四十三種　　(清)李元春輯　　清道
光十五年(1835)劉氏刻本　　一百冊

420000－2302－0002935　　史四/－8/2444
(76080)

清朝史畧十一卷　　(日)佐藤楚材編輯　　清
光緒二十八年(1902)上海書局石印本　　三冊

420000－2302－0002936　　子十一/216/3084
(8517)

清朝書畫錄四卷　　(清)竇鎮輯　　清宣統三年
(1911)上海進化書局石印本　　三冊

420000－2302－0002937　　史十二/1/3541
(8036)

清地理詩歌訣不分卷　　(□)□□撰　　清末抄
本　　一冊

420000－2302－0002938　　史十二/1/3541
(8035)

清地理詩歌訣不分卷　　(□)□□撰　　清末抄
本　　一冊

420000－2302－0002939　集 二/1.8/2677
（37769）

清風遺集一卷　（清）魏閴著　（清）劉若愚
（清）林廣文編　清光緒十八年(1892)秦本祖
刻本　一冊

420000－2302－0002940　經 二/1－7/2677
（1963）

清風易注四卷　（清）魏閴著　清光緒十八年
(1892)漢川甑山書院刻本　六冊

420000－2302－0002941　子 十一/216.1/
1117（8453）

清河書畫舫十二卷　（明）張丑撰　清乾隆二
十八年(1763)池北草堂刻本　十二冊

420000－2302－0002942　子 十一/216.1/
1117（8535）

清河書畫舫十二卷　（明）張丑撰　清乾隆二
十八年(1763)池北草堂刻本　一冊　存一卷
（寅集一卷）

420000－2302－0002943　子 十一/216.1/
1117（19417）

清河書畫舫十二卷　（明）張丑撰　清乾隆池
北草堂刻本　十二冊

420000－2302－0002944　子 十六/32/4010
（10046）

清靜經不分卷　（清）水精子注解　清同治十
一年(1872)刻本　一冊

420000－2302－0002945　史 十二/5214/
1040.78（80923）

清涼山志十卷　（明）釋鎮澄纂　清光緒十三
年(1887)刻本　四冊

420000－2302－0002946　史 八/233－8/3448
（76309）

清秘述聞十六卷　（清）法式善撰　清嘉慶四
年(1799)刻本　六冊

420000－2302－0002947　經 十/17－9/1045
（111395）

清文典要大全十二集　（清）□□撰　清抄本
一冊　存六集（一至六）

420000－2302－0002948　史 十五/54.3/1113
（7540）

清儀閣題跋不分卷　（清）張廷濟撰　清光緒
刻本　四冊

420000－2302－0002949　集 二/1.8/0044
（13355）

清吟堂集九卷　（清）高士奇撰　清康熙三十
九年(1700)尤侗刻本　二冊

420000－2302－0002950　集 一/5－8/4413
（32915）

晴川書院課藝不分卷　（清）蕭子錫定　清同
治七年(1868)刻本　一冊

420000－2302－0002951　集 二/3.8/7542
（12996）

晴漪閣詩六卷　（清）陳克劬撰　清光緒十三
年(1887)刻本　二冊

420000－2302－0002952　集 一/122.7/1090
（31621）

邱海二公合集兩種　（清）賈棠輯　（清）焦映
漢輯　清同治十年(1871)刻本　十冊

420000－2302－0002953　集 四/2.8/4424
（9988）

秋夢盦詞鈔二卷　（清）葉衍蘭撰　清光緒十
六年(1890)羊城刻本　一冊

420000－2302－0002954　善 史 八/62－8/
2932（91726）

秋審條款不分卷　（清）□□撰　清光緒抄本
一冊　存一冊（下）

420000－2302－0002955　集 二/3.8/1043.0
（9993）

秋闈聯詠一卷　（清）謝若潮撰　清光緒二十
九年(1903)刻本　一冊

420000－2302－0002956　善 史 十五/12－8/
7521（70668）

求古精舍金石圖初集四卷　（清）陳經輯　清
陳氏說劍樓刻本　四冊

420000－2302－0002957　子 十二/2.8/8064.1

(20365）

求闕齋讀書録十卷 （清）曾國藩撰　（清）王啟原輯　清刻本　四冊

420000－2302－0002958　史十一/31－8/8064.1（89884）

求闕齋日記類抄十卷 （清）曾國藩撰　（清）王啟原編　清光緒十三年（1887）申報館鉛印本　一冊

420000－2302－0002959　史十一/31－8/8064.1（111595）

求闕齋日記類鈔二卷 （清）曾國藩撰　（清）王啟原編　清刻本　一冊　存一卷（二）

420000－2302－0002960　史八/11/4330（6245）

求實齋三通序一卷 （清）杜佑撰　清光緒二十八年（1902）經文書局刻本　一冊

420000－2302－0002961　子二/4－8/7719（73158）

求是於古齋三種附筆談一卷 （清）周耿光撰　清同治五年（1866）善化楊氏問竹軒家塾刻本　一冊

420000－2302－0002962　史八/11.8/4433（6246）

求己録三卷 （清）蘆涇遯士編　清光緒二十二年（1896）石印本　三冊

420000－2302－0002963　集二/0－8/6044（92665）

求真是齋詩草二卷 （清）恩華撰　清咸豐、同治錫璋刻本　二冊

420000－2302－0002964　集二/1.8/4362（37014）

裘文達公文集六卷詩集六卷 （清）裘日修撰　清刻本　四冊

420000－2302－0002965　集三/1.8/1021（37045）

屈賈文合編二種 （清）夏獻雲輯　清光緒三年（1877）長沙刻本　八冊

420000－2302－0002966　集一/21－8/1021（65649）

屈賈文合編二種 （清）夏獻雲輯　清光緒三年（1877）長沙刻本　四冊

420000－2302－0002967　經十/32－7/7588（61806）

屈宋古音義三卷 （明）陳第著　清乾隆、嘉慶武昌張氏刻本　二冊

420000－2302－0002968　集三/1－8/4310.3（85600）

屈原賦注七卷通釋二卷 （清）戴震撰　**音義三卷** （清）汪梧鳳撰　清乾隆二十五年（1760）刻本　一冊

420000－2302－0002969　集二/1.7/6645（34607）

瞿忠宣公集十卷 （明）瞿式耜撰　清光緒十三年（1887）刻本　四冊

420000－2302－0002970　經七/11.31/4411.4（15085）

曲江書屋新訂批注左傳快讀十八卷首一卷 （晉）杜預原注　（清）李紹崧選訂　清刻本　十六冊

420000－2302－0002971　經七/11－8/4022（90036）

曲江書屋新訂批註左傳快讀十八卷首一卷 （清）李紹崧撰　清乾隆五十二年（1787）刻本　八冊　存十一卷（一至七、九至十一，首一卷）

420000－2302－0002972　子十一/224－8/8043（85892）

曲園先生篆書一卷 （清）俞樾書　清光緒三十二年（1906）蘇省刷印局石印本　一冊

420000－2302－0002973　經五/31.8/2813（14854）

全本禮記體注大全合參十卷 （清）范紫登撰　清乾隆三十一年（1766）仁和堂刻本　十冊

420000－2302－0002974　集一/411.8/6614（32409）

全上古三代秦漢三國六朝文七百四十四卷
（清）嚴可均輯　清光緒二十年（1894）黃岡王氏義莊刻本　一百冊

420000－2302－0002975　史十六/2－8/5044（89254）

全史宮詞二十卷　（清）史夢蘭撰　清咸豐刻本　五冊

420000－2302－0002976　集二 3.8/5044（35673）

全史宮詞二十卷　（清）史夢蘭撰　清咸豐六年（1856）刻本　四冊

420000－2302－0002977　集一/751/4692（73374）

全蜀秇文志六十四卷首一卷　（明）楊慎編　清嘉慶十二年（1807）刻本　十二冊

420000－2302－0002978　集一/32－8/2652（110905）

全唐詩鈔八十卷補遺十六卷　（清）吳成儀編次　清刻本　二十冊　存八十六卷（三至七、十三至八十,補遺一至十三）

420000－2302－0002979　集一/312.42/2652（33610）

全唐詩鈔八十卷補遺十六卷　（清）吳成儀輯　清乾隆二十四年（1759）璜川書屋刻本　二十四冊

420000－2302－0002980　集一/32－42/5530（94119）

全唐詩三十二卷　（清）聖祖玄燁欽定　清光緒十三年（1887）上海同文書局石印本　三十二冊

420000－2302－0002981　集七/3.42/7534（38796）

全唐文紀事一百二十二卷首一卷　（清）陳鴻墀纂　清同治十二年（1873）刻本　三十二冊

420000－2302－0002982　集一/32－43/4001（111529）

全五代詩一百卷補遺一卷　（清）李調元編　清光緒七年（1881）廣漢鍾登甲樂道齋刻本

一冊　存一卷（一）

420000－2302－0002983　集一/322.43/4001（33549）

全五代詩一百卷首一卷補遺一卷　（清）李調元編　清光緒七年（1881）李調元廣州刻本　二十四冊

420000－2302－0002984　史三/2.8/2478.3（5546－51）

拳匪紀事六卷　（日本）佐原篤介　（清）浙西漚隱輯　清光緒二十八年（1902）鉛印本　六冊

420000－2302－0002985　子二/45－8/1133（80300）

勸學篇二卷　（清）張之洞撰　清光緒兩湖書院刻本　一冊

420000－2302－0002986　子十二/18.8/1133（20069）

勸學篇二卷　（清）張之洞撰　清光緒二十四年（1898）一得齋刻本　一冊

420000－2302－0002987　子十二/18.8/1133（8570）

勸學篇二卷　（清）張之洞撰　清光緒二十四年（1898）刻本　二冊

420000－2302－0002988　子十二/18.8/1133.2（8477）

勸學篇書後一卷　（清）何啟撰　清鉛印本　一冊

420000－2302－0002989　史八/37－8/4423（56514）

勸業道稟設漢口銀行講習所章程一卷　（□）□□撰　清末鉛印本　一冊

420000－2302－0002990　史五/2－5/2800（80905）

卻掃編三卷　（宋）徐度撰　清影寫宋臨安府尹家書籍鋪刻朱印本　一冊

420000－2302－0002991　經一/12－8/4090（57141）

羣經識小八卷　（清）李惇著　清道光五年（1825）刻本　四冊

420000－2302－0002992　經一/12－8/1320（57252）

羣經義證八卷　（清）武億撰　清光緒十四年（1888）刻本　一冊　存四卷（春秋左氏傳三卷、公穀一）

420000－2302－0002993　經一/8－8/4412（1881）

羣經引詩大旨六卷　（清）黃雲鵠輯　清光緒二十年（1894）刻本　一冊

420000－2302－0002994　經一/7－8/7701.4（9080）

羣經字詁七十卷　（清）段譪廷撰　（清）黃本驥編訂　清道光二十九年（1849）黔陽楊氏刻本　十二冊

420000－2302－0002995　經一/7－8/7701.4（1834）

羣經字詁七十卷　（清）段譪廷撰　（清）黃本驥編訂　清道光二十九年（1849）黔陽楊氏刻本　十二冊

420000－2302－0002996　子十七/1－8/4233.6（86671）

羣學肄言不分卷　（英國）斯賓塞爾撰　嚴復譯　清光緒二十九年（1903）上海文明編譯書局鉛印本　四冊

420000－2302－0002997　子十七/1－8/4233.6（92576）

羣學肄言十六卷　（英國）斯賓塞爾撰　嚴復譯　清光緒二十九年（1903）上海文明編譯書局鉛印本　四冊

420000－2302－0002998　善經一/23－5/1064（70530）

群經音辨七卷　（宋）賈昌朝撰　清康熙張氏澤存堂刻本　二冊

420000－2302－0002999　子十二/2.8/2504（20208）

群書札記十六卷　（清）朱亦棟撰　清光緒四年（1878）武林竹簡齋刻本　四冊

420000－2302－0003000　子十二/2.42/2628（20102）

群書治要五十卷　（唐）魏徵撰　清乾隆五十二年（1787）刻本　二十五冊

420000－2302－0003001　子十二/1.8/4233（8508）

群學肄言十六卷　（英國）斯賓塞爾撰　嚴復譯　清光緒二十九年（1903）上海文明書局鉛印本　四冊

420000－2302－0003002　集二/3.8/4030（36110）

髯仙詩舫遺稿二卷　（清）李鴻裔撰　清光緒十四年（1888）遵義黎氏日本刻本　一冊

420000－2302－0003003　子二/44－8/4410（62279）

人範六卷　（清）蔣元撰　清光緒二十七年（1901）廣雅書局刻本　一冊

420000－2302－0003004　子二/46－7/7237.0（62284）

人譜類記六卷　（明）劉宗周撰　（明）方願瑛輯　清道光九年（1829）刻本　一冊

420000－2302－0003005　子二/328.7/7237（16785）

人譜一卷人譜類記二卷　（明）劉宗周撰　清同治七年（1868）吳興丁氏濟南刻本　一冊

420000－2302－0003006　子十六/22.42/1030（8957）

仁王護國般若經二卷　（唐）釋不空譯　清同治九年（1870）刻本　一冊

420000－2302－0003007　子十二/5－8/4022（88909）

忍齋叢說一卷　（清）李佳撰　清光緒刻本　一冊

420000－2302－0003008　子十一/234.8/2221（19798）

任渭長先生畫傳四種　（清）任熊繪　清光緒

十二年(1886)上海同文書局石印本　四冊

420000－2302－0003009　善子十一/233－8/7522(91748)

紉齋畫勝不分卷　(清)陳允升繪　清光緒二年至四年(1876－1878)陳氏得古歡室刻七年(1881)續刻本　四冊

420000－2302－0003010　史十七/12/8397(7657－724)

日本法規大全不分卷　(清)南洋公學譯書院譯　(清)商務印書館編譯所補譯校訂　**日本法規解字一卷**　錢恂　董鴻禕輯　清光緒三十三年(1907)上海商務印書館鉛印本　六十八冊

420000－2302－0003011　史十七/41.8/1148:3(8203)

日本各校紀略不分卷　(清)張大鏞撰　清光緒二十四年(1898)廖壽豐刻本　一冊

420000－2302－0003012　史十七/3.2/4433(8063)

日本國志四十卷首一卷　(清)黃遵憲編纂　清光緒二十七年(1901)上海書局石印本　十冊

420000－2302－0003013　史十七/12－8/4433(85299)

日本國志四十卷中東年表一卷　(清)黃遵憲撰　清光緒二十四年(1898)上海圖書集成印書局鉛印本　十冊

420000－2302－0003014　史十七/12－8/4433(84762)

日本國志四十卷中東年表一卷　(清)黃遵憲撰　清光緒十六年(1890)羊城富文齋刻本　十四冊

420000－2302－0003015　史十七/12－8/4433(85017)

日本國志四十卷中東年表一卷　(清)黃遵憲撰　清光緒十六年(1890)羊城富文齋刻本　十四冊

420000－2302－0003016　史十七/1.2/9042

(6654)

日本警察新法十一編　(日本)小幡太郎纂譯　清光緒二十五年(1899)善隣譯書館編輯局鉛印本　一冊

420000－2302－0003017　史十七12－8/4465.7(84701)

日本歷史二卷歷代表畧一卷諸國封建沿革畧一卷　(日本)萩野由之撰　(清)劉大猷譯　清光緒二十七年(1901)教育世界社鉛印本　五冊

420000－2302－0003018　史八/2.8/1148(8205)

日本陸軍大學校論略一卷　(日本)東條英教口述　(日本)川島浪速譯　清光緒二十四年(1898)刻本　一冊

420000－2302－0003019　史八/5.8/1740(6380)

日本陸軍學校章程彙編不分卷　(清)孟森譯述　清南洋公學譯書院鉛印本　四冊

420000－2302－0003020　集五/9.12/6054(9986)

日本七十三義俠傳三卷　(清)韓曇首撰　清光緒東亞書局鉛印本　一冊　存一卷(二)

420000－2302－0003021　史十七/12/4468(8082)

日本七十三義俠傳三卷　(清)韓曇首著　清光緒三十四年(1908)鉛印本　一冊

420000－2302－0003022　史十七/12－8/5800.8(84679)

日本外史二十二卷　(日本)賴襄撰　(清)錢懌評　清光緒五年(1879)上海讀史堂刻本　十冊

420000－2302－0003023　史十七/12－8/4308.0(64434)

日本維新三十年史不分卷　(日本)東京博文館編　(清)上海廣智書局譯　清光緒二十九年(1903)上海廣智書局鉛印本　二冊

420000－2302－0003024　史十七/12－8/

0024.6（85262）

日本維新三十年史不分卷附三十年間國勢進步表一卷　（日本）高山林次郎撰　（清）羅孝高譯　清光緒二十八年(1902)上海廣智書局鉛印本　六冊

420000－2302－0003025　史十七/12－8/0024.6（85268）

日本維新三十年史不分卷附三十年間國勢進步表一卷　（日本）高山林次郎撰　（清）羅孝高譯　清光緒二十八年(1902)上海廣智書局鉛印本　六冊

420000－2302－0003026　史十七/12/5040（8057－62）

日本維新三十年史十二編附錄一卷　（日本）東京博文館編輯　（清）上海廣智書局譯　清光緒二十八年(1902)上海廣智書局鉛印本　六冊

420000－2302－0003027　史十七/12/3193（8076）

日本新政考二卷　（日本）顧少逸比部著（清）顧厚焜撰　清光緒十四年(1888)鉛印本　二冊

420000－2302－0003028　史十七/41.8/1148 : 2（8202）

日本學校述略不分卷　（清）姚錫光述略　清光緒二十四年(1898)廖壽豐刻本　一冊

420000－2302－0003029　史十七/12/1020（7647－7656）

日本源流考二十二卷　王先謙撰集　清光緒二十八年(1902)刻本　十冊

420000－2302－0003030　子九/22－8/4088（94297）

日法朔餘彊弱攷一卷　（清）李銳撰　清刻本　一冊

420000－2302－0003031　史十三/0－7/7541（88888）

日涉編十二卷　（明）陳垛編　清乾隆三十四年(1769)刻本　九冊

420000－2302－0003032　子二/42.8/3505（17022）

日知薈說四卷　（清）高宗弘曆撰　清刻本　四冊

420000－2302－0003033　子十二/2－8/3191.4（110613）

日知錄集釋三十二卷　（清）顧炎武著　（清）黃汝成集釋　日知錄刊誤二卷續刊誤二卷（清）黃汝成撰　清光緒元年(1875)湖北崇文書局刻本　十六冊

420000－2302－0003034　子十二/2－8/3191.4

日知錄集釋三十二卷　（清）顧炎武著　（清）黃汝成集釋　清末刻本　四冊　存八卷（六至七、十二至十三、十七至十八、三十一至三十二）

420000－2302－0003035　子十二/2－8/3191.4（11925）

日知錄集釋三十二卷　（清）顧炎武著　（清）黃汝成集釋　日知錄刊誤二卷續刊誤二卷（清）黃汝成撰　清同治十一年(1872)湖北崇文書局刻本　十一冊　存二十三卷（一至二十三）

420000－2302－0003036　子十二/2.8/3191（20399）

日知錄集釋三十二卷　（清）顧炎武撰　（清）黃汝成集釋　清同治十一年(1872)湖北崇文書局刻本　十六冊

420000－2302－0003037　子十二/2.8/3191（8828）

日知錄集釋三十二卷　（清）顧炎武著　（清）黃汝成集釋　日知錄刊誤二卷續刊誤二卷（清）黃汝成撰　清康熙三十四年(1695)刻本　二十八冊

420000－2302－0003038　子十二/2－8/7191.4（88535）

日知錄栞誤二卷續栞誤二卷　（清）黃汝成撰　清同治八年(1869)廣州述古堂刻本　一冊

420000－2302－0003039　子十二/5－52/3434（85810）

容齋隨筆十六卷續筆十六卷三筆十六卷四筆十六卷五筆十卷　（宋）洪邁撰　明崇禎三年（1630）刻清康熙三十九年（1700）洪璟補修本　十四冊

420000－2302－0003040　集二/0－8/4094（91624）

榕村全集四十卷　（清）李光地撰　清乾隆元年（1736）李清植刻本　十四冊

420000－2302－0003041　善集二/0－8/4094（35619）

榕村詩選八卷首一卷　（清）李光地撰　清雍正杭州方氏刻本　四冊

420000－2302－0003042　子十二/4.8/4094.2（20169）

榕村語録三十卷　（清）李光地輯　清教忠堂刻本　三冊

420000－2302－0003043　叢/1－8/2844（56186）

融經館叢書十一種　（清）徐友蘭輯　清光緒會稽徐氏八杉齋刻本　二十二冊　存八種

420000－2302－0003044　叢/5－8/1018（28939）

如諫果室叢刊三種　（清）王廷鈜撰　清宣統二年（1910）鉛印本　一冊

420000－2302－0003045　集四/52－64/1035.8（91829－40）

如是山房增訂金批西廂四卷首一卷末一卷　（元）王寶甫撰　（清）金人瑞批點　清光緒二年（1876）如是山房刻朱墨套印本　十二冊

420000－2302－0003046　子十一/42－/4440（86154）

茹古齋印存一卷　（□）□□刻　清鈐印本　一冊

420000－2302－0003047　子十一/42－8/3272（86054）

茹古齋印譜一卷　（清）潘駿德藏　清同治四

年（1865）影印本　二冊

420000－2302－0003048　子二/34.8/4234.3（16949）

儒門法語輯要不分卷　（清）彭定求編　（清）湯金釗輯要　清光緒七年（1881）刻本　一冊

420000－2302－0003049　子二/6－8/4234（87201）

儒門法語一卷　（清）彭定求撰　清同治五年（1866）彭慰高等刻本　一冊

420000－2302－0003050　子八/2.63/1121（17900）

儒門事親十五卷　（金）張從正撰　清上海千頃堂石印本　六冊

420000－2302－0003051　子十三/4.8/4010（20519）

蠕範八卷　（清）李元撰　清同治十三年（1874）傳經堂刻本　四冊

420000－2302－0003052　子十/4－5/4007.4（101574）

入地眼全書十卷　（宋）釋靜道著　清光緒五年（1879）刻本　四冊

420000－2302－0003053　叢/1－8/4457（26744）

三長物齋叢書二十六種　（清）黃木驥輯　清道光刻本　八十冊

420000－2302－0003054　子十四/1－8/0142.3（50732）

三方彙編六卷　（清）龍在昇撰　（清）顧珵美補　清康熙六年（1667）虞山汲古閣刻本　一冊

420000－2302－0003055　史十二/4121/7130.21（79605）

三輔黃圖一卷　（漢）□□撰　（清）孫星衍（清）莊逵吉校　清嘉慶十九年（1814）刻本　一冊

420000－2302－0003056　史十五/12－8/4460（85423）

三古圖三種　（清）黃晟輯　清乾隆十七年(1752)天都黃氏亦政堂刻本　三十冊

420000－2302－0003057　史八/1－23/4660(75900)

三國會要二十二卷　（清）楊晨撰　清光緒二十六年(1900)黃巖楊氏崇雅堂鉛印本　四冊

420000－2302－0003058　史一/3－23/7540.3(64725)

三國疆域志二卷　（清）洪亮吉撰　清光緒十七年(1891)廣雅書局刻本　一冊

420000－2302－0003059　史一/3－23/7540.2(75156)

三國郡縣表八卷　（清）吳增僅撰　清光緒二十二年(1896)木活字印本　四冊

420000－2302－0003060　史一/3－23/7540.2

三國郡縣表補正八卷　（清）吳增僅撰　楊守敬補正　清光緒三十三年(1907)鄂城刻本　四冊

420000－2302－0003061　史一/3－23/7540.1(103352)

三國志六十五卷　（晉）陳壽撰　（南朝宋）裴松之注　清光緒十二年(1886)澹吟館刻本　十冊　存四十五卷(魏志三十卷、蜀志十五卷)

420000－2302－0003062　史一/3－23/7540.1(103616)

三國志六十五卷　（晉）陳壽撰　（南朝宋）裴松之注　清同治六年(1867)金陵書局木活字印本　九冊　存二十三卷(魏書一至七、十至二十五)

420000－2302－0003063　史一/3－23/7540.1(103639)

三國志六十五卷　（晉）陳壽撰　（南朝宋）裴松之注　清同治十年(1871)成都書局刻本　五冊　存十七卷(魏志一至十七)

420000－2302－0003064　史一/224/7540(5264)

三國志六十五卷　（晉）陳壽撰　（南朝宋）裴松之注　清光緒十年(1884)上海同文書局石印本　二十冊

420000－2302－0003065　史一/224/7540(5256－5263、13731)

三國志六十五卷　（晉）陳壽撰　（南朝宋）裴松之注　清光緒十一年(1885)上海同文書局石印本　九冊　存三十四卷(魏志一至二十二、二十八至三十,吳志一至九)

420000－2302－0003066　史一/3－23/7540.8(64731)

三國志證聞三卷　（清）錢儀吉撰　清光緒十一年(1885)江蘇書局刻本　二冊

420000－2302－0003067　史一/3－23/7540.8(75207)

三國志證聞三卷　（清）錢儀吉撰　清光緒十一年(1885)江蘇書局刻本　二冊

420000－2302－0003068　史一/3－23/7540.2(65404)

三國志質疑六卷　（清）徐紹楨撰　清光緒十二年(1886)刻本　二冊

420000－2302－0003069　史一/3－23/7540.7(64733)

三國志注證遺四卷　（清）周壽昌撰　清光緒九年(1883)刻本　二冊

420000－2302－0003070　集二/0－8/7241(100733)

三湖漁人全集八卷　（清）劉士璋撰　清道光二年(1822)刻本　三冊

420000－2302－0003071　集一/31－7/2010

三家宮詞三卷　（明）毛晉編　明天啓五年(1625)東吳毛晉綠君亭刻本　二冊

420000－2302－0003072　集二/6.8/4039.4(37147)

左文襄公書牘節要二十六卷　（清）左宗棠撰　清光緒二十八年(1902)刻本　十二冊

420000－2302－0003073　集四/11.5/2010

三家宮詞三卷二家宮詞二卷　（明）毛晉輯
清同治十二年(1873)淮南書局刻本　一冊

420000－2302－0003074　子九/3.8/2341
(19062)

三角須知一卷　（英國）傅蘭雅撰　清光緒十
四年(1888)刻本　一冊

420000－2302－0003075　子七/1－8/1133
(67354)

三農紀二十四卷　（清）張宗法撰　清青藜閣
刻本　十冊

420000－2302－0003076　子七/1.8/1133
(17256)

三農紀十卷　（清）張宗法撰　清刻本　十冊

420000－2302－0003077　史十二/1－8/6649
(79739)

三省邊防俗覽十四卷　（清）嚴如熤輯　清刻
本　六冊

420000－2302－0003078　史七/－31/3613
(76094)

三十國春秋輯本十八種　（清）湯球輯　清光
緒廣雅書局刻民國九年(1920)番禺徐紹棨彙
編重印本　一冊

420000－2302－0003079　集一 31/8064.1
(85877)

三十家詩鈔六卷首一卷　（清）曾國藩纂
（清）王安定增輯　清同治十三年(1874)傳忠
書局刻本　二冊　存三卷(一至二、首一卷)

420000－2302－0003080　集一/31－8/8064.1
(68413)

三十家詩鈔六卷首一卷末一卷　（清）曾國藩
纂　清同治十三年(1874)都門刻本　六冊

420000－2302－0003081　史一/26/3050
(5338)

三史國語解四十六卷　（清）高宗弘曆撰　清
光緒四年(1878)刻本　十冊

420000－2302－0003082　集一/122－42/
3199(68419)

三唐人集三十二卷　（清）馮焌光輯　清光緒
元年至二年(1875－1876)南海馮氏讀有用書
齋刻本　六冊

420000－2302－0003083　史八/1－8/3653
(89916)

三通攷輯要七十六卷　（清）湯壽潛輯　清光
緒二十五年(1899)上海圖書集成局鉛印本
三十冊

420000－2302－0003084　史 八/11/4330
(6244)

三通序不分卷　（宋）鄭樵撰　清刻本　一冊

420000－2302－0003085　史 八/11/4330
(241)

三通序三卷　（唐）杜佑撰　清光緒二十一年
(1895)文彬書局刻本　三冊

420000－2302－0003086　史 八/11/4330
(6241)

三通序三卷　（唐）杜佑撰　清光緒二十一年
(1895)刻本　三冊

420000－2302－0003087　史六/1－7/4014.2
(85862)

三味局增定課讀鑑略妥註善本五卷　（明）李
廷機著　清刻本　一冊

420000－2302－0003088　經一/21－8/2132
(103342)

三惜齋制藝不分卷　（清）盧淛撰　清同治二
年(1863)刻本　一冊

420000－2302－0003089　集一/121.8/1112
(31505)

三賢文集十二卷　（清）張斐然輯　清康熙十
八年(1679)刻本　十二冊

420000－2302－0003090　史五/1－7/4411
(101568)

三湘從事錄一卷附錄一卷　（明）蒙正發撰
（清）金永森注　清光緒三十三年(1907)刻本
一冊

420000－2302－0003091　集二/1.8/7474

三魚堂全集三十卷文集十二卷 （清）陸隴其撰　**外集六卷**（清）侯銓編　**贅言十二卷**（清）陳濟編　清宣統三年(1911)掃葉山房石印本　八冊

420000－2302－0003092　集二/4.8/7474.2 (12046)

三魚堂文集十二卷附錄一卷 （清）陸隴其著　（清）席前席　（清）席永恂校　清刻本　五冊

420000－2302－0003093　集二/0－8/7474 (71165)

三魚堂文集十二卷附錄一卷外集六卷附錄一卷三魚堂贅言十二卷 （清）陸隴其撰　（清）席永恂校　清宣統三年(1911)掃葉山房石印本　八冊

420000－2302－0003094　集二/4.8/7472.2 (37233)

三魚堂文集十二卷外集六卷附錄一卷 （清）陸隴其著　清末老掃葉山房刻本　六冊

420000－2302－0003095　叢/1－8/4474 (110881)

三餘書屋叢書九種 （清）蔡學蘇輯　清光緒二年(1876)盱南上塘蔡氏刻本　一冊　存二種

420000－2302－0003096　子十四/4－8/1012 (71665)

三元秘授六卷 （清）張熙宇編　清光緒十五年(1889)善成堂刻本　四冊

420000－2302－0003097　叢/321.2/4082 (53732)

三原叢書十七種 （清）李錫齡輯　清道光宏道書院刻本　六十六冊

420000－2302－0003098　子二/44－52/1000.4(111500)

三字經註解備要不分卷 （宋）王應麟著（清）賀興思註解　清咸豐十年(1860)刻本　一冊

散原精舍詩二卷 （清）陳三立撰　清宣統鉛印本　二冊

420000－2302－0003099　集二/3.8/2510 (35649)

420000－2302－0003100　善集二/0－8/7294 (93540)

搔首集一卷 （清）劉燁華撰　清末抄本　一冊

420000－2302－0003101　子八/68－8/2313 (87356)

痧症易知錄一卷附錄一卷 （清）付雲漢編　清光緒三十年(1904)蕭贛積善堂刻本　一冊

420000－2302－0003102　子八/68－8/2313 (86357)

痧症易知錄一卷附錄一卷 （清）付雲漢編　清光緒三十年(1904)蕭贛積善堂刻本　一冊

420000－2302－0003103　集五/2.8/4742 (36587)

曬書堂筆錄六卷 （清）郝懿行輯　清光緒十年(1884)郝氏刻本　四冊

420000－2302－0003104　集二/4.8/4742 (37294)

曬書堂集十八卷 （清）郝懿行著　清光緒十年(1884)東路廳署刻本　八冊

420000－2302－0003105　集二/1.8/4742 (36946)

曬書堂詩文一卷詩鈔二卷試帖詩餘附和鳴集祭財神詩一卷 （清）郝懿行撰　清光緒刻本　四冊

420000－2302－0003106　史十二/321.8/2704.7(7115)

山東河南直隸三省黃河全圖不分卷 （清）倪文蔚測繪　清光緒十六年(1890)上海鴻文書局石印本　五冊

420000－2302－0003107　史十二/313/2250.84 (73124)

山東黃河南岸十三州縣遷民圖說一卷 （清）黃璣撰　清光緒二十二年(1896)點石齋石印

本 二冊

420000－2302－0003108 集二/0－51/4407.4
(93581)

山谷詩鈔五卷 （宋）黃庭堅撰 （清）姚鼐評
選 清光緒朱墨抄本 二冊 存二卷（一至
二）

420000－2302－0003109 集二/0－51/4407.2
(71472)

山谷詩集注二十卷目錄一卷 （宋）黃庭堅撰
（宋）任淵註 **山谷別集詩註二卷** （宋）黃
庭堅撰 （宋）史季溫註 清光緒至民國上海
著易堂書局影印光緒二十一年至二十五年
(1895－1899)義甯陳三立影宋刻本 二十冊

420000－2302－0003110 集二/0－51/4407
(110186)

山谷詩集注二十卷目錄一卷 （宋）黃庭堅撰
（宋）任淵註 **山谷別集詩註二卷** （宋）黃
庭堅撰 （宋）史季溫註 清光緒上海著易堂
書局影印光緒二十一年至二十五年(1895－
1899)義甯陳三立影宋刻本 十二冊

420000－2302－0003111 集二/3.5/4407
(35054)

山谷詩集注內集二十卷外集十七卷別集二卷
（宋）黃庭堅撰 （宋）任淵等注 清宣統二
年(1910)陳伯高刻本 二十冊

420000－2302－0003112 集二/0－51/4407.5
(110169)

山谷外集詩註十七卷 （宋）黃庭堅撰 （宋）
史容注 **山谷別集詩註二卷** （宋）黃庭堅撰
（宋）史季溫注 清刻本 九冊

420000－2302－0003113 集二/0－51/4407.5
(110178)

山谷外集詩註十七卷 （宋）黃庭堅撰 （宋）
史容注 清刻本 八冊 存十五卷（一至十
五）

420000－2302－0003114 集二/3.5/4407
(36380)

山谷先生詩集三十七卷 （宋）黃庭堅著 清

光緒二十一年(1895)刻本 二十冊

420000－2302－0003115 集五/2.31/0712
(4955)

山海經補註一卷 （明）楊慎撰 清光緒元年
(1875)湖北崇文書局刻本 一冊

420000－2302－0003116 史十二/1－33/
0712.2(73111)

**山海經廣注十八卷讀山海經語一卷山海經雜
述一卷圖五卷** （清）吳任臣撰 清乾隆五十
一年(1786)金閶書業堂刻本 六冊

420000－2302－0003117 集五/3.31/0712.2
(36890)

山海經廣注首一卷圖五卷文十八卷 （晉）郭
璞傳 （清）吳知伊注 清乾隆五十一年
(1786)刻本 八冊

420000－2302－0003118 史十二/1－33/
0712(58136)

山海經十八卷 （晉）郭璞傳 （清）畢沅校正
清光緒十三年(1887)上海大同書局石印本
一冊

420000－2302－0003119 集五/3.31/0712
(36888)

山海經十八卷 （晉）郭璞傳 （清）黃晟校刊
清天都黃晟刻本 二冊

420000－2302－0003120 集五 2/712.6
(89609)

山海經十八卷 （晉）郭璞注 清光緒三年
(1877)畢氏靈巖山館刻本 三冊

420000－2302－0003121 史十二/1－33/
0712.2(110961)

山海經十八卷 （晉）郭璞傳 （明）吳中珩校
清刻本 一冊 存十六卷（二至十七）

420000－2302－0003122 集五/2－33/0712.6
(89609－11)

山海經十八卷 （晉）郭璞傳 （清）畢沅校正
清光緒三年(1877)浙江書局刻本 三冊

420000－2302－0003123 史十二/1－33/

0712（110664）

山海經十八卷　（晉）郭璞注　清光緒元年
（1875）湖北崇文書局刻本　二冊

420000 – 2302 – 0003124　史十二/1 – 33/
0712（103644）

山海經十八卷圖讚一卷　（晉）郭璞傳　山海
經補註一卷　（明）楊慎撰　清光緒十年
（1884）汗青簃刻本　四冊

420000 – 2302 – 0003125　史十二/1 – 33/
0712（110662）

山海經圖讚一卷　（晉）郭璞撰　山海經補注
一卷　（明）楊慎撰　清光緒元年（1875）湖北
崇文書局刻本　一冊

420000 – 2302 – 0003126　善子十4 – 8/3518
（19212）

山家肪玉不分卷　（清）瑤館主人輯　清康熙
刻本　二冊

420000 – 2302 – 0003127　善子十四/1 –
7/4241

山堂肆考二百四十卷　（明）彭大翼輯　明萬
曆二十三年（1595）刻四十七年（1619）張幼學
重修本　五十冊

420000 – 2302 – 0003128　子十/4 – 7/7761
（85630）

山洋指迷原本四卷　（明）周景一著　（清）俞
歸璞　（清）吳卿瞻增註　清經國堂刻本
三冊

420000 – 2302 – 0003129　史十五/10.14 – 8/
4713（62256）

山右石刻叢編四十卷　（清）胡聘之撰　清光
緒二十五年至二十七年（1899 – 1901）刻本
二十冊

420000 – 2302 – 0003130　史十五/10.14 – 8/
4713（84288）

山右石刻叢編四十卷　（清）胡聘之撰　清光
緒二十五年至二十七年（1899 – 1901）刻本
二十冊

420000 – 2302 – 0003131　集四/2 – 52/1190

（68378 – 81）

山中白雲詞八卷附錄一卷樂府指迷一卷
（宋）張炎撰　清宣統三年（1911）北京龍文閣
書莊石印本　四冊

420000 – 2302 – 0003132　集二/3.8/4228
（35617）

山中草一卷　（清）彭崧毓撰　清光緒刻本
一冊

420000 – 2302 – 0003133　子六/1 – 8/0044
（85804）

刪定管子一卷　（清）方苞撰　清乾隆桐城方
氏抗希堂刻本　二冊

420000 – 2302 – 0003134　子二/14 – 8/0044
（85802）

刪定荀子一卷　（清）方苞撰　清乾隆桐城方
氏抗希堂刻本　二冊

420000 – 2302 – 0003135　子八/2.8/3480
（17546）

刪註脈訣規正二卷　（清）沈鏡註刪　清刻本
一冊

420000 – 2302 – 0003136　史十四/32 – 8/
1010（63005）

善本書室藏書志四十卷　（清）丁丙輯　清光
緒二十七年（1901）錢塘丁氏刻本　八冊

420000 – 2302 – 0003137　子二/46 – 8/7734
（91487）

善惡案證十二卷　（清）周漢編　清光緒三十
年（1904）長沙刻本　九冊　存八卷（一至四、
七至八、十至十一）

420000 – 2302 – 0003138　史八/72 – 8/0003
（478）

商辦漢冶萍煤鐵廠礦股分有限公司歷次奏咨
案牘一卷　（清）□□編　清末刻本　一冊

420000 – 2302 – 0003139　史八/71 – 8/7131
（56468）

商辦漢鎮既濟水電公司第一屆報告一卷
（清）漢鎮既濟水電公司編　清宣統元年
（1909）鉛印本　一冊

420000 – 2302 – 0003140　史八／6.8／3460.7（6508）

商辦浙江全省鐵路有限公司暫定章程一卷
（清）湯壽潛　（清）劉錦藻擬定　清光緒三十二年（1906）鉛印本　一冊

420000 – 2302 – 0003141　史八／33 – 8／0007（85714）

商部開辦章程一卷　（□）□□撰　清光緒鉛印本　一冊

420000 – 2302 – 0003142　子六／12.8／6646（17338）

商君書五卷　（清）嚴萬里撰　清光緒二年（1876）浙江書局刻本　一冊

420000 – 2302 – 0003143　子八／21.5／0700

傷寒補亡論二十卷　（宋）郭雍撰　清宣統三年（1911）武昌醫館刻本　四冊

420000 – 2302 – 0003144　子八／21.8／7731（17732）

傷寒廣要十二卷　（日本）丹波元堅撰　清刻本　四冊

420000 – 2302 – 0003145　子八／21.21／1142.4（8605）

傷寒論淺注六卷　（漢）張仲景撰　（清）陳念祖集注　清光緒二十七年（1901）新化三味書局刻本　一冊

420000 – 2302 – 0003146　子八／21.8／2703（17736）

傷寒審症表一卷　（清）包誠纂輯　清同治十年（1871）湖北崇文書局刻本　一冊

420000 – 2302 – 0003147　子八／0.8／4412（17582）

傷寒說意十卷首一卷　（清）黃元御撰　清道光十四年（1834）刻本　二冊

420000 – 2302 – 0003148　子八／0.8／4412（17584）

傷寒悬解十四卷首一卷末一卷　（清）黃元御撰　清同治五年（1866）刻本　五冊

420000 – 2302 – 0003149　子八／21.8／7583（8183）

傷寒醫訣串解六卷　（清）陳念祖撰　清光緒二十七年（1901）新化三味書局刻本　一冊

420000 – 2302 – 0003150　子八／21.8／7583

傷寒真方歌括六卷　（清）陳念祖撰　清光緒二十七年（1901）新化三味書局刻本　一冊

420000 – 2302 – 0003151　子十一／1 – 8／9045（86035）

賞奇軒合編四卷　（清）□□編　清光緒十二年（1886）上海同文書局石印本　三冊

420000 – 2302 – 0003152　子二／312.5／0432（16854）

上蔡謝先生語錄三卷　（宋）謝良佐撰　清光緒十八年（1892）刻本　二冊

420000 – 2302 – 0003153　史十二／341.2／2138.84（78651）

上海一卷　（清）劍村遊客編　清光緒二十九年（1903）鉛印本　一冊

420000 – 2302 – 0003154　集一／5 – 8／1173.1（2）

尚絅堂試律詳注一卷　（清）劉嗣綰撰　清末刻本　一冊

420000 – 2302 – 0003155　集一／3 – 8／0262.1（110838）

尚絅堂試帖一卷　（清）劉嗣綰著　（清）張熙宇輯評　**樨花館試帖□□卷**　（清）路德撰　（清）張熙宇輯評　清李光明莊刻朱墨套印本　一冊　存二卷（尚絅堂試帖一卷、樨花館試帖一）

420000 – 2302 – 0003156　善經三／1 – 64／8037.5

尚書表注二卷　（宋）金履祥撰　（清）成德校訂　清康熙通志堂刻乾隆五十年（1785）武英殿修補本　一冊

420000 – 2302 – 0003157　經三／1 – 52／4434（91081）

尚書蔡傳六卷首一卷末一卷　（宋）蔡沈集傳

清光緒七年(1881)金陵書局刻本　四冊

420000 – 2302 – 0003158　　經 三/1 – 8/4081
(57495)

尚書大傳疏證七卷　(清)皮錫瑞撰　清光緒
二十二年(1896)師伏堂刻本　三冊

420000 – 2302 – 0003159　　經三/99 – 21/8700
(2194)

尚書大傳四卷　(漢)鄭玄注　清光緒二年
(1876)湖北崇文書局刻本　一冊

420000 – 2302 – 0003160　　經 三/1 – 21/2379.8
(61863)

尚書大傳四卷補遺一卷　(漢)伏勝撰　(漢)
鄭玄注　(清)盧文弨輯　**考異一卷續補遺一
卷**　(清)盧文弨撰　清嘉慶五年(1800)愛日
草廬刻本　二冊

420000 – 2302 – 0003161　　經 三/1 – 8/7741
(2160)

尚書古文疏證八卷　(清)閻若璩撰　清嘉慶
元年(1796)津門吳念湖刻本　四冊　存四卷
(一至二、四至五)

420000 – 2302 – 0003162　　經 三/1 – 8/7741
(9318)

尚書古文疏證八卷　(清)閻若璩撰　清嘉慶
元年(1796)津門吳念湖刻本　七冊　存五卷
(一至二、四至六)

420000 – 2302 – 0003163　　經 三/1 – 8/7741
(9577)

尚書古文疏證八卷　(清)閻若璩撰　清嘉慶
元年(1796)津門吳念湖刻本　三冊　存三卷
(六下至八)

420000 – 2302 – 0003164　　經 三/1 – 8/7741
(2164)

尚書古文疏證八卷　(清)閻若璩撰　**朱子古
文書疑一卷**　(清)閻詠復輯　清同治六年
(1867)錢塘汪氏振綺堂補刻本　八冊

420000 – 2302 – 0003165　　經 三/1 – 8/1063
(70502)

尚書後案三十卷尚書後辨附一卷　(清)王鳴

盛撰　清乾隆四十五年(1780)東吳王氏禮堂
刻本　八冊

420000 – 2302 – 0003166　　經 三/1.8/1065
(2105)

尚書後案三十卷尚書後辨附一卷　(清)王鳴
盛撰　清刻本　十二冊

420000 – 2302 – 0003167　　善經三/7 – 8/3147
(71024)

尚書△注音疏十二卷末一卷外編一卷　(清)
江聲撰　清乾隆四十九年至五十八年(1784 –
1793)江氏近世居篆書自刻本　六冊

420000 – 2302 – 0003168　　經 三/1 – 8/7233.7
(62201)

尚書今古文集解三十卷　(清)劉逢祿撰　**尚
書今古文集解校勘記一卷**　(清)劉葆楨撰
(清)劉翰藻撰　**卦本圖攷一卷**　(清)胡秉虔
撰　清光緒十四年(1888)南菁書院刻本　四
冊　存三十卷(三至三十、尚書今古文集解校
勘記一卷、卦本圖攷一卷)

420000 – 2302 – 0003169　　經 三/1 – 8/1262
(110477)

尚書今古文注三十卷　(清)孫星衍撰注　清
光緒五年(1879)丁寶楨成都刻本　二冊

420000 – 2302 – 0003170　　經 三/1 – 8/1262
(91026)

尚書今古文注疏三十卷　(清)孫星衍撰　清
光緒十一年(1885)吳縣朱氏槐廬家塾刻本
八冊

420000 – 2302 – 0003171　　經 三/1 – 8/1262
(58215)

尚書今古文注疏三十卷　(清)孫星衍撰　清
光緒十一年(1885)吳縣朱氏槐廬家塾刻本
八冊

420000 – 2302 – 0003172　　善經三/8 – 8/7124
(2191)

尚書課程二卷　(清)馬貞榆撰　清光緒兩湖
文高等學堂武昌刻朱印本　二冊

420000 – 2302 – 0003173　　經 三/1 – 21/1236.1

(2099)

尚書孔傳參正三十六卷 王先謙撰 清光緒
三十年(1904)虛受堂刻本 六冊

420000－2302－0003174 經三/1－8/4443
(57491)

尚書啟幪五卷 (清)黃式三撰 清光緒十四
年(1888)黃氏家塾刻本 四冊

420000－2302－0003175 經三/1－8/4441
(103447)

尚書啟幪五卷 (清)黃式三撰 清光緒十四
年(1888)黃氏家塾刻本 二冊 存二卷(一、
五)

420000－2302－0003176 經三/1－21/1236
(16362)

尚書十三卷 (漢)孔安國傳 清刻本 三冊

420000－2302－0003177 經三/1－21/1236
(2053)

尚書十三卷 (漢)孔安國傳 清刻本 三冊

420000－2302－0003178 善經三/8－8/7124
(2153)

尚書要旨一卷 (清)馬貞榆撰 清光緒兩湖
文高等學堂武昌刻朱印本 一冊

420000－2302－0003179 經三/1－8/4234
(81362)

尚書誼略二十八卷敘錄一卷 姚永樸撰 清
刻本 一冊

420000－2302－0003180 經三/1－8/1343
(58434)

尚書因文六卷首一卷末一卷 (清)武士選撰
清刻本 二冊

420000－2302－0003181 經三/1－8/7778
(57489)

尚書證義二十八卷 (清)周用錫撰 清嘉慶
友伏齋刻本 二冊

420000－2302－0003182 善史十一/11－7/
0077(41076)

尚友錄二十二卷 (明)廖用賢編 明天啓元

年(1621)自刻本 二十二冊

420000－2302－0003183 集一/22－8/1063.8
(67488)

少嵒賦草箋注四卷續集一卷 (清)夏思沺著
(清)姜兆蘭箋釋 清末上海鑄記局石印本
一冊

420000－2302－0003184 叢/1－8/2848
(26221)

邵武徐氏叢書初刻十四種 (清)徐幹輯 清
光緒刻本 二十冊

420000－2302－0003185 叢/343.1/2844
(53327)

紹興先正遺書第二集三種 (清)徐友蘭輯
清光緒十五年(1889)會稽徐氏鑄學齋刻本
八冊 存二種

420000－2302－0003186 子八/62.8/3444
(17858)

**攝生秘剖總要石渠閣精訂攝生秘剖四卷種子
方剖一卷種子秘剖二卷房術奇書二卷** (明)
洪基撰 清刻本 八冊

420000－2302－0003187 叢/1－8/8077
(203438)

申報館叢書二百二種 (清)尊聞閣主輯 清
光緒申報館鉛印本 八十一冊

420000－2302－0003188 史八/6.8/2100
(6659)

申明礦務章程一卷 (清)外務部奏 清光緒
刻本 一冊

420000－2302－0003189 集二/0－8/3040
(65567)

莘齋文抄四卷 (清)宦懋庸撰 清光緒二十
年(1894)刻本 二冊

420000－2302－0003190 子八/17.－8/2844
(86064)

神農本草經百種錄一卷 (清)徐大椿撰 清
乾隆刻本 一冊

420000－2302－0003191 子十六/38/3602

（10021）

神訓必讀不分卷 （□）□□撰　清咸豐十一
年(1861)刻本　一冊

420000－2302－0003192　子十二/5－21/
5008.1(90382)

神異經一卷 （漢）東方朔撰　（晉）張華注
海内十洲記一卷 （漢）東方朔撰　**別國洞冥
記四卷** （漢）郭憲撰　清光緒元年(1875)湖
北崇文書局刻本　一冊

420000－2302－0003193　子十一/214－8/
3536(86478)

神州國光集第十集一卷　神州國光社編　清
宣統元年(1909)神州國光社影印本　一冊

420000－2302－0003194　子十一/214－8/
3536(86480)

神州國光集第十七集一卷　神州國光社編
清宣統二年(1910)神州國光社影印本　一冊

420000－2302－0003195　子十一/214－8/
3536(86479)

神州國光集第十五集一卷　神州國光社編
清宣統二年(1910)神州國光社影印本　一冊

420000－2302－0003196　善集二/0－8/3423
（32745）

沈歸愚全集十五種 （清）沈德潛撰　清乾隆
教忠堂刻本　二十四冊

420000－2302－0003197　子八/5－8/3485
（111220）

沈氏尊生書五種 （清）沈金鼇輯　清石印本
十冊　存四種

420000－2302－0003198　子八/0.8/3485
（18245）

沈氏尊生書五種 （清）沈金鼇撰　清同治十
三年(1874)湖北崇文書局刻本　二十六冊

420000－2302－0003199　子八/0.8/3485
（18271）

沈氏尊生書五種 （清）沈金鼇撰　清同治十
三年(1874)湖北崇文書局刻本　二十六冊

420000－2302－0003200　史九/2－9/3444
（50988）

沈文肅公政書七卷首一卷 （清）沈葆楨撰
清光緒六年(1880)吳門節署鉛印本　八冊

420000－2302－0003201　子八/3.8/2323
（17825）

審視瑤函六卷 （清）傅仁宇纂輯　清三益堂
刻本　六冊

420000－2302－0003202　集五/4－8/0029.6

蜃樓志二十四回 （清）庾嶺老人說　（清）禺
山老人編　清刻本　四冊　存八回（十一至
十六、二十一至二十二）

420000－2302－0003203　子八/5－8/2844
（84576）

慎疾芻言一卷 （清）徐大椿撰　清末刻本
一冊

420000－2302－0003204　集七/2－8/1033
（110846）

聲調三譜四卷 （清）王祖源輯　清光緒二十
二年(1896)宏道堂刻本　一冊

420000－2302－0003205　子十一/74－8/
5040.1(110107)

聲律啟蒙撮要二卷 （清）車萬育著　（清）聶
銑敏重訂　（清）夏大觀箋　清光緒九年
(1883)墨耕堂刻本　一冊

420000－2302－0003206　經六/1.8/7535
（15059）

聲律通考十卷 （清）陳澧撰　清咸豐八年
(1858)刻本　二冊

420000－2302－0003207　集一/41－8/7231
（87099）

省鈔古文一卷 （清）劉沅評點　（清）劉氏門
人編　清咸豐五年(1855)刻本　一冊

420000－2302－0003208　史五/4.8/8740
（7535－39）

盛世危言五卷 （清）鄭觀應撰　清光緒二十
二年(1896)明達學社刻本　五冊

420000－2302－0003209　子十六/5－9/4430 (85497)

聖伯多禄宗徒行實一卷　林准撰　清光緒三十二年(1906)鉛印本　一冊

420000－2302－0003210　史十一/22－16/1272(92643)

聖蹟圖不分卷　(□)□□輯　清刻本　一冊

420000－2302－0003211　子十六/5－8/4410.1(87199)

聖教信證一卷　(清)韓霖述　(清)張□述　清刻本　一冊

420000－2302－0003212　史八/21－8/1286(76157)

聖門禮志一卷樂志一卷　(清)孔令貽輯　清光緒十三年(1887)闕裏硯寬亭刻本　二冊

420000－2302－0003213　經一/23－8/3463(80717)

聖門名字纂詁二卷　(清)潛谿生撰　(清)洪恩波撰　清光緒二十三年(1897)刻本　二冊

420000－2302－0003214　子十一/3.8/1292(19884)

聖門樂志一卷　(清)孔尚任撰　清光緒十三年(1887)刻本　一冊

420000－2302－0003215　集七/1－8/8016(87136)

聖嘆秘書七種　(清)金人瑞撰　清光緒三十一年(1905)證鄉社鉛印本　一冊

420000－2302－0003216　史三/2.8/2631(5564－73)

聖武記十四卷　(清)魏源撰　清道光二十二年(1842)刻本　十冊

420000－2302－0003217　史三/2.8/2631(5552)

聖武記十四卷　(清)魏源撰　清道光二十六年(1846)刻本　十二冊

420000－2302－0003218　史十一/22－8/0192.4(64721)

聖域述聞二十八卷　(清)龍光甸修　(清)黃本驥輯　清咸豐二年(1852)王燕堂刻本　四冊

420000－2302－0003219　史九/1.8/4003(6762)

聖諭廣訓直解二卷　(清)聖祖玄燁撰　清刻本　二冊

420000－2302－0003220　史九/1－8/1600(80715)

聖諭廣訓直解一卷　(清)世宗胤禛撰　清刻本　二冊

420000－2302－0003221　子十二/13－17/7720.3(94016)

尸子二卷存疑一卷　(清)汪繼培輯　清光緒三年(1877)浙江書局刻本　一冊

420000－2302－0003222　集二/1.8/0870(34666)

施愚山先生學餘詩集五十卷文集二十八卷別集四卷外集一卷　(清)施閏章著　**年譜四卷**　(清)施念曾編　**家風述略一卷**　(清)李來泰撰　**續編一卷**　(清)施產恪輯錄　清康熙至乾隆施氏家刻本　二十冊

420000－2302－0003223　善史十一/12－7/0870(92559－60)

施愚山先生學餘文集七卷　(清)施閏章撰　清乾隆刻本　二冊

420000－2302－0003224　集二/0－51/4453.0(92483)

施註蘇詩四十二卷總目二卷　(宋)蘇軾撰　(清)施元之等注　(清)宋犖　(清)張榕端閱定　(清)顧嗣立等刪補　**蘇詩續補遺二卷**　(宋)蘇軾撰　(清)宋犖　(清)張榕端閱定　(清)馮景補註　**王注正譌一卷**　(清)邵長蘅撰　**東坡先生年譜一卷**　(宋)王宗稷編　(清)邵長蘅重訂　清康熙三十八年(1699)商丘宋犖刻本　一冊　存四卷(一至四)

420000－2302－0003225　善集二/0－51/4453.0(65824)

施註蘇詩四十二卷總目二卷　（宋）蘇軾撰
（清）施元之等注　（清）宋犖　（清）張榕端
閱定　（清）顧嗣立等刪補　蘇詩續補遺二卷
（宋）蘇軾撰　（清）宋犖　（清）張榕端閱
定　（清）馮景補註　王注正譌一卷　（清）邵
長蘅撰　東坡先生年譜一卷　（宋）王宗稷編
（清）邵長蘅重訂　清康熙三十八年（1699）
商丘宋犖刻本　十四冊

420000－2302－0003226　叢/5.8/4081

師伏堂叢書十五種　（清）皮錫瑞撰　清光緒
三十三年（1907）湖南思賢書局刻本　十四冊
存四種

420000－2302－0003227　集二/3.8/4081
（35623）

師伏堂詩草六卷　（清）皮錫瑞撰　清光緒三
十年（1904）善化皮氏刻師伏堂叢書本　二冊

420000－2302－0003228　集二　4.8/1270
（35313）

師鄭堂駢體文存二卷　（清）孫同康撰　（清）
李越縵鑒定　清光緒二十一年（1895）刻本
一冊

420000－2302－0003229　集七/2.8/7530
（31935）

詩比興箋四卷　（清）陳沆選箋　清光緒九年
（1883）彭祖咸武昌刻本　二冊

420000－2302－0003230　集一/3.8/8034
（11612）

詩鈔不分卷　（清）□□撰　清抄本　一冊

420000－2302－0003231　善經四/1－7/4700
（89511）

詩傳大全二十卷詩經考異一卷　（明）胡廣等
撰　明崇禎八年（1635）吳郡顧凝遠詩瘦閣刻
本　四冊　存八卷（一至八）

420000－2302－0003232　集一/311.7/2010
（41268）

詩詞雜俎十一種　（明）毛晉輯　明天啓、崇
禎海虞毛氏汲古閣刻本　四冊

420000－2302－0003233　經四/3－52/1000

（103749）

詩地理攷六卷　（宋）王應麟撰　清光緒十年
（1884）成都志古堂刻本　一冊

420000－2302－0003234　經四/3－8/1748
（65017）

詩地理攷略二卷圖一卷　（清）尹繼美撰　清
同治十一年（1872）鼎吉堂刻本　一冊

420000－2302－0003235　經　四/1/2637
（9143）

詩古微十五卷首一卷　（清）魏源輯　清光緒
十一年（1885）楊氏黃岡學署刻本　八冊

420000－2302－0003236　善集一/32－8/
1732（69434）

詩觀初集十卷　（清）鄧漢儀評選　清康熙十
一年（1672）金閶王允明刻本　八冊　存八卷
（一至三、六至十）

420000－2302－0003237　子十一/214.8/
6210（19384）

詩畫舫不分卷　（清）點石齋編　清光緒十四
年（1888）上海點石齋影印本　六冊

420000－2302－0003238　集七/2.8/2646
（38014）

詩話一卷　（清）程夢星編輯　清刻本　一冊

420000－2302－0003239　經四/1－52/6627

詩緝三十六卷　（宋）嚴粲纂　明嘉靖趙府味
經堂刻本　五冊　存十六卷（三至十八）

420000－2302－0003240　經四/1－52/2540
（100805）

詩經八卷　（宋）朱熹傳　清宣統三年（1911）
上海章福記石印本　四冊

420000－2302－0003241　善經四/1－52/
2540（92938）

詩經八卷　（宋）朱熹集傳　明嵩秀堂刻本
六冊

420000－2302－0003242　經四/1－52/2540
（110860）

詩經八卷　（宋）朱熹集傳　清同治七年

(1868)湖北崇文書局刻本　四冊

420000 – 2302 – 0003243　經四/1 – 52/2540
(110997)

詩經八卷　(宋)朱熹集傳　清光緒二十一年
(1895)湖北官書處刻本　四冊

420000 – 2302 – 0003244　經四/1 – 52/2543
(111330)

詩經八卷　(宋)朱熹集傳　清同治十一年
(1872)山東書局刻本　四冊

420000 – 2302 – 0003245　經四/1 – 52/2540
(111446)

詩經八卷　(宋)朱熹集傳　清刻本　一冊
存二卷(四至五)

420000 – 2302 – 0003246　經四/1 – 52/2540
(103443)

詩經八卷　(宋)朱熹集傳　清道光十六年
(1836)揚郡二郎廟惜字局刻本　四冊

420000 – 2302 – 0003247　經四/1 – 52/2543
(110144)

詩經八卷　(宋)朱熹集傳　清光緒二十年
(1894)淮南書局刻本　四冊

420000 – 2302 – 0003248　經四/1 – 52/2540
(111448)

詩經八卷　(宋)朱熹集傳　清刻本　一冊
存一卷(三)

420000 – 2302 – 0003249　經四/1 – 52/2540
(111473)

詩經八卷　(宋)朱熹集傳　清光緒元年
(1875)湖北崇文書局刻本　一冊　存二卷
(一至二)

420000 – 2302 – 0003250　善經四/1 – 52/
2540(92944)

詩經八卷　(宋)朱熹集傳　清初雅修堂刻本
四冊

420000 – 2302 – 0003251　經四/1.5/2540
(9650)

詩經八卷　(宋)朱熹集傳　清光緒二十一年

(1895)湖北官書處刻本　三冊　存七卷(一
至二、四至八)

420000 – 2302 – 0003252　經七/11 – 8/3147.7
(110250)

左繡三十卷首一卷　(清)馮李驊評輯　(清)
陸浩評輯　**春秋經傳集解三十卷**　(晉)杜預
注　(唐)陸德明音義　(宋)林堯叟附注
(清)馮李驊增訂　清刻本　一冊　存四卷
(左繡六至七、春秋經傳集解六至七)

420000 – 2302 – 0003253　經四/1.5/2540
(9139)

詩經八卷　(宋)朱熹集傳　清光緒二十一年
(1895)湖北官書處刻本　四冊

420000 – 2302 – 0003254　經四/1.5/2540
(9136)

詩經八卷　(宋)朱熹集傳　清刻本　三冊
存五卷(一至五)

420000 – 2302 – 0003255　經四/1 – 52/2540
(103372)

詩經八卷　(宋)朱熹集傳　清光緒二十一年
(1895)湖北官書處刻本　一冊　存二卷(一
至二)

420000 – 2302 – 0003256　經四/1 – 52/2540
(110833)

詩經八卷　(宋)朱熹集傳　清同治七年
(1868)湖北崇文書局刻本　一冊　存二卷
(一至二)

420000 – 2302 – 0003257　經四/1.8/1053
(2140)

詩經稗疏四卷考異一卷　(清)王夫之撰　清
同治四年(1865)湘鄉曾氏刻船山遺書本
三冊

420000 – 2302 – 0003258　經四/3 – 8/0424.0
(100700)

詩經古譜二卷　(清)學部圖書局編　清光緒
三十四年(1908)學部圖書局石印本　一冊

420000 – 2302 – 0003259　經四/1/7231
(9440)

詩經恒解六卷 （清）劉沅輯注 清同治三年（1864）刻本 六冊

420000－2302－0003260 經 四/1/2540（9132）

詩經集注八卷 （宋）朱熹注 清同治十三年（1874）刻本 四冊

420000－2302－0003261 經 四/1.5/2540（9117）

詩經集注八卷 （宋）朱熹集傳 清刻本 六冊

420000－2302－0003262 經 四/1.5/2540（9671）

詩經集註八卷 （宋）朱熹集傳 清光緒二十一年(1895)湖北官書處刻本 四冊

420000－2302－0003263 經 四/1.5/2540（9123）

詩經集註八卷 （宋）朱熹集傳 清光緒二十一年(1895)湖北官書處刻本 四冊

420000－2302－0003264 經 四/1.5/2540（9127）

詩經集註八卷 （宋）朱熹集傳 清光緒二十一年(1895)湖北官書處刻本 四冊 存七卷（一至二、四至八）

420000－2302－0003265 經 四/1.5/2540（9646）

詩經集註八卷 （宋）朱熹集傳 清光緒二十一年(1895)湖北官書處刻本 四冊 存五卷（一至五）

420000－2302－0003266 經 四/1－8/4442（61847）

詩經精華十卷 （清）薛嘉穎撰 清道光五年（1825）光霽堂刻本 四冊

420000－2302－0003267 經 四/1－8/4438（87124）

詩經精義四卷末一卷 （清）黃淦撰 清末刻本 一冊

420000－2302－0003268 經 四/1.8/4409

（2251）

詩經嬝嬛體注八卷 （清）黃維章著 （清）范紫登參訂 清刻本 四冊

420000－2302－0003269 經 四/1－8/1033（58271）

詩經說鈴十二卷 （清）潘克溥輯 清道光刻本 四冊

420000－2302－0003270 經 四/1.8/0041（9423）

詩經體註圖考大全八卷 （清）高朝瓔定 清善成堂刻本 二冊

420000－2302－0003271 經 四/1.8/1787（2237）

詩經繹參四卷 （清）鄧翔撰 清同治六年（1867）廣東孔廣陶刻朱墨套印本 四冊

420000－2302－0003272 經 四/1－8/4664（103525）

詩經音訓不分卷 （清）楊國楨撰 清末刻本 二冊

420000－2302－0003273 子十四/2.8/2552（7835）

詩句題解二十二卷 （清）陳劍芝等撰 清光緒八年（1882）紅杏山房刻本 二十冊

420000－2302－0003274 善經四/8－52/1000（88823）

詩考一卷 （宋）王應麟撰 明崇禎毛氏汲古閣刻本 一冊

420000－2302－0003275 善集一/31－8/3110（31883）

詩林韶濩二十卷 （清）顧嗣立選編 清康熙秀野草堂刻本 六冊

420000－2302－0003276 經 四/1－8/7527（55090）

詩毛氏傳疏三十卷附毛詩音四卷毛詩說一卷毛詩傳義類一卷鄭氏箋攷徵一卷 （清）陳奐撰 清道光吳門南國陳氏掃葉山莊刻本 十二冊

420000 - 2302 - 0003277　經四/1 - 8/7527
(103718)

詩毛氏傳疏三十卷附毛詩音四卷毛詩說一卷
毛詩傳義類一卷鄭氏箋攷徵一卷　(清)陳奐
撰　清道光吳門南國陳氏掃葉山莊刻本　三
冊　存十卷(一至五、二十六至三十)

420000 - 2302 - 0003278　經四/3 - 8/1748

詩名物攷略二卷　(清)尹繼美撰　清光緒六
年(1880)刻本　一冊

420000 - 2302 - 0003279　善集一/31 - 7/
2342(41481)

詩所五十六卷　(明)臧懋循撰　明刻本　一
冊　存九卷(三十至三十八)

420000 - 2302 - 0003280　經四/1. 8/1171
(2234)

詩義鈔八卷　(清)張學尹撰　清同治九年
(1870)張氏師白山房刻本　三冊

420000 - 2302 - 0003281　子十四/2. 8/7204
(11862)

詩韻含英六卷　(清)劉文蔚撰　清乾隆二十
三年(1758)刻本　二冊

420000 - 2302 - 0003282　經十/31 - 8/0860
(111426)

詩韻合璧五卷　(清)許時庚輯　清光緒十二
年(1886)廣百宋齋鉛印本　一冊　存一卷
(一)

420000 - 2302 - 0003283　經十/31 - 8/8067
(100656)

詩韻集成十卷　(清)余照輯　清末李光明莊
刻本　四冊

420000 - 2302 - 0003284　子十四/2. 8/0711
(8536)

詩韻類錦十二卷　(清)郭化霖編　清同治十
三年(1874)刻本　十二冊

420000 - 2302 - 0003285　子十四/2. 8/3191
(22003)

詩韻析六卷　(清)江烜撰　清光緒九年
(1883)福建紫陽書院刻本　四冊

420000 - 2302 - 0003286　經四/1 - 5/1072
(2199)

詩總聞二十卷　(宋)王質撰　(清)錢儀吉校
清刻本　六冊

420000 - 2302 - 0003287　史八/2. 8/1020
(6271)

十朝東華錄五百二十五卷　王先謙撰　清光
緒二十五年(1899)石印本　五十冊

420000 - 2302 - 0003288　史七/ - 43/2627. 7
(76001)

十國春秋一百十四卷　(清)吳任臣撰　拾遺
一卷備攷一卷　(清)周昂撰　清嘉慶四年
(1799)昭文周氏刻本　二十四冊

420000 - 2302 - 0003289　史十六/3 - 43/
2694(85653)

十國宮詞一卷　(清)吳省蘭撰　清同治十二
年(1873)淮南書局刻本　一冊

420000 - 2302 - 0003290　史十六/4 - 43/
8481(55947)

十國雜事詩十七卷敘目二卷　(清)饒智元撰
清光緒刻本　三冊

420000 - 2302 - 0003291　史十六/4 - 43/
8481(55415)

十國雜事詩十七卷敘目二卷　(清)饒智元撰
清光緒十七年(1891)刻本　四冊

420000 - 2302 - 0003292　集二/3. 8/4670
(35704)

十笏草堂詩鈔四卷　(清)楊鳳章撰　清同治
六年(1867)刻本　二冊

420000 - 2302 - 0003293　集一/412. 8/1020
(33335)

十家四六文鈔不分卷　王先謙編　清光緒十
五年(1889)王氏刻本　三冊

420000 - 2302 - 0003294　子十二/2. 8/8346
(8905)

十駕齋養新錄二十卷　(清)錢大昕撰　清光
緒二年(1876)浙江書局刻本　八冊

420000－2302－0003295　子十二/2.8/8346（20230）

十駕齋養新錄二十卷　（清）錢大昕撰　清光緒二年(1876)浙江書局刻本　八冊

420000－2302－0003296　子十二/2 8/8346（103734）

十駕齋養新錄二十卷餘錄三卷　（清）錢大昕撰　清嘉慶刻本　一冊　存五卷(十九至二十三)

420000－2302－0003297　善 經一/23－8/8341（1847）

十經文字通正書十四卷　（清）錢坫撰　清嘉慶二年(1797)文章大吉樓刻本　二冊

420000－2302－0003298　史十七/11/3154（7633）

十九世紀歐洲政治史論一卷　（日本）酒井雄三郎著　（清）華文祺譯　清光緒二十八年(1902)教育世界出版社鉛印本　一冊

420000－2302－0003299　史七/0－33/2237（64596）

十六國春秋一百卷　（北魏）崔鴻撰　（清）汪日桂重訂　清光緒十二年(1886)湖北官書處刻本　十二冊

420000－2302－0003300　史十六/2－8/1065（74885）

十七史商榷一百卷　（清）王鳴盛撰　清光緒六年(1880)太原王氏刻本　二十冊

420000－2302－0003301　史十六/2－8/1065（74865）

十七史商榷一百卷　（清）王鳴盛撰　清乾隆五十二年(1787)洞涇草堂刻本　二十冊

420000－2302－0003302　史十六/3－8/1067（89896）

十七史商榷一百卷　（清）王鳴盛撰　清乾隆五十二年(1787)洞涇草堂刻本　二十冊　存九十五卷(一至九十五)

420000－2302－0003303　子十四/1.8/1004（12036）

十三經策案二十二卷　（清）王謨彙編　清光緒十三年(1887)上海大同書局石印本　四冊

420000－2302－0003304　經一/21－8/3110（55484）

十三經詁答問十卷　（清）馮登府著　清光緒十三年(1887)朱氏槐廬家塾刻本　三冊　存六卷(一至六)

420000－2302－0003305　經一/23－8/4034（110694）

十三經集字不分卷　（清）□□撰　清刻本　六冊

420000－2302－0003306　經一/23－8/4034（110800）

十三經集字不分卷　（清）□□撰　清刻本　一冊

420000－2302－0003307　經一/23－8/4034（61989）

十三經集字一卷　（清）李鴻藻輯　清光緒六年(1880)刻本　一冊

420000－2302－0003308　經一/7－8/3137（1664）

十三經紀字一卷字典紀字一卷韻府紀字一卷　（清）汪汲撰　清乾隆五十九年(1794)古愚山房刻本　一冊

420000－2302－0003309　經十 28.8/4458（16226）

十三經摹本十六卷　（清）萬青銓著　清刻本　八冊

420000－2302－0003310　經一/7－8/8003（1846）

十三經難字音註一卷　（清）金文源摘著（清）陸寶琳校　清光緒十四年(1888)上海點石齋石印本　一冊

420000－2302－0003311　經一/27－8/4010（62008）

十三經西學通義十四卷　（清）李元音撰　清光緒三十二年(1906)刻本　一冊　存二卷(周易一卷、尚書一卷)

420000 – 2302 – 0003312　　經一/7 – 8/3139
（1665）

十三經韻無辯解一卷經韻俱無摘要一卷
（清）汪超萬輯　清末刻本　一冊

420000 – 2302 – 0003313　　經一/7 – 8/1004
（9679）

十三經韻語一卷　（清）王謨撰　清光緒二十
七年(1901)晴川書院刻本　一冊

420000 – 2302 – 0003314　　經一/2 – 8/2504
（1062）

十三經札記二十二卷群書札記十六卷　（清）
朱亦棟撰　清光緒四年(1878)武林竹簡齋刻
本　六冊

420000 – 2302 – 0003315　善經一/1 – 8/4123
（580）

十三經註疏十三種　（□）□□輯　明崇禎毛
氏汲古閣刻本　八十冊

420000 – 2302 – 0003316　　經一/21 – 8/7110
（110809）

十三經註疏校勘記十三種　（清）阮元輯　清
光緒十三年(1887)點石齋石印本　一冊　存
二種六卷(論語注疏一至四、附校勘記,孝經
注疏一至二、附校勘記)

420000 – 2302 – 0003317　　經一/11 – 8/4123
（54334）

十三經註一百六十一卷　（清）萬青銓重校
清咸豐二年(1852)稽古樓刻本　八十八冊

420000 – 2302 – 0003318　　史十二/1 – 35/
7776.1(80615)

十三州志一卷　（北魏）闞駰纂　（清）張澍輯
　三秦記一卷　（□）辛氏纂　（清）張澍編輯
清光緒十六年至十七年(1890 – 1891)刻本
一冊

420000 – 2302 – 0003319　　子二/44 – 8/5570
（110811）

十四層啟蒙捷訣集二卷　（清）曹原亮著　清
道光十八年(1838)三元堂刻本　一冊

420000 – 2302 – 0003320　　叢/1 – 8/7433

（53989）

十萬卷樓叢書初編十一種　（清）陸心源輯
清光緒歸安陸氏刻本　四十四冊

420000 – 2302 – 0003321　　叢/1 – 8/7433
（28280）

十萬卷樓叢書初編十一種　（清）陸心源輯
清光緒歸安陸氏刻本　三十四冊

420000 – 2302 – 0003322　　史二/3 – 8/4437.1
（62313）

十一朝東華約録二百三十二卷　（清）蔣良驥
原編　王先謙續編　（清）王祖顯重編　清光
緒二十七年(1901)石印本　二十冊

420000 – 2302 – 0003323　　經一/1 – 8/4414
（56845）

十一經初學讀本十一種　（清）萬廷蘭撰　清
嘉慶元年(1796)刻本　二十冊

420000 – 2302 – 0003324　　經一/7 – 8/4664
（1698）

十一經音訓十一種　（清）楊國楨輯　清光緒
三年(1877)湖北崇文書局刻本　二十六冊

420000 – 2302 – 0003325　　經一/7 – 8/4664
（110925）

十一經音訓十一種　（清）楊國楨輯　清光緒
三年(1877)湖北崇文書局刻本　九冊　存
四種

420000 – 2302 – 0003326　　叢/2 – 8/4434
（26723）

十種古逸書　（清）茆泮林輯　清道光十四年
(1834)梅瑞軒刻本　五冊

420000 – 2302 – 0003327　集一/112 – 8/1043
（65145）

十種唐詩選十七卷　（清）王士禎刪纂　清康
熙蘿延齋刻本　五冊

420000 – 2302 – 0003328　　子十一/233 –
7/4710

十竹齋畫譜八卷　（明）胡正言輯　明崇禎胡
氏十竹齋刻套印本　一冊　存一卷(八)

420000－2302－0003329　善子十一/233－7/
4710(19431)

十竹齋畫譜八卷　(明)胡正言輯　明崇禎刻
套印本　一冊　存一卷(石譜一卷)

420000－2302－0003330　子十一/232－7/
4710(89637)

十竹齋畫譜不分卷　(明)胡正言輯　清光緒
五年(1879)上海江東書局五色珂羅版影印本
八冊

420000－2302－0003331　子一/1－8/1017
(67384)

十子全書十種　(清)王子興輯　清嘉慶九年
(1804)姑蘇王氏聚文堂刻本　四十四冊

420000－2302－0003332　子一/1.8/1017
(16687)

十子全書十種　(清)王子興輯　清嘉慶九年
(1804)經綸堂刻本　二十七冊　存九種

420000－2302－0003333　善集一/31－7/
5572(31792)

石倉十二代詩選□□卷　(明)曹學佺編　明
崇禎刻本　十七冊　存九十二卷(明詩一集
三十二至三十四、五十三至六十七,明詩次集
六十六至六十八、九十三至九十五、一百二十
三至一百二十七,明詩三集十一至十三、四十
一至四十四、九十二至一百,明詩四集十四至
二十一、三十七至四十五、六十五、六十九至
七十一、七十四至七十六、八十至八十六、一
百二十四至一百三十二,明詩六集六十、七十
二至七十七)

420000－2302－0003334　善集二/0－8/2684
(69132)

石巢集一卷　程頌萬撰　清稿本　一冊

420000－2302－0003335　史十五/52－8/
4042(85118)

石鼓文定本不分卷　(清)沈梧編　清光緒十
二年(1886)沈氏古華山館刻本　四冊

420000－2302－0003336　史十五/55－8/
4042(80881)

**石鼓文定本一卷釋音一卷辯證二卷章句注疏
十卷地名攷一卷**　(清)沈梧編　清光緒十六
年(1890)沈氏古華山館刻本　四冊

420000－2302－0003337　史十五/52－8/
1146(86062)

石鼓文釋存一卷補注一卷　(清)張燕昌撰
清光緒二十八年(1902)刻本　一冊

420000－2302－0003338　史十五/52－8/
1146(85117)

石鼓文釋存一卷補注一卷　(清)張燕昌撰
清光緒二十八年(1902)刻本　一冊

420000－2302－0003339　史十五/52－8/
2230(85117)

石鼓文一卷　(清)任兆麟編　清乾隆五十三
年(1788)同川書院刻本　一冊

420000－2302－0003340　善集二/0－5/4454
(69313)

石湖居士詩集三十四卷　(宋)范成大撰　清
康熙顧氏秀野草堂刻本　八冊

420000－2302－0003341　集一/5－8/1173.1
(91729)

石暉甲嵩生七家詩詳註七卷　(清)石暉甲箋
注　(清)張熙宇評選　清光緒十六年(1890)
曉雲山房刻本　八冊

420000－2302－0003342　經一/14－8/8802
(50596)

石經殘字攷一卷千祿字書一卷　(清)翁方綱
撰　清光緒九年(1883)常熟後知不足齋刻本
一冊

420000－2302－0003343　子十二/2.8/0167
(20303)

石菊影廬筆識二卷　(清)譚嗣同撰　清宣統
三年(1911)譚氏刻本　一冊

420000－2302－0003344　子二/42－52/4442
(110251)

石林家訓一卷　(宋)葉夢得撰　清宣統三年
(1911)長沙葉德輝觀古堂刻本　一冊

420000－2302－0003345　經七/11.8/2477
（9400）

左傳選十四卷　（清）儲欣評　（清）徐永等校
訂　清刻本　四冊

420000－2302－0003346　經七/11/0003
（9399）

左傳義法舉要一卷　（清）方苞述　清末益園
刻本　一冊

420000－2302－0003347　集一/41－5/
0442.3

石渠閣校刻庭訓百家評註文章軌範七卷
（宋）謝枋得編　（明）顧充集評　（明）茅坤
注　清順治十七年（1660）句容蔣時機刻本
二冊

420000－2302－0003348　史五/1－8/1001
（62629）

石渠餘記六卷　（清）王慶雲撰　清光緒刻本
六冊

420000－2302－0003349　史五/1－8/1001
（50813）

石渠餘記六卷　（清）王慶雲撰　清光緒刻本
六冊

420000－2302－0003350　善子八/19.－7/
3142（18161）

石山醫案八種　（明）汪機撰　明嘉靖至崇禎
祁門樸墅增修本　十冊

420000－2302－0003351　子八/61.8/7548
（18402）

石室秘錄六卷　（清）陳士鐸撰　清文英堂刻
本　四冊

420000－2302－0003352　子八/5－8/7548
（110117）

石室秘錄六卷　（清）陳士鐸撰　清刻本
一冊

420000－2302－0003353　集二/1.8/4713
（35108）

石笥山房集二十一卷　（清）胡天遊著　清咸
豐二年（1852）胡氏後人刻本　十冊

420000－2302－0003354　集二/0－8/4713.4
（91771）

**石笥山房文集六卷補遺一卷詩集十二卷補遺
二卷續補遺二卷**　（清）胡天游撰　**年譜一卷**
（清）胡元琭撰　清咸豐二年（1852）刻本
九冊

420000－2302－0003355　集二/4012/9865
（9865）

石園全集四卷　（清）李元鼎撰　清康熙四十
二年（1703）香雪堂刻本　一冊

420000－2302－0003356　集二 4.8/7221
（37232）

食舊真齋雜箸二卷　（清）劉嶽雲撰　清光緒
二十二年（1896）刻本　一冊　存一卷（一）

420000－2302－0003357　子八/17.－8/3440
（110345）

食物本草會纂十二卷圖一卷　（清）沈李龍著
清刻本　六冊

420000－2302－0003358　史十三/0－8/6804
（86691）

時節氣候抄六卷首一卷　（清）喻端士撰　清
道光元年（1821）刻本　二冊

420000－2302－0003359　史八/－9/4053
（73132）

時事新論十二卷　（英國）李提摩太著　清光
緒二十一年（1895）天津時報館鉛印本　二冊

420000－2302－0003360　集一/5－8/3246
（65345）

時文正宗七卷　（清）潘世恩評選　清道光澳
古山房武昌刻本　十冊

420000－2302－0003361　史九/22.8/4432
（6736）

時務芻言一卷　（清）黃家傑著　清光緒二十
一年（1895）刻本　一冊

420000－2302－0003362　史八/1－8/4700.8
（100674）

時務通攷三十一卷首一卷　（清）杞廬主人編
清光緒二十三年（1897）點石齋石印本　二

十冊

420000－2302－0003363　　史八/1－8/4700.8
(100694)

時務通攷續編三十一卷　（清）杞廬主人編
清光緒二十七年(1901)點石齋石印本　一冊

420000－2302－0003364　　子八/92－8/1122
(93510)

時疫白喉捷要一卷　（清）張紹修撰　清末抄
本　一冊

420000－2302－0003365　　集一/5－8/6724
(88707)

時藝核一卷　（清）路德編評　清道光刻本
一冊

420000－2302－0003366　　集一/5－8/4413
(88534)

實其文齋制藝一卷　（清）黃雲鵠著　清同治
十一年(1872)刻本　一冊

420000－2302－0003367　　史二/3－8/7231
(62475)

史存三十卷　（清）劉沅撰　清道光二十七年
(1847)雙流劉氏刻本　十五冊

420000－2302－0003368　　史六/1－8/1116
(85417)

史筏二卷附錄一卷　（清）張承恩編　清道光
三十年(1850)墨池書舍刻本　一冊

420000－2302－0003369　　集一/42－21/2684
(76152)

史記別鈔二卷　（清）樂生翁撰　清同治十一
年(1872)刻本　一冊

420000－2302－0003370　　史六/2－21/1773.0
(80529)

史記鈔四卷　（清）高嵣集評　清乾隆五十三
年(1788)廣郡永邑培元堂楊氏刻本　四冊

420000－2302－0003371　　集一/42－8/0020
(76194)

史記鈔四卷　（漢）司馬遷撰　（清）高嵣集評
清末酉餘堂刻本　四冊

420000－2302－0003372　　史六/2－21/1773.4
(90308)

史記菁華錄六卷　（清）姚苧田編　清道光四
年(1824)吳興姚氏扶荔山房刻朱墨套印本
六冊

420000－2302－0003373　　史六/2－21/1773.4
(80799)

史記菁華錄六卷　（清）姚苧田編　清光緒九
年(1883)廣州翰墨園刻朱墨套印本　六冊

420000－2302－0003374　　史六/2－21/1773.4
(90314)

史記菁華錄四卷　（清）姚苧田編　清同治十
二年(1873)宏道堂刻本　四冊

420000－2302－0003375　　史一/21/1773.3
(5219)

史記評林一百三十卷　（明）凌稚隆輯　清光
緒十年(1884)刻本　二十三冊

420000－2302－0003376　　史一/2－21/1773.3
(75080)

史記評林一百三十卷首一卷　（明）凌稚隆輯
　清光緒十年(1884)高蔭堂刻本　十六冊

420000－2302－0003377　　史一/2－21/1773.2
(75435)

史記一百三十卷　（漢）司馬遷撰　（明）歸有
光評點　**方望溪評點史記四卷**　（清）方苞評
點　清光緒二年至四年(1876－1878)武昌張
氏刻本　二十冊

420000－2302－0003378　　史一/2－21/1773.1
(110298)

史記一百三十卷　（漢）司馬遷撰　（南朝宋）
裴駰集解　（唐）司馬貞索引　（唐）張守節正
義　清刻本　五冊　存十五卷(五至十九)

420000－2302－0003379　　善史一/3－1/1773
(70334)

史記一百三十卷　（漢）司馬遷撰　清同治九
年(1870)金陵書局刻本　一冊　存四卷(一
至四)

420000－2302－0003380　　善史一/3－1/1773

（70335）

史記一百三十卷　（漢）司馬遷撰　明陳仁錫
刻本　二冊　存十二卷(二十六至三十七)

420000－2302－0003381　史一/21/1773
(5169－92)

史記一百三十卷　（漢）司馬遷撰　清嘉慶十
一年(1806)同人堂刻本　二十四冊

420000－2302－0003382　史一/2－21/1773.3
(75531)

史記志疑三十六卷附錄三卷　（清）梁玉繩撰
　清光緒十三年(1887)廣雅書局刻本　二十
四冊

420000－2302－0003383　史六/1－8/2756
(90616)

史鑑節要便讀六卷　（清）鮑東里撰　清光緒
二十九年(1903)湖北官書局刻本　二冊

420000－2302－0003384　史六/1－8/2756
(90504)

史鑑節要便讀六卷　（清）鮑東里撰　清光緒
二十九年(1903)湖北官書局刻本　二冊

420000－2302－0003385　史六/1－8/2756
(90506)

史鑑節要便讀六卷　（清）鮑東里撰　清光緒
二十九年(1903)湖北官書局刻本　二冊

420000－2302－0003386　史六/1－8/2756
(90612)

史鑑節要便讀六卷　（清）鮑東里撰　清光緒
二十九年(1903)湖北官書局刻本　二冊

420000－2302－0003387　史六/1－8/2756
(84757)

史鑑節要便讀六卷　（清）鮑東里撰　清光緒
二十九年(1903)湖北官書局刻本　二冊

420000－2302－0003388　史六/1－8/2756
(90614)

史鑑節要便讀六卷　（清）鮑東里撰　清光緒
二十九年(1903)湖北官書局刻本　二冊

420000－2302－0003389　史六/1－8/2756

（90812）

史鑑節要便讀六卷　（清）鮑東里撰　清光緒
二十九年(1903)湖北官書局刻本　一冊　存
三卷(一至三)

420000－2302－0003390　子十四/5.8/2756
(5589)

史鑑節要便讀六卷　（清）鮑東里編輯　清同
治十二年(1873)崇文書局刻本　四冊

420000－2302－0003391　子十四/5.8/2756
(5593)

史鑑節要便讀六卷　（清）鮑東里編輯　清同
治十二年(1873)崇文書局刻本　三冊

420000－2302－0003392　史十六/2－8/1048
(84727)

史論正鵠初集四卷二集四卷　（清）王樹敏編
　清光緒二十七年(1901)上海久敬齋石印本
八冊

420000－2302－0003393　史十四/31－52/
0021(55353)

史略六卷　（宋）高似孫撰　清光緒十年
(1884)遵義黎氏日本東京使署影宋刻本
一冊

420000－2302－0003394　史六/1－8/6020
(85603)

史略提綱六卷首一卷　（清）羅綉文編　清咸
豐二年(1852)唐昌羅綉文崇迎洗莊刻本
三冊

420000－2302－0003395　史六/1－8/6020
(85606)

史略提綱六卷首一卷　（清）羅綉文編　清咸
豐二年(1852)唐昌羅綉文崇迎洗莊刻本
三冊

420000－2302－0003396　史六/1－8/2500
(76547)

史畧八十七卷　（清）朱堃輯　清同治五年
(1866)皖南朱氏袞麓山房刻本　二十冊

420000－2302－0003397　史十六/1－8/3481
(91309)

史目表二卷　（清）洪飴孫撰　清光緒三年(1877)洪用懃授經堂刻本　一冊

420000－2302－0003398　史十六/4－8/5043(93550)

史求□□卷　（清）□□撰　清同治、光緒抄本　六冊　存二十六卷(五至三十)

420000－2302－0003399　史五/2－7/1123.8(76025)

史闕十四卷　（明）張岱撰　（明）鄭佶編　清道光四年(1824)烏程徐鴻本刻本　四冊

420000－2302－0003400　善史十六/1－42/7282.40(70682)

史通二十卷　（唐）劉知幾撰　（明）李維楨評　（明）郭孔延評釋　明萬曆刻本　十冊

420000－2302－0003401　史十六/1.42/7282.3(8295)

史通通釋二十卷　（清）浦起龍著　清光緒二十五年(1899)上海寶文書局石印本　八冊

420000－2302－0003402　史十六/1－42/7282.2(91069)

史通削繁四卷　（清）紀昀撰　清刻朱墨套印本　四冊

420000－2302－0003403　史十六/1－42/7282.2(91012)

史通削繁四卷　（清）紀昀撰　清光緒元年(1875)湖北崇文書局刻本　四冊

420000－2302－0003404　史十六/1－42/7282.2(79984)

史通削繁四卷　（清）紀昀撰　清光緒二十一年(1895)寶慶澹雅書局刻本　四冊

420000－2302－0003405　史十六/1－42/7282.2(79988)

史通削繁四卷　（清）紀昀撰　清光緒元年(1875)湖北崇文書局刻本　四冊

420000－2302－0003406　史十六/1－42/7282.2(80795)

史通削繁四卷　（清）紀昀撰　清光緒元年

(1875)凱江李氏家塾刻本　四冊

420000－2302－0003407　史十六/1－42/7282.2(62910)

史通削繁四卷　（清）紀昀撰　清刻本　四冊

420000－2302－0003408　史十六/1－42/7282.2(91016)

史通削繁四卷　（清）紀昀撰　清光緒元年(1875)湖北崇文書局刻本　四冊

420000－2302－0003409　史十六/1－42/7282.2(103274)

史通削繁四卷　（清）紀昀撰　清道光十三年(1833)兩廣節署刻朱墨套印本　四冊

420000－2302－0003410　史十六/1.42/7282.2(7568)

史通削繁四卷　（清）紀昀撰　清道光十三年(1833)兩廣節署刻本　四冊

420000－2302－0003411　史十一/12－7/3145(77091)

史外八卷　（清）汪有典撰　清同治三年(1864)廬陵尋樂山房刻本　六冊

420000－2302－0003412　史十一/12－7/3145(77107)

史外八卷　（清）汪有典撰　清光緒三年(1877)刻本　八冊

420000－2302－0003413　史五/1－8/3145(80607)

史外八卷　（清）汪有典撰　清同治三年(1864)廬陵尋樂山房刻本　八冊

420000－2302－0003414　史五/1－8/3145(80575)

史外八卷　（清）汪有典撰　清光緒三年(1877)刻本　八冊

420000－2302－0003415　史五/1－8/3145(80599)

史外八卷　（清）汪有典撰　清光緒三年(1877)刻本　八冊

420000－2302－0003416　史六/1－8/7586

(110837)

史緯三百三十卷 （清）陳允錫刪修　清刻本
一冊　存二卷（一百六十一至一百六十二）

420000－2302－0003417　史十四/6－8/3193
(92387)

史姓韻編六十四卷 （清）汪輝祖編　清光緒
十年(1884)慈溪耕餘樓書局鉛印本（卷十三
至十四補配石印本）　十冊

420000－2302－0003418　史十六/3－8/5073
(55707)

史學叢書四十三種 （清）□□輯　清光緒十
九年(1893)武林有三長齋石印本　二十四冊

420000－2302－0003419　史十六/3－8/5073
(55731)

史學叢書四十三種 （清）□□輯　清光緒十
九年(1893)武林有三長齋石印本　十七冊
存三十二種

420000－2302－0003420　史六/1－52/4428.4
(84749)

史學提要輯註四卷 （宋）黃繼善編　（清）狄
寬注補　清乾隆二十八年(1763)刻本　四冊

420000－2302－0003421　史六/1－52/4428.4
(84736)

史學提要箋釋五卷 （宋）黃繼善撰　（清）楊
錫祐注　清光緒三十年(1904)沙市集成書局
石印本　四冊

420000－2302－0003422　史十七/1－8/5079
(84740)

史學小叢書□□種 （日本）北村三郎著　清
光緒二十九年(1903)上海廣智書局鉛印本
九冊　存九種

420000－2302－0003423　史六/1－8/2233.2
(84753)

史要七卷 （清）任啟運輯　（清）吳兆慶注
清嘉慶二十二年(1817)鄂不齊刻本　四冊

420000－2302－0003424　史十六/1－8/
7544.7(88951)

史餘二十卷 （清）陳堯松撰　（清）陳慶鏞注

補錄一卷 （清）陳慶鏞撰　清同治三年
(1864)刻本　四冊

420000－2302－0003425　史十六/1－8/
7544.7(92153)

史餘二十卷 （清）陳堯松撰　（清）陳慶鏞注
並補　**揭庶韓先生注一卷** （清）陳慶鏞輯
清同治三年(1864)刻本　六冊

420000－2302－0003426　集二/0－7/5013
(735676)

史忠正公文集四卷首一卷 （明）史可法撰
清同治十二年(1873)劉質慧刻本　二冊

420000－2302－0003427　史十七/4/3802：3
(7932)

使德日記一卷 （清）李鳳苞撰　清光緒二十
三年(1897)湖南新學書局刻本　一冊

420000－2302－0003428　史十七/12/2141
(7634)

使東述略一卷雜記一卷 （清）何如璋輯　清
末刻本　一冊

420000－2302－0003429　叢/1－8/4411
(55549)

士禮居黃氏叢書二十種 （清）黃丕烈輯　清
光緒十三年(1887)上海蜚英館影印本　二十
冊　存十一種

420000－2302－0003430　集二/4.8/4482
(11642)

世守拙齋尺牘四卷世守拙齋題跋二卷 （清）
范濂撰　清光緒刻本　二冊

420000－2302－0003431　子十二/5－36/
1086.7

世說新語八卷 （南朝宋）劉義慶撰　（南朝
梁）劉孝標注　（宋）劉辰翁評　（宋）劉應登
評　（明）王世懋評　明吳興凌瀛初刻四色套
印本　八冊

420000－2302－0003432　子十二/5－36/
1086.7(110660)

世說新語六卷 （南朝宋）劉義慶撰　（南朝
梁）劉孝標注　清光緒元年(1875)湖北崇文

書局刻本　二冊

420000－2302－0003433　史九/1－8/2133.0
（92424）

世祖章皇帝聖訓六卷　（清）世祖福臨撰
（清）聖祖玄燁編　清末石印本　一冊

420000－2302－0003434　子十/5.8/2744
（19224）

仕學備餘六卷　（清）紀大奎撰　清咸豐二年
（1852）刻本　四冊

420000－2302－0003435　集二/3.8/0043
（23247）

市隱書屋詩槖七卷　（清）亢樹滋撰　清光緒
刻本　二冊

420000－2302－0003436　叢/1.8/0017
（12998）

**式訓堂叢書初集十五種二集十三種三集十三
種**　（清）章壽康輯　清光緒會稽章氏刻本
十六冊

420000－2302－0003437　子十四/1－5/2637

事類賦三十卷　（宋）吳淑撰並注　明刻本
二冊　存七卷（十一至十三、二十七至三十）

420000－2302－0003438　子十四/1.8/7154.7
（99）

事物異名錄四十卷　（清）厲荃薌輯　（清）關
晉軒增纂　清乾隆五十三年（1788）刻本　十
二冊

420000－2302－0003439　史十一/63－5/
3617（91430）

侍兒小名錄拾遺一卷　（宋）張邦幾撰　清刻
本　一冊

420000－2302－0003440　集二/0－8/7721
（110076）

是程堂集十四卷二集四卷耶溪漁隱詞二卷
（清）屠倬撰　清嘉慶十九年（1814）真州官舍
刻道光元年（1821）潛園遞刻本　四冊　存十
五卷（一至三、七至十四，二集四卷）

420000－2302－0003441　子二/46－8/1046

（89267）

是人便讀二卷　（清）夏幹園撰　清同治三年
（1864）刻本　一冊

420000－2302－0003442　子十四/1.8/8877
（7857）

試律大觀三十二卷　（清）竹屏居士撰　清刻
本　七冊

420000－2302－0003443　集一/3.8/0088
（11915）

**試帖紫雲仙琯八卷紫雲仙琯二集八卷紫雲仙
琯三集八卷**　（清）高敏輯　清道光十五年
（1835）太乙山房刻本　十二冊

420000－2302－0003444　集二/5.8/4233
（13515）

適龕試律一卷　（清）彭湘著　清光緒十一年
（1885）刻本　一冊

420000－2302－0003445　善史八/232－8/
4601（70166）

諡法備考六卷　（清）楊應琚輯　清乾隆刻本
一冊　存二卷（一至二）

420000－2302－0003446　經十/13－8/6031
（58135）

釋名疏證八卷補遺一卷續釋名一卷　（清）畢
沅撰　清光緒十三年（1887）上海同文書局影
印清畢氏刻本　一冊

420000－2302－0003447　經十/13.8/1020
（15660）

**釋名疏證補八卷附疏證補附一卷續釋名一卷
釋名補遺一卷**　王先謙撰集　清光緒二十二
年（1896）刻本　二冊

420000－2302－0003448　子十六/29.1/7722
（22122）

釋氏稽古略四卷　（元）釋覺岸撰　清光緒十
二年（1886）刻本　五冊

420000－2302－0003449　集二/1.8/2103
（37862）

守默齋詩稿不分卷雜著不分卷　（清）何應祺
撰　清同治五年（1866）自刻本　四冊

420000 – 2302 – 0003450　　叢/1 – 8/4091
(26639)

守約篇叢書六十三種(榕園叢書)　（清）李光
廷輯　清同治十三年(1874)刻本　四十八冊

420000 – 2302 – 0003451　　善集二/0 – 8/4068
(69139)

受棋堂詩三十五卷　（清）李因篤撰　清康熙
三十八年(1699)田氏刻本　八冊

420000 – 2302 – 0003452　　集四/2 – 8/1044
(65806)

受辛詞一卷　（清）王葵撰　清光緒十年
(1884)刻本　一冊

420000 – 2302 – 0003453　　集二/0 – 8/4004
(73134)

壽梅山房詩存一卷　（清）李謨撰　**磨綺室詩
存一卷**　（清）丁蓉綏撰　清光緒十年(1884)
長沙王氏刻本　一冊

420000 – 2302 – 0003454　　善子八/14 – 5/
7540.2(17912)

壽親養老新書四卷　（宋）陳真撰　（元）鄒鉉
撰　清末廣東孔氏嶽雪樓抄本　四冊

420000 – 2302 – 0003455　　經一/1 – 42/6033
(1891)

壽山堂易說三卷圖解一卷　（唐）呂嚴著　清
刻本　六冊

420000 – 2302 – 0003456　　子十一/42 – 9/
4032(86274)

壽字句刻印一卷　（□）□□刻　清末鈐印本
一冊

420000 – 2302 – 0003457　　經三/1 – 52/4435.1
(55415)

書蔡傳附釋一卷　（清）丁晏撰　清光緒二十
年(1894)廣雅書局刻本　一冊

420000 – 2302 – 0003458　　善子十一/211 – 7/
4446(41443)

書禪室隨筆四卷　（明）董其昌撰　清乾隆三
十三年(1768)董紹敏刻本　三冊

420000 – 2302 – 0003459　　經三/1 – 8/4382
(2344)

書傳補商十七卷　（清）戴鈞衡述　清咸豐戴
氏刻本　五冊　存十五卷(一至十五)

420000 – 2302 – 0003460　　經三/7 – 52/4434.2
(111207)

書傳音釋六卷　（宋）蔡沈集傳　（元）鄒季友
音釋　清刻本　一冊　存一卷(三)

420000 – 2302 – 0003461　　子十一/21 – 7/
3233.4(100758)

書法離鉤十卷　（清）潘之淙撰　清刻本
一冊

420000 – 2302 – 0003462　　子十一/221.8/
3113(19372)

書法正傳十卷　（清）馮武編輯　清刻本
四冊

420000 – 2302 – 0003463　　子十一/221 – 8/
4426(93512)

書法正宗不分卷　（清）蔣和輯　清影抄清末
陸潤庠等寫刻本　一冊

420000 – 2302 – 0003464　　善子十一/221 – 8/
4426(19371)

書法正宗不分卷　（清）蔣和輯　清乾隆刻本
一冊

420000 – 2302 – 0003465　　經三/1 – 8/2631
(9105)

書古微十二卷　（清）魏源著　清光緒四年
(1878)淮南書局刻本　四冊

420000 – 2302 – 0003466　　善經三/1 – 52/
7548.5(92877)

書集傳或問二卷　（宋）陳大猷撰　（清）成德
校訂　清康熙通志堂刻本　一冊

420000 – 2302 – 0003467　　經三/1 – 8/7231
(9286)

書經恒解六卷　（清）劉沅註釋　清光緒二年
(1876)刻本　六冊

420000 – 2302 – 0003468　　經三/1 – 52/4434.2

（57448）

書經集傳音釋六卷首一卷末一卷　（宋）蔡沈
集傳　（清）鄒季友音釋　清光緒十五年
（1889）江南書局刻本　六冊

420000－2302－0003469　經三/1－52/4434
（90166）

書經六卷　（宋）蔡沈撰　清同治十三年
（1874）江西書局刻本　六冊

420000－2302－0003470　經三/1－52/4434
（58326）

書經六卷　（宋）蔡沈集傳　清光緒二十一年
（1895）湖北官書處刻本　四冊

420000－2302－0003471　經三/1－5/4434
（9668）

書經六卷　（宋）蔡沈集傳　清光緒十二年
（1886）湖北官書處刻本　二冊　存二卷（一
至二）

420000－2302－0003472　經三/1－5/4434
（4452）

書經六卷　（宋）蔡沈集傳　清光緒二十一年
（1895）湖北官書處刻本　四冊

420000－2302－0003473　經三/1－5/4434
（2078）

書經六卷　（宋）蔡沈集傳　清同治七年
（1868）崇文書局刻本　四冊

420000－2302－0003474　經三/1－5/4434
（9669）

書經六卷　（宋）蔡沈集傳　清末刻本　二冊
存三卷（四至六）

420000－2302－0003475　經三/1－5/4434
（9659）

書經六卷　（宋）蔡沈集傳　清末刻本　三冊
存三卷（四至六）

420000－2302－0003476　經三/1－5/4434
（110672）

書經六卷　（宋）蔡沈集傳　清光緒十二年
（1886）湖北官書處刻本　四冊

420000－2302－0003477　經三/1－5/4434
（110676）

書經六卷　（宋）蔡沈集傳　清光緒十二年
（1886）湖北官書處刻本　四冊

420000－2302－0003478　經三/1－52/4434
（111593）

書經六卷　（宋）蔡沈集傳　清刻本　二冊
存二卷（三至四）

420000－2302－0003479　經三/1－52/4434
（110843）

書經六卷　（宋）蔡沈撰　清刻本　一冊　存
一卷（四）

420000－2302－0003480　善經三/1－5/4434
（70560）

書經六卷　（宋）蔡沈集傳　明崇禎孫燦刻本
四冊

420000－2302－0003481　經三/1－52/4434
（103347）

書經六卷　（宋）蔡沈撰　清刻本　一冊　存
一卷（四）

420000－2302－0003482　善經三/1－52/
4437（70560）

書經六卷禹貢圖一卷　（宋）蔡沈撰　明崇禎
四年（1631）海陽汪應魁刻經義堂印本　三冊

420000－2302－0003483　經三/1－52/4434

書經四卷　（□）□□撰　清同治十年（1871）
刻本　二冊

420000－2302－0003484　經三/7－8/4664
（94187）

書經音訓不分卷　（清）楊國楨撰　清末刻本
一冊

420000－2302－0003485　經三/1－8/1144
（2117）

書經衷論四卷　（清）張英著　清刻本　一冊

420000－2302－0003486　史十四/28－8/
1133（80311）

書目答問不分卷　（清）張之洞撰　清光緒二

年(1876)四川刻本　一冊

420000－2302－0003487　史十四/28－8/1133.3(71784)

書目答問箋補四卷　（清）張之洞撰　清光緒刻本　四冊

420000－2302－0003488　經三/1－8/4742(92438)

書說二卷　（清）郝懿行撰　清光緒八年(1882)東路廳署刻本　二冊

420000－2302－0003489　經三/4－8/7233(62200)

書序述聞一卷　（清）劉逢祿撰　清光緒十四年(1888)南菁書院刻本　一冊

420000－2302－0003490　經五/21.5/1779(15052)

書儀十卷　（宋）司馬光撰　清同治七年(1868)江蘇書局刻本　一冊

420000－2302－0003491　子十二/2.8/1102(20295)

舒藝室隨筆六卷　（清）張文虎撰　清同治十三年(1874)金陵冶城賓館刻本　二冊

420000－2302－0003492　集二/5.8/1128(35460)

塾課發蒙一卷　（清）張行簡編輯　清末漢陽家塾刻本　一冊

420000－2302－0003493　集一/1.8/1025.1(9503)

塾課分編註釋八集　（清）王步清編　（清）子悭介註釋　清乾隆五十一年(1786)刻本　二十冊

420000－2302－0003494　史五/1－8/4233(73157)

蜀碧四卷　（清）彭遵泗編　清刻本　一冊

420000－2302－0003495　經二/1－33/4472.1(90027)

蜀才周易注一卷翟元周易義一卷九家周易集注一卷劉瓛周易義疏一卷　（清）孫堂輯　清

嘉慶四年(1799)平湖孫氏映雪草堂刻本　一冊

420000－2302－0003496　史十二/251/6022.8(65077)

蜀故二十七卷　（清）彭遵泗纂　清光緒二年(1876)讀書堂刻本　八冊

420000－2302－0003497　史十二/251/6022.8(78881)

蜀故二十七卷　（清）彭遵泗纂　清光緒二年(1876)讀書堂刻本　六冊

420000－2302－0003498　史三/3－52/0726(110406)

蜀鑑十卷　（宋）郭允蹈撰　清光緒五年(1879)吳氏詒穀堂刻本　二冊

420000－2302－0003499　史三/3－52/0726(110405)

蜀鑑十卷　（宋）郭允蹈撰　清光緒五年(1879)吳氏詒穀堂刻本　一冊

420000－2302－0003500　史十二/5351/7510.2(65402)

蜀水考四卷　（清）陳登龍撰　（清）朱錫穀注　（清）陳一津疏　清道光五年(1825)刻本　二冊

420000－2302－0003501　集一/751－8/0133(64699)

蜀秀集九卷　（清）譚宗浚　（清）張選青編　清光緒五年(1879)成都試院刻本　八冊

420000－2302－0003502　集一/751.8/0123(11585)

蜀秀集九卷　（清）譚宗浚　（清）張選青編　清光緒五年(1879)成都試院刻本　八冊

420000－2302－0003503　集一/751/4001(34985)

蜀雅二十卷　（清）李調元選　清乾隆四十一年(1776)李調元刻本　四冊

420000－2302－0003504　史十二/62－8/7734(50986)

蜀輶日記四卷　（清）陶澍撰　清道光刻本
一冊

420000－2302－0003505　史十二/6151/5572
（79701）

蜀中名勝記三十卷　（明）曹學佺撰　清宣統
二年（1910）四川官印刷局刻本　八冊

420000－2302－0003506　集二/0－8/8337
（88731）

述古堂文集十二卷　（清）錢兆鵬撰　清光緒
七年（1881）刻本　三冊

420000－2302－0003507　集二/4.8/8337
（37187）

述古堂文集十二卷　（清）錢兆鵬著　清光緒
七年（1881）刻本　四冊

420000－2302－0003508　集二/0－8/3150
（100568）

述學內篇三卷外篇一卷補遺一卷別錄一卷
（清）汪中撰　清同治八年（1869）福州書局刻
本　二冊

420000－2302－0003509　集二/0－8/3150
（102633）

述學內篇三卷補遺一卷外篇一卷別錄一卷附
錄一卷校勘記一卷　（清）汪中撰　清光緒二
十三年（1897）豐城余氏寶墨齋刻本　二冊

420000－2302－0003510　集二/0－8/3150.0
（92659）

述學內篇三卷補遺一卷外篇一卷別錄一卷附
錄一卷校勘記一卷　（清）汪中撰　清同治八
年（1869）揚州書局刻本　二冊

420000－2302－0003511　集五/2－36/2260
（094276）

述異記二卷附續齊諧記一卷　（南朝梁）任昉
著　（清）王軼羣校　清刻本　一冊

420000－2302－0003512　經五/33－8/4487
（110788）

漱芳軒合纂禮記體註四卷　（清）范翔輯　清
刻本　一冊　存二卷（三至四）

420000－2302－0003513　集二/3.8/8335
（11524）

漱青閣賦鈔一卷　（清）錢祿泰撰　清光緒九
年（1883）刻本　一冊

420000－2302－0003514　集二/1.8/7727
（37485）

漱馨草堂詩詞集不分卷文集不分卷　（清）周
仕駿著　清光緒二十五年（1899）刻本　一冊

420000－2302－0003515　子九/3－8/8031
（100696）

數理問答一卷習題一卷　（清）佘賓王編　清
光緒二十九年（1903）上海慈母堂印書館鉛印
本　一冊

420000－2302－0003516　子九/3－8/4042
（86790）

數學表一卷　（清）李克佐編　清光緒三十二
年（1906）武昌湖南學堂刻本　一冊

420000－2302－0003517　子九/3.8/7796
（8163）

數學精詳十二卷　（清）屈省園著　清光緒二
十二年（1896）格致書堂石印本　五冊

420000－2302－0003518　子九/3.8/2347
（8888）

數學理九卷附卷一卷　（英國）棣麼甘撰
（英國）傅蘭雅口譯　（清）趙元益筆述　清光
緒刻本　四冊

420000－2302－0003519　子九/3.8/2412
（8159）

數學啟蒙二卷　（英國）偉烈亞力編　清光緒
十二年（1886）刻本　四冊

420000－2302－0003520　子九/3.8/2412
（19053）

數學啟蒙二卷　（英國）偉烈亞力編　清光緒
十二年（1886）刻本　二冊

420000－2302－0003521　子九/3－8/5534
（57089）

數學上編二卷　（清）曹汝英撰　清光緒三十
年（1904）武昌刻本　二冊

420000－2302－0003522　集 二/1.8/0436
（11990）

樹經堂文集四卷詩初集十五卷詩續集八卷
（清）謝啟昆撰　清嘉慶七年（1802）刻本
八冊

420000－2302－0003523　史十六/4－8/0436
（89690）

樹經堂詠史詩八卷　（清）謝啟昆撰　清嘉慶
刻本　二冊

420000－2302－0003524　集 二/1.8/2439
（13380）

帥文毅公遺集五卷　（清）帥遠燡撰　清光緒
二十三年（1897）黃梅縣署刻本　二冊

420000－2302－0003525　集 二/1.8/2439
（37840）

帥文毅公遺集五卷　（清）帥遠燡撰　清光緒
二十三年（1897）黃梅縣署刻本　二冊

420000－2302－0003526　集 二/1.8/2439
（37842）

帥文毅公遺集五卷　（清）帥遠燡撰　清光緒
二十三年（1897）黃梅縣署刻本　二冊

420000－2302－0003527　集 二/1.7/2322
（37551）

霜紅龕集四十卷附錄三卷年譜一卷　（明）傅
山撰　清宣統三年（1911）丁寶銓刻本　十
二冊

420000－2302－0003528　集 二/4.8/7493
（37239）

雙白燕堂文集二卷外集八卷　（清）陸耀遹撰
清光緒四年（1878）興國州署刻本　四冊

420000－2302－0003529　史十一/22－8/
3123.8（78326）

雙池先生年譜四卷　（清）余龍光編　清同治
五年（1866）刻本　二冊

420000－2302－0003530　子十一/42－8/
2044（86144）

雙桐草堂印存不分卷　（□）□□編　清光緒
十九年（1893）鈐印本　二冊

420000－2302－0003531　史 八/64－8/4442
（56047）

爽鳩要錄二卷　（清）蔣超伯撰　清同治五年
（1866）刻本　一冊

420000－2302－0003532　史 十二/53－8/
0014（65516）

水道提綱二十八卷　（清）齊召南撰　清光緒
二十四年（1898）新化三味書室刻本　八冊

420000－2302－0003533　史 十二/53－8/
0014（79802）

水道提綱二十八卷　（清）齊召南撰　清光緒
二十四年（1898）新化三味書室刻本　八冊

420000－2302－0003534　史 十二/31.8/0014
（8019）

水道提綱二十八卷　（清）齊召南撰　清光緒
十七年（1891）湖南船山書局刻本　六冊

420000－2302－0003535　史 十二/31.8/0014
（7294）

水道提綱二十八卷　（清）齊召南撰　清光緒
四年（1878）霞城精舍刻本　八冊

420000－2302－0003536　史 十二/53－37/
1731.1（94253）

水經釋地八卷　（清）孔繼涵撰　清光緒南陵
徐氏刻本　三冊

420000－2302－0003537　史 十二/53－37/
1731（79843）

水經四十卷　（漢）桑欽撰　（北魏）酈道元注
清古閩晏湖張氏勵志書屋刻本　十二冊

420000－2302－0003538　史 十二/53－37/
1731（91533）

水經四十卷　（漢）桑欽撰　（北魏）酈道元注
清乾隆十八年（1753）新安歙西黃氏槐蔭草
堂刻本　五冊　存二十二卷（一至二十二）

420000－2302－0003539　史 十二/53－37/
1731（91538）

水經四十卷　（漢）桑欽撰　（北魏）酈道元注
清乾隆十八年（1753）新安歙西黃氏槐蔭草
堂刻本　十六冊

420000－2302－0003540　善史十二/53－22/
1787.14(70041)

水經注釋四十卷　(清)趙一清撰　清乾隆五十一年(1786)趙氏刻本　二十冊

420000－2302－0003541　史十二/53－37/
1731.4(65081)

水經注疏要刪補遺四十卷　楊守敬撰　清宣統元年(1909)刻本　六冊

420000－2302－0003542　史十二/53－37/
1731.4(65075)

水經注疏要刪四十卷補遺一卷　楊守敬撰　清光緒三十一年(1905)觀海堂刻本　六冊

420000－2302－0003543　史十二/53－37/
1731.4(80565)

水經注疏要刪四十卷補遺一卷　楊守敬撰　清光緒三十一年(1905)觀海堂刻本　六冊

420000－2302－0003544　善史十二/53－22/
1787.1(70660)

水經注四十卷　(北魏)酈道元注　明崇禎二年(1629)嚴忍公刻本　八冊

420000－2302－0003545　史十二/53－37/
1731.1(91554)

水經注四十卷首一卷　(北魏)酈道元注　王先謙校　**附錄二卷**　(清)趙一清撰　清光緒十八年(1892)長沙王氏思賢講舍刻本　十六冊

420000－2302－0003546　史十二/53－37/
1731.1(79864)

水經注四十卷首一卷　(北魏)酈道元注　王先謙校　**附錄二卷**　(清)趙一清撰　清光緒十八年(1892)長沙王氏思賢講舍刻本　十六冊

420000－2302－0003547　史十二/53－37/
1731.1(80056)

水經注四十卷首一卷　(北魏)酈道元注　王先謙校　**附錄二卷**　(清)趙一清撰　清光緒二十三年(1897)新化三昧書屋刻本　二十冊

420000－2302－0003548　史十二/53－37/
1731.1(103427)

水經注四十卷首一卷　(北魏)酈道元注　清乾隆三十九年(1774)武英殿聚珍本　十六冊

420000－2302－0003549　史十二/53－37/
1731.4(86996)

水經注圖四十卷補一卷　楊守敬撰　熊會貞撰　清光緒三十一年(1905)觀海堂刻朱墨套印本　八冊

420000－2302－0003550　史十二/53－37/
1223(79880)

水經注五種　(清)□□編　清光緒六年(1880)會稽章氏刻本　三十二冊

420000－2302－0003551　子十6－8/4474
(87132)

水鏡集四卷　(清)范騄纂要　清刻本　三冊

420000－2302－0003552　善叢/1－64/7732
(68934)

說郛一百二十卷　(元)陶宗儀輯　(明)陶珽重校　清順治三年(1646)兩浙督學周南、李際期宛委山堂刻本　四冊　存四卷(六至七、八十、九十一)

420000－2302－0003553　子十一/42.8/4478
(20013)

說劍盦印存不分卷　(清)熙鋆編　清光緒六年(1880)鈐印本　一冊

420000－2302－0003554　經九/48.8/3040
(15433)

說孟一卷　(清)宋在詩撰　清乾隆刻本　一冊

420000－2302－0003555　史十二/5212/
2222.86(51040)

說嵩三十二卷　(清)景日昣撰　清康熙六十年(1721)嶽生堂刻本　十冊

420000－2302－0003556　集五/4.8/4637
(38328)

說唐前傳十卷六十八回　(清)如蓮居士撰　清乾隆元年(1736)刻本　十八冊

420000－2302－0003557　經十/41－8/8787
(57408)

說文本經答問二卷 （清）鄭知同撰　清光緒
廣雅書局刻本　一冊

420000－2302－0003558　經十/41－8/3104
(94071)

說文辨疑一卷 （清）顧廣圻撰　清光緒三年
(1877)湖北崇文書局刻本　一冊

420000－2302－0003559　經十/21.8/6029
(9644)

說文二徐箋異十四卷 田吳炤撰　清宣統二
年(1910)石印本　二冊

420000－2302－0003560　經十/21.8/0872
(15779)

說文分韻易知錄五卷說文重文標目五卷
（清）許巽行撰　清光緒五年(1879)刻本
十冊

420000－2302－0003561　經十/41－8/7724
(73121)

說文廣纂一卷 （清）周繪藻撰　清光緒三十
一年(1905)石印本　一冊

420000－2302－0003562　經十/21.8/7724
(15931)

說文廣纂一卷 （清）周繪藻撰　清光緒三十
一年(1905)石印本　一冊

420000－2302－0003563　經十/42－8/2643
(57253)

說文古籀補十四卷補遺一卷附錄一卷 （清）
吳大澂撰　清光緒十年(1884)刻本　二冊

420000－2302－0003564　經十/22－8/2643
(58056)

說文古籀補十四卷附錄一卷 （清）吳大澂撰
清光緒二十四年(1898)刻本　二冊

420000－2302－0003565　經十/21.8/2643
(15899)

說文古籀補十四卷附錄一卷 （清）吳大澂撰
清光緒二十四年(1898)刻本　三冊

420000－2302－0003566　經十/21.8/4433
(15881)

說文古籀疏證六卷 （清）莊述祖撰　清末刻
本　四冊

420000－2302－0003567　經十/21.21/0894.21
(15895)

說文繫傳校錄三十卷 （清）王筠撰　清道光
十五年(1835)刻本　三冊

420000－2302－0003568　經十/41－43/
2881.2(62162)

說文解字繫傳四十卷附錄一卷 （五代）徐鍇
傳釋　（五代）朱翱反切　清乾隆四十七年
(1782)歙縣汪啟淑刻本　八冊

420000－2302－0003569　善經十/41－8/
1088(15790)

說文解字句讀三十卷 （清）王筠撰　清咸豐
王彥同刻本　十四冊

420000－2302－0003570　經十/41－8/7714
(91377)

說文解字三十二卷 （清）段玉裁注　清光緒
十二年(1886)上海點石齋石印本　七冊　存
三十卷(一至三十)

420000－2302－0003571　經十/41－8/7714
(94433)

說文解字三十二卷 （清）段玉裁注　清光緒
三年(1877)成都尊經書院刻本　十五冊　存
三十卷(一至三十)

420000－2302－0003572　經十/41－8/7714
(94194)

說文解字三十二卷 （清）段玉裁注　清同治
十一年(1872)湖北崇文書局刻本　十五冊
存三十卷(一至三十)

420000－2302－0003573　經十/41－8/7714
(15939)

說文解字三十二卷 （清）段玉裁注　清同治
十一年(1872)湖北崇文書局刻本　十二冊
存二十四卷(一至二十四)

420000－2302－0003574　經十/41－8/7714

(110849)

說文解字三十二卷 （漢）許慎撰 （清）段玉裁注 清光緒元年(1875)湖北崇文書局刻本 七冊 存十四卷(一至十四)

420000－2302－0003575 經十/41－22/0894.2(15812)

說文解字十五卷 （漢）許慎撰 （宋）徐鉉校定 清初毛氏汲古閣刻本 六冊

420000－2302－0003576 經十/41－22/0894.2(57547)

說文解字十五卷 （漢）許慎撰 （宋）徐鉉校定 清刻本 十二冊

420000－2302－0003577 經十/41－22/0894.2

說文解字十五卷 （漢）許慎撰 （宋）徐鉉校定 清初毛氏汲古閣刻本 十五冊

420000－2302－0003578 經十/21.21/0894.2(9580)

說文解字十五卷 （漢）許慎撰 （宋）徐鉉校定 清嘉慶十四年(1809)刻本 六冊

420000－2302－0003579 經十/41－22/0894.2(90995)

說文解字十五卷 （漢）許慎撰 （宋）徐鉉校定 清初毛氏汲古閣刻本 五冊

420000－2302－0003580 經十/41－51/2880(110882)

說文解字十五卷 （漢）許慎撰 （宋）徐鉉校定 清光緒七年(1881)淮南書局刻本 五冊

420000－2302－0003581 經十/41－22/0894.2(103539)

說文解字十五卷 （漢）許慎撰 （宋）徐鉉校定 清光緒二年(1876)川東官舍刻本 六冊 存十一卷(一至九、十二至十三)

420000－2302－0003582 經十/41－22/0864.2(103002)

說文解字十五卷 （漢）許慎撰 （宋）徐鉉校定 清刻本 二冊 存八卷(一至八)

420000－2302－0003583 經十/41－22/0894.2(57223)

說文解字十五卷說文通檢十四卷 （漢）許慎撰 （宋）徐鉉校定 清同治十二年(1873)番禺陳昌治刻本 十冊

420000－2302－0003584 經十/41－51/2881(58153)

說文解字通釋四十卷繫傳校勘記三卷 （宋）徐鍇撰 （清）承培元校勘 清光緒三年(1877)平江吳氏刻本 八冊

420000－2302－0003585 經十/41－8/7714.2(89435)

說文解字注匡謬八卷 （清）徐承慶撰 清光緒九年(1883)歸安姚氏刻本 五冊 存七卷(二至八)

420000－2302－0003586 經十/21.8/7714

說文解字注三十二卷 （清）段玉裁注 清同治十一年(1872)湖北崇文書局刻本 十七冊 存三十卷(一至二十四、二十七至三十二)

420000－2302－0003587 經十/21.8/7714(15921)

說文解字注三十二卷 （清）段玉裁注 清光緒十二年(1886)石印本 八冊

420000－2302－0003588 經十/21.21/0894.2(9099)

說文解字注十五卷說文部目分韻一卷 （清）段玉裁注 清嘉慶二十年(1815)刻本 三冊 存四卷(十三至十五、說文部目分韻一卷)

420000－2302－0003589 經十/21.8/1088(9586)

說文句讀三十卷 （清）王筠撰 清光緒八年(1882)刻本 十四冊

420000－2302－0003590 善經十/41－8/6010(70420)

說文理董外傳三十卷 （清）呂□文撰 清抄本 五冊

420000－2302－0003591 經十/21.8/1122

說文審音十六卷 （清）張行孚撰 清光緒二

十四年（1898）刻本　一冊

420000－2302－0003592　善經十/42－8/
1088（101464）

說文釋例三十卷　（清）王筠撰　清光緒十三
年（1887）上海積山書局石印本　六冊

420000－2302－0003593　經十/42－8/2734
（57421）

說文通檢十四卷首一卷末一卷　（清）黎永椿
編　清光緒二年（1876）湖北崇文書局刻本
二冊

420000－2302－0003594　經十/21.8/0894.2
（9553）

說文通檢十四卷首一卷末一卷　（清）黎永椿
編　清光緒二年（1876）文昌書局刻本　二冊

420000－2302－0003595　經十/42－8/2734
（15885）

說文通檢十四卷首一卷末一卷　（清）黎永椿
編　清光緒二年（1876）文昌書局刻本　二冊

420000－2302－0003596　經十/42－8/2734
（111468）

說文通檢十四卷首一卷末一卷　（清）黎永椿
編　清光緒十六年（1890）石印本　一冊

420000－2302－0003597　經十/21.8/2574.2
（15903）

**說文通訓定聲十八卷柬韻一卷說雅十九篇古
今韻準一卷行狀一卷**　（清）朱駿聲紀錄
(清)朱鏡蓉參訂　清末刻本　十八冊

420000－2302－0003598　經十/21.8/4206.6
（9559）

說文校議十五卷　（清）姚文田　（清）嚴可均
撰　清同治十三年（1874）歸安姚氏刻本
六冊

420000－2302－0003599　經十/42－8/7500
（57584）

說文諧聲孳生述不分卷　（清）陳立撰　清光
緒二十六年（1900）南陵徐氏刻本　一冊

420000－2302－0003600　經十/42－8/8718

（57603）

說文新附考六卷　（清）鄭珍撰　清刻本
二冊

420000－2302－0003601　經十/42－8/8741
（57417）

說文新附考六卷續考一卷　（清）鈕樹玉撰
清同治十三年（1874）湖北崇文書局刻本
二冊

420000－2302－0003602　經十/42－8/4041
（57399）

說文逸字辨證二卷　（清）李楨撰　清光緒畹
蘭室刻本　二冊

420000－2302－0003603　經十/21.8/8718.4
（15933）

說文逸字辨證二卷　（清）李楨撰　清光緒十
一年（1885）畹蘭室刻本　二冊

420000－2302－0003604　經十/21.8/4428
（15849）

說文義證五十卷　（清）桂馥撰　清同治九年
（1870）湖北崇文書局刻本　三十二冊

420000－2302－0003605　經十/21.8/4793
（9555）

說文引經考異十六卷　（清）柳榮宗撰　清同
治六年（1867）刻本　四冊

420000－2302－0003606　經十/42－8/7517
（57419）

說文引經考證七卷說文引經互異說一卷
(清)陳瑑撰　清同治十三年（1874）湖北崇文
書局刻本　二冊

420000－2302－0003607　善經十/42－8/
7517（15826）

說文引經考證七卷說文引經互異說一卷
(清)陳瑑撰　清同治十三年（1874）湖北崇文
書局朱印本　二冊

420000－2302－0003608　經十/21.8/1033
（15789）

說文引經例辨三卷　（清）雷浚撰　清光緒十
年（1884）刻本　一冊

420000－2302－0003609　　經十/42－8/4720
(57408)

說文字原韻表二卷　（清）胡重編　（清）金孝柏訂　清嘉慶十六年(1811)秀水金氏月香書局刻本　一冊

420000－2302－0003610　　經十/21.8/4720.8
(15825)

說文字原韻表二卷　（清）胡重編　（清）金孝柏訂　清嘉慶十六年(1811)刻本　一冊

420000－2302－0003611　　經九/48.8/3040

說左一卷　（清）宋在詩撰　清乾隆刻本　一冊

420000－2302－0003612　　史十二/41.8/2123
(8011)

朔方備乘六十八卷　（清）何秋濤纂輯　清光緒七年(1881)刻本　八冊

420000－2302－0003613　　史八/55－8/2123
(79563)

朔方備乘六十八卷首十二卷　（清）何秋濤撰　清光緒七年(1881)刻本　八冊

420000－2302－0003614　　集二/1.8/7221
(14320)

朔風吟略十一卷　（清）劉秉琳撰　清光緒津門道署刻本　二冊

420000－2302－0003615　　子五/28.13/1772.5
(17417)

司馬法三卷音義一卷　（清）曹元忠注集　清光緒二十年(1894)曹氏箋經室刻本　一冊

420000－2302－0003616　　子十/4.5/7284.0
(19175)

司馬頭陀鐵案五卷　（宋）劉鉗撰　（清）郭錫疇輯註　清光緒十五年(1889)宏道堂刻本　二冊

420000－2302－0003617　　史二/2－51/1779
(65384)

司馬溫公稽古錄二十卷　（宋）司馬光編　清同治十一年(1872)湖北崇文書局刻本　四冊

420000－2302－0003618　　史二/2－51/1779
(80873)

司馬溫公稽古錄二十卷　（宋）司馬光編　清同治十一年(1872)湖北崇文書局刻本　四冊

420000－2302－0003619　　史二/2－51/1779
(89872)

司馬溫公稽古錄二十卷　（宋）司馬光編　清同治十一年(1872)湖北崇文書局刻本　四冊

420000－2302－0003620　　史二/2－51/1779
(94008)

司馬溫公稽古錄二十卷　（宋）司馬光編　清同治十一年(1872)湖北崇文書局刻本　四冊

420000－2302－0003621　　史六/2/1773
(75197)

司馬溫公通鑑論不分卷　（宋）司馬光撰　清刻本　一冊　存二十七葉

420000－2302－0003622　　集二/－21/1274.1
(82502)

司馬文園集一卷　（漢）司馬相如著　**董膠西集一卷**　（漢）董仲舒撰　清光緒十八年(1892)善化章經濟堂刻本　一冊

420000－2302－0003623　　善集二/0－51/
1779(34327)

司馬文正公傳家集八十卷目錄二卷　（宋）司馬光撰　**附錄年譜一卷**　（清）陳弘謀輯　清乾隆六年(1741)陳氏培遠堂刻本　十二冊

420000－2302－0003624　　史十一/21－8/
3246(78330)

思補老人[潘世恩]年譜一卷　（清）潘世恩撰　清同治二年(1863)潘儀鳳刻本　一冊

420000－2302－0003625　　善集二/0－8/0041
(92713)

思綺堂文集十卷　（清）章藻功撰註　清康熙六十一年(1722)刻本　十冊

420000－2302－0003626　　集二/0－8/4401
(67808)

思貽堂詩集十二卷續存八卷書簡八卷　（清）黃文琛撰　清末刻本　六冊　存十九卷（詩

集五至十二、續存一至三、書簡八卷）

420000 – 2302 – 0003627　　集 二/3.8/4401
（4911）

思貽堂詩集十二卷續集八卷　（清）黃文琛著
　清咸豐、同治刻本　五冊

420000 – 2302 – 0003628　　集 二/0 – 8/7746
（91020）

思益堂集二十卷　（清）周壽昌撰　清光緒十
四年（1888）王先謙長沙刻本　六冊

420000 – 2302 – 0003629　　集 一/111 – 8/1728
（110875）

斯文精萃不分卷　（清）尹繼善輯　清同治七
年（1868）湘潭黃潤昌長沙刻本　四冊　存四
冊（一、三、九至十）

420000 – 2302 – 0003630　　子 十一/42 – 8/
2650（89660）

斯翼堂印譜一卷　（清）吳青震刻　清石印本
　一冊

420000 – 2302 – 0003631　　集 五/4 – 7/6075.2
（110400）

四大奇書第一種十九卷一百二十回首一卷
（明）羅貫中撰　（清）毛宗崗評　（清）杭永
年定　清刻本　五冊　存八卷（二、八至九、
十六至十九,首一卷）

420000 – 2302 – 0003632　　子 十六/23 – 33/
2571.8（111550）

四分戒本一卷　（晉）釋佛陀耶舍　（晉）竺佛
念譯　（清）釋弘戒重錄　清刻本　一冊

420000 – 2302 – 0003633　　史 十一/5 – 52/
3434（77003）

四洪年譜四卷　（清）洪汝奎輯　清宣統元年
（1909）晦木齋刻本　四冊

420000 – 2302 – 0003634　　經 五/8.7/6045
（15056）

四禮翼不分卷　（明）呂坤撰　清同治二年
（1863）刻本　一冊

420000 – 2302 – 0003635　　子 十/4 – 8/1745

（87287）

四秘全書十二種　（清）尹有本編　清嘉慶十
年（1805）刻本　九冊

420000 – 2302 – 0003636　　善集 二/0 – 7/0445
（41570）

四溟山人全集二十四卷　（明）謝榛撰　明萬
曆二十四年（1596）趙王府刻本　十冊

420000 – 2302 – 0003637　　經 十/33 – 8/3130
（57470）

四聲切韻表一卷　（清）江永撰　清光緒二年
（1876）潯陽李明墀刻本　一冊

420000 – 2302 – 0003638　　子 八/0.8/4412
（17987 – 9）

四聖心源十卷　（清）黃元御撰　清光緒十二
年（1886）刻本　三冊　存七卷（四至十）

420000 – 2302 – 0003639　　史 十二/6143/
4032.70（79687）

四時幽賞錄一卷　（明）高濂撰　清光緒二十
年（1894）錢塘丁氏刻本　一冊

420000 – 2302 – 0003640　　經 九/5.8/1025

四書本義匯參四十三卷首四卷　（清）王步青
輯　（清）王士龍編　清光緒二十八年（1902）
上海藻文書局石印本　八冊　存四十卷（大
學一、首一卷,中庸一、首一卷,論語一至二
十、首一卷,孟子一至十四、首一卷）

420000 – 2302 – 0003641　　經 九/7.8/7745
（15636）

四書典故辨正二十卷附錄一卷　（清）周柄中
撰　清刻本　六冊

420000 – 2302 – 0003642　　經 九/7.8/7745
（9467）

四書典故辨正二十卷附錄一卷　（清）周柄中
撰　清同治五年（1866）刻本　五冊

420000 – 2302 – 0003643　　經 九/5 – 8/7745
（110740）

四書典故辨正二十卷坿錄一卷　（清）周柄中
著　清光緒十二年（1886）善化許氏刻本　四
冊　存十六卷（六至二十、坿錄一卷）

420000 - 2302 - 0003644　　經九/8.8/4061.1
(15648)

四書反身録八卷 （清）李顒撰　清道光十一
年(1831)浙江書局刻本　四冊

420000 - 2302 - 0003645　　善經九/5 - 8/
4061.1(100995)

四書反身録八卷首一卷 （清）李顒口授
（清）王心敬録　清康熙五十二年(1713)思硯
齋刻本　四冊

420000 - 2302 - 0003646　　經九/5 - 8/2042
(102702)

四書改錯二十二卷 （清）毛奇齡撰　清嘉慶
十六年(1811)學圃刻西河合集本　八冊

420000 - 2302 - 0003647　　經九/5 - 8/1743
(89393)

四書古注群義彙解九種 （清）□□編　清光
緒十四年(1888)上海點石齋石印本　五冊
存三種

420000 - 2302 - 0003648　　經九/5 - 8/6054
(87296)

四書古注群義彙解九種 （清）□□編　清末
石印本　一冊　存五種

420000 - 2302 - 0003649　　經九/5 - 8/6543
(61959)

四書古注群義彙解九種 （清）□□編　清光
緒十九年(1893)上海鴻寶齋石印本　十六冊

420000 - 2302 - 0003650　　經九/5 - 8/1743
(100746)

四書古注群義彙解十種 （清）□□編　清光
緒十六年(1890)珍藝書局鉛印本　十冊　存
九種

420000 - 2302 - 0003651　　經九/5.8/6058
(9472)

四書合講十九卷 （宋）朱熹章句　清光緒七
年(1881)刻本　六冊

420000 - 2302 - 0003652　　經九/5 - 8/3434
(87184)

四書合纂大成不分卷 （清）沈祖燕輯　四書

味根録三十七卷 （清）金澂輯　清光緒十九
年(1893)上海鴻寶齋石印本　十二冊

420000 - 2302 - 0003653　　經九/7/7231
(9535)

四書恒解十四卷 （清）劉沅輯注　清同治十
三年(1874)刻本　十冊

420000 - 2302 - 0003654　　經九/5 - 8/4443
(111599)

四書或問語類大全合訂四十一卷 （清）黄越
合訂　清康熙三十七年(1698)古吳光裕堂刻
本　十九冊

420000 - 2302 - 0003655　　經九/5 - 52/2540.1
(93365)

四書集注考證九卷 （清）王士濂撰　清光緒
二十四年(1898)高郵王氏刻本　五冊　存六
卷(論語卷之上第三、孟子卷之下第一至第
五)

420000 - 2302 - 0003656　　經九/5 - 52/2540.2
(73159)

四書集注十九卷 （宋）朱熹集注　（清）儲欣
批點　清臨桂毓蘭書屋謝氏家塾刻本　六冊

420000 - 2302 - 0003657　　經九/5 - 52/2540.2
(57188)

四書集注十九卷 （宋）朱熹集注　（清）儲欣
批點　清臨桂毓蘭書屋謝氏家塾刻本　六冊

420000 - 2302 - 0003658　　經九/5.5/2540.2
(15495)

四書集注十九卷 （宋）朱熹集注　清稡古樓
刻本　十四冊

420000 - 2302 - 0003659　　經九/5 - 52/2540.8
(61937)

四書集注十九卷音義辨一卷 （宋）朱熹章句
　清道光刻本　六冊

420000 - 2302 - 0003660　　經九/5 - 8/1025
(110552)

四書集註本義匯叅□□卷 （清）王步青輯
清敦復堂刻本　七冊　存十三卷(中庸一至
五、首一卷,論語三至四、七至十,孟子二)

213

420000 - 2302 - 0003661　　經 九/7. 8/2663
(15614)

四書經注集證十九卷　（清）吳昌宗輯　清嘉
慶三年(1798)刻本　十六冊

420000 - 2302 - 0003662　　經 九/8. 8/3434
(15652)

四書就正錄不分卷　（清）沈濟燾撰　清乾隆
五十一年(1786)刻本　八冊

420000 - 2302 - 0003663　　經 九/8. 8/1731
(15622)

四書考異七十二卷　（清）翟灝撰　清刻本
十冊

420000 - 2302 - 0003664　　子十四/5. 8/7568
(21727)

四書類考三十卷　（清）陳愚谷撰　清嘉慶六
年(1801)蘄州陳氏家塾刻本　二十四冊

420000 - 2302 - 0003665　　集一/411. 8/1027
(8206)

四書論不分卷　（清）王伊輯　清光緒二十七
年(1901)上海求是齋石印本　二冊

420000 - 2302 - 0003666　　集一/411. 8/1027
(8422)

四書論不分卷　（清）王伊輯　清光緒二十八
年(1902)昆仗堂石印本　二冊

420000 - 2302 - 0003667　　集一/422. 8/1045
(00815)

四書全文不分卷　（清）王觀成編輯　清光緒
五年(1879)京都刻本　八冊

420000 - 2302 - 0003668　　子十四/5. 8/2342
(21331)

四書人物類典串珠四十卷　（清）臧志仁輯
清書業堂刻本　十二冊

420000 - 2302 - 0003669　　善經九/7 - 9/4722
(61881)

四書拾義五卷續一卷　（清）胡紹勳撰　清道
光十四年(1834)刻本　一冊

420000 - 2302 - 0003670　　經九/5 - 52/2540. 4

(62030)

四書疏注撮言大全三十七卷　（宋）朱熹章句
（清）紀昀鑒定　（清）吳華孫校正　清初經
綸堂刻本　十六冊

420000 - 2302 - 0003671　　集二/5. 8/3128
(35463)

四書題鏡三十六卷　（清）汪鯉翔纂述　清艾
錦堂刻本　十二冊

420000 - 2302 - 0003672　　經七/5. 8/3112
(9385)

四書題鏡十卷　（清）汪鯉翔纂述　清刻本
十冊

420000 - 2302 - 0003673　　經九/8. 8/4491
(15466)

四書圖考十三卷　（清）杜炳撰　清光緒十三
年(1887)石印本　四冊

420000 - 2302 - 0003674　　經九/5. 8/6055
(9654)

四書圖一卷句辨一卷字辨一卷疑字辨一卷
（□）□□撰　清刻本　一冊

420000 - 2302 - 0003675　　經九/8 - 8/9048
(89656)

四書緯四卷　（清）常增撰　清光緒十一年
(1885)刻本　三冊　存三卷(二至四)

420000 - 2302 - 0003676　　經九/5. 8/8038
(15587)

四書味根錄三十七卷首二卷　（清）金澂撰
清刻本　十六冊

420000 - 2302 - 0003677　　經九/8/8038. 3
(9545)

四書味根錄題鏡合編三十六卷首三卷　（清）
金澂撰　清光緒十三年(1887)石印本　六冊

420000 - 2302 - 0003678　　經一/8 - 8/2010
(1860)

四書五經義大全五十六卷首一卷　（清）雙璞
齋主人輯　清光緒二十八年(1902)上海圖書
集成局鉛印本　二十冊

420000 – 2302 – 0003679　　經九/8.8/4732
(15642)

四書一得録二卷　（清）胡澤順撰　清同治二
年(1863)刻本　二冊

420000 – 2302 – 0003680　　經九/5 – 8/4447
(93372)

四書異同商不分卷　（清）黃鶴撰　清咸豐十
年(1860)寧鄉學署刻本　四冊

420000 – 2302 – 0003681　　經九/5 – 8/1117
(103039)

四書翼注論文三十八卷　（清）張甄陶撰　清
嘉慶十五年(1810)浙湖竹下書堂刻本　十
六冊

420000 – 2302 – 0003682　　經九/5 – 7/1237

四書約說六卷四書題說二卷　（明）孫肇興撰
　明崇禎刻朱墨套印本　六冊

420000 – 2302 – 0003683　　經九/5 – 8/2233
(61977)

四書約旨十九卷　（清）任啟運撰　清光緒二
十年(1894)浙江官書局刻本　十二冊

420000 – 2302 – 0003684　　經九/5.8/2233
(15571)

四書約旨十九卷　（清）任啟運撰　清乾隆三
十六年(1771)刻本　六冊

420000 – 2302 – 0003685　　經九/5 – 8/6056
(93240)

四書則故一貫解□□卷　（□）□□撰　清末
抄本　三冊　存六卷(論語則故一貫解一至
四、孟子則故一貫解四至五)

420000 – 2302 – 0003686　　經九/51 – 52/
2540.2(58408)

四書章句集注二十六卷　（宋）朱熹集注　清
嘉慶刻本　一冊　存二卷(大學一卷、中庸一
卷)

420000 – 2302 – 0003687　　經九/5 – 52/2540.2
(58409)

**四書章句集注二十六卷附考四卷定本辨一卷
家塾讀本句讀一卷**　（宋）朱熹章句　清嘉慶

刻本　五冊　存二十四卷(論語十卷、孟子十
四卷)

420000 – 2302 – 0003688　　經九/51 – 52/
2540.2(58414)

四書章句集注附考四卷　（清）吳志忠輯　清
嘉慶刻本　一冊

420000 – 2302 – 0003689　　經九/5 – 52/2510
(71255)

四書章句集注十九卷　（宋）朱熹注　清道光
十六年(1836)揚郡黃氏片善堂刻本　六冊

420000 – 2302 – 0003690　　經九/5 – 52/2540
(102681)

四書章句集注十九卷　（宋）朱熹集注　清光
緒十八年(1892)湖北官書處刻本　六冊

420000 – 2302 – 0003691　　經九/5 – 8/1000
(50562)

**四書章句集注十九卷四書圖一卷字辨一卷疑
字辨一卷句辨一卷**　（清）王賡言撰　清道光
十六年(1836)刻本　七冊　存十三卷(大學
一卷、中庸一卷、論語七卷,四書圖一卷,字辨
一卷,疑字辨一卷,句辨一卷)

420000 – 2302 – 0003692　　經九/5.8/5532
(15565)

四書撼餘說七卷　（清）曹之升輯　清刻本
六冊

420000 – 2302 – 0003693　　經九/5 – 8/2824
(93277)

四書質疑十九卷　（清）徐紹楨撰　清光緒九
年(1883)梧州刻本　二冊

420000 – 2302 – 0003694　　經九/5.8/1025.1
(15543)

四書朱子本義匯參四十三卷首四卷　（清）王
步青輯　（清）王士韰編　清乾隆十年(1745)
敦復堂刻本　十二冊　存十八卷(大學一、首
一卷,論語一至八、首一卷,孟子八至十四)

420000 – 2302 – 0003695　　經九/5.8/1025
(9498)

四書朱子本義匯參四十三卷首四卷　（清）王

步青輯　（清）王士龕編　清光緒十五年(1889)上海廣百宋齋石印本　二冊　存四卷（大學一、首一卷,中庸一、首一卷）

420000－2302－0003696　經九/5－8/1025.1(92003)

四書朱子本義彙參四十三卷首四卷　（清）王步青輯　（清）王士龕編　清乾隆十年(1745)敦復堂刻本　三十二冊

420000－2302－0003697　經九/5－8/4032

四書朱子集注古義箋六卷　（清）李滋然撰　清宣統鉛印本　三冊

420000－2302－0003698　經九/5－22/8700.1(61997)

四書注疏摘讀四卷　（清）蔣恒煜輯　清嘉慶十六年(1811)刻本　一冊

420000－2302－0003699　經九/7/7701(9355)

四書字詁七十八卷　（清）段謁廷撰　（清）黃本驥編　清道光刻本　二十冊

420000－2302－0003700　經九/5－52/4921(90134)

四書纂疏二十六卷　（宋）趙順孫撰　清末聖風書苑石印本　七冊　存二十一卷（大學一卷、中庸一卷、論語十卷、孟子一至九）

420000－2302－0003701　經九/5－8/3087(89456)

四書纂言四十卷　（清）宋翔鳳撰　清光緒八年(1882)古吳峀嵃山房木活字印本　十四冊　存三十四卷（一至二十八、三十一至三十六）

420000－2302－0003702　史十/－8/4469(85369)

四裔編年表不分卷　（英國）博那氏編　（美國）林樂知　（清）嚴良勳譯　清末刻本　四冊

420000－2302－0003703　善集二/0－8/2704(82217)

四憶堂詩集六卷遺稿一卷　（清）侯方域撰

（清）賈開宗選註　清同治刻本　二冊

420000－2302－0003704　善集二/0－8/2704.1(92455)

四憶堂詩集六卷遺稿一卷　（清）侯方域撰（清）賈開宗選註　清同治刻本　二冊

420000－2302－0003705　集四/1－8/1073(82503)

四印齋所刻詞二十種四印齋彙刻宋元三十一家詞三十一卷　（清）王鵬遠輯　清末石印本　十六冊

420000－2302－0003706　子十一/82.8/3708(19854)

四子棋譜二卷　（清）過文年輯著　清宣統三年(1911)上海千頃堂石印本　二冊

420000－2302－0003707　集二/1.8/2588(37688)

笥河全集文集十六卷詩集二十卷　（清）朱筠著　清嘉慶八年至二十年(1803－1815)刻本　十六冊

420000－2302－0003708　子七/4.8/8792(17320)

飼蠶新法一卷　（清）鄭愷撰　清光緒二十八年(1902)刻本　一冊

420000－2302－0003709　集一/31－8/4212(89366)

松風餘韻五十卷末一卷　（清）姚弘緒編　清乾隆刻本　六冊　存二十六卷（一至二十六）

420000－2302－0003710　集二/1.8/4213(35207)

松桂堂全集四十三卷　（清）彭孫遹撰　清宣統三年(1911)上海掃葉山房石印本　十二冊

420000－2302－0003711　集二4.7/4977(35347)

松石齋文集二十五卷　（明）趙用賢撰　清光緒二十八年(1902)趙氏承啓堂刻本　八冊

420000－2302－0003712　集二/4.64/2244(35995)

松鄉先生文集十卷　（元）任士林著　（明）鄒維璉校　清光緒十六年(1890)補刻本　四冊

420000－2302－0003713　集二/3.8/1127(36160)

松心詩集二十卷　（清）張維屛撰　清嘉慶二十五年(1820)刻本　六冊

420000－2302－0003714　子十二/4.8/1127(20294)

松心十録四十七卷　（清）張維屛撰　清道光二十年(1840)刻本　一冊

420000－2302－0003715　經九/5.8/7474(15583)

松陽講義十二卷　（清）陸隴其撰　清光緒十三年(1887)刻本　四冊

420000－2302－0003716　集五/2.8/1042(36757)

淞隱漫録十二卷　（清）王韜編輯　清光緒十三年(1887)上海點石齋石印本　四冊

420000－2302－0003717　子八/2.8/6066(17979)

嵩厓尊生書十五卷　（清）景日昣撰　清刻本　八冊

420000－2302－0003718　子十四/1-8/3236(110362)

宋稗類鈔三十六卷　（清）潘永因編　清宣統三年(1911)上海蔾光社石印本　六冊　存十八卷(十九至三十六)

420000－2302－0003719　經一/1-8/4123.7(1778)

宋本十三經注疏並經典釋文校勘記十三種　（清）阮元撰　清光緒二十四年(1898)蘇州官書坊刻本　五十六冊

420000－2302－0003720　經一/11-8/7110(61739)

宋本十三經注疏附校勘記十三種　（清）阮元輯　清光緒十三年(1887)上海脈望仙館石印本　三十二冊

420000－2302－0003721　經一/11-8/7110.2(110789)

宋本十三經注疏附校勘記十三種　（清）阮元輯　（清）盧宣旬摘録　十三經注疏校勘記識語四卷　（清）汪文臺撰　清光緒十三年(1887)上海脈望仙館石印本　十一冊

420000－2302－0003722　集一/32－42/3050(86571)

宋本唐人合集二十八卷　（□）□□輯　清光緒十年(1884)上海同文書局石印本　八冊

420000－2302－0003723　善集一/122－5/6030(735552)

宋朝文鑑一百五十卷　（宋）呂祖謙輯　宋刻元明遞修本　三十五冊　存一百三十卷(一至七十五、九十六至一百五十)

420000－2302－0003724　集二/4.5/7772(11638)

宋大家歐陽文忠公文抄三十二卷　（宋）歐陽修撰　（明）茅坤批評　（明）吳紹陵重訂　清康熙四十二年(1703)雲林大盛堂刻本　四冊

420000－2302－0003725　集二/1.5/4407(34295)

宋黃文節公全集九十三卷　（宋）黃庭堅著　黃青社先生伐檀集二卷　（宋）黃庶撰　清光緒二十年(1894)善化黃菊秋義寧州署刻本　二十八冊

420000－2302－0003726　集二/1.5/4407(11669)

宋黃文節公文集七十五卷首六卷　（宋）黃庭堅著　清乾隆三十年(1765)寧州知事宋調元刻本　二十二冊

420000－2302－0003727　集二/0－5/4407(68840)

宋黃文節公文集三十二卷外集二十四卷別集十九卷首四卷　（宋）黃庭堅撰　清乾隆三十年(1765)江右寧州緝香堂刻本　十一冊

420000－2302－0003728　集二/0－52/4027(92692)

宋李忠定文集三十九卷 （宋）李綱撰 清光緒三十四年（1908）湘鄉愛日堂刻本 八冊

420000－2302－0003729 集二/4.5/4027/（35933）

宋李忠定文集十二卷 （宋）李綱著 清愛日堂刻本 二冊

420000－2302－0003730 集四/1－7/2010（55157）

宋六十名家詞八十九卷 （明）毛晉編 清光緒十四年（1888）錢唐汪氏刻本 十八冊

420000－2302－0003731 集四/1－5/2010（81848）

宋六十名家詞九十卷 （明）毛晉編 清光緒十四年（1888）汲古閣原本錢唐汪氏刻本 三十冊

420000－2302－0003732 集四/1－5/3167（66223）

宋六十一家詞選十二卷 馮煦撰 清光緒十三年（1887）冶城山館刻本 四冊

420000－2302－0003733 史十六/2－5/1053（89724）

宋論十五卷 （清）王夫之撰 清光緒二十五年（1899）申昌書莊石印本 一冊

420000－2302－0003734 史十一/21－5/2540.4（92042）

宋名臣言行錄五種 （宋）朱熹 （宋）李幼武撰 清同治七年（1868）臨川桂氏刻本 十二冊

420000－2302－0003735 史十一/21－5/3027.0（101106）

宋名臣言行錄五種 （宋）朱熹 （宋）李幼武撰 明崇禎十一年（1638）刻本 十二冊

420000－2302－0003736 集二/0－51/1700.2（92948）

宋邵康節先生伊川擊壤集九卷集外詩一卷附洛陽邵氏三世名賢行實圖像一卷 （宋）邵雍撰 （明）吳瀚 （明）吳泰注 清刻本 六冊

420000－2302－0003737 集一/311/3423：2（9739）

宋詩別裁八卷 （清）沈德潛纂評 清乾隆二十六年（1761）元聚堂刻本 四冊

420000－2302－0003738 集一/3.11/3423：2（9743－50）

宋詩別裁十二卷 （清）沈德潛纂評 清乾隆三年（1738）元聚堂刻本 六冊

420000－2302－0003739 集一/32－5/3160.4（103479）

宋詩畧十八卷 （清）汪景龍 （清）姚壎輯 清乾隆三十五年（1770）竹雨山房刻本 四冊

420000－2302－0003740 史一/3－5/5245.7（76177）

宋史翼四十卷 （清）陸心源撰 清光緒歸安陸氏十萬卷樓刻本 十二冊

420000－2302－0003741 善集二/0－8/3099（36103）

宋氏綿津詩鈔八卷 （清）宋犖撰 （清）邵長蘅選 清康熙刻本 二冊

420000－2302－0003742 史六/2－36/3427.4（100756）

宋書文鈔二十卷 （南朝梁）沈約撰 （明）戴義輯 清康熙二十三年（1684）刻本 二冊

420000－2302－0003743 善史一/3－36/3427（70402）

宋書一百卷 （南朝梁）沈約撰 明萬曆二十二年（1594）南京國子監刻本 九冊 存八十二卷（一至八十二）

420000－2302－0003744 史一/3－36/3427

宋書一百卷 （南朝梁）沈約撰 明萬曆二十二年（1594）南京國子監刻清順治、康熙遞修本 二十冊 存八十二卷（一至八十二）

420000－2302－0003745 集四/11.58/7730（38305）

宋四家詞選不分卷 （清）周濟輯 清光緒三十四年（1908）歸安金紹城北京鉛印本 二冊

420000－2302－0003746　集一/32－8/7732.2（91298）

宋四名家詩選六卷　（清）周之麟　（清）柴升選　清同治五年(1866)望雲草廬刻本　六冊

420000－2302－0003747　子二/3－7/6045（91974）

宋四子抄釋二十一卷　（明）呂柟撰　清道光二十六年(1846)宏道書院刻本　八冊

420000－2302－0003748　史六/2－36/3427.4（91336）

宋瑣語不分卷　（清）郝懿行撰　清嘉慶至光緒刻本　二冊

420000－2302－0003749　集二/4.5/1047（11593）

宋王忠文公全集五十卷目録四卷　（宋）王十朋撰　（清）唐傳鈺重編　清雍正六年(1728)楚南唐傳鈺刻鴈就堂印本　十冊

420000－2302－0003750　集二/0－52/1047.2（94370）

宋王忠文公文集五十卷目録四卷　（宋）王十朋撰　（清）唐傳鈺重編　清雍正六年(1728)楚南唐傳鈺刻鴈就堂印本　十六冊

420000－2302－0003751　集一/112.5/6030（31289）

宋文鑑一百五十卷　（宋）呂祖謙編　清光緒十二年(1886)刻本　二十四冊

420000－2302－0003752　集二/0－7/3030（111433）

宋學士全集三十二卷補遺八卷附録二卷　（明）宋濂撰　清同治十三年(1874)永康胡氏退補齋刻本　一冊　存一卷(補遺一)

420000－2302－0003753　史十四/32－8/4444(63538)

宋元舊本書經眼録三卷坿録二卷　（清）莫友芝撰　清同治十二年(1873)莫繩孫刻本　一冊　存三卷(宋元舊本書經眼録三卷)

420000－2302－0003754　集四/11.64/3141（41470）

宋元名家詞十五種　（清）江標輯　清光緒二十一年(1895)湖南思賢書局刻本　一冊　存五種

420000－2302－0003755　集一/31－8/2540.3（89497）

宋元明詩三百首箋六卷　（清）朱梓　（清）冷昌言編　（清）李松壽　（清）李筠壽箋　清光緒二十一年(1895)湖南刻本　一冊

420000－2302－0003756　集一/31－8/2540.3（89444）

宋元明詩三百首箋一卷　（清）朱梓　（清）冷昌言編　（清）李松壽　（清）李筠壽箋　清末蘭雪堂刻本　一冊

420000－2302－0003757　史十一/22－8/4438.8(77634)

宋元學案一百卷首一卷考略一卷　（清）黄宗羲撰　（清）黄百家纂輯　（清）全祖望修定　清光緒五年(1879)長沙寄廬刻本　四十八冊

420000－2302－0003758　史十一/22－8/4438.4(103577)

宋元學案一百卷首一卷考略一卷　（清）黄宗羲撰　（清）黄百家纂輯　（清）全祖望修定　清光緒五年(1879)長沙寄廬刻本　十一冊　存二十七卷(一至三、六至十三、十六至十七、二十七至二十九、五十九至六十七,首一卷,考略一卷)

420000－2302－0003759　子十一/239.1/2773（19913）

宋元以來畫人姓氏録三十六卷　（清）魯駿編　清道光十年(1830)刻本　二十冊

420000－2302－0003760　集二/0－52/1143（735617）

宋張宣公詩文集論孟解合刻三種　（宋）張栻撰　清道光二十九年(1849)縣邑洗墨池刻咸豐四年(1854)縣邑南軒祠補刻本　十二冊

420000－2302－0003761　集五/2－33/1030（111204）

搜神記二十卷　（晉）干寶撰　清光緒元年

（1875）湖北崇文書局刻本　二冊

420000 - 2302 - 0003762　善集二/0 - 51/4453（69257）

蘇長公小品二卷　（宋）蘇軾撰　（明）王納諫評選　明萬曆三十九年（1611）章萬椿心遠軒刻本　二冊

420000 - 2302 - 0003763　善集二/0 - 51/4453.6（69266）

蘇東坡詩集註三十二卷首一卷　（宋）蘇軾撰　（宋）呂祖謙編　（宋）王十朋輯　清康熙朱從延刻本　十冊

420000 - 2302 - 0003764　善集二/0 - 51/4453（69259）

蘇東坡題跋雜書六卷　（宋）蘇軾撰　明楊氏刻蘇黃題跋本　二冊

420000 - 2302 - 0003765　子十一/224 - 8/8002（84578）

蘇米齋蘭亭考八卷　（清）翁方綱撰　清嘉慶八年（1803）刻本　二冊

420000 - 2302 - 0003766　集二/3.5/4453.4（36372）

蘇詩評注彙鈔二十卷附錄三卷　（宋）蘇軾撰　（清）趙克宜輯訂　清咸豐二年（1852）趙氏刻本　六冊

420000 - 2302 - 0003767　集二/3.5/4453.1（36328）

蘇文忠公詩編注集成一百七卷　（宋）蘇軾撰　（清）王文誥輯訂　清光緒十四年（1888）浙江書局刻本　二十四冊

420000 - 2302 - 0003768　集二/3.5/4453.3（36352）

蘇文忠詩合注五十卷首一卷目錄一卷　（宋）蘇軾撰　（清）馮應榴輯訂　清光緒九年（1883）刻本　二十冊

420000 - 2302 - 0003769　史十一/13 - 8/1008.8（50818）

蘇州府長元吳三邑諸生譜九卷首一卷　（清）錢國祥輯　清光緒三十二年（1906）刻本

二冊

420000 - 2302 - 0003770　子二/42/7231（8235）

俗言一卷　（清）劉沅撰　清咸豐四年（1854）豫誠堂刻本　一冊

420000 - 2302 - 0003771　子八/0.8/4412（17730）

素靈微蘊四卷　（清）黃元御撰　清道光九年（1829）刻本　二冊

420000 - 2302 - 0003772　集五/2 - 5/1779（103565）

涑水記聞十六卷補遺一卷　（宋）司馬光撰　清光緒元年（1875）湖北崇文書局刻本　四冊

420000 - 2302 - 0003773　子九/3.8/2247.4（8603）

算表合璧不分卷　（清）崔朝慶編　（清）楊冰編　清光緒二十八年（1902）江楚書局刻本　一冊

420000 - 2302 - 0003774　子九/3 - 8/8874（91725）

算學教科書不分卷　（□）□□編　清末抄本　一冊

420000 - 2302 - 0003775　史十四/21 - 41/2628.0（63466）

隋經籍志考證十三卷　（清）章宗源撰　清光緒三年（1877）湖北崇文書局刻本　四冊

420000 - 2302 - 0003776　善史一/3 - 41/2628

隋書八十五卷　（唐）魏徵撰　明毛氏汲古閣刻本　八冊

420000 - 2302 - 0003777　史十四/21 - 41/7118（92363）

隋書經籍志四卷　（唐）長孫無忌撰　清光緒九年（1883）鎮海張壽榮刻本　二冊

420000 - 2302 - 0003778　集二/0 - 41/4600.1（111432）

隋煬帝集一卷　（隋）煬帝楊廣著　（明）張溥

閱　清光緒十八年(1892)善化章經濟堂刻本
　一冊

420000 - 2302 - 0003779　史十五/13 - 8/
2832(79950)

隨軒金石文字不分卷　（清）徐渭仁撰　清同
治七年(1868)徐允臨刻本　四冊

420000 - 2302 - 0003780　史十七/41/3460
(8089)

隨軺遊記四卷　吳宗濂編　清時務報館石印
本　一冊

420000 - 2302 - 0003781　史十一/23 - 8/
4048(91784)

隨園八十壽言六卷　（清）袁枚輯　清嘉慶刻
本　一冊

420000 - 2302 - 0003782　叢/5 - 8/4048
(55602 - 651)

隨園三十八種　（清）袁枚撰　清光緒三十四
年(1908)上海集成圖書公司鉛印本　五十冊
　存三十六種

420000 - 2302 - 0003783　集七/2.8/4048
(11510)

隨園詩話補遺十卷　（清）袁枚撰　清嘉慶元
年(1796)刻本　一冊　存二卷(一至二)

420000 - 2302 - 0003784　集七/2.8/4048
(11509)

隨園詩話十六卷　（清）袁枚撰　清嘉慶元年
(1796)刻本　一冊　存二卷(十五至十六)

420000 - 2302 - 0003785　集二/2.8/4048
(38786)

隨園詩話十六卷補遺六卷　（清）袁枚撰　清
宣統元年(1909)上海鑄記書局石印本　四冊

420000 - 2302 - 0003786　集七/2 - 8/4048
(89989)

隨園詩話十六卷補遺四卷　（清）袁枚撰　清
宣統元年(1909)上海鑄記書局石印本　一冊

420000 - 2302 - 0003787　子十三/2.8/4048
(11508)

隨園食單四卷　（清）袁枚撰　清嘉慶元年
(1796)刻本　二冊　存二卷(一至二)

420000 - 2302 - 0003788　史十一/21 - 8/
4967(73131)

遂翁自訂年譜一卷　（清）趙昀撰　清光緒刻
本　一冊

420000 - 2302 - 0003789　集四/3.8/0413
(38362)

碎金詞譜十四卷　（清）謝元淮輯　清道光二
十八年(1848)刻朱墨套印本　五冊

420000 - 2302 - 0003790　善集四/2 - 8/7294
(89683)

碎絃餘響三卷　（清）劉燁華撰　清稿本
一冊

420000 - 2302 - 0003791　集七/2 - 52/1153
(55798)

歲寒堂詩話二卷　（宋）張戒撰　清蘇州書局
刻本　一冊

420000 - 2302 - 0003792　史十三/0 - 52/
7515(81956)

歲時廣記四十卷圖說一卷末一卷　（宋）陳元
靚撰　清光緒七年(1881)歸安陸氏刻本
九冊

420000 - 2302 - 0003793　集二/1.8/4206
(35201)

邃雅堂集十卷　（清）姚文田撰　清道光元年
(1821)江陰學署刻本　六冊

420000 - 2302 - 0003794　史九/22.8/1243
(13703)

孫文定公奏疏十二卷　（清）孫嘉淦撰　清嘉
慶七年(1802)敦和堂刻本　十二冊

420000 - 2302 - 0003795　經一/2 - 8/2508
(100664)

孫谿朱氏經學叢書初編十三種　（清）朱記榮
輯　清光緒十二年(1886)吳縣朱氏槐廬刻本
　十冊

420000 - 2302 - 0003796　集二/1.9/1362

孫淵如先生全集芳茅山人文集十三卷詩錄十卷 （清）孫星衍撰 清光緒十一年(1885)長沙王先豫刻本 八冊

420000－2302－0003797 子五/21－16/1213(90381)

孫子三卷 （春秋）孫武撰 清光緒元年(1875)湖北崇文書局刻本 一冊

420000－2302－0003798 子五/21－5/4012.1(91575)

孫子十家注十三卷 （宋）吉天保輯 （清）孫星衍校 （清）吳人驥校 遺說一卷 （宋）鄭友賢撰 敘錄一卷 （清）畢以珣撰 清咸豐五年(1855)木活字印本 六冊

420000－2302－0003799 善集二/0－64/7550.2(36292)

所安遺集一卷 （元）陳泰撰 附錄一卷 （清）吳唐林輯 清光緒六年(1880)茶陵譚鐘麟杭州刻本 一冊

420000－2302－0003800 子八/5/2199(8348)

胎產金鍼三卷 （清）何榮撰 清光緒七年(1881)刻本 二冊

420000－2302－0003801 史十二/72.62/4433(4662)

臺灣雜記不分卷 （清）黃逢昶輯 清光緒十年(1884)湖南黃氏刻本 一冊

420000－2302－0003802 史十二/6121/4422.84(86128)

太白紀游略一卷太華紀游略一卷 （清）趙嘉肇撰 清光緒十年(1884)刻本 一冊

420000－2302－0003803 善史十六/2－7/1133(70033)

太倉史論四卷 （明）張溥撰 清酈園刻本 二冊

420000－2302－0003804 善子十一/312－7/1148(69882)

太古正音琴譜四卷 （明）張大命選輯 明萬曆三十九年(1611)古潭張大命刻本 三冊

存三卷(二至四)

420000－2302－0003805 子十四/1－51/4060.0(103414)

太平廣記五百卷目錄十卷 （宋）李昉等編 （明）談愷等校刊 清道光二十六年(1846)三讓睦記刻本 十三冊 存三百九十二卷(一至三百四十七、四百六十六至五百,目錄十卷)

420000－2302－0003806 子十四/1.5/4060(21095)

太平御覽一千卷 （宋）李昉等編 清嘉慶二十三年(1818)刻本 二百一冊 存九百八十五卷(一至五百四十、五百五十六至一千)

420000－2302－0003807 集二/0－8/2325(65505)

太璞生文鈔一卷 （清）傅以成著 清同治七年(1868)成都刻本 一冊

420000－2302－0003808 子十六/36－8/0843.4(103585)

太上感應篇圖說八卷首一卷 （清）許鶴沙撰 （清）黃正元編 清光緒二十一年(1895)刻本 八冊

420000－2302－0003809 子十六/36－8/5045.6(87225)

太上感應篇一卷 （清）惠棟注 （清）羅惇衍補 清同治十三年(1874)芝瑞堂刻本 二冊

420000－2302－0003810 集二/0－7/7244(103189)

太師誠意伯劉文成公集二十卷 （明）劉基撰 清刻本 一冊 存一卷(十三)

420000－2302－0003811 善集二/0－7/7244(41460)

太師誠意伯劉文成公集二十卷 （明）劉基撰 （明）何鏜編 明隆慶六年(1572)謝廷傑、陳烈括蒼刻本 八冊 存十九卷(二至二十)

420000－2302－0003812 集二/0－7/7244(92880)

太師誠意伯劉文成公集二十卷首一卷 （明）

劉基撰 清康熙四十六年（1707）僧月川刻雍
正八年（1730）新陽萬里續刻乾隆十一年
（1746）補修本 十冊

420000－2302－0003813 集二/0－7/7244
（92890）

太師誠意伯劉文成公集二十卷首一卷 （明）
劉基撰 清康熙四十六年（1707）僧月川刻雍
正八年（1730）新陽萬里續刻乾隆十一年
（1746）補修本 六冊

420000－2302－0003814 集二/1.7/7244
（41452）

太師誠意伯劉文成公集二十卷首一卷 （明）
劉基撰 清雍正八年（1730）劉孤嶼刻本
八冊

420000－2302－0003815 集二/0－7/4694
（67324）

太史升菴全集八十一卷目錄二卷 （明）楊慎
著 （明）楊有仁錄 **升菴先生年譜一卷**
（□）□□編 清乾隆六十年（1795）新都周參
元刻本 三十冊

420000－2302－0003816 善集二/0－7/4624
（69097）

太史升菴文集八十一卷 （明）楊慎撰 （明）
楊有仁編 明萬曆張士佩刻本 九冊 存七
十三卷（一至六十五、七十四至八十一）

420000－2302－0003817 經七/11.8/7741
（15139）

左翼三十五卷 （清）周大璋輯評 （清）張廷
璐鑒定 清同治五年（1866）刻本 十六冊

420000－2302－0003818 集二/0－7/4694
（66013）

太史升菴遺集二十六卷 （明）楊慎撰 （明）
楊金理輯 （明）王象乾校 清道光二十四年
（1844）刻本 八冊

420000－2302－0003819 子八/18.7/6039
（110776）

太醫院增補醫方捷徑□□卷 （明）羅必煒訂
清光緒十四年（1888）閩書林楊能儒刻本

一冊 存三卷（七至九）

420000－2302－0003820 子十/2.8/6023
（19238）

太乙數大全四十卷 （清）羅集福重訂 清乾
隆刻本 三十冊

420000－2302－0003821 集二/4.8/7579
（37202）

太乙舟文集八卷 （清）陳用光撰 清道光十
七年（1837）刻本 七冊

420000－2302－0003822 史十二/5246/
1392.84（80301）

太嶽太和山紀略八卷 （清）王概等輯 清乾
隆九年（1744）下荊南道署刻本 八冊

420000－2302－0003823 史九/1－8/2644.0
（92425）

太宗文皇帝聖訓六卷 （清）太宗皇太極撰
（清）聖祖玄燁編 清末石印本 一冊

420000－2302－0003824 史九/1－8/4037
（90577）

太祖高皇帝聖訓四卷 （清）太祖努爾哈赤撰
（清）聖祖玄燁編 清末石印本 一冊

420000－2302－0003825 史十二/5213/
5022.88（79774）

泰山志二十卷 （清）金榮纂 清光緒二十四
年（1898）秦應奎刻本 十二冊

420000－2302－0003826 史十七/41－8/
3002（85359）

**泰西各國采風記五卷紀程感事詩一卷時務論
一卷** 宋育仁撰 清光緒二十二年（1896）袖
海山房石印本 四冊

420000－2302－0003827 史十七/1/7022.2
（111319）

泰西十八周史攬要十八卷 （英國）雅各偉德
元本 （英國）季理斐成章譯 （清）李鼎星述
稿 清光緒二十八年（1902）上海廣學會鉛印
本 三冊

420000－2302－0003828 史十七/1/7022

(7765)

泰西十八周史攬要十八卷 （英國）雅各偉德元本 （英國）季理斐成章譯 （清）李鼎星述稿 清光緒二十八年(1902)上海廣學會鉛印本 五冊

420000 － 2302 － 0003829 史十七/11/7121 (7640)

泰西新史攬要譯本二十四卷 （英國）馬懇西著 （英國）李提摩太譯 蔡爾康述 清光緒二十二年(1896)上海廣學會刻本 八冊

420000 － 2302 － 0003830 子九/21.8/2724.4 (18938)

談天十八卷首一卷附表一卷 （英國）候失勒撰 清光緒二十二年(1896)上海著易堂石印本 四冊

420000 － 2302 － 0003831 子九/21.8/2724.4 (18942)

談天十八卷首一卷附表一卷 （英國）候失勒撰 清光緒二十二年(1896)上海著易堂石印本 三冊

420000 － 2302 － 0003832 集七/2/1037 (11512)

談藝珠簍四十四卷 （清）王啟原編 清光緒十一年(1885)長沙玉尺山房刻本 十冊

420000 － 2302 － 0003833 史十二/63.8/2624 (8083)

潭柘山岫雲寺志二卷 （清）釋穆德纂 清乾隆四年(1739)刻本 二冊

420000 － 2302 － 0003834 子十六/23 － 42/2633.2(110581)

曇無德部四分律刪補隨機羯磨十五卷 （唐）釋道宣撰集 （清）釋讀體續釋 清刻本 七冊

420000 － 2302 － 0003835 善經五/32 － 8/1092(70440)

檀弓辨誣三卷 （清）夏炘撰 清咸豐抄本 三冊

420000 － 2302 － 0003836 叢/1.8/1061(23166)

檀几叢書一百五十七種 （清）王晫 （清）張潮輯 清康熙三十六年(1697)新安張氏霞舉堂刻本 八冊 存一百三種

420000 － 2302 － 0003837 叢/1 － 8/1068 (53941)

檀几叢書一百五十七種 （清）王晫 （清）張潮輯 清康熙三十四年(1695)新安張氏霞舉堂刻本 十六冊 存五十種

420000 － 2302 － 0003838 集五/2.8/4447 (36581)

譚瀛八種四卷 （清）吳文藻撰 清光緒二十二年(1896)上海鴻寶齋石印本 四冊

420000 － 2302 － 0003839 子十二/13 － 43/0129(88975)

譚子化書六卷 （五代）譚峭撰 清抄本 一冊 存三卷(一至三)

420000 － 2302 － 0003840 善史二/2 － 7/3637 (70954)

湯睡菴先生歷朝綱鑑全史七十卷首一卷 （明）湯賓尹會纂 （明）陳繼儒注 明末刻本 二十冊

420000 － 2302 － 0003841 集二/1.8/3603 (37513)

湯子遺書十卷附錄一卷 （清）湯斌撰 清康熙四十二年(1703)金閶劉藻文刻本 四冊

420000 － 2302 － 0003842 善集二/0 － 7/0023 (69191)

唐荊川先生文集十二卷 （明）唐順之撰 明唐氏文林閣刻本 六冊

420000 － 2302 － 0003843 集二/1.42/4731.4 (34835)

唐柳河東集四十五卷 （唐）柳宗元撰 （明）蔣之翹輯注 （清）蔡鎮校 清嘉慶十三年(1808)廣州楊立先刻本 二十冊

420000 － 2302 － 0003844 集二/0 － 42/7444 (84202)

唐陸宣公翰苑集二十二卷 （唐）陸贄撰 清咸豐十一年(1861)刻本 六冊

420000 － 2302 － 0003845　　集二/0 － 42/7444.1
(65949)

唐陸宣公翰苑集二十四卷　（唐）陸贄撰
（清）張佩芳注釋　清刻本　八冊

420000 － 2302 － 0003846　　集二/4.42/7444.1
(35920)

唐陸宣公翰苑集二十四卷　（唐）陸贄撰
（清）張佩芳注釋　清光緒平潭李氏師竹堂刻
本　八冊　存二十二卷（一至二十二）

420000 － 2302 － 0003847　　集二/0 － 42/7455.1
(89963)

唐陸宣公翰苑集二十四卷首一卷末一卷
（唐）陸贄撰　（清）張佩芳注釋　清光緒十八
年(1892)柏經正堂刻本　八冊

420000 － 2302 － 0003848　　善史九/2 － 42/
7445(70134)

唐陸宣公集二十二卷　（唐）陸贄撰　清雍正
元年(1723)年羹堯刻本　六冊

420000 － 2302 － 0003849　　集二/1. 42/7444
(34819)

唐陸宣公集二十二卷增輯二卷　（唐）陸贄撰
（清）耆英訂　清道光二十七年(1847)刻本
八冊

420000 － 2302 － 0003850　　集二/0 － 42/7445
(111588)

唐陸宣公制誥續集十卷　（唐）陸贄撰　清同
治十一年(1872)刻本　一冊　存四卷（一至
四）

420000 － 2302 － 0003851　　集一/42 － 42/
7445.3(77399)

唐陸宣公奏議讀本四卷　（唐）陸贄撰　（清）
汪銘謙編輯　（清）馬傳庚評點　清末會稽馬
氏石印本　二冊

420000 － 2302 － 0003852　　史九/2 － 42/7444
(90678)

唐陸宣公奏議全集四卷首一卷　（唐）陸贄撰
清同治五年(1866)長沙楊氏刻本　四冊

420000 － 2302 － 0003853　　史八/62 － 42/7118

(75904)

唐律疏議三十卷　（唐）長孫無忌等傳　音義
一卷　（宋）孫奭撰　洗冤錄五卷　（宋）宋慈
編　清光緒十七年(1891)江蘇書局刻本
八冊

420000 － 2302 － 0003854　　集二/0 － 42/2704
(90893)

唐女郎魚玄機詩一卷　（唐）魚玄機撰　清光
緒三十一年(1905)南陵徐氏影宋書棚刻本
一冊

420000 － 2302 － 0003855　　集二/1. 42/4062
(13516)

唐皮日休文藪十卷　（唐）皮日休編　清光緒
二十一年(1895)合肥李氏蘭雪堂影宋刻本
二冊

420000 － 2302 － 0003856　　集一/112 － 42/
7547(65571)

唐駢體文鈔十七卷　（清）陳均輯　清同治十
二年(1873)刻本　四冊

420000 － 2302 － 0003857　　善集五/2 － 42/
0081(69050)

唐人百家小說一百四十五種　（明）桃源居士
輯　明刻本　四十冊

420000 － 2302 － 0003858　　集一/212. 42/7722
(9831)

唐人賦鈔六卷　（清）邱先德選　清同治十三
年(1874)兩儀堂刻本　六冊

420000 － 2302 － 0003859　　集一/122 － 42/
5062(98261)

唐人三家集二十六卷　（清）秦恩復輯　清道
光十年(1830)江都秦石研齋影宋刻本　三冊
存十七卷（呂衡州文集十卷、附考證一卷、
李元賓文集文編三卷、外編二卷、續編一卷）

420000 － 2302 － 0003860　　集一/32 － 42/0033
(111561)

唐詩百名家全集一百種　（清）席啓寓輯　清
康熙四十七年(1708)東山席氏琴川書屋刻本
三冊　存十種

420000－2302－0003861　集一/32－42/0033（111564）

唐詩百名家全集一百種　（清）席啓寓輯　清康熙四十七年(1708)東山席氏琴川書屋刻本　十冊　存十六種

420000－2302－0003862　善集一/32－42/3423.7(69527)

唐詩別裁集二十卷　（清）沈德潛輯　清碧梧書屋刻本　二十冊

420000－2302－0003863　集一/32－8/3523.8(84119)

唐詩別裁集引典備註二十卷　（清）沈德潛選　（清）俞汝昌注　清刻本　十冊

420000－2302－0003864　子十四/1－8/3491(56208)

唐詩金粉十卷　（清）沈炳震輯　清光緒十四年(1888)蜚英館石印本　二冊

420000－2302－0003865　集一/32－8/4753.1(66091－2)

唐詩近體四卷　（清）胡本淵評選　（清）張兆楠　（清）張兆東校刊　清光緒十六年(1890)刻本　二冊

420000－2302－0003866　集一/312.42/1180(31948)

唐詩近體四卷　（清）張錫麟評選　（清）張熙麟　（清）張仁麟校訂　清同治十三年(1874)刻本　一冊

420000－2302－0003867　集一/32－42/4744.4(88722)

唐詩絕句五卷　（宋）趙蕃　（宋）韓淲編　（宋）謝枋得注　清光緒三十四年(1908)述古堂鉛印本　一冊

420000－2302－0003868　善集一/32－42/1132(40176)

唐詩類苑二百卷　（明）張之象纂輯　明毛氏汲古閣刻本　六十四冊

420000－2302－0003869　善集一/32－42/0042.3(11896)

唐詩品彙九十卷拾遺十卷　（明）高棅輯　（明)汪宗尼校訂　明刻本　七冊　存十卷（拾遺十卷）

420000－2302－0003870　集一/3.42/4443(11503)

唐詩三百首不分卷　（清）蘅塘退士手編　清忠恕堂刻本　一冊

420000－2302－0003871　集一/3.42/4443(11502)

唐詩三百首六卷　（清）蘅塘退士手編　清刻本　一冊　存二卷（一至二）

420000－2302－0003872　集一/32－42/1235.1(68159)

唐詩三百首續選不分卷　（清）于慶元編　清道光刻本　一冊

420000－2302－0003873　集一/32－8/4443.4(103218)

唐詩三百首注釋六卷續選一卷姓氏小傳一卷　（清）蘅塘退士編　（清）章燮注　清光緒十六年(1890)寶慶益元書局刻本　三冊

420000－2302－0003874　集一/32－8/4443.4(103221)

唐詩三百首註疏六卷續選一卷姓氏小傳一卷　（清）蘅塘退士編　（清）章燮注　清刻本　一冊　存四卷（一至二、五至六）

420000－2302－0003875　集一　32/3140(65758)

唐詩五言絕句一卷　（明）江壽選註　清刻本　一冊

420000－2302－0003876　史十六/2－42/1253(89724)

唐史論斷三卷　（宋）孫甫撰　清光緒二十六年(1900)粵雅堂刻本　一冊　存二卷（上、中）

420000－2302－0003877　子十四/5.8/0026(22134)

唐氏蒙求二卷　（清）唐仲冕撰　清光緒十一年(1885)蒲圻但氏刻本　二冊

420000－2302－0003878　史一/3－42/7772
（110785）

唐書二百二十五卷　（宋）歐陽修撰　清刻本
三冊　存十五卷（七十二上、一百三十至一
百三十五、一百七十八至一百八十五）

420000－2302－0003879　史十六/142.5/
7772.3（5298）

唐書直筆四卷　（宋）呂夏卿撰　清光緒二十
六年（1900）江夏劉成禹刻本　二冊

420000－2302－0003880　集一/32－42/4777
（89595）

唐四家詩集辨譌考異四卷　（清）胡鳳丹撰
清同治九年（1870）退補齋刻本　二冊

420000－2302－0003881　集一/32－42/4777
（87492）

唐四家詩集二十卷　（清）胡鳳丹輯　清光緒
元年（1875）湖北崇文書局刻本　三冊　存十
七卷（王右丞集四卷、孟襄陽集二卷、韋蘇州
集十卷、補一卷）

420000－2302－0003882　集一/312.42/4777
（32919）

唐四家詩集二十卷　（清）胡鳳丹編　清光緒
十三年（1887）湖北官書處刻本　五冊

420000－2302－0003883　集一/322.42/0064
（33498）

唐四十家詩四十一卷　（唐）釋皎然等撰　清
光緒二十一年（1895）元和江氏影南宋刻本
十二冊

420000－2302－0003884　集一/421.8/2477
（33818）

唐宋八大家類選十四卷　（清）儲欣評選　清
光緒元年（1875）湖北崇文書局刻本　八冊

420000－2302－0003885　集一/411.7/4445
（33908）

唐宋八大家文鈔一百四十四卷　（明）茅坤選
清聚文堂刻本　四十八冊

420000－2302－0003886　集一/41－8/2477
（86850）

唐宋明清十二家古文選讀一卷　（□）□□撰
清抄本　二冊

420000－2302－0003887　集一/41－8/2477
（93580）

唐宋十大家全集錄鈔一卷　（□）□□撰　清
抄本　一冊

420000－2302－0003888　集一/421.8/2477
（33652）

唐宋十大家全集錄十種首一卷　（清）儲欣錄
清康熙四十四年（1705）儲欣刻本　二十
四冊

420000－2302－0003889　集一/31－8/1193.1
（89224）

唐宋四家詩鈔十八卷　（清）張懷溥編評
（清）張懷泗校點　清道光十一年（1831）刻本
七冊　存十六卷（一至三、六至十八）

420000－2302－0003890　集一/41－8/3503
（82090）

唐宋文醇五十八卷　（清）高宗弘曆選　清光
緒十八年（1892）湖南書局刻本　二十冊

420000－2302－0003891　集五/2/7280

唐宋元小說　（□）□□撰　清刻本　四冊

420000－2302－0003892　集一/112.42/4280
（31269）

唐文粹一百卷　（宋）姚鉉編　（清）許邁孫校
清光緒十六年（1890）杭州許氏榆園刻本
二十冊

420000－2302－0003893　集一/112－42/
4280（91213）

唐文粹一百卷補遺二十六卷　（宋）姚鉉纂
（清）郭麐補遺　清光緒九年至十一年（1883－
1885）江蘇書局刻本　二十冊

420000－2302－0003894　集一/112－51/
4280.0（65604）

唐文粹一百卷補遺二十六卷　（宋）姚鉉纂
（清）郭麐補遺　清光緒十七年（1891）杭州許
氏榆園刻本　二十冊

420000 – 2302 – 0003895　集一/42 – 42/
4280.0(90357)

唐文粹一百卷補遺二十六卷　（宋）姚鉉纂
（清）郭麐補遺　清光緒九年(1883)江蘇書局
刻本　二十冊

420000 – 2302 – 0003896　集四/1 – 8/7330
(84138)

唐五代詞選三卷　（清）成肇麐編　清光緒十
三年(1887)刻本　一冊

420000 – 2302 – 0003897　集四/1 – 8/7330
(84139)

唐五代詞選三卷　（清）成肇麐編　清光緒十
三年(1887)刻本　一冊

420000 – 2302 – 0003898　集一/32 – 42/1043
(094102)

唐賢三昧集三卷　（清）王士禛編　清刻本
二冊

420000 – 2302 – 0003899　經十/21.8/4444
(15824)

唐寫本說文解字木部箋異一卷　（清）莫友芝
撰　清末刻本　一冊

420000 – 2302 – 0003900　經十/21.8/4444
(16407)

唐寫本說文解字木部箋異一卷　（清）莫友芝
撰　清同治二年至三年(1863 – 1864)刻本
一冊

420000 – 2302 – 0003901　經十/32.42/7430
(9439)

唐寫本唐韻不分卷　（隋）陸法言撰　（唐）長
孫訥言注　清光緒三十四年(1908)上海國粹
學報館影印本　一冊

420000 – 2302 – 0003902　經十/32.42/7430
(16332)

唐寫本唐韻不分卷　（隋）陸法言撰　（唐）長
孫訥言注　清光緒三十四年(1908)上海國粹
學報館影印本　一冊

420000 – 2302 – 0003903　經十/23.8/3191
(16317)

228

唐韻正二十卷　（清）顧炎武撰　清光緒十六
年(1890)長沙思賢講舍刻本　八冊

420000 – 2302 – 0003904　叢/5 – 8/0000
(50974)

唐中丞遺集八種首一卷　（清）唐訓方撰　清
光緒十七年(1891)刻本　十二冊　存六種

420000 – 2302 – 0003905　子六/3.5/4444
(11651)

棠陰比事一卷　（宋）桂萬榮撰　清刻本
一冊

420000 – 2302 – 0003906　集二/0 – 33/7731.4
(91239)

陶靖節詩集四卷　（晉）陶潛撰　（清）蔣薰評
閱　**東坡和陶詩一卷**　（宋）蘇軾撰　**詭菴律
陶詩一卷**　（明）王思任集　**敦好齋律陶纂一
卷**　（明）黃槐開纂　**陶靖節詩話一卷陶淵明
詩集考異一卷**　（清）胡鳳丹編纂　清刻本
二冊

420000 – 2302 – 0003907　集二/0 – 33/7731.3
(93346)

陶靖節先生詩四卷補注一卷附錄一卷　（晉）
陶潛撰　（宋）湯漢注　清光緒二十年(1894)
吳縣朱氏校經堂刻本　一冊

420000 – 2302 – 0003908　集二/0 – 8/1044
(50915)

陶廬箋牘四卷　王樹枏撰　清光緒新城王氏
刻本　二冊

420000 – 2302 – 0003909　集二/0 – 8/7734
(82231)

陶文毅公集六十四卷首一卷末一卷　（清）陶
澍撰　清道光二十年(1840)兩淮刻本　二十
四冊

420000 – 2302 – 0003910　集二/1.8/4439
(36986)

陶菴文集十五卷　（清）黃淳耀著　清康熙陸
元輔、張懿實刻本　四冊

420000 – 2302 – 0003911　集二/0 – 33/7731.4
(93975)

陶淵明集八卷首一卷末一卷　（晉）陶潛撰
清光緒五年(1879)廣州翰墨園刻三色套印本
　二冊

420000 – 2302 – 0003912　　善集二/0 – 33/
7731(92731)

陶淵明集八卷首一卷末一卷　（晉）陶潛撰
清木活字四色套印本　一冊

420000 – 2302 – 0003913　　善集二/0 – 33/
7731(69426)

陶淵明集十卷　（晉）陶潛撰　附錄二卷
（宋）顏延年等撰　明毛氏汲古閣刻本　二冊

420000 – 2302 – 0003914　　善集二/0 – 33/
7731(70612)

陶淵明全集四卷　（晉）陶潛撰　明白鹿齋刻
本　一冊

420000 – 2302 – 0003915　　集二/1. 31/7731
(34749)

陶淵明文集八卷首一卷末一卷　（晉）陶潛撰
　（南朝梁）蕭統編　清光緒五年(1879)廣州
翰墨園刻朱墨套印本　二冊

420000 – 2302 – 0003916　　集二/1. 31/7731
(34745)

陶淵明文集八卷首一卷末一卷　（晉）陶潛撰
　（南朝梁）蕭統編　清汲古閣仿蘇抄宣統元
年(1909)影印本　四冊

420000 – 2302 – 0003917　　集二/4. 31/7731
(39572)

陶淵明文集十卷　（晉）陶潛撰　清嘉慶十二
年(1807)丹徒魯銓刻本　三冊

420000 – 2302 – 0003918　　集二/4. 31/7731
(30572)

陶淵明文集十卷　（晉）陶潛撰　清嘉慶十二
年(1807)丹徒魯銓刻本　三冊

420000 – 2302 – 0003919　　集二/1. 31/7731. 4
(34754)

陶淵明文集十卷　（晉）陶潛著　（南朝梁）蕭
統編　清光緒五年(1879)廣州俞秀山刻本
三冊

420000 – 2302 – 0003920　　史十五/54 – 8/
0200(84624)

陶齋藏石記四十四卷藏甎記二卷　（清）端方
撰　清宣統元年(1909)上海商務印書館石印
本　十二冊

420000 – 2302 – 0003921　　史十五/12 – 8/
0700(89859)

陶齋吉金錄八卷　（清）端方撰　清光緒三十
四年(1908)石印本　八冊

420000 – 2302 – 0003922　　史十五/32.8/0200
(7496)

陶齋吉金錄八卷續錄二卷　（清）端方撰　清
光緒三十四年(1908)有正書局石印本　八冊
　存八卷(陶齋吉金錄八卷)

420000 – 2302 – 0003923　　史十一/21 – 8/
4457.4(93225)

特詔嘉獎循良錄一卷崇祀鄉賢錄一卷　（清）
黃彭年撰　清末貴筑黃氏刻本　二冊

420000 – 2302 – 0003924　　集二/3. 8/7549
(12990)

藤花舘詩二卷附詩餘一卷　（清）陳克常撰
清光緒十三年(1887)刻本　一冊

420000 – 2302 – 0003925　　史十二/311. 2/
1100.84(64153)

藤陰雜記十二卷　（清）戴璐撰　清光緒三年
(1877)吳興會館刻本　二冊

420000 – 2302 – 0003926　　集五/2. 8/4317
(36680)

藤陰雜記十二卷　（清）戴璐撰　清光緒三年
(1877)刻本　二冊

420000 – 2302 – 0003927　　子九/21 – 8/1041
(89405)

天地歌晷不分卷　（□）□□撰　清光緒二十
五年(1899)靜徵氏抄本　一冊

420000 – 2302 – 0003928　　子十六/10. – 64/
6750(88701)

天目中峯和尚廣錄三十卷　（元）釋明本撰
（元）釋慈寂輯　清刻本　六冊

420000－2302－0003929　　子十六/210.－64/
6750.2(103062－7)

天目中峯和尚廣録三十卷　（元）釋明本撰
（元）釋慈寂編　清光緒七年(1881)蘇州藥師
庵刻本　六冊

420000－2302－0003930　　子十六/210.－64/
6750.2(110729)

天目中峯和尚廣録三十卷　（元）釋明本撰
（元）釋慈寂編　清光緒七年(1881)姑蘇刻經
處刻本　四冊　存十八卷(一至十二、二十五
至三十)

420000－2302－0003931　　集二/3.7/7593
(36268)

天啓宮中詞一卷擬故宮詞一卷　（明）陳悰撰
清光緒刻本　一冊

420000－2302－0003932　　子九/21.8/4437
(18924)

天文歌略一卷　（清）葉瀾撰　清光緒二十七
年(1901)刻本　一冊

420000－2302－0003933　　子九/21.8/1108
(18943)

天文揭要二卷　（美國）赫士口譯　（清）周文
源筆述　清光緒二十四年(1898)上海美華書
館鉛印本　二冊

420000－2302－0003934　　史十二/1－8/3191
(103757)

天下郡國利病書一百二十卷　（清）顧炎武輯
（清）龍萬育訂　清刻本　一冊　存二卷
(二十九至三十)

420000－2302－0003935　　史十二/1/3191
(7059)

天下郡國利病書一百二十卷　（清）顧炎武輯
（清）龍萬育訂　清光緒五年(1879)蜀南桐
華書屋薛氏家塾刻本　五十六冊

420000－2302－0003936　　善史十二/1－7/
4077(70067)

天下一統志九十卷　（明）李賢等撰　明萬曆
萬壽堂刻本　四十八冊

420000－2302－0003937　　子十七/1－9/
4412.6(111486)

天演論二卷　（英國）赫胥黎造論　嚴復達恉
清刻本　一冊　存一卷(二)

420000－2302－0003938　　史十四/23－7/
4444.1(63560)

天一閣書目十卷補遺一卷　（清）范懋柱編
碑目一卷　（清）司馬懋敏編　清嘉慶十三年
(1808)揚州阮氏文選樓刻本　十冊

420000－2302－0003939　　集六/21－8/7729
(93508)

天雨花三十回　（清）陶貞懷撰　清抄本　一
冊　存一回(一)

420000－2302－0003940　　子十/4－42/4680.4
(111460)

天玉經註三卷　（唐）楊益著　（清）葉滋榮注
清同治七年至八年(1868－1869)刻本
一冊

420000－2302－0003941　　子十/4－8/4443
(85620)

天元五歌闡義五卷　（清）蔣大鴻撰　（清）章
仲山注　**元空密旨一卷**　（清）目講禪師撰
清道光元年(1821)蘇州刻本　一冊

420000－2302－0003942　　集二/4.8/4010
(35365)

天岳山館文鈔四十卷　（清）李元度撰　清光
緒六年(1880)爽谿精舍刻本　十冊

420000－2302－0003943　　子十二/5－8/0813
(92591)

**天中許子政學合一集三卷續二卷讀禮偶見二
卷**　（清）許三禮撰　清康熙刻乾隆八年
(1743)續刻光緒二十三年(1897)補刻本
十冊

420000－2302－0003944　　子十四/1－8/7590
(62585)

天中記六十卷　（明）陳耀文纂　清光緒漢口
善成堂書局刻本　三十五冊

420000－2302－0003945　　集七/2－5/4727

(82047)

苕溪漁隱叢話六十卷 （宋）胡仔纂　清刻本
六冊

420000－2302－0003946　善集七/2－5/4727
(9868)

苕溪漁隱叢話前集六十卷後集四十卷　（宋）
胡仔撰　清耘經樓刻本　十六冊

420000－2302－0003947　子十一/224－8/
4630.4(85154)

鐵函齋書跋四卷　（清）楊賓撰　（清）楊霈編
江杏溪校　清末蘇州文學山房木活字印本
四冊

420000－2302－0003948　叢/1－8/4475
(26859)

鐵華館叢書六種　（清）蔣鳳藻輯　清光緒長
洲蔣鳳藻刻本　十冊

420000－2302－0003949　叢/1－8/4474

鐵華館叢書六種　（清）蔣鳳藻輯　清光緒長
洲蔣鳳藻刻本　六冊

420000－2302－0003950　集二/3.8/1172
(36078)

鐵瓶詩鈔八卷　（清）張嶽齡撰　清光緒六年
(1880)張氏刻本　二冊

420000－2302－0003951　集二/4.8/1172
(36105)

鐵瓶雜存二卷　（清）張嶽齡撰　清光緒六年
(1880)刻本　二冊

420000－2302－0003952　集二/1.8/6614
(37358)

鐵橋漫稿八卷　（清）嚴可均撰　清光緒十一
年(1885)長洲蔣氏心矩齋刻本　四冊

420000－2302－0003953　史十四/23－8/
6680(93215)

鐵琴銅劍樓藏書目錄二十四卷　（清）瞿鏞撰
清光緒二十四年(1898)刻本　十冊

420000－2302－0003954　集二/3.8/1208
(36088)

鐵山園詩集八卷　（清）孔慶鎔撰　清道光十
九年(1839)孔氏刻本　二冊

420000－2302－0003955　子十二/3－7/4736
(64175)

鐵網珊瑚二十卷　（明）都穆撰　清乾隆刻本
六冊

420000－2302－0003956　善子十一/216－7/
2541(19441)

鐵網珊瑚書品十卷畫品六卷　（明）朱存理輯
清雍正六年(1728)刻本　八冊

420000－2302－0003957　叢/1－8/4046
(54105)

鐵香室叢刻十種　（清）李世勛輯　清光緒刻
本　十冊

420000－2302－0003958　叢/1－64/2624
(55701)

鐵厓三種　（元）楊維楨撰　清宣統二年
(1910)掃葉山房石印本　六冊

420000－2302－0003959　善集二/0－64/
4624(69190)

鐵崖先生古樂府十卷樂府補六卷　（元）楊維
楨撰　（元）吳復編　明毛氏汲古閣刻本　一
冊　存五卷(六至十)

420000－2302－0003960　經十/24.9/7267
(16204)

鐵雲藏龜不分卷　劉鶚輯　清光緒二十九年
(1903)刻本　六冊

420000－2302－0003961　集二/4.8/1127
(35312)

聽松廬駢體文鈔四卷　（清）張維屏撰　清咸
豐九年(1859)刻本　一冊

420000－2302－0003962　集二/3.8/1127
(35606)

聽松廬詩鈔駢文詩話十七卷　（清）張維屏撰
清嘉慶十六年(1811)翁方綱刻本　五冊

420000－2302－0003963　集二/0－8/3191
(91581)

231

亭林文集六卷 （清）顧炎武撰 清蓬瀛閣刻
本 三冊

420000－2302－0003964 叢/5－8/3191
(52726)

亭林遺書十種 （清）顧炎武撰 清蓬瀛閣刻
本 六冊

420000－2302－0003965 集二/4.8/3191
(4949)

亭林餘集一卷 （清）顧炎武撰 清光緒十一
年(1885)吳縣朱氏校上海掃葉山房刻本
一冊

420000－2302－0003966 史八/1－42/4424
(76919)

通典二百卷 （唐）杜佑撰 清光緒二十七年
(1901)上海圖書集成局鉛印本 十六冊

420000－2302－0003967 集二/0－8/2717
(65692)

通甫類稿四卷 （清）魯一同撰 清光緒三年
(1877)酉腴仙館鉛印本 一冊

420000－2302－0003968 史八/62－8/3721
(17398)

通行一卷 （□）□□輯 清光緒抄本 一冊

420000－2302－0003969 史二/2－8/4479.2
(100971)

通鑑綱目分註補遺四卷附書法存疑一卷
（清）芮長恤撰 （清）繆德葉校 清光緒十六
年(1890)溧陽繆氏小岯山館刻本 二冊

420000－2302－0003970 善叢/1－7/2010
(68965)

通鑑問疑一卷 （宋）劉羲仲著 明毛氏汲古
閣刻本 一冊

420000－2302－0003971 善史二/2－7/1171
(70938)

通鑑直解二十八卷 （明）張居正輯著 明崇
禎四年(1631)高兆麟刻本 十六冊

420000－2302－0003972 史八/47－8/1035
(87495)

通商始末記二十卷 （清）王之春編 清光緒
二十七年(1901)上海申昌社石印本 六冊

420000－2302－0003973 史八/4.8/4030
(6681)

通商章程案彙編三十卷 （清）李鴻章等編
清光緒十二年(1886)鐵城廣百宋齋刻本 十
二冊

420000－2302－0003974 集二/3.8/0833
(36210)

通雅堂詩鈔十卷 （清）施山撰 清光緒元年
(1875)施氏荊州刻本 二冊

420000－2302－0003975 善子十二/4－8/
2616(69776)

通藝錄四十二卷 （清）程瑤田撰 清嘉慶八
年(1803)刻本 二十冊

420000－2302－0003976 史八/1－52/8740
(111027)

通志二百卷 （宋）鄭樵撰 清咸豐九年
(1859)崇仁謝氏刻本 二十冊 存十九卷
(十下至二十、四十一至四十四、一百九十二、
一百九十五至一百九十六、一百九十九)

420000－2302－0003977 經一/2－8/5324
(57625)

通志堂經解一百四十種 （清）成德輯 清同
治十二年(1873)粵東書局刻本 四百十三冊

420000－2302－0003978 子八/62.8/1111
(18346)

同壽錄四卷末一卷 （清）項天瑞撰 清咸豐
元年(1851)刻本 四冊

420000－2302－0003979 史九/2－8/7512
(77280)

同治中興京外奏議約編八卷 （清）陳弢編
清光緒元年(1875)筐劍囊琴之室刻本 八冊

420000－2302－0003980 集二/5.8/0012.4
(11579)

桐城方氏時文全稿不分卷 （清）方舟撰
（清）韓菼評選 清光緒十四年(1888)湖南共
賞書局刻本 六冊

420000 - 2302 - 0003981　集一/41 - 8/2632.9
(84256)

桐城吳氏古文讀本十三卷　(清)吳汝綸評選
　(清)常堉璋編校　清光緒三十四年(1908)
上海文明書局鉛印本　四冊

420000 - 2302 - 0003982　善子十一/231 - 8/
5033(91780)

桐陰論畫初編三卷　(清)秦祖永撰　清同治
三年至光緒八年(1864 - 1882)刻朱墨套印本
　四冊

420000 - 2302 - 0003983　子十一/239.8/
5033(19712)

桐陰論畫三卷　(清)秦祖永撰　清同治三年
(1864)刻本　四冊

420000 - 2302 - 0003984　子十二/13 - 8/
2737(102710)

桐陰清話八卷　(清)倪鴻撰　清同治十三年
(1874)刻本　四冊

420000 - 2302 - 0003985　集一/5 - 8/1173.1
(5)

桐雲閣試律詳註一卷　(清)楊庚撰　清末刻
本　一冊

420000 - 2302 - 0003986　子二/44 - 8/2722.3
(73079)

童歌養正一卷　(清)歸繼先輯　清同治七年
(1868)刻本　一冊

420000 - 2302 - 0003987　集二/0 - 8/4001.1
(91306)

童山選集十二卷　(清)李調元撰　(清)張懷
㵆編　清嘉慶綿州李氏刻本　三冊

420000 - 2302 - 0003988　集二/3.8/4001.1
(36024)

童山選集十二卷　(清)李調元撰　(清)張懷
㵆編　清嘉慶元年(1796)刻本　二冊

420000 - 2302 - 0003989　經九/5 - 52/2540.8
(73165)

銅板四書體注合講十九卷　(宋)朱熹章句
(清)翁復編次　清光緒八年(1882)刻本

六冊

420000 - 2302 - 0003990　善集二/0 - 8/4035
(37678)

銅鼓書堂遺稿三十二卷　(清)查禮撰　清乾
隆五十七年(1792)家刻本　四冊

420000 - 2302 - 0003991　集二/3.8/1014
(13590)

突星閣詩鈔十五卷　(清)王戩撰　(清)王鼇
瓚編次　清刻本　六冊

420000 - 2302 - 0003992　集二/3.8/1014
(36220)

突星閣詩鈔十五卷　(清)王戩撰　(清)王鼇
瓚編次　清刻本　六冊

420000 - 2302 - 0003993　子十一/239/0742
(68954)

圖畫見聞志六卷　(宋)郭若虛撰　明毛氏汲
古閣刻本　三冊

420000 - 2302 - 0003994　善叢/1 - 7/2010
(68754)

圖畫見聞志六卷　(宋)郭若虛撰　明毛氏汲
古閣刻本　三冊

420000 - 2302 - 0003995　子十一/239.1/
1000(19771)

圖繪寶鑑八卷　(元)夏文彥纂集　清刻本
四冊

420000 - 2302 - 0003996　史八/10.2 - 8/
4033(50955)

圖民錄四卷　(清)袁守定撰　清同治十一年
(1872)江西書局刻本　二冊

420000 - 2302 - 0003997　子八/1.7/1147/1
(17723)

圖註八十一難經辨真四卷　(戰國)秦越人述
　(明)張世賢註　清刻本　一冊

420000 - 2302 - 0003998　子八/7.8/3160
(18510)

圖註本草醫方合編二種　(清)汪昂撰　清文
光堂刻本　六冊

420000－2302－0003999　子八/1.7/1147（16878）

圖註脈訣辨真四卷　（晉）王叔和撰　（明）張世賢註　清刻本　一冊

420000－2302－0004000　子十/3－42/4037.4（78383）

推背圖不分卷　（唐）袁天罡撰　（唐）李淳風注　清抄本　二冊

420000－2302－0004001　子八/4.8/2104.7（17852）

推拿廣意三卷　（清）陳世凱重訂　清刻本　二冊

420000－2302－0004002　集二/0－8/4447（87444）

退思存稿五卷　（清）范志熙撰　清光緒十四年(1888)武昌范氏木樨香館刻本　一冊　存一卷(一)

420000－2302－0004003　集二/3.8/1117（4456）

退思軒詩集四卷補遺一卷　（清）張百熙著　清宣統三年(1911)武昌刻本　二冊

420000－2302－0004004　集二/3.8/1117（36158）

退思軒詩集四卷補遺一卷　（清）張百熙著　清宣統三年(1911)武昌刻本　二冊

420000－2302－0004005　子十一/216－8/3308(71234)

退菴題跋二卷　（清）梁章鉅撰　清福州梁氏刻鄭氏小琳琅館印本　一冊

420000－2302－0004006　集二/1.8/4018（35173）

退一步軒雜鈔三卷　（清）李元善撰　清光緒六年(1880)李元善沅陵官舍刻本　一冊

420000－2302－0004007　集二/5.8/1037（13475）

豪中集一卷牆東草堂續稿一卷　（清）王汝驤著　清乾隆十一年(1746)聚錦堂刻本　四冊

420000－2302－0004008　史十七/2－8/1110（100870）

外國尚友錄十卷　（清）張元輯　清光緒二十八年(1902)明達學社石印本　二冊

420000－2302－0004009　子八/18/2320（91935）

外科應驗良方二卷補遺一卷　（□）□□編　清抄本　一冊　存二卷(下、補遺一卷)

420000－2302－0004010　子八/3.8/1022（8346）

外科證治全生一卷　（清）王維德撰　清光緒二十五年(1899)湖北官書局刻本　二冊

420000－2302－0004011　子十一/42－9/1714(88933)

完白山人篆刻偶存一卷　（清）鄧石如刻　清宣統三年(1911)上海有正書局石印本　一冊

420000－2302－0004012　集二/1.8/7259（14318）

玩草園詩文集一卷　（清）劉捄著　清沔陽盧氏慎始基齋都門刻本　一冊

420000－2302－0004013　集二/4.8/1114（35311）

宛鄰文二卷　（清）張琦著　明發錄一卷（清）吳德旋等撰　清道光二十年(1840)宛鄰書屋刻本　一冊

420000－2302－0004014　集二/1.5/4847（34339）

宛陵集六十卷　（宋）梅堯臣撰　清宣統二年(1910)上海石印本　十冊

420000－2302－0004015　善經七/11－8/8324（61772）

左傳札記七卷　（清）錢綺撰　清咸豐七年(1857)錢氏鈍研廬刻本　二冊　存四卷(一至四)

420000－2302－0004016　子八/5－7/4054（111507）

宛委山房重校醫宗必讀十卷　（明）李中梓著　清刻本　一冊　存一卷(八)

420000 - 2302 - 0004017　子八/5 - 7/4054
(110834)

宛委山房重校醫宗必讀十卷　（明）李中梓著
清刻本　一冊　存二卷（九至十）

420000 - 2302 - 0004018　善集一/41 - 8/
6073（70591）

晚村先生八家古文精選不分卷　（清）呂留良
輯　清康熙四十三年（1704）家刻本　五冊

420000 - 2302 - 0004019　子十一/233 - 8/
2137（89406）

晚笑堂畫傳一卷　（清）上官周繪　清末石印
本　二冊

420000 - 2302 - 0004020　子十一/234.8/
2137（19802）

晚笑堂畫傳一卷　（清）上官周繪　清乾隆刻
光緒影印本　二冊

420000 - 2302 - 0004021　史十二/62 - 8/
7542（79622）

皖游紀略二卷入湘紀程一卷湘中隨筆一卷
（清）陳克劬撰　清光緒十九年（1893）刻本
一冊

420000 - 2302 - 0004022　子十一/72 - 8/
7204（89779）

皖游奕萃一卷　（清）劉文枏編　清光緒二年
（1876）刻本　一冊

420000 - 2302 - 0004023　經一/21 - 8/4444
（56980）

萬充宗先生經學五書　（清）萬斯大著　清乾
隆刻本　三冊

420000 - 2302 - 0004024　子八/62.8/3026
（18479）

萬方類纂八卷　（清）宋穆撰　清刻本　六冊

420000 - 2302 - 0004025　子十四/8/8372
（8131）

萬國分類時務大成　（清）錢豐輯　清光緒二
十三年（1897）申江袖海山房石印本　二十
八冊

420000 - 2302 - 0004026　史十七/1.8/5051
（6650）

萬國公法四卷　（美國）惠頓撰　（美國）丁韙
良譯　（清）陳欽等刪校　清同治二年（1863）
鉛印本　四冊

420000 - 2302 - 0004027　史十七/1 - 8/
2272.7（62423）

萬國史略六卷　（美國）彼德巴利撰　（清）陳
壽彭譯　清光緒三十二年（1906）江楚編譯官
書局石印本　二冊

420000 - 2302 - 0004028　史十七/1/7750
（7725）

萬國通典輯要四卷　（日本）岡本撰　（日本）
三宅校　清光緒二十八年（1902）石印本
四冊

420000 - 2302 - 0004029　史十七/1 - 8/
4062.4（85657）

萬國通史前編十卷　（英國）李思倫白輯譯
蔡爾康筆述　清光緒二十六年（1900）上海廣
學會鉛印本　十冊

420000 - 2302 - 0004030　史十七/1 - 8/
4062.4（100273）

萬國通史三編　（英國）李思倫白輯譯　（清）
曹曾涵纂述　清光緒三十一年（1905）上海廣
學會鉛印本　十冊

420000 - 2302 - 0004031　史十七/1 - 8/
4042.4（100283）

萬國通史續編十卷　（英國）李思倫白輯譯
（清）曹曾涵纂述　清光緒三十年（1904）上海
廣學會鉛印本　十冊

420000 - 2302 - 0004032　史十七/1/7734
（13718）

萬國憲法志三卷　周逵編著　清光緒二十八
年（1902）上海廣智書局鉛印本　一冊

420000 - 2302 - 0004033　子八/17 - 8/3445
（102766）

萬國藥方八卷　（美國）洪士提反譯　清光緒
二十四年（1898）上海美華書館石印本　四冊

存四卷(一至四)

420000－2302－0004034　叢/1－8/2540
(23608－661)

**萬國政治藝學全書二編三百卷政治最新文編
四十卷藝學最新文編四十卷**　（清）朱大文輯
　清光緒二十八年(1902)上海鴻文書局石印
本　五十四冊

420000－2302－0004035　史十四/22－8/
4448(63013)

萬卷樓藏書總目四卷　（清）黃彭年撰　清光
緒八年(1882)刻本　一冊

420000－2302－0004036　史十一/12－8/
4435.1(80751)

萬清軒先生年譜一卷　（清）張鼎元編　（清）
錢同壽校訂　清光緒三十二年(1906)疊山書
院刻本　一冊

420000－2302－0004037　集二/1.8/4024
(37676)

萬善堂集十六卷　（清）李化楠撰　（清）李調
元編　清乾隆二十九年(1764)刻本　二冊

420000－2302－0004038　集二/4.8/3148
(11717)

汪梅村先生集十二卷文外集一卷　（清）汪士
鐸撰　清光緒七年(1881)刻本　四冊

420000－2302－0004039　史十一/23－8/
3141(102822)

汪氏學行記六卷　（清）汪喜孫編　清刻本
一冊　存三卷(四至六)

420000－2302－0004040　經三/1－64/1005
(90182)

王耕野先生讀書管見二卷　（元）王充耘撰
清康熙十九年(1680)通志堂刻本　一冊　存
一卷(下)

420000－2302－0004041　子八/3.8/1022
(18372)

王洪緒先生外科證治全生集不分卷　（清）王
維德撰　清咸豐九年(1859)刻本　一冊

420000－2302－0004042　史四/－14/1260.2
(76191)

王會篇箋釋三卷　（清）何秋濤撰　清光緒十
七年(1891)江蘇書局刻本　三冊

420000－2302－0004043　集二/0－51/1031.4
(86017)

王荊公詩箋注五十卷補遺一卷　（宋）王安石
撰　（宋）李壁箋注　清乾隆六年(1741)武原
張氏清綺齋刻本　八冊

420000－2302－0004044　集二/1.5/1031
(34246)

王臨川全集一百卷　（宋）王安石著　清光緒
九年(1883)刻本　二十冊

420000－2302－0004045　集二/0－51/1031
(94171)

王臨川全集一百卷目錄二卷　（宋）王安石撰
　清光緒九年(1883)聽香館刻本　十四冊
存九十二卷(一至六十三、六十九至九十五,
目錄二卷)

420000－2302－0004046　集二/0－51/1031
(91368)

王臨川文集四卷　（宋）王安石撰　清宣統二
年(1910)上海會文堂書局石印本　四冊

420000－2302－0004047　集二/0－8/1043.1
(86683)

王氏漁洋詩抄十二卷　（清）王士禎撰　（清）
邵長蘅編　清宣統二年(1910)上海時中書局
石印本　八冊

420000－2302－0004048　集二/0－37/1000.1
(111429)

王司空集一卷　（北周）王褒著　（明）張溥閱
　清光緒十八年(1892)善化章經濟堂刻本
一冊

420000－2302－0004049　善集二/0－7/
1032.8(92964)

王陽明先生全集二十二卷首一卷　（明）王守
仁撰　（清）俞嶙編　清康熙十二年(1673)俞
氏刻本　十四冊

420000－2302－0004050　集二/0－7/1032（102730）

王陽明先生全集十六卷目錄二卷　（明）王守仁撰　清道光六年(1826)刻本　十四冊　存十五卷(一至十四、目錄一)

420000－2302－0004051　史十二/1－32/1077.6(75203)

王隱晉書地道記一卷　（晉）王隱撰　（清）畢沅輯　**晉太康三年地記一卷**　（晉）□□撰　（清）畢沅輯　清乾隆四十九年(1784)畢氏靈巖館刻本　一冊

420000－2302－0004052　集二/3.42/1043(11737)

王有道墓碑記一卷　（唐）王有道著　清宣統元年(1909)石印本　一冊

420000－2302－0004053　善集二/0－42/1020.4(92748)

王右丞集二十八卷首一卷末一卷　（唐）王維撰　（清）趙殿成箋註　清乾隆刻本　八冊

420000－2302－0004054　叢/1.8/1043(40843)

王漁洋山人全集四十種　（清）王士禛編　清刻本　六十八冊　存四十種

420000－2302－0004055　集二/0－42/1044.4(66154)

王子唐集注二十卷首一卷末一卷　（唐）王勃撰　（清）蔣清翊編並注　清光緒九年(1883)吳縣蔣氏雙唐碑館刻本　六冊

420000－2302－0004056　集二/0－8/4619(65222)

枉川全集六種　（清）楊琪光撰　清刻本　七冊

420000－2302－0004057　集二/4.8/0044(9831)

望溪集正集十八卷集外文十卷集外文補遺二卷年譜二卷　（清）方苞撰　清咸豐元年(1851)刻本　十六冊

420000－2302－0004058　史十六/4－8/4619

（102834）

望雲寄廬讀史記臆說五卷　（清）楊琪光撰　清光緒十年(1884)刻本　一冊

420000－2302－0004059　集二/8.8/3610(13443)

危言四卷　（清）湯震撰　清光緒二十二年(1896)上海圖書集成印書局鉛印本　二冊

420000－2302－0004060　集二/0－8/3610(110488)

危言四卷　（清）湯震撰　清光緒二十三年(1897)武昌質學會刻本　二冊　存二卷(三至四)

420000－2302－0004061　子九/3.8/2341(19061)

微積須知一卷　（英國）傅蘭雅撰　清光緒十四年(1888)刻本　一冊

420000－2302－0004062　集二/0－8/4023(65880)

韋廬詩外集四卷末一卷　（清）李秉禮撰　清光緒十三年(1887)江陽高培穀刻本　二冊

420000－2302－0004063　集二/312.42/4002.4(37086)

韋蘇州集十卷　（唐）韋應物著　清胡丹鳳退補齋影宋嘉佑刻本　四冊

420000－2302－0004064　集二/312.42/4002.4(37090)

韋蘇州集十卷　（唐）韋應物撰　清宣統三年(1911)項氏玉淵堂影宋刻本　六冊

420000－2302－0004065　子二/44－8/2221(82369)

爲學大指不分卷　（清）倭仁輯　清光緒二十六年(1900)求實書院胡廷幹刻本　一冊

420000－2302－0004066　子十六/22－33/4706.2(111428)

維摩詰所說經三卷　（後秦）釋鳩摩羅什譯　清同治九年(1870)金陵刻經處刻本　一冊

420000－2302－0004067　集二/0－8/2627

(65785)

維周詩鈔十六卷 （清）程之楨撰 清同治十一年(1872)沈用增確園刻本 四冊

420000－2302－0004068 集 二/3.8/2634 (36117)

維周詩鈔十六卷 （清）程之楨撰 清同治十一年(1872)沈用增確園刻本 四冊

420000－2302－0004069 子十一/42.21/4930(20005)

攟叔考藏秦漢印存不分卷 （清）趙之謙集 清鈐印本 二冊

420000－2302－0004070 集一/5－8/7768 (93623)

闈墨鈔輯不分卷 （□）□□撰 清抄本 一冊

420000－2302－0004071 經一/8－8/0133 (1859)

偽經攷答問一卷 （清）譚濟騫輯 清光緒二十四年(1898)上海大同譯書局石印本 一冊

420000－2302－0004072 子十一/42－8/8328.0(85504)

未虛室印賞不分卷 （清）錢叔蓋刻 高邕編 清光緒二年(1876)高邕石印本 四冊

420000－2302－0004073 集 二/3.8/5087 (35688)

味根山房詩鈔九卷文集一卷 （清）史善長撰 清光緒十年(1884)山陰史氏刻本 四冊

420000－2302－0004074 集二/0－8/0019 (64824)

味靈華館詩六卷 （清）商廷煥撰 清宣統刻本 二冊

420000－2302－0004075 集 二/1.8/4442 (36996)

味雪堂遺集不分卷 （清）林賀峒撰 清宣統元年(1909)古閩林氏刻本 一冊

420000－2302－0004076 集 二－8/4422 (65229)

尉山堂稿十四卷 （清）萬斛泉撰 清光緒三十二年(1906)疊山書院刻本 四冊

420000－2302－0004077 集 二/1.8/4422 (37019)

尉山堂稿十四卷 （清）萬斛泉著 清光緒三十二年(1906)疊山書院刻本 四冊

420000－2302－0004078 善集 二/0－5/7438 (69284)

渭南文集五十二卷 （宋）陸遊撰 明正德八年(1513)刻本 十三冊 存三十六卷(一至七、十二至二十三、三十至三十二、三十六至四十五、四十九至五十二)

420000－2302－0004079 集 二/0－8/2671 (86228)

魏伯子文集十卷 （清）魏際瑞撰 清道光二十五年(1845)寧都謝庭綏紱園書塾刻本 五冊

420000－2302－0004080 集 二/4.8/2642 (35408)

魏敬士文集八卷 （清）魏世儼撰 清易堂刻本 三冊

420000－2302－0004081 集 二/0－8/2634 (87930)

魏叔子日錄三卷詩集八卷文集外篇二十二卷 （清）魏禧撰 清道光二十五年(1845)寧都謝庭綏紱園書塾刻本 八冊 存十七卷(日錄三卷、詩集八卷、文集外篇十七至二十二)

420000－2302－0004082 史一/3－37/2628 (111358)

魏書一百十四卷 （北齊）魏收撰 清同治十一年(1872)金陵書局刻本 二十冊

420000－2302－0004083 善史一/3－37/2628(70277)

魏書一百十四卷 （北齊）魏收撰 清乾隆四年(1739)武英殿刻本 二十四冊

420000－2302－0004084 善史一/3－37/2628(41114)

魏書一百十四卷 （北齊）魏收撰 明萬曆二

十四年(1596)南京國子監刻清順治十六年(1659)遞修本　四十冊

420000－2302－0004085　集二/0－8/2642(90527)

魏昭士文集十卷　(清)魏世傚著　清刻本　三冊　存六卷(一至六)

420000－2302－0004086　史十一/21－42/2628.1(55797)

魏鄭公諫續錄二卷　(元)翟思忠輯　清蘇州書局刻本　一冊

420000－2302－0004087　子八/22.8/2610(17541)

溫病條辨六卷　(清)吳瑭著　(清)吳嘉會校字　(清)吳廷蓮同校　(清)朱武曹點評　清咸豐十年(1860)刻本　三冊

420000－2302－0004088　子八/22.8/2610(8285)

溫病條辨六卷　(清)吳瑭撰　清光緒十九年(1893)上海圖書集成印書局石印本　二冊

420000－2302－0004089　善集二/0－42/3608.8(93255)

溫飛卿詩集九卷附錄諸家詩評一卷　(唐)溫庭筠撰　(明)曾益注　(清)顧予咸補注　(清)顧嗣立續補注　清康熙三十六年(1697)長洲顧氏秀野草堂刻本　二冊

420000－2302－0004090　集二/0－42/3608.8(91233)

溫飛卿詩集七卷別集一卷集外詩一卷附錄諸家詩評一卷　(唐)溫庭筠撰　(明)曾益注　(清)顧予咸補注　(清)顧嗣立續注　清光緒八年(1882)泉唐汪氏萬軸山房刻本　二冊

420000－2302－0004091　集二/0－42/3608.8(91235)

溫飛卿詩集七卷別集一卷集外詩一卷附錄諸家詩評一卷　(唐)溫庭筠撰　(明)曾益注　(清)顧予咸補注　(清)顧嗣立續注　清刻本　二冊

420000－2302－0004092　集二/0－42/3608.8(91237)

溫飛卿詩集七卷別集一卷集外詩一卷附錄諸家詩評一卷　(唐)溫庭筠撰　(明)曾益注　(清)顧予咸補注　(清)顧嗣立續注　清刻本　二冊

420000－2302－0004093　集二/0－42/3608.8(87205)

溫飛卿詩集七卷別集一卷集外詩一卷附錄諸家詩評一卷　(唐)溫庭筠撰　(明)曾益注　(清)顧予咸補注　(清)顧嗣立續注　清光緒十三年(1887)刻本　二冊

420000－2302－0004094　集二/7432/3632(37173)

溫州竹枝詞一卷　(清)方鼎銳纂輯　清同治十一年(1872)和天倪齋剡綠軒合刻本　與420000－2302－0002773合冊

420000－2302－0004095　子八/22.7/2649(18370)

瘟疫論二卷　(明)吳有性撰　清刻本　一冊

420000－2302－0004096　子八/22.8/8781(18371)

瘟疫明辨　(清)鄭奠一撰　清同治四年(1865)春華齋善書局刻本　一冊

420000－2302－0004097　集七/6－9/3454(93576)

文案成式二卷　(清)沈春如著　清同治元年(1862)抄本　一冊

420000－2302－0004098　子十二/1.8/4414(8548)

文變三卷　蔡元培撰　清光緒二十八年(1902)上海商務印書館鉛印本　二冊

420000－2302－0004099　子十六/32/1182(10069)

文昌帝君大洞寶經三卷　(□)□□撰　清光緒二十年(1894)刻本　一冊

420000－2302－0004100　子十六/36－8/1031(89603)

文昌帝君遏慾文補註不分卷　(清)王宏璷補

清光緒二十三年(1897)東湖王氏刻本
一冊

420000－2302－0004101　子十二/1.5/0014
(8898)

文昌雜録六卷　(宋)龐元英撰　清乾隆二十
一年(1756)刻本　一冊

420000－2302－0004102　集一/41－8/8003
(89648)

文成堂重訂古文釋義新編八卷　(清)余誠編
評　清光緒十七年(1891)京都文成堂刻本
八冊

420000－2302－0004103　子十三/1.8/0028
(8572)

文房肆考圖說八卷　(清)唐秉鈞撰　清乾隆
四十三年(1778)刻本　七冊　存七卷(一至
四、六至八)

420000－2302－0004104　集一/121－42/
0843(55374)

文館詞林一千卷　(唐)許敬宗等輯　清光緒
十年(1884)遵義黎氏日本東京使署影宋刻本
一冊　存七卷(四百五十九、六百六十五至
六百六十七、六百七十、六百九十一、六百九
十九)

420000－2302－0004105　叢/1－8/3730
(86786)

文林綺繡十一種　(清)鴻寶齋書局輯　清光
緒二十二年(1896)上海鴻寶齋書局石印本
三冊　存四種

420000－2302－0004106　史八/21－8/0003
(76161)

文廟祀位一卷　(清)李觀濤輯　(清)杜宗預
補　清孝感刻本　一冊

420000－2302－0004107　史十一/22－8/
2544(77014)

文廟通考六卷首一卷　(清)牛樹梅編　清同
治十一年(1872)浙江書局刻本　二冊

420000－2302－0004108　史十五/9－8/4440
(71669)

文木題詠彙存不分卷　(清)□□輯　清末刻
本　一冊

420000－2302－0004109　史十六/1－8/0070
(62435)

文史通義八卷校讐通義三卷　(清)章學誠撰
清光緒上海江左書林石印本　六冊

420000－2302－0004110　史十六/1.8/0070
(20261)

文史通義八卷校讎通義三卷　(清)章學誠著
清光緒二十四年(1898)長沙經文書局刻本
八冊

420000－2302－0004111　史十六/1.8/0070
(8562)

文史通義八卷校讎通義三卷　(清)章學誠著
清光緒二十四年(1898)長沙經文書局刻本
八冊

420000－2302－0004112　集二/0－64/4431.7
(91346)

文獻公全集十一卷　(元)黃溍撰　日損齋筆
記一卷首一卷　(清)陳熙晉撰　清咸豐元年
(1851)金華陳坡刻本　十冊

420000－2302－0004113　史八/11.8/3643
(6013)

文獻通考輯要二十六卷　(清)湯壽潛輯　清
光緒二十五年(1899)上海圖書集成局鉛印本
十冊

420000－2302－0004114　史八/1－64/7107.3
(103388)

文獻通考輯要二十四卷　(清)湯壽潛編　清
鉛印本　一冊　存三卷(十九至二十一)

420000－2302－0004115　善史八/1－64/
7107(40745)

文獻通考三百八十四卷　(元)馬端臨著　明
刻本　一百冊　存三百七十六卷(一至五十
二、五十七至五十八、六十三至三百八十四)

420000－2302－0004116　史八/11/7101
(6249－54)

文獻通考詳節二十四卷　(元)馬端臨著

（清）周鵬録　清光緒二十七年（1901）上海汲綆齋石印本　六冊

420000 – 2302 – 0004117　史八/1 – 64/7107.5（62927）

文獻通攷鈔二十四卷　（元）馬端臨撰　（清）史以遷抄　清康熙刻本　八冊

420000 – 2302 – 0004118　史八/1 – 64/7107.3（76122）

文獻通攷輯要二十四卷　（清）湯壽潛撰　清光緒二十五年（1899）上海圖書集成局鉛印本　十冊

420000 – 2302 – 0004119　史八/1 – 64/7107（76815）

文獻通攷三百四十八卷攷證三卷　（元）馬端臨撰　清光緒二十七年（1901）上海圖書集成局鉛印本　四十四冊

420000 – 2302 – 0004120　集七/1 – 36/7246.4（86277）

文心雕龍輯注十卷　（南朝梁）劉勰撰　（清）黃叔琳注　清乾隆養素堂刻本　四冊

420000 – 2302 – 0004121　集七/1 – 36/7246（91263）

文心雕龍十卷　（南朝梁）劉勰著　清光緒元年（1875）湖北崇文書局刻本　一冊

420000 – 2302 – 0004122　集七/1 – 36/7246（89754）

文心雕龍十卷　（南朝梁）劉勰著　清光緒三年（1877）湖北崇文書局刻本　二冊

420000 – 2302 – 0004123　集七/1 – 36/7246（111404）

文心雕龍十卷　（南朝梁）劉勰撰　清光緒三年（1877）湖北崇文書局刻本　一冊　存四卷（一至四）

420000 – 2302 – 0004124　善集七/1 – 36/7246.4（92708）

文心雕龍十卷　（南朝梁）劉勰撰　（清）黃叔琳輯注　清乾隆三年（1738）養素堂刻本　二冊

420000 – 2302 – 0004125　集七/1 – 36/7246.4（68006）

文心雕龍十卷　（南朝梁）劉勰撰　（清）黃叔琳注　（清）紀昀評　清光緒二十一年（1895）學庫山房刻本　四冊

420000 – 2302 – 0004126　集二/0 – 52/0013（89991）

文信國公集二十卷首一卷　（宋）文天祥撰　清同治七年（1868）楚醴景萊書室刻本　八冊

420000 – 2302 – 0004127　集一/10 – 52/7521（90118）

文選補遺四十卷　（宋）陳子仁編注　清道光二十五年（1845）琅嬛館重刻本　八冊

420000 – 2302 – 0004128　集一/10 – 8/4420.4（65427）

文選古字通補訓四卷附拾遺一卷　（清）呂錦文撰　清光緒二十七年（1901）懷硯齋刻本　四冊

420000 – 2302 – 0004129　集一/10 – 8/2514（103482）

文選集釋二十四卷　（清）朱珔撰　清光緒元年（1875）涇川朱氏梅村家塾刻本　四冊　存八卷（一至八）

420000 – 2302 – 0004130　集一/10.8/2514

文選集釋二十四卷　（清）朱珔編　清光緒元年（1875）涇川朱氏梅村家塾刻本　十二冊

420000 – 2302 – 0004131　集一/10 – 8/2514（103508）

文選集釋二十四卷　（清）朱珔撰　清末刻本　一冊　存二卷（十五至十六）

420000 – 2302 – 0004132　集一/10 – 7/3438（68030）

文選錦字録二十一卷　（明）凌迪知編　（明）凌稚隆校　清光緒二十二年（1896）鴻寶齋書局石印本　一冊　存十一卷（十一至二十一）

420000 – 2302 – 0004133　集一/10 – 8/4743（31208）

文選考異十卷　（清）胡克家撰　清同治八年

（1869）湖北崇文書局刻本　四冊

420000－2302－0004134　集一/10－8/4743（111264）

文選考異十卷　（清）胡克家撰　清同治八年（1869）湖北崇文書局刻本　二冊　存四卷（一至四）

420000－2302－0004135　集一/10－8/4420.4（68031）

文選課虛四卷　（清）杭世駿撰　清光緒十年（1884）上海同文書局石印本　一冊

420000－2302－0004136　集一/10－42/4080

文選六十卷　（南朝梁）蕭統輯　（唐）李善注明嘉靖元年（1522）金臺汪諒覆刻元張伯顏本　十四冊　存四十五卷（二至二十、二十七至二十九、三十三至四十二、四十六至五十八）

420000－2302－0004137　集一/10－42/4080

文選六十卷　（南朝梁）蕭統輯　（唐）李善注清乾隆二十七年（1762）雲林楊氏儒纓堂刻本　十六冊

420000－2302－0004138　集一/10－42/4080.2

文選六十卷　（南朝梁）蕭統輯　（唐）李善注清乾隆三十四年至三十七年（1769－1772）長洲葉樹藩海錄軒刻清翻刻本　十二冊

420000－2302－0004139　集一/10－42/4080.4（91697）

文選六十卷　（南朝梁）蕭統撰　清刻本　十二冊

420000－2302－0004140　集一/10－42/4080.4（91193）

文選六十卷　（南朝梁）蕭統撰　（唐）李善注清同治八年（1869）金陵書局刻本　十冊

420000－2302－0004141　集一/10－42/4080（111520）

文選六十卷　（南朝梁）蕭統撰　（唐）李善注清刻本　五冊　存十四卷（一至十四）

420000－2302－0004142　善集一/10－42/4080.4

（32689）

文選六十卷考異十卷　（南朝梁）蕭統輯（唐）李善注　清嘉慶江寧胡果泉刻本　二十四冊

420000－2302－0004143　集一/10－8/4420.3（71197）

文選旁證四十六卷　（清）梁章鉅撰　清光緒八年（1882）刻本　十二冊

420000－2302－0004144　善集一/10－8/8043（31212）

文選音義八卷　（清）余蕭客撰　清乾隆靜勝堂刻本　四冊

420000－2302－0004145　善集一/121－5/4060（41471）

文苑英華一千卷　（宋）李昉等編　明刻本五冊　存三十二卷（一百八十一、二百十、三百五十一至三百六十、五百三十一至五百四十、九百二十一至九百三十）

420000－2302－0004146　善集一/41－52/0442（91908）

文章軌範七卷　（宋）謝枋得編　清康熙三十三年（1694）雲間樂志堂刻本　二冊

420000－2302－0004147　善經七/11－8/1031.3（735629）

文章練要左傳評十卷　（清）王源評訂　清雍正刻本　五冊

420000－2302－0004148　集一/111.5/4022（31217）

文章正宗三十卷　（宋）真德秀輯　（清）楊仲興重輯　清同治三年（1864）刻本　十六冊

420000－2302－0004149　史十一/21－8/4094.4（78252）

文貞公[李光地]年譜二卷　（清）李清植撰清道光李維迪刻本　二冊

420000－2302－0004150　集二/4.8/1115/11750

文貞公集十二卷首一卷年譜一卷　（清）張玉書著　清光緒二十七年（1901）木活字印本十三冊

420000 － 2302 － 0004151　　經十/25 － 8/1088.4
(88743)

文字蒙求廣義四卷　(清)王筠撰　(清)蒯光
典注　清光緒二十七年(1901)江楚書局刻本
五冊

420000 － 2302 － 0004152　　經十/25 － 8/1088
(85636)

文字蒙求四卷　(清)王筠編　清道光十八年
(1838)王氏自刻本　一冊

420000 － 2302 － 0004153　　經十/25 － 8/1088
(57364)

文字蒙求四卷　(清)王筠編　清道光十八年
(1838)王氏自刻本　一冊

420000 － 2302 － 0004154　　經十/25 － 8/1088
(61795)

文字蒙求四卷　(清)王筠撰　清刻本　一冊

420000 － 2302 － 0004155　　經十/21.8/1088
(16121)

文字蒙求四卷　(清)王筠撰　清末刻本
一冊

420000 － 2302 － 0004156　　子八/66 － 8/2610
(110981)

問心堂溫病條辨六卷首一卷　(清)吳瑭著
清刻本　二冊　存二卷(二至三)

420000 － 2302 － 0004157　　子八/63.8/4435
(18548)

問齋醫案五卷　(清)蔣寶素撰　清道光三十
年(1850)刻本　六冊

420000 － 2302 － 0004158　　子十一/225.8/
8078/(19667)

翁松禪手札不分卷　(清)翁同龢撰　清石印
本　十冊

420000 － 2302 － 0004159　　子十二/2.5/1000.8
(8892)

翁注困學紀聞二十卷　(宋)王應麟撰　(清)
翁圻元注　清光緒十年(1884)上海同文書局
石印本　六冊

420000 － 2302 － 0004160　　史十一/21 － 8/
0027(77591)

甕芳錄一卷　(清)高德泰輯　清同治十三年
(1874)刻本　一冊

420000 － 2302 － 0004161　　子十二/2.5/4000
(20219)

甕牖閑評八卷　(宋)袁文撰　清刻本　二冊

420000 － 2302 － 0004162　　集六/21.8/2232
(38146)

倭袍傳一百回　(清)海芝濤撰　清末木活字
印本　十二冊

420000 － 2302 － 0004163　　集六/21.8/2232
(37958)

倭袍傳一百回　(清)海芝濤撰　清末木活字
印本　十二冊

420000 － 2302 － 0004164　　集二/0 － 8/2221
(65624)

倭文端公遺書八卷末一卷續三卷　(清)倭仁
撰　清光緒元年(1875)六安求我齋刻本
三冊

420000 － 2302 － 0004165　　史十二/51.212/7307

臥龍崗志二卷　(清)羅景輯　清康熙五十一
年(1712)刻本　二冊

420000 － 2302 － 0004166　　史十二/62 － 9/
1054(86132)

烏桓紀行一卷　夏素菲撰　清宣統三年
(1911)侯鴻鑑鉛印本　一冊

420000 － 2302 － 0004167　　史十二/5261/
2712.80(65067)

烏石山志九卷首一卷　(清)郭柏蒼　(清)劉
永松纂　清光緒九年(1883)刻本　六冊

420000 － 2302 － 0004168　　史八/2.8/2699
(6330)

吾學錄二十卷　(清)吳榮光撰　清光緒十年
(1884)刻本　八冊

420000 － 2302 － 0004169　　集四/2.8/2623
(38282)

吳梅村詞不分卷　（清）吳偉業撰　清光緒十六年(1890)湖北官書處刻本　一冊

420000－2302－0004170　子十二/2－8/3138(67574)

吳門消夏記三卷　（清）江瀚撰　清光緒二十一年(1895)江瀚自刻本　三冊

420000－2302－0004171　子十一/42－8/2637(86152)

吳聖俞先生印譜一卷　（清）吳咨刻　清宣統三年(1911)汪洵石印本　一冊

420000－2302－0004172　集二/0－8/2623(36126)

吳詩集覽二十卷　（清）吳偉業撰　（清）靳榮藩輯　吳詩談藪二卷　（清）靳榮藩輯　清乾隆靳氏淩雲亭刻本　十八冊

420000－2302－0004173　集二/3.8/2623(36126)

吳詩集覽二十卷　（清）吳偉業撰　（清）靳榮藩輯　吳詩談藪二卷　（清）靳榮藩輯　清乾隆三十五年(1770)刻本　十八冊

420000－2302－0004174　集二/3.8/2624(13597)

吳詩集覽二十卷補註二十卷　（清）吳偉業撰　（清）靳榮藩輯　吳詩談藪二卷　（清）靳榮藩輯　清乾隆四十六年(1781)刻本　十六冊

420000－2302－0004175　經五/41－64/2632.6(90694)

吳文正公三禮攷注六十四卷首一卷　（元）吳澄撰　（明）羅倫校正　清乾隆二年(1737)刻本　十五冊

420000－2302－0004176　子十一/233－8/2648(88903)

吳友如畫寶第十集風俗志圖說二卷　（清）吳家猷繪　清光緒石印本　一冊　存一卷(下)

420000－2302－0004177　子十一/233－8/2648(91250)

吳友如畫寶十二集　（清）吳家猷繪　清宣統元年(1909)上海璧園會社石印本　十一冊

420000－2302－0004178　經二/1－51/1147

吳園周易解九卷　（宋）張根撰　清刻本　三冊

420000－2302－0004179　史七/－16/4964.2(76162)

吳越春秋六卷　（漢）趙曄撰　（宋）徐天祐音注　清乾隆五十六年(1791)金雞王氏刻本　二冊

420000－2302－0004180　善集二/0－8/2610(36053)

吳徵君蓮洋詩鈔不分卷　（清）吳雯撰　（清）蘇爾怡　（清）劉贊選　清乾隆三十二年(1767)蘇爾怡、劉贊止軒刻晉兩徵君詩鈔本　四冊

420000－2302－0004181　史五/1－8/8364(76170)

吳中平寇記八卷　（清）錢勗撰　清光緒元年(1875)申報館鉛印本　一冊

420000－2302－0004182　集二/3.8/7274(11663)

梧孫行吟草十二卷附疊聚星堂韻詩二卷　（清）劉興樾撰　清道光二十四年(1844)劉氏種墨草堂刻本　六冊

420000－2302－0004183　善叢/1－7/2010(68964)

無咎題跋一卷　（宋）晁補之撰　明毛氏汲古閣刻本　一冊

420000－2302－0004184　善史六/2－16/0821(41214)

左粹類纂十二卷　（明）施仁編　明刻本　四冊　存五卷(三至七)

420000－2302－0004185　子十六/22－36/6002.7(110752)

無量義經一卷　（南朝齊）釋曇摩伽陀耶舍譯　清光緒三年(1877)江北刻經處刻本　一冊

420000－2302－0004186　集二/4.8/2510(13455)

無邪堂答問五卷　（清）朱一新撰　清光緒二

十二年(1896)上海鴻寶齋石印本　五冊

420000－2302－0004187　集一/31/3423
(9721)

五朝詩別裁集五種　(清)□□輯　清刻本
三十二冊

420000－2302－0004188　史八/1－43/1033
(75945)

五代會要三十卷　(宋)王溥撰　清刻本
六冊

420000－2302－0004189　史十/－43/7748
(74833)

五代紀年表一卷　(清)周嘉猷撰　清光緒十
七年(1891)廣雅書局刻本　一冊

420000－2302－0004190　史一/3－43/7772.2
(75222)

五代史記七十四卷　(宋)歐陽修撰　(宋)徐
無黨原注　(宋)彭元瑞注　清道光八年
(1828)刻本　四十冊

420000－2302－0004191　史一/3－43/7777.2
(74821)

五代史記七十四卷　(宋)歐陽修撰　(宋)徐
無黨注　清宣統元年(1909)貴池劉氏玉海堂
影宋刻本　十二冊

420000－2302－0004192　史一/3－43/7777.2
(80242)

五代史記七十四卷　(宋)歐陽修撰　(宋)徐
無黨注　清宣統元年(1909)貴池劉氏玉海堂
影宋刻本　十二冊

420000－2302－0004193　史一/243/7772.2
(5306)

五代史記七十四卷　(宋)歐陽修撰　(宋)
徐無黨注　清道光八年(1828)刻本　三十
二冊

420000－2302－0004194　史一/3－43/7772.2
(74834)

五代史記纂誤續補六卷　(清)吳光耀撰　清
光緒十四年(1888)江夏吳氏刻本　三冊

420000－2302－0004195　史一/3－43/7772.2
(110866)

五代史七十四卷　(宋)歐陽修撰　(宋)徐無
黨注　清同治十一年(1872)湖北崇文書局刻
本　八冊

420000－2302－0004196　史一/3－43/7772.2
(111267)

五代史七十四卷　(宋)歐陽修撰　(宋)徐無
黨注　清同治十一年(1872)湖北崇文書局刻
本　八冊

420000－2302－0004197　善史一/3－43/
7772(70330)

五代史七十五卷　(宋)歐陽修撰　明萬曆國
子監刻本　四冊　存十八卷(一至八、五十七
至六十六)

420000－2302－0004198　史十一/29－52/
5567(101503)

五燈會元二十卷　(宋)釋慧明撰　清光緒二
十八年(1902)貴池劉氏影宋刻本　十二冊

420000－2302－0004199　子十六/29.1/
8030.3(40115)

五燈會元續續五卷　(清)釋海覺編修　清順
治十三年(1656)刻本　五冊

420000－2302－0004200　子十/7－41/4440
(88803)

五行大義五卷　(隋)蕭吉撰　清嘉慶十八年
(1813)長塘鮑氏刻本　一冊　存三卷(一至
三)

420000－2302－0004201　集五/4.8/4538
(37936)

五虎平南後傳狄青演傳六卷　(清)□□撰
清經綸堂刻本　六冊

420000－2302－0004202　經一/23－/2645

五經集字不分卷　(清)吳蒼虬撰　清道光二
十七年(1847)虞溥抄本　一冊

420000－2302－0004203　經一/21－8/7744
(61883)

五經類編二十八卷　(清)周世樟輯　清刻本

八册

420000－2302－0004204　子十四/1－8/1029（90226）

五經類典囊括六十四卷　（清）吟香主人輯　清末京都琉璃廠刻本　十册

420000－2302－0004205　子九/3－37/1122.4（86744）

五經算術二卷　（北周）甄鸞撰　（唐）李淳風注　**考證一卷**　（清）戴震撰　清光緒二十二年（1896）上海鴻寶齋石印本　一册

420000－2302－0004206　經一/12－8/8848（58306）

五經味根錄五種　（清）竹林館主人輯　清光緒八年（1882）同文書局石印本　十六册

420000－2302－0004207　子十四/1.8/1020（33165）

五經文府不分卷　（□）□□撰　清光緒十四年（1888）同文書局石印本　二十册

420000－2302－0004208　子二/314.8/2622（16820）

五經朱子語類八十卷　（清）程川編　清程川刻本　一册　存七卷（一至七）

420000－2302－0004209　經五/5.8/5046（9150）

五禮通考二百六十二卷首四卷　（清）秦蕙田編輯　清乾隆十八年（1753）無錫秦氏味經窩刻本　九十册

420000－2302－0004210　善經五/45－8/5046.0（14992）

五禮通考二百六十二卷首四卷總目二卷（清）秦蕙田撰　（清）方觀承訂　**讀禮通考一百二十卷**　（清）徐乾學撰　清乾隆無錫秦氏味經窩刻本　六十册

420000－2302－0004211　子九/21.8/4497.4（18923）

五緯提算四卷　（清）黃炳垕撰　清光緒四年（1878）刻本　一册

420000－2302－0004212　子十四/1.7/0433（41441）

五雜俎十六卷　（明）謝肇淛著　明末刻本　一册　存二卷（九至十）

420000－2302－0004213　子十一/312－8/2834（92838）

五知齋琴譜八卷　（清）徐祺製譜　清刻本　六册

420000－2302－0004214　子十一/312.8/2834（19961）

五知齋琴譜八卷　（清）徐祺製譜　清乾隆十一年（1746）懷德堂刻本　六册

420000－2302－0004215　子十一/312.8/2834（19979）

五知齋琴譜八卷　（清）徐祺製譜　清乾隆十一年（1746）懷德堂刻本　四册

420000－2302－0004216　子十一/312.8/2834（19973）

五知齋琴譜八卷　（清）徐祺製譜　清紅杏山房刻本　六册

420000－2302－0004217　子十一/312.8/2834（19967）

五知齋琴譜八卷　（清）徐祺製譜　清乾隆十一年（1746）懷德堂刻本　六册

420000－2302－0004218　子八/62.8/4414（17978）

五種經驗方不分卷　（清）葉廷芳輯　清咸豐三年（1853）刻本　一册

420000－2302－0004219　子二/42.8/7530（20036）

五種遺規　（清）陳宏謀編　清同治七年（1868）湖北崇文書局刻本　八册

420000－2302－0004220　子二/42－8/7530（110507）

五種遺規　（清）陳宏謀編輯　清光緒二十年（1894）湖南益元書局刻本　八册　存四種

420000－2302－0004221　善集二/0－8/7514

（92768）

午亭文編五十卷 （清）陳廷敬撰　清康熙四十七年(1708)侯官林佶刻五十八年(1719)陳壯履校正重印本　十六冊

420000－2302－0004222　善集二/0－8/7514（37209）

午亭文編五十卷 （清）陳廷敬撰　清康熙四十七年（1708）侯官林佶刻乾隆四十三年（1778）印本　十六冊

420000－2302－0004223　善集二/0－8/7514（69147）

午亭文編五十卷 （清）陳廷敬撰　清康熙四十七年（1708）侯官林佶刻乾隆四十三年（1778）印本　十六冊

420000－2302－0004224　善子五/1－7/4412（17132）

武備志二百四十卷 （明）茅元儀撰　明天啓刻本　一百二十冊

420000－2302－0004225　善史十二/221.2/1314.0(70123)

武功縣志七篇三卷 （明）康海撰　清乾隆二十六年(1761)瑪氏刻本　一冊

420000－2302－0004226　史十一/21－23/0440.4(89544)

武侯全書二十卷首一卷 （三國蜀）諸葛亮撰（清）趙承恩編　清光緒十年(1884)鍾氏刻本　十二冊

420000－2302－0004227　史十一/21－25/0440.4(93382)

武侯全書二十卷首一卷 （三國蜀）諸葛亮撰（清）趙承恩編　清光緒十年(1884)鍾氏刻本　八冊

420000－2302－0004228　史十一/21－25/0440.4(93390)

武侯全書二十卷首一卷 （三國蜀）諸葛亮撰（清）趙承恩編　清光緒十年(1884)鍾氏刻本　五冊

420000－2302－0004229　叢/343.2/1010

（53468）

武林掌故叢編二十六集一百九十一種 （清）丁丙輯　清光緒錢塘丁氏嘉惠堂刻本　九十二冊　存三十五種

420000－2302－0004230　史十二/5261/1352.84(79786)

武夷山志二十四卷首一卷 （清）董天工纂　清道光九年(1829)刻本　八冊

420000－2302－0004231　叢/1.8/2767（10086）

武英殿聚珍版書一百三十六種 （清）高宗弘曆輯　清光緒補刻本　九百九十八冊

420000－2302－0004232　集一/5－8/2324（89579）

戊子直省闈墨不分卷 （清）傅鍾麟編評　清光緒申報館鉛印本　三冊

420000－2302－0004233　集五/8－8/2874（87401）

悟石軒石頭記集評二卷 （清）解盦居士撰　清光緒十三年(1887)毗陵精舍刻本　一冊

420000－2302－0004234　史十二/254/1044.8

西藏紀述一卷 （清）張海纂　清光緒二十年(1894)泉唐汪氏刻本　一冊

420000－2302－0004235　子九/4－8/3148.2（87523）

西法策學匯源二集十四卷 （□）□□撰　清光緒二十三年(1897)上海鴻寶齋書局石印本　二十四冊

420000－2302－0004236　史十七/1.8/4428（7771）

西國近事彙編三十六卷 （美國）金楷里口譯（清）蔡錫齡　（清）姚菜筆述　清光緒二十三年(1897)慎記書莊石印本　十二冊

420000－2302－0004237　史八/1－21/2810（76206）

西漢會要七十卷 （宋）徐天麟撰　清光緒二十年(1894)福建刻本　十二冊

420000 – 2302 – 0004238　善集一/42 – 2/
1120(39512)

西漢文二十卷　（明）張采輯　明崇禎六年
(1633)刻本　十六冊

420000 – 2302 – 0004239　集二/0 – 8/2042
(28874)

西河合集二集一百十七種　（清）毛奇齡撰
清刻本　八冊　存十五種(經集八種、文集七
種)

420000 – 2302 – 0004240　善集二/0 – 8/2042

西河合集四百九十三卷　（清）沈兆霖撰　清
康熙蕭山李氏書留草堂刻本　七十八冊

420000 – 2302 – 0004241　史 十 二/6143/
1037.84(79712)

西湖紀遊一卷　（清）張仁美撰　**西湖小史一
卷**　（清）李鼎撰　清光緒九年(1883)錢塘丁
氏刻本　一冊

420000 – 2302 – 0004242　集五/3 – 8/4026
(71183)

西湖佳話古今遺蹟十六卷　（清）古吳墨浪子
撰　清光緒十八年(1892)上海雲記書局鉛印
本　一冊　存十卷(一至十)

420000 – 2302 – 0004243　史十一/13 – 8/
4330(77174)

西湖三祠名賢考略三卷首一卷　（清）戴啟文
纂輯　（清）孫峻康參訂　清光緒三十年
(1904)刻本　四冊

420000 – 2302 – 0004244　史 十 二/6143/
1037.84(79712)

西湖小史一卷　（清）李鼎撰　清光緒十七年
(1891)錢塘丁氏刻本　一冊

420000 – 2302 – 0004245　史 十 二/5343/
1037.76(64945)

西湖志八卷志餘十八卷　（明）田汝成撰
（清）姚靖增刪　清康熙二十八年(1689)三鑒
堂刻本　十冊

420000 – 2302 – 0004246　史 十 二/5343/
1037.82(79627)

西湖志四十八卷　（清）傅王露纂　清雍正十
二年(1734)刻本　二十四冊

420000 – 2302 – 0004247　史 十 二/5343/
1037.83(79651)

西湖志纂十五卷首一卷　（清）梁詩正纂　清
乾隆刻本　八冊

420000 – 2302 – 0004248　史 十 二/5343/
1037.83(79659)

西湖志纂十五卷首一卷　（清）梁詩正纂　清
乾隆刻本　十冊

420000 – 2302 – 0004249　善集一/42 – 31/
1120/1(41034)

西晉文二十卷　（明）張采輯　明崇禎十年
(1637)張氏刻本　十冊

420000 – 2302 – 0004250　集二/743.2/4032.7
(37175)

西冷懷古集十卷　（清）陳文述著　（清）朱綬
（清）王嘉祿編　清光緒九年(1883)越中刻
本　四冊

420000 – 2302 – 0004251　集四/12.58/1010
(38191)

西冷詞萃六種　（清）丁丙輯　清光緒十一年
至十三年(1885 – 1887)錢塘丁氏刻本　四冊

420000 – 2302 – 0004252　叢/343.2/4032.81

西冷五布衣遺著十二種　（清）丁丙輯　清同
治、光緒錢塘丁丙當歸草堂刻本　六冊　存
十種

420000 – 2302 – 0004253　叢/343.2/4032.8
(55528)

西冷五布衣遺著十二種　（清）丁丙輯　清同
治、光緒錢塘丁氏當歸草堂刻本　六冊　存
十種

420000 – 2302 – 0004254　集一/5 – 8/1173.1
(6)

西漚試律詳註一卷　（清）李惺撰　清末刻本
一冊

420000 – 2302 – 0004255　集五/2 – 8/5014

(100550－3)

西青散記四卷 （清）史震林撰　清乾隆浣月齋刻本　四冊

420000－2302－0004256　經七/11－52/6030（55478）

左氏傳說二十卷首一卷 （宋）呂祖謙撰　清同治八年(1869)永康胡氏退補齋刻本　四冊

420000－2302－0004257　善集一/111－5/4022(69648)

西山先生真文忠公文章正宗二十四卷 （宋）真德秀輯　明刻本　四冊　存十二卷（十三至二十四）

420000－2302－0004258　史十七/3－8/4431（85256）

西史地理通釋不分卷 （清）杜宗玉著　清光緒三十二年(1906)刻本　四冊

420000－2302－0004259　史十七/1.8/7714（7743）

西史綱目二十卷 （清）周維翰著　清光緒二十七年(1901)經世文社石印本　十冊

420000－2302－0004260　叢/5.8/4327(12150)

西堂全集三十二種 （清）尤侗撰　清刻本二十冊　存十七種

420000－2302－0004261　叢/5－8/4327(62816)

西堂全集三十二種 （清）尤侗撰　清康熙刻乾隆補刻本　十二冊　存二十二種

420000－2302－0004262　叢/5－8/4327(37271)

西堂全集三十二種 （清）尤侗撰　清刻本十冊　存八種

420000－2302－0004263　叢/5－8/4327(91851)

西堂全集三十二種 （清）尤侗撰　清刻本二十四冊　存十六種

420000－2302－0004264　集二/0－8/4327（110064）

西堂文集二十四卷詩集三十二卷 （清）尤侗撰　清刻本　十二冊

420000－2302－0004265　經一/2－8/2140

(1050)

西夏經義十三卷首一卷 （清）何志高撰　清道光十三年(1833)刻本　十二冊

420000－2302－0004266　集四/52.64/1035（39861）

西廂記九卷 （元）王實甫撰　（清）金人瑞批點　清刻本　六冊

420000－2302－0004267　集四/52.64/1035（39867）

西廂記四卷首一卷末一卷 （元）王實甫撰　清刻本　六冊

420000－2302－0004268　叢/5－8/4421（110483）

西學畧述十卷 （英國）艾約瑟譯　清光緒二十三年(1897)武昌質學會刻本　二冊

420000－2302－0004269　子十二/4.8/0443（8506－07）

西學么匯集十卷附西文會通二卷 （清）蛻夋輯　清光緒三十年(1904)刻本　二冊

420000－2302－0004270　史十四/5.8/3334（7367）

西學書目表三卷 梁啟超編　清光緒二十二年(1896)時務報館石印本　一冊

420000－2302－0004271　史三/2.8/4063（5588）

西巡大事本末記六卷 （日本）吉田良太郎譯　（清）八詠樓主人錄　清光緒二十七年(1901)石印本　六冊

420000－2302－0004272　史十七/1/6312（7788）

西洋歷史教科書二卷 （英國）默爾化著（清）出洋學生編輯所譯述　清光緒三十一年(1905)上海商務印書館鉛印本　二冊

420000－2302－0004273　史十七/11/9028（13715）

西洋史要四卷首一卷 （日本）小川銀次郎著（清）樊炳　（清）薩端譯　清光緒三十二年(1906)上海金栗齋鉛印本　二冊

420000－2302－0004274　史十七/4－8/0734（86042）

西遊筆畧三卷　(清)郭連城撰　清同治二年(1863)鄂省崇正書院刻本　一冊

420000－2302－0004275　集五/4.7/2616（40063）

西遊記一百回　(明)吳承恩著　(清)汪象旭評　清梓潼刻本　四冊

420000－2302－0004276　史十二/62－64/1724.4(71683)

西游録注一卷　(元)耶律楚材撰　(清)李文田注　清光緒二十三年(1897)元和江氏湖南使院刻本　一冊

420000－2302－0004277　史十七/4/3802:5（7937）

西輶日記四卷　(清)黃楙材著　清光緒二十三年(1897)湖南新學書局刻本　一冊

420000－2302－0004278　史十二/5325/2848（79913）

西域水道記五卷　(清)徐松撰　清道光刻本　五冊

420000－2302－0004279　史十五/45.21/1024(7390)

西嶽華山廟碑長垣本不分卷　(漢)郭香察書　清末影印本　一冊

420000－2302－0004280　史十五54.21/1024（7391）

西嶽華山廟碑華陰本一卷　(漢)郭香察書　清末影印本　一冊

420000－2302－0004281　史十二/354/1044.84（79294）

西招圖略一卷自成都府至後藏路程一卷前藏至西寧路程一卷　(清)松筠撰　清道光二十七年(1847)刻本　一冊

420000－2302－0004282　史十二/354/1044.84（79295）

西招圖略一卷自成都府至後藏路程一卷前藏至西寧路程一卷　(清)松筠撰　清道光二十

七年(1847)刻本　一冊

420000－2302－0004283　史十七/4/3802:4（7933）

西征紀程四卷　(清)鄒代鈞著　清光緒二十三年(1897)湖南新學書局刻本　四冊

420000－2302－0004284　叢/1.8/3334（12480）

西政叢書三十二種　梁啟超輯　清光緒二十三年(1897)上海慎記書莊石印本　三十二冊　存三十二種

420000－2302－0004285　集二/911/2740.4（35515）

希臘名士伊索寓言一卷　林紓　嚴培南　嚴璩譯　清光緒三十二年(1906)商務印書館鉛印本　一冊

420000－2302－0004286　史十七/11－8/1773.5(84735)

希臘史二卷　(日本)桑原啓一編　中國國民叢書社譯　清光緒二十九年(1903)上海商務印書館鉛印本　一冊

420000－2302－0004287　子十二/2－8/4217（82054）

惜抱軒筆記八卷　(清)姚鼐撰　清道光元年(1821)刻本　二冊

420000－2302－0004288　集一/3.8/4217（11998）

惜抱軒今體詩選十八卷　(清)姚鼐輯　七言詩歌行鈔十五卷　(清)王士禎選　清同治七年(1868)湘鄉曾氏刻本　十五冊

420000－2302－0004289　叢5－8/4217

惜抱軒全集十種　(清)姚鼐撰　清同治五年(1866)省心閣刻本　十六冊　存一種

420000－2302－0004290　集二/4.8/4217（37255）

惜抱軒文集十六卷後集十卷　(清)姚鼐撰　清光緒九年(1883)桐城徐氏刻本　四冊

420000－2302－0004291　叢/5－8/4217

(53181)

惜抱軒遺書三種 （清）姚鼐撰 清光緒五年
(1879)桐城徐宗亮刻本 四冊

420000 － 2302 － 0004292 叢/1 － 8/4082
(103129)

惜陰軒叢書三十四種 （清）李錫齡輯 清道
光二十六年(1846)刻本 二十八冊 存五種
三十五卷(新增格古要論一至二、八至十三，
正蒙會稿二至四，授經圖授經圖春秋四卷、授
經圖禮四卷、授經圖跋一卷，兩山墨談一至
五，戰國策十卷)

420000 － 2302 － 0004293 叢/1 － 8/4082
(51864)

惜陰軒叢書三十四種 （清）李錫齡輯 清道
光二十六年(1846)宏道書院刻本 一百十
八冊

420000 － 2302 － 0004294 叢/1 － 8/4082
(52447)

惜陰軒叢書續編二十一卷 （清）李錫齡輯
清咸豐八年(1858)宏道書院刻本 十冊

420000 － 2302 － 0004295 史 五/4. 8/1001
(608949)

熙朝紀政六卷 （清）王慶雲述 清光緒二十
七年(1901)湯壽潛刻本 四冊 存四卷(一
至四)

420000 － 2302 － 0004296 史 五/4. 8/1001
(5705)

熙朝紀政六卷 （清）王慶雲述 清光緒二十
七年(1901)徐葉芬刻本 六冊

420000 － 2302 － 0004297 子十一/216 － 8/
4377.5(73190)

習苦齋畫絮十卷 （清）戴熙撰 （清）惠年編
清光緒十九年(1893)杭州惠年刻本 四冊

420000 － 2302 － 0004298 子十一/236. 8/
4377(19716)

習苦齋畫絮十卷 （清）戴熙撰 （清）惠年編
清光緒十九年(1893)杭州惠年刻本 四冊

420000 － 2302 － 0004299 集二/0 － 42/4027

(88831)

習之先生全集錄二卷 （唐）李翱撰 清光緒
八年(1882)江蘇書局刻本 二冊

420000 － 2302 － 0004300 集二/4.42/4027.7
(39558)

習之先生文集二卷 （唐）李翱撰 清宣統三
年(1911)上海會文堂石印本 二冊

420000 － 2302 － 0004301 集 二/4. 8/7780
(37179)

洗桐山館文鈔一卷 （清）周鏞著 清光緒十
八年(1892)漢川半古堂刻本 一冊

420000 － 2302 － 0004302 史八/63 － 52/3080
(102747)

洗冤錄審是□□卷 （宋）宋慈撰 （清）□□
審是 清刻朱墨套印本 二冊 存三卷(二
至三、七)

420000 － 2302 － 0004303 史 八/63 － 52/
3080.2

洗冤錄四卷附雜鈔一卷 （宋）宋慈撰 清抄
本 一冊

420000 － 2302 － 0004304 史 八/63 － 52/
3080.0(110310)

洗冤錄詳義四卷 （宋）宋慈撰 （清）許槤編
校 撫遺二卷 （清）葛元煦撰 清光緒二年
(1876)仁和葛元煦刻本 三冊 存五卷(一
至二、四,撫遺二卷)

420000 － 2302 － 0004305 子 六/3. 5/3080
(16886)

洗冤錄詳義四卷 （宋）宋慈撰 （清）許槤編
清刻本 四冊

420000 － 2302 － 0004306 史 八/63 － 52/
3080.0(110413)

洗冤錄詳義四卷首一卷 （宋）宋慈撰 （清）
許槤編校 清光緒元年(1875)湖北崇文書局
刻本 二冊

420000 － 2302 － 0004307 子 六/3/0845
(8398)

洗冤錄詳義四卷撫遺二卷 （清）許槤編 清

光緒十六年(1890)湖北官書處刻本　六冊

420000－2302－0004308　子六/3/0845
(8392)

洗冤錄詳義四卷摭遺二卷　(清)許槤編　清
光緒三年(1877)湖北藩署刻本　六冊

420000－2302－0004309　子六/3.5/3080.7
(17274)

洗冤錄義證四卷　(清)剛毅編　清光緒十八
年(1892)剛毅粵東撫署刻本　四冊

420000－2302－0004310　史十二/53－8/
2431.4(79735)

峽江救生船志二卷　(清)賀縉紳纂　清光緒
水師新副中營刻本　二冊

420000－2302－0004311　史十二/53－8/
2431(78385)

峽江圖攷二卷　(清)江國璋編　清光緒刻本
一冊

420000－2302－0004312　史十二/53－8/
2431.3(88467)

峽江圖攷二卷　(清)江國璋編　清光緒石印
本　二冊

420000－2302－0004313　史十二/53－8/
2431.3(50574)

峽江圖攷二卷　(清)江國璋編　清光緒石印
本　一冊

420000－2302－0004314　史十二/53－8/
2431.4(79733)

峽江緯路圖說一卷　(清)李繼沅繪　清光緒
三十一年(1905)石印本　一冊

420000－2302－0004315　子二/42/7231
(8255)

下學梯航一卷　(清)劉沅撰　清咸豐四年
(1854)刻本　一冊

420000－2302－0004316　集二/0－7/1033.4
(93761)

**夏節愍全集十卷首一卷末一卷補遺一卷續補
遺一卷**　(明)夏完淳撰　(明)陳均編

(明)莊師洛輯　清光緒二十九年(1903)新津
吳氏成都刻本　二冊　存六卷(一至五、首一
卷)

420000－2302－0004317　史八/53－8/1063
(6761)

夏口漢鎮清道巡勇暫行章程一卷　(清)夏口
漢鎮清道總局訂　清末朱印本　一冊

420000－2302－0004318　經五/39.8/4433
(14966)

夏小正經傳考釋十卷　(清)莊述祖撰　清光
緒九年(1883)刻本　四冊

420000－2302－0004319　集二/4.8/1097
(11659)

夏仲子集六卷　(清)夏炘撰　清咸豐五年
(1855)番易官廨刻本　四冊

420000－2302－0004320　子十六/11.－7/
2137(87202)

仙佛合宗語錄一卷　(明)伍守陽撰　(明)伍
守虛注　清刻本　一冊

420000－2302－0004321　子二/44－8/4400.2
(93321)

先生換骨金丹一卷首一卷　(清)蘇庵編
(清)徒能言評　清同治十二年(1873)刻本
一冊

420000－2302－0004322　子二/45－8/7732
(90676)

先正讀書訣一卷　(清)周永年輯　清光緒十
一年(1885)津門嚴修貴陽使署刻本　一冊

420000－2302－0004323　子二/41－8/8847
(62766)

先正格言不分卷　(□)□□編　清同治五年
(1866)刻本　一冊

420000－2302－0004324　子二/41－8/8847
(62767)

先正格言不分卷　(□)□□編　清同治五年
(1866)刻本　一冊

420000－2302－0004325　子二/46－8/8026.8

（94359）

先正格言不分卷　（□）□□編　清同治五年
（1866）刻本　一冊

420000－2302－0004326　子二/46－8/8026.8
（94360）

先正格言不分卷　（□）□□編　清同治五年
（1866）刻本　一冊

420000－2302－0004327　子二/46－8/8026.8
（94361）

先正格言不分卷　（□）□□編　清同治五年
（1866）刻本　一冊

420000－2302－0004328　子二/41－8/3110
（102959）

先正遺規二卷　（清）汪正集録　清同治十年
（1871）木犀軒刻本　二冊

420000－2302－0004329　子十二/4－7/0030
（90195）

弦雪居重訂遵生八牋十九卷目録一卷　（明）
高濂撰　清光緒十年（1884）刻本　十四冊
存十四卷（二至十四、目録一卷）

420000－2302－0004330　集一/5－8/4446.6
（88106）

咸豐戊午科直省鄉墨約選一卷　（清）葉蔭昉
（清）果璨評選　清咸豐九年（1859）刻本
一冊

420000－2302－0004331　史十一/21－8/
4457.4

賢母録不分卷　（清）黄彭年編　清末貴筑黄
氏刻本　一冊

420000－2302－0004332　集二/4.8/3144
（35383）

顯志堂稿十二卷家傳一卷墓志銘一卷祭文一
卷崇祀録一卷　（清）馮桂芬著　清光緒二年
（1876）校邠廬刻本　六冊

420000－2302－0004333　史十七/1－9/3334
（102907）

現今世界大勢論不分卷　梁啟超譯　清光緒
二十九年（1903）廣智書局鉛印本　一冊

420000－2302－0004334　史十/1.8/0074
（6764）

憲政編查舘奏考核直省巡警道官製細則摺附
單一卷　（清）奕劻等撰　清光緒三十四年
（1908）刻本　一冊

420000－2302－0004335　經一/24－52/7211
（111435）

相臺書塾刊正九經三傳沿革例一卷　（宋）岳
珂撰　清光緒三年（1877）湖北崇文書局刻本
一冊

420000－2302－0004336　經一/1－5/7211
（110258）

相臺五經五種　（宋）岳珂編　清刻本　十一
冊　存二種三十卷（周易十卷、禮記二十卷）

420000－2302－0004337　子二/4－8/4634
（93257）

相心格致堂書三卷　（清）□□編　清抄本
二冊

420000－2302－0004338　史十一/29－9/
4898（85717）

相宗史傳略録一卷　梅光羲編　清末梅氏刻
本　一冊

420000－2302－0004339　集一/312.8/4443
（33812）

香帆試帖選腴四卷　（清）黄蘭澤輯批　清光
緒十六年（1890）蒼松山房刻本　四冊

420000－2302－0004340　善集二/0－42/
2676（67825）

香山詩選六卷　（唐）白居易撰　（清）曹文埴
選　清乾隆刻本　二冊

420000－2302－0004341　集二/3.8/2623
（36038）

香蘇山館古體詩鈔十七卷本體詩鈔十九卷
（清）吳嵩梁撰　清咸豐三年（1853）本溪軒漢
皋權署刻本　十冊

420000－2302－0004342　集五/1.8/5011
（39407）

香豔叢書二十集　（清）蟲天子輯　清宣統國

學扶輪社鉛印本　八十冊

420000－2302－0004343　集五/2.8/1043
(36704)

香祖筆記十二卷　(清)王士禛撰　清宣統三
年(1911)上海掃葉山房石印本　四冊

420000－2302－0004344　經九/31/0143
(9351)

鄉黨圖考類纂三卷　(清)譚孝達輯　清咸豐
四年(1854)刻本　三冊

420000－2302－0004345　經九/32－8/3130
(71225)

鄉黨圖考十卷　(清)江永撰　清乾隆三十八
年(1773)潛德堂刻本　四冊

420000－2302－0004346　經九/31.8/3130
(15463)

鄉黨圖考十卷　(清)江永著　清刻本　六冊

420000－2302－0004347　集一/7.8/7704
(9811)

鄉會元燈不分卷　(清)陶辛恒　(清)萬春堂
鑒定　清光緒五年(1879)刻本　四冊

420000－2302－0004348　史五/1－8/1033
(50786)

湘軍記二十卷　(清)王定安撰　清光緒十五
年(1889)江南書局刻本　十二冊

420000－2302－0004349　史五/1－8/1033
(76083)

湘軍記二十卷　(清)王定安撰　清光緒十六
年(1890)袖海山房石印本　四冊

420000－2302－0004350　史五/1－8/1033
(111187)

湘軍記二十卷　(清)王定安撰　清光緒十五
年(1889)江南書局刻本　十二冊

420000－2302－0004351　史五/1－8/8064.2

湘軍水陸戰紀十六卷　(清)曾國藩撰　(清)
鮑叔衡編　清光緒十一年(1885)京都同文堂
石印本　二冊

420000－2302－0004352　史五/1－8/1073

(50661)

湘軍志十六卷　王闓運撰　清光緒十二年
(1886)成都墨香書屋刻本　四冊

420000－2302－0004353　史五/1－8/1073
(50964)

湘軍志十六卷　王闓運撰　清光緒十二年
(1886)成都墨香書屋刻本　四冊

420000－2302－0004354　集二/0－9/1073
(82152)

湘綺樓全集三十卷　王闓運撰　清宣統二年
(1910)上海國學扶輪社石印本　十二冊

420000－2302－0004355　集二/0－9/1073
(91609)

湘綺樓詩八卷夜雪集一卷夜雪後集一卷　王
闓運撰　清光緒二十六年(1900)東州講舍刻
本　四冊

420000－2302－0004356　集二/1.8/1073
(37593)

湘綺樓詩十四卷文集八卷　王闓運撰　清光
緒三十三年(1907)長沙刻本　八冊

420000－2302－0004357　集二/0－9/1073
(111533)

湘綺樓文集八卷　王闓運撰　清光緒三十三
年(1907)長沙刻本　六冊

420000－2302－0004358　集二/0－9/1073
(111539)

**湘綺樓文集八卷湘綺樓詩集十四卷湘綺樓箋
啓八卷**　王闓運撰　清光緒三十三年(1907)
長沙刻本　八冊　存十三卷(文集二、四至
七,詩集一至二、十至十一,箋啓一至三、五)

420000－2302－0004359　集一/745/3740.6
(66074)

湘社集四卷　易順鼎　程頌萬編　清光緒十
七年(1891)長沙蛻園刻本　一冊

420000－2302－0004360　集一/745/6022
(33763)

湘社集四卷　易順鼎　程頌萬編　清光緒十
七年(1891)長沙蛻園刻本　二冊

420000－2302－0004361　子九/3.8/3674
(18975)

湘學報類編一卷　(清)養春堂主人輯　清末
石印本　一冊

420000－2302－0004362　集二/0－8/3624
(90524)

湘中草六卷　(清)湯傳楹撰　清刻本　二冊

420000－2302－0004363　集一/745.8/1021
(7144)

湘中校士錄六卷　(清)夏獻雲訂　清光緒八
年(1882)宜園湖南督糧道刻本　六冊

420000－2302－0004364　集二/0－42/4453.2
(93622)

襄陽杜甫詩集不分卷　(唐)杜甫撰　(清)
□□輯評　清抄本　一冊

420000－2302－0004365　史十五/10.46－8/
2604(110842)

襄陽金石略十二卷　(清)吳慶燾述　清刻本
一冊　存二卷(一至二)

420000－2302－0004366　史十二/246.2/
0077.2(6984)

襄陽四略二十五卷　(清)關慶燾輯　清光緒
關慶燾刻本　九冊

420000－2302－0004367　集五/3.8/4442.6
(39915)

詳注聊齋志異圖詠十六卷　(清)蒲松齡撰
(清)呂湛恩注　清光緒十四年(1888)知不足
齋石印本　八冊

420000－2302－0004368　集五/3.8/4442
(34724)

詳注聊齋志異圖詠十六卷　(清)蒲松齡撰
(清)呂湛恩注　清光緒二十一年(1895)上海
書局石印本　七冊　存十四卷(一至十、十三
至十六)

420000－2302－0004369　集五/3－8/4442.1
(94093)

詳注聊齋志異圖詠十六卷　(清)蒲松齡著
(清)呂湛恩注　清光緒十二年(1886)上海同

文書局石印本　八冊

420000－2302－0004370　集五/3－8/4442
(63341)

詳注聊齋志異圖詠十六卷　(清)蒲松齡著
(清)呂湛恩注　清光緒十二年(1886)石印本
八冊

420000－2302－0004371　集一/3.8/1173.1
(11525)

詳註七家詩七卷　(清)張熙宇評選　(清)石
暉甲箋註　清同治十一年(1872)刻本　六冊
存五卷(一、三至六)

420000－2302－0004372　史十一/12.8/3784
(6808)

向張二公傳忠錄不分卷　(清)過鑄撰　清刻
本　一冊

420000－2302－0004373　善集二/0－52/
7443(69223)

象山先生全集三十六卷　(宋)陸九淵撰　**附
錄少湖徐先生學則辯一卷**　(明)徐階撰　明
嘉靖四十年(1561)吉陽何遷刻本　二十四冊

420000－2302－0004374　善集二/0－52/
7443(41277)

象山先生全集三十六卷　(宋)陸九淵撰　明
嘉靖三十九年(1560)江西何氏刻馬堯相補刻
本　一冊　存一卷(三十五)

420000－2302－0004375　子二/321.7/2222
(40277)

象山先生語錄□□卷　(宋)陸九淵撰　(宋)
李伯敏等錄　明刻本　一冊　存一卷(三十
五)

420000－2302－0004376　集二/3.8/7729
(35653)

象溪詩存三卷　(清)周從煊撰　清同治七年
(1868)刻本　一冊

420000－2302－0004377　叢/4－9/1058
(649988)

項城袁氏家集七種　丁振鐸輯　清宣統三年
(1911)清芬閣鉛印本　五十六冊

420000－2302－0004378　子七/4.8/1297
(17322)

橡蠶芻言四卷　(清)孫尚質撰　清光緒三十四年(1908)刻本　一冊

420000－2302－0004379　子十二/2.8/4923
(20228)

消暑錄一卷　(清)趙紹祖撰　清光緒十三年(1887)南平官舍刻本　一冊

420000－2302－0004380　集二/3.9/4429
(35733)

消夏百一詩二卷　葉德輝撰　清光緒三十四年(1908)葉氏觀古堂刻本　一冊

420000－2302－0004381　集二/3.8/1137
(36074)

蕭亭詩選六卷　(清)張實居撰　(清)王士禎選　清康熙刻本　一冊　存三卷(一至三)

420000－2302－0004382　子十一/312－8/
2230(86063)

簫譜一卷　(清)任兆麟撰　清乾隆五十四年(1789)刻本　一冊

420000－2302－0004383　善集二/0－7/4033
(69189)

蕭碧堂集二十卷　(明)袁宏道撰　明萬曆三十六年(1608)勾吳袁氏書種堂刻本　一冊
存二卷(一至二)

420000－2302－0004384　集二/6.8/4048.7
(37159)

小倉山房尺牘輯注六卷　(清)袁枚撰　(清)陳各金輯注　清同治元年(1862)益元堂刻本
四冊

420000－2302－0004385　集二/6.8/4048
(11507)

小倉山房尺牘十卷　(清)袁枚撰　清嘉慶元年(1796)刻本　一冊　存三卷(一至三)

420000－2302－0004386　集二/6.8/4048
(13353)

小倉山房尺牘十卷牘外餘言一卷　(清)袁枚撰　清光緒十八年(1892)上海圖書集成印書

局鉛印本　二冊

420000－2302－0004387　集七/2－8/1191
(90268)

小滄浪詩話四卷　(清)張燮承撰　清咸豐九年(1859)古汲郡賀氏刻本　一冊

420000－2302－0004388　集二/3.8/7744
(35654)

小草庵詩鈔一卷　(清)屠蘇撰　清光緒十年(1884)潄喜齋刻本　一冊

420000－2302－0004389　集二/0－8/2784
(100920)

小巢壺詩二卷　(清)鮑善基撰　清嘉慶二十一年(1816)刻本　一冊

420000－2302－0004390　善子十二/5－7/
2622(69699)

小窗清紀四卷附一卷別紀四卷自紀四卷
(明)吳從先評選　明萬曆四十三年(1615)刻本　六冊

420000－2302－0004391　子八/4.5/8317.4
(17810)

小兒藥證真訣三卷　(宋)錢乙撰　(宋)閻季忠編次　清刻本　二冊

420000－2302－0004392　子八/4.5/8317.4
(17812)

小兒藥證真訣三卷　(宋)錢乙撰　(宋)閻季忠編次　清刻本　二冊

420000－2302－0004393　經十/12.8/4442
(15609)

小爾雅疏證五卷　(清)葛其仁撰　清末刻本
二冊

420000－2302－0004394　經十/12.8/3087
(15772)

小爾雅訓纂六卷　(清)宋翔鳳撰　清光緒十六年(1890)廣雅書局刻本　一冊

420000－2302－0004395　善經十/12－7/
1224.3(70467)

小爾雅一卷　(漢)孔鮒纂集　(明)葉自本糾

偽　明刻本　一冊

小羅浮山館詩鈔十五卷　（清）吳昇著　清同治四年(1865)吳氏孫吳春傑刻本　四冊

420000 － 2302 － 0004397　集 二/4. 8/4234
(37260)

小謨觴館文注四卷續注二卷　（清）彭兆蓀撰（清）彭元培輯　清光緒二十年(1894)刻本　三冊

420000 － 2302 － 0004398　史 十五/52 － 8/4460(102616)

小蓬萊閣金石文字不分卷　（清）黃易輯　清嘉慶五年(1800)錢塘黃氏刻本　一冊　存一冊

420000 － 2302 － 0004399　善史 十五/52 － 8/4460(79964)

小蓬萊閣金石文字不分卷　（清）黃易輯　清嘉慶五年(1800)錢塘黃氏刻本　五冊

420000 － 2302 － 0004400　子 八/5. 8/4284
(17797)

小蓬萊山館方鈔二卷　（清）蕭山竹林寺僧撰　清咸豐二年(1852)刻本　一冊

420000 － 2302 － 0004401　善集 七/2 － 8/8002
(56001)

小石帆亭著録六卷　（清）翁方綱撰　清乾隆五十七年(1792)刻本　一冊

420000 － 2302 － 0004402　叢/1 － 8/3136
(73395)

小石山房叢書三十八種　（清）顧湘輯　清同治十三年(1874)虞山顧湘刻本　十六冊

420000 － 2302 － 0004403　子 十一/42. 8/3136
(20007)

小石山房印譜六卷　（清）顧湘　（清）顧浩編輯　清鈐印本　六冊

420000 － 2302 － 0004404　子 十一/42 － 8/3136(85775)

小石山房印譜一卷　（清）顧湘編　清宣統三年(1911)小石山房石印本　一冊

420000 － 2302 － 0004405　集 四/121.8/2816
(38158)

小檀欒室閨秀詞鈔一百八卷　徐乃昌編　清宣統元年(1909)刻本　二十八冊

420000 － 2302 － 0004406　集 七/3. 8/4028
(11574)

小題正鵠初集一卷　（清）李傳敏　（清）李元度編　清刻本　三冊

420000 － 2302 － 0004407　集 二/1. 8/2514
(37719)

小萬卷齋詩稿三十二卷文稿二十四卷經進稿四卷　（清）朱珔著　清光緒十年(1884)涇縣朱樹齋刻本　二十四冊

420000 － 2302 － 0004408　集 二/1. 8/2514
(9882)

小萬卷齋文稾二十四卷詩稾三十二卷經進稾四卷詩續稾十三卷　（清）朱珔著　清光緒十一年(1885)刻本　二十二冊

420000 － 2302 － 0004409　子 九/3 － 9/1163
(100652)

小學筆算新教科書　張景良編　清宣統三年(1911)上海文明書局鉛印本　四冊

420000 － 2302 － 0004410　子 十四/4 － 52/1000(103746)

小學紺珠十卷　（宋）王應麟撰　清光緒十年(1884)成都志古堂刻本　一冊　存四卷(一至四)

420000 － 2302 － 0004411　善經 十/ － 8/2244.1
(93672)

小學鉤沉十九卷　（清）任大椿撰　（清）王念孫校正　清光緒十年(1884)刻本　四冊

420000 － 2302 － 0004412　經 十/15. 8/2244
(15664)

小學鉤沉十九卷　（清）任大椿撰　（清）王念孫校正　清光緒十年(1884)龍氏刻本　二冊

420000－2302－0004413　　經十/－8/2244.1（103569）

小學鉤沉十九卷　（清）任大椿撰　（清）王念孫校正　清光緒十年(1884)龍氏刻本　二冊

420000－2302－0004414　子二/42.8/2540.1/4（16893）

小學後編二卷　（清）尹嘉銓撰　清光緒二十五年(1899)刻本　一冊

420000－2302－0004415　子二/42.8/2540.1/3（16892）

小學或問四卷　（清）尹嘉銓撰　清光緒二十五年(1899)刻本　一冊

420000－2302－0004416　子二/44－52/2540.1(110942)

小學集解六卷　（清）張伯行輯註　清光緒元年(1875)湖北崇文書局刻本　三冊

420000－2302－0004417　子二/42.5/2540.1（8257）

小學集解六卷　（清）張伯行輯注　清光緒二十年(1894)澹雅堂刻本　四冊

420000－2302－0004418　子二/42.5/2540.1（16924）

小學集解六卷　（清）張伯行輯注　清同治六年(1867)湖北崇文書局刻本　三冊

420000－2302－0004419　子二/44－52/2540.1(86797)

小學集解六卷首一卷　（清）張伯行撰　（清）王榕吉圈點　清同治四年(1865)山左王榕吉刻本　二冊

420000－2302－0004420　子二/44－52/2540.1(110635)

小學集解六卷首一卷　（清）張伯行輯註　清光緒二十七年(1901)廣雅書局刻本　四冊

420000－2302－0004421　子二/42.8/2540（8216）

小學集註六卷　（宋）朱熹撰　清光緒十一年(1885)上海書局刻本　三冊　存四卷(一至四)

420000－2302－0004422　經十/－8/0436（57052）

小學考五十卷　（清）謝啟昆撰　清光緒十四年(1888)浙江書局刻本　二十冊

420000－2302－0004423　經十/－8/0436（61943）

小學考五十卷　（清）謝啟昆撰　清光緒十五年(1889)石印本　六冊

420000－2302－0004424　子二/42.8/2540.1/5（16894）

小學攷證一卷小學釋文二卷　（清）尹嘉銓撰　清光緒二十五年(1899)刻本　一冊

420000－2302－0004425　子二/42.8/3425（16895）

小學六卷　（清）池生春輯訂　清道光十四年(1834)池氏廣西刻本　二冊

420000－2302－0004426　集一/311.8/4010（31896）

小學弦歌八卷　（清）李元度輯　清光緒二十八年(1902)刻本　五冊

420000－2302－0004427　子二/42.8/2540.1/1－2(16890)

小學義疏六卷　（清）尹嘉銓撰　清光緒二十五年(1899)刻本　二冊

420000－2302－0004428　子二/44－8/6034（61933）

小學韻語一卷　（清）羅澤南撰　清同治十二年(1873)獨山莫祥芝刻本　一冊

420000－2302－0004429　子二/44－8/6034（61934）

小學韻語一卷　（清）羅澤南撰　清光緒二十一年(1895)澹雅書局刻本　一冊

420000－2302－0004430　子二/44－8/6034（86792）

小學韻語一卷　（清）羅澤南撰　清光緒二十一年(1895)澹雅書局刻本　一冊

420000－2302－0004431　子二/44－8/6034

(86793)

小學韻語一卷 （清）羅澤南撰　清光緒二十一年(1895)澹雅書局刻本　一冊

420000－2302－0004432　子二/44－8/6034(86791)

小學韻語一卷 （清）羅澤南撰　清光緒二十七年(1901)仁記書舍刻本　一冊

420000－2302－0004433　集二/0－8/2678(71775)

小竹園詩鈔二卷 （清）程開鎮撰　清光緒三十二年(1906)刻本　一冊

420000－2302－0004434　子十二/2.8/3404(20173)

曉讀書齋雜録八卷 （清）洪亮吉撰　清光緒三年(1877)刻本　二冊

420000－2302－0004435　經八/1－42/0030(55347)

孝經一卷 （唐）玄宗李隆基注　清光緒遵義黎氏日本東京使署刻本　一冊

420000－2302－0004436　經八/1－42/0030(90606)

孝經一卷 （唐）玄宗李隆基注　清同治九年(1870)揚州書局刻本　一冊

420000－2302－0004437　經八/1.42/0003.7(15330)

孝經一卷 （唐）玄宗李隆基注　（唐）陸德明音義　清同治七年(1868)湖北崇文書局刻本　一冊

420000－2302－0004438　經八/7/4200(15311)

孝經音訓一卷爾雅音訓一卷 （清）楊國楨撰　清道光十年(1830)刻本　一冊

420000－2302－0004439　經八/1－42/4074.1(61894)

孝經注解一卷 （唐）玄宗李隆基注　（宋）司馬光指解　（宋）范祖禹說　清光緒六年(1880)雲南書局刻本　一冊

420000－2302－0004440　善經八/1－42/0003.7(70464)

孝經注疏九卷 （唐）玄宗李隆基注　（唐）陸德明音義　（宋）邢昺校　清乾隆十二年(1747)武英殿刻本　一冊

420000－2302－0004441　史八/1－8/3144(77183)

校邠廬抗議不分卷 （清）馮桂芬撰　清光緒九年(1883)津河廣仁堂刻本　一冊

420000－2302－0004442　史十四/11－8/0070(89718)

校讎通義三卷 （清）章學誠撰　清光緒二十五年(1899)三味堂刻本　一冊

420000－2302－0004443　子十二/2－52/1000.2(103403)

校訂困學紀聞集證二十卷 （宋）王應麟撰（清）何義門等箋　清嘉慶十六年(1811)刻本　十一冊

420000－2302－0004444　子十二/2－52/1033.7(100864)

校訂困學紀聞三箋二十卷 （宋）王應麟撰（清）閻若璩箋　清嘉慶九年(1804)刻本　六冊

420000－2302－0004445　史一/222.8/1099(5282－87)

校漢書八表十卷 （清）夏燮撰　清光緒十六年(1890)江城公所夏城楨刻本　六冊

420000－2302－0004446　史十四/32－8/4031(63077)

校經廎題跋二卷 （清）李富孫撰　清光緒西泠印社吳氏木活字印本　一冊

420000－2302－0004447　史一/2－21/1773.1(91310)

校刊史記集解索隱正義札記五卷 （清）張文虎撰　清同治十一年(1872)金陵書局刻本　二冊

420000－2302－0004448　史一/2－21/1773.1(75153)

259

校刊史記集解索隱正義札記五卷 （清）張文虎撰 清同治十一年（1872）金陵書局刻本二冊

420000－2302－0004449 史一/2－21/1773.1（101442）

校刊史記集解索隱正義札記五卷 （清）張文虎撰 清同治十一年（1872）金陵書局刻本二冊

420000－2302－0004450 子十四/21.7/0077.15（8073）

校正尚友錄全集二十二卷 （明）廖用賢纂 （清）張伯琮補輯 清光緒十六年（1890）上海掃葉山房銅活字印本 六冊 存十九卷（一至十九）

420000－2302－0004451 子十四/4/1027（7832）

校正陽宅大全圖說十卷 （明）一壑居士集 清宣統三年（1911）上海進步書局石印本 一冊

420000－2302－0004452 集二/4.8/4402（27289）

嘯古堂文集八卷 （清）蔣敦復撰 清刻本 一冊 存四卷（五至八）

420000－2302－0004453 集二/3.9/4402（37289）

嘯古堂文集八卷 （清）蔣敦復撰 清同治七年（1868）上海道署刻本 二冊 存四卷（一至四）

420000－2302－0004454 集五/2.8/6645（36612）

嘯亭雜錄八卷續錄二卷 （清）昭槤撰 清光緒二十七年（1901）上海掃葉山房石印本 四冊

420000－2302－0004455 子十一/4.8/6745（8171）

嘯亭雜錄八卷續錄二卷 （清）昭槤撰 清光緒六年（1880）刻本 十二冊

420000－2302－0004456 集二/0－52/4437

（91959）

斜川集六卷 （宋）蘇過撰 清道光七年（1827）眉州三蘇祠刻本 二冊

420000－2302－0004457 集二/1.5/4437.4（34649）

斜川集六卷附錄二卷 （宋）蘇過撰 清乾隆五十三年（1788）趙懷玉刻本 一冊

420000－2302－0004458 經三/0－8/2632

寫定尚書不分卷 （清）吳汝綸撰 清光緒十八年（1892）石印本 一冊

420000－2302－0004459 經三/0－8/2632（100740）

寫定尚書不分卷 （清）吳汝綸撰 清光緒十八年（1892）桐城吳氏家塾刻本 ·冊

420000－2302－0004460 集七/3.5/0442（12079）

謝疊山先生文章軌範七卷 （宋）謝枋得編評 清光緒三十一年（1905）鴻德堂刻朱墨套印本 二冊

420000－2302－0004461 集七/3.5/0442（12081）

謝疊山先生文章軌範七卷 （宋）謝枋得編評 清光緒三十一年（1905）鴻德堂刻朱墨套印本 二冊

420000－2302－0004462 集一/41－52/0442（91930）

謝疊山先生文章軌範七卷 （宋）謝枋得編評 清咸豐二年（1852）潯陽萬青鈴刻本 二冊

420000－2302－0004463 集一/41－52/0442（91910）

謝疊山先生文章軌範七卷 （宋）謝枋得編評 清光緒元年（1875）湖北崇文書局刻三色套印本 二冊

420000－2302－0004464 集一/41－52/0442（91912）

謝疊山先生文章軌範七卷 （宋）謝枋得編評 清光緒二十一年（1895）湖北崇文書局刻三色套印本 二冊

420000－2302－0004465　集一/411.5/9442（33956）

謝疊山先生文章軌範七卷　（宋）謝枋得編評　清咸豐二年（1852）刻本　二冊

420000－2302－0004466　善集二/0－30/0413（69428）

謝康樂集二卷　（南朝宋）謝靈運撰　明婁東張溥刻本　一冊　存一卷（一）

420000－2302－0004467　集二/0－36/0472（89594）

謝宣城集五卷　（南朝齊）謝朓撰　清同治九年（1870）永康胡氏退補齋刻本　一冊

420000－2302－0004468　集二/4.8/3340（35363）

心聲齋策論精選五卷　（清）心聲齋主撰　清光緒二十八年（1902）中西印書館鉛印本　二冊

420000－2302－0004469　子十一/216.1/2699（19436）

辛丑銷夏記五卷　（清）吳榮光撰　清光緒三十一年（1905）郋園刻本　五冊

420000－2302－0004470　史十二/62－8/7720（79612）

辛卯侍行記六卷　（清）陶保廉撰　清光緒二十三年（1897）刻本　六冊

420000－2302－0004471　集一/32－8/2534（64676）

新安先集二十卷崇祀錄一卷　（清）宋之榛等輯　清同治十三年至光緒三年（1874－1877）刻本　八冊

420000－2302－0004472　善子十四/1－5/3626（21005）

新編古今事文類聚前集六十卷後集五十卷續集二十八卷別集三十二卷　（宋）祝穆撰　**新集三十六卷外集十五卷**　（元）富大用輯　**遺集十五卷**　（元）祝淵輯　明萬曆三十二年（1604）書林唐富春德壽堂刻本　九十冊　存二百六卷（前集六十卷、後集一至二十、續集二十八卷、別集三十二卷、新集三十六卷、外集十五卷、遺集十五卷）

420000－2302－0004473　集六/1/0284（85892）

新編七真天仙寶傳四卷　（□）□□撰　清刻本　一冊

420000－2302－0004474　史十七/11－8/2237（86275）

新編西洋歷史教科書二卷　（清）出洋學生編輯所編譯　清光緒二十八年（1902）上海商務印書館鉛印本　二冊

420000－2302－0004475　集六/2－/1025（87448）

新編玉鴛鴦五集二十卷　（清）□□撰　清刻本　八冊

420000－2302－0004476　子八/3－5/0822（81965）

新編張仲景注解傷寒發微論二卷百證歌五卷　（宋）許叔微撰　清光緒七年（1881）刻本　二冊

420000－2302－0004477　史十一/23－8/2880（723527）

新出繪圖皖案徐錫麟一卷　（□）□□撰　清光緒三十三年（1907）上海裕記書莊發行石印本　一冊

420000－2302－0004478　集五/4－8/3132（722346）

新出義和團演義二十回　（清）潭溪生撰　清宣統三年（1911）石印本　二冊

420000－2302－0004479　史八/47－8/2643（87507）

新定各國通商條約十六卷附辛丑各國和約一卷　（清）吳梅溪編　清光緒二十八年（1902）上海書局石印本　八冊

420000－2302－0004480　經五/43－51/1028（90603）

新定三禮冕服圖二十卷　（宋）聶崇義集注　清同治十二年（1873）粵東書局刻本　一冊

存十卷(一至十)

420000 - 2302 - 0004481　　經 九/5.8/1744
(9670)

新訂四書補注備旨十卷 （明）鄧林撰 （清）
祁文友重校 （清）鄧煜耀編次 （清）杜定基
增訂 清刻本 一冊 存二卷(下論三至四)

420000 - 2302 - 0004482　　經 九/5 - 7/1744.3
(103149)

新訂四書補注備旨十卷 （明）鄧林撰 （清）
祁文友重校 （清）鄧煜耀編次 （清）杜定基
增訂 清刻本 四冊 存六卷(下論三至四、
上孟一至二、下孟三至四)

420000 - 2302 - 0004483　　經 九/5 - 7/1744.3
(103153)

新訂四書補注備旨十卷 （明）鄧林撰 （清）
祁文友重校 （清）鄧煜耀編次 （清）杜定基
增訂 清刻本 四冊 存六卷(下論三至四、
上孟一至二、下孟三至四)

420000 - 2302 - 0004484　　經 九/5 - 7/1744.3
(103157)

新訂四書補注備旨十卷 （明）鄧林撰 （清）
祁文友重校 （清）鄧煜耀編次 （清）杜定基
增訂 清刻本 一冊 存二卷(下論三至四)

420000 - 2302 - 0004485　　經 九/5 - 7/1744.3
(110573)

新訂四書補註備旨十卷 （明）鄧林撰 （清）
祁文友重校 （清）鄧煜耀編次 （清）杜定基
增訂 清廣州石經堂刻本 五冊

420000 - 2302 - 0004486　　子 八/21 - 8/4635
(88730)

新婚必讀一卷 （清）賀澤春撰 清同治刻本
一冊

420000 - 2302 - 0004487　　集 五/4 - 8/8043
(63328)

新輯繪圖全續彭公案後部八十一回 （□）
□□撰 清光緒二十九年(1903)京都情文齋
石印本 二冊 存四十回(一至四十)

420000 - 2302 - 0004488　　集 五/4 - 8/8043

(63330)

新輯繪圖再續彭公案八十回 （□）□□撰
清光緒二十九年(1903)京都情文齋石印本
三冊 存六十回(一至六十)

420000 - 2302 - 0004489　　集 五/4 - 8/0254
(88930)

新輯左公平西全傳四卷三十二回 （□）□□
撰 清宣統元年(1909)上海詠記書局石印本
一冊

420000 - 2302 - 0004490　　子十四/1 - 5/4477

**新箋決科古今源流至論前集十卷後集十卷續
集十卷** （宋）林駉撰 **新箋決科古今源流至
論別集十卷** （宋）黃履翁撰 明嘉靖十六年
(1537)刻木 十二冊

420000 - 2302 - 0004491　　善集 四/43 - 7/
7577(38486)

新鐫古今大雅北宮詞紀六卷 （明）陳所聞粹
選 （明）陳邦泰輯次 明萬曆三十二年
(1604)陳氏刻本 四冊

420000 - 2302 - 0004492　　善集 四/43 - 7/
7577(68972)

新鐫古今大雅北宮詞紀六卷 （明）陳所聞粹
選 （明）陳邦泰輯次 明萬曆三十二年
(1604)陳氏刻本 三冊 存五卷(二至六)

420000 - 2302 - 0004493　　善集 四/43 - 7/
7577(41206)

新鐫古今大雅南宮詞紀六卷 （明）陳所聞粹
選 （明）陳邦泰輯次 明萬曆三十三年
(1605)陳氏刻本 七冊

420000 - 2302 - 0004494　　善集 四/43 - 7/
7577(41212)

新鐫古今大雅南宮詞紀六卷 （明）陳所聞粹
選 （明）陳邦泰輯次 明萬曆三十三年
(1605)陳氏刻本 二冊 存二卷(三、六)

420000 - 2302 - 0004495　　善子十四/1 -
7/2896

新鐫古今事物原始全書三十卷 （明）徐炬明
採輯 明萬曆二十一年(1593)徐氏刻本 十

六冊

420000 – 2302 – 0004496 經一/2 – 8/8324
(1544)

新鐫經苑二十五種 （清）錢儀吉輯 清道光
十一年至同治十年(1831 – 1871)刻本 七十
二冊

420000 – 2302 – 0004497 集 六/1/0284
(110656)

新鐫七真天仙寶傳二卷三十二回 （□）□□
撰 清刻本 一冊

420000 – 2302 – 0004498 子 十/6 – 7/1144
(88899)

新鐫神峯張先生通考闢謬命理正宗四卷
（明）張楠撰 清宣統二年(1910)鑄記書局石
印本 一冊 存二卷(一至二)

420000 – 2302 – 0004499 集 五/4.8/2142
(38590)

**新鐫玉茗堂批點按鑑參補南宋志傳十卷五十
回** （明）熊大禾撰 （清）研石山樵訂正 清
經元堂刻本 四冊

420000 – 2302 – 0004500 集 五/4.8/2142
(38586)

**新鐫玉茗堂批點按鑑參補楊家將傳十卷五十
回** （明）熊大禾撰 （清）研石山樵訂正 清
體元堂刻本 四冊

420000 – 2302 – 0004501 經十/22.7/1121.0
(16003)

新鐫正字通十二卷首一卷 （明）張自烈撰
（清）廖文英續纂 清弘文書院刻本 三十
二冊

420000 – 2302 – 0004502 子 八/2.8/0117
(18130)

新刊醫林狀元壽世保元十卷 （清）龔廷賢編
  清刻本 十冊

420000 – 2302 – 0004503 子 八/61.7/0117
(17884)

新刊增補萬病回春原本八卷 （明）龔廷賢編
  清刻本 六冊

420000 – 2302 – 0004504 史 二/2 – 7/4044
(110813)

**新刊趙田了凡袁先生編纂古本歷史大方綱鑑
補三十八卷首一卷** （明）袁黃編纂 清刻本
五冊 存五卷(二、十二至十五)

420000 – 2302 – 0004505 史 二/2 – 7/4044
(110753)

**新刊趙田了凡袁先生編纂古本歷史大方綱鑑
補三十八卷首一卷** （明）袁黃等輯 清刻本
一冊 存一卷(七)

420000 – 2302 – 0004506 集 五/4.7/7738.1
(40017)

新刻按鑑編輯開闢衍繹通俗志傳六卷八十回
（明）周游編 清刻本 六冊

420000 – 2302 – 0004507 善 經 十/12 –
52/6071

新刻爾雅翼三十二卷 （宋）羅願撰 （明）畢
效欽校 明萬曆三十一年(1603)胡文煥刻本
八冊

420000 – 2302 – 0004508 集 五/4.8/9894
(38671)

新刻粉妝樓傳記十卷八十回 （清）□□撰
清道光二十年(1840)三槐堂刻本 十二冊

420000 – 2302 – 0004509 集 五/4.7/0821.8
(39879)

新刻封神演義八卷一百回 （明）許仲琳撰
清同治八年(1869)刻本 七冊 存七卷(一、
三至八)

420000 – 2302 – 0004510 集 一/746/1360
(88028)

新刻黃鶴樓銘楹聯一卷 （清）□□編 清光
緒二年(1876)星沙未了居士刻本 一冊

420000 – 2302 – 0004511 集 一/746/1360
(89373)

新刻黃鶴樓銘楹聯一卷 （清）□□編 清末
刻本 一冊

420000 – 2302 – 0004512 集 五/4.8/5338
(38573)

新刻劍嘯閣批評東漢演義十卷 （明）謝詔撰
明刻本 二冊

420000－2302－0004513 經二/1－7/4082.3
（110559）

新刻來瞿唐先生易注十五卷首一卷末一卷
（明）來知德撰 （清）凌夫惇圈點 （清）高
喬映校讐 清朝爽堂刻本 二冊 存二卷
（十三、首一卷）

420000－2302－0004514 經九/5－52/2540
（57483）

新刻批點四書讀本十九卷 （宋）朱熹注 清
道光七年（1827）愷元堂刻朱墨套印本 六冊

420000－2302－0004515 經九/5－52/2540
（57357）

新刻批點四書讀本十九卷 （宋）朱熹注 清
同治十三年（1874）刻本 六冊

420000－2302－0004516 經九/5－52/2540.0
（88962）

新刻批點四書讀本十九卷 （宋）朱熹章句
（清）高玲批點 清道光七年（1827）刻本
六冊

420000－2302－0004517 經九/5.5/2540
（15509）

新刻批點四書讀本十九卷 （宋）朱熹章句
清道光七年（1827）刻朱墨套印本 十冊

420000－2302－0004518 子十/4.64/7225.7
（19173）

新刻石函平沙玉尺經全書真機三卷 （元）劉
秉忠述 （明）劉基解 清刻本 二冊 存二
卷（上、中）

420000－2302－0004519 集二/4.7/4444
（35341）

新刻天傭子全集十卷 （明）艾南英著 （清）
艾爲珖 （清）艾曰芬編輯 清康熙三十八年
（1699）高氏刻本 六冊

420000－2302－0004520 集二/1.8/1173
（37892）

新刻楊園先生全集五十四卷 （清）張履祥撰

（清）姚璉輯 （清）萬斛泉編 張楊園先生
年譜一卷 （清）蘇惇元編 清同治十年
（1871）江蘇書局刻本 十六冊

420000－2302－0004521 集五/4.8/4003
（9997）

新刻異說南唐演義全傳十卷 （清）如蓮居士
編輯 清同治刻本 一冊

420000－2302－0004522 集五/4.8/9479
（38656）

新刻增刪二度梅奇說六卷 惜陰堂主人撰
清刻本 六冊

420000－2302－0004523 集二/1.7/1171
（34757）

新刻張太岳先生詩集六卷文集四十一卷
（明）張居正撰 清末唐國達刻本 十六冊

420000－2302－0004524 集二/0－7/1171
（103680）

新刻張太岳先生文集四十七卷 （明）張居正
撰 （明）曾可前校 （明）高以儉校 清刻本
二冊 存六卷（二十至二十五）

420000－2302－0004525 集二/0－7/1171
（103601）

新刻張太岳先生文集四十七卷 （明）張居正
撰 清刻本 十一冊 存十九卷（九至二十
七）

420000－2302－0004526 集二/0－7/1171
（103682）

新刻張太岳先生文集四十七卷 （明）張居正
撰 （明）高以儉校 （明）唐國達刊 清刻本
四冊 存十一卷（十六至二十六）

420000－2302－0004527 集一/41－8/7275
（93355）

新刻諸葛宗岳史四公文集三十卷 （清）劉質
慧編 清同治十二年（1873）三原劉氏述荊堂
刻本 七冊 存十三卷（諸葛忠武侯文集一
至六，首一卷；岳忠武王集一、六至八，首一
卷，末一卷）

420000－2302－0004528 史九/2－8/0205

（90653）

新刻奏對合編二種 （清）□□撰　清光緒九年(1883)饒士騰等京都刻本　二冊

420000－2302－0004529　集五/2.8/6028（36616）

新門散記一卷 （清）羅以智撰　清光緒七年(1881)刻本　一冊

420000－2302－0004530　子十二/5－8/4048（110802）

新齊諧二十四卷續新齊諧十卷 （清）袁枚編　清光緒三十四年(1908)上海集成圖書公司鉛印本　一冊　存十五卷(二十至二十四、續新齊諧十卷)

420000－2302－0004531　善史六/1－7/8722（40132）

新鍥先秦兩漢旁訓便讀六卷 （明）鄧維嶽撰　明末鞭垓子楊九經刻本　二十冊

420000－2302－0004532　史十二/244/0204（6936）

新設狼山鎮標錄營警察學堂創辦章程一卷 （清）□□撰　清末刻本　一冊

420000－2302－0004533　集五/4.7/2616（40055）

新說西游記圖像一百回 （明）吳承恩撰（清）張書紳改　清光緒十四年(1888)上海味潛齋石印本　八冊

420000－2302－0004534　集五/4－8/1152（102813）

新說西遊記圖像一百回 （明）吳承恩撰（清）張書紳改　清光緒十四年(1888)上海味潛齋石印本　八冊

420000－2302－0004535　子二/6－7/6045.3（67779）

新吾粹語四卷附記一卷 （清）汪霦原撰　清道光十年(1830)仁和汪霦原刻本　一冊

420000－2302－0004536　集一/41－8/3714.4（90011）

新校刻詳訂古文評註全集十卷 （清）過珙注

（清）黃越注編評　清末粵東順邑馬岡鄉馮積厚堂刻本　四冊　存四卷(一、三至五)

420000－2302－0004537　史十二/363/0050.84（65398）

新修會典廣東輿地圖說十四卷首一卷 （清）李潮章等修　（清）廖廷相等纂　（清）顧瀚等繪　清宣統元年(1909)廣東參謀處鉛印本　四冊

420000－2302－0004538　善集六/21－/0220（93482）

新繡龍鳳釧全傳十集 （□）□□撰　清末抄本　八冊

420000－2302－0004539　善集六/21－/0220（93490）

新繡龍鳳釧全傳十集 （□）□□撰　清抄本　十六冊

420000－2302－0004540　子十二/2－8/1270（62046）

新義錄一百卷 （清）孫璧文撰　清光緒二十七年(1901)兩湖書院刻本　四十八冊

420000－2302－0004541　史十七/0－8/0014.4(637808)

新譯列國政治通攷二百二十卷 （清）文廷式輯　清光緒二十九年(1903)上海蜚英書局石印本　二十四冊

420000－2302－0004542　集六/2－8/1025（722376）

新增全圖文武香毬六卷 （清）三樂軒主人編　清光緒二十六年(1900)上海書局石印本　六冊

420000－2302－0004543　集六/2－8/0070/（722382）

新增全圖珍珠塔後傳麒麟豹六卷 （清）鴛湖逸史編　清光緒二十八年(1902)福記書局石印本　六冊

420000－2302－0004544　集五/4.8/2733（38371）

新增全圖珍珠塔後傳麒麟豹三十卷六十回

（清）廢閒主人撰　清光緒二十八年（1902）福記書局石印本　六冊

420000－2302－0004545　經九/8.8/7547
（9523）

新增四書典考輯要味根錄三十七卷首二卷
（清）陳弘謀編　清光緒刻本　十二冊

420000－2302－0004546　集五/2－8/4048
（90572－5）

新齊諧二十四卷續新齊諧十卷　（清）袁枚撰
清光緒十九年（1893）倉山舊主石印本
四冊

420000－2302－0004547　集一/5－8/2741
（87358）

新政分類元魁大成二十五卷　繆荃孫編　清
光緒三十一年（1905）石印本　十冊

420000－2302－0004548　史八/1－8/2138.4
（77373）

新政真詮六編首一卷　（清）何啓　（清）胡禮
垣撰　清光緒二十七年（1901）英雲記廣譯書
局鉛印本　八冊

420000－2302－0004549　史八/8.8/2138.4
（6492）

新政真詮六編首一卷　（清）何啟　（清）胡禮
垣編　清光緒二十七年（1901）英雲記廣譯書
局鉛印本　七冊　存六編（新政真詮六編）

420000－2302－0004550　子二/2－21/5640.4
（64823）

新纂門目五臣音注揚子法言十卷　（漢）揚雄
撰　（晉）李軌等注　清嘉慶九年（1804）刻本
一冊

420000－2302－0004551　史十一/61－8/
2223（77528）

新纂氏族箋釋八卷　（清）熊峻運撰　清光緒
七年（1881）文奎堂刻本　四冊

420000－2302－0004552　史十一/51.8/2123
（6811）

新纂氏族箋釋八卷附一卷　（清）熊峻運著
清積秀堂刻本　四冊　存八卷（新纂氏族箋

釋八卷）

420000－2302－0004553　史八/41－8/7471
（77158）

新纂約章大全七十三卷續二卷　（清）陸鳳石
輯　清宣統元年（1909）上海崇義堂石印本
五十冊

420000－2302－0004554　子十二/2－8/0070
（56248）

信摭一卷　（清）章學誠撰　清宣統二年
（1910）順德鄧氏鉛印本　一冊

420000－2302－0004555　集七/2－8/2820
（87469）

星湄詩話二卷　（清）徐傳詩撰　清宣統三年
（1911）崑山趙詒琛刻本　一冊

420000－2302－0004556　史八/41－8/7135.1
（51035）

星軺指掌三卷續一卷　（清）聯芳　（清）慶常
譯　清光緒二年（1876）鉛印本　四冊

420000－2302－0004557　史八/65－8/1234
（62859）

刑案程式不分卷　（清）□□編　清抄本
四冊

420000－2302－0004558　史八/62－8/2123
（93615）

刑律劄記不分卷　（清）何秋濤撰　清末抄本
一冊

420000－2302－0004559　集二/0－37/3616
（88504）

邢特進集一卷　（南朝齊）邢邵撰　**溫侍續集
一卷**　（北魏）溫子昇撰　清光緒三年（1877）
滇南唐氏壽考堂刻本　一冊

420000－2302－0004560　子十一/74－8/
0038（100957）

形景盦三漢碑趺一卷　（清）高心夔輯　清光
緒八年（1882）平湖朱氏經注經齋刻本　一冊

420000－2302－0004561　善經十/213－8/
1115.4（70468）

形聲音讀考不分卷 （清）蒙求氏輯　清宣統二年(1910)抄本　十冊

420000－2302－0004562　子九/3.8/4940.4(19109)

形學備旨全草十卷 （美國）狄考文輯　（清）鄒立文述　清光緒三十一年(1905)石印本　六冊

420000－2302－0004563　子九/3.8/4940(18981)

形學備旨十卷 （美國）狄考文輯　（清）鄒立文述　清光緒三十年(1904)上海美華書館鉛印本　二冊

420000－2302－0004564　子九/3.8/4940(8418)

形學備旨十卷 （美國）狄考文輯　（清）鄒立文述　清光緒十一年(1885)上海美華書館鉛印本　二冊

420000－2302－0004565　子九/3.8/4940(8420)

形學備旨十卷 （美國）狄考文輯　（清）鄒立文述　清光緒十一年(1885)上海美華書館鉛印本　二冊

420000－2302－0004566　子十/2－8/4940.2(82313)

形學備旨十卷開端一卷 （美國）狄考文選譯　（清）鄒立文筆述　清光緒二十三年(1897)刻本　二冊

420000－2302－0004567　善史八/23－8/1284(70146)

幸魯盛典四十卷 （清）孔毓圻輯　清康熙刻本　二十冊

420000－2302－0004568　善子二/0－7/4700(70000)

性理大全七十卷 （明）胡廣編　明刻本　一冊　存一卷(一)

420000－2302－0004569　史十一/61－51/1760(55350)

姓解三卷 （宋）邵思撰　清光緒遵義黎氏日本東京使署影宋刻本　一冊

420000－2302－0004570　史十一/61－51/1760(55351)

姓解三卷 （宋）邵思撰　清光緒遵義黎氏日本東京使署影宋刻本　一冊

420000－2302－0004571　史十一/61－8/1134(77524)

姓氏辨誤三十卷 （清）張澍撰　清道光十八年(1838)棗華書屋刻本　四冊

420000－2302－0004572　史十一/61－52/1000(77487)

姓氏急就篇二卷 （宋）王應麟撰　清光緒十年(1884)成都志古堂刻本　一冊

420000－2302－0004573　史十一/61－8/1134(78216)

姓氏尋源四十五卷 （清）張澍撰　清道光十八年(1838)刻本　十四冊

420000－2302－0004574　集二/0－52/2120(90016)

熊勿軒先生文集六卷 （宋）熊禾撰　清同治五年(1866)福州正誼書院刻本　二冊

420000－2302－0004575　集二/6.7/2111(35451)

熊襄愍公尺牘四卷 （明）熊廷弼撰　（清）洪良品　（清）饒登逵校　清光緒三十四年(1908)湖北武昌璞園刻本　四冊

420000－2302－0004576　集二/0－7/2111(65175)

熊襄愍公集十卷首一卷末一卷 （明）熊廷弼撰　清同治三年(1864)熊氏宗祠刻本　十冊

420000－2302－0004577　集二/4.8/2111(13487)

熊襄愍公集十卷首一卷末一卷 （明）熊廷弼撰　清同治三年(1864)刻本　十冊

420000－2302－0004578　集二/0－7/2171(65674)

熊漁山先生文集二卷首一卷末一卷 （明）熊

開元撰　（清）黃秩柄編次　清光緒二十一年(1895)泠然閣刻本　一冊　存二卷(一、首一卷)

420000－2302－0004579　史十二/53－8/4731(85621)

修防事宜二卷首一卷　（清）胡祖翮撰　清同治十一年(1872)湖北崇文書局刻本　一冊

420000－2302－0004580　集二/3.8/2612(12989)

修月山房詩鈔四卷　（清）吳麗生著　清光緒二十二年(1896)刻本　一冊

420000－2302－0004581　集一/5－8/1173.1(4)

修竹齋試律詳註一卷　（清）那清安撰　清末刻本　一冊

420000－2302－0004582　集五/4－8/1044.8(63262)

繡像八續濟公傳四十卷四十回　（清）□□著　清末上海校經山房石印本　一冊　存一卷(一)

420000－2302－0004583　集五4－8/08838(63338)

繡像八續施公案清烈傳四卷四十回　（清）□□著　清光緒二十九年(1903)上海書局石印本　一冊

420000－2302－0004584　集六/31.8/1044(38037)

繡像百花臺四卷　（清）鴛水主人撰　清光緒元年(1875)刻本　四冊

420000－2302－0004585　子十一/14－8/2524(86667)

繡像博古談今花會註解一卷　（清）□□撰　清粵東刻本　一冊

420000－2302－0004586　集五/4－8/3325(723582)

繡像閨門秘術四卷五十回　（清）滬上書局主人撰　清末石印本　四冊

420000－2302－0004587　集五/4.7/6050.8(35811)

繡像漢宋奇書二種　（明）羅本撰　（清）金人瑞批點　清刻本　二十冊

420000－2302－0004588　集六/21－8/2524(644538)

繡像黃金印六卷　（清）□□撰　清同治十二年(1873)刻本　四冊

420000－2302－0004589　集五/4.8/0814.8(38594)

繡像結水滸全傳七十回　（清）俞萬春撰　清光緒二十二年(1896)煥文書局鉛印本　八冊

420000－2302－0004590　集五/4.8/4012(38316)

繡像綠野仙踪全傳八卷八十回　（清）李百川撰　清道光十年(1830)青光堂刻本　十二冊

420000－2302－0004591　集五/4.8/5514(38461)

繡像批點紅樓夢一百二十回　（清）曹雪芹撰　清刻本　二十冊

420000－2302－0004592　集五/4－8/1044.7(63261)

繡像七續濟公傳四卷四十回　□□撰　清末石印本　一冊　存一卷(一)

420000－2302－0004593　集五/4.7/6075.8(39970)

繡像全圖三國演義一百二十回　（明）羅貫中撰　（清）金人瑞批　（清）毛宗崗評　清光緒十四年(1888)上海鴻文書局石印本　十二冊

420000－2302－0004594　集五/4.7/6075.8(39982)

繡像全圖三國演義一百二十回　（明）羅貫中撰　（清）金人瑞批　（清）毛宗崗評　清光緒十六年(1890)廣百宋齋石印本　十一冊　存一百十回(十一至一百二十)

420000－2302－0004595　集五/4－8/0883(63334)

繡像施公案四集四卷五十回　（□）□□撰

清光緒二十九年(1903)上海書局石印本　一
冊　存二十五回(一至二十五)

420000－2302－0004596　集五/4－8/104412
(63267)

繡像十二續濟公傳四卷四十回　□□撰　清
末上海校經山房石印本　一冊　存一卷(四)

420000－2302－0004597　集五/4－8/1104.13
(63268)

繡像十三續濟公傳四卷四十回　□□撰　清
末上海校經山房石印本　一冊　存一卷(一)

420000－2302－0004598　集五/4－8/104411
(63266)

繡像十一續濟公傳四卷四十回　□□撰　清
宣統二年(1910)上海校經山房石印本　一冊
存一卷(一)

420000－2302－0004599　集六/2－8/2082/
(723586)

繡像雙鎖山二卷　□□撰　清光緒三十二年
(1906)有益齋石印本　一冊

420000－2302－0004600　集五/4－8/10445
(63258)

繡像五續濟公傳四卷四十回　□□撰　清末
石印本　二冊　存二卷(一、四)

420000－2302－0004601　集五/4.8/9446
(38664)

繡像仙俠五花劍全集四卷四十回　(清)惜花
吟主撰　清宣統二年(1910)上海文元書莊石
印本　四冊

420000－2302－0004602　集五/4－8/1044.3
(63254)

繡像再續濟公傳四卷四十一回　□□撰　清
末上海校經山房石印本　四冊

420000－2302－0004603　善集二/0－64/
0060(69350)

虛谷桐江集二十卷　(元)方回撰　清乾隆抄
本　二冊　存十卷(一至四、十至十五)

420000－2302－0004604　叢/5－8/7231
(53278)

虛受齋叢書十五種　(清)劉沅撰　清咸豐劉
氏虛受齋刻本　四十九冊

420000－2302－0004605　經十/16－8/4024
(57171)

虛字說一卷　(清)袁仁林撰　清宣統豐城熊
宿刻本　一冊

420000－2302－0004606　集二/1.5/2880
(13362)

徐騎省集附補遺并校勘記三十卷　(宋)徐鉉
著　清光緒十六年(1890)刻本　八冊

420000－2302－0004607　集二/0－51/2880.4
(65085)

徐騎省集三十卷補遺一卷附錄一卷　(宋)徐
鉉撰　**校勘記一卷**　(清)李英元撰　清光緒
十九年(1893)黔南李氏刻本　八冊

420000－2302－0004608　集二/0－52/2880.4
(84129)

徐騎省集三十卷補遺一卷附錄一卷　(宋)徐
鉉撰　**校勘記一卷**　(清)李英元撰　清光緒
十九年(1893)黔南李氏刻本　八

420000－2302－0004609　子八/0.8/2844
(18181)

徐氏醫書八種　(清)徐大椿釋撰　清光緒十
八年(1892)湖北崇文書局刻本　十二冊

420000－2302－0004610　子八/0.8/2844
(18204)

徐氏醫書八種　(清)徐大椿釋撰　清光緒十
八年(1892)湖北崇文書局刻本　二十冊

420000－2302－0004611　子八/0.8/2844
(8343)

徐氏醫書八種　(清)徐大椿釋撰　清光緒二
十二年(1896)珍藝書局石印本　三冊　存
四種

420000－2302－0004612　子八/0.8/2844
(18170)

徐氏醫書六種　(清)徐大椿釋撰　清同治十
二年(1873)湖北崇文書局刻本　十一冊

420000－2302－0004613　集二/1.36/2874.2
(34911)

徐孝穆全集六卷　（南朝陳）徐陵撰　（清）吳
兆宜箋注　清揚州宜古堂刻本　三冊

420000－2302－0004614　集一/741.1/2832.2
(33390)

徐州二遺民集十卷　（明）萬壽祺　（明）閻爾
梅著　（清）桂中行輯　清光緒二十年（1894）
桂中行刻本　五冊

420000－2302－0004615　叢/1－9/2816
(23829)

鄮齋叢書二十種　徐乃昌編　清光緒二十六
年（1900）南陵徐乃昌刻本　十六冊

420000－2302－0004616　史八/4.8/2422
(5692)

續編各國通商條款四卷　（□）□□撰　清刻
本　五十三冊

420000－2302－0004617　善史十一/11－7/
4044.2(70867)

續藏書二十七卷　（明）李贄輯　明末錢正志
刻本　二冊　存九卷（一至九）

420000－2302－0004618　經七/12－8/1053
(89203)

續春秋左氏傳博議二卷　（清）王夫之撰　清
同治四年（1865）湘鄉曾氏金陵節署刻本
一冊

420000－2302－0004619　經七/18.8/1053
(15166)

續春秋左氏傳博議二卷　（清）王夫之撰　清
同治四年（1865）湘鄉曾氏金陵節署刻本
二冊

420000－2302－0004620　集四/11.58/1150.4
(41440)

續詞選二卷附錄一卷　（清）董毅錄　清刻本
一冊

420000－2302－0004621　史十二/244/3131
(7042)

續定江西現辦振捐章程一卷　（□）□□撰

清宣統刻本　一冊

420000－2302－0004622　史十二　244/3117
(6943)

續定礦務章程一卷　（清）礦物所奉　清光緒
二十九年（1903）刻本　一冊

420000－2302－0004623　子十一/233－8/
1130(89236)

續泛槎圖三集一卷觿槎圖四集一卷　（清）張
寶繪　清光緒上海點石齋石印本　一冊

420000－2302－0004624　子十六/29－42/
2433(65479)

續高僧傳二集四十卷　（唐）釋道宣撰　清光
緒十六年（1890）江北刻經處刻本　十冊

420000－2302－0004625　集一/41－8/2706
(110269)

續古文辭類纂二十八卷　（清）黎庶昌纂　清
光緒二十一年（1895）金陵狀元閣刻本　十
二冊

420000－2302－0004626　集一/111.8/1262
(31245)

續古文苑二十卷　（清）孫星衍編　清嘉慶十
七年（1812）冶城山館孫星衍刻本　六冊

420000－2302－0004627　史一/3－22/1772.7
(74967)

續漢書八志三十卷　（晉）司馬彪續　（南朝
梁）劉昭注續　清同治金陵書局刻本　二冊

420000－2302－0004628　史一/3－36/4464.1
(94318)

續漢書八志三十卷　（南朝梁）劉昭注補　清
刻本　二冊

420000－2302－0004629　史十五/12－52/
3064.2(85158)

續考古圖五卷　（宋）□□撰　**釋文一卷**
(宋)趙九成撰　清光緒十三年（1887）歸安陸
心源刻本　六冊

420000－2302－0004630　經五/31.8/7534.4
(14912)

續禮記集說一百卷 （清）杭世駿撰 清光緒二十一年（1895）浙江書局刻本 四十冊

420000 – 2302 – 0004631 史 八/11/2314（5903）

續三通目録十四卷 （清）席裕福 （清）雷子彦編 清光緒二十九年（1903）上海圖書集成局石印本 四冊

420000 – 2302 – 0004632 集 二/0 – 8/4450（91249）

續騷堂集一卷 （清）萬泰撰 清光緒順德龍氏刻朱印本 一冊

420000 – 2302 – 0004633 史 十一/63 – 5/3617

續侍兒小名録一卷 （宋）溫豫撰 清刻本 一冊

420000 – 2302 – 0004634 子 十四/1.8/8877（7813）

續試律大觀三十二卷 （清）竹屏居士撰 清同治四年（1865）刻本 六冊

420000 – 2302 – 0004635 史 八/11/2314（5891）

續通典一百五十卷 （清）嵇璜等撰 清光緒二十七年（1901）上海圖書集成局石印本 十二冊

420000 – 2302 – 0004636 史 八/11/2314（5831）

續通志三百九十七卷 （清）嵇璜等撰 清光緒二十七年（1901）上海圖書集成局石印本 五十九冊

420000 – 2302 – 0004637 善史八/1 – 7/1042

續文獻通考二百五十四卷 （明）王圻撰 明萬曆三十一年（1603）刻本 九十六冊 存二百二十卷（五至二百二十四）

420000 – 2302 – 0004638 集一/111.5/4022（33338）

續文章正宗復刻十二卷 （宋）真德秀輯 清刻本 十冊

420000 – 2302 – 0004639 史 十七/1/8212（7910）

續西國近事彙編二十八卷 （清）鍾天緯等輯 清光緒鉛印本 二十八冊

420000 – 2302 – 0004640 史 十四/25 – 8/4742（71229）

續溪金紫胡氏所箸書目二卷 （清）胡培系編 （清）胡廷楨校 清光緒十年（1884）胡氏世澤樓刻本 一冊

420000 – 2302 – 0004641 集 二/1.8/2039（37866）

續香齋詩文集五卷 （清）喬遠炳撰 清道光九年（1829）刻本 三冊

420000 – 2302 – 0004642 史 八/1 – 8/5235（75832）

續修大清會典四卷 （清）托津等撰 清同治十一年（1872）湖北崇文書局刻本 四冊

420000 – 2302 – 0004643 集 二/0 – 64/3440.4（84144）

續軒渠集十卷補遺一卷附録一卷 （元）洪希文著 杏庭摘藁一卷 （元）洪焱祖撰 清光緒六年（1880）杉直槐清之館刻本 二冊

420000 – 2302 – 0004644 子 十六/28 – 7/3449（87460）

續原教論二卷 （明）沈士榮撰 清光緒元年（1875）金陵刻經處刻本 一冊

420000 – 2302 – 0004645 史 八/6.8/3460（6255）

續增刑案匯覽十六卷 （清）祝慶祺輯 清道光二十年（1840）刻本 十六冊

420000 – 2302 – 0004646 善 史 二/2 – 43/1779.26（70203）

續資治通鑑長編五百二十卷 （宋）李燾撰 清嘉慶張金五木活字印本 七十三冊

420000 – 2302 – 0004647 善 史 二/2 – 43/1779.4（41004）

續資治通鑑長編五百二十卷 （宋）李燾撰 清抄本 三十二冊 存一百八十卷（一至一

百八十)

420000－2302－0004648　善叢/1－7/2010
(68959)

宣和畫譜二十卷　(□)□□撰　明毛氏汲古
閣刻本　二冊

420000－2302－0004649　子十二/13－8/
1045(110475)

宣講大全□□卷　(清)□□編　清光緒刻本
二冊　存一卷(四)

420000－2302－0004650　子二/6－8/3000
(63540)

宣講福報四卷　(□)□□撰　清宣統元年
(1909)上海德本堂石印本　一冊　存二卷
(一至二)

420000－2302－0004651　子十二/13－8/
1045(110474)

宣講彙編□□卷　(清)□□編　清光緒刻本
一冊　存一卷(四)

420000－2302－0004652　子二/6－8/3000
(63541)

宣講彙編四卷　(□)□□撰　清宣統元年
(1909)上海德本堂石印本　一冊　存二卷
(三至四)

420000－2302－0004653　子二/46－8/1045
(110470)

宣講金鍼四卷　(清)□□編　清光緒三十四
年(1908)經元書室刻本　一冊　存一卷(一)

420000－2302－0004654　子十二/13－8/
1045(110471)

宣講摘要□□卷　(清)□□編　清光緒刻本
二冊　存二卷(三至四)

420000－2302－0004655　子二/6－8/3000
(83431)

宣講摘要四卷　(□)□□撰　清宣統元年
(1909)上海德本堂石印本　二冊

420000－2302－0004656　子十二/13－8/
1045(110473)

宣講珠璣□□卷　(清)□□編　清光緒刻本
一冊　存一卷(四)

420000－2302－0004657　子五/6－8/7470

**宣統元年冬季陸軍速成學堂聯合演習紀事一
卷**　(清)陸軍部陸軍速成學堂編　清宣統陸
軍部陸軍速成學堂鉛印本　一冊

420000－2302－0004658　集六/8－8/4444.8
(91484－85)

璇璣碎錦二卷　(清)萬樹撰　**附擬趙陽臺迴
文詩一卷**　(清)金禮嬴撰　清光緒十四年
(1888)似靜齋刻十八年(1892)同文書局影印
本　二冊

420000－2302－0004659　善集一/31－7/
7277(69615)

選詩續編四卷補遺二卷　(元)劉履編　明嘉
靖三十一年(1552)東白齋養吾堂刻本　一冊

420000－2302－0004660　子十/7－8/7741
(110832)

選時□□卷　(清)問萬珍編　清刻本　一冊
存一卷(二)

420000－2302－0004661　集一/10－8/1111
(82277)

選學膠言二十卷補遺一卷　(清)張雲璈撰
清道光十一年(1831)刻本　八冊

420000－2302－0004662　集一/10.8/1111
(31166)

選學膠言二十卷補遺一卷　(清)張雲璈述
清道光二年(1822)張雲璈刻本　十八冊　存
十八卷(一至十三、十六至二十)

420000－2302－0004663　子十/4.8/0496
(19215)

選擇辨正八卷　(清)謝少暉輯　清刻本
二冊

420000－2302－0004664　子二/318.7/4445.1
(16784)

薛公清公讀書錄八卷　(明)薛敬軒撰　(清)
張伯行訂　清同治五年(1866)福州正誼書院
刻本　一冊　存三卷(一至三)

420000－2302－0004665　　子八/0.7/4477（18431）

薛氏醫案二十四種　（明）吳琯輯　清刻本　四十八冊

420000－2302－0004666　　史十一/22－8/0088（64436）

學案小識十四卷末一卷　（清）唐鑑撰　清光緒二十五年（1899）上海鴻章書局石印本　六冊

420000－2302－0004667　　史十五/1－8/4416（84313）

學古齋金石叢書十二種　（清）葛元煦輯　清光緒崇川葛氏學古齋刻本　十六冊

420000－2302－0004668　　集二/0－8/4440

學詁齋文集二卷　（清）薛壽撰　清光緒六年（1880）冶城山館刻本　一冊

420000－2302－0004669　　子二/45－8/1122（91272）

學規類編二十七卷　（清）張伯行纂　清同治五年（1866）福州正誼書院刻本　六冊

420000－2302－0004670　　子二/41.8/1122（16899）

學規類編二十七卷　（清）張伯行纂　清同治五年（1866）福州正誼書院刻本　八冊

420000－2302－0004671　　集一/763/3223（32649）

學海堂初集十六卷二集二十二卷　（清）吳蘭修編　三集二十四卷　（清）張維屏編　**四集二十八卷**　（清）金錫齡編　清道光至咸豐刻本　四十冊

420000－2302－0004672　　集一/763/1127（110501）

學海堂三集二十四卷　（清）張維屏續編　清咸豐九年（1859）刻本　六冊　存十七卷（一至十七）

420000－2302－0004673　　集一/763/3223（11485）

學海堂四集二十八卷　（清）金錫齡編　清光

緒十二年（1886）啟秀山房刻本　十六冊

420000－2302－0004674　　集二/3.7/1205（26253）

學孔精舍詩鈔六卷　（明）孫應鰲撰　清光緒四年（1878）莫祥芝申江刻本　一冊　存四卷（一至四）

420000－2302－0004675　　集二/3.7/1205（26254）

學孔精舍詩鈔六卷補輯雜文暨孝友堂詩一卷附錄一卷　（明）孫應鰲撰　清光緒四年（1878）莫祥芝申江刻本　二冊

420000－2302－0004676　　子十二/2－52/1046（80733）

學林十卷　（宋）王觀國撰　清嘉慶十四年（1809）湖海樓刻本　十冊

420000－2302－0004677　　集七 2/2519（101104）

學詩津逮八種　（清）朱琰校　清刻本　一冊

420000－2302－0004678　　史八/10.2－8/4337（77509）

學仕錄十六卷　（清）戴肇辰輯　清同治六年（1867）戴氏自刻本　八冊

420000－2302－0004679　　史八/10.2－8/7530（77508）

學仕遺規四卷　（清）陳弘謀輯　清末文來書局石印本　一冊

420000－2302－0004680　　子九/3.8/4444（8884）

學算筆談十二卷　（清）華蘅芳學　清光緒十一年（1885）金匱華氏刻本　四冊

420000－2302－0004681　　史八/6.8/1044.1（8224）

學校條規不分卷　（清）王植奏　清光緒十二年（1886）刻本　一冊

420000－2302－0004682　　經九/5－8/4473（58173）

學庸集要二卷　（清）蕭開運撰　清嘉慶八年

(1803)影賢齋刻本　四冊

420000 – 2302 – 0004683　經九/5 – 8/4473
(58177)

學庸集要二卷　（清）蕭開運撰　清嘉慶八年
(1803)影賢齋刻本　四冊

420000 – 2302 – 0004684　經九/11/3345
(8195)

學庸理鏡二卷　（清）梁有成輯　清光緒十一
年(1885)同文書局石印本　一冊

420000 – 2302 – 0004685　經九/11/2342
(9499)

學庸脈解串珠六卷　（清）臧志仁纂輯　清嘉
慶十八年(1813)刻本　三冊

420000 – 2302 – 0004686　子二/46 – 8/1223
(89283)

學齋庸訓一卷　（清）孫德祖撰　清光緒十六
年(1890)刻本　一冊

420000 –2302 –0004687　史八/10.2 – 8/3093

學治臆說二卷　（清）汪輝祖撰　清光緒三十
四年(1908)河南官紙刷印所石印本　一冊
存一卷(上)

420000 – 2302 – 0004688　史八/10.2 – 8/
3193(77682)

學治臆說二卷　（清）汪輝祖撰　清同治七年
(1868)湖北崇文書局刻本　一冊

420000 – 2302 – 0004689　史八/10.2 – 8/
3193(86188)

學治臆說二卷　（清）汪輝祖撰　清同治七年
(1868)湖北崇文書局刻本　一冊

420000 – 2302 – 0004690　子十一/42 – 8/
1017(87403)

雪廬百印不分卷　（清）王琛輯　清光緒二十
七年(1901)刻朱墨套印本　二冊

420000 – 2302 – 0004691　子十一/42 – 8/
1017(86663)

雪廬百印上冊不分卷　（清）王琛輯　清光緒
二十七年(1901)刻朱墨套印本　一冊

420000 – 2302 – 0004692　子十一/42 – 8/
1017(86664)

雪廬百印續冊一卷　（清）王琛編並注　清光
緒二十七年(1901)刻朱墨套印本　一冊

420000 – 2302 – 0004693　善集二/0 – 8/7500

雪泥留印六卷　（清）陳慶大撰　清同治稿本
六冊

420000 – 2302 – 0004694　經一/21 – 8/3143
(80833)

雪樵經解三十卷附錄三卷　（清）馮世瀛撰
清光緒十二年(1886)上海點石齋石印本
八冊

420000 – 2302 – 0004695　善集二/0 – 8/2324
(69116)

雪堂詩賦四卷　（清）傅作楫著　清乾隆五十
九年(1794)刻本　四冊

420000 – 2302 – 0004696　子十一/4 – /1036
(93636)

雪心賦一卷　（□）□□撰　清抄本　一冊

420000 – 2302 – 0004697　集五/4.8/7537
(38433)

雪月梅傳五十回　（清）陳朗撰　清道光二十
八年(1848)刻本　十冊

420000 – 2302 – 0004698　集二/3.8/7219
(11776)

壎篪集十卷　（清）劉沅撰　清咸豐二年
(1852)刻本　四冊

420000 – 2302 – 0004699　子二/14.8/4742
(16832)

荀子補注二卷　（清）郝懿行撰　清刻本
一冊

420000 – 2302 – 0004700　子二/14 – 8/4742
(67552)

荀子補注二卷　（清）郝懿行撰　清刻本
一冊

420000 – 2302 – 0004701　子二/14 – 42/4620
(55369)

荀子二十卷　（唐）楊倞注　清光緒十年
(1884)遵義黎氏日本東京使署影刻本　三冊

420000－2302－0004702　善子二/14－42/
4620(69994)

荀子二十卷　（唐）楊倞注　清乾隆五十一年
(1786)謝氏安雅堂刻本　四冊

420000－2302－0004703　善子二/14－42/
4620(70001)

荀子二十卷　（唐）楊倞注　清刻本　六冊

420000－2302－0004704　善子二/14－42/
4620(16865)

荀子二十卷　（唐）楊倞注　清光緒十年
(1884)遵義黎庶昌日本東京使署刻古逸叢書
單行本　六冊

420000－2302－0004705　子二/14－8/1020
(67553)

荀子集解二十卷首一卷　王先謙撰　清光緒
十七年(1891)刻本　六冊

420000－2302－0004706　子二/42/1790
(8256)

尋常語一卷　（清）劉沅撰　清宣統三年
(1911)守經堂刻本　一冊

420000－2302－0004707　子五/28.9/4042
(17435)

訓練操法詳晰圖說二十二卷　袁世凱纂　清
光緒二十八年（1902）昌言報館鉛印本　十
二冊

420000－2302－0004708　子五/8.8/0227
(8438)

訓練馬隊圖說一卷　（□）□□撰　清石印本
　一冊

420000－2302－0004709　子五/28.8/7734
(8439)

訓練要言初編一卷　（清）周浩編　清光緒三
十一年(1905)湖北官書局刻本　一冊

420000－2302－0004710　子二/46－8/7530
(110369)

訓俗遺規摘鈔四卷　（清)陳宏謀編　清同治
七年(1868)楚北崇文書局刻本　二冊

420000－2302－0004711　集二/1.8/1200
(37883)

遜學齋詩文鈔二十卷　（清)孫衣言撰　清同
治十二年(1873)胡丹鳳刻本　六冊

420000－2302－0004712　集二/0－7/0041
(88571)

遜志齋集二十四卷外紀一卷拾補一卷　（明）
方孝孺撰　清道光二十六年(1846)刻本　十
六冊

420000－2302－0004713　史八/1－8/0135
(77354)

壓線錄二卷　（清）龔禮撰　清咸豐五年
(1855)刻本　二冊

420000－2302－0004714　善集二/0－8/8350
(69163)

雅趣藏書不分卷　（清)錢書撰　清康熙錢氏
刻本　二冊

420000－2302－0004715　叢/1－8/2168
(12858)

雅雨堂藏書十三種　（清)盧見曾輯　清乾隆
二十一年(1756)德州盧氏刻本　十四冊　存
十三種

420000－2302－0004716　叢/1－8/2168
(23250)

雅雨堂藏書十三種　（清)盧見曾輯　清乾隆
二十一年(1756)德州盧氏刻本　二十二冊

420000－2302－0004717　叢/1－8/2168

雅雨堂藏書十一種　（清)盧見曾編　清乾隆
二十一年(1756)雅雨堂刻本　二十二冊　存
十一種

420000－2302－0004718　史十七/32－8/
7702(86113)

亞拉伯志一卷新志一卷　（清)學部編譯圖書
局編　清光緒三十三年(1907)學部編譯圖書
局鉛印本　一冊

420000－2302－0004719　史十七/1.5/4342
(7790)

亞美利加洲通史不分卷　（清）戴彬任編譯
清光緒二十八年(1902)上海商務印書館鉛印
本　二冊

420000－2302－0004720　史十七/32－8/
7702(85499)

亞細亞洲志一卷新志一卷　（清）學部編譯圖
書局編　清光緒三十四年(1908)學部編譯圖
書局鉛印本　一冊

420000－2302－0004721　子八/9－/6662
(93519)

咽喉總論不分卷　（□）□□撰　清末抄本
一冊

420000－2302－0004722　集四/51.8/4003
(14365)

胭肢烏傳奇二卷　（清）李文瀚撰　清道光二
十二年(1842)刻本　二冊

420000－2302－0004723　集二/0－8/1060.8
(102721)

煙霞萬古樓詩選二卷仲瞿詩録一卷　（清）王
曇撰　**秋紅文室遺詩一卷**　（清）金禮嬴撰
清道光至咸豐刻本　一冊

420000－2302－0004724　集二/0－8/1060.8
(102722)

煙霞萬古樓詩選二卷仲瞿詩録一卷　（清）王
曇撰　**秋紅文室遺詩一卷**　（清）金禮嬴撰
清道光、咸豐刻本　一冊

420000－2302－0004725　集二/0－8/1060
(92574)

煙霞萬古樓文集六卷　（清）王曇撰　清道光
刻本　二冊

420000－2302－0004726　集四/228/4213
(38276)

延露詞三卷　（清）彭孫遹著　清刻本　二冊

420000－2302－0004727　子二/42.8/1038
(20481)

言行彙纂十卷　（清）王之鈇編輯　清刻本

十冊

420000－2302－0004728　子二/46－8/1038.1
(85927)

言行集要二卷　（清）王之鈇撰　（清）賈三登
刪訂　清光緒四年(1878)刻本　二冊

420000－2302－0004729　子十一/42－8/
1014(68854)

研山印草一卷　（清）王玉如篆　**印人姓氏一
卷**　（清）鞠履厚輯　清乾隆十六年(1751)鈐
印本　一冊

420000－2302－0004730　集二/0－8/7110
(73043)

揅經室集三十八卷外集五卷　（清）阮元撰
清道光三年(1823)文選樓刻本　十八冊

420000－2302－0004731　子二/42－37/
0134.2(100828)

顏氏家訓二卷　（北齊）顏之推撰　（清）朱軾
評點　清康熙至乾隆刻本　一冊

420000－2302－0004732　子二/42－37/0134
(103158)

顏氏家訓二卷　（北齊）顏之推撰　清光緒元
年(1875)湖北崇文書局刻本　一冊

420000－2302－0004733　子二/42－37/
0135.2(110874)

顏氏家訓二卷　（北齊）顏之推著　（清）朱軾
評點　清光緒二十三年(1897)刻本　一冊

420000－2302－0004734　集二/1.8/6628
(4565)

嚴侯官全集十四卷　嚴復著　清光緒石印本
十二冊

420000－2302－0004735　集二/1.8/6629
(37362)

嚴太僕先生集十二卷　（清）嚴虞惇撰　（清）
嚴鋆編　清光緒十年(1884)常熟嚴宅刻本
四冊

420000－2302－0004736　子十二/5－8/4917
(90115)

簷曝雜記六卷　（清）趙翼撰　清乾隆、嘉慶湛貽堂刻本　二冊

420000－2302－0004737　子十二/5－8/4917（90117）

簷曝雜記六卷　（清）趙翼撰　清乾隆、嘉慶湛貽堂刻本　一冊

420000－2302－0004738　子二/2－21/4130（111048）

鹽鐵論二卷　（漢）桓寬撰　清光緒元年（1875）崇文書局刻本　二冊

420000－2302－0004739　子二/2.21/4130（16834）

鹽鐵論十卷　（漢）桓寬撰　清光緒十七年（1891）思賢講舍刻本　二冊

420000－2302－0004740　史十一/22－8/6031.5（649809）

弇山畢公年譜一卷　（清）史善長撰　清同治十一年（1872）刻本　一冊

420000－2302－0004741　史四/－7/1042（76226）

弇山堂別集一百卷　（明）王世貞撰　清光緒廣雅書局刻本　二十冊

420000－2302－0004742　集二/1.7/1042.3（34867）

弇州山人四部稿選十六卷　（明）王世貞著（明）沈一貫選　明刻本　六冊

420000－2302－0004743　善史五/1－7/1042（41301）

弇州史料前集三十卷後集七十卷　（明）王世貞撰　明萬曆四十二年（1614）楊修齡刻本　二十七冊

420000－2302－0004744　史十五/10.12－8/1320.1（84407）

偃師金石遺文補録十六卷　（清）武億纂（清）王復補　清嘉慶二年（1797）刻本　四冊

420000－2302－0004745　子二/1－16/6077（111025）

晏子春秋八卷　（春秋）晏嬰撰　清光緒元年（1875）湖北崇文書局刻本　二冊

420000－2302－0004746　子二/1－16/6066.4（103001）

晏子春秋七卷　（春秋）晏嬰撰　（清）蘇輿校注　清光緒十八年（1892）思賢講舍刻本　二冊

420000－2302－0004747　史十一/2/6015（6856－7）

晏子春秋七卷　（春秋）晏嬰撰　（清）蘇輿校注　清光緒十八年（1892）思賢講舍刻本　二冊

420000－2302－0004748　子二/1－17/6066.4（90318）

晏子春秋七卷首一卷　（春秋）晏嬰撰　（清）蘇輿集注　清光緒十八年（1892）思賢講舍刻本　二冊

420000－2302－0004749　子二/1－16/6077（93420）

晏子春秋七卷音義二卷校勘二卷　（春秋）晏嬰撰　（清）孫星衍音義　（清）黃以周校勘　清光緒二年（1876）浙江書局刻本　四冊

420000－2302－0004750　子十二/2－8/4462（71130）

硯□緒録十六卷　（清）林昌彝撰　清同治五年（1866）方濬頤刻本　八冊

420000－2302－0004751　善子十三/1－5/0021（69878）

硯箋四卷　（宋）高似孫撰　清康熙揚州曹氏棟亭刻本　一冊

420000－2302－0004752　集二/3.8/1048（36181）

硯林詩集四卷硯林集拾遺一卷三丁詩文拾遺一卷　（清）丁敬撰　清同治十年（1871）錢塘丁氏正修堂刻本　一冊

420000－2302－0004753　史八/9－8/2682（735694）

燕鴻爪印三卷　（清）程穌撰　清末石印本

二冊

420000－2302－0004754　集五/4－8/7513.2
(87467)

燕山外史注釋二卷　（清）陳球撰　（清）傅聲
谷輯注　清宣統鑄記書局石印本　一冊

420000－2302－0004755　集五/4.8/7513.4
(38429)

燕山外史註釋八卷　（清）陳球撰　清光緒五
年(1879)刻本　四冊

420000－2302－0004756　子九/5.8/0826
(19189)

驗礦砂要法不分卷　（清）施德明口譯　清光
緒三十一年(1905)外務部石印本　一冊

420000－2302－0004757　史八/1－8/4413
(90173)

洋務時事彙編八卷　（清）葛子源編　清光緒
二十四年(1898)上海書局石印本　九冊

420000－2302－0004758　善集二/0－7/
1032.0(91738)

陽明先生集要三編附年譜一卷　（明）王守仁
撰　（明）施邦曜評輯　清乾隆五十二年
(1787)餘姚朱氏濟美堂刻本　十冊

420000－2302－0004759　子十/4－7/4417.1
(92324)

陽宅三格辨一卷　（明）蔣平階撰　（清）尹有
本注　傳家陽宅得一錄一卷　（明）蔣平階撰
（清）尹有本注　清刻本　一冊

420000－2302－0004760　史十二/2.8/4488
(6981)

揚子江流域現勢論四編　（日本）林繁著
（清）上海廣智書局譯　清光緒二十八年
(1902)上海廣智書局鉛印本　一冊

420000－2302－0004761　集二/0－52/4664
(68171)

楊龜山先生集六卷　（宋）楊時撰　清同治五
年(1866)福州正誼書院刻本　二冊

420000－2302－0004762　集二/0－52/4664

(82359)

楊龜山先生集六卷　（宋）楊時撰　清同治五
年(1866)福州正誼書院刻本　十冊

420000－2302－0004763　集二/1.5/4664
(34393)

楊龜山先生集四十二卷　（宋）楊時著　清康
熙四十六年(1707)福建楊繩組刻本　十冊

420000－2302－0004764　集二/1.5/4664
(34403)

楊龜山先生集四十二卷　（宋）楊時著　清順
治十一年(1654)福建楊思聖刻本　十冊

420000－2302－0004765　子十一/42－8/
4637(86096)

楊龍石印存一卷　（清）楊澥刻　清宣統三年
(1911)有正書局拓本　二冊

420000－2302－0004766　叢/5－8/1173
(89946)

楊園先生全集二十種　（清）張履祥撰　清同
治十年(1871)江蘇書局刻本　十六冊　存十
六種

420000－2302－0004767　集二/0－7/4635
(111436)

楊忠烈公文集十卷補遺一卷表忠錄一卷
（明）楊漣撰　清刻本　七冊　存十卷(二至
三、五至十,補遺一卷,表忠錄一卷)

420000－2302－0004768　集二/1.7/4635
(34611)

楊忠烈公文集十卷首一卷末一卷　（明）楊漣
撰　清同治四年(1865)刻本　十二冊

420000－2302－0004769　集二/1.7/4625
(34650)

楊忠愍公全集四卷　（明）楊繼盛撰　（清）毛
大可鑒定　（清）章鈺輯　清道光二十五年
(1845)山陰金瑞玉堂刻本　一冊

420000－2302－0004770　經三/1－8/4602
(2143)

楊子書繹六卷　（清）楊文彩著　清光緒二年
(1876)仁和韓懿童刻本　十冊

420000 – 2302 – 0004771　子八/3. 8/0028
（17550）

瘍科心得集三卷　（清）高秉鈞纂輯　清光緒
二十七年（1901）刻本　三冊

420000 – 2302 – 0004772　子八/71 – 8/3143
（103087）

瘍醫大全四十卷　（清）顧世澄輯　清刻本
十一冊　存十一卷（十一至十九、二十一至二
十二）

420000 – 2302 – 0004773　子八/72 – 7/1029
（1）

瘍醫准繩六卷　（明）王肯堂輯　明萬曆三十
六年（1608）刻本　十二冊

420000 – 2302 – 0004774　善子八/72 – 7/
1029（41102）

瘍醫准繩六卷　（明）王肯堂輯　明萬曆三十
六年（1608）刻本　十二冊

420000 – 2302 – 0004775　叢/1 – 8/4930
（52662）

仰視千七百二十九鶴齋叢書四十種　（清）趙
之謙輯　清光緒會稽趙氏刻本　三十六冊

420000 – 2302 – 0004776　子五/28. 8/8034
（8196）

養兵秘訣計八章　（日本）倉達明俊撰　清光
緒二十八年（1902）泰東同文局鉛印本　一冊

420000 – 2302 – 0004777　史八/8 – 8/2654
（76295）

養吉齋叢録二十六卷餘録十卷　（清）吳振棫
撰　清光緒刻本　八冊

420000 – 2302 – 0004778　子二/42. 8/4433
（16897）

養蒙金鑒二卷　（清）林之望編輯　清光緒刻
本　二冊

420000 – 2302 – 0004779　子二/42 – 8/4433. 3
（110398）

養蒙金鑑二卷　（清）林之望編輯　（清）沈錫
慶刪訂　清光緒元年（1875）皖北林之望鄂垣
藩署刻本　二冊

420000 – 2302 – 0004780　子二/44 – 8/4430
（111005）

養蒙金鑑二卷　（清）林之望編輯　清光緒宛
平瞿廷韶刻本　一冊　存一卷（二）

420000 – 2302 – 0004781　經十/22. 8/3214
（9417）

養蒙針度五卷　（清）潘子聲編　清雍正十三
年（1735）刻本　二冊

420000 – 2302 – 0004782　集二/3. 8/0413
（38003）

養默山房詩鈔四十卷　（清）謝元淮撰　清嘉
慶二十一年（1816）松滋謝元淮刻本　十冊

420000 – 2302 – 0004783　集二/3. 8/4044
（14323）

養梧軒詩集五卷　（清）李嘉芬著　清同治二
年（1863）刻本　一冊

420000 – 2302 – 0004784　集二/0 – 8/3217
（82014）

養一齋詞三卷　（清）潘德輿撰　清咸豐三年
（1853）刻本　一冊

420000 – 2302 – 0004785　集二/0 – 8/3217
（82004）

養一齋集二十六卷首一卷　（清）潘德輿撰
清道光二十九年（1849）刻本　六冊

420000 – 2302 – 0004786　集二/0 – 8/3217
（84211）

養一齋集二十六卷首一卷　（清）潘德輿撰
清道光二十九年（1849）刻本　四冊

420000 – 2302 – 0004787　集二/0 – 8/3217
（82013）

養一齋試帖一卷　（清）潘德輿撰　清道光十
三年（1833）刻本　一冊

420000 – 2302 – 0004788　集二/0 – 8/3217
（82010）

養一齋四書文不分卷　（清）潘德輿撰　清道
光十七年（1837）刻本　四冊

420000 – 2302 – 0004789　子二/8 – 8/3227

(111430)

養一齋劄記九卷 （清）潘德輿撰　清刻本
二冊　存六卷（一至三、七至九）

420000－2302－0004790　集二/0－8/3217
（82015）

養一齋劄記九卷 （清）潘德輿撰　清同治十
一年（1872）刻本　三冊

420000－2302－0004791　集二/3.8/0812
（11766）

養雲山館試帖注釋四卷 （清）許球著　（清）
王榮緞注釋　清刻本　二冊

420000－2302－0004792　子二/42.8/1122
（16912）

養正類稿十三卷 （清）張伯行輯　清同治五
年（1866）福州正誼書院刻本　二冊

420000－2302－0004793　子二/42.8/7530
（16942）

養正遺規二卷 （清）陳宏謀輯　清光緒二十
三年（1897）刻本　二冊

420000－2302－0004794　子二/42－8/7530
（110368）

養正遺規摘鈔一卷 （清）陳宏謀編　清同治
七年（1868）楚北崇文書局刻本　一冊

420000－2302－0004795　子二/42.8/7530
（16885）

養正遺規摘鈔一卷 （清）陳宏謀編　清同治
七年（1868）楚北崇文書局刻本　一冊

420000－2302－0004796　集二/3.8/0724
（36204）

養知書屋詩集十五卷 （清）郭嵩燾撰　清光
緒十八年（1892）刻本　四冊

420000－2302－0004797　集二/0－8/0724
（93827）

養知書屋詩集十五卷 （清）郭嵩燾撰　清光
緒十八年（1892）刻本　十六冊

420000－2302－0004798　集二/4.8/0724
（35325）

養知書屋文集二十八卷 （清）郭嵩燾著　清
光緒十八年（1892）刻本　九冊　存十九卷
（一至十九）

420000－2302－0004799　叢/5.8/7534
（11604）

養志居僅存稿七種 （清）陳宗起撰　清光緒
十一年（1885）丹徒陳氏刻本　八冊

420000－2302－0004800　集一/32－4/4217
（94012）

姚姬傳先生唐人五言絕句詩鈔一卷 （清）姚
鼐輯　清影印本　一冊

420000－2302－0004801　子十六 22.42/24
（8965）

藥師琉璃光如來本願功德經一卷 （唐）釋玄
奘譯　清同治十一年（1872）刻本　一冊

420000－2302－0004802　子二/6－8/4096
（87008）

藥言一卷補三卷 （清）李惺撰　清咸豐十年
（1860）刻本　一冊

420000－2302－0004803　子十一/232－8/
1030（88900）

冶梅梅譜不分卷 （清）王寅繪　清光緒十八
年（1892）上海五彩公司石印本　三冊

420000－2302－0004804　子十一/234.8/
1034（19643）

冶梅石譜二卷 （清）王寅繪　清光緒六年
（1880）刻本　二冊

420000－2302－0004805　子七/4.8/1012
（17323）

野靈錄四卷首一卷 （清）王元綎輯　清光緒
三十一年（1905）上海商務印書館鉛印本
一冊

420000－2302－0004806　子五/28.8/2743
（7943）

野操規例 （日本）多賀宗之撰　清光緒二十
八年（1902）刻本　一冊

420000－2302－0004807　史五/2－7/3428.8

野獲編三十卷首一卷 （明）沈德符撰 （清）錢枋編 清道光七年(1827)錢塘姚氏扶荔山房刻同治八年(1869)錢塘姚氏重修本 十六冊

420000 - 2302 - 0004808 集五/3 - 8/2653（66039 - 40）

夜譚隨錄四卷 （清）和邦額(閑齋氏)撰 清光緒十三年(1887)鴻寶齋石印本 二冊

420000 - 2302 - 0004809 集五/2. 8/3022（36621）

夜雨秋燈錄八卷 （清）宣鼎撰 清光緒三年(1877)上海申報館鉛印本 八冊

420000 - 2302 - 0004810 子十/4.42/8041.4（19207）

葉註青囊曾序二卷 （唐）曾求己撰 （清）葉滋榮述註 清同治二年(1863)刻本 一冊

420000 - 2302 - 0004811 史十二/312/7830.37（90052）

鄴中記一卷 （晉）陸翽撰 清蘇州書局翻刻武英殿木活字印本 一冊

420000 - 2302 - 0004812 經一/27 - 8/2123（90321）

一鐙精舍甲部稿五卷 （清）何秋濤撰 清光緒五年(1879)淮南書局刻本 一冊

420000 - 2302 - 0004813 經二/1 - 5/2671（1903）

伊川易傳四卷 （宋）程頤撰 清乾隆、嘉慶刻本 三冊

420000 - 2302 - 0004814 經二/1 - 5/2671（111156）

伊川易傳四卷附錄一卷 （宋）程頤撰 清刻本(卷四葉七十六以下補配抄本) 四冊

420000 - 2302 - 0004815 善子十二/2 - 5/2517（70742）

猗覺寮雜記二卷 （宋）朱翌撰 清抄本 二冊

420000 - 2302 - 0004816 子八/61.8/5524（17968）

醫醇賸義四卷 （清）費伯雄撰 清光緒二十七年(1901)上海書局石印本 一冊 存一卷（四）

420000 - 2302 - 0004817 子八/61.8/5524（17965）

醫醇賸義四卷 （清）費伯雄撰 清光緒二十七年(1901)上海書局石印本 一冊 存三卷（二至四）

420000 - 2302 - 0004818 子八/18. -/0060.1（111261）

醫方辨難大成二百七卷三集 （□）文昌帝君著 清刻本 一冊 存二卷(上集三十六至三十七)

420000 - 2302 - 0004819 子八/62.8/3160（18514）

醫方集解二十三卷 （清）汪昂輯 清刻本 二冊 存二卷(五至六)

420000 - 2302 - 0004820 子八/18. 8/3160（110757）

醫方集解三卷 （清）汪昂輯 清刻本 二冊 存二卷(二至三)

420000 - 2302 - 0004821 善子八/18. - 7/2626(18297)

醫方考六卷脈語二卷 （明）吳崑撰 明萬曆刻本 十二冊

420000 - 2302 - 0004822 子八/18. - 8/0038（93476）

醫方詩要四卷 （清）唐寶善撰 清光緒十九年(1893)程漢珍抄本 三冊 存三卷(一至三)

420000 - 2302 - 0004823 子八/11.8/4410（17995）

醫經原旨六卷 （清）薛雪集註 清刻本 六冊

420000 - 2302 - 0004824 子八/64.8/7231（18406）

醫理大概約不分卷 （清）劉沅撰 清光緒三十二年(1906)成都守經堂刻本 一冊

420000 – 2302 – 0004825 子八/0.8/1014
(18097)

醫林指月十二種 （清）王琦輯 清光緒二十二年(1896)上海圖書集成印書局鉛印本 八冊

420000 – 2302 – 0004826 子八/61.8/0044
(18140)

醫門棒喝四卷 （清）章楠撰 清同治六年(1867)刻本 四冊

420000 – 2302 – 0004827 子八/2.8/2664
(18226)

醫學心悟六卷華陀外科十法一卷 （清）程國彭撰 清宣統三年(1911)上海會文堂石印本 四冊

420000 – 2302 – 0004828 子八/2.8/2664
(18231)

醫學心悟六卷華陀外科十法一卷 （清）程國彭撰 清光緒三十四年(1908)渝城善成書局石印本 一冊

420000 – 2302 – 0004829 子八/2.8/2664
(8351)

醫學心悟六卷華陀外科十法一卷 （清）程國彭撰 清光緒二十年(1894)上海圖書集成書局石印本 三冊

420000 – 2302 – 0004830 子八/2.8/2844
(18224)

醫學源流論二卷 （清）徐大椿著 清刻本 二冊

420000 – 2302 – 0004831 子八/64.8/8022
(18325)

醫宗備要三卷 （清）曾鼎輯 清同治八年(1869)湖北崇文書局刻本 一冊

420000 – 2302 – 0004832 子八/5 – 8/4414
(110839)

醫宗說約六卷 （清）蔣示吉纂述 清刻本 一冊 存一卷(二)

420000 – 2302 – 0004833 子八/0.8/4414
(17976)

醫宗說約五卷 （清）蔣示吉纂述 清善成堂刻本 二冊 存三卷(一至三)

420000 – 2302 – 0004834 子八/18.–/7735
(93567)

醫宗指南□□卷 （□）□□編 清抄本 一冊

420000 – 2302 – 0004835 叢 1 – 8/4748
(53121)

宜稼堂叢書七種 （清）郁松年輯 清道光上海郁氏刻本 六十冊

420000 – 2302 – 0004836 子二/42.8/2662
(8871)

詒謀隨筆二卷 （清）但明倫撰 清光緒四年(1878)刻本 二冊

420000 – 2302 – 0004837 集二/1.8/4942
(37378)

飴山全集三十九卷 （清）趙執信撰 清乾隆刻本 八冊

420000 – 2302 – 0004838 史十一/7 – 8/8346.2(77007)

疑年録四卷 （清）錢大昕編 （清）吳修校 續疑年録四卷 （清）吳修編 清刻本 二冊

420000 – 2302 – 0004839 子九/3.8/0090
(8873)

遺安堂算稿二卷 （清）高小言編述 清光緒十九年(1893)石印本 一冊

420000 – 2302 – 0004840 善集二/0 – 63/1047(36269)

遺山先生詩集二十卷 （金）元好問撰 明毛氏汲古閣刻本 四冊

420000 – 2302 – 0004841 集二/0 – 8/7433
(55967)

儀顧堂集十六卷 （清）陸心源撰 清同治十三年(1874)福州刻本 四冊

420000 – 2302 – 0004842 史十四/32 – 8/

7433(55971)

儀顧堂續跋十六卷 （清）陸心源撰　清光緒
十八年(1892)刻本　二冊

420000－2302－0004843　善經五/21－/2838

儀禮鈔釋不分卷 （□）□□撰　清康熙、雍
正朱墨抄本　二冊

420000－2302－0004844　經五/21.8/4711
(14835)

儀禮古今文疏義十七卷 （清）胡承珙撰　清
光緒元年(1875)湖北崇文書局刻本　二冊

420000－2302－0004845　經五/21/7231
(9325)

儀禮恒解十六卷 （清）劉沅輯註　清光緒刻
本　六冊

420000－2302－0004846　經五/21－5/4044
(103728)

儀禮集釋三十卷 （宋）李如圭撰　清刻本
五冊　存十五卷(三至十四、二十八至三十)

420000－2302－0004847　經五/21－8/2553
(88402)

儀禮節略十七卷圖三卷 （清）朱軾撰　清光
緒二十三年(1897)朱衡刻本　十六冊

420000－2302－0004848　經五/21.5/2540
(9292)

儀禮經傳通解三十七卷 （宋）朱熹撰　清末
上海樂善堂刻本　十六冊

420000－2302－0004849　經五/20－15/2835
(90551)

儀禮十七卷 （漢）鄭玄注　（唐）陸德明音義
清康熙十九年(1680)通志堂刻乾隆五十年
(1785)武英殿補修本　二冊

420000－2302－0004850　經五/21－22/
8700.7(57475)

儀禮十七卷 （漢）鄭玄注　（唐）陸德明音義
清光緒十二年(1886)湖北官書處刻本
四冊

420000－2302－0004851　經五/21－22/8700

(102637)

儀禮十七卷 （漢）鄭玄注　（唐）陸德明音義
清同治七年(1868)湖北崇文書局刻本　一
冊　存五卷(一至五)

420000－2302－0004852　經五/21－22/
8700.7(102638)

儀禮十七卷 （漢）鄭玄注　（唐）陸德明音義
清光緒十二年(1886)湖北官書處刻本
四冊

420000－2302－0004853　經五/21.21/8700
(14773)

儀禮十七卷 （漢）鄭玄注　（唐）陸德明音義
清同治七年(1868)湖北崇文書局刻本
四冊

420000－2302－0004854　經五/21－22/8700
(103648)

儀禮十七卷校錄一卷續校一卷 （漢）鄭玄注
（唐）陸德明音義　清同治九年(1870)楚北
崇文書局刻本　二冊

420000－2302－0004855　經五/27－52/1130
(55800)

儀禮識誤三卷 （宋）張淳撰　清蘇州書局刻
本　一冊

420000－2302－0004856　經五/23－8/4770
(58346)

儀禮釋官九卷 （清）胡匡衷撰　清同治八年
(1869)研六閣刻本　四冊

420000－2302－0004857　經五/21.8/4048
(14838)

儀禮瑣辨不分卷 （清）常增撰　清刻本
一冊

420000－2302－0004858　經五/24－8/1150
(88734)

儀禮圖六卷 （清）張惠言撰　清同治九年
(1870)楚北崇文書局刻本　二冊

420000－2302－0004859　經五/26.8/1150
(14839)

儀禮圖六卷 （清）張惠言撰　清同治九年

283

(1870)楚北崇文書局刻本　三冊

420000－2302－0004860　經五/24－52/4628.5

儀禮圖十七卷旁通圖一卷儀禮十七卷　（宋）楊復撰　（清）成德校訂　清康熙通志堂刻乾隆五十年(1785)武英殿修補本　二冊

420000－2302－0004861　經五/21.8/1722(1724)

儀禮問經一卷　（清）孟先穎撰　清道光十五年(1835)思遇堂刻本　一冊

420000－2302－0004862　經五/21－8/2614(57479)

儀禮章句十七卷　（清）吳廷華撰　清光緒二十四年(1898)蘇州書局刻本　四冊

420000－2302－0004863　經五/21.8/2614(1269)

儀禮章句十七卷　（清）吳廷華撰　清道光二十九年(1849)經園堂刻本　四冊

420000－2302－0004864　經五/21.21/8700.1(14767)

儀禮鄭注句讀十七卷　（清）張爾岐撰　清乾隆八年(1743)刻本　六冊

420000－2302－0004865　經五/21.8/4418(14833)

儀禮纂要不分卷　（清）黃元善訂　清光緒二十年(1894)傳經書屋刻本　二冊

420000－2302－0004866　集五/4.8/1204(13581)

儀鄭堂駢儷文三卷　（清）孔廣森撰　清光緒二十一年(1895)善化章氏經濟堂重刻本　一冊

420000－2302－0004867　集一/21－8/0197(100620)

頤典齋賦讀本一卷　（清）許耀編　清咸豐元年(1851)刻本　一冊

420000－2302－0004868　集二/0－8/4710(88881)

頤志堂詩□□卷　（清）胡承諾撰　清刻本　一冊　存四卷(戊午、乙未、庚申、辛酉)

420000－2302－0004869　子十二/5－8/0070(55419)

乙卯劄記一卷　（清）章學誠撰　清宣統三年(1911)順德鄧氏鉛印本　一冊

420000－2302－0004870　叢/5－8/4493(52360)

倚晴樓集三種　（清）黃燮清撰　清咸豐、同治海鹽黃氏拙宜園刻本　二十四冊

420000－2302－0004871　集二/3.8/1148(12995)

倚雲閣詩存三卷補遺一卷詩餘三卷　（清）張友書著　清光緒十二年(1886)刻本　一冊

420000－2302－0004872　集二/0－8/4991(65093)

亦有生齋雲溪樂府二卷　（清）趙懷玉撰　清嘉慶刻本　一冊

420000－2302－0004873　善史十五/1－5/6047.2(69928)

亦政堂重修考古圖十卷　（宋）呂大臨撰　清乾隆十八年(1753)黃晟刻本　十二冊

420000－2302－0004874　善史十五/3－5/6047(69940)

亦政堂重修考古圖十卷　（宋）呂大臨撰　清乾隆十八年(1753)黃晟刻本　五冊

420000－2302－0004875　叢/1－8/4421(29033)

佚存叢書十六種　（日本）林衡輯　清光緒八年(1882)滬上黃氏木活字印本　三十六冊

420000－2302－0004876　叢/1－8/4421(53957－88)

佚存叢書十六種　（日本）林衡輯　清光緒八年(1882)滬上黃氏木活字印本　三十二冊

420000－2302－0004877　經二/1－42/4023(56689)

易傳十四卷　（唐）李鼎祚集解　**經典釋文周**

易音義一卷 （唐）陸德明音義 清乾隆二十一年(1756)雅雨堂刻本 十冊

420000 – 2302 – 0004878 經二/1 – 5/2540 (4468)

易經本義四卷 （宋）朱熹本義 清光緒十二年(1886)湖北官書局刻本 二冊

420000 – 2302 – 0004879 經二/1 – 9/4242 (90212)

易經講義四卷 （清）荊壽峒輯注 清宣統三年(1911)大同石印館石印本 三冊 存三卷（一至二、四）

420000 – 2302 – 0004880 經二/1 – 8/4012 (9478)

易經體注大全四卷 （清）來爾繩輯 （清）范紫登參訂 清道光十三年(1833)刻本 二冊

420000 – 2302 – 0004881 經二/7 – 8/4664 (94185)

易經音訓不分卷 （清）楊國楨輯 清光緒三年(1877)湖北崇文書局刻本 二冊

420000 – 2302 – 0004882 經二/4 – /6042

易林集巋□□卷 （□）□□□撰 清抄本 一冊 存一卷（上）

420000 – 2302 – 0004883 經二/7 – 22/2011.1 (2044)

易林釋文二卷 （清）丁晏撰 清光緒十六年(1890)廣雅書局刻本 一冊

420000 – 2302 – 0004884 善集二/0 – 8/6059 (93271)

易眉孫先生詩稿不分卷 （清）易烺撰本 清末抄本 一冊

420000 – 2302 – 0004885 經二/1 – 7/3438 (58391)

易說醒四卷首一卷 （明）洪守美撰 清同治十一年(1872)刻本 三冊

420000 – 2302 – 0004886 集一/412.8/4211 (33268)

易堂九子文鈔二十一卷 （清）彭玉雯輯校

清道光十六年(1836)寧都彭氏刻本 十一冊

420000 – 2302 – 0004887 經二/2 – 8/2430

易圖解一卷 （清）德沛注 清乾隆元年(1736)刻本 一冊

420000 – 2302 – 0004888 經二/99 – 22/8705

易緯稽覽圖二卷 （漢）鄭玄注 清蘇州書局刻本 一冊

420000 – 2302 – 0004889 經二/99 – /6024 (87475)

易緯乾坤鑿度二卷 （漢）鄭玄撰 清蘇州書局刻本 一冊

420000 – 2302 – 0004890 經二/99 – 22/8700 (58130)

易緯十三卷 （漢）鄭玄注 清道光八年(1828)刻本 二冊 存九卷（易緯乾坤鑿度二卷、易緯稽二覽圖二卷、易緯通卦驗二卷、易緯是類謀一卷、易緯辨終備一卷、易緯坤靈圖一卷）

420000 – 2302 – 0004891 經二/1 – 8/7735 (61929)

易象捷解四卷 （清）陶禮輯 清光緒二十年(1894)三理堂刻本 二冊

420000 – 2302 – 0004892 經二/1 – 52/4432 (55799)

易象意言一卷 （宋）蔡淵撰 清乾隆三十九年(1774)蘇州書局刻本 一冊

420000 – 2302 – 0004893 子十二/2 – 8/2022 (61738)

易餘籥錄二十卷 （清）焦循撰 清嘉慶刻本 一冊 存七卷（一至七）

420000 – 2302 – 0004894 善經二/1 – 64/2633.5(92846)

易纂言十二卷首一卷 （元）吳澄撰 （清）成德校勘 清康熙通志堂刻乾隆五十年(1785)武英殿修補本 三冊 存七卷（上經一卷、下經一卷、象二卷、象二卷,首一卷）

420000 – 2302 – 0004895 子十一/72 – 8/

2644.0(91171)

奕理妙悟不分卷 （清）程蘭如選評　清光緒
三十一年(1905)歙鮑鼎刻本　一冊

420000－2302－0004896　子十二/4－8/
8020.3(103349)

益幼雜字一卷 （清）□□輯　清末李光明莊
刻本　一冊

420000－2302－0004897　子十一/715.－8/
0040(102692)

益智圖二卷 （清）童葉庚撰　清光緒四年
(1878)崇明童葉庚睫巢刻本　一冊

420000－2302－0004898　子十一/89.8/0060
(19828)

益智圖二卷益智燕几圖一卷益智續圖二卷
（清）童葉庚撰　清光緒四年(1878)刻本
六冊

420000－2302－0004899　集六/1.8/8634
(14364)

異方便淨土傳燈歸元鏡三祖實錄二卷 （清）
釋智達拈頌　清光緒二十三年(1897)廣陵藏
經禪院刻本　一冊

420000－2302－0004900　集五/4.8/9740
(37942)

異說征西演義全傳四十卷 （清）恂莊主人編
清乾隆四十八年(1783)英德堂刻本　八冊

420000－2302－0004901　史四/－13/1260.1
(61732)

逸周書管箋十卷疏證一卷提要一卷集說一卷
攗訂三卷 （晉）孔晁注　（清）丁宋洛箋　清
道光刻本　四冊

420000－2302－0004902　善史四/2－13/
3775(70201)

逸周書十卷附錄一卷校正補遺一卷 （晉）孔
晁注　清乾隆五十一年(1786)盧氏抱經堂刻
本　二冊

420000－2302－0004903　史四/－14/1260
(76153)

逸周書十卷校正補遺一卷附錄一卷 （晉）孔

晁注　（清）盧文弨校　清乾隆五十一年
(1786)盧氏抱經堂刻本　二冊

420000－2302－0004904　集二/0－8/3284
(89892)

意蓮詩抄五卷 （清）潘鎮撰　清宣統元年
(1909)擷華書局鉛印本　二冊

420000－2302－0004905　集二/3.8/3284
(36017)

意蓮詩鈔五卷 （清）潘鎮撰　清宣統元年
(1909)擷華書局鉛印本　二冊

420000－2302－0004906　集二/4.8/5360
(37225)

意園文略二卷 （清）盛昱撰　楊鍾義編次
清宣統二年(1910)刻本　一冊

420000－2302－0004907　子十二/2－8/
2191.4(81940)

義門讀書記五十八卷 （清）何焯撰　（清）蔣
維鈞輯　清乾隆三十四年(1769)刻本　十
六冊

420000－2302－0004908　子十二/2.8/2192.4
(20216)

義門讀書記五十八卷 （清）何焯撰　（清）蔣
維鈞輯　清刻本　八冊

420000－2302－0004909　集二/0－8/2191.4
(81980)

義門先生集十二卷附錄一卷 （清）何焯撰
（清）韓崇等輯　清道光三十年(1850)刻本
四冊

420000－2302－0004910　史十五/55－8/
7578(63302)

瘞鶴銘攷一卷 （清）陳鵬年輯　清康熙刻本
一冊

420000－2302－0004911　子十二/5－8/4477
(56034)

翼教叢編六卷 （清）蘇輿輯　清光緒二十五
年(1899)滙源堂刻本　二冊　存三卷(一至
二、六)

420000 – 2302 – 0004912　史五/4.8/4477
(17030)

翼教叢編六卷　(清)蘇輿編　清光緒二十四
年(1898)刻本　三冊

420000 – 2302 – 0004913　集二/0 – 9/2741

藝風堂文集七卷外編一卷　繆荃孫撰　清光
緒二十六年(1900)刻本　四冊

420000 – 2302 – 0004914　集七/1 – 8/7274
(65878)

藝槩六卷　(清)劉熙載撰　清宣統三年
(1911)山西兩級師範學堂鉛印本　二冊

420000 – 2302 – 0004915　集七/1 – 8/7274
(65896)

藝槩六卷　(清)劉熙載撰　清同治十二年
(1873)刻本　二冊

420000 – 2302 – 0004916　叢/1 – 8/2694
(26143)

藝海珠塵十集二百六種　(清)吳省蘭輯　清
嘉慶南匯吳氏聽彝堂刻本　六十四冊　存二
百二種

420000 – 2302 – 0004917　子十四/1.8/0454
(8862)

藝林類擷十六卷　(清)謝輔撰　清咸豐五年
(1855)五循陔書屋刻本　八冊

420000 – 2302 – 0004918　子十四/1 – 42/
7770(69677)

藝文類聚一百卷　(唐)歐陽詢撰　明萬曆王
元貞刻本　三冊　存十四卷(四至七、三十一
至三十四、九十五至一百)

420000 – 2302 – 0004919　史八/8 – 8/7519
(85776)

藝苑叢話十六卷　(清)陳琰編　清宣統三年
(1911)上海六藝書局石印本　四冊

420000 – 2302 – 0004920　集七/2 – 8/4437
(86318)

藝苑名言八卷　(清)蔣瀾編　清乾隆四十一
年(1776)懷谷軒刻本　四冊

420000 – 2302 – 0004921　子十一/221.8/
2427(8520)

藝舟雙楫論書二卷　(清)包世臣撰　清光緒
十七年(1891)刻本　二冊

420000 – 2302 – 0004922　子十一/221.8/
2427(8522)

藝舟雙楫論書二卷　(清)包世臣撰　清光緒
十七年(1891)刻本　一冊

420000 – 2302 – 0004923　史三/3 – 8/7175
(103721)

繹史一百六十卷　(清)馬驌撰　清刻本　七
冊　存四十三卷(四十四至八十六)

420000 – 2302 – 0004924　子二/5 – 8/4710
(92566)

繹志十九卷　(清)胡承諾撰　清同治十一年
(1872)浙江書局刻本　八冊

420000 – 2302 – 0004925　子二/8.8/4710
(17033)

繹志十九卷　(清)胡承諾撰　清同治十一年
(1872)浙江書局刻本　八冊

420000 – 2302 – 0004926　經二/6 – 8/4610
(2041)

譯古含奇三卷　(清)楊翼亮撰　清光緒十三
年(1887)杭州三元坊小西堂書坊刻本　三冊

420000 – 2302 – 0004927　子十/2 – 8/4610
(62807)

譯古含奇三卷　(清)楊翼亮撰　清光緒十三
年(1887)杭州三元坊小西堂書坊刻本　三冊

420000 – 2302 – 0004928　史九/22.8/3144
(13660)

譯注校邠廬抗議二卷　(清)馮桂芬著　清光
緒二十四年(1898)經世學社刻本　二冊

420000 – 2302 – 0004929　集五/2 – 8/3132
(55943)

音釋坐花誌果八卷　(清)汪道鼎撰　(清)鶩
峰樵者音釋　清光緒十七年(1891)武林竹簡
齋石印本　一冊

420000 - 2302 - 0004930　經十/33.8/3130
(9572)

音學辨微一卷　（清）江永撰　清宣統元年
(1909)上海國學保存會影印本　一冊

420000 - 2302 - 0004931　經十/32 - 8/3191
(94421)

音學五書三十八卷　（清）顧炎武撰　清光緒
十六年(1890)思賢講舍刻本　十二冊

420000 - 2302 - 0004932　經十/32.8/3191
(16260)

音學五書三十八卷　（清）顧炎武撰　清光緒
十六年(1890)思賢講舍刻本　十六冊

420000 - 2302 - 0004933　經十/32.8/3191
(16276)

音學五書三十八卷　（清）顧炎武撰　清光緒
十一年(1885)四明觀稼樓刻本　十二冊

420000 - 2302 - 0004934　史十一/21 - 8/
2738(78250)

殷譜經侍郎自訂年譜二卷　（清）殷兆鏞編
清宣統鉛印本　一冊

420000 - 2302 - 0004935　集二/0 - 8/1126
(81910)

殷齋文集八卷詩集四卷　（清）張穆撰　清咸
豐八年(1858)刻本　四冊

420000 - 2302 - 0004936　子十六/36 - 8/
4411(85826)

陰騭文圖說不分卷　（清）黃正元編　清乾隆
五十七年(1792)刻嘉慶十四年(1809)王懷曾
印本　四冊

420000 - 2302 - 0004937　經七/42 - 8/1059
(58362)

欽定春秋傳說匯纂三十八卷首二卷　（清）王
掞等撰　清尊經閣刻本　二十八冊

420000 - 2302 - 0004938　經七/42 - 8/1059
(110707)

欽定春秋傳說彙纂三十八卷首二卷　（清）王
掞等撰　清刻本　十五冊　存十八卷(三至
二十)

420000 - 2302 - 0004939　經七/11 - 8/1059
(111469)

欽定春秋傳說彙纂三十八卷首二卷　（清）王
掞等撰　清刻本　一冊　存一卷(十七)

420000 - 2302 - 0004940　經七/11.8/1059
(9609)

欽定春秋傳說彙纂三十八卷首二卷　（清）王
掞等撰　清漱芳閣刻本　三冊　存四卷(二
十六至二十九)

420000 - 2302 - 0004941　經七/42 - 8/1059
(110429)

欽定春秋傳說彙纂三十八卷首二卷　（清）王
掞等纂　清同治十年(1871)湖北崇文書局刻
本　十一冊　存二十卷(一至十八、首二卷)

420000 - 2302 - 0004942　史八/1 - 8/2644
(51077)

欽定大清會典事例一千二百二十卷目錄八卷
　（清）崑岡等撰　清宣統元年(1909)上海商
務印書館石印本　一百四十八冊

420000 - 2302 - 0004943　史八/1 - 8/2644
(51067)

欽定大清會典一百卷　（清）崑岡等撰　清宣
統元年(1909)上海商務印書館石印本　十冊

420000 - 2302 - 0004944　史十六/2 - 8/4877
(85585)

欽定古今儲貳金鑑六卷首一卷　（清）□□撰
　清刻本　四冊

420000 - 2302 - 0004945　善集一/32 - 8/
3423(90055)

欽定國朝詩別裁集三十二卷　（清）沈德潛編
　清乾隆二十六年(1761)翰林院刻本　十
二冊

420000 - 2302 - 0004946　集一/311/3423：5
(11842)

欽定國朝詩別裁集三十二卷　（清）沈德潛評
纂　清乾隆刻本　十二冊

420000 - 2302 - 0004947　經五/31 - 8/2337
(111466)

欽定禮記義疏八十二卷 （清）高宗弘曆敕撰
　清刻本　一冊　存二卷(四十八至四十九)

420000－2302－0004948　　經五/31.8/2337
(9601)

欽定禮記義疏八十二卷首一卷 （清）高宗弘
曆敕撰　清同治十年(1871)湖北崇文書局刻
本　三冊

420000－2302－0004949　　史八/10.1－8/
5007(77075)

欽定吏部稽勳司則例八卷 （清）吏部編　清
咸豐刻本　五冊

420000－2302－0004950　　史八/10.1－8/
4028.7(649339)

欽定吏部則例六十八卷 （清）保寧等撰　清
刻本　二十冊

420000－2302－0004951　　史十/2.8/0020
(6772)

欽定吏部則例五十二卷 （清）文孚等撰　清
道光四年(1824)刻本　二十七冊

420000－2302－0004952　史十二/33/3432.87
(78656)

欽定滿州源流考二十卷首一卷 （清）阿桂
（清）平恕纂　清光緒十九年(1893)杭州便益
書局石印本　一冊

420000－2302－0004953　史二/3－7/4748.7
(90269)

欽定明鑑二十四卷首一卷 （清）胡敬等輯
清同治九年(1870)湖北崇文書局刻本　十冊

420000－2302－0004954　史十六/2－7/4748
(81001)

欽定明鑑二十四卷首一卷 （清）胡敬等輯
清同治九年(1870)湖北崇文書局刻本　十冊

420000－2302－0004955　　史三/3－8/0002
(110082)

欽定平定貴州苗匪紀略四十卷 （清）奕訢纂
　清光緒鉛印本　十冊

420000－2302－0004956　集一/412.42/4404
(32005)

欽定全唐文一千卷 （清）董誥等編　清嘉慶
十九年(1814)刻本　二百三十八冊　存九百
九十二卷(一至二十八、三十七至一千)

420000－2302－0004957　　經三/1－8/1012

欽定書經傳說彙纂二十一卷首二卷書序一卷
　（清）王頊齡纂　清雍正八年(1730)內府刻
本　十四冊

420000－2302－0004958　　經三/1－8/1012
(110639)

欽定書經傳說彙纂二十一卷首二卷書序一卷
　（清）王頊齡纂　清刻本　十七冊

420000－2302－0004959　　經三/1－8/1231.2
(58290)

欽定書經圖說五十卷 （清）孫家鼐纂修
（清）詹秀林繪　清光緒三十一年(1905)石印
本　十六冊

420000－2302－0004960　　經三/6－8/1231
(2175)

欽定書經圖說五十卷 （清）孫家鼐纂修
（清）詹秀林繪　清光緒三十一年(1905)石印
本　十六冊

420000－2302－0004961　　史十四/31－8/
2767(64003)

欽定四庫全書簡明目錄二十卷 （清）紀昀等
撰　清同治七年(1868)廣東書局刻本　十冊

420000－2302－0004962　　史十四/61.8/
35030(7380)

欽定四庫全書簡明目錄二十卷 （清）紀昀等
撰　清刻本　十冊

420000－2302－0004963　　史十四/31－8/
2767(100973)

欽定四庫全書簡明目錄二十卷首一卷 （清）
紀昀等撰　清同治七年(1868)廣東書局刻本
　十冊

420000－2302－0004964　　史十四/31－8/
2767(63875)

欽定四庫全書考證一百卷 （清）王太岳

289

（清）曹錫寶撰　清刻本　一百冊

420000－2302－0004965　史十四/31－8/
2767(110765)

欽定四庫全書總目二百卷 （清）紀昀等撰
清刻本　一冊　存二卷(二十九至三十)

420000－2302－0004966　史十四/31－8/
2767(80394)

欽定四庫全書總目二百卷首一卷 （清）紀昀
等撰　清刻本　一百二十冊

420000－2302－0004967　史八/10.1－8/
8734(68863)

欽定臺規四十二卷 （清）延煦等編　清末內
務府刻本　十一冊　存三十一卷(四至三十
四)

420000－2302－0004968　史十四/32－8/
1085.4(63495)

欽定天祿琳琅書目十卷 （清）于敏中等撰
後編二十卷 （清）彭元瑞等撰　清光緒十年
(1884)長沙王氏刻本　十冊

420000－2302－0004969　史十四/32－8/
1085.4(63861)

欽定天祿琳琅書目十卷 （清）于敏中等撰
後編二十卷 （清）彭元瑞等撰　清光緒十年
(1884)長沙王氏刻本　十冊

420000－2302－0004970　史十四/32－8/
1085.4(7394)

欽定天祿琳琅書目十卷 （清）于敏中等撰
後編二十卷 （清）彭元瑞等撰　清光緒十年
(1884)長沙王氏刻本　十冊

420000－2302－0004971　經十/31－8/2337
(58144)

欽定同文韻統六卷 （清）允祿監纂　清宣統
二年(1910)理藩部刻朱墨套印本　五冊

420000－2302－0004972　經十/31－8/2337
(92617)

欽定同文韻統六卷 （清）允祿監纂　清宣統
二年(1910)理藩部刻民國十四年(1925)蒙藏
院朱墨套印本　五冊

420000－2302－0004973　子十四/8.8/0044
(22025)

欽定同文韻統六卷 （清）允祿輯　清宣統二
年(1910)理藩部刻朱墨套印本　五冊

420000－2302－0004974　史十四/54－8/
8088(91265)

欽定武英殿聚珍版程式一卷 （清）金簡撰
清同治十三年(1874)江西書局刻本　一冊

420000－2302－0004975　史十五/32.8/
2331.3(7471)

欽定西清古鑑四十卷錢錄十四卷 （清）允祿
（清）梁詩正編　清光緒十四年(1888)上海
鴻文書局石印本　二十四冊

420000－2302－0004976　子十二/3.8/1023
(19143)

欽定協紀辨方書三十六卷 （清）李廷耀等撰
清同治八年(1869)刻本　二十四冊

420000－2302－0004977　史八/1－64/2314
(76719)

欽定續通典一百五十卷 （清）嵇璜等纂　清
光緒二十七年(1901)上海圖書集成局鉛印本
十二冊

420000－2302－0004978　史八/11.8/2314
(5907)

欽定續文獻通考二百四十九卷 （清）嵇璜等
撰　清光緒二十七年(1901)上海圖書集成局
石印本　三十六冊

420000－2302－0004979　史八/11.8/3643
(6023)

欽定續文獻通考輯要二十六卷 （清）湯壽潛
輯　清光緒二十五年(1899)上海圖書集成局
鉛印本　十冊

420000－2302－0004980　史八/1－8/2314.3
(76112)

欽定續文獻通攷輯要二十六卷 （清）湯壽潛
撰　清光緒二十五年(1899)上海圖書集成局
鉛印本　十冊

420000－2302－0004981　史八/6.8/8737

（6321）

欽定學堂章程一卷 （□）□□撰　清光緒三十二年（1906）鉛印本　六冊

420000－2302－0004982　史一/3－64/3030（75214）

欽定元史語解二十四卷 （清）高宗弘曆敕撰　清光緒四年（1878）刻本　八冊

420000－2302－0004983　史八/5－8/6715（68913）

欽定中樞政攷十五卷 （清）鄂爾泰等撰　清武英殿刻本　八冊

420000－2302－0004984　經一/1－8/4094（67305）

欽定篆文六經四書十種 （清）李光地閲　清光緒九年（1883）上海同文書局石印本　十冊　存十種

420000－2302－0004985　經一/0－8/4094（444）

欽定篆文六經四書十種 （清）李光地等閲（清）張廷玉等校　清光緒九年（1883）上海同文書局石印本　十冊　存十種

420000－2302－0004986　叢/5－8/1781（28623）

尹健餘先生全集九種 （清）尹會一撰　清光緒刻本　十冊　存四種

420000－2302－0004987　子八/11－8/2794（088988）

引痘說一卷 （清）邱熺輯　清抄本　一冊

420000－2302－0004988　子八/4.8/7794（17831）

引痘新法全書一卷 （清）邱熺撰　清同治三年（1864）刻本　一冊

420000－2302－0004989　善子十一/41－8/2527（20020）

印典八卷 （清）朱象賢編　清就閒堂刻本　四冊

420000－2302－0004990　子十一/41－8/

3111（87348）

印典八卷 （清）朱象賢撰　清康熙六十一年（1722）刻本　七冊　存七卷（二至八）

420000－2302－0004991　史十七/4/3802：7（7939）

印度剳記二卷 （清）黄棫材著　清光緒二十三年（1897）湖南新學書局刻本　一冊

420000－2302－0004992　史十七/12－8/7702（87154）

印度新志一卷 （清）學部編譯圖書局編　清光緒三十三年（1907）學部圖書局鉛印本　一冊

420000－2302－0004993　子十一/42－8/4634.8（88739）

印林一卷 楊守敬摹　饒敦秩編　清光緒石印本　二冊

420000－2302－0004994　子十一/42－7/2588

印品七卷首一卷附一卷 （明）朱簡編　明萬曆朱簡鈐印本　六冊

420000－2302－0004995　善子十一41－8/1043（86855）

印學概說四卷首一卷 （清）王世宇撰並刻　清乾隆十九年（1754）稿本　一冊

420000－2302－0004996　集二/3.8/4733（11626）

印雪軒詩稿一卷 （清）胡鴻澤撰　清同治十二年（1873）刻本　一冊

420000－2302－0004997　史十七/11/7743（8081）

英丁前後海戰記不分卷 （美國）賢獨滑獨希茲配痕撰　（日本）安住宗俊譯　清末東亞書局鉛印本　一冊

420000－2302－0004998　史十七/1－8/7100.6（84689）

英俄印度交涉書一卷 （英國）馬文著　（清）瞿昂來譯　清光緒江南製造總局刻本　一冊

291

420000 – 2302 – 0004999　史八/37 – 8/2341
（110487）

英國鑄錢說略一卷　（英國）傅蘭雅撰　清光緒二十三年(1897)武昌質學會刻本　一冊

420000 – 2302 – 0005000　史十七/11/4420.2
（7732）

英吉利志八卷　（英國）慕維廉譯　清光緒二十二年(1896)明達學社刻本　四冊

420000 – 2302 – 0005001　集五/4. 8/4817
（38354）

英雲夢傳八卷　（清）松雲氏撰　清道光元年(1821)綠蔭堂刻本　八冊

420000 – 2302 – 0005002　史十二/246.2/
3476.4（33038/39）

鸚鵡洲小志四卷首一卷　（清）胡鳳丹編纂　清同治十三年(1874)胡氏退補齋武昌刻本　二冊

420000 – 2302 – 0005003　集七/6. 8/3308
（9960）

楹聯叢話十二卷　（清）梁章鉅撰　清道光二十二年(1842)沭陽呂湛恩刻本　四冊

420000 – 2302 – 0005004　集一/8. 8/4128
（33266）

楹聯集錦八卷　（□）□□撰　清光緒五年(1879)刻本　二冊

420000 – 2302 – 0005005　集一/8. 8/4128
（11522）

楹聯集錦四卷　（□）□□撰　清光緒五年(1879)刻本　一冊

420000 – 2302 – 0005006　集六/7 – 8/2508
（100797）

楹聯新話十卷　（清）朱應鎬撰　清光緒十八年(1892)刻本　四冊

420000 – 2302 – 0005007　史十七/3/2828
（7737）

瀛寰志略十卷　（清）徐繼畬著　清同治十二年(1873)刻本　六冊

420000 – 2302 – 0005008　集一/311. 64/
0060.2（31829）

瀛奎律髓刊誤四十九卷　（元）方回選　（清）紀昀批點　清嘉慶五年(1800)侯官李光垣刻本　八冊

420000 – 2302 – 0005009　集五/2 – 8/6000
（88719）

影梅庵憶語一卷　（清）冒襄撰　清光緒二十六年(1900)番禺沈氏刻本　四冊

420000 – 2302 – 0005010　史十一/32 – 8/
4435（82202）

庸盦筆記六卷　（清）薛福成撰　清宣統二年(1910)掃葉山房石印本　三冊

420000 – 2302 – 0005011　史八/4.8/4435. 4
（6594）

庸盦海外文編四卷　（清）薛福成著　清光緒二十三年(1897)刻本　四冊

420000 – 2302 – 0005012　史八/10. 2 –
8/7221

庸吏庸言一卷餘談一卷　（清）劉衡撰　清同治七年(1868)楚北崇文書局刻本　二冊

420000 – 2302 – 0005013　善叢/5 – 8/1122
（37517）

庸書二十卷　（清）張貞生撰　清康熙十八年(1679)廬陵張世坤、張世坊增修本　十冊

420000 – 2302 – 0005014　子十二/5 – 8/7530
（91373）

庸書四卷　（清）陳次亮撰　清光緒二十四年(1898)知今齋石印本　四冊

420000 – 2302 – 0005015　集二/3. 8/1043
（36180）

雍益集一卷　（清）王士禎撰　清康熙三十六年(1697)刻本　一冊

420000 – 2302 – 0005016　叢/343. 2/1200
（27949）

永嘉叢書十三種　（清）孫衣言輯　清同治、光緒瑞安孫氏詒善祠塾刻本　八十冊　存十二種

420000 - 2302 - 0005017　史五/1 - 7/1053
(110204)

永曆實錄二十六卷　（清）王夫之撰　清同治
四年(1865)湘鄉曾國荃刻本　三冊

420000 - 2302 - 0005018　子十六/26 - 52/
2614(110442)

永明心賦註四卷　（宋）釋延壽述　清光緒三
年(1877)刻本　二冊

420000 - 2302 - 0005019　集一/311.8/8019
(31944)

咏物詩選八卷　（清）俞琰選　清雍正三年
(1725)嘉善沈又彭刻本　四冊

420000 - 2302 - 0005020　集二/1.8/0018
(34662)

涌翠山房文集四卷詩集四卷　（清）高延第撰
　清光緒十三年(1887)高承裕刻本　四冊

420000 - 2302 - 0005021　集一/31 - 8/6072.1
(65742)

詠物詩選註釋八卷　（清）易開縉　（清）孫溽
鳴注　清宏道堂刻本　四冊

420000 - 2302 - 0005022　史十一/26 - 8/
7121(77322)

幽芳錄四卷　（清）馬秋水輯　清嘉慶二年
(1797)刻本　一冊

420000 - 2302 - 0005023　集二/8.8/1137
(35544)

幽夢影二卷　（清）張潮筆記　清同治十三年
(1874)遲雲樓主刻本　二冊

420000 - 2302 - 0005024　史八/9 - 8/3434
(77000)

憂盛編一卷　（清）沈祖燕撰　清光緒三十二
年(1906)木活字印本　一冊

420000 - 2302 - 0005025　史十七/12/2835
(7637)

遊俄彙編六卷　（清）徐啟書　（清）問濤生編
　清光緒二十一年(1895)刻本　二冊

420000 - 2302 - 0005026　史十七/4/3802:6
(7938)

遊歷芻言一卷　（清）黃棽材著　清光緒二十
三年(1897)湖南新學書局刻本　一冊

420000 - 2302 - 0005027　史十七/32 - 8/
2310(85560)

游歷日本圖經三十卷　（清）傅雲龍撰　清光
緒十五年(1889)德清傅氏日本石印鉛印本
二十五冊

420000 - 2302 - 0005028　史十七/4 - 8/2310
(85547)

游歷圖經餘記十五卷　（清）傅雲龍撰　清光
緒鉛印本　六冊

420000 - 2302 - 0005029　史十二/62 - 8/
1033(88821)

游蜀紀程二卷　（清）王鴻朗撰　清同治刻本
　二冊

420000 - 2302 - 0005030　叢/5 - 8/4036
(52470)

游藝錄五種　（清）李沺撰　清光緒二十年
(1894)醉月山房刻本　九冊

420000 - 2302 - 0005031　經十/14 - 21/
5640.0(90148)

輶軒使者絕代語釋別國方言十三卷首一卷
(漢)揚雄撰　（晉）郭璞注　（清）郭慶藩集
釋　清光緒十七年(1891)思賢講舍刻本　二
冊　存十三卷(一至十二、首一卷)

420000 - 2302 - 0005032　子十一/225.8/
4039(41509)

左宗棠帖不分卷　（清）左宗棠著　清光緒三
十三年(1907)影印本　一冊

420000 - 2302 - 0005033　子二/45 - 8/1133
(89880)

輶軒語一卷　（清）張之洞撰　清光緒四年
(1878)潘氏敏德堂刻本　一冊

420000 - 2302 - 0005034　子十二/42.8/1133
(20068)

輶軒語一卷　（清）張之洞撰　清光緒三年
(1877)刻本　一冊

420000－2302－0005035　子二/45－8/1133（89889）

輶軒語一卷書目問答不分卷　（清）張之洞撰　清光緒三年(1877)濠上書齋刻本　三冊

420000－2302－0005036　子十一/42.23/4622（20003）

友實軒印存不分卷　（清）楊秉信鐫　清宣統刻本　一冊

420000－2302－0005037　史八/6.8/3007（6476）

有關安徽鳳潁泗等屬災害開辦賑捐章程一卷　（清）鄧札以奏　清光緒刻本　一冊

420000－2302－0005038　集二/0－8/2630（88592）

有恒心齋駢體文六卷　（清）程鴻詔撰　清同治十一年(1872)休寧吳文楷刻本　一冊　存三卷(一至三)

420000－2302－0005039　集四/2－8/2630（88591）

有恒心齋詩餘二卷　（清）程鴻詔撰　清同治刻本　一冊

420000－2302－0005040　集二/1.8/2630（34233）

有恆心齋集六種　（清）程鴻詔撰　清同治刻本　五冊

420000－2302－0005041　集二/1.8/2630（37703）

有恆心齋集前集一卷文十一卷詩七卷續蘇和陶詩一卷駢體文六卷　（清）程鴻詔　（清）程壽保撰　清同治十二年(1873)休寧吳文楷刻本　八冊

420000－2302－0005042　集二/0－8/2680（91454）

有正味齋賦稿一卷　（清）吳錫麒撰　清咸豐三年(1853)誦芬堂刻本　一冊

420000－2302－0005043　集二/4.8/2680.4（35411）

有正味齋駢文箋注十六卷補注一卷　（清）吳

錫麒著　（清）葉聯芬箋　清同治七年(1868)慈北葉氏刻本　八冊

420000－2302－0005044　集二/4.8/2680.4（13518）

有正味齋駢文箋注十六卷補注一卷　（清）吳錫麒著　（清）葉聯芬箋　清光緒十七年(1891)羊城文寶閣刻本　八冊

420000－2302－0005045　集二/0－8/2680.4（89180）

有正味齋駢文十六卷　（清）吳錫麒著　（清）葉聯芬箋註　清光緒十七年(1891)羊城文寶閣刻本　八冊　存十五卷(一至五、七至十六)

420000－2302－0005046　集二/0－8/2680.4（91763）

有正味齋駢文十六卷　（清）吳錫麒著　（清）葉聯芬箋註　清光緒二十年(1894)蜀東宏道堂刻本　八冊

420000－2302－0005047　集二/1.8/2680（13526）

有正味齋全集　（清）吳錫麟著　清嘉慶十三年(1808)刻本　十六冊

420000－2302－0005048　集二/0－8/2680（110784）

有正味齋詩續集八卷　（清）吳錫麟撰　清刻本　一冊　存四卷(一至四)

420000－2302－0005049　集二/3.8/2680（9799）

有正味齋試帖七卷　（清）吳錫麒著　清刻本　八冊

420000－2302－0005050　集二/3.8/2680（36096）

有正味齋試帖詩注一集五卷二集六卷　（清）吳錫麒撰　清嘉慶二十三年(1818)刻本　四冊

420000－2302－0005051　子八/11－/2420（93624）

幼科新書一卷　（□）□□撰　清抄本　一冊

420000 – 2302 – 0005052　子十四/4 – 8/
2614.2(100773)

幼學求源三十三卷　（明）程登吉撰　清道光
二十二年(1842)文文堂刻本　七冊　存二十
九卷(一至二十三、二十八至三十三)

420000 – 2302 – 0005053　善集二/0 – 64/
8077(90736)

余忠宣公青陽山房集五卷　（元）余闕撰　清
康熙三十六年(1697)古燕張氏刻本　二冊

420000 – 2302 – 0005054　子五/8 – 8/2717
(91067)

魚雷圖說不分卷　（清）黎晉賢撰並繪圖　清
光緒十六年(1890)天津石印本　二冊

420000 – 2302 – 0005055　叢/1 – 8/0848
(52283)

榆園叢刻十六種　（清）許增編　清同治、光
緒仁和許增娛園刻本　十六冊

420000 – 2302 – 0005056　叢/1. 8/0848
(23194)

榆園叢刻十六種　（清）許增編　清同治、光
緒刻本　十六冊

420000 – 2302 – 0005057　集五/2. 8/1137
(36634)

虞初新志二十卷　（清）張潮輯　清咸豐元年
(1851)刻本　十六冊

420000 – 2302 – 0005058　集五/2 – 8/8734
(111488)

虞初續志十二卷　（清）鄭澍若編　清末石印
本　一冊　存四卷(四至七)

420000 – 2302 – 0005059　經二/1 – 8/1290
(110764)

虞翻周易注十卷附錄一卷　（清）孫堂輯　清
嘉慶四年(1799)平湖孫氏映雪草堂刻本　一
冊　存三卷(三至五)

420000 – 2302 – 0005060　集二/1. 6/2120
(7799)

虞文靖公道園全集七十六卷　（元）虞集撰
清光緒元年(1875)陵陽書局刻本　十六冊

420000 – 2302 – 0005061　史十五/42 – 8/
7227(84700)

虞夏贖金釋文一卷　（清）劉師陸撰　清同治
十二年(1873)鮑氏觀古閣刻本　一冊

420000 – 2302 – 0005062　子十二/2.8/8725
(20244)

愚一錄十二卷　（清）鄭獻甫撰　清光緒二年
(1876)刻本　三冊

420000 – 2302 – 0005063　善集七/2 – 8/
1043.8

漁洋杜詩話一卷　（清）王士禛撰　（清）翁方
綱輯　清乾隆石洲草堂刻本　二冊

420000 – 2302 – 0005064　集一/311.8/1043
(31997)

漁洋山人古詩選三十二卷　（清）王士禛選
清同治五年(1866)金陵書局刻本　八冊

420000 – 2302 – 0005065　集一/31 – 8/1043
(89763)

漁洋山人古詩選三十二卷　（清）王士禛選
清光緒七年(1881)山西濬文書局刻本　七冊

420000 – 2302 – 0005066　集一/31 – 8/1043
(87303)

漁洋山人古詩選五十卷　（清）王士禛編　清
同治五年(1866)金陵書局刻本　九冊

420000 – 2302 – 0005067　集二/0 – 8/1043.8
(110115)

漁洋山人精華錄箋注十二卷補一卷年譜一卷
附錄一卷　（清）王士禛撰　（清）金榮箋注
（清）徐准纂輯　清吳縣金榮鳳翻堂刻本　二
冊　存四卷(一至三、年譜一卷)

420000 – 2302 – 0005068　善集二/0 – 8/3414
(92648)

漁洋山人精華錄箋注十二卷補一卷附錄一卷
漁洋山人年譜一卷　（清）王士禛撰　（清）金
榮箋注　清乾隆元年(1736)金氏鳳翻堂刻本
六冊

420000 – 2302 – 0005069　集二/0 – 8/1043.8
(93323)

漁洋山人精華録箋注十二卷補注一卷年譜一卷 （清）王士禎撰 （清）金榮箋注 清刻本 六冊

420000 － 2302 － 0005070 集二/0 － 8/1043.8（91875）

漁洋山人精華録箋注十二卷補注一卷年譜一卷 （清）王士禎撰 （清）金榮箋注 清刻本 十冊

420000 － 2302 － 0005071 善集二/0 － 8/1043（11705）

漁洋山人精華録十卷 （清）王士禎撰 清康熙林佶寫刻本 四冊

420000 － 2302 － 0005072 善集二/0 － 8/1043（93211）

漁洋山人精華録十卷 （清）王士禎撰 清康熙三十九年(1700)侯官林氏寫刻本 四冊

420000 － 2302 － 0005073 集二/0 － 8/1043（92605）

漁洋山人詩續集十六卷 （清）王士禎撰 清康熙、雍正刻本 十冊

420000 － 2302 － 0005074 集二/0 － 8/1043（92784）

漁洋山人文略十四卷 （清）王士禎撰 清雍正刻本 五冊

420000 － 2302 － 0005075 集二/4.8/1043（35306）

漁洋山人文略十四卷 （清）王士禎撰 清雍正刻本 五冊

420000 － 2302 － 0005076 史十四/32 － 7/1043（80825）

漁洋書籍跋尾二卷 （清）王士禎撰 清光緒四年(1878)仁和葛氏刻本 一冊

420000 － 2302 － 0005077 集二/3.8/1043.5（36144）

漁洋山人精華録訓纂十二卷 （清）王士禎著 （清）惠棟注 清光緒十九年(1893)澹雅書局刻本 十二冊

420000 － 2302 － 0005078 子十二/13 － 7/2115(110659)

餘冬録六十一卷 （明）何孟春輯 清同治三年(1864)大興邵綏名刻本 一冊 存四卷（一至四）

420000 － 2302 － 0005079 善子二/318 － 8/9950(69961)

餘山先生遺書十卷附録一卷 （清）勞史撰 清乾隆桑氏刻本 二冊

420000 － 2302 － 0005080 集二/1.7/4485（34652）

餘姚黃忠端公集六卷 （明）黃尊素撰 （明）黃宗羲補註 清光緒十三年(1887)正氣堂刻本 四冊

420000 － 2302 － 0005081 集二/0 － 8/4641

餘蔭山房詩集六卷 （清）楊梧編 清光緒二十一年(1895)楊四怡堂刻本 二冊

420000 － 2302 － 0005082 史十二/1/4294（6993）

輿地學教程不分卷 （清）姚炳奎撰 清光緒二十七年(1901)經心書院刻本 八冊

420000 － 2302 － 0005083 經三/2 － 8/4634（73096）

禹貢本義一卷 楊守敬撰 清光緒三十二年(1906)楊守敬鄂城菊灣刻本 一冊

420000 － 2302 － 0005084 經三/1 － 8/4092（2136）

禹貢易知編十二卷 （清）李慎行輯 清光緒二十五年(1899)丹徒李氏刻本 四冊

420000 － 2302 － 0005085 經三/1 － 5/2060（2053）

禹貢指南四卷 （宋）毛晃撰 清乾隆浙江刻本 二冊

420000 － 2302 － 0005086 集二/0 － 35/0020.2

庚開府哀江南賦注不分卷 （清）徐樹穀（清）徐炯纂輯 清乾隆二十三年(1758)梅村書屋刻本 一冊

420000 – 2302 – 0005087　集二/0 – 37/0020
(91849)

庾開府集二卷　（北周）庾信撰　清同治九年
(1870)永康胡氏退補齋刻本　二冊

420000 – 2302 – 0005088　集二/0 – 37/0020.2
(110985)

庾子山集十六卷　（北周）庾信撰　（清）倪璠
註釋　庾子山年譜一卷庾集總釋一卷　（清）
倪璠編　清道光十九年(1839)刻本　十二冊

420000 – 2302 – 0005089　集二/0 – 37/0020.2
(34914)

庾子山集十六卷總釋一卷年譜一卷　（北周）
庾信撰　（清）倪璠注　清康熙刻本　十二冊

420000 – 2302 – 0005090　集二/0 – 37/0020.2
(85879)

庾子山集十六卷首一卷　（北周）庾信撰
(清)倪璠注　清康熙二十六年(1687)崇岫堂
刻本　十冊

420000 – 2302 – 0005091　集二/0 – 37/0020.2
(103191)

庾子山集十六卷總釋一卷　（北周）庾信撰
(清)倪璠註釋　清刻本　五冊　存十卷(四、
七至十二、十五至十六,總釋一卷)

420000 – 2302 – 0005092　集二/0 – 37/0020.2
(111045)

庾子山集十六卷總釋一卷　（北周）庾信撰
(清)倪璠注　清光緒十六年(1890)廣州經史
閣刻本　三冊　存二卷(十三至十四)

420000 – 2302 – 0005093　集二/0 – 37/0020.2
(103190)

庾子山集十六卷總釋一卷年譜一卷　（北周）
庾信撰　（清）倪璠注釋　清光緒二十年
(1894)儒雅堂刻本　一冊　存二卷(五至六)

420000 – 2302 – 0005094　善子十一/312 – 8/
3676(92485)

與古齋琴譜四卷　（清）祝鳳喈撰　清咸豐五
年(1855)浦城祝氏刻本　三冊　存三卷(一、
三至四)

420000 – 2302 – 0005095　史十五/58 – 8/
4469(84721)

語石十卷　葉昌熾撰　清宣統元年(1909)刻
本　四冊

420000 – 2302 – 0005096　集六/21.8/1082
(9991)

玉釧緣三十二卷　（清）西湖居士撰　清刻本
一冊　存一卷(十)

420000 – 2302 – 0005097　子十六/32/4030
(10001)

玉定金科例誅輯要十卷首一卷末一卷玉定金
科特宥輯要十卷首一卷末一卷玉定金科例賞
輯要十卷首一卷　（□）梓童帝君頌　清同治
四年(1865)刻本　十八冊

420000 – 2302 – 0005098　子十四/1.5/1000
(41358)

玉海二百四卷附十三種　（宋）王應麟撰　元
刻明正德、嘉靖、萬曆補刻本　六冊　存十三
卷(一百三十三、一百六十五至一百六十六、
一百七十二、一百八十至一百八十一,補注二
卷,漢制考四卷,踐阼篇一卷)

420000 – 2302 – 0005099　善子十四/1 – 5/
1000.7

玉海纂二十二卷　（清）劉鴻訓纂　清順治刻
本　十六冊

420000 – 2302 – 0005100　叢/2.8/7164
(11082)

玉函山房輯佚書五百九十四種　（清）馬國翰
輯　清光緒九年(1883)長沙娜環館刻本　一
百二十冊

420000 – 2302 – 0005101　集二/0 – 8/0832
(88590)

玉井山館文略五卷　（清）許宗衡撰　清同治
四年(1865)刻本　一冊　存三卷(一至三)

420000 – 2302 – 0005102　集二/0 – 8/0832
(88589)

玉井山館文續二卷附西行日記一卷　（清）許
宗衡撰　清同治九年(1870)刻本　一冊

420000 - 2302 - 0005103　子十六/38/1078
(8194)

玉歷鈔傳警世不分卷　(□)□□撰　清道光
六年(1826)刻本　一冊

420000 - 2302 - 0005104　子十六/36 - 8/
1238(87139)

玉露金盤一卷　(□)□□撰　清光緒三十一
年(1905)刻本　一冊

420000 - 2302 - 0005105　子十六/10. - 8/
9143(91457)

玉露金盤一卷　(□)□□撰　清光緒六年
(1880)刻本　一冊

420000 - 2302 - 0005106　集四/51. 7/3663
(38835)

玉茗堂還魂記二卷　(明)湯顯祖撰　清夢鳳
樓暖紅室刻本　四冊

420000 - 2302 - 0005107　集二/1. 7/3663
(34949)

玉茗堂全集四十六卷　(明)湯顯祖著　清康
熙三十三年(1694)阮凌雲竹林堂刻本　二十
四冊

420000 - 2302 - 0005108　經十/23 - 36/3161
(55349)

玉篇二卷　(南朝梁)顧野王撰　清光緒遵義
黎氏日本東京使署影刻本　一冊

420000 - 2302 - 0005109　經十/23 - 36/
3161.7(57034)

玉篇三十卷　(南朝梁)顧野王撰　(宋)陳彭
年重修　清道光三十年(1850)刻本　六冊

420000 - 2302 - 0005110　經十/22. 36/3161
(16106)

玉篇三十卷　(南朝梁)顧野王撰　清黎氏日
本東京使署刻本　二冊

420000 - 2302 - 0005111　經十/23 - 36/3161
(55375)

玉篇四卷　(南朝梁)顧野王撰　清光緒遵義
黎氏日本東京使署影刻本　一冊

420000 - 2302 - 0005112　史十一/251 - 8/
3631(100818)

玉臺畫史五卷別録一卷　(清)湯漱玉輯　清
道光十七年(1837)振綺堂刻本　一冊

420000 - 2302 - 0005113　集一/31 - 36/
2874.2(111438)

玉臺新詠十卷　(南朝陳)徐陵編　(清)吳兆
宜注　(清)程琰刪補　清刻本　一冊　存一
卷(九)

420000 - 2302 - 0005114　善集一/31 - 36/
2874.2(69644)

玉臺新詠十卷　(南朝陳)徐陵輯　(清)吳兆
宜原注　(清)程琰刪補　清乾隆三十九年
(1774)稻香樓刻本　四冊

420000 - 2302 - 0005115　善集一/31 - 36/
2874.2(69640)

玉臺新詠十卷　(南朝陳)徐陵輯　(清)吳兆
宜原注　(清)程琰刪補　清乾隆三十九年
(1774)稻香樓刻本　四冊

420000 - 2302 - 0005116　集一/31 - 36/
2874.2(65327)

玉臺新詠十卷　(南朝陳)徐陵輯　(清)吳兆
宜注　(清)程琰刪補　清光緒五年(1879)宏
達堂刻本　六冊

420000 - 2302 - 0005117　集一/31 - 36/
2874.2(65333)

玉臺新詠十卷　(南朝陳)徐陵輯　(清)吳兆
宜注　(清)程琰刪補　清光緒五年(1879)宏
達堂刻本　四冊

420000 - 2302 - 0005118　善子三/0 - 1/7545

玉堂校傳如崗陳先生二經精解全編九卷
(明)陳懿典撰　清康熙三十四年(1695)書林
燕詒堂刻本　四冊

420000 - 2302 - 0005119　集二/4. 8/1270
(9818)

玉塘集選二卷附録一卷　(清)孫璧文撰　清
光緒十三年(1887)刻本　一冊

420000 - 2302 - 0005120　善集二/0 - 42/

4007.3(69393)

玉谿生詩箋注三卷首一卷樊南文集箋注八卷
首一卷　（清）馮浩編　清乾隆二十八年
(1763)馮氏德聚堂刻本　八冊

420000－2302－0005121　集二/3.42/4007.3
(37067)

玉谿生詩詳註三卷年譜一卷　（唐）李商隱撰
（清）馮浩編訂　清乾隆四十五年(1780)德
聚堂刻本　四冊

420000－2302－0005122　集六/21－/1025
(644489)

玉鴛鴦全傳十卷　（□）□□撰　清抄本
十冊

420000－2302－0005123　善集七/2－8/7540
(70649)

玉照亭詩話二十卷　（清）陳大章撰　清乾隆
四年(1739)陳師晉刻本　四冊

420000－2302－0005124　集五/2.7/2802
(36709)

玉芝堂談薈三十六卷　（明）徐應秋撰　清光
緒元年(1875)刻本　三十二冊

420000－2302－0005125　善子十二/4－7/
2802(69796)

玉芝堂談薈三十六卷　（明）徐應秋撰　清初
刻本　二十二冊　存十九卷(一至二、四、六
至七、九、十四、十六至十七、十九至二十三、
二十九、三十一、三十三至三十五)

420000－2302－0005126　史十三/0－41/
4447(55367)

玉燭寶典十二卷　（隋）杜臺卿撰　清光緒遵
義黎氏日本東京使署刻本　一冊　存五卷
(一至五)

420000－2302－0005127　善經一/11－6/
2732(2310)

御定仿宋相臺岳氏本五經九十六卷　（宋）岳
珂編　清乾隆四十八年(1783)武英殿刻本
三十四冊

420000－2302－0005128　善經一/11－6/

2732(93184)

御定仿宋相臺岳氏本五經九十六卷　（宋）岳
珂編　清乾隆四十八年(1783)武英殿刻本
二十三冊　存五十卷(尚書七至十三、附考
證,禮記一至八、十三至二十;附考證,春秋經
傳集解一至十、十五至二十八;附考證;春秋
年表一卷;春秋名號歸一圖一至二、附考證)

420000－2302－0005129　集一/211.8/7510
(31689)

御定歷代賦彙一百四十卷首二卷外集二十卷
逸句二卷補遺二十卷　（清）陳元龍編　清康
熙四十年(1701)刻本　五十八冊

420000－2302－0005130　集一/211.8/7510
(31747)

御定歷代賦彙補遺二十二卷　（清）陳元龍輯
清康熙四十五年(1706)內府刻本　八冊

420000－2302－0005131　子十四/8.8/7510
(9751)

御定歷代賦彙一百四十卷　（清）陳元龍輯
清光緒十二年(1886)刻本　十六冊

420000－2302－0005132　善子十四/2－8/
3434(21563)

御定駢字類編二百四十卷　（清）沈宗敬纂
清雍正四年(1726)刻本　一百二十冊

420000－2302－0005133　善集一/32－42/
2811(69557)

御定全唐詩錄一百卷　（清）徐元正輯　清康
熙四十五年(1706)刻本　二十冊

420000－2302－0005134　集一/32－42/2811
(67836)

御定全唐詩錄一百卷　（清）徐倬纂　清康熙
揚州詩局刻本　一冊　存四卷(九十七至一
百)

420000－2302－0005135　子十六/26－8/
3543(103336)

御錄宗鏡大綱二十卷　（清）世宗胤禛錄　清
雍正十二年(1734)刻本　五冊

420000－2302－0005136　史二/2－8/4738

(81381)

御批歷代通鑑輯覽一百二十卷 （清）傅恆等輯　清光緒十三年（1887）上海同文書局石印本　二十冊

420000－2302－0005137　史二/1.8/3503（5517）

御批歷代通鑑輯覽一百二十卷 （清）傅恆等輯　清刻本　一冊　存二卷（五十六至五十七）

420000－2302－0005138　史二/2－8/4638.0（110733）

御批歷代通鑑輯覽一百二十卷 （清）傅恆等輯　清刻本　七冊　存十三卷（九十一至一百三）

420000－2302－0005139　集一/411.8/2847（11950）

御選古文淵鑑六十四卷 （清）徐乾學等編　清光緒二十九年（1903）蜚英書局石印本　十六冊

420000－2302－0005140　善集一/32－42/3513（69502）

御選唐詩三十二卷 （清）聖祖玄燁選　清康熙五十二年（1713）內府刻朱墨套印本　十五冊

420000－2302－0005141　善集一/32－42/3513（33459）

御選唐詩三十二卷 （清）聖祖玄燁選　清康熙五十二年（1713）內府刻朱墨套印本　十五冊

420000－2302－0005142　善集一/32－42/3513（69517）

御選唐詩三十二卷 （清）聖祖玄燁選　清康熙五十二年（1713）內府刻朱墨套印本　十五冊　存三十卷（一至十六、十九至三十二）

420000－2302－0005143　集一/31－8/3503（111462）

御選唐宋詩醇四十七卷 （清）高宗弘曆輯　清刻本　一冊　存三卷（二十至二十二）

420000－2302－0005144　集一/31－8/3503（82066）

御選唐宋詩醇四十七卷目錄二卷 （清）高宗弘曆選　清光緒十八年（1892）湖南書局刻本　二十四冊

420000－2302－0005145　集一/31－8/3503（091458）

御選唐宋詩醇四十七卷目錄二卷 （清）高宗弘曆選　清光緒二十一年（1895）上海鴻文書局石印本　二冊

420000－2302－0005146　集一/41－8/3503（090975）

御選唐宋詩醇五十八卷 （清）高宗弘曆選　清三色套印本　二十冊

420000－2302－0005147　集一/41－8/3503（90955）

御選唐宋文醇五十八卷 （清）高宗弘曆撰　清乾隆三年（1738）刻本　二十冊

420000－2302－0005148　集一/41－8/3503（111511）

御選唐宋文醇五十八卷 （清）高宗弘曆輯　清光緒浙江書局刻本　九冊　存三十卷（二十九至五十八）

420000－2302－0005149　子十六/26－8/2204（111437）

御選語錄十九卷 （清）世宗胤禛選　清抄本　一冊　存三卷（一至三）

420000－2302－0005150　史十二/61－8/0031.6（85995）

御製避暑山莊圖詠一卷圓明園圖詠一卷 （清）高宗弘曆撰　（清）鄂爾泰注　清末大同書局石印本　二冊

420000－2302－0005151　子九/22－8/2337.2（110887）

御製厤象考成上編十六卷下編十卷 （清）允祿　（清）允祉纂修　清光緒二十一年（1895）湖北官書處刻本　十四冊　存二十三卷（上編十六卷、下編一至七）

420000 – 2302 – 0005152　子九/21.8/2163
(18930)

御製曆象考成後編十卷　（清）何國宗等編
清刻本　八冊　存九卷（一至六、八至十）

420000 – 2302 – 0005153　史八/10.2 – 8/
4433(85891)

御製人臣儆心錄一卷　（清）世祖福臨撰　清
光緒湖北崇文書局刻本　一冊

420000 – 2302 – 0005154　集二/0 – 8/3523
(64644)

御製詩初集四十八卷目錄六卷　（清）仁宗顒
琰撰　（清）慶桂等編　清嘉慶八年(1803)內
府刻本　二十四冊　存五十卷（一至三十六、
四十一至四十八,目錄六卷）

420000 – 2302 – 0005155　子九/3.8/2163
(18945)

御製數理精蘊五十六卷　（清）何國宗等編
清光緒十四年(1888)上海慎記書局石印本
二十四冊

420000 – 2302 – 0005156　史十六/4 – 8/8019
(90651)

御製嗣統述聖詩二卷　（清）余正煥輯　清刻
本　二冊

420000 – 2302 – 0005157　史二/1 – 8/2514
(111165)

御撰資治通鑑綱目三編四十卷　（清）朱珪等
纂修　清光緒六年(1880)山東書局刻本　六
冊　存二十卷（一至二十）

420000 – 2302 – 0005158　經七/4 – 8/2391
(103199)

御纂春秋直解十二卷　（清）傅恒等撰　清乾
隆二十三年(1758)刻本　六冊　存九卷（一
至五、九至十二）

420000 – 2302 – 0005159　經七/5.8/2391
(15238)

御纂春秋直解十二卷　（清）傅恒等撰　清刻
本　八冊

420000 –2302 –0005160　經一/2 – 8/1637.0

(578)

御纂七經綱領一卷　（清）潘任撰　清光緒江
楚書局刻本　二冊

420000 – 2302 – 0005161　經一/2 – 8/1637.0
(8998)

御纂七經五種　（清）李光地等撰　清光緒三
十年(1904)上海育文書局石印本　二十四冊

420000 – 2302 – 0005162　經一/2 – 8/1637.0
(1987)

御纂七經五種　（清）李光地等撰　清同治十
年(1871)湖北崇文書局刻本　一百六十六冊

420000 – 2302 – 0005163　經四/1 – 8/1243
(90157)

御纂詩義折中二十卷　（清）傅恒等撰　清光
緒十二年(1886)敬業堂刻本　五冊　存十七
卷（一至十七）

420000 – 2302 – 0005164　經四/1.8/2391
(9657)

御纂詩義折中二十卷　（清）傅恒等撰　清掃
葉山房石印本　二冊

420000 – 2302 – 0005165　經四/1.8/2391
(2241)

御纂詩義折中二十卷　（清）傅恒等撰　清文
光堂刻本　十冊

420000 – 2302 – 0005166　子八/7 – 8/6008
(100780)

御纂醫宗金鑑九十卷首一卷　（清）吳謙等撰
清文光堂刻本　八冊　存十一卷（一至十、
首一卷）

420000 – 2302 – 0005167　子八/0.8/2608
(18742)

御纂醫宗金鑑十五種　（清）吳謙等編　清刻
本　六十四冊

420000 – 2302 – 0005168　子八/0.8/2608
(18806)

御纂醫宗金鑑十五種　（清）吳謙等編　清刻
本　四十冊

420000－2302－0005169　子八/0.8/2608（8607）

御纂醫宗金鑑十五種　(清)吳謙等編　清光緒十八年(1892)上海圖書集成印書局鉛印本　二十四冊

420000－2302－0005170　經二/1－8/4094（111334）

御纂周易折中二十二卷首一卷　(清)李光地撰　清同治十年(1871)湖北崇文書局刻本　十二冊

420000－2302－0005171　子八/19－8/6860（93239）

寓意草一卷　(清)喻昌撰　清咸豐至宣統刻本　一冊

420000－2302－0005172　子八/63.8/6840（8031）

寓意草一卷　(清)喻昌撰　清光緒三十三年(1907)簡青齋書局石印本　一冊

420000－2302－0005173　子八/19.－8/6860.0（111449）

寓意草註釋四卷　(清)喻昌著　(清)謝甘澍註釋　清光緒五年(1879)刻本　一冊　存一卷(四)

420000－2302－0005174　子十二/2－8/7234（55428）

愈愚錄六卷　(清)劉寶楠撰　清光緒十四年(1888)刻本　二冊

420000－2302－0005175　子二/314－8/4094（110375）

淵鑒齋御纂朱子全書六十六卷　(宋)朱熹撰　(清)李光地等編　清刻本　九冊　存二十二卷(十三至二十七、三十一至三十四、三十九至四十一)

420000－2302－0005176　子二/314.8/4094（16738）

淵鑒齋御纂朱子全書六十六卷　(宋)朱熹撰　(清)李光地等編　清江西書局刻本　四十冊

420000－2302－0005177　子十四/1.8/1144（21296）

淵鑑類函四百五十卷　(清)張英　(清)王士禎輯　清光緒九年(1883)上海點石齋石印本　十冊

420000－2302－0005178　善子十四/1－8/3289（69680）

淵鑑類函四百五十卷　(清)張英　(清)王士禎輯　清康熙內府刻本　二十八冊

420000－2302－0005179　集四/11.5/7457（38225）

元草堂詩餘三卷　(元)鳳林書院輯　清嘉慶十六年(1811)刻本　一冊

420000－2302－0005180　史五/1－64/1042（75954）

元朝秘史十卷續集二卷　(元)□□撰　清光緒三十四年(1908)葉氏觀古堂刻本　六冊

420000－2302－0005181　史五/1－64/1042.4（76187）

元朝秘史十五卷　(清)李文田注　清光緒二十二年(1896)通隱堂刻本　四冊

420000－2302－0005182　史五/1－64/1042.4（90530）

元朝秘史十五卷　(元)□□撰　(清)李文田注　清末石印本　二冊

420000－2302－0005183　史十二/1.5/1040（7150）

元豐九域志十卷　(宋)王存等撰　清光緒八年(1882)金陵書局刻本　四冊

420000－2302－0005184　集二/0－51/8017（93243）

元豐類稿五十卷　(宋)曾鞏撰　清康熙查溪曾刻乾隆二十八年(1763)曾伯彰修補咸豐元年(1851)曾雲活字補板遞修本　十二冊

420000－2302－0005185　集二/0－51/8017（65882）

元豐類稿五十卷　(宋)曾鞏撰　清康熙查溪曾刻乾隆二十八年(1763)曾伯彰修補咸豐元

年(1851)曾雲活字補板遞修本　十冊

420000 - 2302 - 0005186　集二/0 - 51/8017
(91172)

元豐類稿五十卷　(宋)曾鞏撰　清康熙查溪
曾刻乾隆二十八年(1763)曾伯彰修補咸豐元
年(1851)曾雲活字補板遞修本　十二冊

420000 - 2302 - 0005187　集二/1.5/8017
(34563)

元豐類藁五十卷　(宋)曾鞏著　清光緒十六
年(1890)慈利田春庵刻本　十二冊

420000 - 2302 - 0005188　史十二/1/6646
(68214)

元和郡縣補志九卷　(清)嚴觀輯　清光緒八
年(1882)金陵書局刻本　二冊

420000 - 2302 - 0005189　史十二/1 - 42/
4045.2(73390)

元和郡縣圖志闕卷逸文三卷　(唐)李吉甫撰
　繆荃孫輯　清光緒江陰繆氏刻朱印本
一冊

420000 - 2302 - 0005190　史十二/1/4045
(7154)

元和郡縣圖志四十卷　(唐)李吉甫撰　補志
九卷　(清)嚴觀補輯　清光緒六年(1880)刻
本　十冊

420000 - 2302 - 0005191　史十二/1/4045
(68208)

元和郡縣圖志四十卷闕卷逸文一卷　(唐)李
吉甫撰　清光緒六年(1880)金陵書局刻本
六冊

420000 - 2302 - 0005192　史十一/61 - 42/
4430(77481)

元和姓纂十卷　(唐)林寶撰　清光緒六年
(1880)金陵書局刻本　四冊

420000 - 2302 - 0005193　史十一/51.42/
4430.1(6858)

元和姓纂十卷　(唐)林寶撰　清光緒六年
(1880)金陵書局刻本　四冊

420000 - 2302 - 0005194　史二/2 - 41/1037.4
(92732)

元經薛氏傳十卷　(隋)王通撰　(唐)薛收傳
　(宋)阮逸注　清乾隆五十六年(1791)金雞
王氏刻本　一冊

420000 - 2302 - 0005195　子十六/38 - 8/
3748(85460)

元門必讀一卷　(清)梁教無編　清光緒十九
年(1893)刻本　一冊

420000 - 2302 - 0005196　史五/1 - 64/1042.0
(75960)

元秘史山川地名玫十二卷　(清)施世傑撰
清光緒二十三年(1897)許鄭學廬刻本　二冊

420000 - 2302 - 0005197　集一/312.64/3160
(32758)

元詩選初集一百十四卷二集一百三卷三集一
百三卷首一卷　(清)顧嗣立集　清康熙長洲
顧氏秀野草堂刻本　五十八冊

420000 - 2302 - 0005198　史一/3 - 64/3030.8
(65388)

元史玫訂四卷　(清)曾廉撰　清宣統三年
(1911)層漪堂刻本　一冊

420000 - 2302 - 0005199　史一/3 - 64/1731
(102617)

元史類編四十二卷　(清)邵遠平撰　清乾隆
六十年(1795)南沙席氏掃葉山房刻本　十
六冊

420000 - 2302 - 0005200　史一/3 - 64/3030.8
(80823)

元史氏族表三卷　(清)錢大昕撰　清光緒江
蘇書局刻本　二冊

420000 - 2302 - 0005201　史一/3 - 64/3030.3
(65439)

元史譯文證補三十卷　(清)洪均撰　清光緒
二十三年(1897)刻本　四冊

420000 - 2302 - 0005202　集一/122 - 64/
4412(66166)

元文類七十卷目錄三卷　(元)蘇天爵編　清

光緒十五年(1889)江蘇書局刻本　十冊

420000－2302－0005203　集二/3.63/1047.0
(11647)

元遺山詩集箋注十四卷附錄一卷補載一卷
(金)元好問撰　(清)施國祁補　清道光二年
(1822)南潯瑞松堂蔣炳刻本　四冊

420000－2302－0005204　集二/3.63/1047.0
(36273)

元遺山詩集箋注十四卷附錄一卷補載一卷
(金)元好問撰　(元)張德輝類次　(清)施
國祁箋　清道光二年(1822)南潯瑞松堂蔣炳
刻本　六冊

420000－2302－0005205　集二/0－63/1047.0
(65537)

元遺山詩集箋註十四卷附錄一卷補載一卷
(金)元好問撰　(元)張德輝類次　(清)施
國祁箋注　清道光二年(1822)南潯瑞松堂蔣
炳刻本　四冊

420000－2302－0005206　集二/1.63/1047.0
(34496)

元遺山先生集四十八卷　(金)元好問著　清
光緒七年(1881)方戊昌讀書山房刻本　十
七冊

420000－2302－0005207　集二/0－63/1047
(81436)

元遺山先生全集九種　(金)元好問撰　清道
光平定張穆陽泉山莊刻本　八冊　存六種二
十六卷(遺山先生集二十九至四十、附錄一
卷、補載一卷,遺山先生新樂府四卷,續夷堅
志四卷,元遺山先生年譜二卷,元遺山先生年
譜一卷,元遺山先生年譜一卷)

420000－2302－0005208　集一/745/1763
(62494)

沅湘耆舊集二百卷　(清)鄧顯鶴輯　清刻本
五十五冊　存一百七十一卷(四至九、十二
至十四、十九至一百十四、一百十七至一百三
十七、一百五十三至一百五十六、一百六十至
二百)

420000－2302－0005209　集一/745/1763
(62553)

沅湘耆舊集前編四十卷　(清)鄧顯鶴輯　清
刻本　一冊　存三卷(三十八至四十)

420000－2302－0005210　史十一/22－7/
4033.4

袁石公遺事錄不分卷　(清)袁照輯　清同治
八年(1869)刻本　二冊

420000－2302－0005211　史二/2－7/4044.1
(94298)

袁王綱鑑合編三十九卷　(明)袁黃　(明)王
世貞編　**明紀綱目二十卷**　(清)張廷玉等輯
清光緒三十年(1904)上海商務印書局鉛印
本　十五冊　存五十五卷(一至三十、三十五
至三十九,明紀綱目二十卷)

420000－2302－0005212　集二/0－8/4048.1
(92457)

袁文合箋十六卷　(清)袁枚撰　(清)王廣業
集箋　清光緒八年(1882)刻本　六冊

420000－2302－0005213　集七/2.8/4048.2
(9964)

袁文箋正十六卷補注一卷　(清)袁枚撰
(清)石韞玉箋　清光緒八年(1882)長夏汗青
簃刻本　八冊

420000－2302－0005214　善集二/0－8/
4048.1(92463)

袁文箋正十六卷補注一卷　(清)袁枚撰
(清)石韞玉箋　清嘉慶十七年(1812)吳縣石
氏刻本　四冊

420000－2302－0005215　集二/0－8/4048.1
(111275)

**袁文箋正十六卷袁文補注一卷增訂袁文箋正
四卷**　(清)袁枚著　(清)石韞玉箋　(清)
魏大綬注　清光緒十四年(1888)上海蜚英館
石印本　四冊　存十六卷(六至十六、袁文補
注一卷、增訂袁文箋正四卷)

420000－2302－0005216　集二/1.7/4033.7
(35082)

袁中郎先生全集二十四卷　（明）袁宏道著
清道光九年(1829)刻本　十六冊

420000 - 2302 - 0005217　史 九/3.8/8034
(6733)

袁州興學事件不分卷　（清）余澤如記　清抄
本　一冊

420000 - 2302 - 0005218　子 十二/1/4230
(8913)

原富甲二卷乙一卷丙一卷丁二卷戊二卷
（英國）斯密亞丹撰　嚴復譯　清光緒二十七
年(1901)南洋公學譯書院鉛印本　八冊

420000 - 2302 - 0005219　史 五/1 - 8/4463
(636521)

援守井研記略一卷　（清）董貽清撰　清抄本
一冊

420000 - 2302 - 0005220　集 二 3.8/4422
(37510)

願學堂詩集二卷　（清）蔣魯傳著　清刻本
一冊

420000 - 2302 - 0005221　史 八/4.8/2708
(6561)

約章分類輯要三十八卷　（清）蔡乃瑝纂　清
刻本　三十冊

420000 - 2302 - 0005222　史 八/4.8/4022
(6559 - 60)

約章述要二卷　（美國）李佳白纂輯　（清）嚴
善坊編譯　清光緒三十三年(1907)上海華美
書局鉛印本　二冊

420000 - 2302 - 0005223　叢/1 - 8/1035
(73197)

月河精舍叢抄五種　（清）丁寶書輯　清光緒
四年至十二年(1878 - 1886)苕溪丁寶書刻本
十冊　存四種

420000 - 2302 - 0005224　史十三/0 - 8/5040
(85563)

月令粹編二十四卷圖說一卷　（清）秦嘉謨撰
清嘉慶十七年(1812)秦氏琳琅仙館刻本
六冊

420000 - 2302 - 0005225　集 一 32/4420.8
(67756)

月午樓古詩十九首詳解二卷　（清）饒學斌撰
清光緒元年(1875)無諸誠刻本　二冊

420000 - 2302 - 0005226　史 十二/4543/
7212.83(65393)

岳廟志略十卷首一卷　（清）馮培輯　清光緒
五年(1879)浙江書局刻本　四冊

420000 - 2302 - 0005227　集 二/4.5/7212
(34323)

岳忠武集八卷首一卷末一卷　（宋）岳飛著
清同治刻本　四冊

420000 - 2302 - 0005228　善史七/ - 15/4000
(70169)

越絕書十五卷　（漢）袁康撰　明刻本　四冊

420000 - 2302 - 0005229　集二/0 - 8/4088.8
(68911)

越縵堂湖塘林館駢體文鈔註一卷　（清）李慈
銘撰　曾昭毅注　清稿本　一冊　存三十
二葉

420000 - 2302 - 0005230　史 五/1 - 8/2785
(636519)

粵氛史稿零拾十一種不分卷　（清）□□撰
清光緒六年(1880)東甌樂潛堂抄本　二冊

420000 - 2302 - 0005231　史 三/2.8/0427
(5524)

粵氛紀事十三卷　（清）謝山居士輯　清同治
八年(1869)刻本　八冊

420000 - 2302 - 0005232　集 一/763/2114
(34074)

粵十三家集十五種　（清）伍元薇編　清道光
二十年(1840)南海伍氏詩雪軒刻本　四十
八冊

420000 - 2302 - 0005233　叢/1 - 8/2126
(24218)

粵雅堂叢書一百八十九種　（清）伍崇曜輯
清道光至光緒南海伍氏刻本　三百七十四冊

420000－2302－0005234　子十六/210．－8/2610.2(110565)

閱藏隨筆二卷　（清）釋元度撰　（清）釋太穆節解　**續閱藏隨筆一卷**　（清）釋太穆述注　清光緒九年(1883)維揚天寧寺刻本　二冊

420000－2302－0005235　史十六/3－8/4044(73093)

閱史郤視四卷續一卷　（清）李塨撰　清光緒五年(1879)定州王氏謙德堂刻本　一冊

420000－2302－0005236　集七/5－8/2844(91818)

樂府傳聲一卷　（清）徐大椿撰　清末刻本　一冊

420000－2302－0005237　集一/31－51/0742(111266)

樂府詩集一百卷　（宋）郭茂倩編次　（明）毛晉訂正　清刻本　一冊　存九卷(二十二至三十)

420000－2302－0005238　集一/311.5/0742(31809)

樂府詩集一百卷目錄二卷　（宋）郭茂倩編次　清同治十三年(1874)湖北崇文書局刻本　十六冊

420000－2302－0005239　子十一/225.8/2350(8473)

樂飢齋詩草一卷　（清）傅山撰並書　清光緒二十三年(1897)國學保存會影印本　一冊

420000－2302－0005240　集二/0－8/3503(50748)

樂善堂全集定本三十卷目錄一卷　（清）高宗弘曆撰　清乾隆二十四年(1759)內府刻本　十冊

420000－2302－0005241　集五/2.7/4430(36708)

雲間舉目鈔五卷　（明）范濂撰　清光緒上海申報館鉛印本　一冊

420000－2302－0005242　史十二/353/1040.84(89770)

雲南風土紀事詩一卷　（清）彭崧毓撰　清同治刻本　一冊

420000－2302－0005243　集四/2－8/0014(90669)

雲起軒詞抄一卷　（清）文廷式撰　清光緒三十三年(1907)南陵徐乃昌刻本　一冊

420000－2302－0005244　集二/3.8/2644(36125)

雲樵詩箋二卷　（清）吳芳培撰　清乾隆五十年(1785)富炎泰刻本　一冊

420000－2302－0005245　子二/8－8/1726(81417)

雲山讀書記不分卷　（清）鄧繹撰　清抄本　八冊

420000－2302－0005246　集二/0－42/8780(65532)

雲臺編三卷　（唐）鄭谷撰　清光緒刻本　三冊

420000－2302－0005247　集五/2.42/3144(36883)

雲仙雜記十卷　（唐）馮贄編　清光緒刻本　四冊

420000－2302－0005248　善集一/32－8/2530(41512)

雲襄集不分卷　（清）朱福庭輯　柯逢時抄　清光緒抄本　二冊

420000－2302－0005249　集二/0－8/7230(89613)

雲中集六卷　（清）劉淳撰　清光緒九年(1883)岳口李氏綽裕堂刻本　四冊

420000－2302－0005250　集二/0－8/7230(89617)

雲中集六卷　（清）劉淳撰　清刻本　二冊　存五卷(二至六)

420000－2302－0005251　集五/4.8/7230(37231)

雲中集六卷　（清）劉淳著　清光緒九年

(1883)岳口李氏綽裕堂刻本　一冊

420000－2302－0005252　集二/1.8/7230
(4951)

雲中集六卷　（清）劉淳著　清光緒九年
(1883)岳口李氏綽裕堂刻本　四冊

420000－2302－0005253　集二/1.8/7230
(11577)

雲中集六卷　（清）劉淳撰　清道光十九年
(1839)刻本　二冊

420000－2302－0005254　集二/1.8/7230
(37436)

雲中集六卷　（清）劉淳著　清光緒九年
(1883)岳口李氏綽裕堂刻本　四冊

420000－2302－0005255　子九/3.8/2642
(19052)

運規約指三卷　（英國）白起德輯　（清）徐建
寅筆述　清末江南製造局刻本　一冊

420000－2302－0005256　集二/4.8/8848
(13613)

韞山堂時文初集一卷二集二卷三集一卷
（清）管世銘撰　清光緒六年(1880)湖南書局
刻本　四冊

420000－2302－0005257　集二/8.8/8848
(13447)

韞山堂時文三集　（清）管世銘撰　清道光三
年(1823)刻本　一冊

420000－2302－0005258　經十/33.8/3431
(16296)

韻辨附文五卷　（清）沈兆霖撰　清同治十二
年(1873)刻本　四冊

420000－2302－0005259　子十四/2.8/1115.1
(21978)

韻府拾遺一百六卷　（清）張玉書編　清刻本
　二十冊

420000－2302－0005260　經十/31－8/0037
(57212)

韻詁補遺五卷　（清）方濬頤輯　清刻本

一冊

420000－2302－0005261　子十四/2.8/2430
(22112)

韻海大全角山樓增補類腋不分卷　（清）姚培
濂撰　（清）趙克宜增補　清光緒二十年
(1894)石印本　六冊

420000－2302－0005262　子十四/2.8/2430
(21998)

韻海大全角山樓增補類腋不分卷　（清）姚培
濂撰　（清）趙克宜增補　清光緒十三年
(1887)上海積善書局石印本　六冊

420000－2302－0005263　經十/31－8/3160
(57147)

韻歧五卷　（清）江昱輯　清光緒七年(1881)
刻本　二冊

420000－2302－0005264　經十/31－8/3160
(57210)

韻歧五卷　（清）江昱輯　清光緒七年(1881)
刻本　二冊

420000－2302－0005265　子十四/2－7/4694
(110094)

韻藻述五卷　（明）楊慎撰　清道光長白福申
刻本　二冊

420000－2302－0005266　經十/3.8/3160
(16300)

韻歧五卷　（清）江昱輯　清光緒七年(1881)
刻本　二冊

420000－2302－0005267　經十/31－8/2004
(57208)

韻字略十二集　（清）毛謨撰　清光緒元年
(1875)湖北崇文書局刻本　二冊

420000－2302－0005268　子十四/5.8/2004
(22118)

韻字略十二卷　（清）毛謨撰　清光緒元年
(1875)湖北崇文書局刻本　二冊

420000－2302－0005269　子十四/5.8/2004
(22120)

韻字略十二卷 （清）毛謨撰 清光緒元年(1875)湖北崇文書局刻本 二冊

420000－2302－0005270 善子八/18．－7/1029(18419)

雜病證治類方八卷 （明）王肯堂輯 明刻本 十二冊

420000－2302－0005271 集二/0－8/1004(735666)

雜抄不分卷 （清）三音布撰 清光緒十四年(1888)稿本 二冊

420000－2302－0005272 善經九/42－51/4437.3(15441)

載詠樓重鎸硃批孟子二卷 （宋）蘇洵注 （明）沈李龍校閱 清康熙三十六年(1697)沈氏刻朱墨套印本 二冊

420000－2302－0005273 集六/21.8/1022(38110)

再生緣全傳二十卷 （清）陳瑞生撰 清道光三十年(1850)三益堂刻本 二十冊

420000－2302－0005274 子八/3－8/8707(93520)

再重訂傷寒集註十五卷附五卷 （清）舒詔撰 清抄本 一冊 存六卷(一至六)

420000－2302－0005275 史八/10.2－8/7530(77496)

在官法戒錄四卷 （清）陳宏謀輯 清同治七年(1868)楚北崇文書局刻本 二冊

420000－2302－0005276 史八/10.2－8/7530(110371)

在官法戒錄摘鈔四卷 （清）陳宏謀輯 清同治七年(1868)楚北崇文書局刻本 二冊

420000－2302－0005277 叢/5－8/2645(88489)

在山堂集七種 （清）程大中撰 清道光十年(1830)刻本 五冊 存七種

420000－2302－0005278 集二/1.8/2645(37711)

在山堂集三十卷 （清）程大中著 清光緒九年(1883)刻本 八冊

420000－2302－0005279 子九/3.8/4084(18995)

則古昔齋算學二十四卷 （清）李善蘭撰 清同治六年(1867)李氏刻本 六冊

420000－2302－0005280 史八/21－8/3463(71658)

澤宮序次舉要二卷附錄一卷 （清）洪恩波編 清光緒二十三年(1897)刻本 二冊

420000－2302－0005281 子十四/5.8/0825(16918)

增補白眉故事十卷 （清）許從忠集 （清）許國球校 清光緒二年(1876)經濟堂刻木 六冊

420000－2302－0005282 史十二/211/1100(7001)

增補都門紀略七卷 （清）楊靜亭等編輯 清光緒十二年(1886)石印本 五冊 存五卷(二、四至七)

420000－2302－0005283 善子十四/1－7/7760.1(21307)

增補古學類編十卷 （明）周時雍輯 明末呈祥館刻本 二十四冊

420000－2302－0005284 史二/3－8/4861.2(75934)

增補清史攬要八卷 （日本）增田貢撰 （日本）毛淦編補 清光緒二十八年(1902)時務書局石印本 四冊

420000－2302－0005285 子十四/2.8/3603(9404)

增補詩韻合璧五卷 （清）湯文路編 清光緒十年(1884)四明暢懷書局刻本 五冊

420000－2302－0005286 子十四/2.8/4444(12230)

增補事類統編九十三卷首一卷 （清）黃葆真增輯 清道光二十九年(1849)丹陽敦好堂刻本 四十冊

420000－2302－0005287　經九/5－7/7528
(57046)

增補四書精綉圖像人物備考十二卷　（明）陳
仁錫增定　清刻本　六冊

420000－2302－0005288　子十四/8.7/7522.2
(22050)

增補萬寶全書二十卷　（明）陳繼儒纂輯
（清）毛煥文增補　清光緒二十一年(1895)學
庫山房刻本　四冊

420000－2302－0005289　經一/0－8/2710
(9026)

增補五經備旨萃精四十五卷首一卷　（清）鄒
可庭編次　清光緒八年(1882)南豐愛蓮山房
刻本　十六冊

420000－2302－0005290　子十/6－8/1250
(111505)

增補星平會海命學全書十卷首一卷　（清）水
中龍編集　（清）朱會龍校正　（清）汪淇重訂
清刻本　一冊　存二卷(一至二)

420000－2302－0005291　善子十一/312－7/
3416.2(69885)

增定南九宮曲譜二十一卷附錄一卷　（明）沈
璟輯　明崇禎八年(1635)吳氏刻本　四冊
存十二卷(一、十二至二十一,附錄一卷)

420000－2302－0005292　經九/31.8/4025
(9419)

增訂二論引端不分卷　（清）劉忠輯　**論語話
解十卷**　（清）陳濬撰　清光緒二十九年
(1903)太和書室刻本　四冊

420000－2302－0005293　經九/31.8/7250
(9350)

增訂二論引端詳解四卷　（清）劉忠輯　清刻
本　一冊　存一卷(二)

420000－2302－0005294　經九/31.8/7250
(9655)

增訂二論引端詳解四卷　（清）劉忠輯　清光
緒二十年(1894)刻本　一冊　存二卷(一至
二)

420000－2302－0005295　經九/31.8/7250
(9415)

增訂二論引端詳解四卷　（清）劉忠輯　清光
緒二十年(1894)刻本　二冊

420000－2302－0005296　叢/1.7/2699
(12576)

增訂漢魏叢書八十六種　（清）王謨輯　清光
緒二十年(1894)湖南藝文書局刻本　一百四
冊　存八十五種

420000－2302－0005297　叢/1－8/1004
(102831)

增訂漢魏叢書九十七種　（清）王謨輯　清刻
本　一冊　存五種

420000－2302－0005298　經十/16－5/3030.6
(58087)

增訂金壺字考十九卷　（宋）釋適之編　（清）
田朝恒增訂　清乾隆貽安堂刻本　二冊

420000－2302－0005299　經十/16－5/3030.4
(58086)

增訂金壺字考一卷古體假借字一卷　（宋）釋
適之編　（清）郝在田增訂　清光緒刻本
一冊

420000－2302－0005300　子十二/13－8/
1045.4(110119)

增訂敬信錄二卷　（清）□□撰　清光緒三十
二年(1906)刻本　二冊

420000－2302－0005301　史十二/353/1040.74
(65382)

增訂南詔野史二卷　（明）楊慎撰　（清）胡蔚
訂正　清光緒六年(1880)雲南書局刻本
二冊

420000－2302－0005302　經十/33.8/7734.6
(16361)

增訂詩韻釋要五卷　（清）周蓮塘輯　（清）呂
鳳歧增訂　清光緒九年(1883)山西督學使署
刻本　一冊

420000－2302－0005303　子五/1.8/7784
(17306)

增訂武經備旨標題全解不分卷 （清）周猷菴
編纂 清本立堂刻本 十二冊

420000－2302－0005304 經十/31－8/2857.1
(61801)

增訂韻辨摘要一卷 （清）徐郙撰 （清）張啟
泰輯 清光緒六年(1880)蝶胎山館寫刻本
一冊

420000－2302－0005305 集二/5.8/1164.1
(11534)

增訂張太史稿不分卷 （清）張江撰 清乾隆
十四年(1749)刻本 四冊

420000－2302－0005306 集一/412.8/7705
(9695)

增廣大題文府初二集合編 （清）同文主人輯
（清）味潛齋主人增訂 清光緒十三年
(1887)慎言慎行齋石印本 二十八冊

420000－2302－0005307 子十四/8.8/2702
(22038)

增廣留青新集二十四卷 （清）伊立勳增訂
清光緒二十五年(1899)刻本 十二冊

420000－2302－0005308 經十/16－9/4437
(57601)

增廣虛字集注一卷 黃通撰 清宣統二年
(1910)石印本 一冊

420000－2302－0005309 子十/3/4801
(91416)

增廣玉匣記通書六卷末一卷 （□）□□撰
清光緒二十一年(1895)李光明莊刻本 一冊

420000－2302－0005310 經十/21－8/8517
(62812)

增廣字學舉隅四卷 （清）鐵珊輯 清同治十
三年(1874)蘭州郡署刻本 四冊

420000－2302－0005311 集一/412.8/4672.4
(6059)

增輯皇朝經濟文新編一百三十二卷 （清）麥
仲華編 清光緒二十八年(1902)上海錬石書
局石印本 十六冊

420000－2302－0005312 子八/21.8/2844.3
(2844.3)

增輯傷寒類方四卷 （清）徐大椿編釋 清同
治五年(1866)刻本 四冊

420000－2302－0005313 子十一/33－8/
1047(91153)

增刻紅樓夢圖咏不分卷 （清）王墀繪 （清）
姜祺題詩 清光緒八年(1882)上海點石齋石
印本 一冊

420000－2302－0005314 集五/4.8/5514
(38409)

增評補圖石頭記一百二十回 （清）曹雪芹撰
（清）護花主人評 （清）大某山民加評 清
光緒鉛印本 十六冊

420000－2302－0005315 集五/4.8/5514
(38481)

增評補圖石頭記一百二十回 （清）曹雪芹撰
（清）護花主人評 （清）大某山民加評 清
光緒鉛印本 十六冊

420000－2302－0005316 集五/4.8/5514
(38443)

增評補像全圖金玉緣一百二十回 （清）曹雪
芹撰 清石印本 八冊 存六十四回（五十
七至一百二十）

420000－2302－0005317 集五/4－7/6075.2
(90183)

增像全圖三國演義六十卷首一卷圖一卷一百
二十回 （明）羅貫中撰 （清）毛宗崗評點
清光緒十五年(1889)上海石印本 十二冊

420000－2302－0005318 史八/34－8/3530
(75979)

增修籌餉事例條款不分卷籌餉事例不分卷
（清）戶部編 清同治刻本 四冊

420000－2302－0005319 史八/6.8/4828
(6500)

增修籌餉事例條款二卷 （清）戶部纂修 清
同治五年(1866)刻本 二冊

420000－2302－0005320 史八/6.8/4821

(6504)

增修現行常例一卷 （清）吏部纂修 清刻本
一冊

420000 – 2302 – 0005321 子八/2.5/2574
(17768)

增注類證活人書二十二卷釋音一卷 （宋）朱
肱撰 （明）吳勉學校 清刻本 四冊

420000 – 2302 – 0005322 經九/5.8/8028
(15577)

增注四書合講十九卷 （清）翁復編 清上海
章福記書局石印本 六冊

420000 – 2302 – 0005323 集七/4.8/8022
(9771)

增註賦學指南十六卷 （清）余丙照編 清道
光務本堂刻本 四冊

420000 – 2302 – 0005324 經十/25/3357.8
(85780)

增註三千字文一卷 （清）補拙居士編 （清）
姜岳注 清光緒二十一年(1895)石印本
一冊

420000 – 2302 – 0005325 子十二/2.8/4428
(20395)

札樸十卷 （清）桂馥撰 清光緒九年(1883)
辰州蔣氏心矩齋刻本 四冊

420000 –2302 – 0005326 子十二/2 – 8/1200
(64707)

札迻二十卷 （清）孫詒讓撰 清光緒二十年
(1894)刻二十一年(1895)重修本 四冊

420000 – 2302 – 0005327 子十二/2 – 8/1200
(62957)

札迻二十卷 （清）孫詒讓撰 清光緒二十年
(1894)刻二十一年(1895)重修本 四冊

420000 – 2302 – 0005328 子十二/2.8/1200
(20280)

札迻十二卷 （清）孫詒讓撰 清光緒二十一
年(1895)上海千頃堂石印本 六冊

420000 – 2302 – 0005329 子七/4.8/2837

(17318)

柞蠶簡法一卷 （清）徐瀾編 清宣統元年
(1909)鉛印本 二冊

420000 – 2302 – 0005330 子七/4.8/3335
(13797)

柞蠶雜誌一卷 （清）浙江巡撫部院撰 清宣
統元年(1909)農工研究會刻本 一冊

420000 – 2302 – 0005331 子十/4 – 8/2653
(88943)

宅譜迩言二卷 （清）魏青江撰 清康熙刻本
二冊

420000 – 2302 – 0005332 子十/4.8/4431
(19167)

宅譜指要四卷 （清）蓬窠子口授 （清）清江
子述編 清刻本 二冊

420000 – 2302 – 0005333 集四 2 – 8/1129
(91425)

瞻園詞二卷 （清）張仲炘撰 清光緒三十一
年(1905)張仲炘刻本 一冊 存一卷(一)

420000 – 2302 – 0005334 集四/2.8/1129
(38284)

瞻園詞二卷 （清）張仲炘撰 清光緒三十一
年(1905)張仲炘刻本 一冊

420000 – 2302 – 0005335 善集二/0 – 64/
1724(36279)

湛然居士文集十四卷 （元）耶律楚材撰 清
抄本 四冊 存七卷(八至十四)

420000 – 2302 – 0005336 史十六/2 – 17/
6368.7(50901)

戰國策去毒二卷 （清）陸隴其評定 清同治
九年(1870)六安涂氏求我齋刻本 二冊

420000 – 2302 – 0005337 史五/1 – 17/6368.0
(110351)

戰國策三十三卷 （漢）高誘注 （宋）姚宏校
正 清光緒二年(1876)成都尊經書院刻本
四冊

420000 – 2302 – 0005338 史五/1 – 17/6368.0

(110608)

戰國策三十三卷 （漢）高誘注 （宋）姚宏校
正 重刻剡川姚氏本戰國策札記三卷 （清）
黃丕烈撰 （清）黃玉堂校字 清光緒二年
(1876)成都尊經書院刻本 四冊 存二十六
卷(一至八、十九至三十三,札記三卷)

420000 – 2302 – 0005339 史五/1 – 17/6368.7
(102715)

戰國策十二卷 （明）閔齊伋集評 明刻本
一冊 存三卷(一至三)

420000 – 2302 – 0005340 史五/1 – 17/6368.2
(110254)

戰國策十卷 （宋）鮑彪校 （元）吳師道重校
清姑蘇書業堂刻本 四冊

420000 – 2302 – 0005341 善史五/1 – 17/
2722(70974)

戰國策十卷 （宋）鮑彪校注 明萬曆九年
(1581)張一鯤刻本 六冊

420000 – 2302 – 0005342 史五/1 – 17/6368.1
(80919)

戰國策釋地二卷 （清）張琦撰 清光緒十一
年(1885)新陽趙氏刻本 一冊

420000 – 2302 – 0005343 史五/1 – 17/6368.2
(63456)

戰國策校注十卷 （宋）鮑彪校注 （元）吳師
道重校 清道光二十六年(1846)刻本 八冊

420000 – 2302 – 0005344 史十二/1/2663
(7288)

戰國地名考二十卷 （清）程思澤纂 （清）狄
于奇箋 清刻本 六冊

420000 – 2302 – 0005345 子二/42 – 8/1131
(110805)

張百川先生訓子三十篇 （清）張江撰 清道
光十八年(1838)刻本 一冊

420000 – 2302 – 0005346 史九/2 – 8/1104
(77179)

張大司馬奏稿四卷 （清）張亮基撰 清光緒
十七年(1891)刻本 四冊

420000 – 2302 – 0005347 子 四/1/1150
(8236)

張皋文手寫墨子經說解二卷 （清）張惠言撰
清光緒十一年(1885)國學保存會影印本
一冊

420000 – 2302 – 0005348 史 五/1 – 8/1034
(64127)

張公襄理軍務紀畧六卷 （清）丁運樞等撰
清宣統二年(1910)石印本 六冊

420000 – 2302 – 0005349 集 二/0 – 51/1143
(68168)

張橫渠先生文集十二卷 （宋）張載撰 清同
治五年(1866)福州正誼書院刻本 三冊

420000 – 2302 – 0005350 集 二/4.8/1138.4
(35315)

張廉卿先生文集八卷 （清）張裕釗撰 清宣
統元年(1909)五色古文山房刻本 二冊

420000 – 2302 – 0005351 叢/5 – 7/1115.4
(89343)

張三豐先生全集 （明）張君寶撰 （清）李西
月編 清闓中朱道生刻本 五冊 存十一種

420000 – 2302 – 0005352 集一/746.1/3174.1
(33201)

張氏墨存不分卷 （清）張行簡輯 清光緒二
十六年(1900)刻本 一冊

420000 – 2302 – 0005353 集一/746/3476.81
(89238)

張氏詒穀遺集四種 （清）張行簡輯 清光緒
二十六年(1900)刻本 一冊

420000 – 2302 – 0005354 集一/746/3476.81
(89237)

張氏詒穀遺集四種 （清）張行簡輯 清光緒
二十六年(1900)刻本 一冊

420000 – 2302 – 0005355 子十二/5 – 9/4038
(88777)

張文襄幕府紀聞二卷 辜鴻銘撰 清宣統二
年(1910)鉛印本 一冊

420000－2302－0005356　史十一/21－8/1115.1(71776)

張文貞公年譜一卷　(清)丁傳靖編　清光緒三十一年(1905)刻本　一冊

420000－2302－0005357　叢/5.5/1143(34077)

張宣公全集三種　(宋)張栻撰　清咸豐四年(1854)縣邑南軒祠刻本　六冊

420000－2302－0005358　善集二/0－42/1108

張燕公集二十五卷　(唐)張說撰　清乾隆武英殿木活字印本　四冊

420000－2302－0005359　善集二/0－42/1108(69429)

張燕公集二十五卷　(唐)張說撰　清乾隆武英殿木活字印本　四冊

420000－2302－0005360　史九/2－8/1133(89723)

張之洞奏摺一卷　(清)張之洞撰　清光緒湖北官書處刻本　一冊

420000－2302－0005361　子八/21.21/1142.7(8200)

張仲景傷寒論原文淺註六卷　(清)陳念祖集註　清刻本　二冊　存四卷(三至六)

420000－2302－0005362　子二/6－8/1053(110208)

張子正蒙注九卷　(清)王夫之撰　清同治四年(1865)金陵湘鄉曾國荃刻本　一冊　存三卷(一至三)

420000－2302－0005363　子十二/2－8/7534(55421)

掌錄二卷　(清)陳祖範撰　清光緒十七年(1891)刻本　一冊

420000－2302－0005364　史十二/5241/5772.92(64961)

招隱山志十二卷首一卷　繆潛纂　清宣統三年(1911)刻本　四冊

420000－2302－0005365　叢/1－8/1137(53865－88)

昭代叢書別集六十種　(清)張潮輯　(清)楊復吉輯　清道光二十九年(1849)刻本　二十四冊

420000－2302－0005366　叢/1－8/1137(53889)

昭代叢書九十種　(清)張潮輯　清康熙刻本　八冊　存四十種

420000－2302－0005367　叢/1－8/1137(53897)

昭代叢書九十種　(清)張潮輯　清康熙刻本　十六冊

420000－2302－0005368　史十五/52－9/6051(84564)

昭陵碑錄三卷附錄一卷　羅振玉撰　清宣統元年(1909)番禺沈氏刻本　一冊

420000－2302－0005369　集一/10.8/0011(31130)

昭明文選集成六十卷首一卷　(清)方廷珪評點　清乾隆三十二年(1767)倣范軒刻本　二十冊

420000－2302－0005370　集一/10－8/6050.1(94333)

昭明選詩初學讀本四卷　(清)孫人龍輯評　清乾隆四年(1739)刻本　一冊　存二卷(三至四)

420000－2302－0005371　子九/22－8/4088(85889)

召誥日名攷一卷　(清)李銳撰　清道光三年(1823)儀徵阮氏刻本　一冊

420000－2302－0005372　史九/32.8/4940(13763)

趙恭毅公賸稿八卷　(清)趙申僑著　(清)趙侗敩編　清光緒十八年(1892)浙江書局刻本　四冊

420000－2302－0005373　集一/32－8/4923(94386)

趙氏淵源集十卷　(清)趙紹祖輯　清光緒十三年(1887)小古墨齋刻本　五冊

420000－2302－0005374　　集二/1.64/4913.5
（34575）

趙文敏公松雪齋全集十卷　（元）趙孟頫著
續集一卷外集一卷　（元）趙仲穆編　清康熙
二十五年（1686）曹氏刻光緒八年（1882）洞庭
楊氏重修本　　六冊

420000－2302－0005375　　集二/1.64/4913.5
（34581）

趙文敏公松雪齋全集十卷　（元）趙孟頫著
續集一卷外集一卷　（元）趙仲穆編　清康熙
二十五年（1686）曹氏刻光緒八年（1882）洞庭
楊氏重修本　　四冊

420000－2302－0005376　　善集二/0－7/4924
（41267）

趙貞吉文鈔□□卷　（明）趙貞吉撰　　明末刻
本　　一冊　存一卷（八）

420000－2302－0005377　　子十六/28－64/
1753.2（100794）

折疑論集註二卷　（元）釋子成撰　（明）釋師
子注　清光緒三十四年（1908）揚州藏經院刻
本　　一冊

420000－2302－0005378　　子十六/28－64/
1753.2（110747）

折疑論集註二卷　（元）釋子成撰　（明）釋師
子注　清光緒三十四年（1908）揚州藏經院刻
本　　一冊

420000－2302－0005379　　子十六/28－64/
1753.2（110984）

折疑論集註二卷　（元）釋子成撰　（明）釋師
子注　清光緒三十四年（1908）揚州藏經院刻
本　　一冊

420000－2302－0005380　　善史八/64－52/
8740（90618）

折獄龜鑑八卷首一卷　（宋）鄭克撰　清道光
十五年（1835）山陽李氏聞妙香室刻本　　二冊

420000－2302－0005381　　子十四/2－7/4694
（92508）

哲匠金桴五卷　（明）楊慎撰　清乾隆綿州李

氏萬卷樓刻本　　二冊

420000－2302－0005382　　子十二/18.8/5526
（20065）

哲學要領前編一卷後編一卷　（日本）井上圓
了撰　（清）羅伯雅譯　清光緒二十八年
（1902）上海廣智書局鉛印本　　二冊

420000－2302－0005383　　子十二/18.8/
2441.4（20067）

哲學要領一卷　（德國）科培爾撰　（日本）下
田次郎述　蔡元培譯　清光緒二十九年
（1903）上海商務印書館鉛印本　　一冊

420000－2302－0005384　　史十四/22－8/
4628（63978）

浙江藏書樓書目二編不分卷　楊復編　清光
緒三十三年（1907）杭州華豐書局鉛印本
三冊

420000－2302－0005385　　史八/35－8/4833
（50903）

**浙江海運全案重編初編八卷續編四卷新編八
卷**　（清）馬新貽總閱　（清）蔣益澧等總纂
清同治六年（1867）刻本　　十二冊

420000－2302－0005386　　史十六/2－8/4042
（85309）

浙江四大家史論合編四卷　（清）李蔭鑾編
清光緒二十八年（1902）刻本　　二冊

420000－2302－0005387　　史十一/13－8/
7202（64527）

浙江忠義錄十卷續編二卷　（清）浙江采訪忠
義總局編　清同治三年至光緒元年（1864－
1875）浙江采訪忠義總局刻本　　六冊

420000－2302－0005388　　子十二/5－8/0043
（92056）

**蔗餘偶筆一卷鮑覺生先生未刊詩一卷梁聞山
先生評書帖一卷**　（清）方士淦撰　清同治十
一年（1872）刻本　　一冊

420000－2302－0005389　　子十一/42－8/
8016（100833）

珍珠船印譜二集不分卷　（清）金一疇輯　清

乾隆四年(1739)鈐印本 一冊

420000－2302－0005390 子十六/5－8/0747
(86082)

真福和德理行實記二卷 (清)郭棟臣譯 清
光緒十五年(1889)刻本 一冊

420000－2302－0005391 叢/5.5/4022(35837)

真西山全集七種 (宋)真德秀撰 清同治三
年(1864)刻本 八十四冊

420000－2302－0005392 集二/3.8/7451
(35647)

真息齋詩鈔四卷續鈔一卷 (清)陸費瑔撰
清道光三年(1823)吳衡聰刻本 二冊

420000－2302－0005393 集五/4－8/10449
(63263)

真正繡像九續濟公傳四卷四十回 □□撰
清末上海校經山房石印本 一冊 存一卷
(一)

420000－2302－0005394 集五/4－8/104410
(63264)

真正繡像十續濟公傳四卷五十回 □□撰
清末上海校經山房石印本 二冊 存二卷
(一至二)

420000－2302－0005395 子八/3.31/2650
(17568)

鍼灸甲乙經十二卷 (晉)皇甫謐撰 清刻本
一冊

420000－2302－0005396 叢/1－9/3435(61714)

枕碧樓叢書十二種 沈家本輯 清宣統元年
至三年(1909－1911)歸安沈家本刻中國書店
重印本 十六冊

420000－2302－0005397 史十五/14－8/0087
(84270)

枕經堂金石書畫題跋三卷 (清)方朔撰 清
同治三年(1864)刻本 一冊

420000－2302－0005398 子八/13.8/7773
(17716)

診蒙直訣二卷 (清)周學海撰 辨脈平脈章

句二卷 (漢)張機撰 (清)周學海章句 清
刻本 一冊

420000－2302－0005399 集二/0－7/2749
(93002)

震川先生集三十卷別集十卷附錄一卷 (明)
歸有光撰 清光緒元年(1875)琴川歸彭福刻
本 十六冊

420000－2302－0005400 集二/0－7/2749
(67515)

震川先生集三十卷別集十卷附錄一卷 (明)
歸有光撰 清光緒元年(1875)琴川歸彭福刻
本 十六冊

420000－2302－0005401 集二/0－8/7540
(67840)

征鴻集一卷 (清)陳夔龍撰 清末民初石印
本 一冊

420000－2302－0005402 子十六/5－8/
3460.3(89592)

拯救煉靈月一卷 (清)沈則謙撰 (意大利)
江成德補 清光緒二十六年(1900)漢口天主
堂鉛印本 一冊

420000－2302－0005403 史十二/244/3182.3
(7040)

整頓稅契章程一卷 (清)江西等處承宣布政
使司編 (清)江西清理田賦稅契總局編 清
光緒刻本 一冊

420000－2302－0005404 史十二/244/3182.3
(7045)

整頓稅契章程一卷 (清)江西等處承宣布政
使司編 (清)江西清理田賦稅契總局編 清
光緒刻本 一冊

420000－2302－0005405 子一/2.8/7231
(8277)

正譌八卷 (清)劉沅著 清咸豐四年(1854)
刻本 四冊

420000－2302－0005406 叢/1.8/2205
(13304)

正覺樓叢刻二十九種 (清)崇文書局輯 清

315

光緒崇文書局刻本　三十六冊　存二十八種

420000－2302－0005407　叢/1. 8/2205
（24126）

正覺樓叢刻二十九種　（清）崇文書局輯　清
光緒崇文書局刻本　三十六冊　存二十八種

420000－2302－0005408　集二/0－7/8048
（89598）

正氣堂餘集四卷　（明）俞大猷撰　清道光二
十三年（1843）刻本　一冊

420000－2302－0005409　史 八/11/2314.0
（13759）

正三通目録十二卷　（清）席裕福　（清）雷子
彥編　清光緒二十九年（1903）上海圖書集成
局石印本　四冊

420000－2302－0005410　叢/1－8/1122.4
（23424）

正誼堂全書六十八種　（清）張伯行輯　（清）
楊浚重輯　清同治刻本　一百五十九冊

420000－2302－0005411　子十四/8.8/4428
（16352）

正音咀華三卷　（清）莎彝尊撰　清咸豐三年
（1853）刻本　二冊

420000－2302－0005412　經十/23－8/1088
（62159）

正字略一卷　（清）王筠撰　清道光刻本
一冊

420000－2302－0005413　史九/2－8/1812
（73109）

政務處議奏禁煙章程不分卷　（清）政務處編
清光緒三十二年（1906）刻本　一冊

420000－2302－0005414　叢/5－8/8760
（28633）

鄭東父遺書五種　（清）鄭杲撰　清光緒三十
年（1904）集虛草堂刻本　四冊

420000－2302－0005415　史 八 6.8/3007
（6530）

鄭工新例一卷　（清）戶部軍機大臣奉　清光

緒十三年（1887）刻本　一冊

420000－2302－0005416　史十五/7－8/6051
（79973）

鄭廣所藏泥封一卷　羅振玉編　清光緒二十
九年（1903）石印本　一冊

420000－2302－0005417　史 八/11/2314
（5727）

鄭氏通志二百卷欽定考證三卷　（宋）鄭樵撰
清光緒二十七年（1901）上海圖書集成局石
印本　六十冊

420000－2302－0005418　經一/2－21/8700.4
（660）

鄭氏佚書二十三種　（漢）鄭玄撰　（清）袁鈞
輯　清光緒十年（1884）刻本　十冊

420000－2302－0005419　集二/0－52/8769

鄭所南先生文集一卷附録一卷補遺一卷
（宋）鄭思肖撰　清嘉慶長塘鮑氏刻本　一冊

420000－2302－0005420　經一/11－22/8700

鄭學匯函九種　（漢）鄭玄撰　清光緒定州王
氏刻本　二冊　存八種

420000－2302－0005421　子十二/2.8/1044
（20299）

證疑備覽六卷　（清）夏力恕撰　清光緒十一
年（1885）刻本　三冊

420000－2302－0005422　善子八/0－8/7591
（69857）

證治要義十卷　（清）陳務當輯　清乾隆五十
年（1785）刻本　六冊

420000－2302－0005423　史 五/2.8/5012
（8168）

支那文明史論一卷　（日本）中西牛郎著
（清）普通學書室譯　清光緒二十七年（1901）
商務印書館鉛印本　一冊

420000－2302－0005424　集二/1.8/4232
（36964）

芝庭先生集十八卷　（清）彭啟豐撰　（清）彭
紹升編　清光緒二年（1876）丁翰孫刻本

六冊

420000 - 2302 - 0005425　集 二/4. 8/7542
(12992)

知悔齋文二卷　(清)陳克劬撰　清光緒十九
年(1893)陳氏刻本　二冊

420000 - 2302 - 0005426　子十四/8. 8/8823
(6955)

知愧軒尺牘新裁四卷　(清)管秋初撰　清光
緒五年(1879)刻本　一冊

420000 - 2302 - 0005427　子十六/210. - 7/
3530(91589)

直道錄一卷竹窗隨筆一卷　(明)釋袾宏撰
清刻本　五冊

420000 - 2302 - 0005428　子九/3. 8/5534
(18977)

直方大齋數學上編十三卷附二卷　(清)曹汝
英著　清光緒二十九年(1903)廣州教忠學堂
刻本　四冊

420000 - 2302 - 0005429　子九/3. 8/5534
(19103)

直方大齋數學上編十三卷附二卷　(清)曹汝
英著　清光緒二十九年(1903)廣州教忠學堂
刻本　六冊

420000 - 2302 - 0005430　子九/3. 8/5534
(8583)

直方大齋數學上編十三卷中編四卷　(清)曹
汝英著　清光緒三十三年(1907)石印本
五冊

420000 - 2302 - 0005431　史八/72 - 8/4041
(643532)

直隸工藝志初編八卷　(清)直隸工藝總局編
清光緒三十三年(1907)北洋官報局鉛印本
八冊

420000 - 2302 - 0005432　史八/72 - 8/4041
(636759)

直隸工藝志初編八卷附圖一卷　(清)直隸工
藝總局編　清光緒三十三年(1907)北洋官報
局鉛印本　八冊

420000 - 2302 - 0005433　史八/6. 8/5100. 22
(6973)

直省勸業道職掌任用章程原奏覆奏摺不分卷
(清)內閣奏　清光緒郵傳部刷印所鉛印本
一冊

420000 - 2302 - 0005434　史十四/31 - 52/
7551(63215)

直齋書錄解題二十二卷　(宋)陳振孫撰　清
蘇州書局刻本　十二冊

420000 - 2302 - 0005435　善集二/0 - 5/4228
(34291)

止堂集十八卷　(宋)彭龜年撰　清乾隆武英
殿木活字印本　四冊

420000 - 2302 - 0005436　集 二/1. 7/5329
(34651)

止止堂集五卷　(明)戚繼光撰　清光緒十五
年(1889)山東書局刻本　一冊

420000 - 2302 - 0005437　子十一/232 - 8/
0020(87072)

指頭畫說一卷　(清)高秉撰　清光緒十二年
(1886)來鶴堂刻本　一冊

420000 - 2302 - 0005438　善子十六/29 - 7/
6632(69712)

指月錄三十二卷　(明)瞿汝稷集　明崇禎三
年(1630)釋海明刻本　十冊

420000 - 2302 - 0005439　子十六/29 - 7/
6632(110761)

指月錄三十二卷　(明)瞿汝稷集　清刻本
三冊　存十卷(四至九、二十四至二十七)

420000 - 2302 - 0005440　子十六/29 - 7/
6632(110879)

指月錄三十二卷　(明)瞿汝稷集　清刻本
一冊　存四卷(二十七至三十)

420000 - 2302 - 0005441　叢/1 - 8/4241
(72773)

咫進齋叢書三集三十七種　(清)姚覲元輯
清光緒九年(1883)歸安姚氏刻本　二十四冊

420000 – 2302 – 0005442　叢/1 – 8/4241
(35102)

咫進齋叢書三集三十七種　（清）姚覲元輯
清光緒九年(1883)歸安姚氏刻本　十七冊
存十九種

420000 – 2302 – 0005443　史十四/29 – 8/
7241(81696)

徵訪明季遺書目一卷　劉世珩撰　清宣統二
年(1910)鉛印本　一冊

420000 – 2302 – 0005444　經五/21. 8/7721
(14837)

制服成誦編一卷　（清）周珪撰保　清光緒十
三年(1887)武林紅蝠山房刻本　一冊

420000 – 2302 – 0005445　集七/3. 8/3308
(38705)

制義叢話二十四卷　（清）梁章鉅撰　清咸豐
九年(1859)刻本　六冊　存十九卷(一至十
九)

420000 – 2302 – 0005446　集七/3. 8/3308
(9972)

制義叢話二十四卷　（清）梁章鉅撰　清刻本
八冊

420000 – 2302 – 0005447　集七/6 – 8/3308
(92684)

制義叢話二十四卷題名一卷　（清）梁章鉅撰
清咸豐九年(1859)知足知不足齋刻本
八冊

420000 – 2302 – 0005448　集五/2. 8/4001
(36679)

制義科瑣記四卷　（清）李調元輯　清乾隆四
十三年(1778)雨村書屋刻本　一冊

420000 – 2302 – 0005449　集一/5 – 8/7786
(68826)

制義靈樞四種　（清）周銘恩評選　清光緒八
年(1882)刻本　四冊

420000 – 2302 – 0005450　史十二/53 – 8/
4453(64965)

治河方略十卷首一卷　（清）勒輔撰　清嘉慶

四年(1799)安瀾堂刻本　十冊

420000 – 2302 – 0005451　子二/42 – 8/2572.5
(076947)

治家格言詩鈔一卷　（清）朱用純撰　（清）金
國均編　清抄本　一冊

420000 – 2302 – 0005452　善史十一/12 – 7/
0876(70066)

治經堂朱氏年譜一卷　（清）朱錦琮撰　清咸
豐十年(1860)朱氏稿本　一冊

420000 – 2302 – 0005453　集五/2 – 7/3140.1
(101057)

智囊二十八卷　（明）馮夢龍述　清刻本　十
四冊

420000 – 2302 – 0005454　子十二/4.7/4412
(20304)

智品十三卷　（明）樊玉衡評品　清雍正刻本
十冊

420000 – 2302 – 0005455　子九/5.8/2221.1
(19188)

製火藥法三卷　（英國）利稼孫華得斯輯
（清）丁樹棠筆述　清末江南製造局刻本
一冊

420000 – 2302 – 0005456　叢/1 – 8/7278
(27134)

質學叢書初集三十種　（清）質學會輯　清光
緒武昌質學會刻本　三十六冊

420000 – 2302 – 0005457　集五/2.44/7432
(36887)

中朝故事一卷　（五代）尉遲偓撰　清光緒三
十四年(1908)隨庵徐氏叢書刻本　一冊

420000 – 2302 – 0005458　史八/47 – 8/5072
(73363)

中丹條約不分卷　（清）□□編　清光緒刻本
一冊

420000 – 2302 – 0005459　史十七/12 – 8/
4428(76315)

中東戰紀本末八卷首一卷末一卷　（美國）林

樂知等譯　蔡爾康纂輯　清光緒二十二年
(1896)上海圖書集成局鉛印本　八冊

420000－2302－0005460　史三/2.8/442.8
(5574)

中東戰紀本末八卷首一卷末一卷　（美國）林
樂知等譯　蔡爾康纂輯　清光緒二十二年
(1896)圖書集成局鉛印本　八冊

420000－2302－0005461　史八/42－8/0829
(89775)

中俄國際約注五卷　（清）施紹常編　清光緒
三十一年(1905)上海商務印書館鉛印本
二冊

420000－2302－0005462　史十二/1/2728
(68206)

中俄界記二編八章　（清）鄒代鈞撰　曾寅校
清宣統三年(1911)湖北武昌亞新地學社鉛
印本　二冊

420000－2302－0005463　史八/3.8/5548
(6593)

中國財政紀略不分卷　（日本）東邦協會撰
清光緒二十八年(1902)上海廣智書局鉛印本
一冊

420000－2302－0005464　史十二/1.8/1034
(7009)

中國地理教科書四卷　（清）王達編述　清光
緒三十二年(1906)刻本　四冊

420000－2302－0005465　史十二/1.8/1034
(6907)

中國地理教科書四卷　（清）王達編述　清光
緒三十二年(1906)刻本　三冊

420000－2302－0005466　史八/3.8/2404
(13659)

中國工商業攷一卷　（日本）緒方南溟著
（日本）古城貞吉譯　清光緒時務報館石印本
一冊

420000－2302－0005467　子九/4－8/4068
(88726)

中國化學會歐洲支會禀及章程并啟一卷

（清）李景鎬撰　清光緒刻本　一冊

420000－2302－0005468　集二/4.9/3334
(13619)

中國魂二卷　梁啟超撰　清光緒二十八年
(1902)廣智書局鉛印本　一冊

420000－2302－0005469　集二/4.9/3334
(13620)

中國魂二卷　梁啟超撰　清光緒二十八年
(1902)廣智書局鉛印本　二冊

420000－2302－0005470　史二/2－8/7777.7
(92035)

中國歷史教科書六卷　（日本）桑原騭藏撰
（清）陳慶年增補　清光緒二十九年(1903)武
昌刻本　六冊

420000－2302－0005471　史二/2－8/7777.7
(90877)

中國歷史教科書六卷　（日本）桑原騭藏撰
（清）陳慶年增補　清末刻本　六冊

420000－2302－0005472　史二/2－8/7777.7
(90883)

中國歷史教科書六卷　（日本）桑原騭藏撰
（清）陳慶年增補　清末刻本　六冊

420000－2302－0005473　史二/2－8/7777.7
(102947)

中國歷史教科書六卷　（日本）桑原騭藏撰
（清）陳慶年編　清光緒三十二年(1906)武昌
刻本　六冊

420000－2302－0005474　史二/2－8/7777.7
(76303)

中國歷史教科書六卷　（日本）桑原騭藏撰
（清）陳慶年增補　清光緒二十九年(1903)武
昌刻本　六冊

420000－2302－0005475　史四/1.8/3642
(5597)

中國歷史教科書六卷　（清）陳慶年編　清光
緒三十年(1904)南洋官書局鉛印本　三冊

420000－2302－0005476　史四/1.8/7508

319

（5609）

中國歷史教科書六卷 （清）陳慶年編 清光緒二十九年（1903）刻本 二冊

420000－2302－0005477 史 四/1.8/7508
（5612）

中國歷史教科書六卷 （清）陳慶年編 清光緒二十九年（1903）刻本 二冊 存二卷（一至二）

420000－2302－0005478 史 四/1.8/7508
（5611）

中國歷史教科書六卷 （清）陳慶年編 清光緒二十九年（1903）刻本 一冊 存二卷（一至二）

420000－2302－0005479 史 二/2－8/7508
（111485）

中國歷史六卷 （清）陳慶年編 清刻本 一冊 存一卷（二）

420000－2302－0005480 子 五/8－8/2172
（89409）

中國歷史戰爭形勢圖說附論二卷 （清）盧彤撰 清宣統二年（1910）集文印書館鉛印本 一冊

420000－2302－0005481 子 五/8－8/2172
（89410）

中國歷史戰爭形勢圖說附論二卷 （清）盧彤撰 清宣統二年（1910）集文印書館鉛印本 一冊

420000－2302－0005482 經 十/1.8/7224
（13642）

中國文學教科書 劉師培撰 清光緒三十二年（1906）國學保存會鉛印本 一冊

420000－2302－0005483 史 八/4.8/6055
（6486）

中國現勢論不分卷 （清）出洋學生編輯所譯述 清光緒二十八年（1902）上海商務印書館鉛印本 一冊

420000－2302－0005484 善子 二/2－22/2848（69998）

中論二卷 （漢）徐幹撰 明萬曆新安程榮刻本 二冊

420000－2302－0005485 史 八/4.8/5082
（6730）

中美續議通商行船條約不分卷 （清）外務部編 清光緒鉛印本 一冊

420000－2302－0005486 史 八/4.8/5082
（6731）

中美續議通商行船條約不分卷 （清）外務部編 清光緒鉛印本 一冊

420000－2302－0005487 史 八/4.8/5082
（6732）

中美續議通商行船條約不分卷 （清）外務部編 清光緒鉛印本 一冊

420000－2302－0005488 史 八/31－8/2747.2
（92489）

中衢一勺三卷附錄四卷 （清）包世臣撰（清）包世榮 （清）包慎言注 清咸豐元年（1851）白門倦遊閣刻本 一冊

420000－2302－0005489 史 八/47－8/5061
（73323）

中日通商行船條約不分卷 （清）外務部編 清光緒刻本 一冊

420000－2302－0005490 史 八/4.8/5063
（2294）

中日通商行船條約續約不分卷 （清）外務部編 清光緒鉛印本 一冊

420000－2302－0005491 史 八/4.8/5063
（6729）

中日通商行船條約續約不分卷 （清）外務部編 清光緒鉛印本 一冊

420000－2302－0005492 史 八/4.8/5013
（7795）

中日通商行船條約續約不分卷 （清）外務部編 清光緒鉛印本 一冊

420000－2302－0005493 史 八/4.8/5063
（7794）

中日通商行船條約續約一卷　（□）□□撰
清光緒二十九年（1903）石印本　一冊

420000－2302－0005494　史八/4. 8/5063
（7795）

中日通商行船條約續約一卷　（□）□□撰
清光緒二十九年（1903）石印本　一冊

420000－2302－0005495　史八/4. 8/5013
（6475）

中瑞通商條約不分卷　（清）外務部編　清宣
統元年（1909）鉛印本　一冊

420000－2302－0005496　史八/4. 8/5013
（6658）

中瑞通商條約不分卷　（清）外務部編　清宣
統元年（1909）鉛印本　一冊

420000－2302－0005497　史八/10. 2－8/
2341.0（110491）

佐治芻言□□卷　（英國）傅蘭雅口譯　（清）
應祖錫筆述　清光緒二十三年（1897）武昌質
學會刻本　一冊　存一卷（三）

420000－2302－0005498　善子二/2－41/
1037.7（70026）

中說十卷　（宋）阮逸注　明嘉靖十二年
（1533）世德堂刻本　二冊

420000－2302－0005499　子十六/32－42/
6033（110774）

中天大聖北斗九皇九真延生錫福寶懺九卷
（唐）呂洞賓註　清光緒三十三年（1907）安成
李一念堂刻本　一冊

420000－2302－0005500　史十/－8/4469
（74845）

中外紀年通表五卷　（清）著易堂輯　清光緒
二十三年（1897）上海著易堂石印本　八冊

420000－2302－0005501　史八/47－8/1035
（75805）

中外通商始末記十八卷附編二卷　（清）王之
春編　清光緒二十二年（1896）湖北書局刻本
十冊

420000－2302－0005502　史八/47－8/1035
（75939）

中外通商始末記十八卷附國朝洋務柔遠記二
卷　（清）王之春編　清光緒二十一年（1895）
寶善書局石印本　六冊

420000－2302－0005503　史十七/3－8/7131
（85596）

中外輿地彙鈔十三卷圖一卷　（清）馬冠羣編
清光緒蘇州文瑞樓石印本　四冊

420000－2302－0005504　史十七/3－8/7700
（85523）

中外輿地圖說一百三十卷首三卷　（清）同康
廬主人編　清光緒二十年（1894）同康廬石印
本　二十四冊

420000－2302－0005505　史八/4. 8/2723
（6669）

中外章程彙編不分卷　（清）鄒淩沅編輯　清
光緒通學齋刻本　八冊

420000－2302－0005506　子十二/4－8/4428
（80666）

中西關係略論四卷　（美國）林樂知撰　清光
緒二年（1876）鉛印本　一冊

420000－2302－0005507　子九/22－8/1031
（100919）

中西合曆一卷　（清）丁冠西撰　清光緒鉛印
本　一冊

420000－2302－0005508　子八/0. 8/0033
（17866）

中西匯通醫書五種　（清）唐宗海編　清光緒
三十四年（1908）千頃堂石印本　十二冊

420000－2302－0005509　史五/1－8/1099
（91149）

中西紀事二十四卷　（清）夏燮撰　清同治四
年（1865）刻本　四冊

420000－2302－0005510　史三/2. 8/1099
（5538－45）

中西紀事二十四卷　（清）夏燮撰　清同治刻
本　八冊

420000－2302－0005511　子八/0.8/7521（18407）

中西醫學群書十種　（清）陳俠君輯　清光緒三十三年(1907)南洋醫學社刻本　十二冊

420000－2302－0005512　史十一/12－8/2510(77729)

中興將帥別傳八卷　朱孔彰撰　清光緒二十七年(1901)上海書局石印本　四冊

420000－2302－0005513　史十一/12－8/2510(77733)

中興將帥別傳三十卷　朱孔彰撰　清光緒二十五年(1899)上海掃葉山房石印本　六冊

420000－2302－0005514　史十一/21－8/2510(90647)

中興名臣事略八卷　朱孔彰撰　清光緒二十七年(1901)上海書局石印本　四冊

420000－2302－0005515　史十七/41.8/4442（8169）

中亞洲俄屬遊記二卷　（英國）蘭士德著（清）莫鎮藩譯　清光緒二十年(1894)上海時務報館石印本　二冊

420000－2302－0005516　史八/4.8/5042（6340）

中英續訂藏印條約不分卷　（清）外務部編　清光緒鉛印本　一冊

420000－2302－0005517　經九/22－7/2623（103061）

中庸直指一卷　（明）釋德清撰　清光緒十年(1884)金陵刻經處刻本　一冊

420000－2302－0005518　善集一/712/3140.1（69442）

中州集十卷中州樂府一卷首一卷　（金）元好問編　明毛氏汲古閣刻本　六冊　存十一卷（一至二、四至十,樂府一卷,首一卷）

420000－2302－0005519　善集一/712/3140.1（69448）

中州集十卷中州樂府一卷首一卷　（金）元好問編　明毛氏汲古閣刻本　十五冊

420000－2302－0005520　史十一/21－8/0440(78239)

忠武志八卷　（清）張鵬翮輯　清刻本　八冊

420000－2302－0005521　史十一/21－25/0440.1(102757)

忠武誌十卷　（清）張鵬翮輯　清刻本　一冊　存一卷（一）

420000－2302－0005522　集六/21－8/18.7（93506）

忠孝節義珍珠塔二十四回　（□）□□撰　清抄本　二冊　存二回（一、三）

420000－2302－0005523　集五/4.8/5411（38575）

忠孝勇烈奇女傳四卷三十二回　（清）□□撰　清光緒三十年(1904)雲夢天綠堂刻本　一冊　存二卷（三至四）

420000－2302－0005524　集二/0－8/4448（87211）

忠雅堂集三十卷　（清）蔣士銓撰　清刻本　九冊　存二十七卷（一至二十七）

420000－2302－0005525　集一/21－7/1147.4（82850）

忠雅堂評選四六法海八卷　（清）蔣士銓輯　清同治十年(1871)藏園刻朱墨套印本　十冊

420000－2302－0005526　集一/41－7/1047.4（87041）

忠雅堂評選四六法海八卷　（清）蔣士銓評選　清同治十年(1871)蔣立昂、方潘師刻朱墨套印本　八冊

420000－2302－0005527　集一/41－8/1047.4（90822）

忠雅堂評選四六法海八卷　（清）蔣士銓評選　清萃文堂刻朱墨套印本　八冊

420000－2302－0005528　集一/411.8/4448（32629）

忠雅堂評選四六法海八卷　（清）蔣士銓著　清同治十年(1871)刻本　八冊

420000－2302－0005529　集二/3.8/4448
(35557)

忠雅堂詩集二十七卷補遺二卷詞集二卷
(清)蔣士銓撰　清乾隆二十七年(1762)蔣志
章藏園刻本　六冊

420000－2302－0005530　集二 3.8/4448
(35563)

忠雅堂詩集二十七卷附補遺二卷　(清)蔣士
銓撰　清刻本　十冊

420000－2302－0005531　集二/4.8/4448
(37281)

忠雅堂文集十二卷　(清)蔣士銓撰　清道光
蔣氏廣州刻本　八冊

420000－2302－0005532　史八/21－8/5084
(56495)

忠義孝弟及節攷貞烈旌表則例一卷　(□)
□□撰　清末刻本　一冊

420000－2302－0005533　子七/4./8035.3
(17330)

種樹書二卷　(元)俞宗撰本　**廣蠶桑說輯補
二卷**　(清)沈公練撰　**蠶桑說一卷**　(清)趙
敬如撰　清光緒二十三年(1897)漸西村舍刻
本　一冊

420000－2302－0005534　集二/0－8/3173
(81194)

種松書屋詩草一卷　(清)汪學泗撰　清光緒
十七年(1891)刻本　一冊

420000－2302－0005535　集二/0－8/3173
(90895)

種松書屋詩草一卷　(清)汪學泗撰　清光緒
十七年(1891)刻本　一冊

420000－2302－0005536　子七/2.8/4473
(17331)

種苧麻法一卷　(清)黃厚裕撰　清光緒二十
七年(1901)刻本　一冊

420000－2302－0005537　經一/7－4/7426
(9331)

重雕經典釋文三十卷攷證三十卷　(唐)陸德

明撰　清光緒十五年(1889)湘南書局刻本
十八冊

420000－2302－0005538　史十五/15－8/
1146(64415)

重定金石契五卷續一卷補遺一卷　(清)張燕
昌撰　清光緒二十二年(1896)劉氏聚學軒刻
本　六冊

420000－2302－0005539　集七/2－5/4300.1
(65962)

重訂全唐詩話八卷　(宋)尤袤輯　(清)孫濤
訂　清宣統三年(1911)三樂堂石印本　四冊

420000－2302－0005540　集二/0－8/1063.8
(68838)

重訂少嵒賦草四卷　(清)夏思沺著　(清)姜
兆蘭釋　清光緒二十二年(1896)湖南書局刻
本　二冊

420000－2302－0005541　善集一/32－42/
3423(33642)

重訂唐詩別裁二十卷　(清)沈德潛選編　清
乾隆教忠堂刻本　十冊

420000－2302－0005542　善集一/32－42/
3423(69551)

重訂唐詩別裁二十卷　(清)沈德潛選編　清
乾隆教忠堂刻本　六冊

420000－2302－0005543　集一/10－8/1094
(91987)

重訂文選集評十五卷首一卷末一卷　(清)于
光華輯　清乾隆五十四年(1789)刻本　十
六冊

420000－2302－0005544　集一/10－8/1094
(93763)

重訂文選集評十五卷首一卷末一卷　(清)于
光華輯　清乾隆五十四年(1789)刻本　十
六冊

420000－2302－0005545　子十六/26－8/
4273(103188)

重訂西方公據二卷　(清)彭際清集　清光緒
四年(1878)金陵刻經處刻本　一冊

420000－2302－0005546　子十六/26－8/4273（110880）

重訂西方公據二卷　（清）彭際清集　清光緒四年（1878）金陵刻經處刻本　一冊

420000－2302－0005547　集五/2－8/5014.1（86286－9）

重訂西青散記八卷　（清）史震林撰　（清）裴玠校　清嘉慶十年（1805）裴玠刻本　四冊

420000－2302－0005548　子十四/1－8/4043（88854）

重訂增廣試帖玉芙蓉七卷　（清）希古室主編　清光緒十六年（1890）上海鴻寶齋石印本　八冊

420000－2302－0005549　子十/4－7/3112.2（88666）

重鐫官板地理天機會元三十四卷　（明）顧乃德編　（明）徐之鏌重編　清光緒六年（1880）刻本　十六冊

420000－2302－0005550　子一/2－5/2012（91261）

重刊繪圖三教源流搜神大全七卷　（宋）□□編　清宣統元年（1909）長沙葉氏郎園影刻明本　二冊

420000－2302－0005551　善集二/0－7/0023（41372）

重刊荊川先生文集十七卷外集三卷　（明）唐順之撰　明萬曆元年（1573）純白齋刻本　七冊　存十四卷（一至三、九至十七,外集一至二）

420000－2302－0005552　子十六/8/4699（8968）

重刊景教碑文紀事考正一卷　（清）楊榮撰　清光緒二十七年（1901）刻本　一冊

420000－2302－0005553　集一/4.1/4054.4（71187）

重刊李扶九原選古文筆法百篇二十卷　（清）李扶九編　清光緒八年（1882）善化黃氏刻本　六冊

420000－2302－0005554　集二/0－51/4453（65269）

重刊明成化本東坡七集一百十一卷　（宋）蘇軾撰　**校記二卷**　繆荃孫撰　**東坡先生年譜一卷**　（宋）王宗稷編　清光緒三十四年至宣統元年（1908－1909）湨陽端方寶華盦翻刻明成化本　四十八冊

420000－2302－0005555　經一/1－8/4123（2273）

重刊宋本十三經注疏十三種　（清）阮元撰　**校勘記識語四卷**　（清）汪文臺撰　清光緒十三年（1887）上海脈望仙館石印本　三十二冊

420000－2302－0005556　經五/11.21/8700.1（14643）

重刊宋本周禮注疏四十二卷　（清）賈公彥疏　**校勘記**　（清）阮元撰　清同治十二年（1873）江西書局刻本　二十冊

420000－2302－0005557　集二/0－42/4480.2（94321）

重刊五百家註音辯昌黎先生文集四十卷　（唐）韓愈撰　（宋）魏仲舉輯注　清乾隆四十九年（1784）刻本　十二冊

420000－2302－0005558　集二/0－42/4480.2（91914）

重刊五百家註音辯昌黎先生文集四十卷　（唐）韓愈撰　（宋）魏仲舉輯注　清經綸堂刻本　十六冊

420000－2302－0005559　集二/0－42/4080.2（110702）

重刊五百家註音辯昌黎先生文集四十卷　（唐）韓愈撰　（宋）魏仲舉輯注　清江右體仁閣刻本　五冊　存十一卷（一至十一）

420000－2302－0005560　子五/1.8/2540（16793）

重刊武經七書彙解七卷首一卷末一卷　（清）朱墉纂輯　清光緒二年（1876）嶺南古經閣書坊刻本　十五冊

420000－2302－0005561　經三/1－8/0004

(9102)

重刊禹貢考異十卷首二卷 （清）方坰撰　清道光四年(1824)珊城紫霞仙館刻本　三冊　存九卷(南條五卷、首一卷,北條三至五)

420000 – 2302 – 0005562　子八/11 – 8/7542
(94023)

重刻陳氏痘書二卷 （清）陳奇生撰　清末抄本　二冊

420000 – 2302 – 0005563　經二/1 – 7/5060
(1930)

重刻來瞿唐先生易注十五卷首一卷末一卷 （明）來知德撰　（清）高雪君鑒定　（清）凌厚子原點　清刻本　十二冊

420000 – 2302 – 0005564　經二/1 – 8/5060
(9426)

重刻來瞿唐先生易注十五卷首一卷末一卷 （明）來知德撰　清道光刻本　十二冊

420000 – 2302 – 0005565　史五/1 – 17/6368.4
(73357)

重刻剡川姚氏本戰國策札記三卷 （清）黃丕烈撰　清嘉慶八年(1803)吳縣黃氏刻本　一冊

420000 – 2302 – 0005566　史五/1 – 17/6368.4
(92084)

重刻剡川姚氏本戰國策札記三卷 （清）黃丕烈撰　清嘉慶八年(1803)吳縣黃氏刻本　一冊

420000 – 2302 – 0005567　叢/1 – 8/2630.2
(55973)

重校拜經樓叢書十種 （清）朱記榮校刊　清光緒二十年(1894)上海朱記榮校經山房刻本　十冊

420000 – 2302 – 0005568　叢/1 – 8/2630
(23314)

重校拜經樓叢書十種 （清）朱記榮校刊　清光緒二十年(1894)上海朱記榮校經山房刻本　十冊

420000 – 2302 – 0005569　經一/7 – 8/4034

(9425)

重校十三經不貳字不分卷 （清）李鴻藻撰　清光緒十二年(1886)石印本　一冊

420000 – 2302 – 0005570　子六/3.8/2831
(17387)

重修名法指掌四卷 （清）徐灝撰　清同治九年(1870)湖北崇文書局刻本　四冊

420000 – 2302 – 0005571　子九/4.8/4421.4
(19180)

重學二十卷 （英國）艾約瑟口譯　（清）李善蘭筆述　清同治五年(1866)刻本　四冊

420000 – 2302 – 0005572　集一/3.8/4210
(13376)

重游泮水壽言一卷 （清）汪水如撰　清刻本　一冊

420000 – 2302 – 0005573　經五/11/7231
(9446)

周官恒解六卷 （清）劉沅輯註　清同治刻本　六冊

420000 – 2302 – 0005574　經五/11.8/3532
(9077)

周官精義十二卷 （清）連斗山編　清刻本　二冊　存六卷(五至十)

420000 – 2302 – 0005575　經五/11.8/3532
(9605)

周官精義十二卷 （清）連斗山撰　清道光二十七年(1847)刻本　六冊

420000 – 2302 – 0005576　經五/11.8/3532
(14729)

周官精義十二卷 （清）連斗山撰　清嘉慶三年(1798)刻本　六冊

420000 – 2302 – 0005577　經二/1 – 5/2671.7
(1906)

周會魁校正易經大全二十卷首一卷 （明）胡廣等纂修　（明）周士顯校正　清康熙五十年(1711)刻本　十二冊

420000 – 2302 – 0005578　經五/11 – 8/4421

（111592）

周禮讀本六卷 （清）黃叔琳撰　清宣統元年
（1909）上海會文學社石印本　二冊

420000 – 2302 – 0005579　善經五/11 – 22/
8700.7（70435）

周禮六卷 （漢）鄭玄注 （唐）陸德明音義
清乾隆五十二年（1787）福禮堂刻本　五冊
存五卷（一至五）

420000 – 2302 – 0005580　經五/11.21/8700.7
（9098）

周禮十二卷 （漢）鄭玄注 （唐）陸德明音義
清刻本　一冊　存二卷（三至四）

420000 – 2302 – 0005581　經五/11.8/4775
（14735）

周禮折衷六卷 （漢）鄭玄注 （唐）賈逵疏
（清）胡興栓重訂　清經綸堂刻本　六冊

420000 – 2302 – 0005582　經五/11 – 8/1200
（58150）

周禮政要二卷 （清）孫詒讓撰　清光緒二十
八年（1902）瑞安普通學堂刻本　二冊

420000 – 2302 – 0005583　經五/11.8/1200
（9480）

周禮政要二卷 （清）孫詒讓撰　清光緒二十
八年（1902）瑞安普通學堂刻本　二冊

420000 – 2302 – 0005584　子二/311.8/1122
（16848）

周濂溪先生全集十三卷 （宋）周敦頤撰
（清）張伯行編輯　清同治五年（1866）福州正
誼書院刻本　六冊

420000 – 2302 – 0005585　集二/0 – 51/7707
（68164）

周濂溪先生全集十三卷 （宋）周敦頤撰
（清）張伯行編輯　清同治五年（1866）福州正
誼書院刻本　四冊

420000 – 2302 – 0005586　子十一/42 – 8/
2677（85844）

周秦古鈐不分卷 （清）吳隱輯　清光緒二十
一年（1895）拓本　二冊

420000 – 2302 – 0005587　史十五/52 – 64/
1021（85127）

周秦刻石釋音一卷 （元）吾衍編　清末刻本
一冊

420000 – 2302 – 0005588　史四/ – 13/2548
（61730）

周書十卷周書逸文一卷 （清）朱右曾撰　清
道光二十六年（1846）歸硯齋刻本　二冊

420000 – 2302 – 0005589　史四/ – 13/2548
（61853）

周書十卷周書逸文一卷 （清）朱右曾撰　清
光緒三年（1877）湖北崇文書局刻本　二冊

420000 – 2302 – 0005590　善史一/3 – 37/
8042（40603）

周書五十卷 （唐）令狐德棻撰　明萬曆刻清
順治、康熙遞修本　八冊　存四十二卷（一至
四十二）

420000 – 2302 – 0005591　善經二/1 – 64/
4714（1928）

周易本義附錄纂注十五卷 （元）胡一桂撰
清康熙十六年（1677）成德刻本　二冊

420000 – 2302 – 0005592　經二/1 – 5/2540
（9110）

周易本義四卷 （宋）朱熹本義　清光緒十二
年（1886）湖北官書局刻本　一冊　存一卷
（上經一）

420000 – 2302 – 0005593　善經二/1 – 52/
2540（71022）

周易本義四卷首一卷 （宋）朱熹撰　明末新
安胡惟忠、汪允傑九經堂刻本　二冊

420000 – 2302 – 0005594　經二/1 – 5/2540
（1899）

周易本義四卷首一卷 （宋）朱熹本義　清光
緒二十八年（1902）京都文和堂刻本　四冊

420000 – 2302 – 0005595　善經二/1 – 8/3532

周易辨畫四十卷 （清）連斗山撰　清稿本
八冊

420000－2302－0005596　　經二/1－8/4437
(2024)

周易變通解六卷首一卷末一卷　（清）萬澍辰注　清光緒元年(1875)萬氏刻民國二十六年(1937)重印本　六冊

420000－2302－0005597　　善經二/1－8/2430
(1956)

周易補註十一卷　（清）德沛輯　清乾隆六年(1741)浙江自刻本　七冊

420000－2302－0005598　　經二/1－51/2671
(58226)

周易程傳八卷　（宋）程頤傳　清同治五年(1866)李光明莊刻本　六冊

420000－2302－0005599　　經二/1－5/2626
(58121)

周易傳義音訓八卷首一卷末一卷　（宋）程頤傳　（宋）朱熹本義　（宋）呂祖謙音訓　清咸豐六年(1856)浦城祝氏刻本　八冊

420000－2302－0005600　　善經二/1－8/1184

周易大義聯珠二卷　（清）張錫穀撰　清初抄本　一冊

420000－2302－0005601　　經二/0－52/6030.1
(57498)

周易古本十二卷　（宋）呂祖謙輯　**音訓二卷**　（宋）王莘叟撰　清光緒二十九年(1903)榮成孫氏問經精舍刻本　四冊

420000－2302－0005602　　經二/1－8/4094
(93233)

周易觀象大指一卷　（清）李光地撰　清刻本　一冊

420000－2302－0005603　　善經二/1－8/4767
(70543)

周易函書約存十五卷首三卷約注十八卷別集十六卷卜法詳考四卷　（清）胡煦述　清乾隆三十八年(1773)光山胡季堂葆璞堂江蘇補修本　十六冊

420000－2302－0005604　　善經二/1－8/4767
(70559)

周易函書約註十八卷　（清）胡煦纂　清雍正葆璞堂刻本　一冊　存二卷(十三至十四)

420000－2302－0005605　　善經二/1－24/
1017.4(1882)

周易兼義九卷　（三國魏）王弼撰　（晉）韓康伯注　（唐）孔穎達正義　**周易音義一卷**　（唐）陸德明撰　明嘉靖太和李元陽福建刻本　九冊

420000－2302－0005606　　經二/1－24/1017.4
(110561)

周易兼義九卷　（三國魏）王弼撰　（晉）韓康伯注　（唐）孔穎達正義　**周易音義一卷**　（唐）陸德明撰　**周易注疏校勘記九卷**　（清）阮元撰　清同治十年(1871)湖南尊經閣刻本　二冊　存十二卷(八至九、音義一卷、校勘記九卷)

420000－2302－0005607　　善經二/1－8/4438
(70541)

周易精義四卷首一卷　（清）黃淦撰　清抄本　二冊

420000－2302－0005608　　善經二/1－42/
0700(92656)

周易舉正三卷　（唐）郭京撰　明崇禎虞山毛氏汲古閣刻本　一冊

420000－2302－0005609　　經二/1－51/2671
(55365)

周易六卷附晦庵先生校正周易繫辭精義二卷　（宋）程頤傳　清光緒九年(1883)遵義黎氏日本東京使署影元至正刻本　一冊　存四卷(一至四)

420000－2302－0005610　　善經二/1－7/2524
(70536)

周易旁注二卷前圖二卷　（明）朱升撰　清順治、康熙刻本　五冊　存五卷(旁注上經上、下,下經下;前圖二卷)

420000－2302－0005611　　經二/1－8/0047
(2045)

周易人事疏證八卷　（清）章世臣撰　清宣統

二年(1910)同文書館鉛印本　八冊

420000 – 2302 – 0005612　經 二/1 – 8/8062
(2006)

周易十二卷附二卷 （清）姜國伊撰　清末刻
本　二冊

420000 – 2302 – 0005613　經 二/1 – 8/2391
(58165)

周易述義十卷 （清）傅恒撰　清乾隆二十年
(1755)刻本　八冊

420000 – 2302 – 0005614　經 二/1 – 9/2391
(2016)

周易述義十卷 （清）傅恒等編　清道光十八
年(1838)刻本　八冊

420000 – 2302 – 0005615　善 經 二/1 – 52/
1134.5(92849)

周易玩辭十六卷 （宋）項安世述　清康熙通
志堂刻乾隆武英殿修補本　八冊

420000 – 2302 – 0005616　經 二/1 – 8/1790
(64187)

周易詳說十五卷首一卷附一卷 （清）鄧尚譓
輯著　清道光二年(1822)魁宿堂刻本　十
六冊

420000 – 2302 – 0005617　經 二/1 – 8/1790
(111506)

周易詳說十五卷首一卷附一卷 （清）鄧尚譓
輯著　清刻本　一冊　存一卷(四)

420000 – 2302 – 0005618　經 二/1 – 8/4215
(93793)

周易姚氏學十六卷首一卷 （清）姚配中撰
清光緒元年(1875)湖北崇文書局刻本　四冊

420000 – 2302 – 0005619　經 二/1 – 8/4088
(1977)

周易引經通釋十卷 （清）李鈞簡輯注　清刻
民國十年(1921)北京黃岡會館重印本　十冊

420000 – 2302 – 0005620　經 二/1 – 8/1150
(1942)

周易虞氏義九卷虞氏消息二卷 （清）張惠言

撰　清嘉慶八年(1803)揚州阮氏琅環仙館刻
本　四冊

420000 – 2302 – 0005621　經 二/1 – 8/1150
(103594)

周易虞氏義九卷虞氏消息二卷 （清）張惠言
撰　清刻本　一冊　存三卷(四至六)

420000 – 2302 – 0005622　經 二/1 – 8/1150
(92711)

周易鄭荀義三卷 （清）張惠言述　清道光元
年(1821)合河康氏刻本　一冊

420000 – 2302 – 0005623　集 二/1.5/7734
(34452)

周益國文忠公集一百六十二卷 （宋）周必大
著　清道光二十八年(1848)江西歐陽棨刻本
三十二冊

420000 – 2302 – 0005624　經 九/2 – 8/2572
(111396)

朱柏廬先生中庸講義二卷 （清）朱用純撰
清康熙刻本　一冊　存一卷(上)

420000 – 2302 – 0005625　集一/422.5/2540.2
(16825)

朱程問答三卷附錄一卷 （宋）朱熹　（宋）程
洵撰　（明）程資輯　清宣統二年(1910)程慊
刻本　一冊

420000 – 2302 – 0005626　叢/5 – 8/2574
(54081)

朱氏群書六種 （清）朱駿聲撰　清光緒八年
(1882)臨嘯閣刻本　二冊　存五種

420000 – 2302 – 0005627　叢/5 – 8/2553
(26069)

朱文端公藏書十八種 （清）朱軾撰　清康熙
至乾隆刻本　七十四冊　存十八種

420000 – 2302 – 0005628　叢/1.8/2553
(11326)

朱文端公藏書十三種 （清）朱軾輯　清光緒
二十三年(1897)刻本　七十九冊　存十三種

420000 – 2302 – 0005629　叢/5 – 8/2553

（53253）

朱文端公藏書十三種　（清）朱軾撰　清光緒二十三年(1897)刻本　二十一冊　存六種

420000 - 2302 - 0005630　善集二/0 - 42/4480.2(90162)

朱文公校昌黎先生文集四十卷　（唐）韓愈撰　（宋）朱熹考異　（宋）王伯大音釋　明萬曆朱崇沐刻本　四冊　存十三卷(一至十三)

420000 - 2302 - 0005631　集二/1.42/4480.2(34696)

朱文公校昌黎先生文集四十卷外集十卷集傳一卷遺文一卷　（唐）韓愈著　（明）朱吾弼編輯　明萬曆三十三年(1605)刻本　十二冊

420000 - 2302 - 0005632　集二/5.8/40147(13415)

朱儀訓時文一卷　（清）朱儀訓撰　清光緒八年(1882)石印本　一冊

420000 - 2302 - 0005633　集七/2.8/4614(33253)

朱飲山千金譜二十九卷三韻易知十卷　（清）朱燮撰　（清）楊廷茲編輯　清乾隆五十五年(1790)治怒齋刻本　十冊　存三十四卷(六至二十九、三韻易知十卷)

420000 - 2302 - 0005634　經十/3.8/2599.4(16355)

朱飲山三韻易知五卷　（清）朱燮撰　（清）楊廷茲纂　清乾隆三十七年(1772)刻本　一冊

420000 - 2302 - 0005635　子二/314.5/1134.0(16821)

朱子讀書法四卷　（宋）張洪編　（宋）齊□編　清光緒二十三年(1897)八旗書院刻本　四冊

420000 - 2302 - 0005636　子二/314 - 52/2540.2(101583)

朱子分類文選九卷　（清）朱澤澐編　清咸豐三年(1853)刻本　二冊

420000 - 2302 - 0005637　集二/4.5/2540(35771)

朱子集一百四卷目錄二卷　（宋）朱熹著　（清）郭柏蔭輯　清同治元年(1862)鼇峰書院刻本　四十冊

420000 - 2302 - 0005638　經五/1 - 52/2540.0(61809)

朱子家禮五卷　（宋）朱熹撰　（清）郭嵩燾校訂　清光緒十七年(1891)思賢講舍刻本　一冊

420000 - 2302 - 0005639　子二/42 - 8/2572.2(92068)

朱子家訓衍義一卷　（清）朱用純撰　（清）朱鳳鳴注　清道光十二年(1832)刻本　一冊

420000 - 2302 - 0005640　經九/32 - 52/2540.3(101586)

朱子論語集注訓詁考二卷　（清）潘衍桐輯　清光緒十七年(1891)浙江書局刻本　二冊

420000 - 2302 - 0005641　經九/32 - 52/2540.3(90054)

朱子論語集注訓詁考二卷　（清）潘衍桐輯　清光緒十七年(1891)浙江書局刻本　一冊

420000 - 2302 - 0005642　史十一/22 - 52/2540.4(78348)

朱子年譜綱目十二卷首一卷末一卷　（清）李元祿編　清嘉慶敬修齋刻本　八冊

420000 - 2302 - 0005643　史十一/22 - 52/2540.1(64511)

朱子年譜四卷考異四卷附錄論學切要語二卷校勘記三卷　（清）王懋竑撰並輯　（清）王炳校勘　清光緒九年(1883)武昌書局刻本　四冊

420000 - 2302 - 0005644　史十一/22 - 52/2540.1(86118)

朱子年譜四卷考異四卷附錄論學切要語二卷校勘記三卷　（清）王懋竑撰並輯　（清）王炳校勘　清光緒九年(1883)武昌書局刻本　四冊

420000 - 2302 - 0005645　史十一/22 - 52/2540.1(93816)

朱子年譜四卷考異四卷附錄論學切要語二卷校勘記三卷　（清）王懋竑撰並輯　（清）王炳校勘　清光緒九年（1883）武昌書局刻本四冊

420000－2302－0005646　善史十一/12－7/0875（70064）

朱子年譜五卷　（清）程逢儀編　清康熙四十七年（1708）程氏刻本　二冊

420000－2302－0005647　史十一/22－52/2540.8（78343）

朱子年譜一卷　（清）鄭士範編　清光緒六年（1880）刻本　一冊

420000－2302－0005648　善子二/314－8/4094（69945－56 69957）

朱子全書六十六卷　（宋）朱熹撰　清武英殿刻本　十二冊　存三十三卷（一至六、十至十二、二十四至二十九、三十九至四十一、五十二至六十六）

420000－2302－0005649　集二/0－52/2540.2（110972）

朱子文集大全類編一百十卷首一卷　（宋）朱熹撰　（清）朱玉輯　清刻本　八冊　存十一卷（朱文公詩賦全集五至六，政績一至二、四，書劄十三，碑文十，朱文公問答全集二十七至三十）

420000－2302－0005650　子二/314－7/7231（62554）

朱子學的二卷　（明）丘濬編輯　清刻本二冊

420000－2302－0005651　子二/314.7/7231（16828）

朱子學的二卷　（明）丘濬編輯　（清）張伯行重訂　清同治五年（1866）福州正誼書院刻本　二冊

420000－2302－0005652　叢/5－5/2540（92357）

朱子遺書十五種　（宋）朱熹撰　清康熙刻本五冊　存七種

420000－2302－0005653　子二/314－52/2540.6（102677）

朱子原訂近思錄十四卷　（宋）朱熹　（宋）呂祖謙編　（清）江永集註　清同治七年（1868）湖北崇文書局刻本　四冊

420000－2302－0005654　子二/31.5/2540.3（8245）

朱子原訂近思錄十四卷　（宋）朱熹　（宋）呂祖謙編　（清）江永集註　清同治七年（1868）湖北崇文書局刻本　四冊

420000－2302－0005655　子二/31.5/2540.3（16954）

朱子原訂近思錄十四卷　（宋）朱熹　（宋）呂祖謙編　（清）江永集註　清同治七年（1868）湖北崇文書局刻本　四冊

420000－2302－0005656　善史九/1－8/1550（70756）

硃批諭旨三百六十卷　（清）世宗胤禛撰　清乾隆三年（1738）刻朱墨套印本　九十七冊

420000－2302－0005657　子十六/22－33/8830（103022）

諸佛要集經二卷　（西晉）釋竺法護譯　佛說菩薩投身飼餓虎起塔因緣經一卷　（晉）釋法盛譯　不思議光菩薩所說經一卷　（後秦）釋鳩摩羅什譯　清光緒二十一年（1895）南京金陵經房刻本　一冊

420000－2302－0005658　善集二/0－23/0440（69425）

諸葛丞相集一卷　（三國蜀）諸葛亮撰　明婁東張溥刻本　一冊

420000－2302－0005659　史十一/226/0440（6809）

諸葛武侯傳一卷　（清）張世準撰　清刻本一冊

420000－2302－0005660　善史六/1－7/7517（70993）

諸史品節三十九卷　（明）陳琛撰　明萬曆陳氏刻本　九冊　存三十五卷（一至三十一、三

十六至三十九)

420000－2302－0005661　子十二/4－8/2106
(71088)

諸子粹白四卷諸子評語一卷　（清）何文明輯
清光緒七年(1881)何璟刻本　二冊

420000－2302－0005662　善子一/1－7/7517
(69974)

諸子品節五十卷　（明）陳琛撰　明萬曆刻本
二十冊

420000－2302－0005663　善子一/1－7/7517
(69973)

諸子品節五十卷　（明）陳琛撰　明末刻本
一冊　存三卷(十至十二)

420000－2302－0005664　子十二/2－8/8043
(111463)

諸子平議三十五卷　（清）俞樾撰　清刻本
一冊　存五卷(七至十一)

420000－2302－0005665　子一/1－8/6027
(101004)

諸子述醇一卷　（清）呂緝熙輯　清道光二十
七年(1847)刻本　一冊

420000－2302－0005666　子十六/210.－7/
3530(91588)

竹窗二筆一卷　（明）釋袾宏撰　清光緒二十
四年(1898)金陵刻經處刻本　一冊

420000－2302－0005667　子十三/3.31/4323
(20535)

竹譜一卷　（晉）戴凱之撰　（清）俞振聲校
清刻本　一冊

420000－2302－0005668　史二/2－26/3427.2
(75193)

竹書紀年統箋十二卷首一卷　（南朝梁）沈約
注　（清）徐文靖箋　清光緒三年(1877)浙江
書局刻本　四冊

420000－2302－0005669　史十四/13－8/
8346.2(90673)

竹汀先生日記抄三卷　（清）錢大昕撰　（清）

何元錫輯　清光緒會稽章氏刻本　一冊

420000－2302－0005670　史十五/11－8/
4926.2(84276)

竹崦盦金石目錄五卷　（清）趙魏撰　吳士鑑
校　清宣統元年(1909)錢塘吳氏長沙刻本
四冊

420000－2302－0005671　史十五/11－8/
4926.2(84280)

竹崦盦金石目錄五卷　（清）趙魏撰　吳士鑑
校　清宣統元年(1909)錢塘吳氏長沙刻本
四冊

420000－2302－0005672　子十二/4－8/4213
(62914)

竹葉亭雜記八卷　（清）姚元之撰　清光緒十
九年(1893)刻本　二冊

420000－2302－0005673　集二/0－52/4342
(93706)

竹齋先生詩集四卷　（宋）裘萬頃撰　清刻本
一冊

420000－2302－0005674　子十六/26－8/
2621.2(110118)

主峰崑禪師語錄五卷　（清）釋行理　（清）釋
行曙編　清抄本　一冊　存三卷(三至五)

420000－2302－0005675　史十七/1/2128
(7783)

注釋公法會通八卷　（瑞士）步倫著　（美國）
丁韙良譯　清光緒二十二年(1896)明達學社
刻本　四冊

420000－2302－0005676　子二/42.8/1030
(8208)

注釋文法狐白前後集十卷　（清）王賓評選
清刻本　八冊

420000－2302－0005677　集七/2－42/0004.0
(81221)

註解章泉澗泉二先生選唐詩五卷　（宋）趙蕃
（宋）韓淲輯　（宋）謝枋得注　清刻本
一冊

420000 - 2302 - 0005678　史九/2 - 42/7444.2
(93824)

註陸宣公奏議十五卷　(唐)陸贄撰　(宋)郎
曄注　清光緒四年(1878)刻本　三冊

420000 - 2302 - 0005679　集二/3.8/1063
(13441)

註釋少岳賦草四卷　(清)夏思沺著　清道光
二十五年(1845)刻本　二冊

420000 - 2302 - 0005680　集二/5.8/1112
(13471)

註釋張太史塾課八卷　(清)周汝調編　清兩
儀堂石印本　四冊

420000 - 2302 - 0005681　史六/1 - 8/1216
(87181)

鑄史駢言十二卷　(清)孫玉田撰　清光緒鑄
記書局石印本　三冊

420000 - 2302 - 0005682　子十一/41 - 8/
3136(52698)

篆學瑣著二十八種　(清)顧湘輯　清道光二
十年(1840)海虞顧氏刻本　十二冊

420000 - 2302 - 0005683　子三/4.8/8333
(07080)

莊屈合詁一卷　(清)錢澄之撰　清刻本
六冊

420000 - 2302 - 0005684　善子三/2 - 8/4004
(69848)

莊子獨見三十三卷　(清)胡文英評釋　清乾
隆十六年(1751)自刻本　六冊

420000 - 2302 - 0005685　子三/2 - 8/1020
(67531)

莊子集解八卷　王先謙集解　清宣統元年
(1909)思賢書局刻本　三冊

420000 - 2302 - 0005686　子三/2 - 8/1020
(87371)

莊子集解八卷　王先謙集解　清宣統元年
(1909)上海掃葉山房石印本　四冊

420000 - 2302 - 0005687　子三/2 - 8/0704

(100631)

莊子集釋十卷　(清)郭慶藩輯　清光緒二十
年(1894)思賢講舍刻本　八冊

420000 - 2302 - 0005688　子三/4.8/0704
(17006)

莊子集釋十卷　(清)郭慶藩輯　清光緒二十
年(1894)思賢講舍刻本　四冊

420000 - 2302 - 0005689　子三/4.8/0734
(8269)

莊子集釋十卷　(清)郭慶藩輯　清光緒二十
年(1894)思賢講舍刻本　八冊

420000 - 2302 - 0005690　子三/2 - 31/0727
(103636)

莊子南華真經三卷　(晉)郭象注　莊子闕誤
一卷　(明)楊慎撰　清光緒元年(1875)湖北
崇文書局刻本　二冊

420000 - 2302 - 0005691　子三/2 - 31/0727
(103638)

莊子南華真經三卷　(晉)郭象注　莊子闕誤
一卷　(明)楊慎撰　清光緒元年(1875)湖北
崇文書局刻本　一冊　存二卷(下、莊子闕誤
一卷)

420000 - 2302 - 0005692　子三/2 - 31/0727
(110419)

莊子南華真經十卷　(晉)郭象注　清光緒十
一年(1885)湖南傳忠書局刻本　十冊

420000 - 2302 - 0005693　善子三/2 - 31/
0727(41484)

莊子南華真經十卷　(晉)郭象注　明萬曆七
年(1579)刻中立四子本　二冊　存二卷(一
至二)

420000 - 2302 - 0005694　善子三/2 - 31/
0727(69841)

莊子南華真經十卷　(晉)郭象注　明末刻本
六冊

420000 - 2302 - 0005695　善子三/2 - 31/0727

莊子南華真經四卷音義四卷　(晉)郭象撰
明閔齊伋朱墨套印本　四冊

420000 – 2302 – 0005696　　子 三/4. 7/2435
(17004)

莊子內篇註四卷　（明）釋德清註　清刻本
二冊

420000 – 2302 – 0005697　　善子三/2 – 7/2004
(69847)

莊子翼八卷　（明）焦竑撰　明萬曆王元貞刻
本　一冊　存一卷(一)

420000 – 2302 – 0005698　　集二/0 – 8/2704
(88486)

壯悔堂文集十卷遺稿一卷　（清）侯方域著
清刻本　三冊　存八卷(一至二、六至十,遺
稿一卷)

420000 – 2302 – 0005699　　集二/1. 8/2704
(36970)

壯悔堂文集十卷遺稿一卷四憶堂詩集六卷
（清）侯方域撰　清刻本　六冊

420000 – 2302 – 0005700　　集二/0 – 8/2704
(71625)

**壯悔堂文集十卷遺稿一卷四憶堂詩集六卷遺
稿一卷**　（清）侯方域撰　**侯方域年譜一卷**
（清）侯洵撰　清末上海掃葉山房石印本
六冊

420000 – 2302 – 0005701　　集二/3. 8/2768. 2
(13377)

蠛叟詩鈔四卷補遺一卷　（清）紀映鍾著　清
光緒三十一年(1905)江寧傅春官江西刻朱印
本　一冊

420000 – 2302 – 0005702　　史 十一/21 – 8/
4244(77020)

追省錄一卷　（清）彭吉士撰　清同治十一年
(1872)養園刻本　一冊

420000 – 2302 – 0005703　　子十六/22. 42/
8702(10068)

准提陀羅尼經一卷　（清）金陵刻經處輯　清
光緒八年(1882)刻本　一冊

420000 – 2302 – 0005704　　集二/0 – 8/2614

拙修集續編四卷　（清）吳廷棟撰　清光緒九

年(1883)六安求我齋刻本　二冊

420000 – 2302 – 0005705　　集二/0 – 63/1030

拙軒集六卷　（金）王寂撰　清蘇州書局刻本
二冊

420000 – 2302 – 0005706　　史 九/22. 8/5100
(6770)

酌擬歸併工部辦法一卷附抄單一冊　（清）內
閣奏　清末鉛印本　一冊

420000 – 2302 – 0005707　　善史二/2 – 43/
1779. 26(735539)

資治通鑑綱目集說五十九卷首二卷　（明）晏
宏撰輯　明刻本　四冊　存十卷(十七至二
十二、二十五至二十六、三十至三十一)

420000 – 2302 – 0005708　　史二/2 – 51/1779. 4
(75686)

資治通鑑目錄二百九十四卷　（宋）司馬光撰
（元）胡三省音注　（清）胡元常校　清光緒
二十九年(1903)重慶廣學書局刻本　一百十
九冊　存二百九十二卷(一至二百五十二、二
百五十五至二百九十四)

420000 – 2302 – 0005709　　史二/2 – 51/1779
(75280)

資治通鑑目錄三十卷　（宋）司馬光編　清同
治八年(1869)江蘇書局仿宋刻本　十冊

420000 – 2302 – 0005710　　史二/2 – 51/1779. 5
(55395)

資治通鑑釋文三十卷　（宋）史炤撰　清光緒
五年(1879)刻本　四冊

420000 – 2302 – 0005711　　子十四/1. 8/2600
(21385)

子史精華一百六十卷　（清）允祿等撰　清光
緒十年(1884)上海同文書局石印本　八冊

420000 – 2302 – 0005712　　子十四/1. 8/2600
(21393)

子史精華一百六十卷　（清）允祿等撰　清光
緒二十二年(1896)石印本　四冊

420000 – 2302 – 0005713　　子十四/1. 8/2600

（21397）

子史精華一百六十卷 （清）允祿等撰　清聚錦堂石印本　四十冊

420000－2302－0005714　子十四/1.8/2600（8788）

子史精華一百六十卷 （清）允祿等撰　清雍正五年（1727）刻本　四十冊

420000－2302－0005715　善子十四/1－7/2727（21345）

子史類語二十卷 （明）魯重民輯　明崇禎十三年（1640）刻本　八冊

420000－2302－0005716　子一/1－8/1185（103343）

子書百家 （清）崇文書局輯　清光緒元年（1875）湖北崇文書局刻本　三冊　存八種

420000－2302－0005717　子一/1.8/1185（16470）

子書百家 （清）崇文書局編　清光緒元年（1875）湖北崇文書局刻本　一百十冊

420000－2302－0005718　子一/1.8/1185（16580）

子書百家 （清）崇文書局編　清光緒元年（1875）湖北崇文書局刻本　一百七冊

420000－2302－0005719　善集二/0－7/8744（69118）

梓溪文鈔內集八卷外集十卷 （明）舒芬撰　明萬曆刻本　八冊

420000－2302－0005720　史八/233－8/4448（73092）

紫泥日記一卷 （清）黃彭年撰　清光緒十五年（1889）貴筑黃氏刻本　一冊

420000－2302－0005721　集二/0－8/1148.1（64835）

紫峴山人全集五十四卷 （清）張九鉞撰（清）張家杜編　清光緒十五年（1889）湘潭張氏刻本　十二冊

420000－2302－0005722　集二/1.8/1148

（37400）

紫峴山人全集五十四卷 （清）張九鉞撰（清）張家杜編　清光緒十五年（1889）湘潭張氏刻本　二十冊

420000－2302－0005723　子二/314.8/5014.8（16778）

紫陽大指八卷 （清）蔡雲爽纂輯　清刻本　四冊

420000－2302－0005724　集一/311.8/2514（31858）

紫陽家塾詩鈔二十四卷 （清）朱琦編輯　清光緒十八年（1892）秋樹山房刻本　六冊

420000－2302－0005725　集一/311.8/2514（31864）

紫陽家塾詩鈔二十四卷 （清）朱琦編輯　清道光十二年（1832）朱琦刻本　五冊　存二十卷（一至二十）

420000－2302－0005726　史十一/21－8/4885（68852）

自紀年譜一卷 （清）松谷拙翁撰　清末刻本　一冊

420000－2302－0005727　叢/1－8/2617（81402）

自強學齋治平十議十種 （清）自強學齋主人輯　清光緒二十三年（1897）鉛印本　十二冊

420000－2302－0005728　集二/3.8/3102（36009）

自然好學齋詩鈔十卷 （清）汪端撰　清同治十三年（1874）刻本　三冊

420000－2302－0005729　子十一/312.8/2691（19866）

自遠堂琴譜十二卷 （清）吳灯彙輯　清嘉慶六年（1801）刻本　十二冊

420000－2302－0005730　子十一/312.8/2691（19894）

自遠堂琴譜十二卷 （清）吳灯彙輯　清嘉慶六年（1801）刻本　十一冊　存十一卷（一至三、五至十二）

420000－2302－0005731　　子十一/312.8/2691(19905)

自遠堂琴譜十二卷　（清）吳灯彙輯　清嘉慶六年(1801)刻本　八冊

420000－2302－0005732　經十/22.8/1115.0(16123)

字典考證十二集　（清）奕繪等輯　清光緒二年(1876)湖北崇文書局刻本　六冊

420000－2302－0005733　經十/22.8/1115.0(16129)

字典考證十二集　（清）奕繪等編　清光緒二年(1876)湖北崇文書局刻本　六冊

420000－2302－0005734　經十/16－8/4425(57328)

字詁一卷　（清）黃生撰　清刻本　一冊

420000－2302－0005735　經十/23－64/4002(55946)

字鑑五卷　（元）李文仲編　清光緒十年(1884)影刻本　一冊

420000－2302－0005736　善經十/31－64/4002(70401)

字鑑五卷　（元）李文仲編　清康熙四十八年(1709)長洲張氏刻本　一冊

420000－2302－0005737　經十/23.8/7247(16194)

字課圖說四卷　（清）劉樹屏編　清光緒三十年(1904)蘇州澄衷蒙學堂石印本　八冊

420000－2302－0005738　經十/23－8/4427.1(57330)

字類標韻六卷　（清）華綱輯　（清）王庭楨重訂　清刻本　一冊　存三卷(一至三)

420000－2302－0005739　子十四/52.8/4427(9565)

字類標韻六卷　（清）華綱輯　清光緒八年(1882)肆江王氏刻本　二冊

420000－2302－0005740　經十/23.8/6094.2(16117)

字林考逸八卷　（晉）呂忱撰　（清）任大椿考逸　清光緒江蘇書局刻本　四冊

420000－2302－0005741　經十/16－8/2643(57329)

字說一卷　（清）吳大澂撰　清光緒十九年(1893)思賢講舍刻本　一冊

420000－2302－0005742　經十/25－8/0131.4(57331)

字學舉隅一卷　（清）龍啟瑞　（清）黃本驥輯　清同治十三年(1874)湖北崇文書局刻本　一冊

420000－2302－0005743　經十/25－8/0131.4

字學舉隅一卷　（清）龍啟瑞　（清）黃本驥輯　清同治十三年(1874)刻本　一冊

420000－2302－0005744　經十/25－8/0131(90147)

字學舉隅一卷　（清）龍啟瑞輯　清同治十年(1871)刻本　一冊

420000－2302－0005745　經十/21.8/0131.4(16122)

字學舉隅一卷　（清）龍啟瑞　（清）黃本驥輯　清同治十三年(1874)湖北崇文書局刻本　一冊

420000－2302－0005746　經十/25－8/2423(92381)

字學尋源三卷　（清）峽山退士編　清光緒二十三年(1897)守愚齋刻本　一冊

420000－2302－0005747　子二/314.5/7530.1(16830)

字義二卷　（宋）陳宓撰　（宋）王雋編　（清）戴嘉禧增訂　清光緒九年(1883)學海堂刻本　二冊

420000－2302－0005748　善經十/31－/3173

字音會集不分卷　（清）江學海撰　清光緒三十年(1904)慎詒堂刻本　一冊

420000－2302－0005749　經十/23－8/6083.6

(57332)

字孶補二卷 （清）易鏡清輯 （清）易本烺補
清同治九年(1870)易氏刻本 二冊

420000 - 2302 - 0005750 子十六/26 - 51/
2614.2(110389)

宗鏡錄一百卷 （宋）釋延壽集 清同治十二
年(1873)刻本 七冊 存三十五卷(一至三
十五)

420000 - 2302 - 0005751 子十六/26 - 51/
1240(111127)

宗鏡錄一百卷 （宋）釋延壽輯 清刻本 十
冊 存六十卷(六至二十、二十六至四十五、
五十一至七十、八十六至九十)

420000 - 2302 - 0005752 史十一/22 - 17/
8023.1(50739)

宗聖志二十卷 （清）王定安編 清光緒十六
年(1890)金陵刻本 六冊

420000 - 2302 - 0005753 子十/7. 8/8093
(8444)

諏吉便覽二卷 （清）俞榮寬編 清嘉慶二年
(1797)刻本 一冊

420000 - 2302 - 0005754 史八/71 - 8/5003
(56482)

奏辦湖北白沙造紙廠章程事要一卷 （清）
□□編 清末鉛印本 一冊

420000 - 2302 - 0005755 史八/71 - 8/5510
(56469)

奏辦商立普潤毛革有限公司章程一卷 （清）
農工商部編 清末鉛印本 一冊

420000 - 2302 - 0005756 史九/22.8/1812
(6341)

奏陳時務內定官制通民情一卷 （清）□□奏
清刻本 一冊

420000 - 2302 - 0005757 史八/5. 8/0074
(6479)

奏定北洋陸軍武備學堂章程一卷 （清）奕劻
奏 清光緒二十九年(1903)江西書局石印本
一冊

420000 - 2302 - 0005758 史八/5. 8/0074
(6480)

奏定北洋陸軍武備學堂章程一卷 （清）奕劻
奏 清光緒二十九年(1903)江西書局石印本
一冊

420000 - 2302 - 0005759 史八/6. 8/8011
(6347)

奏定度量權衡畫一制度圖說總表推行章程
（清）溥頲奏 清光緒三十四年(1908)刻本
一冊

420000 - 2302 - 0005760 史十二/244/3115
(6975)

奏定江西巡防隊營制餉章不分卷 （清）江西
撫提部院營務處撰 清末刻本 一冊

420000 - 2302 - 0005761 史八/6. 8/2200. 7
(6514)

奏定交通銀行章程一卷 （清）郵傳部奏 清
光緒京華印書局鉛印本 一冊

420000 - 2302 - 0005762 史九/6. 8/801
(6656)

奏定禁煙章程彙編不分卷 （清）政務處訂
清光緒三十三年(1907)鉛印本 一冊

420000 - 2302 - 0005763 史八/6. 8/1120
(6510)

奏定禁煙章程彙編不分卷 （清）政務處訂
清鉛印本 一冊

420000 - 2302 - 0005764 史八 6. 8/1010
(6477)

奏定礦務章程一卷 （清）政務處編 清光緒
二十八年(1902)刻本 一冊

420000 - 2302 - 0005765 史八 6. 8/1010
(6668)

奏定礦務章程一卷 （清）政務處編 清光緒
二十八年(1902)刻本 一冊

420000 - 2302 - 0005766 史/6. 8/400(6512)

奏定釐訂各種銀行則例摺一卷 （清）度支部
訂 清光緒刻本 一冊

420000 - 2302 - 0005767　史十/1.8/0074
(6765)

奏定陸軍畢業學生考試授官暫行章程一卷
（清）奕劻等奏　清石印本　一冊

420000 - 2302 - 0005768　史八/5.8/0074
(6344)

奏定陸軍貴胄學堂章程一卷　（清）奕劻奏
清光緒三十一年(1905)石印本　一冊

420000 - 2302 - 0005769　史八/5.8/0074
(6327)

奏定陸軍行營禮節一卷　（清）奕劻奏　清光
緒三十一年(1905)石印本　一冊

420000 - 2302 - 0005770　史八/5.8/0074
(6328)

奏定陸軍小學堂章程一卷　（清）奕劻奏　清
光緒三十一年(1905)石印本　一冊

420000 - 2302 - 0005771　史八/5.8/0074
(6329)

奏定陸軍小學堂章程一卷　（清）奕劻奏　清
光緒三十一年(1905)石印本　一冊

420000 - 2302 - 0005772　史八/5.8/0074
(9573)

奏定陸軍學堂辦法一卷　（清）奕劻奏　清光
緒三十一年(1905)石印本　一冊

420000 - 2302 - 0005773　史八/5.8/0074
(6481)

奏定陸軍學堂辦法一卷　（清）奕劻奏　清光
緒三十一年(1905)石印本　一冊

420000 - 2302 - 0005774　史八/5.8/0074
(6482)

奏定陸軍學堂辦法一卷　（清）奕劻奏　清光
緒三十一年(1905)石印本　一冊

420000 - 2302 - 0005775　史八/5.8/0074
(6483)

奏定陸軍學堂辦法一卷　（清）奕劻奏　清光
緒三十一年(1905)石印本　一冊

420000 - 2302 - 0005776　史八/5.8/0074
(6484)

奏定陸軍學堂辦法一卷　（清）奕劻奏　清光
緒三十一年(1905)石印本　一冊

420000 - 2302 - 0005777　史八/5.8/0074
(6485)

奏定陸軍學堂辦法一卷　（清）奕劻奏　清光
緒三十一年(1905)石印本　一冊

420000 - 2302 - 0005778　史八/5.8/0074
(6345)

奏定陸軍衣制圖說一卷　（清）奕劻奏　清光
緒三十一年(1905)石印本　一冊

420000 - 2302 - 0005779　史十/1.8/0074
(6766)

奏定陸軍營制餉章一卷　（清）奕劻等奏　清
光緒鉛印本　一冊

420000 - 2302 - 0005780　史八/5.8/0074
(6346)

奏定陸軍中學堂章程一卷　（清）奕劻奏　清
光緒三十一年(1905)石印本　一冊

420000 - 2302 - 0005781　史八/6.8/5100
(6515)

奏定農會章程一卷　（清）農工商部編訂　清
光緒三十三年(1907)農工商部印刷科刻本
一冊

420000 - 2302 - 0005782　史八/6.8/0007
(6516)

奏定商船公會簡明章程一卷　（清）商部奏
清光緒鉛印本　一冊

420000 - 2302 - 0005783　史八/6.8/6596
(6506)

奏定土藥統稅章程二卷　（清）戶部奏　清光
緒三十一年(1905)刻本　一冊

420000 - 2302 - 0005784　史八/6.8/8011
(6655)

奏定續擬禁煙章程一卷　（□）□□撰　清宣
統元年(1909)鉛印本　一冊

420000 - 2302 - 0005785　史八/233 - 8/1133

奏定學堂章程不分卷　（清）張之洞編　清末
鉛印本　六冊

420000 - 2302 - 0005786　史八/6.8/1117
(6799)

奏定學堂章程不分卷　（清）張百熙等奏　清
光緒二十九年(1903)江西官書局石印本
五冊

420000 - 2302 - 0005787　史八/6.8/1117
(5225)

奏定學堂章程不分卷　（清）張之洞撰　清光
緒二十九年(1903)江西官書局石印本　五冊

420000 - 2302 - 0005788　史八/6.8/1117
(8283)

奏定學堂章程不分卷　（清）張百熙編　清光
緒二十八年(1902)石印本　一冊

420000 - 2302 - 0005789　史八/5.8/5031
(6974)

奏定巡防隊暫行章程一卷　（清）陸軍部奏定
清光緒鉛印本　一冊

420000 - 2302 - 0005790　史九/2 - 8/8423
(88798)

奏摺譜不分卷　（清）饒旬宣撰　清光緒刻本
一冊

420000 - 2302 - 0005791　子十四/8.8/8423
(15058)

奏摺譜不分卷　（清）饒旬宣輯　清光緒十九
年(1893)京都榮録堂刻本　一冊

420000 - 2302 - 0005792　子十四/8.8/1130
(15037)

奏摺條件輯覽四卷　（清）張守誠撰　清光緒
十六年(1890)刻本　一冊

420000 - 2302 - 0005793　史十七/1/4047
(13717)

族制進化論不分卷　（日本）有賀長雄著　清
光緒二十八年(1902)上海廣智書局鉛印本
一冊

420000 - 2302 - 0005794　子八/18/8820

(91936)

纂集醫方一卷　（□）□□編　清末次屏氏抄
本　一冊

420000 - 2302 - 0005795　史十二/1 - 8/6007
(88169)

最近揚子江之大勢一卷　（日本）國府犀東撰
（清）趙必振譯　清光緒二十八年(1902)上
海廣智書局鉛印本　一冊

420000 - 2302 - 0005796　集六/7 - 8/2417
(110311)

最新楹聯新譜二卷　（清）□□輯　清宣統二
年(1910)恒新書社石印本　一冊

420000 - 2302 - 0005797　集二/0 - 8/4024
(65362)

醉芸館詩集一卷　（清）李經世撰　清光緒二
十九年(1903)刻本　一冊

420000 - 2302 - 0005798　叢/343.2/1233

檇李遺書二十六種　（清）孫福清編　清光緒
嘉善孫福清望雲仙館刻本　十八冊　存十
九種

420000 - 2302 - 0005799　叢/343.2/1233
(52732)

檇李遺書二十六種　（清）孫福清輯　清光緒
嘉善孫福清望雲仙館刻本　十八冊　存十
九種

420000 - 2302 - 0005800　集一/312.8/8328
(9777)

尊聞閣詩選初二集不分卷　（清）錢徵　蔡爾
康編次　清光緒五年(1879)上海申報館仿聚
珍鉛印本　二十冊

420000 - 2302 - 0005801　集二/1.8/6040
(37432)

尊聞居士集八卷附録一卷　（清）羅有高撰
清光緒八年(1882)刻本　四冊

420000 - 2302 - 0005802　集二/0 - 8/4735
(92710)

尊聞堂試帖二卷　（清）胡兆春著　清同治二
年(1863)刻本　一冊

420000－2302－0005803　　集四/2. 8/4024
（38278）

左庵詩餘不分卷　（清）李佳撰　清刻本
一冊

420000－2302－0005804　　集四/2－8/2260
（94252）

左庵詩餘不分卷　（清）李佳撰　清刻本
一冊

420000－2302－0005805　　子十二/5－8/4024
（89260）

左庵瑣語一卷　（清）李佳撰　清光緒刻本
一冊

420000－2302－0005806　　善史六/1－7/3429
（70192）

左策史漢約選八卷　（明）洪德常輯　清初洪
琼世綸堂刻本　二冊　存二卷(左傳一至二)

420000－2302－0005807　　善史三/2－16/
1288（92580）

左傳分國紀事本末二十二卷　（明）孫范撰
明崇禎十一年(1638)刻本　六冊

420000－2302－0005808　　經七/12－8/4031
（92057）

**左傳官名考二卷春秋左傳會要四卷春秋三傳
比二卷**　（清）李調元輯　清光緒八年(1882)
廣漢鍾登甲樂道齋刻本　一冊

420000－2302－0005809　　經七/18－8/2634
（58058）

左傳經世鈔二十三卷　（明）魏禧評點　清乾
隆十三年(1748)夏邑彭家屏江西刻本　十冊

420000－2302－0005810　　經七/11－8/7203
（58442）

左傳舊疏考正八卷　（清）劉文淇撰　清道光
十八年(1838)青溪舊屋刻本　二冊

420000 2302－0005811　　經七/11. 8/7203
（15113）

左傳舊疏考證八卷　（清）劉文淇撰　清光緒
三年(1877)湖北崇文書局刻本　四冊

420000－2302－0005812　　經七/11－8/4003
（58344）

左傳評三卷　（清）李文淵撰　清乾隆四十年
(1775)潮陽縣衙刻本　一冊

420000－2302－0005813　　經七/11. 8/4081
（15122）

左傳淺說二卷　（清）皮錫瑞撰　清光緒二十
五年(1899)刻本　二冊

420000－2302－0005814　　史十六/2－8/0044
（110750）

左傳史論二卷　（清）高士奇論正　清光緒刻
本　一冊

書名筆畫字頭索引

342

343

九畫

十畫

十一畫

十二畫

348

十七畫

十八畫

書名筆畫索引

357

三畫

四畫

五畫

375

七畫

379

九畫

十畫

十三畫

417

十五畫

十六畫

十七畫

十八畫

十九畫

433

二十二畫